1 MONTH OF
FREE
READING

at

www.ForgottenBooks.com

———◇———

By purchasing this book you are
eligible for one month membership to
ForgottenBooks.com, giving you
unlimited access to our entire
collection of over 1,000,000 titles via
our web site and mobile apps.

To claim your free month visit:
www.forgottenbooks.com/free976945

ISBN 978-0-332-64516-2
PIBN 10976945

This book is a reproduction of an important historical work. Forgotten Books uses state-of-the-art technology to digitally reconstruct the work, preserving the original format whilst repairing imperfections present in the aged copy. In rare cases, an imperfection in the original, such as a blemish or missing page, may be replicated in our edition. We do, however, repair the vast majority of imperfections successfully; any imperfections that remain are intentionally left to preserve the state of such historical works.

uinum Batauos, Vietam Gallum; & alios, huius operis
decus & ornamentum, Prouinciam adire, eique congra-
tulari quòd Ludouicum Valesium Litteratorum Me-
cenatem Proregem habeat.

Anglia ueluti ægrè ferens quòd illi Te veneraturi
præierint, binis Operibus, firmissimis exquisitissimisque
demonstrationibus euincit sibi locum vltimum inter
Primates illos minimè deberi; quapropter lucis candi-
dissima radijs armata Refractiones suas ad pedes tuos
procumbens deponit. Faxit Deus Opt. Max. vt quemadmodum hæc veritas solet à paralogismis Geometras
eruere, ita nos ab omnibus erroribus tam practicis,
quàm speculatiuis æterna liberet Veritas, quam impen-
sè diligis, donec solutis ænigmatibus quæ nostræ mentis
aciem perstringunt, illius plenâ luce perfundaris, illá-
que verba Regia, Beati qui habitant in domo tua Do-
mine, in sæcula sæculorum laudabunt te, Memoriam abun-
dantiæ suauitatis tuæ eructabunt; & iustitiâ tuâ exultabunt,
raptus in æternam gloriam perpetuò contempleris.

PRÆFATIO
VTILIS
IN SYNOPSIM
MATHEMATICAM.

NTE sequentium Tractatuum lectionem primò notandum venit operæpretium esse, si quisquis vtiliter hosce tractatus secum ruri circumferre velit ad refricandam omnium Mathematicæ partium memoriam, & ad citandas, reperiendasque veterum & recentiorum propositiones, margini, vel chartæ quibuslibet foliis impressis interiectæ diagrammata, quæ iudicarit necessaria propositionibus intelligendis, adhibeat: quod typis fieri non potuit absque maximis impensis: sufficiet autem illas figuras addere propositionibus quas absque figura non intellexeris.

Secundò cruces Euclidis, Archimedis, Theodosij & Sphæricorum quibusdam propositionibus adhibitæ significant illas esse præcipuas, magisque addiscendas. Sed cùm cæterorum tractatuum fœcundiores propositiones debuissent etiam crucibus interdistingui, illas Typographi omisere: quas ex nostro codice quispiam in suum transferre poterit.

III. Geometricum studium serio amplectentibus, ab Euclideis elementis, quæ via regia vocantur, incipiendum; quæ vel sola sufficiunt ad ea facilè capienda quæ de rebus Mathematicis Plato, Aristoteles, & alij Philosophi hucusque editi suis scriptis interseruère; imò & ad alios Geometras intelligendos qui sequuntur. Constat autem ex omnibus artibus, & scientiis, quantus & quam vtilis, ac præclarus sit illorum vsus; de quo Blancanus, Bettinus, Proclus, & alij consulantur, si quæ diximus in Genesim, & de Harmonicis minimè sufficiant.

IV. Rami Geometriam Euclidi subiecimus ob summam illius breuitatem: quódque termini, & ordo quibus vtitur, nonnunquam

Euclideis propositionibus lucem afferāt : sed & ipse in scholis Mathematicis habet de illarum vsu non contemnenda, quæque lectione digna sunt.

V. Sequitur Archimedes, cui vix quispiam ausit se comparare si præsertim ea quæ tradit, vi sola ingenij, absque Analyticæ artis, vel Speciosæ auxilio repererit & demonstrarit : qua quidem arte freti Geometræ credunt se omnia, & alia plura inuenire posse, quæ prodidit Syracusanus ille : quapropter Vietæ debent plurimum, vtpote Speciosæ inuentori, vel restauratori ; quem etiam Diophantus inuit.

Florentij Riualti versionem habes, quòd non omnia Archimedis opera Commandinus verterit: cuius tamen versione in Euclidcis elementis vsus sum. Cùm autem primo notando monuerim de schematibus addendis, ea saltem adhibeantur propositionibus quæ à litteris Capitalibus pendent, quales sunt ferè omnes de Quadratura parabolæ, & quæ secundum conicorum librum C. Mydorgij componunt. Vnico schemate Arenarium explicatum volui ; idem in aliis facturus tractatibus, si pauca schemata sufficere potuissent : quod etiam factum est l. 4. Opticæ Prop. 59. in explicandis parallaxibus.

Archimedi verò succedunt nonnulla supplementa quæ viris doctis Snellio, Keplero, Lucæque Valerio debentur : quibus addi possint acutissimæ propositiones clarissimi Tauricelli; qualis est ea quæ nuper tantopere nobis placuit, qua demonstratur solidum hyperbolicum infinitæ longitudinis æquale cylindro finito; quod etiam Geometra nuper reperit in spatio ex curua per summitates omnium rectarum proportionalium, & rectâ, cui sunt illæ perpendiculares, composito : si tamen spatium dici potest, quod non vndequaq; clauditur nisi forsan in infinitum: debent autem illæ perpendiculares spatiis æqualibus distare : quas quidem propositiones breui publicas faciet. Omitto varia quæ nostri Geometræ circa grauitatis centra nuper inuenère, quæ præfatione in nostra mechanica phænomena protuli; & alia quæ ad trochoidem attinent, cuius spatium triplum est circuli lineam rectam motu suo circumferentiæ suæ æqualem super plano recto describentis : solidum autem ex trochoidis circa suam diametrum, vel suum axem conuersionibus genitum Geometra noster reperit esse ad suum cylindrum vt 5. ad 8. quem vrgere & precibus flectere debeas ad opus admirabile quod paratā habet de trochoidé tam æquali, quàm producta, vel contracta edendum: varios omitto modos quadrandi parabolam à priori: quibus forte breui quadratura hyperboles & circuli; & inuentio rectæ lineæ parabolæ æqualis accedet.

VI. Sequuntur sphærica, de quibus agunt Theodosius, Menelaüs & Maurolycus; quibus tamen Trigonometriam anteposuimus, quæ tam rectilinea, quàm sphærica & mixtilinea triangula metitur. Quibus iam addere possis aream ipsam triangulorum sphæricorum 3 maximis circulis constantium, quæ videlicet est ad maximum sphæræ circulum, vt differentia trium illius trianguli angulorum ad duos rectos angulos; verbi gratia, si differentia sit vnius recti, area trianguli erit subdupla maximi circuli, vt Geometra noster demonstrauit.

Maurolyci verò sphærica sequuntur Autolycus de sphæra mobili: Theodosius de habitationibus, Euclidis phænomena, & Cosmographia Astronomica, cum habitationum collatione, quæ sphæricis coronidem imponit: quibus theoriam planetarum addere poterimus, vbi Samius Aristarchus de mundi systemate ad manus nostras peruenerit, vt huic volumini portatili nil omnino desit.

VII. Sequitur Apollonius, cuius libris quattuor alij 4 eiusdem materiæ Clarissimi viri Claudij Mydorgij de sectionibus Conicis subijciuntur, qui Pergæanos vlteriùs promoueant; qui cum 4 posteriores, quos animo paratos habet, in lucem ediderit, non est quòd 4 non extantes Apollonij perquiras, aut quidpiam Opticæ, Catoptricæ, vel Dioptricæ perfectioni accessurum desideres, vix enim quidpiam de reflexionibus, refractionibus, & Dioptrarum vsu legitimo, cæterisque ad visionem pertinentibus dici potest, quod non possis ab eo expectare; vt iam monueram pagina 193 Hydraulicorum.

VIII. Contractam Pappi Collectionem leges postea, qui libro 7 multos tractatus à veteribus editos enumerat, qui partim temporis tractu periere, partim etiam extant, vel nuper à viris eruditissimis restituti sunt. Sunt autem data Euclidis, quæ Alcalmus hac ratione in compendium & tabellam redegit.

SYNOPSIS LIBRI DATORVM EVCLIDIS.

Magnitudine.

Magnitudo in genere.
Area.
Linea recta.
Angulus.

Quibus æqua lia possumus exhibere.

2.3.4 7. Propos. 52. 92. 93.94. 95. 32. 55. 57. 58.59. 60. 84. 85. 86. 87.88.33.39.

Circulus, euius quæ ex centro magnitudine datur.

Segmentum circuli, in quo angulus datus est & basis magnitudine.

Ratione, cui æqualē possumus exhibere.

Rectæ ad rectam 1.5.6:8.9.22.23. 24.34.53.54. 56.68.69.76.77.81.94.

Rectilinei ad Rectilineam.

Similis. 50.
Dissimilis.

vtcumque 51.
Modo quodam particulari.

Trianguli ad Triangulū 41. 71 72.
Quadrati ad Triangulū 63.
Rectilinei ad Triangulū 64. 65. 66.67.
Parallelogrāmi ad parallelogrāmū 70.73

patur

Specie rectilineū cuius anguli dati sunt ad vnum & laterum rationes ad inuicem datæ sunt autem.

Triangula 34.40. 41.42.43.44.45.46.47.80.

Parallelogramma quæcumque 61.62.
Rectangula 78.

Positione dantur quæ eūdem sem per locū occupant.

Punctum 25. 27. 90.96.
Linea 28.29.30.31.35.36.37.38.
Angulus.

positione & magnitudine.

Circulus cuius centrum positione datur, eaque quæ ex centro magnitudine.

Segmentum circuli in quo angulus datus est magnitudine, & basis positione & magnitudine.

Linea recta 26.91.

Magni

IN SYNOPSIM.

Magnitudo magnitudine dato maior est quando ablato dato reliquum eidem æquum fuerit 12.

Magnitudo magnitudine dato maior est quam in ratione quando ablato dato reliquum ad idem rationem datam habuerit 10.11.13.14. 15.16.17.18.19.20.21.

Quanquam propositiones 48, 49, 74.75.79.82, 83 & 89, minimè complexus fuerit vt optimè vir eruditus, amicusq; charissimus animaduertit. Itaque data illa dedimus; déque Spatij Sectione; determinata Sectione, Tactionibus tam planis quàm sphæricis; locis planis, & inclinationibus protulimus eaquæ hactenus restituta sunt, ex quibus supersunt restituenda Euclidis Porismata. Quod enim ad locum ad tres, quatuórue lineas attinet, iam iam Geometra noster illum demonstrauit.

Cùm autem maxima pars propositionum Pappi schemata supponat, eas duntaxat attuli, quæ posse videntur absque figuris intelligi: quæ alia forsan editione dabuntur figuris ad libri marginem appositis.

Porrò qui Pappi textum Græcum videre voluerit, apud Dominum Lescuyer Senatorem eximium esse nouerit, cuius Bibliotheca nulli alteri cedit. Iuuabit autem hîc monere problema illud quod ad calcem Præfationis in Conica Cl. Mydorgij protuli, nunc vniuersaliùs à G. Desargues doctis soluendum ita proponi.

Dato itaque solido, de quo ibidem; plani secantis illud in figura dati generis, cuius figuræ axes sunt in ratione data, positionem inuenire; vel cuius maxima diametrorum coniugatarum inclinatio sit æqualis inclinationi datæ.

Quod vt soluat, mediantibus binis lineis per puncta quotlibet descriptis, plani positionem reperit solidum secantis in elliptica figura, à cuius centro recta ad solidi verticem ducta plano perpendicularis est. Hac enim elliptica mediante figurâ plani positio solidum in circulo secantis inuenietur: Hocque iuuante circulo, plani positio solidum secantis in figura dati generis suos axes habentis in ratione data reperietur; vel cuius axes coniugati maximæ inclinationis, datæ inclinationi æqualis est. Sed absque hisce mediis forsan eadem inuenientur ex data prima base prædicti solidi.

Sequitur verò illius generalissima propositio, quam soluat Geometra. Datis coni base & vertice, datáque intersectione plani baseos cum plano secante conum, & binorum istorum planorum inclinatione, inuenire, absque figuræ descriptione, plana conicas secantia diametros sub angulo dato generantia, tangentes; ordinatas,

✳✳

parametros, cæterasque præcipuas figuræ lineas.

Supersunt aliquæ propositiones ad anguli solidi contemplationem attinentes, quas integro tractatu demonstrandas habet, quasque in antecessum accipe.

In angulo solido tribus rectis conterminato bina sunt ternaria, tres scilicet anguli qui solidum illum angulum inter se constituunt, & tres inclinationes planorum ipsorum angulorum. Vnde videntur quatuor oriri problemata, nempe,

1. Datis tribus angulis tres inclinationes inuenire.

2. Datis duobus angulis & vna inclinatione, reliquum angulum cum duabus aliis inclinationibus inuenire.

3. Dato vno angulo cum duabus inclinationibus, duos alios angulos & vnam inclinationem inuenire.

4. Datis tribus inclinationibus tres angulos inuenire.

Ex hac autem solidi contemplatione duo tantùm exorientur problemata: hic autem modus est.

In quocunque angulo solido tribus rectis conterminato plana inclinationum illius ita sumi possunt vt ad inuicem alium angulum solidum tribus itidem rectis conterminatum constituant; cuius vertex intra primum contineatur, & in alterutro ipsorum angulorum solidorum quilibet angulus sit reciprocè supplementum vnius inclinationum alterius.

Quibus demonstratis problema tertium ad secundum, quartumque quod difficilius videbatur, reducitur ad primum, estque facillimum.

IX. Sequuntur Mechanicorum Libri, quorum primo fusissimè de centro solidorum; déque aliis agitur, párteque secunda & tertia quæ Commandinus & Lucas Valerius ea de re docuerunt, referuntur. Quibus iam addi possent multa præclara, præter ea quæ notando 3 & 4 præfationis in mechanica phænomena diximus, quæ nouiter à nostris summis Geometris inuenta sunt. Quartà pars libri I mechanic. agit de linea directionis, & cæteris ad grauitatis centrum attinentibus.

Liber secundus fusè de quinque potentiis; cuius prima pars de iis quæ vectem atque libram, & centri grauitatis inueniendi modum spectant: Secunda de ponderibus obliquis, iterúmque de Vecte & Libra, reliquísue machinis ad illud principium reuocandis: deque nauigatione, & aliis quæstionibus Mechanicis ab Aristotele propositis. Tertia pars de circuli vtilitatibus, & mirabilibus in mechanicis. Quarta pars de Trochleis. Quinta de Scytalis; Ergatis, axe in

peritrochio, tollenone, pancratio, &c. Quæ omnia iuuabunt, iuua-
bunturque ex noſtrorum Phænomenon Mechanicorum comparatione, vt iam præfationis puncto 2 in illa phænomena monui.

X. Iam ſupereſt Optica quæ 7 libris huic Synopſi colophonem
imponit: quorum primus agit de luce, vmbra, coloribus, oculi fabrica, viſione, communibus obiectis & aſpectus fallaciis. Secundus de
Catoptrica, vel ſpeculis tam planis, quàm ſphæricis, cylindricis, &
conicis. Tertius de Dioptricis, & tubis Batauicis. Quartus de parallaxibus, ſeu diuerſitatibus aſpectus. Quintus de arte Perſpectiuæ.
Sextus & ſeptimus refractionis naturam variis demonſtrationibus ex-
plicant, quorum ſeptimus ex hypotheſibus Phyſicis præclara concludit.

Iuuabit autem legiſſe Sanctorij obſeruationem, qui pag. 322 in
artem medicinalem Galeni, ait nigrum colorem fieri dum lumen
in ſuperficiebus innumeris refrangitur, ſeu ex ſphæris diaphanis plenis illuminatis, quòd hæ tenebras & vmbras generent ex quibus
nigredo; quod ex lagena vitrea aqua plena lumen in cuſpidem pro-
ijciatur, vmbra verò in partes reliquas.

Album ait ſe producere ex 40 plus minus ſphærulis vitreis vacuis
& perforatis, quæ ſint nucleis ceraſorum magnitudine æquales, in
cyathum aquâ plenum miſſis, quæ ſimul vnitæ & vacuæ colorem album efficiunt: quæ cùm aquâ replentur, fit nigrum: ab aliis corporibus non ſphæricis viridem; puniceum & purpureum deducit. Alios
medios colores facit, pallidum inter album & flauum, quem dicere
poſſis giluum, & χἰσὶς, qualis eſt albi vini antiquati: flauum ξωδὶς,
qualis eſt in flaua bile; rufum, ſeu rutilum; qualis in arido croci flo-
re: fuluum, qualis eſt in orichalco, dorſoque vulpis, quem paulo
obſcuriorem rauum, appellant: rubrum, phæniceum, vel puniceum,
qualis in granis mali punici, & in ſuperiore iride: qui ſimiliter pur-
pureus in labiis; ſanguineus, chermeſinus, oſtrum; &c. Glaucum,
vel cæſium in oculis, cæruleum in cœlis, lapide lazuli, ſaphyro, &c.
Cætera penes autorem.

Quanto ſubtiliùs colorum naturam Vir illuſtris R. Carteſius octauo de Iride diſcurſu explicarit, quiſquis ibidem colorum ortum ex
variis ſphærularum motibus legerit, cum admiratione fatebitur. Ad
quod breui ſperamus acceſſurum peculiarem de coloribus tractatum ſubtiliſſimi Philoſophi Honorati Fabry, de quo iam alibi, qui
tot rationibus & obſeruationibus probat colores nil eſſe aliud præter
lumen vario modo reflexum, aut refractum: album eſſe continuam
radiorum ſeriem ab obiectis reflexorum, vel manantium, nigrum vel

✠✠ ij.

omnimodam radiorum abfentiam, fi fuerit perfectè nigrum, vel illo-
r im paucitatem, & interruptionem ferè continuam; rubeum inter
album & nigrum medium, alternam radiorum interruptionem,&c.
vt eum nequeas animo difcendi perlegere, quin eas libenter in illius fententiam.

Porrò quam initio libri 7 Opticæ reperies hypothefim fufiùs, explicatam habes 24 Prop. Ballifticæ, quæ illi iuncta libro pauca fu-
perunt in ea materia quæ defideres : quanquam notandum illam folis tumefcentiam non ita neceffariam videri, quin aliquo corporis
folaris motu trepidationis, cribrationis, &c. Phænomena lucida
poffint explicari: dummodò enim ita moueatur circumfufus aër, aut
quoduis aliud corpus folem circumftans, vt lucem eodem modo
percipere, fentiréque videamur, nec quidpiam contra mechanicæ
leges afferatur, quid vlteriùs cupias? nifi forte numquam tibi fatis-
fieri dixeris, donec clarè innotefcat non folùm quot modis fieri
poffit illuminatio, fed etiam quomodo rouera fiat: quod vix peregri-
nus fperare, potiúfque in patria expectare debeas.

Eft tamen quòd plurimi faciamus viros fummos qui pro viribus
nituntur ex hypothefibus fiue Democriti & aliorum veterum, fiue
propriis, omnia naturæ phænomena explicare, quos inter eminet
Vir illuftris, cuius Phyficam indies expectamus; & Decanus Dinien-
fis, cuius Philofophia tam ftili pulchritudine, quàm nouarum obferuationum multitudine, rationúmque fubtilitate philomufos in
tanti viri raptura fit admirationem, vix vt vnus fuperfit, qui deinceps
atomos reijciat.

Quod attinet ad artem Perfpectiuæ, non eft quòd aliam defideres eâ perfectiorem quam ab A. Boffe expectamus, qui cælaturis, &
incifionibus fuis, quibus varios de fectione lapidum, de horologiis,
&c. tractatus à G. Defargues compofitos tam admirabiliter exorna-
uit, vt ars cælaturæ manum vltimam inueniffe videatur.

Adde Curiofam R. P. Niceronis Perfpectiuam, quam edidit de
Speculis cylindricis figuras incognitas, ob varias proiectiones ape-
rientibus; & de Diaphanis, ob diuerfa plana triangularia, fiue om-
phaloptra, ex certis diftantiæ punctis obiecta diffita colligentibus
(quæ collecta diffipant ex aliis punctis) déque aliis mirandis phænomenis, quibus propediem plura fit additurus.

XI. Quafdam verò huic Synopfi Mathematicæ partes deeffe no-
ni; verbi caufâ Horologiographiam, vel Sciotericam, de qua fufè
fatis nuper prædictus A. Boffe : Theoriam Planetarum, de qua con-
fulatur Epitome Kepleri, Blancani fphæra, & Ariftarchus in fyfte-

maté, quem forté breui faciemus iuris pubáci, Quid opus illud ingens eximij Aſtronomi I. Boullialdi, quod iam præium exerſet, reticeam? quod facilé ſuperabit quidquid hactenus Aſtronomicum editum eſt, quódque nihil aliunde ſupponet, vt qui volumen illud habuerit, omnia generis iſtius obtineat. Omitto etiam Analyſim, ſeu Algebram, quam ex Vieta, nuperáque illuſtris V. Geometria, Diophanto adhibito repetas ; niſi malis eam induſtriâ Geometræ D. Chauueau adornatam, & maiori claritate, facilitatéque donatam expectare.

Non commemoro quæcunque ad obſidiones, & defenſiones attinent, hoc eſt Architecturam militarem, quam plurimi cùm Itali, & Germani, tum etiam Galli, vt eques à Villa, &c. prope colophonem perduxiſſe videntur, quòd hæc pars ad Ingenioſos pertineat, è quibus maximé cupiam virum laudatiſſimum Dominum de Mets pulcherrimum & limatiſſimum opus ſuum de Munitione, ſeu fortificatione in lucem edere, cui deinceps quidquam aliud addi minimé neceſſarium ; & cui etiam exteri gratias habere debeant de incredibili hac in re diligentia.

Sed neque Arithmeticam interſerui, cuius fundamenta l. 5, 7, 8, & 9, Elementorum Euclidis habentur ; vt Algebræ libro 10. quòd tantus extet Arithmeticarum numerus vt fruſtra multiplicetur: quum tamen ſi his in rebus vir incomparabilis D. Freniclus ſuis nonis repertis augere velit, omnium poſſit animos rapere in admirationem.

Non deſunt autem egregij viri apprimé tam in Geometricis puris quàm mixtis verſati, qui ſcientias iſtas maximé promoueant, quos inter Pellium Anglum, præter eos quos hoc Opere laudaui, ad ea quæ parauit in lucem edenda vrgere, iuuaréque oporteat.

XII. Non ſolùm verò Geometras admiror qui vel ipſum Archimedem breui forté ſuperaturi ſint, verùm etiam alios, qui noua reperiunt, aut vetera multis acceſſionibus adornant; quos inter R. P. Petauius eminet, qui tribus Poſitiuæ Theologiæ voluminibus ſatis oſtendit, poſt 4 aut quinque reliqua, quæ in dies expectamus, nullam deinceps aliam Theologiam deſiderandam eſſe, ſiue rerum ſoliditatem, ſiue elegantiam; & expoſitionem quæ ſieris, vt iam rerum Theologicarum Oſores barbariem non poſſint ampliùs obijcere, & exprobrare.

Sed & admirandi viri, veréque Theodidacti, & Theotimi Marandei Theologicâ Paraphraſim in ſancti Doctoris ſummâ mirâ eruditione,

✳ ✳ iij

rarâqué pietate illustrantem commemorare lubet, quâ nostram Galliam adornat, & idioma nostrum ad summam dignitatem hoc opere incomparabili euectum, atque sanctificatum perducit; Hispanosque, Germanos, Belgas, Batauos, Polonos, & alios totius orbis, Christiani præsertim, incolas beatos duxero, si opus adeo pulchrum, & vtile in idiomata sua transferri curent, vt æmulatione sanctâ prouocati & incensi scientiâ beatorum perfruantur.

XIII. Verbi diuini præcones monitos velim, qui nouis exordiis suas conciones, aut alias partes inauditis, pulchris tamen & vtilibus tropologiis, & comparationibus, æque parallelis exornare voluerint, habere plurima tam hoc quàm præcedente volumine quæ possint ad mores traducere. Quid enim, verbi causâ, facilius quàm ex 29 lucis theorematibus, aut 30 vmbræ sequentibus, quæ leguntur Optices libro primo, multa cum ad fidem tum ad virtutes commendandas elicere?

Vixque propositionem vllam ex ingenti numero theorematum, quibus Opticorum libri septem constant, possis intelligere, quæ peculiarem de moribus cogitationem non ingeneret, & exornandæ concioni seruiat.

Idémque de propositionibus Mechanicis dicendum, illis præsertim quæ 1 & 4 parte l. 1. & toto l. 2 continentur. Sunt enim secundæ, tertiaque libri pars magis arduæ. Tertius liber facillimè transferetur ad pietatem ab omnibus, modo voluerint; cuius rei sexcenta proferrem exempla, si contrariæ Synopsis leges permitterent.

Adde quod cuique magè sapiant quæ proprio studio reperit, quòd ab alio suggesta, & edita fiant omnibus communia, vel à pluribus negligantur: vel si quis vtatur, timet ne forsan alius eadem in vsus suos conuerterit, ex quo postmodum hausisse, vel cum quo concurrisse dicatur. Solent enim homines eâ gloriæ cupiditate titillari vt quæ primi dixerint, abs se inuenta credant auditores, apud quos propterea maiori valeant auctoritate, vtpote ingenio præstantiores, vel pietate præcipui; quod gloriæ, famæque desiderium sola valet extinguere, vel sedare Dei charitas: quam diuini verbi præco ita debet apud seipsum statuere & ordinare, nil, vt Dei gloriam & auditorum salutem æternam quærere debeat.

XIV. Huic Præfationi finem impono vbi monuerim viros illos eruditos qui peculiares ad nostræ fidei confirmationem rationes meditati sunt, & inuenerunt, magnam laudem consecuturos, maioremque carpturos vtilitatem, si tractatus suos rationibus adeo solidis fulciant, vt impij veritati cedere cogantur. Quapropter ob-

IN SYNOPSIM.

ſecrandi ſunt R. P. Dinetus, qui breui, ſed neruoſo tractatu Dei
exiſtentiam, & animorum noſtrorum immortalitatem probat:
Montarſius ſubtiliſſimus, qui ex primis naturæ, vel ſcientiarum
principiis idem aggreſſus eſt, & R. P. I. Lacombeus noſter, qui Phi-
loſophiam & Theologiam nouam adeo fœliciter condidiſſe mihi
videtur, ex idearum diuinarum contemplatione, & variis partici-
pationis gradibus, quibus ad Deum creaturæ referuntur, vt qui ſy-
ſtema illius Theologico-Philoſophicum perfectè hauſerint, nil illis ſuperſit quàm vt in profundiſſimam ecſtaſim rapti cum beatis
æternum Deo canant; *Memoriam abundantia ſuauitatis tuæ eructabunt,*
& iuſtitia tua exultabunt: Obſecrandi ſunt, inquam, illi viri præſtan-
tiſſimi, vel ſi qui præterea, ne ſuos illos tractatus, ſi fieri commodè
poteſt, diutiùs luci denegent, tantóſque theſauros diu nimis recon-
dant.

ERRATA TYPORVM EMENDANDA.

Pagina 58 l. 14. quintupartiente. p. 86. l. 27. homogenea. p. 87. l. 28. ſolidus, p. 313.
l. 1. SERENI. p. 365. l. 9. COLLECTIO. p. 583 in figura ſiniſtra pro i
ſcribe κ. & dele g & h. & pro Ɔ inuerſo ſcribe S. p. 588. in figura adde B in centro.
p. 589 in figura pro D ſcribe B, & in angulis inferioris acumine addatur D.

Omitto reliquos errores quos Lector facilè poterit emendare, vt in ſuperioribus
marginibus Collectionis Pappi, ſemper apponi debuit Pappi Collectiones.

Deinde aliquando in numeris paginarum aberratum, vt poſt 71 & 72, iterum re-
petitur 71 & 72.

Cæterùm Index qui folium iſtud ſequitur, inſtar erit Dictionarij Mathematici,
quo ferè omnes termini vulgo non ita noti explicabuntur.

DICTIONARIVM

MATHEMATICVM.

Hoc est Syllabus omnium vocabulorum , & rerum
præcipuarum quæ isto secundo volumine
continentur.

✠✠✠

DICTIONARIVM

Libri

✣ ✣ ✣

**** 2

DICTIONARIVM

FINIS.

EVCLIDIS
ELEMENTORVM·
LIBER PRIMVS·

DEFINITIONES.

1. Vnctvm eſt, cuius nulla eſt pars , vel quod magnitudinem non habet.
2. Linea verò eſt longitudo latitudinis expers.
3. Lineæ fines ſunt puncta.
4. Recta linea eſt quæ ex æquali ſuis interijcitur punctis.
5. Superficies eſt id, quod longitudinem & latitudinem tantùm habet.
6. Superficiei fines ſunt lineæ.
7. Plana ſuperficies eſt, quæ ex æquali ſuis interijcitur lineis.
8. Planus angulus eſt duabus lineis in plano ſeſe contingentibus, & non in directum iacentibus, alterius ad alteram inclinatio.
9. Quando autem quæ angulum continent rectæ lineæ fuerint, rectilineus angulus appellatur.
10. Cùm verò recta linea ſuper rectam lineam inſiſtens eos, qui deinceps ſunt, angulos æquales inter ſe fecerit, rectus eſt vtérque æqualium angulorum : & quæ inſiſtit recta linea , perpendicularis vocatur ad eam, cui inſiſtit.
11. Obtuſus angulus eſt, qui maior eſt recto,
12. Acutus autem, qui recto eſt minor.
13. Terminus eſt, qui alicuius eſt finis.
14. Figura eſt, quæ aliquo, vel aliquibus terminis continetur.
15. Circulus eſt figura plana vnâ lineâ contenta, quæ circumferentia appellatur : ad quam ab vno puncto intra figuram exiſtente omnes rectæ lineæ pertinentes ſunt æquales.
16. Hoc autem punctum centrum circuli nuncupatur.
17. Diameter circuli eſt recta quædam linea per centrum ducta,

A

& ex vtraque parte à circumferentia circuli terminata, quæ quidem
& circulum bifariam fecat.

18. Semicirculus eſt figura, quæ continetur diametro, & eâ quæ ex
ipſa circuli circumferentia intercipitur.

19. Portio circuli eſt figura, quæ rectâ lineâ, & circuli circumferentiâ continetur.

20. Rectilineæ figuræ ſunt, quæ rectis continentur lineis.

21. Trilàteræ quidem, quæ tribus.

22. Quadrilateræ, quæ quatuor.

23. Multilateræ verò, quæ pluribus quàm quatuor rectis lineis
comprehenduntur.

24. Trilaterarum figurarum æquilaterum eſt triangulum, quod tria
latera habet æqualia.

25. Iſoſceles, ſiue æquicrure, quod duo tantùm æqualia latera
habet.

26. Scalenum verò, quod tria inæqualia habet latera.

27. Ad hæc, trilaterarum figurarum, rectangulum quidem eſt triangulum, quod rectum angulum habet.

28. Obtuſiangulum eſt, quod obtuſum habet angulum.

29. Acutiangulum verò, quod tres acutos angulos habet.

30. Quadrilaterarum figurarum quadratum eſt, quod & æquilaterum eſt, & rectangulum.

31. Altera parte longior figura eſt, quæ rectangula quidem, æquilatera verò non eſt.

32. Rhombus, quæ æquilàtera quidem, ſed rectangula non eſt.

33. Rhomboides, quæ & oppoſita latera, & oppoſitos angulos inter ſe æquales habet, neque æquilatera eſt, neque rectangula.

34. Præter has autem reliquæ quadrilateræ figuræ trapezia vocentur.

35. Parallelæ, ſeu æquidiſtantes rectæ lineæ ſunt, quæ cum in eodem ſint plano, & ex vtraque parte in infinitum producantur, in neutram partem inter ſe conuenient.

Poſtulata quinque.

1. Poſtuletur à quouis puncto ad quoduis punctum rectam lineam
ducere.

2. Rectam lineam terminatam in continuum, & directum producere.

3. Quouis centro, & interuallo circulum deſcribere.

4. Omnes angulos rectos inter se æquales esse.

5. Et si in duas rectas lineas recta linea incidens interiores, & ex eadem parte angulos duobus rectis minores fecerit, rectas lineas illas in infinitum productas, inter se conuenire ex ea parte, in qua sunt anguli acuti duobus rectis minores.

Axiomata, seu communes notiones decem.

✢ 1. Quæ eidem æqualia, & inter se sunt æqualia.

2. Et si æqualibus æqualia adiiciantur, tota sunt æqualia.

3. Et si ab æqualibus æqualia auferantur, reliqua sunt æqualia.

4. Et si inæqualibus æqualia adiiciantur, tota sunt inæqualia.

5. Et si ab inæqualibus æqualia auferantur, reliqua sunt inæqualia.

6. Et quæ eiusdem dupla, inter se sunt æqualia.

7. Et quæ eiusdem dimidia, inter se sunt æqualia.

8. Et quæ sibiipsis congruunt, inter se sunt inæqualia.

9. Totum est sua parte maius.

10. Duæ rectæ lineæ spatium non comprehendunt.

PROPOSITIONES XLVIII.

1. IN data recta linea terminata, triangulum æquilaterum constituere.

2. Ad datum punctum datæ rectæ lineæ æqualem rectam lineam ponere.

3. Duabus datis rectis lineis inæqualibus, à maiori, minori æqualem abscindere.

✢ 4. Si duo triangula duo latera duobus lateribus æqualia habeant, alterum alteri: habeant autem & angulum angulo æqualē, qui æqualibus rectis lineis continetur: & basim basi æqualē habebunt: & triangulum triangulo æquale erit: & reliqui anguli reliquis angulis æquales, alter alteri: quibus æqualia latera subtenduntur.

✢ 5. Æquicrurium triangulorum qui ad basim anguli inter se sunt æquales: & productis æqualibus rectis lineis anguli qui sunt sub basi inter se æquales erunt.

✢ 6. Si trianguli duo anguli inter se sint æquales, & æquales angulos subtendentia latera inter se æqualia erunt.

A ij

7. In eadem recta linea, duabus eisdem rectis lineis aliæ duæ rectæ lineæ æquales, altera alteri non constituentur ad aliud, atque
aliud punctum, ad easdem partes, eosdem, quos primæ lineæ terminos habentes.

✚ 8. Si duo triangula duo latera duobus lateribus æqualia habeant,
alterum alteri: habeant autem & basim basi æqualem : angulum quoque, qui æqualibus lateribus continetur, angulo æqualem habebunt.

✚ 9. Datum angulum rectilineum bifariam secare.

✚ 10. Datam rectam lineam terminatam bifariam secare.

11. Datæ rectæ lineæ à puncto in ipsa dato ad rectos angulos rectam
lineam ducere.

12. Super datam rectam lineam infinitam dato puncto, quod in ea
non est, perpendicularem rectam lineam ducere.

✚ 13. Cùm recta linea super rectam consistens lineam angulos fecerit; vel duos rectos, vel duobus rectis æquales efficiet.

✚ 14. Si ad aliquam rectam lineam, atque ad punctum in ea duæ
rectæ lineæ non ad easdem partes positæ, angulos qui deinceps sunt
duobus rectis æquales fecerint: ipsæ rectæ lineæ in directum sibi inuicem erunt.

✚ 15. Si duæ rectæ lineæ se inuicem secuerint, angulos qui ad verticem sunt, inter se æquales efficient.

✚ 16. Omnis trianguli vno latere producto exterior angulus vtroque interiore, & opposito est maior.

✚ 17. Omnis trianguli acuti duo anguli duobus rectis minores
sunt, quomodocumque sumpti.

✚ 18. Omnis trianguli maius latus maiorem angulum subtendit.

✚ 19. Omnis trianguli maiorem angulum maius latus subtendit.

✚ 20. Omnis trianguli duo latera reliquo maiora sunt, quomodocumque sumpta.

✚ 21. Si à terminis vnius lateris trianguli duæ rectæ lineæ intra constituantur, hæ reliquis duobus trianguli lateribus minores quidem
erunt, maiorem verò angulum continebunt.

✚ 22. Ex tribus rectis lineis, quæ tribus rectis lineis datis æquales
sint, triangulum constituere. Oportet autem duas reliquâ maiores esse, quomodocumque sumptas, quoniam omnis trianguli due latera
reliquo maiora sunt, quomodocumque sumpta.

23. Ad datam rectam lineam, & ad datum in ea punctum, dato angulo rectilineo æqualem angulum rectilineum constituere.

✚ 24. Si duo triangula duo latera duobus lateribus æqualia ha-

beant, alterum alteri, angulum autem angulo maiorem, qui æqualibus rectis lineis continetur: & bafim bafi maiorem habebunt.

25. Si duo triangula duo latera duobus lateribus æqualia habeant,
alterum alteri, bafim verò bafi maiorem: & angulum angulo, qui æ-
qualibus lateribus continetur, maiorem habebunt.

26. Si duo triangula duos angulos duobus angulis æquales habeant, alterum alteri, vnumque latus vni lateri æquale, vel quod æ-
qualibus adiacet angulis, vel quod vni æqualium angulorum fubtenditur: & reliqua latera reliquis lateribus æqualia, alterum alteri, &
reliquum angulum reliquo angulo æqualem habebunt.

✠ 27. Si in duas rectas lineas recta linea incidens alternos angulos inter fe æquales fecerit, parallelæ erunt rectæ lineæ.

28. Si in duas rectas lineas recta linea incidens exteriorem angulum interiori, & oppofito, & ad eafdem partes æqualem fecerit, vel
interiores, & ad eafdem partes duobus rectis æquales: parallelæ erunt
inter fe rectæ lineæ.

✠ 29. In parallelas rectas lineas recta linea incidens, & alternos angulos inter fe æquales, & exteriorem interiori & oppofito, & ad eafdem partes æqualem, & interiores, & ad eafdem partes duobus rectis
æquales efficiet.

✠ 30. Quæ eidem rectæ lineæ funt parallelæ, & inter fe parallelæ
erunt.

31. Per datum punctum datæ rectæ lineæ parallelam rectam lineam
ducere.

32. Omnis trianguli vno latere producto exterior angulus duobus
interioribus, & oppofitis eft æqualis: & trianguli tres interiores anguli duobus rectis æquales funt.

✠ 33. Quæ æquales, & parallelas ad eafdem partes coniungunt rectæ lineæ, & ipfæ æquales, & parallelæ funt.

34. Parallelogrammorum fpatiorum latera, quæ ex oppofito, &
anguli, inter fe æqualia funt: & diameter ea bifariam fecat.

✠ 35. Parallelogramma in eadem bafi, & in eifdem parallelis conftituta, inter fe æqualia funt.

✠ 36. Parallelogramma in æqualibus bafibus, & in eifdem parallelis conftituta inter fe funt æqualia.

✠ 37. Triangula in eadem bafi, & in eifdem parallelis conftituta
inter fe æqualia funt.

✠ 38. Triangula in bafibus æqualibus, & in eifdem parallelis conftituta, inter fe funt æqualia.

✠ 39. Triangula æqualia in eadem bafi, & ad eafdem partes

constituta, in eisdem quoque sunt parallelis.

40. Triangula æqualia in basibus æqualibus, & ad easdem partes constituta, in eisdem quoque sunt parallelis.

✚ 41. Si parallelogrammum & triangulum eandem basim habeant, in eisdémque sint parallelis: parallelogrammum ipsius trianguli duplum erit.

42. Dato triangulo æquale parallelogrammum constituere in dato angulo rectilineo.

✚ 43. Omnis parallelogrammi spatij eorum, quæ circa diametrum sunt, parallelogrammorum supplementa inter se sunt æqualia.

44. Ad datam rectam lineam dato triangulo æquale parallelogrammum applicare in dato angulo rectilineo.

45. Rectilineo dato æquale parallelogrammum constituere in dato angulo rectilineo.

46. A data recta linea quadratum describere.

✚ 47. In rectangulis triangulis, quod à latere rectum angulum subtendente describitur quadratum æquale est quadratis, quæ à lateribus rectum angulum continentibus describuntur.

✚ 48. Si quadratum, quod describitur ab vno laterum trianguli æquale sit quadratis, quæ à reliquis trianguli lateribus describuntur: angulus reliquis duobus trianguli lateribus contentus rectus erit.

LIBER SECVNDVS.

Definitiones duæ.

1. OMne parallelogrammum rectangulum contineri dicitur duabus rectis lineis, quæ rectum angulum constituunt.

2. Omnis parallelogrammi spatij vnumquódque eorum, quæ circa diametrum ipsius sunt, parallelogrammorum, cum duobus supplementis gnomon vocetur. Vide Scholium.

Theoremata & Propositiones quatuordecim.

✚ 1. Si sint duæ rectæ lineæ, altera autem ipsarum secta fuerit in quotcúmque partes : rectangulum duabus rectis lineis contentum æquale est eis rectangulis, quæ rectâ lineâ insectâ, & singulis partibus continentur. Videantur duo theoremata Commandini.

✦ 2. Si recta linea secta fuerit vtcúmque: rectangula quæ totâ, &
singulis partibus continentur, æqualia sunt ei, quod à tota sit, quadrato.

✦ 3. Si recta linea vtcúmque secta fuerit: rectangulum sub tota, &
vna eius parte contentum æquale est & rectangulo, quòd partibus
continetur,& ei quod à prædicta parte sit quadrato.

✦ 4. Si recta linea secta fuerit vtcúmque,quadratum quod sit à tota æquale erit,& quadratis,quæ à partibus fiunt,& ei, quod bis partibus continetur rectangulo. *Vide Corollarium.*

✦ 5. Si recta linea secta fuerit in partes æquales, & in partes inæquales, rectangulum inæqualibus totius partibus contentum vnâ
cum quadrato lineæ, quæ inter sectiones interijcitur, æquale est ei,
quod à dimidia sit quadrato.

✦ 6. Si recta linea bifariam secetur,atque ipsi in rectum adijciatur
quædam recta linea : rectangulum sub totâ cum adiectâ, & adiectâ
contentum,vnâ cum quadrato dimidiæ, æquale est quadrato, quod
ab ea,quæ ex dimidia,& adiecta constat,tanquam ab vna linea describitur. *Vide Scholium.*

✦ 7. Si recta linea vtcúmque secta fuerit, quæ à tota, & vna parte
fiunt vtraque quadrata æqualia sunt,& rectangulo, quod bis tota, ac
dicta parte continetur, & ei, quod à reliqua parte sit quadrato.

✦ 8. Si recta linea vtcumque secta fuerit ; & quod quater tota,
& vna parte continetur rectangulum vnâ cum quadrato reliquæ
partis,æquale est quadrato, quod ex tota, & dicta parte tanquam ex
vna linea describitur.

✦ 9. Si recta linea in partes æquales, & in partes inæquales secta
fuerit, quadrata, quæ ab inæqualibus totius partibus describuntur,
dupla sunt & quadrati dimidiæ, & quadrati lineæ ejus, quæ inter sectiones interiicitur.

✦ 10. Si recta linea secetur bifariam, & ipsi in rectum quædam recta linea adiciatur: quæ à tota cum adiecta, & adiecta fiunt vtraque
quadrata dupla sunt, & quadrati dimidiæ, & quadrati, quod ab ea
quæ ex dimidia, & adiecta constat, tanquam ab vna linea describitur.

11. Datam rectam lineam secare, ita vt quod sub tota, & altera
parte continetur rectangulum æquale sit ei,quod à reliqua parte sit,
quadrato *Vide Scholium.*

✦ 12. In obtusiangulis triangulis,quod à latere obtusum angulum
subtendente sit quadratum maius sit quàm quadrata, quæ fiunt à lateribus obtusum angulum continentibus,rectangulo contento bis
vno laterum, quæ sunt circa obtusum angulum, in quod scilicet pro-

tractum perpendicularis cadit,& linea assumpta exteriùs à perpendiculari ad angulum obtusum.

✦ 13. In acutiangulis triangulis, quod à latere acutum angulum subtendente fit quadratum, minus est quàm quadrata quæ fiunt à lateribus acutum angulum continentibus,rectangulo contento bis vno laterum,quæ sunt circa acutum angulum,in quod perpendicularis cadit,& lineâ perpendiculari intus assumptâ ad angulum acutum. *Vide Scholium.*

14. Dato rectilineo æquale quadratum constituere. *Vide prop.25. lib.6.*

LIBER TERTIVS.

Definitiones duodecim.

1. Æ Quales circuli sunt, quorum diametri sunt æquales, vel quorum quæ ex centris sunt æquales.

2. Recta linea circulum contingere dicitur, quæ contingens circulum,& producta non secat.

3. Circuli contingere se se dicuntur,qui contingentes seipsos non secant.

4. In circulo æqualiter distare à centro rectæ lineæ dicuntur,quando à centro ad ipsas perpendiculares ductæ sunt æquales.

5. Magis autem distare à centro dicuntur ea, ad quam maior perpendicularis cadit.

6. Portio circuli est figura,quæ rectâ lineâ, & circuli circumferentia continetur.

7. Portionis autem angulus est,qui recta linea, & circuli circumferentia comprehenditur.

8. In portione angulus est, quando in circumferentia portionis sumptum fuerit aliquod punctum, atque ab ipso ad terminos lineæ eius, quæ basis est portionis,rectæ lineæ ductæ fuerint, angulus verò dictis lineis sit contentus.

9. Quando autem continentes angulum rectæ lineæ assumunt circumferentiam,in illa consistere angulus dicitur.

10. Sector circuli est, quando angulus ad centrum constiterit, figura contenta rectis lineis angulum comprehendentibus, & circumferentiâ ab ipsis assumptâ.

11. Similes

11. Similes circulorum portiones funt, quæ angulos fufcipiunt æquales, vel in quibus anguli æquales confiftunt : quibus additur à Commandino.

12. Similes circumferentiæ circulorum funt, in quibus anguli confiftunt.

PROPOSITIONES XXXVII.

1. **D**Ati circuli centrum inuenire. *Videatur Corollarium & Scholium.*

2. Si in circumferentia circuli duo quæuis puncta fumantur, quæ ipfa coniungit recta linea, intra circulum cadet.

+ 3. Si in circulo recta linea per centrum ducta rectam lineam quandam non ductam per centrum bifariam fecet, & ad angulos rectos ipfam fecabit : quod fi ad angulos rectos ipfam fecet, & bifariam fecabit.

+ 4. Si in circulo duæ rectæ lineæ fe inuicem fecent, non ductæ per centrum, fefe bifariam non fecabunt. *Vide Scholium.*

5. Si duo circuli fe inuicem fecent, non erit ipforum idem centrum.

6. Si duo circuli fefe intra contingant, ipforum idem centrum non erit.

+ 7. Si in circuli diametro aliquod punctum fumatur, quod non fit centrum circuli : & ab eo in circulum cadant quædam rectæ lineæ : maxima quidem erit, in qua centrum, minima verò reliqua : aliarum autem propinquior ei, quæ per centrum tranfit, femper remotiore maior eft : at duæ tantùm æquales ab eodem puncto in circulum cadent ad vtrafque partes minimæ. *Vide Scholium.*

+ 8. Si extra circulum aliquod punctum fumatur, atque ab eo ad circulum ducantur quædam rectæ lineæ, quarum vna per centrum tranfeat, aliæ verò vtcumque : earum quidem, quæ in concauam circumferentiam cadunt, maxima eft, quæ per centrum tranfit : aliarum autem propinquior ei, quæ per centrum, femper remotiore maior eft : at earum, quæ in curuam circumferentiam cadunt, minima eft, quæ inter punctum, & diametrum interiicitur : aliarum verò quæ propinquior minimæ femper remotiore eft minor : duæ autem tantùm æquales à puncto in circulum cadunt ad vtrafque partes minimæ.

+ 9. Si intra circulum fumatur aliquod punctum, atque ab eo in circulum cadant plures quàm duæ rectæ lineæ æquales : punctum

B

quod fumitur, circuli centrum erit.

10. Circulus circulum in pluribus quàm duobus punctis non fecat.

11. Si duo circuli fefe intus contingant, & fumantur centra ipforum; recta linea ipforum centrum coniungens, & producta in circu- lorum contactum cadet

✚ 12. Si duo circuli fefe extra contingant, recta linea ipforum centra coniungens per contactum tranfibit.

13. Circulus circulum non contingit in pluribus punctis quàm vno, fiue intus, fiue extra contingat.

14. In circulo æquales rectæ lineæ æqualiter à centro diftant; & quæ æqualiter à centro diftant, inter fe funt æquales.

15. In circulo maxima quidem eft diameter: aliarum verò femper propinquior ei, quæ per centrum tranfit, remotiore maior eft.

✚ 16. Quæ diametro circuli ad rectos angulos ab extremitate du- citur, cadit extra circulum : & in locum qui inter rectam lineam, & circumferentiam interijcitur altera recta linea non cadet : & femi- circuli angulus omni angulo acuto rectilineo maior eft : reliquus au- tem minor. *Vide Corollarium.*

17. A dato puncto rectam lineam ducere, quæ datum circulum con- tingat.

✚ 18. Si circulum contingat quædam recta linea, à centro autem in contactum recta linea ducatur, ea ad contingentem perpendicula- ris erit.

✚ 19. Si circulum contingat quædam recta linea, à contactu au- tem ad rectos angulos contingenti recta linea ducatur, in ea circuli centrum erit. *Vide Scholium.*

✚ 20. In circulo angulus, qui ad centrum, duplus eft eius qui ad circumferentiam, quando circumferentiam eandem pro bafi habent. *Vide Commentarium.*

✚ 21. In circulo qui in eadem portione funt anguli, inter fe æquales funt.

22. Quadrilaterorum, quæ in circulis defcribuntur, anguli oppofi- ti duobus rectis æquales funt.

23. In eadem recta linea duæ circulorum portiones fimiles & inæ- quales ex eadem parte non conftituentur.

24. In æqualibus rectis lineis fimiles circulorum portiones inter fe æquales funt.

25. Circuli portione data defcribere circulum, cuius ea portio eft.

✚ 26. In æqualibus circulis æquales anguli æqualibus infiftunt circumferentiis, fiue ad centra, fiue ad circumferentias infiftant.

✢ 27. In æqualibus circulis anguli, qui æqualibus infiftunt circumferentijs, inter fe æquales funt; fiue ad centra, fiue ad circumferentias infiftant.

✢ 28. In æqualibus circulis æquales rectæ lineæ circumferentias æquales auferunt, maiorem quidem maiori, minorem verò minori.

✢ 29. In æqualibus circulis, æquales circumferentias æquales rectæ lineæ fubtendunt. *Videantur quatuor aliæ propofitiones.*

30. Datam circumferentiam bifariam fecare.

✢ 31. In circulo angulus, qui in femicirculo, rectus eft; qui verò in maiori portione, minor eft recto; & qui in minori maior recto: & infuper maioris quidem portionis angulus recto maior eft, minoris verò portionis angulus recto minor. *Vide Corollar. & Scholium.*

✢ 32. Si circulum contingat quædam recta linea, à contactu autem in circulum ducatur recta linea ipfum fecans; anguli quos ad contingentem facit, æquales erunt ijs, qui in alternis circuli portionibus confiftunt.

33. In data recta linea defcribere portionem circuli, quæ fufcipiat angulum dato angulo rectilineo æqualem.

34. A dato circulo portionem abfcindere, quæ fufcipiat angulum dato angulo rectilineo æqualem.

✢ 35. Si in circulo duæ rectæ lineæ fefe mutuò fecent, rectangulum portionibus vnius contentum æquale eft ei, quod alterius portionibus continetur.

✢ 36. Si extra circulum aliquod punctum fumatur, & ab eo in circulum cadant duæ rectæ lineæ, quarum altera quidem circulum fecet, altera verò contingat: rectangulum, quod totâ fecante, & exteriùs affumptâ inter punctum, & curuam circumferentiam continetur, æquale erit ei, quod à contingente fit quadrato. *Vide 2. Corollar. Campani.*

37. Si extra circulum fumatur aliquod punctum, atque ab eo in circulum cadant duæ rectæ lineæ, quarum altera quidem circulum fecet, altera verò incidat: fit autem quod totâ fecante, & exteriùs affumptâ inter punctum, & curuam circumferentiam continetur, æquale ei, quod ab incidente fit quadrato; incidens linea circulum continget.

:cfb:cfb:cfb:cfb:cfb:cfb:cfb:cfb:cfb:cfb:cfb:cfb:cfb:cfb:cfb:cfb:cfb:

LIBER QVARTVS.

Definitiones septem.

1. FIgura rectilinea in figura rectilinea deſcribi dicitur, quando vnuſquiſque figuræ deſcriptæ angulus vnumquodque latus eius, in qua deſcribitur, contingit.

2. Figura ſimiliter circa figuram deſcribi dicitur, quando vnumquodque latus deſcriptæ vnumquemque angulum eius, circa quam deſcribitur, contingit.

3. Figura rectilinea in circulo deſcribi dicitur, quando vnuſquiſque deſcriptæ figuræ angulus circuli circumferentiam contingit.

4. Figura rectilinea circa circulum deſcribi dicitur, quando vnumquodque latus deſcriptæ circuli circumferentiam contingit.

5. Circulus ſimiliter in figura rectilinea deſcribi dicitur, quando circuli circumferentia vnumquodque latus eius, in qua deſcribitur, contingit.

6. Circulus circa figuram rectilineam deſcribi dicitur, quando circumferentia vnumquemque angulum eius, circa quam deſcribitur, contingit.

7. Recta linea in circulo aptari dicitur, quando eius extrema ad circuli circumferentiam ſe applicant.

Propoſitiones quæ & Problemata, ſexdecim.

1. IN dato circulo datæ rectæ lineæ, quæ diametro eius maior non ſit, æqualem rectam lineam aptare. *Vide Scholium.*

2. In circulo dato, dato triangulo æquiangulum triangulum deſcribere.

3. Circa datum circulum triangulo dato æquiangulum triangulum deſcribere.

4. In dato triangulo circulum deſcribere.

5. Circa datum triangulum circulum deſcribere; *Vide Corollarium.*

6. In dato circulo quadratum deſcribere.

7. Circa datum circulum quadratum deſcribere.

8. In dato quadrato circulum deſcribere.

9. Circa datum quadratum circulum deſcribere.

10. Æquicrure triangulum conſtituere, habens vtrumquē angulo-rum, qui ſunt ad baſim, duplum reliqui.

11. In dato circulo pentagonum æquilaterum & æquiangulum deſ-cribere.

12. Circa datum circulum pentagonum æquilaterum, & æquian-gulum deſcribere.

13. In dato pentagono, quod æquilaterum, & æquiangulum ſit, cir-culum deſcribere.

14. Circa datum pentagonum, quod æquilaterum, & æquiangu-lum ſit, circulum deſcribere.

15. In dato circulo hexagonum æquilaterum, & æquiangulum deſ-cribere.. *Vide Corollarium.*

16. In dato circulo quindecagonum æquilaterum, & æquiangu-lum deſcribere.

LIBER QVINTVS.

Definitiones viginti.

1. PArs eſt magnitudo magnitudinis, minor maioris, quando mi-nor maiorem metitur. *Vide Scholium.*

2. Multiplex eſt maior minoris, quando maiorem minor metitur.

3. Proportio eſt duarum magnitudinum eiuſdem generis, quatenus ad quantitatem pertinet, mutua quædam habitudo. *Vide Scholium.*

4. Proportionem inter ſe habere magnitudines dicuntur, quæ mul-tiplicatæ ſe inuicem ſuperare poſſunt.

5. In eadem proportione magnitudines eſſe dicuntur prima ad ſe-cundam, & tertia ad quartam, quando primæ, & tertiæ æquemultipli-ces, ſecundæ & quartæ æquemultiplices iuxta quamuis multiplicatio-nem vtraque vtramque vel vnà ſuperant, vel vnà æquales ſunt, vel vnà deficiunt inter ſe comparatæ.

6. Magnitudines, quæ eandem proportionem habent, proportio-nales vocentur.

7. Quando autem æquemultiplicium multiplex quidem primæ ſuperauerit multiplicem ſecundæ, multiplex verò tertiæ non ſupera-uerit multiplicem quartæ : tunc prima ad ſecundam maiorem propor-tionem habere dicitur, quàm tertia ad quartam.

B iiij

8. Analogia est proportionum similitudo.

9. Analogia verò in tribus minimùm terminis consistit.

✠ 10. Quando tres magnitudines proportionales sunt, prima ad tertiam duplam proportionem habere dicitur eius, quam habet ad secundam. *Vide Scholium.*

✠ 11. Quando autem quatuor magnitudines sunt proportionales, prima ad quartam triplam habere proportionem dicetur eius, quam habet ad secundam: & semper deinceps vnâ plus, quoad analogia processerit.

12. Homologæ, vel similis rationis magnitudines dicuntur antecedentes quidem antecedentibus, consequentes verò consequentibus.

✠ 13. Permutata ratio est sumptio antecedentis ad antecedentem, & consequentis ad consequentem.

✠ 14. Conuersa ratio est sumptio consequentis, vt antecedentis ad antecedentem, velut ad ipsum consequentem.

✠ 15. Compositio rationis est sumptio antecedentis vnà cum consequente tanquam vnius ad ipsam consequentem. *Vide Scholium.*

✠ 16. Diuisio rationis est sumptio excessus, quo antecedens superat consequentem; ad ipsam consequentem.

✠ 17. Conuersio rationis est sumptio antecedentis ad excessum, quo antecedens ipsam consequentem superat.

18. Æqua ratio, siue ex æquali est, cum plures magnitudines extiterint, & aliæ ipsis numero æquales, quæ binæ sumantur, & in eadem proportione, fueritque vt in primis magnitudinibus prima ad vltimam, ita in secundis magnitudinibus prima ad vltimam: *vel aliter,* Est sumptio extremarum per subtractionem mediarum.

19. Ordinata analogia est quando fuerit vt antecedens ad consequentem, ita antecedens ad consequentem: vt autem consequens ad aliam quampiam, ita consequens ad aliam quampiam.

20. Perturbata verò analogia est, quando tribus existentibus magnitudinibus, & alijs ipsis numero æqualibus fuerit: vt in primis magnitudinibus antecedens ad consequentem, ita in secundis magnitudinibus anteecdens ad consequentem. Vt autem in primis magnitudinibus consequens ad aliam quampiam, ita in secundis alia quæpiam ad antecedentem. *Vide duas communes notiones.*

Propositiones triginta tres.

1. SI fuerint quotcumque magnitudines quotcumque magnitudinum æqualium numero singulæ singularum æquemultiplices : quotuplex est vna magnitudo vnius , totuplices erunt & omnes omnium.

2. Si prima secundæ æquemultiplex fuerit, ac tertia quartæ : fuerit autem & quinta secundæ æquemultiplex , ac sexta quartæ : erit etiam composita prima, & quinta secundæ æquemultiplex, ac tertia, & sexta quartæ.

3. Si prima secundæ æquemultiplex fuerit, ac tertia quartæ : sumantur autem æquemultiplices primæ , & tertiæ : erit & ex æquali sumptarum vtraque vtriusque æquemultiplex , altera quidem secundæ, altera verò quartæ.

4. Si prima ad secundam eandem habeat proportionem , quam tertia ad quartam, & æquemultiplices primæ, & tertiæ ad æquemultiplices secundæ,& quartæ,iuxta quamuis multiplicationem , eandem proportionem habebunt, inter se comparatæ. *Vide Corollarium & Scholium.*

5. Si magnitudo magnitudinis æquemultiplex sit , atque ablata ablatæ : & reliqua reliquæ æquemultiplex erit, atque tota totius.

6. Si duæ magnitudines duarum magnitudinum æquemultiplices sint , & ablatæ sint quædam earumdem multiplices. erunt & reliquæ vel eisdem æquales , vel ipsarum æquemultiplices. *Vide Scholium.*

✠ 7. Æquales ad eandem , eandem habent proportionem , & eadem ad æquales.

✠ 8. Inæqualium magnitudinum maior ad eandem maiorem habet proportionem, quàm minor : & eadem ad minorem maiorem proportionem habet , quàm ad maiorem.

✠ 9. Quæ ad eandem eandem proportionem habent, inter se æquales sunt : & ad quas eadem eandem habet proportionem, ipsæ inter se sunt æquales.

✠ 10. Ad eandem proportionem habentium quæ maiorem proportionem habet, illa maior est : ad quam verò eadem maiorem habet proportionem, illa minor est.

✠ 11. Quæ eidem eædem sunt proportiones,& inter se eædem sunt.

✚ 12. Si quotcumque magnitudines proportionales fuerint, vt vna antecedentium ad vnam consequentium, ita erunt antecedentes omnes ad omnes consequentes.

✚ 13. Si prima ad secundam eandem habeat proportionem, quam tertia ad quartam : tertia autem ad quartam maiorem proportionem habeat, quàm quinta ad sextam : & prima ad secundam maiorem habebit proportionem, quàm quinta ad sextam. *Videantur Corollaria.*

✚ 14. Si prima ad secundam eandem habeat proportionem, quam tertia ad quartam : prima autem maior sit, quàm tertia : & secunda quàm quarta maior erit : & si æqualis, æqualis : & si minor, minor. *Vide Scholium.*

✚ 15. Partes eodem modo multiplicium inter se comparatæ eandem habent proportionem.

✚ 16. Si quatuor magnitudines proportionales fuerint, & permutatæ proportionales erunt. *Vide Corollarium.*

✚ 17. Si compositæ magnitudines sint proportionales, & diuisæ proportionales erunt.

✚ 18. Si diuisæ magnitudines sint proportionales, & compositæ proportionales erunt.

19. Si fuerit vt tota ad totam, ita ablata ad ablatam : & reliqua ad reliquam erit, vt tota ad totam. *Vide Corollarium.*

✚ 20. Si sint tres magnitudines, & aliæ ipsis numero æquales, quæ binæ sumantur, & in eadem proportione : ex æquali autem prima maior sit quàm tertia : & quarta quàm sexta maior erit : & si æqualis, æqualis : & si minor, minor.

21. Si sint tres magnitudines, & aliæ ipsis numero æquales, quæ binæ sumantur, & in eadem proportione : sit autem perturbata earum analogia, & ex æquali prima maior sit quàm tertia : & quarta quàm sexta maior erit : & si æqualis, æqualis : & si minor, minor.

✚ 22. Si sint quotcúmque magnitudines, & aliæ ipsis numero æquales, quæ binæ sumantur in eadem proportione : & ex æquali in eadem proportione erunt. *Vide Scholium.*

✚ 23. Si sint tres magnitudines, & aliæ ipsis numero æquales, quæ binæ sumantur in eadem proportione, sit autem perturbata earum analogia : & ex æquali in eadem proportione erunt.

24. Si prima ad secundam eandem habeat proportionem, quam tertia ad quartam : habeat autem & quinta ad secundam proportionem eandem, quam sexta ad quartam : & composita prima & quinta ad secundam eandem proportionem habebit, quam tertia, & sexta ad quartam.

✚ 25. Si

✛ 25. Si quatuor magnitudines fuerint proportionales, maxima ipfarum,& minima duabus reliquis maiores erunt. *Sequentes prop.addi-dit Commandinus ex Pappo.*

✛ 26. Si prima ad fecundam maiorem habeat proportionem, quàm tertia ad quartam, & conuertendo fecunda ad primam minorem proportionem habebit, quàm quarta ad tertiam. *Vide Coroll.*

✛ 27. Si prima ad fecundā maiorem proportionem habeat, quàm tertia ad quartam: & permutando prima ad tertiam maiorem habebit proportionem, quàm fecunda ad quartam.

✛ 28. Si prima ad fecundam maiorem proportionem habeat, quàm tertia ad quartam: etiam componendo prima & fecunda ad fecundam maiorem proportionem habebit, quàm tertia & quarta ad quartam.

✛ 29. Si prima & fecunda ad fecundam maiorem habeat proportionem, quàm tertia, & quarta ad quartam: & diuidendo prima ad fecundam maiorem proportionem habebit, quàm tertia ad quartam.

✛ 30. Si prima & fecunda ad fecundam maiorem proportionem habeat, quàm tertia, & quarta ad quartam: per conuerfionem rationis prima & fecunda ad primam minorem habebit proportionem, quàm tertia & quarta ad tertiam.

✛ 31. Si prima ad tertiam maiorem proportionem habeat, quàm fecunda ad quartam, etiam prima ad tertiam habebit maiorem proportionem, quàm prima & fecunda ad tertiam & quartam.

✛ 32. Si tota ad totam maiorem habeat proportionem, quàm ablata ad ablatam, & reliqua ad reliquam maiorem proportionem habebit, quàm tota ad totam.

33. Si fint tres magnitudines, & aliæ ipfis numero æquales, habeatque prima priorum ad fecundam maiorem proportionem, quàm prima pofteriorum ad fecundam: fecunda verò priorum ad tertiam maiorem proportionem habeat, quàm fecunda pofteriorum ad tertiam: etiam ex æquali prima priorum ad tertiam maiorem habebit proportionem, quàm prima pofteriorum ad tertiam.

C

LIBER SEXTVS.

Definitiones quinque.

1. SImiles figuræ rectilineæ funt, quæ & fingulos angulos æquales habent & circa angulos æquales latera proportionalia.

2. Reciprocæ figuræ funt, quando in vtraque figura antecedentes, & confequentes rationes fuerint.

3. Extrema ac media ratione fecari recta linea dicitur, cùm vt tota ad maiorem portionem, ita maior portio ad minorem fe habuerit.

4. Altitudo cuiufcumque figuræ eft linea perpendicularis, quæ à vertice ad bafim ducitur.

5 Proportio ex proportionibus componi dicitur, quando proportionum quantitates inter fe multiplicatæ aliquam efficiunt proportionem. *Vide Scholium.*

Propofitiones triginta tres.

✛1. TRiangula & parallelogramma, quæ eandem habent altitudinem, inter fe funt vt bafes.

✛ 11. Si vni laterum trianguli parallela quædam recta linea ducta fuerit, proportionaliter fecabit ipfius trianguli latera : & fi trianguli latera proportionaliter fecta fuerint, quæ fectiones coniungit recta linea reliquo trianguli lateri parallela erit.

✛ 3. Si trianguli angulus bifariam fecetur, fecans autem angulum recta linea, fecet etiam bafim: bafis partes eandem proportionem habebunt, quam reliqua trianguli latera : quæ à vertice ad fectionem ducitur recta linea, trianguli angulum bifariam fecabit.

✛ 4. Æquiangulorum triangulorum latera, quæ circum æquales angulos proportionalia funt: & homologa fiue eiufdem rationis funt latera, quæ æqualibus angulis fubtenduntur.

✛ 5. Si duo triangula, latera proportionalia habeant, æquiangula erunt triangula, & æquales habebunt angulos, quibus homologa latera fubtenduntur.

✛ 6. Si duo triangula vnum angulum vni angulo æqualem habeant, circa æquales autem angulos latera proportionalia: æquian-

gula erunt triangula, & æquales habebunt angulos, quibus homologa latera subtenduntur.

✦ 7. Si duo triangula vnum angulum vni angulo æqualem habeant, circa alios autem angulos latera proportionalia, & reliquorum
vtrumque simul, vel minorem, vel non minorem recto : æquiangula
erunt triangula: & æquales habebunt angulos, circa quos latera sunt
proportionalia. •

✦ 8. Si in triangulo rectangulo ab angulo recto ad basim perpendicularis ducatur : quæ ad perpendicularem sunt triangula & tota &
inter se similia sunt.

9. A data recta linea partem imperatam abscindere.

10. Datam rectam lineam insectam, datæ rectæ lineæ sectæ similiter secare. *Videantur Corollaria.*

11. Duabus datis rectis lineis tertiam proportionalem inuenire. •

12. Tribus datis rectis lineis quartam proportionalem inuenire.

13. Duabus datis rectis lineis mediam proportionalem inuenire.

✦ 15. Æqualium & vnum vni æqualem habentium angulum parallelogrammorum latera, quæ circum æquales angulos, ex contraria parte sibiipsis respondent ; siue reciprocè proportionalia sunt:
& quorum triangulorum vnum vni æqualem habentium angulum
latera, quæ circum æquales angulos, ex contraria parte sibiipsis respondent: ea inter se sunt æqualia.

✦ 16. Si quatuor rectæ lineæ proportionales fuerint, rectangulum
extremis contentum æquale est ei rectangulo, quod mediis continetur: & si rectangulum extremis contentum æquale fuerit ei, quod
mediis continetur, quatuor rectæ lineæ proportionales erunt.

✦ 17. Si tres rectæ lineæ proportionales fuerint, rectangulum extremis contentum æquale est ei, quod à media fit, quadrato : & si rectangulum extremis contentum æquale fuerit ei, quod à media fit,
quadrato: tres rectæ lineæ proportionales erunt.

18. A data recta linea dato rectilineo simile, & similiter positum
rectilineum describere.

✦ 19. Similia triangula inter se sunt in dupla proportione laterum
homologorum. *Vide Corollarium.*

✦ 20. Similia polygona in similia triangula diuiduntur, & numero
æqualia, & homologa totis. & polygonum ad polygonum duplam
proportionem habet eius, quam latus homologum habet ad homologum latus. *Vide duo Corollaria.*

21. Quæ eidem rectilineo sunt similia. & inter se similia sunt.

✦ 22. Si quatuor rectæ lineæ proportionales fuerint, & rectilinea, quæ ab ipfis fiunt, fimilia & fimiliter defcripta proportionalia erunt. Et fi rectilinea, quæ ab ipfis fiunt, fimilia & fimiliter defcripta proportionalia fuerint, & ipfæ rectæ lineæ proportionales erunt. *Vide Lemma.*

+ 23. Æquiangula parallelogramma inter fe proportionem habent ex lateribus compofitam. *Vide Corollarium, & duo theoremata.*

+ 24. Omnis parallelogrammi, quæ circa diametrum funt parallelogramma, & toti & inter fe fimilia funt.

25. Dato rectilineo fimile, & alteri dato æquale idem conftituere.

26. Si à parallelogrammo parallelogrammum auferatur fimile toti, & fimiliter pofitum, communem ipfi angulum habens, circa diametrum eft toti.

+ 27. Omnium parallelogrammorum ad eandem rectam lineam applicatorum, & deficientium figuris parallelogrammis fimilibus, & fimiliter pofitis ei quæ à dimidia defcribitur, maximum eft quod ad dimidiam eft applicatum, fimile exiftens defectui.

28. Ad datam rectam lineam dato rectilineo æquale parallelogrammum applicare, deficiens figurâ parallelogrammâ, quæ fimilis fit alteri datæ. Oportet autem datum rectilineum, cui æquale applicandum eft, non maius effe eo, quod ad dimidiam applicatur, fimilibus exiftentibus defectibus, & eo quod à dimidiâ, & eo, cui oportet fimile deficere. *Videatur Problema.*

29. Ad datam rectam lineam dato rectilineo æquale parallelogrammum applicare, excedens figurâ parallelogrammâ, quæ fimilis fit alteri datæ.

30. Datam rectam lineam terminatam extremâ ac mediâ ratione fecare.

+ 31. In rectangulis triangulis figura, quæ fit à latere rectum angulum fubtendente, æqualis eft eis, quæ à lateribus rectum angulum continentibus fiunt, fimilibus, & fimiliter defcriptis. *Videatur theorema Pappi.*

+ 32. Si duo triangula componantur ad vnum angulum, quæ duo latera duobus lateribus proportionalia habeant, ita vt homologa latera ipforum etiam fint parallela, reliqua triangulorum latera in directum fibi conftituta erunt.

+ 33. In circulis æqualibus anguli eandem habent proportionem, quam circumferentiæ, quibus infiftunt, fiue ad centra, fiue ad circumferentias infiftant. Adhuc autem & fectores, quippe qui ad centra funt conftituti. *Hinc vt fector ad fectorem, ita angulus ad angulum.*

LIBER SEPTIMVS.

Definitiones viginti tres.

1. VNitas est, quâ vnumquodque eorum, quæ sunt, vnum dicitur.

2. Numerus autem ex vnitatibus constans multitudo.

3. Pars est numerus numeri, minor maioris, quando maiorem metitur.

4. Partes autem, quando non metitur.

5. Multiplex est maior minoris, quando minor eum metitur.

6. Par numerus est, qui bifariam diuiditur.

7. Impar verò, qui bifariam non diuiditur: vel qui à pari numero vnitate differt.

8. Pariter par numerus est, quem par numerus per parem numerum metitur. *Vide Scholium.*

9. Pariter verò impar est, quem par numerus per numerum imparem metitur. *Vide Commentarium.*

10. Impariter verò impar numerus est, quem impar numerus per numerum imparem metitur.

11. Primus numerus est, quem vnitas sola metitur.

12. Primi inter se numeri sunt, quos sola vnitas communis mensura metitur.

13. Compositus numerus est, quem numerus aliquis metitur.

14. Compositi inter se numeri sunt, quos numerus aliquis communis mensura metitur.

15. Numerus numerum multiplicare dicitur, quando quot vnitates sunt in ipso, toties componitur multiplicatus, & aliquis gignitur.

16. Quando duo numeri sese multiplicantes aliquem fecerint, qui factus est planus appellatur: latera verò ipsius se se multiplicantes numeri.

17. Quando autem tres numeri se se multiplicantes aliquem fecerint, factus solidus appellatur: latera verò ipsius se se multiplicantes numeri.

18. Quadratus numerus est, qui æqualiter est æqualis, vel qui duobus æqualibus numeris continetur.

C iij

9. Quicumque numerus alium metitur, multiplicans eum, vel multiplicatus ab eo, per quem metitur, illum ipsum producit.

10. Si numerus numerum alium multiplicans, aliquem produxerit, multiplicans quidem productum metitur per vnitates quæ sunt in multiplicato: multiplicatus verò metitur eumdem per vnitates quæ sunt in multiplicante.

11. Quicumque numerus metitur duos, vel plures, metietur quoque eum, qui ex illis componitur.

12. Quicumque numerus metitur aliquem, metietur quoque eum, quem ille ipse metitur.

13. Quicumque numerus metitur totum & ablatum, etiam reliquum metietur.

Propositiones 41

+ 1. SI duobus numeris inæqualibus expositis, detracto semper minore de maiore, reliquus minimè metiatur præcedentem, quoad assumpta fuerit vnitas: numeri à principio positi primi inter se erunt.

2. Duobus numeris datis non primis inter se, maximam eorum communem mensuram inuenire. *Vide Corollarium.*

3. Tribus numeris datis non primis inter se, maximam ipsorum communem mensuram inuenire. *Vide Corollarium.*

4. Omnis numerus omnis numeri minor maioris, vel pars est, vel partes.

+ 5. Si numerus numeri pars fuerit, & alter alterius eadem pars: & vterque vtriusque eadem pars erit, quæ vnus vnius.

6. Si numerus numeri partes fuerit, & alter alterius eædem partes: & vterque vtriusque eædem partes erit, quæ vnus vnius.

+ 7. Si numerus numeri pars fuerit, quæ ablatus ablati: & reliquus reliqui eadem pars erit, quæ totus totius.

8. Si numerus numeri partes fuerit, quæ ablatus ablati: & reliquus reliqui eædem partes erit, quæ totus totius.

+ 9. Si numerus numeri pars fuerit, & alter alterius eadem pars: & permutando quæ pars est, vel partes primus tertij, eadem erit pars, vel eædem partes, & secundus quarti

+ 10. Si numerus numeri partes fuerit, & alter alterius eædem partes: & permutando quæ partes est primus tertij, vel pars, eædem partes erit, & secundus quarti, vel eadem pars.

✛ 11. Si fuerit vt totus ad totum, ita ablatus ad ablatum, & reliquus ad reliquum erit, vt totus ad totum.

✛ 12. Si quotcumque numeri proportionales fuerint, vt vnus antecedentium ad vnum consequentium, ita erunt omnes antecedentes ad omnes consequentes. *Vide Scholium.*

✛ 13. Si quatuor numeri proportionales fuerint, & permutando proportionales erunt.

✛ 14. Si fuerint quotcumque numeri, & alij ipsis multitudine æquales, qui bini sumantur, & in eâdem proportione: etiam ex æquali in eâdem propoitione erunt. *Videantur qxinque propofitiones Commandini.*

✛ 15. Si vnitas numerum aliquem metiatur, alter autem numerus æqualiter metiatur alium aliquem: & permutando vnitas tertium numerum æqualiter metietur, atque secundus quartum.

✛ 16. Si duo numeri se se multiplicantes fecerint aliquos, facti ex ipsis inter se æquales erunt.

17. Si numerus duos numeros multiplicans fecerit aliquos, facti ex ipsis eandem proportionem habebunt, quam multiplicati.

18. Si duo numeri numerum aliquem multiplicantes fecerint aliquos, facti ex ipsis eamdem proportionem habebunt, quam multiplicantes.

19. ✛ Si quatuor numeri proportionales fuerint, qui ex primo, & quarto fit numerus, æqualis erit ei, qui fit ex secundo & tertio: & si numerus, qui fit ex primo,& quarto, æqualis fuerit ei, qui ex secundo, & tertio, quatuor numeri proportionales erunt.

✛ 20. Si tres numeri proportionales fuerint, qui ab extremis fit numerus, æqualis erit ei, qui fit à medio. Si autem qui ab extremis fit, æqualis fuerit ei, qui à medio: tres numeri proportionales erunt.

✛ 21. Minimi numeri eamdem, quam ipsi proportionem habentium, eos, qui eamdem habent proportionem, æqualiter metiuntur, maior maiorem, & minor minorem.

✛ 22. Si sint tres numeri, & alij ipsis multitudine æquales, qui bini sumantur, & in eâdem proportione: fit autem perturbata eorum analogia: etiam ex æquali in eâdem proportione erunt.

23. Primi inter se numeri minimi sunt eorum, qui eamdem, quam ipsi proportionem habent.

✛ 24. Minimi numeri eorum, qui eamdem, quam ipsi proportionem habent, primi inter se sunt.

25. Si duo numeri primi inter se fuerint, qui vnum ipsorum metitur numerus ad reliquum primus erit.

✛ 26. Si

✣ 26. Si duo numeri ad aliquem numerum primi fuerint, & qui fit ex ipsis ad eum primus erit.

✣ 27. Si duo numeri primi inter se fuerint, qui fit ab vno ipsorum ad reliquum primus erit.

✣ 28. Si duo numeri ad duos numeros vterque ad vtrumque primi fuerint, & qui fiunt ex ipsis inter se primi erunt.

✣ 29. Si duo numeri primi inter se fuerint, & vterque seipsum multiplicans faciat aliquos: facti ex ipsis primi erunt inter se, & si numeri à principio positi eos, qui facti sunt, multiplicantes aliquos faciant, & ipsi inter se primi erunt: & semper circa extremos hoc continget.

✣ 30. Si duo numeri primi inter se fuerint, & vterque simul ad vtrumque ipsorum primus erit. Quod si vterque simul ad vnum aliquem ipsorum sit primus, & numeri à principio positi inter se primi erunt.

✣ 31. Omnis primus numerus ad omnem numerum, quem non metitur, primus est.

✣ 32. Si duo numeri se se multiplicantes aliquem faciant, eum verò qui ex ipsis fit, metiatur aliquis numerus primus: & vnum ipsorum, qui à principio positi sunt, metietur.

33. Omnem numerum compositum primus aliquis numerus metitur.

✣ 34. Omnis numerus vel primus est, vel eum primus aliquis numerus metitur.

35. Numeris quotcumque datis inuenire minimos eorum, qui eandem, quam ipsi, proportionem habeant. *Videatur Problema Commandini.*

36. Duobus numeris datis, inuenire quem minimum numerum metiantur. *Vide Scholium.*

✣ 37. Si duo numeri metiantur numerum aliquem, & minimus, quem illi metiuntur, eumdem metietur.

✣ 38. Tribus numeris datis inuenire quem minimum numerum metiantur.

39. Si numerum numerus aliquis metiatur, mensus partem habebit à metiente denominatam.

40. Si numerus partem quamcumque habeat, eum numerus à parte denominatus metietur.

41. Numerum inuenire, qui minimus existens datas partes habeat.

D

LIBER OCTAVVS.

Propositiones vigintiseptem.

1. SI sint quotcumque numeri deinceps proportionales, quorum extremi sunt inter se primi : minimi erunt omnium qui eandem, quam ipsi proportionem habent.

2. Numeros inuenire deinceps proportionales minimos, quotcumque quis imperauerit in data proportione. *Vide Corollarium.*

3. Si sint quotcumque numeri deinceps proportionales, minimi omnium, qui eamdem quam ipsi, proportionem habent, eorum extremi primi inter se erunt.

4. Proportionibus datis quotcumque in minimis numeris, numeros inuenire deinceps minimos in datis proportionibus.

✚ 5. Plani numeri inter se proportionem habent ex lateribus compositam.

6. Si fuerint quotcumque numeri deinceps proportionales, primus autem secundũ non metiatur:neque alius aliquis vllum metietur.

7. Si fuerint quotcumque numeri deinceps proportionales, primus autem metiatur extremum; & secundum metietur.

8. Si inter duos numeros numeri deinceps proportionales ceciderint, quot inter eos cadunt, numeri deinceps proportionales, totidem & inter alios eamdem, quam ipsi, proportionem habentes cadent.

9. Si duo numeri inter se primi fuerint, & inter ipsos numeri deinceps proportionales ceciderint, quot inter ipsos cadunt numeri deinceps proportionales, totidem & inter vtrumque ipsorum, & vnitatem deinceps proportionales cadent.

10. Si inter duos numeros, & vnitatem deinceps proportionales numeri ceciderint, quot inter vtrumque ipsorum, & vnitatem cadunt numeri deinceps proportionales: totidem & inter ipsos numeri deinceps proportionales cadent.

✚ 11. Inter duos numeros quadratos vnus medius proportionalis cadit : & quadratus ad quadratum duplam proportionem habet eius, quam latus habet ad latus.

✚ 12. Inter duos numeros cubos duo medij proportionales cadunt, & cubus ad cubum triplam habet proportionem eius, quam latus habet ad latus.

13. Si sint quotcumque numeri deinceps proportionãles, & vnuſquiſque ſe ipſum multiplicans faciat aliquos: faĉti ex ipſis proportionales erunt: & poſiti à principio numeri faĉtos multiplicantes alios
faciant, & ipſi proportionales erunt, & ſemper circa extremos hoc
continget.

✠ 14. Si numerus quadratus metiatur quadratum numerum, & latus latus metietur: & ſi latus metiatur latus, & quadratus quadratum
metietur.

✠ 15. Si numerus cubus metiatur cubum numerum, & latus latus
metietur: & ſi latus metiatur latus, & cubus cubum metietur.

✠ 16. Si numerus quadratus non metiatur quadratum numerum,
neque latus latus metietur: & ſi latus non metiatur latus, neque quadratus quadratum metietur.

✠ 17. Si numerus cubus non metiatur cubum numerum, neque
latus latus metietur: & ſi latus non metiatur latus, neque cubus cubum metietur.

✠ 18. Inter duos ſimiles planos numeros vnus medius proportionalis cadit: & planus ad planum duplam proportionem habet eius,
quam latus homologum habet ad homologum latus.

✠ 19. Inter duos ſimiles ſolidos numeros duo medij proportionales cadunt; & ſolidus ad ſolidum triplam proportionem habet eius,
quam latus homologum habet ad homologum latus.

✠ 20. Si inter duos numeros vnus medius proportionalis cadat, numeri ſimiles plani erunt.

✠ 21. Si inter duos numeros duo medij proportionales cadant, numeri ſimiles ſolidi erunt.

✠ 22. Si tres numeri deinceps proportionales fuerint, primus autem ſit quadratus, & tertius quadratus erit.

✠ 23. Si quatuor numeri deinceps proportionales fuerint, primus
autem ſit cubus, & quartus cubus erit.

✠ 24. Si duo numeri inter ſe proportionem habeant, quam numerus quadratus ad quadratum numerum, primus autem ſit quadratus;
& ſecundus quadratus erit.

✠ 25. Si duo numeri inter ſe proportionem habeant, quam numerus cubus ad cubum numerum, primus autem ſit cubus; & ſecundus
cubus erit.

26. Similes plani numeri inter ſe proportionem habent, quam numerus quadratus ad quadratum numerum.

27. Similes ſolidi numeri inter ſe proportionem habent, quam numerus cubus ad cubum numerum.

LIBER NONVS.

Propositiones triginta sex.

✦ 1. SI duo similes plani numeri se se multiplicantes aliquem fece-rint, factus quadratus erit.

✦ 2. Si duo numeri se multiplicantes quadratum numerum effi-ciant, similes plani erunt.

✦ 3. Si cubus numerus seipsum multiplicans faciat aliquem, fa-ctus cubus erit.

✦ 4. Si numerus cubus cubum numerum multiplicans faciat ali-quem, factus cubus erit.

5. Si numerus cubus numerum aliquem multiplicans faciat cubum, multiplicatus cubus erit.

✦ 6. Si numerus seipsum multiplicans cubum faciat, & ipse cubus erit.

7. Si compositus numerus numerum aliquem multiplicans, quem-piam faciat, factus solidus erit.

✦ 8. Si ab vnitate quotcumque numeri deinceps proportionales fuerint, tertius quidem ab vnitate quadratus est, & vnum intermiten-tes omnes : quartus autem est cubus, & duos intermittentes omnes: septimus verò cubus simul, & quadratus, & quinque intermittentes omnes.

9. Si ab-vnitate quotcumque numeri deinceps proportionales fuerint, qui verò post vnitatem sit quadratus; & reliqui omnes qua-drati erunt : at si qui post vnitatem sit cubus, & reliqui omnes cubi erunt.

10. Si ab vnitate quotcumque numeri deinceps proportionales fuerint, qui verò post vnitatem non sit quadratus ; neque alius vllus quadratus erit, præter tertium ab vnitate, & vnum intermittentes omnes : at si qui post vnitatem non sit cubus; neque alius vllus cubus erit, præter quartum ab vnitate, & duos intermittentes omnes.

11. Si ab vnitate quotcumque numeri deinceps proportionales fuerint, minor maiorem metitur per aliquem eorum, qui sunt in nu-meris proportionalibus.

12. Si ab vnitate quotlibet numeri deinceps proportionales fue-rint, quicumque primorum numerorum metiuntur vltimum ijdem

& eum, qui vnitati proximus est, metientur.

13. Si ab vnitate quotcùmque numeri deinceps proportionales fuerint; qui verò post vnitatem primus sit : maximum nullus alius metietur præter eos, qui sunt in numeris proportionalibus.

14. Si minimum numerum primi numeri metiantur, nullus alius numerus metietur ipsum præter eos, qui à principio metiebantur.

15. Si tres numeri deinceps proportionales fuerint, minimi eorum qui eandem, quam ipsi proportionem habeant; duo quilibet compositi ad reliquum primi etunt. *Videantur* 10. *theoremata.*

16. Si duo numeri primi inter se fuerint, non erit vt primus ad secundum, ita secundus ad alium vllum.

17. Si fuerint quotcumque numeri deinceps proportionales, extremi autem ipsorum primi, inter se sint, non erit vt primus ad secundum, ita vltimus ad alium vllum.

18. Duobus numeris datis considerare an tertius ipsis proportionalis inueniri possit.

19. Tribus numeris datis considerare an quartus ipsis proportionalis inueniri possit.

20. Primi numeri plùres sunt; omni proposita multitudine primorum numerorum. *vide Scholium.*

21. Si pares numeri quotcumque componantur, totus par erit.

22. Si impares numeri quotcumque; componantur, multitudo autem ipsorum sit par, totus par erit.

23. Si impares numeri quotcumque componantur, & multitudo ipsorum sit impar, & totus impar erit.

24. Si à pari numero par auferatur, & reliquus par erit.

25. Si à pari numero impar auferatur, & reliquus impar erit.

26. Si ab impari numero impar auferatur, & reliquus par erit.

27. Si ab impari numero par auferatur, reliquus impar erit.

28. Si impar numerus parem multiplicans faciat aliquem, factus par erit.

29. Si impar numerus imparem numerum multiplicans faciat aliquem, factus impar erit.

30. Si impar numerus parem numerum metiatur, & dimidium eius metietur.

31. Si impar numerus ad aliquem numerum sit primus, & ad ipsius duplum primus erit.

32. Numerorum à binario duplatorum vnusquisque pariter par est tantùm.

34. Si par numerus neque sit à binario duplatus, neque dimidium

imparèm habeat, pariter par eſt, & pariter impar.

✛ 35. Si ſint quotcumque numeri deinceps proportionales : auferantur autem à ſecundo, & vltimo æquales primo : erit vt ſecundi exceſſus ad primum, ita vltimi exceſſus ad omnes ipſum antecedentes.

✛ 36. Si ab vnitate quotcumque numeri deinceps proportionales exponantur in dupla analogia, quoad totus compoſitus primus fiat, & totus in vltimum multiplicatus faciat aliquem : factus perfectus erit. *Videatur Scholium decimilibri, qui ſequitur.*

LIBER DECIMVS.

Definitiones vndecim.

1. Commenſurabiles magnitudines dicuntur, quas eadem menſura metitur.

2. Incommenſurabiles autem, quarum nullam eſſe communem menſuram contingit.

3. Rectæ lineæ potentia commenſurabiles ſunt, cùm ea, quæ ab ipſis fiunt, quadrata idem ſpatium metitur.

4. Incommenſurabiles autem, cùm quadratis, quæ ab ipſis fiunt, nullum commune ſpatium eſſe contingit.

5. His poſitis oſtenditur, cuicumque rectæ lineæ propoſitæ rectas lineas multitudine infinitas, & commenſurabiles eſſe, & incommenſurabiles : alias quidem longitudine & potentia : alias verò potentia ſolùm. Vocetur autem propoſita recta linea, rationalis.

6. Et huic menſurabiles ſiue longitudine & potentia, ſiue potentia ſolùm, rationales.

7. Incommenſurabiles verò irrationales vocentur.

8. Et quadratum, quod è recta linea propoſita, dicatur rationale.

9. Et huic commenſurabilia quidem rationalia.

10. Incommenſurabilia verò, irrationalia dicantur.

11. Et rectæ lineæ, quæ incommenſurabilia poſſunt, vocentur irrationales : ſi quidem ea quadrata ſint, ipſorum latera : ſi verò alia quæpiam rectilinea, quæ ipſis æqualia quadrata deſcribunt.

Communes Notiones quatuor.

1. Qvælibet magnitudo multiplicata potest omnem propositam magnitudinem eiusdem generis superare.

2. Quæcumque magnitudo metitur aliquam, metitur quoque eam quam illa ipsa metitur.

3. Quæcumque magnitudo metitur totam, & ablatam: etiam reliquam metietur.

4. Quæcumque magnitudo metitur duas, vel plures magnitudines, metitur quoque eam, quæ ex ipsis componitur.

Propositiones 117.

1. DVabus magnitudinibus inæqualibus expositis, si à maiori auferatur maius, quam dimidium: & ab eo, quod reliquum est, rursus auferatur maius quam dimidium, & hoc semper fiat: relinquetur tandem quædam magnitudo, quæ minori magnitudine exposità minor erit.

11. Si duabus magnitudinibus inæqualibus expositis detracta semper minore de maiore, reliqua minimè præcedentem metiatur: magnitudines incommensurabiles erunt. *Vide duo Scholia.*

111. Duabus magnitudinibus commensurabilibus datis, maximam earum communem mensuram inuenire. *Vide Coroll. & Schol.*

1v. Tribus magnitudinibus commensurabilibus datis, maximam ipsarum communem mensuram inuenire. *Vide Coroll. & duo Scholia.*

✤ v. Commensurabiles magnitudines inter se proportionem habent, quam numerus ad numerum. *Vide Scholium.*

✤ v1. Si duæ magnitudines inter se proportionem habeant, quam numerus ad numerum, commensurabiles magnitudines erunt. *Vide Coroll. & Scholium.*

✤ v11. Incommensurabiles magnitudines inter se proportionem non habent, quam numerus ad numerum.

✤ v111. Si duæ magnitudines inter se proportionem non habeant, quam numerus ad numerum, incommensurabiles erunt.

✤ 1x Quæ à rectis lineis longitudine commensurabilibus fiūt quadrata inter se proportionem habent, quam quadratus numerus ad quadratum numerum: & quadrata inter se proportionem habentia, quam quadratus numerus ad quadratum numerum, & latera habebunt longitudine commensurabilia: quadrata verò, quæ à longitudine incommensurabilibus rectis lineis fiunt, inter se proportionem non habent, quam quadratus numerus ad quadratum nemerum, neque latera habebunt longitudine commensurabilia. *Vide Corollarium, & Scholium.*

✦ 10. Si quatuor magnitudines proportionales fuerint, prima verò secundæ fuerit commensurabilis, & tertia commensurabilis erit: & si prima secundæ fuerit incommensurabilis, & tertia quartæ incommensurabilis erit. *Vide tria Lemmata.*

11. Propositæ rectæ lineæ inuenire duas rectas lineas incommensurabiles, alteram quidem longitudine tantùm, alteram verò etiam potentia.

✦ 12. Quæ eidem magnitudini sunt commensurabiles, & inter se commensurabiles sunt. *Vide Scholium.*

✦ 13. Si sint duæ magnitudines, & altera quidem eidem sit commensurabilis: magnitudines inter se incommensurabiles erunt.

✦ 14. Si duæ magnitudines commensurabiles sint, altera autem ipsarum alicui magnitudini sit incommensurabilis, & reliqua eidem incommensurabilis erit. *Vide Lemma.*

✦ 15. Si quatuor rectæ lineæ proportionales fuerint: prima verò tanto plus possit quàm secunda, quantum est quadratum rectæ lineæ sibi commensurabilis longitudine: & tertia tanto plus poterit, quàm quarta, quantum est quadratum rectæ lineæ sibi longitudine commensurabilis. Quòd si prima tanto plus possit, quàm secunda, quantum est quadratum rectæ lineæ sibi incommensurabilis longitudine: & tertia, quàm quarta tanto plus poterit, quantum est quadratum rectæ lineæ sibi longitudine incommensurabilis.

✦ 16. Si duæ magnitudines commensurabiles componantur, & tota magnitudo vtrique ipsarum commensurabilis erit: quod si tota magnitudo vni ipsarum sit commensurabilis, & quæ à principio magnitudines commensurabiles erunt.

✦ 17. Si duæ magnitudines incommensurabiles componantur & tota magnitudo vtrique ipsarum incommensurabilis erit: quod si tota magnitudo vni ipsarum sit incommensurabilis, & quæ à principio magnitudines incommensurabiles erunt. *Vide tria Lemmata.*

✦ 18. Si duæ rectæ lineæ inæquales sint, quartæ autem parti quadrati, quod fit à minori æquale parallelogrammum ad maiorem applicetur, deficiens figurâ quadratâ, & in partes longitudine commensurabiles ipsam diuidat: maior tanto plus poterit quàm minor,

quantum

quantum est quadratum rectæ lineæ sibi longitudine commensurabilis. Quod si maior tanto plus possit, quàm minor, quantum est quadratum rectæ lineæ sibi longitudine commensurabilis, quartæ autem parti quadrati, quod sit à minori æquale parallelogrammum ad maiorem applicetur, deficiens figurâ quadratâ : in partes longitudine commensurabiles ipsam diuidet.

✦ 19. Si duæ rectæ lineæ inæquales sint, quartæ autem parti quadrati, quod sit à minori æquale parallelogrammum ad maiorem applicetur, deficiens & figura quadrata, & in partes incommensurabiles longitudine ipsam diuidat : maior tanto plus poterit, quàm minor, quantum est quadratum rectæ lineæ sibi longitudine incommensurabilis. Quod si maior tanto plus possit, quàm minor, quantum est quadratum rectæ lineæ sibi longitudine incommensurabilis, quartæ autem parti quadrati, quod sit à minori æquale parallelogrammum ad maiorem applicetur, deficiens quadrata figura : in partes longitudine incommensurabiles ipsam diuidet. *Vide Schol. & tria Lemmata.*

✦ 20. Quod rationalibus longitudine commensurabilibus rectis lineis secundùm aliquem prædictorum modorum continetur rectangulum rationale est. *Videantur quatuor theoremata.*

✦ 21. Si rationale ad rationalem applicetur, latitudinem efficit rationalem, & ei, ad quam applicatum est, longitudine commensurabilem. *Vide duo Lemmata.*

✦ 22. Quod rationalibus potentiâ solùm commensurabilibus rectis lineis continetur rectangulum irrationale est: & recta linea ipsum potens est irrationalis. Vocetur autem media. *Vide duo Scho. & Lemma.*

23. Quod sit à media ad rationalem applicatum, latitudinem efficit rationalem, & ei ad quam applicatum est, longitudine incommensurabilem.

24. Mediæ commensurabilis, media est. *Vide Coroll. & Schol.*

25. Quod mediis longitudine commensurabilibus rectis lineis continetur rectangulum medium est. *Vide quatuor theoremata.*

26. Quod sub mediis potentiâ solùm commensurabilibus rectis lineis continetur rectangulum, vel rationale est, vel medium. *Vide Scholium.*

27. Medium non superat medium rationali.

28. Medias inuenire potentiâ solùm commensurabiles, quæ rationale contineant.

29. Medias inuenire potentiâ solùm commensurabiles, quæ medium contineant. *Vide duo Lemmata, & Caroll.*

E

30. Inuenire duas rationales potentiâ solùm commensurabiles, ita vt maior plus possit, quàm minor quadrato rectæ linæ sibi longitudine commensurabilis. *Vide Schol.*.

31. Inuenire duas rationales potentiâ solùm commensurabiles, ita, vt maior plus possit, quàm minor quadrato rectæ lineæ sibi longitudine incommensurabilis. *Vide Lemma.*

32. Inuenire duas medias potentiâ solùm commensurabiles, quæ rationale contineant, ita vt maior plus possit, quàm minor quadrato rectæ lineæ sibi longitudine commensurabilis. *Vide Lemma.*

33. Inuenire duas medias potentiâ solùm commensurabiles, quæ medium contineant, ita vt maior plus possit, quàm minor, quadrato rectæ lineæ sibi longitudine cōmensurabilis. *Vide tria Lemmata.*

34. Inuenire duas rectas lineas potentiâ incommensurabiles, quæ faciant compositum quidem ex ipsarum quadratis rationale: rectangulum verò, quod ipsis continetur, medium. *Vide Schol. & quinque theoremata.*

35. Inuenire duas rectas lineas potentiâ incommensurabiles, quæ faciant compositum quidem ex ipsarum quadratis medium, rectangulum verò quod ipsis continetur rationale.

36. Inuenire duas rectas lineas potentiâ incommensurabiles, quæ faciant & compositum ex ipsarum quadratis medium, & rectangulum, quod ipsis continetur, medium, incommensuraביléque compositо ex ipsarum quadratis.

+37. Si duæ rationales potentiâ solùm commensurabiles componantur, tota irrationalis erit. Vocetur autem ex binis nominibus. *Vide Scholium.*

+38. Si duæ mediæ potentiâ solùm commensurabiles componantur, quæ rationale contineant, tota irrationalis erit. Vocetur autem ex binis mediis prima.

+39. Si duæ mediæ potentiâ solùm commensurabiles componantur, quæ medium contineant, tota irrationalis erit. Vocetur autem ex binis mediis secunda. *Vide Scholium.*

40. Si duæ rectæ lineæ potentiâ incommensurabiles componantur, quæ faciant compositum quidem ex ipsarum quadratis rationale: quod autem ipsis continetur medium, tota recta linea irrationalis erit. Vocetur autem maior. *Vide Scholium.*

41. Si duæ rectæ lineæ potentiâ incommensurabiles componantur, quæ faciant compositum quidem ex ipsarum quadratis medium, quod autem ipsis continetur, rationale: tota recta linea irrationalis erit. Vocetur autem rationale, ac medium potens. *Vide Scholium.*

42. Si duæ rectæ lineæ potentiâ incommenſurabiles componantur, quæ faciant compoſitum ex ipſarum quadratis medium, & quod ipſis continetur medium, incommenſurabiléque compoſito ex quadratis ipſarum, tota recta linea irrationalis erit. Vocetur autem bina media potens. *ide Scholia duo, & Lemma.*

43. Quæ ex binis nominibus ad vnum dumtaxat punctum diuiditur in nomina.

44. Quæ ex binis mediis prima ad vnum dumtaxat punctum diuiditur in nomina.

45. Quæ ex binis mediis ſecunda ad vnum dumtaxat punctum diuiditur in nomina.

46. Maior ad idem dumtaxat punctum diuiditur in nomina.

47. Rationale, ac medium potens ad vnum dumtaxat punctum diuiditur in nomina.

48. Bina media potens ad vnum dumtaxat punctum diuiditur in nomina.

Definitiones ſecundæ ſex.

1. EXpoſita rationali, & quæ ex binis nominibus diuiſa in nomina, cuius maius nomen plus poſſit, quàm minus, quadrato rectæ lineæ ſibi longitudine commenſurabilis, ſiquidem maius nomen expoſitæ rationali commenſurabile ſit longitudine, tota dicatur ex binis nominibus prima.

2. Si verò minus nomen expoſitæ rationali longitudine ſit commenſurabile, dicatur ex binis nominibus ſecunda.

3. Quod ſi neutrum ipſorum nominum ſit longitudine commenſurabile expoſitæ rationali, vocetur ex binis nominibus tertia.

4. Rurſus ſi maius nomen plus poſſit, quàm minus, quadrato rectæ lineæ ſibi longitudine incommenſurabilis, ſi quidem maius nomen expoſitæ rationali ſit commenſurabile longitudine, dicatur ex binis nominibus quarta.

5. Si verò minus dicatur quinta.

6. Quod ſi neutrum, dicatur ſexta. *Vide Scholium.*

Propofitiones.

49.50.51.52.53. & 54. Inuenire ex binis nominibus primam, fecundam, tertiam, quartam, quintam, & fextam. *Vide Lemma.*

55. Si fpatium contineatur rationali, & ex binis nominibus prima.
recta linea fpatium potens irrationalis eft, quæ ex binis nominibus.
appellatur.

56. Si fpatium contineatur rationali, & ex binis nominibus fecunda, recta linea fpatium potens irrationalis eft, quæ ex binis mediis.
prima appellatur.

57. Si fpatium contineatur rationali, & ex binis nominibus tertia,
recta linea fpatium potens irrationalis eft, quæ appellatur ex binis.
mediis fecunda.

58. Si fpatium contineatur rationali, & ex binis nominibus.
quarta, recta linea fpatium potens irrationalis eft, quæ vocatur.
maior.

59. Si fpatium contineatur rationali, & ex binis nominibus quinta, quæ fpatium poteft recta linea irrationalis eft, vocaturque rationale, & medium potens.

60. Si fpatium contineatur rationali, & ex binis nominibus fexta,
quæ fpatium poteft recta linea irrationalis eft: vocaturque bina me.
dia potens. *Vide Lemma.*

61. Quadratum eius, quæ eft ex binis nominibus ad rationalem applicatum latitudinem facit ex binis nominibus primam.

62. Quadratum eius, quæ eft ex binis mediis prima, ad rationalem.
applicatum latitudinem facit ex binis nominibus fecundam.

63. Quadratum eius, quæ eft ex binis mediis fecunda, ad rationalem applicatum latitudinem facit ex binis nominibus tertiam.

64. Quadratum maioris ad rationalem applicatum latitudinem facit ex binis nominibus quartam.

65. Quadratum eius, quæ rationale, ac medium poteft ad rationalem applicatum latitudinem facit ex binis nominibus quintam.

66. Quadratum eius, quæ bina media poteft, ad rationalem applicatum latitudinem facit ex binis nominibus fextam.

67. Ei, quæ eft ex binis nominibus longitudine commenfurabilis,
& ipfa ex binis nominibus eft; atque ordine eadem.

68. Ei, quæ eft ex binis mediis longitudine commenfurabilis, &
pfa ex binis mediis eft, atque ordine eadem.

69. Maiori commensurabilis, & ipsa maior est.

70. Rationale, ac medium potenti commensurabilis, & ipsa rationale, ac medium potens est.

71. Bina media potenti commensurabilis, & ipsa bina media potens est.

72. Si rationale, & medium componantur, quatuor irrationales
sunt, vel ea, quæ ex binis nominibus, vel quæ ex binis mediis prima,
vel maior, vel rationale ac medium potens.

73. Si duo media inter se incommensurabilia componantur, duæ
reliquæ irrationales fiunt, vel ex binis mediis secunda, vel bina media potens. Vide Scholium.

74. Si à rationali rationalis auferatur potentia solùm commensurabilis existens toti, reliqua irrationalis est. Vocetur autem apotome.

75. Si à media auferatur potentia solùm commensurabilis existens
toti, quæ cum tota rationale contineat: reliqua irrationalis est. Vocetur autem mediæ apotome prima.

76. Si à media media auferatur, potentia solùm commensurabilis
existens toti, quæ cum tota medium contineat: & reliqua irrationalis est. Vocetur autem mediæ apotome secunda.

77. Si à recta linea recta linea auferatur, potentia incommensurabilis existens toti, quæ cum tota faciat compositum quidem ex ipsarum quadratis rationale, quod autem ipsis continetur medium: reliqua irrationalis est. Vocetur autem minor.

78. Si à recta linea recta linea auferatur potentia incommensurabilis existens toti, & cum tota faciens compositum quidem ex ipsarum quadratis medium, quod autem ipsis bis continetur rationale:
reliqua irrationalis est: vocetúrque cum rationali medium totum
efficiens.

79. Si à recta linea recta linea auferatur potentia incommensurabilis existens toti: & cum tota faciens compositum quidem ex ipsarum quadratis medium, quod autem ipsis bis continetur medium,
incommensuraléque composito ex quadratis ipsarum: reliqua irrationalis est. Vocetur autem cum medio medium totum efficiens.

80. Apotomæ vna tantùm congruit recta linea potentia solùm
commensurabilis existens toti.

81. Mediæ apotomæ primæ vna tantùm congruit recta linea media, potentia solùm commensurabilis existens toti, & cum tota
rationale continens.

82. Mediæ apotomæ secundæ vna tantùm congruit recta linea

E iij

tertiam, quartam, quintam, & sextam apotomem.

XCII. Si spatium contineatur rationali, & apotoma prima, recta linea spatium potens apotome est.

XCIII. Si spatium contineatur rationali, & apotoma secunda, recta linea spatium potens mediæ est apotome prima.

XCIV. Si spatium contineatur rationali, & apotome tertia, recta linea spatium potens mediæ est apotome secunda.

XCV. Si spatium contineatur rationali, & apotoma quarta, recta linea spatium potens minor est.

XCVI. Si spatium contineatur rationali, & apotoma quinta, recta linea spatium potens est, quæ cum rationali medium totum efficit.

XCVII. Si spatium contineatur rationali, & apotoma sexta, recta linea spatium potens est, quæ cum medio medium totum efficit.

XCVIII. Quadratum apotomæ ad rationalem applicatum latitudinem facit apotomen primam.

XCIX. Quadratum mediæ apotomæ primæ ad rationalem applicatum latitudinem facit apotomen secundam.

C. Quadratum mediæ secundæ apotomæ ad rationalem applicatum latitudinem facit apotomen tertiam.

CI. Quadratum minoris ad rationalem applicatum latitudinem facit apotomen quartam.

CII. Quadratum eius, quæ cum rationali medium totum efficit, ad rationalem applicatum latitudinem facit apotomen quintam.

CIII. Quadratum eius, quæ cum medio medium totum efficit, ad rationalem applicatum latitudinem facit apotomen sextam.

CIV. Recta linea apotomæ longitudine commensurabilis, & ipsa apotome est, atque ordine eadem.

CV. Recta linea mediæ apotomæ commensurabilis, & ipsa mediæ apotomæ est, atque ordine eadem.

CVI. Recta linea minori commensurabilis, & ipsa minor est.

CVII. Recta linea commensurabilis ei, quæ cum rationali medium efficit, & ipsa cum rationali medium totum efficiens est.

CVIII. Recta linea commensurabilis ei, quæ cum medio medium totum efficit, & ipsa cum medio totum efficiens est.

CIX. Medio de rationali detracto, recta linea, quæ reliquum spatium potest, vna ex duabus irrationalibus fit, vel apotome, vel minor.

CX. Rationali de medio detracto aliæ duæ irrationales fiunt, vel mediæ apotome prima, vel cum rationali medium totum efficiens.

.111. Medio de medio detracto, quod fit incommenfurabile toti, reliquæ duæ irrationales fiunt, vel mediæ apotomæ fecunda, vel cum medio medium totum efficiens.

. 112. Apotome non eft eadem quæ ex binis nominibus. *Rectæ verò lineæ quæ fequuntur apotomen, & eam quæ ex binis nominibus funt numero tredecim, videlicet* 1. media. 2. quæ ex binis nominibus. 3. quæ ex binis mediis prima. 4. quæ ex binis mediis fecunda. 5. maior. 6. rationale ac medium potens. 7. bina media potens. 8. apotome. 9. mediæ apotomæ prima. 10. mediæ apotomæ fecunda. 11. minor. 12. cum rationali medium totum efficiens. 13. cum medio medium totum efficiens.

.113. Quadratum rationalis ad eam, quæ ex binis nominibus applicatum latitudinem facit apotomen, cuius nomina commenfurabilia funt nominibus eius, quæ eft ex binis nominibus, & in eadem proportione: & adhuc apotome, quæ fit, eumdem habet ordinem, quem ea, quæ eft ex binis nominibus.

114. Quadratum rationalis ad apotomen applicatum latitudinem facit eam, quæ ex binis nominibus, cuius nomina commenfurabilia funt apotomæ nominibus, & in eadem proportione, & adhuc quæ ex binis nominibus fit, eumdem habet ordinem, quæ ipfa apotome.

115. Si fpatium contineatur apotoma, & ea, quæ ex binis nominibus, cuius nomina commenfurabilia fint nominibus apotomæ, & in eadem proportione: recta linea fpatium potens eft rationalis. *Vide Coroll. & monitum Candallæ.*

116. A media infinitæ irrationales fiunt, & nulla alicui intercedentium eft eadem.

✝ 117. Propofitum fit nobis oftendere in quadratis figuris diametrum lateri incommenfurabilem effe longitudine.

LIBER

LIBER VNDECIMVS

ELEMENTORVM,
Solidorum verò primus.

DEFINITIONES 19.

SOlidum eſt, quod longitudinem, latitudinem, & craſſitudinem habet.

1. Solidi terminus eſt ſuperficies.

2. Recta linea ad planum recta eſt, quando ad omnes rectas lineas, quæ ipſam contingunt, & in ſubiecto ſunt plano, rectos angulos ficit. *Vide Scholium.*

4. Planum ad planum rectum eſt, quando communi planorum ſectioni ad rectos angulos ductæ rectæ lineæ in vno plano, alteri plano ad rectos angulos fuerint.

5. Rectæ lineæ ad planum inclinatio eſt, quando à ſublimi termino lineæ ad planum perpendiculari acta, à puncto facto ad terminum lineæ, qui eſt in plano, recta linea ducta fuerit, angulus acutus, qui à recta linea & ſtante continetur.

6. Plani ad planum inclinatio eſt angulus acutus rectis lineis contentus, quæ ad rectos angulos communi planorum ſectioni ad vnum eius punctum in vtroque planorum ducuntur.

7. Planum ad planum ſimiliter inclinari dicitur, & alterum ad alterum, quando dicti inclinationum anguli inter ſe fuerint æquales.

8. Plana parallela ſunt, quæ inter ſe non conueniunt.

9. & 10. Similes *& æquales* ſolidæ figuræ ſunt, quæ ſimilibus planis altitudine *& magnitudine* æqualibus continentur.

11. Solidus angulus eſt plurium, quàm duarum linearum, quæ ſe contingant, & non in eadem ſint ſuperficie, ad omnes lineas inclitio; *vel,* Solidus angulus eſt, qui pluribus, quàm duobus planis angulis comprehenditur, non exiſtentibus in eodem plano, & ad vnum punctum conſtitutis. *Vide Scholium.*

12. Pyramis eſt figura ſolida planis comprehenſa, quæ ab vno plano ad vnum punctum conſtituitur.

E

13. Prisma est figura solida planis comprehensa, quorum duo, quæ opponuntur æqualia, & similia & parallela sunt: reliqua verò paral^ lelogramma.

14. Sphæra est figura comprehensa, quando circa manentem diametrum semicirculus conuersus restituitur rursus in eumdem locum, à quo moueri cœpit.

15. Axis sphæræ est recta linea manens, circa quam semicirculus conuertitur.

16. Centrum sphæræ est idem, quod & semicirculi centrum.

17. Diameter sphæræ est recta linea quædam per centrum ducta, & ex vtraque parte à superficie sphæræ terminata.

18. Conus est comprehensa figura, quando orthogonij trianguli manente vno latere eorum, quæ circa rectum angulum sunt, triangulum conuertitur, quoad rursus in eumdem restituatur locum, à quo moueri cœpit. Et si quidem manens recta linea æqualis fuerit reliquo lateri, quod circa rectum angulum conuertitur, conus orthogonius erit: si verò minor, amblygonius: & si maior, oxygonius.

19. Axis coni est recta linea manens, circa quam triangulum conuertitur.

20. Basis verò, circulus à conuersa recta linea descriptus. *Vide Scholium, & alias definitiones conorum in Apollonio, & Seremo nostro.*

21. Cylindrus est comprehensa figura, quando orthogonij parallelogrammi manente vno latere eorum, quæ circa rectum angulum sunt, parallelogrammum conuertitur, quousque rursus restituatur in eumdemque locum, à quo moueri cœpit.

22. Axis cylindri est manens recta linea, circa quam parallegrammum conuertitur.

23. Bases autem, circuli, qui à duobus è regione lateribus conuersi describuntur. *Vide Serenum.*

24. Similes coni, & cylindri sunt, quorum & axes, & basium diametri eamdem inter se proportionem habent.

25. Cubus est figura solida, sex æqualibus quadratis contenta.

26. Tetraëdrum est figura solida quatuor triangulis æqualibus & æquilateris comprehensa.

27. Octaëdrum est figura solida octo triangulis æqualibus, & æquilateris comprehensa.

28. Dodecaëdrum est figura solida, quæ duodecim pentagonis æqualibus, & æquilateris, & æquiangulis continetur.

·29. Icosaëdrum est figura solida, quæ viginti triangulis æqualibus, & æquilateris comprehenditur.

His autem tres sequentes definitiones Candalla subiungit.

30. Solidum parallelepipedum est figura solida sub quadrangulis planis, quorum quæ ex opposito sunt parallela comprehensa.

31. Figura solida in figura solida inscribi dicitur, quando inscriptæ figuræ anguli simul angulos, aut simul superficies, vel simul latera circumscriptæ tangunt.

32. Figura solida figuræ solidæ circumscribi dicitur, quando circumscriptæ figuræ anguli simul, latera simul, aut superficies simul angulos inscriptæ tangunt. *Vide monitum Candalla.*

Propositiones quadraginta.

1. REEctæ lineæ pars quædam non est in subiecto plano, quædam verò in sublimi. *Vide Scholium.*

✦ 2. Si duæ rectæ lineæ se inuicem secent, in vno sunt plano, & omne triangulum in vno plano consistit. *Vide Scholium.*

✦ 3. Si duo plana se inuicem secent, communis ipsorum sectio recta linea erit.

✦ 4. Si recta linea duabus rectis lineis se inuicem secantibus in communi sectione ad rectos angulos insistat, etiam ducto per ipsas plano ad rectos angulos erit.

✦ 5. Si recta linea tribus rectis lineis sese tangentibus in communi sectione ad rectos angulos insistat, tres illæ rectæ lineæ in vno plano erunt.

✦ 6. Si duæ rectæ lineæ eidem plano ad rectos angulos fuerint, illæ inter se parallelæ erunt.

✦ 7. Si duæ rectæ lineæ parallelæ sint, sumantur autem in vtraque ipsarum quælibet puncta: quæ dicta puncta coniungit recta linea in eodem erit plano. in quo & parallelæ.

✦ 8. Si duæ rectæ lineæ parallelæ sint, altera autem ipsarum plano alicui sit ad rectos angulos: & reliqua eidem plano ad rectos angulos erit.

✦ 9. Quæ eidem rectæ lineæ sunt parallelæ non existentes in eodem, in quo ipsa plano, etiam inter se parallelæ erunt.

✦ 10. Si duæ rectæ lineæ sese contingentes duabus rectis lineis sese contingentibus sint parallelæ, non autem in eodem plano: æquales angulos continebunt. *Vide Scholium.*

F iij

11. A dato puncto sublimi ad subiectum planum perpendicularem rectam lineam ducere.

12. Dato plano à puncto, quod in ipso datum est, ad rectos angulos. rectam lineam constituere.

13. Dato plano à puncto, quod in ipso est, duæ rectæ lineæ ad rectos angulos non constituentur ex eadem parte.

14. Ad quæ plana eadem recta linea est perpendicularis, ea parallela. sunt. *Vide Scholium.*

15. Si duæ rectæ lineæ sese tangentes duabus rectis lineis sese tangentibus sint parallelæ, non autem in eodem plano : & quæ per ipsas transeunt plana parallela erunt.

16. Si duo plana parallela ab aliquo plano secentur, communes ipsorum sectiones parallelæ erunt.

+ 17. Si duæ rectæ lineæ à parallelis secentur planis, in easdem proportiones secabuntur.

18. Si recta linea plano alicui sit ad rectos angulos, & omnia quæ per ipsam transeunt plana eidem plano ad rectos angulos erunt.

19. Si duo plana se inuicem secantia plano alicui sunt ad rectos angulos, & communis ipsorum sectio eidem plano ad rectos angulos erit.

+ 20. Si solidus angulus tribus angulis planis contineatur, duo quilibet reliquo maiores sunt, quomodocumque sumpti.

+ 21. Omnis solidus angulus minoribus quàm quatuor rectis angulis planis continetur.

22. Si sint tres anguli plani, quorum duo reliquo sint maiores, quomodocumque sumpti, contineant autem ipsos rectæ lineæ æquales, fieri potest, vt ex iis quæ rectas æquales coniungunt triangulum constituatur.

23. Ex tribus angulis planis, quorum duo reliquo sint maiores, quomodocumque sumpti, solidum angulum constituere. Oportet autem tres angulos quatuor rectis esse minores. *Vide. Lemmata, & tres propositiones Scholy.*

+ 24. Si solidum parallelis planis contineatur, opposita ipsius plana & æqualia & parallelogramma erunt. *Vide quatuor Corol. Candalla.*

+ 25. Si solidum parallelepipedum plano secetur oppositis planis parallelo, erit vt basis ad basim, ita solidum ad solidum.

26. Ad datam rectam lineam, & ad datum in ipsa punctum dato angulo solido æqualem angulum solidum constituere.

27. A data recta linea dato solido parallelepipedo simile & similiter positum solidum parallelepipedum describere.

+ 28. Si solidum parallelepipedum plano secetur per diagonales oppolitorum planorum, ab ipso plano bifariam fecabitur.

✢ 29. & 30. Solida parallelepipeda, quæ in eadem funt bafi, & eadem altitudine, fiue eorum ftantes fint in eifdem rectis lineis fiue non
inter fe funt æqualia.

✢ 31. Solida parallepipeda, quæ in æqualibus funt bafibus, & eadem
altitudine, inter fe funt æqualia. Vide Coroll. Candalla.

✢ 32. Solida parallelepipeda, quæ eamdem habent altitudinem, inter
fe funt vt bafes.

✢ 33. Similia folida parallelepipeda inter fe funt in tripla proportione homologorum laterum, Vide Coroll. Command. & Candal.

✢ 34. Æqualium folidorum parallelepipedorum bafes ex contraria
parte altitudinibus refpondetur; & quorum folidorum parallelepipedorum bafes ex contraria parte altitudinibus refpondent, ea inter fe
funt æqualia. Vide Coroll.

✢ 35. Si fint duo anguli plani æquales, & in verticibus ipforū fublimes
rectæ lineæ conftituantur, quæ cum rectis lineis à principio pofitis
angulos contineant æquales, alterum alteri : in fublimibus autem fumantur quæuis puncta, atque ab ipfis ad plana inquibus funt anguli
primi perpendiculares ducantur : & à punctis, quæ à perpendicularibus fiunt in planis ad primos angulos iungantur rectæ lineæ : cum
fublimibus æquales angulos continebunt. Vide Coroll. Command. &
Candal.

✢ 36. Si tres rectæ lineæ proportionales fint, folidum parallelepipedum, quod à tribus fit, æquale eft folido parallelepipedo, quod fit à media; æquilatero quidem, æquiangulo autem antedicto.

✢ 37. Si quatuor rectæ lineæ proportionales fint, & quæ ab ipfis
fiunt folida parallelepipeda fimilia , & fimiliter defcripta proportionalia erunt. Et fi quæ ab ipfis fiunt folida parallelpipeda fimilia & fimiliter defcripta proportionalia fint : & ipfæ rectæ lineæ proportionales
erunt.

✢ 38. Si planum ad planum rectum fit, & ab aliquo puncto eorum,
quæ funt in vno plano ad alterum planum perpendicularis ducatur,
ea in communem planorum fectionem cadet.

✢ 39. Si in folido parallelepipedo oppofitorum planorum latera fecentur bifariam, per fectiones verò plana ducantur, communis planorum fectio, & folidi parallelepipedi diameter fefe bifariam fecabunt.
Vide Coroll. Cand.

✢ 40. Si fint duo prifmata æqualta, quorum vnum quidem bafim
habeat parallelogrammum; alterum verò triangulum, & parallelogrammū duplum fit trianguli: ea inter fe æqualia erunt. Vide Cor. Cand.

LIBER DVODECIMVS,

ET S.OLIDORVM SECVNDVS.

PROPOSITIONES.

✠ 1. S IMILIA polygona, quæ in circulis deſcribuntur: inter ſe
ſunt vt diametrorum quadrata.

2. Circuli inter ſe ſunt vt diametrorum quadrata. *Vide Lemma &
Scholium Comm. & duo coroll. Candal.*

3. Omnis pyramis triangularem habens baſim diuiditur in duas pyramides æquales, & ſimiles inter ſe, quæ triangulares baſes habent-
ſimiléſque toti: & duo priſmata æqualia, quæ quidem priſmata dimidio totius pyramidis ſunt maiora.

✠ 4. Si ſint duæ pyramides æquealtæ, quæ triangulares baſes habeant, diuidatur autem vtraque ipſarum, & in duas pyramides æquales inter ſe, ſimiléſque toti, & in duo priſmata æqualia, & factarum pyramidum vtraque eodem modo diuidatur, atque hoc ſemper fiat: erit
vt vnius pyramidis baſis ad baſim alterius, ita & in vna pyramide priſmata omnia ad priſmata omnia in altera pyramide, altitudine æqualia *Vide Lemma.*

✠ 6. & 7. Pyramides quæ in eadem altitudine, & triangulares, *vel
multiangulas* baſes habent, inter ſe ſunt vt baſes.

✠ 7. Omne priſma triangularem habent baſim diuiditur in tres pyramides æquales inter ſe, quæ triangulares baſes habent. *Vide 5.coro.l.
Candal.*

✠ 8. Similes pyramides, quæ triangulares, *vel multiangulas* baſes
habent, in tripla ſunt proportione homologorum laterum. *Vide duo
corol.& Theoremata.*

✠ 9. Æqualium pyramidum, & triangulares baſes habentium baſes ex contraria parte altitudinibus reſpondent: & quarum pyramidum triangulares baſes habentium baſes ex contraria parte altitudinibus reſpondeat, illæ ſunt æquales. *Vide Coroll. Cand.*

✠ 10. Omnis conus tertia pars eſt cylindri, qui eamdem baſim habet & altitudinem æqualem. *Vide Corollarium.*

✠ 11. Coni & cylindri, qui eamdem habent altitudinem, inter ſe
ſunt vt baſes.

.✤ 12. Similes coni & cylindri inter se sunt in tripla proportione diametrorum, quæ sunt in basibus.

✤ 13. Si cylindrus plano secetur oppositis planis parallelo, erit vt
cylindrus ad cylindrum, ita axis ad axem.

✤ 14. In æqualibus basibus existentes coni, & cylindri inter se sunt
vt altitudines.

✤ 15. Æqualium conorum, & cylindrorum bases ex contraria parte
altitudinibus respondent, & quorum conorum & cylindrorum bases
ex contraria parte altitudinibus respondent, illi inter se sunt æquales.
Vide Coroll. Candal.

✤ 16. Duobus circulis circa idem centrum existentibus in maiori
polygonum æqualium, & numero parium laterum describere, quod
minorem circulum non tangat. *Vide Lemma, & quatuor Corol. Candal.*

17. Duabus sphæris circa idem centrum existentibus in maiori solidum polyhedrum describere, quod minoris sphæræ superficiem non
tangat. *Vide Coroll.*

✤ 18. Sphæræ sunt inter se in tripla proportione suarum diametrorum. *Vide Coroll. Candalla qui sequentem 19. propositionem addit. Si sphæra planum tangat, à centro in contactum demissa, peprendicularis erit
plano.*

LIBER DECIMVS-TERTIVS

SOLIDORVM TERTIVS,

& corporum regularium primus.

Propositiones octodecim.

1. SI recta linea extrema, ac media ratione secta fuerit, maior portio assumens dimidiam totius, quintuplum potest eius, quod à
dimidia fit, quadrati. *Vide Scholium vtilissimū, & duas propositiones, &
Corol. Candal. quo ait maius segmentum cum dimidia posse sesquiquartum
totius.*

2. Si recta linea partis ipsius quintuplum possit, dupla dictæ partis,
extrema, ac media ratione secta, maior portio reliqua pars est eius,
quæ à principio rectæ lineæ. *Vide Scholium.*

3. Si recta linea extrema, ac media ratione secta fuerit, portio mi-

nor affumens dimidiam maioris portionis, quintuplum poteſt eius, quod à dimidia maioris portionis fit, quadrati. *Vide Scholium.*

4. Si reĉta linea extrema, ac media ratione feĉta fuerit, totius & minoris portionis vtraque quadrata tripla funt quadrati eius, quod à maiori fit portione. *Vide Scholium.*

5. Si reĉta linea extrema, ac media ratione fecetur, adiiciaturque ipſi æqualis maioriportioni: erit tota linea extrema, ac media'ratione feĉta, & maior portio erit ea, quæ à principio poſita eſt reĉta linea. *Vide Scholium & theorema; huic duas fequentes Maurolycus ſubiunxit.*

Si reĉta linea extrema, & media ratione fecetur, apponaturque ei æqualis minori fegmento: tota quintuplum poterit eius, quod à maiori fegmeuto, quadrati. *Deinde.* Si duæ reĉtæ lineæ extremâ, fingulæ & media ratione fecentur, totæ ad maiora fegmenta eandem habebunt rationem: item totæ ad minora eandem. Item fegmenta fegmentis proportionalia erunt.

6. Si reĉta linea rationalis extrema, ac media ratione feĉta fuerit, vtraque portio irrationalis eſt, quæ apotome appellatur. *Vide duas propoſitiones Command. & duo coroll. Candal.*

✛7. Si pentagoni æquilateri tres anguli ſiue continuati, ſiue non continuati fuerint æquales, æquiangulum erit pentagonum.

✛8. Si pentagoni æquilateri, & æquianguli duos continuatos angulos fubtendant reĉtæ lineæ, extrema, ac media ratione fe mutuò fecant, & maiores ipfarum portiones pentagoni lateri funt æquales.

✛9. Si hexagoni, & decagoni latera in circulo defcripta componantur, erit tota reĉta linea extrema, ac media ratione feĉta, & maior ipſius portio erit hexagoni latus. *Vide tres propoſitiones.*

✛10. Si in circulo pentagonum æquilaterum defcribatur, latus pentagoni poteſt, & hexagoni & decagoni latus in eodem circulo defcriptorum. *Vide Coroll. Candal.*

✛11. Si in circulo rationalem diametrum habente pentagonum æquilaterum defcribatur, pentagoni latus eſt linea irrationalis, quæ minor appellatur.

12. Si in circulo triangulum æquilaterum defcribatur, trianguli latus potentia triplum eſt eius, quæ ex circuli centro. *Vide quatuor vtilia corollaria Candalla.*

13. Pyramidem conſtituere, & fphæra data comprehendere, ac demonſtrare fphęrę diametrum potentia fefquialteram eſſe lateris ipſius pyramidis. *Vide tria corol. Candella.*

14. Oĉtaëdrum conſtituere, & fphæra comprehendere, qua & pyramidem, demonſtratéque fphęrę diametrum potentia duplam eſſe lateris

teris octaëdri. *Vide tria coroll. Candalla.*

15. Cubum conftituere, & fphæra comprehendere, qua & priores: demonftraréque fphæræ diametrum lateris cubi potentia triplam effe. *Vide duo coroll.* Candalla.

16. Icofaëdrum conftituere, & fphæra comprehendere, qua & prædictas figuras: demonftraréque icofaëdri latus irrationalem effe lineam, quæ minor appellatur. *Vide Coroll.*

17. Dodecaëdrum conftituere, & fphæra comprehendere, qua & prædictas figuras: demonftrareque dodecaëdri latus effe irrationalem lineam, quæ apotome appellatur. *Vide corollar. Command. & quatuor Coroll. Cand.*

18. Latera quinque figurarum exponere, & inter fe comparare. *Videatur Maurolycus, qui tabulis quibufdam explicat quot partium fint latera figurarum aquilaterarum circulo infcriptarum, cuius diameter fit. 12. partium. Vide duo Coroll. Candal. & monitum.*

LIBER DECIMVS-QVARTVS,

ET SOLIDORVM QVARTVS,

& corporum regularium
fecundus.

LIBER hic primus de quinque corporibus regularibus Hypficli Alexandrino tribuitur, qui eum Protarcho familiari fuo dedicat. Meminit etiam Apollonij, à quo librum de Dodecaëdri, & ifocaëdri in eadem fphæra defcriptorum comparatione fcriptum effe docet, quo tamen caremus, quamuis tunc in omnium manibus verfaretur.

Propofitiones feptem.

1. QVæ à centro circuli alicuius ad pentagoni latus in eodem circulo defcripti, perpendicularis ducitur, dimidia eft vtriufque & hexagoni lateris, & decagoni, quæ in eodem circulo defcri-

G

buntur. *Vide Coroll. Candal.*

2. Idem circulus comprehendit dodecaëdri pentagonum, & icosaëdri triangulum in eadem fphæra defcriptorum. *Videantur Coroll.*

3. Si fuerit pentagonum æquilaterum, & æquiangulum, & circa ipfum circulus: à centro autem ad vnum latus perpendicularis ducta fuerit: quod tricies vno latere, & perpendiculari continetur, fuperficiei dodecaëdri eſt æquale. *Vide Coroll.*

4. Hoc probato demonſtrandum erit, vt dodecaëdri fuperficies ad fuperficiem icofaëdri, ita effe latus cubi ad icofaëdri latus.

5. Oſtendendum eſt, & qualibet recta linea extrema, ac media ratione fecta, quam proportionem habet potens quadratum totius & quadratum maioris portionis ad eam, quæ poteſt quadratum totius & minoris portionis, eamdem habere cubi latus ad latus icofaëdri.

6. Oſtendendum nunc eſt vt latus cubi icofaëdri latus, ita effe dodecaëdri folidum ad folidum icofaëdri.

7. At verò duas rectas lineas, fi extrema, ac media ratione fectæ fuerint, in fubiecta effe analogia demonſtratur. *Vide Corol. Quibus nouas Maurolyci propoſitiones fubiungo.*

8. Trianguli æquilateri latus ad perpendicularem, quæ ab angulo ad baſim, potentia fefquitertium eſt.

9. Si trianguli æquilateri latus fuerit rationale, fuperficies eius eſt medialis.

10. Tota fuperficies pyramidis, vel octaëdri intra fphæram, cuius diameter rationalis eſt, defcripti medialis eſt.

11. Pyramidis latus ad perpendicularem, quæ à vertice ad baſim delabitur, potentia fefquialterum eſt. *Eadem eſt cum 13. prop. l. 13.*

12. À fphæræ centro ad baſim circumfcriptæ pyramidis recta perpendicularis eſt fexta pars fpæricæ diametri.

13. Sphæræ femidiameter ad perpendicularem à centro ad baſim octaëdri circumfcripti, potentia triplum eſt. Vnde latus ipſius folidi ad eandem perpendicularem potentia fextuplum erit.

14. Semidiameter fphæræ ad latus octaëdri potentia eſt vt 3. ad 6: latus autem octaëdri ad femediametrum circuli qui baſim octaëdri circumfcribet, vt 6. ad 2. in potentia, igitur, per æquam proportionem, femidiameter fphæræ ad femidiametrum dicti circuli eſt vt 3. ad 2: fed quadratum femidiametri dicti circuli cum quadrato perpendicularis æquum eſt quadrato femidiametri fphæræ, igitur quadratum femidiametri fphæræ ad quadratum perpendicularis triplum: quare latus octaëdri fextuplum potentialiter ad eamdem. *Eadem eſt cum 14.*

ropofitione lib. 13.

15. Perpendicularis à centro fphæræ ad bafim octaëdri potentialiter
ripla eft ad perpendicularem ab eodem centro ad bafim pyramidis in
adem fphæra locatæ.

16. Perpendicularis à centro fpęræ ad bafim cubi ab ipfa fphęra com-
rehenfi eft dimidium lateris cubi.

17. Duę perpendiculares, vna à centro fphæræ ad bafim octaëdri,
ltera ab eodem centro ab bafim cubi in eadem fphæra compre-
enforum funt æquales.

18. Bafis pyramidis ad bafim octaëdri in eadem fphæra comprehen-
i eft fefquitertia.

19. Tota pyramidis fuperficies ad totam octaëdri fuperficiem eft fub-
efquialtera.

20. Ratio fexcupla fuperpartiens tres quartas dupla eft ad rationem,
juam habet octaëdri folidum ad pyramidis folidum in eadem fphęra
xiftentium.

21. Cubi quadratum & octaëdri triangulum ab vna fphæra com-
rehenforum, ab eodem circulo circumfcribuntur.

22. Quod fub perpendiculari à centro bafis cubi ad latus, & fub ip-
o latere comprehenditur, rectangulum eft totius cubicæ fuperficiei
ars duodecima.

23. Quod fub perpendiculari à centro bafis octaëdri ad latus, & fub
pfo latere comprehenditur, rectangulum eft totius folidi areæ pars
luodecima.

24. A centro circuli ad latus trianguli æquilateri in circulo defcripti
erpendicularis dimidium eft femidiametri eiufdem circuli.

25. Sefquitertia ratio dupla eft eius, quam habet tota cubi fuperficie
d totam octaëdri fuperficiem.

26. Cubica fuperficies ad octaëdri fuperficiem eft ficut pyramidis
atus ad octaëdri latus in eadem fphæta.

27. Sicut eft cubi fuperficies ad octaëdri fuperficiem, fic cubi foli-
lum ad octaëdri folidum in eadem fphęra.

28. Dupla decemque vicefimas feptimas fuperpartiens ratio eft ficut
atio cubicę bafis ad octaëdricam bafim duplicata, folidorum in
adem fphæra locatorum.

29. Sefquitertia ratio dupla eft eius, quam habet cubica bafis ad py-
amidis bafim in eadem fphęra.

30. Tripla ratio dupla eft eius, quam habet cubica fuperficies ad py-
amidis fuperficiem in eadem fph æra.

21. Cubus triplus eft ad pyramidem in eadem fphæra defcri-

F ij

ptam. *Vide calculum iſtarum figurarum apud Maurolycum.* -

· 32. A centro ſphere ad baſim icoſaedri recta perpendicularis maior eſt quàm perpendicularis ab eodem centro ad baſim cubi in eadem ſphæra conſtituti.

33. Maius eſt icoſaedri latus ſphæræ, intra quam deſcribitur, ſemidiametro. -

24. Duo quadrata, quæ ex ſphæræ diametro, ſimul ſumpta æqualia ſunt ſuperficiei cubi in ſphæra conſtructi.

35. Viginti triangula æquilatera maius ſunt, quàm octo quadrata ſuper eiſdem deſcripta lateribus.

36. Icoſaedri ſuperficies maior eſt, quàm cubi in eadem ſphæra poſiti ſuperficies.

36. Icoſaedrum maius eſt cubo· ſecum in vna ſphæra deſcripto.

37. Quæ à circuli centro in pentagoni latus in ipſo circulo deſcripti perpendicularis ducitur, dimidia eſt ſimul vtriuſque & eius, quæ ex centro & lateris decagoni in eodem circulo deſcripti.

39. Quadrata, quod à latere pentagoni, quodque ex eius angulum ſubtendente, ſimul ſumpta, quincuplum ſunt quadràti, quod ex circuli pentagonum circumſcribentis ſemidiametro.

· 40. Idem circulus comprehendit dodecaedri quinquangulum & icoſaedri triangulum in eadem ſphæra deſcriptorum.

41 Perpendiculares à centro ſphæræ ad baſes dodecaedri & icoſaedri ab ipſa ſphæra circumſcriptorum ſunt æquales.·

42. Quod ſub perpendiculari à centro baſis dodecaedri ad latus, & ſub ipſo latere comprehenditur, rectangulum eſt totius ſuperficiei. dodecaedricæ pars triceſima.

· 43 Quod ſub perpendiculari à centro baſis icoſaedri ad latus, & ſub ipſo latere continetur rectangulum, eſt totius icoſaedricæ ſuperficiei pars triceſima.

44. Dodecaedri ſuperficies ad icoſaedri ſuperficiem eſt ſicut cubi latus ad icoſaedri latus, in ſolidis ſcilicet ab eadem ſphæra contentis.

45. Ex drodante diametri in dextantem lineæ angulum pentagoni ſubtendentis fit æquale pentagono, quod à circulo circumſcribitur, rectangulum.

46. Rurſum oſtendere, quòd ſicut cubi latus ad icoſaedri latus, ſic eſt dodecaedri ſuperficies ad icoſaedri ſuperficiem in eadem ſphæra conſcriptorum. *Sequens Maurolyci propoſitio eadem eſt cum quinta huius.*

47. Dodecaedri. ſolidum ad icoſaedri ſolidum in eadem ſphæra eſt ſicut dodecaedri ſuperficies ad icoſaedri ſuperficiem. *Hinc conſtat verſus ſextæ huius. Deinde prædictorum quinque ſolidorum in vna ſphæra.*

construttorum maximum esse dodecaedrum ; icosaëdrum autem maius esse cubo, cubum maiorem octaëdro ; octaëdrum maius pyramide. Quem etiam ordinem sequuntur illorum superficies, donec ad octaëdri superficiem deueniatur, quæ est sesquialtera superficiei pyramidis. Denique cuius corpus maximum, & superficies maxima, eiusdem latus est minimum ; ac proinde cuius soliditas, & superficies minima, eiusdem latus est maximum : nam magnitudinis laterum ordo conuersus est ad ordinem superficierum, & soliditatum. Videantur quædam alia propositiones Candalla.

LIBER DECIMVS-QVINTVS.
SOLIDORVM QVINTVS, ET CORPORVM
regularium tertius.

QVINQVE solùm Euclidis propositiones hocce libro legimus; quibus alias Maurolyci, & Flussatis subiungemus, ne quid huic libello desit.

Propositiones viginti duæ.

1. IN dato cubo pyramis ita inscribetur : protrahe sex basium cubi diametros ad quatuor ex cubi angulis concurrentes ; tales diametri erunt sex latera inscriptæ pyramidis.

2. In pyramide octaedrum inscribetur, si diuidantur singula pyramidis latera. *Vide coroll. Candal.*

3. In cubo octaedrum includetur, si coniungantur sex basium cubi centra per duodecim rectas. *Vide coroll. Cand.*

4. In octaedro cubus collocabitur, si octo triangulorum centra per duodecim rectas continuentur.

5. In octaedro pyramis inscribetur, si octaedro cubus, & cubo pyramis includatur. *Vide duo coroll. Candal.*

6. In icosaedro dodecaedrum coaptabitur, si coniungas viginti riangulorum cubi centra per triginta lineas ; quibus centris singulis nguli singuli dodecaedri incident.

7. In dodecaedro icosaedrum effingetur, si duodecim pentagonoim centra coniungantur productis triginta chordis: sic enim anguli ausi icosaedri tangent centra basium claudentis dodecaedri..

8. In dodecaedro cubus statuetur, si protrahas singulorum penta-

gonorum fingulas rectas, quæ pentagoni fubtendunt angulos. Sic 12 rectæ conftabunt 6 quadrata cubum inclufum conftruentia.

9. In dodecaedro octaedrum componetur, fi fex dodecaedri latera, quorum bina funt per diametrum oppofita, & æquidiftantia per æqualia diuidantur, & puncta diuifionum connectantur per duodecim lineas.

10. In dodecaedro pyramis accommodabitur per infcriptionem cubi in dodecaedro, & pyramidis in cubo.

11. In icofaedro cubus condetur, fi icofaedro dodecaedrum, & dodecaedro cubum infcribas.

12. In icofaedro pyramis figurabitur, fi icofaedro cubus, cuboque pyramis infcribatur. *Quæ quidem mutuæ regularium corporum infcriptiones poffent effe viginti: fed pyramidi folùm conuenit octaedrum infcribi: cubo pyramidem, & octaedrum: octaedro pyramidem & cubum: icofaedro pyramidem, cubum, & dodecaedrum: denique fingula dodecaedro.*

13. In quolibet dictorum folidorum fphæra infcribi poteft ; fi à centro fphæræ folidum circumfcribentis ducatur ad vnam bafium folidi linea perpendicularis.per 11. 11. ad cuius fpatium fuper centro femicirculus, & femicirculo circumducto fuper diametrum fphæra defcribetur, quæ ob æqualitatem perpendicularium tanget fingulas folidi bafes, cui infcribitur, in illis punctis quæ perpendicularium cafus fufcipiunt. *Videatur calculus laterum, & perpendicularium figurarum planarum, & folidarum apud Maurolycum. Videantur duo corol. Candalla ad hanc prop. quæ eft apud eum 21. Sequuntur alia propofitiones Candallæ, quibus utugentur corollaria.*

14. Propofito cubo dodecaedrum infcribere. Dimetiens autem fphæræ dodecaedrum ambientis bina poteft latera, fcilicet dodecaedri, & dodecaedrum ambientis cubi. Cubi verò latus extrema, & media ratione fectum efficit minus fegmentum latus dodecaedri fibi infcripti. Maius verò fegmentum latus cubi eidem dodecaedro infcripti. Denique cubi latus, dodecaedri infcripti, & circumfcripti lateribus eft æquale.

15. In dato cubo icofaedrum defcribere. Dimetiens verò fphæræ icofaedrum ambientis bina poteft & icofaedri & ipfum continentis cubi latera. *Videantur tria alia corollaria.*

16. & 17. In dato icofaedro octaedrum collocare, & in octaedro icofaedrum. *Videantur duo corol.*

18. & 19. In dato octaedro dodecaedrum; & in data trilatera; & æquilatera pyramide cubum collocare. Quæ verò bifariam fecat oppofita pyramidis latera, tripla eft lateris infcripti cubi: & per cen-

trum tranfit. Infuper pyramidis latus triplum eftacparallelum dimetientis cubi bafis: & duplum poteft eius, quæ coniungit oppofita.
eiufdem latera.

20. & 21. In prædicta pyramide icofaedrum & dodecaedrum com-
ponere. Dodecaedri autem & cubi in fphæra defcriptorum dime-
tientes dimidiæ funteius, quæ à pyramidis angulo in bafim demiffa
fuit. *Sequitur liber 16. quem Candalla quindecim libris elementorum Euclidis fubiunxit.*

LIBER · DECIMVS-SEXTVS
ELEMENTORVM
Geometricorum.

PROPOSITIONES.

1. **D**Odecaedrum, fibique infcriptus cubus, ac eidem cubo infcripta pyramis, eadem capiuntur fphærâ. Quæ tria folida fimiliter eidem infident icofaedro, octaedro,& pyramidi.

2. Dodecaedri circumfcripti ad dodecaedrum cubo infcriptum ratio tripla eft extremæ,& mediæ rationis.

3. Omnis quinquanguli æquilateri, & æquianguli, quæ ab vno
angulorum in bafim perpendicularis extrema & media ratione fecatur, per rectam angulum eumdem fubtendentem. *Vide coroll.*

4. Quæ ab angulis bafis pyramidis latera oppofita fecant extrema
& media ratione recta, ipfæ comprehendunt bafim icofaedri pyramidi infcripti, triangulo æquilatero infcriptam, cuius anguli latera bafis pyramidis extrema & media ratione locant.. *Vide duo coroll.*

5. Latus pyramidis extrema & media ratione fectum, efficit minus
fegmentum potentia duplum lateris icofaedri. *Vide Coroll.*

6. Latus cubi dimidium poteft lateris fibi infcriptæ pyramidis.
triangularis æquilateræ:

7. Latus pyramidis duplum eft lateris fibi infcripti octaedri.

8. Cubi latus duplum poteft lateris fibi infcripti octaedri..

9. Dodecaedri latus, maius fegmentum eft, eius quæ dimidium poteft lateris fibi infcriptæ pyramidis. ·· ·

10. Latus icofaedri media eft proportionalis inter latus cubi icofaedro circumfcripti, & dodecaedri eidem cubo infcripti.

11. Latus pyramidis octodecuplum potest lateris sibi inscripti cubi.

12. Latus pyramidis octodecuplum potest eius rectæ, cuius dodecaedri latus pyramidi inscripti, sit maius segmentum.

13. Minoris segmenti lateris octaedri duplum potest latus sibi inscripti icosaedri.

14. Octaedri & sibi inscripti cubi latera quadruplam sesquialteram rationem potentia habent.

15. Octaedri latus quadruplum sesquialterum potest rectæ, cuius dodecaedri ipsi octaedro inscripti latus erit maius segmentum.

16. Icosaedri latus est maius segmentum, eius quæ duplum potest lateris octaedri ipsi icosaedro inscripti.

17. Cubi latus ad sibi inscripti dodecaedri latus, rationem habet extremæ & mediæ rationalis duplam.

18. Dodecaedri ad sibi inscripti cubi latus, rationem habet mediæ ac extremæ conuersam.

19. Latus octaedri sesquialterum est lateris sibi inscriptæ pyramidis.

20. Si ab icosaedri dimetientis potentia, tripla auferatur lateris sibi inscripti cubi potentia, reliqua sesquitertia erit potentiæ lateris ipsius icosaedri. *Vide Coroll.*

21. Dodecaedri latus minus segmentum est eius quæ duplum potest lateris octaedri eidem dodecaedro inscripti.

22. Dimetiens icosaedri potest & sui ipsius lateris sesquitertium, & lateris icosaedro inscriptæ pyramidis sesquialterum.

23. Dodecaedri latus ad icosaedri sibi inscripti latus se habet ut minus segmentum perpendicularis pentagoni ad eam quæ ex centro in latus eiusdem pentagoni.

24. Si lateris icosaedri dimidia extrema & media ratione secta fuerit, minusque segmentum eius à toto latere tollatur, reliquæ verò tertia pars rursus auferatur, quæ superest, æqualis erit lateri dodecaedri ipsi icosaedro inscripti.

25. Datum cubum sibi inscriptæ trilateræ æquilateræ pyramidis triplum esse demonstrare.

26. Pyramidem præcedentem sibi inscripti octaedri duplam, & octaedrum pyramidis quæ super basi & vertice continetur, quadruplum esse ostendere.

27. & 28. Cubum sibi inscripti octaedri sextuplum: & octaedrum sibi inscripti cubi quadruplum sesquialterum esse patefacere. Hæc autem rationem, quam latera potentia, habent.

29. 30. Octaedrum sibi inscriptæ trilateræ æquilateræ pyramidis tre-

edecuplum fefquialterum:hanc autem cubi fibi infcripti non cuplam
fe demonftrare.

31. Octaedrum ad fibi infcriptum icofaedrum eam feruat, quam
nę octaedri bafes ad quinque icofaedri rationem.

32. Icofaedri folidi ad fibi infcriptum dodecaedri folidum ra-
ɔ conftat ex ratione lateris icofaedri ad latus cubi eadem fphæra
ɔmprehenfi,& ratione tripla dimetientis,ad eam quæ coniungit op-
ɔfitarum icofaedri bafium centra.

33. Dodecaedri folidum excedit cubi fibi infcripti folidum, pa-
llelepipedo folido, quod fuper eiufdem cubi bafi, vertice verò cu-
lateris maiori & dimidio minoris fegmentis conftituitur. *Vide Co-*
llarium.

34. Dodecaedri ad fibi infcriptum icofaedri folidum ratio conftat
tripla ratione dimetientis ad eam quæ coniungit oppofitarum do-
caedri bafium centra, & ratione lateris cubi ad latus icofaedri, ei-
m fphæræ infcriptorum.

35. Dodecaedri folidum pyramidis fibi circumfcriptæ folidi bipar-
ur nonas, dempto vnius nonæ(extremâ & mediâ ratione fectæ,di-
dio minoris fegmenti.

36. Octaedrum excedit fibi infcriptum icofaedrum folido paralle-
ɔipedo quod fuper potentia lateris icofaedri, vertice autem ea quæ
nidimetientis octaedri eft maius fegmentum. *Vide Corol.*

37. Si trianguli certam propofitam bafim habentis latera bafi po-
ɔtiâ commenfurabilia fuerint,à verticeautem demiffa perpendicu-
is bafim fecuerit, fectiones toti bafi longitudine, perpendicularis
ɔ potentiâ commenfurabiles erunt. *Vide Coroll.* 2.

38. Si propofita recta affumat maius , & dimidiæ minus fegmenta,
ius autem fufcipiatur maius maiori fegmenti, cubus ad fibi infcri-
im dodecaedrum habet rationem quam propofita ad idem minus
ɔmentum.

39. Si propofita recta affumat maius, & dimidium minoris fegm-
nta,tota recta ad tertium propofitæ fe habet,vt dodecaedri folidum
fibi infcriptæ pyramidis folidum.

40. Si dodecaedri dimetiens totam & minus fegmentum poffit,
ɔd fuper totius dimidia potentia, vertice verò eiufdem totius ter-
comprehenfum folidum, æquale erit octaedro eidem dodecaedro
ɔripto. *Vide Corol. & lemma.*

1. Si dimetiens icofaedri totam & maius fegmentum poffit, ab
autem tota tertium minoris fegmenti tollatur, quod ex reliquæ
diâ & extremâ ratione fectæ maiori fegmento folidum rectangu-

H

Rum, æquale erit cubo eidem icosaedro inscripto.

42. Si dimetiens icosaedri totam & maius segmentum possit, quod super totius dimidia potentia, vertice autem eiusdem tertio comprehensum solidum æquale erit octaedro eidem icosaedro inscripto.

43. Si dimetiens icosaedri totam & maius segmentum possit, à totius autem maiori segmento dimidium sui minoris tollatur, quod super requilæ quadrato, vertice verò eiusdem tertio comprehensum solidum æquale erit pyramidi eidem, icosaedro inscriptæ.

44. Pyramis ad sibi inscriptum dodecaedrum rationem habet quam nouem ad vnam, cum maiori & dimidio minoris eius segmentis, magnitudines.

45. Si à lateris cubi potentia tollatur tertium potentiæ sui maioris segmenti, quod sub vertice quintupartiente sextas eius quæ reliquum potest, & super triangulo quod ex dupla eiusdem maioris segmenti solidum æquale erit icosaedro eidem cubo inscripto.

46. Octaedri solidum ad sibi inscripti dodecaedri solidum se habet, vt quadratum lateris octaedri, ad quod sub tertio dimetientis, & ea quæ idem tertium excedit sui ipsius maiori, & dimido minoris segmentis comprehenditur rectangulum.

LIBER DECIMVS-SEPTIMVS,

SOLIDORVM VERO REGV-

larium compositorum

primus.

DEFINITIONES 2.

1. EXoctaedron est figura solida æquilatera; & æquiangula, sex æqualibus quadratis, & octotriangulis æqualibus & æquilateris comprehensa.

2. Icosidodecaedron est figura solida, æquilatera & æquiangula, duodecim quinquangulis æquilateris, æqualibus, & æquiangulis, & viginti triangulis, æqualibus & æquilateris comprehensa.

Propofitiones viginti-octo.

1. EXoctaedron æquilaterum & æquiangulum conftruere, & data fphæra comprehendere, & oftendere dimetientem lateris duplam effe. *Videantur quatuor Coroll.*

2. Icofidodecaedron æquilaterum & æquiangulum conftruere, & datâ fphærâ comprehendere, oftendereque dimetientem extrema & media ratione fectam efficere maius fegmentum, duplum lateris icofidodecaedri. *Vide duo Coroll.*

3. Idem defcribitur icofidodecaedron ablatis icofaedri folidis angulis, quod à dodecaedro perfimiles laterum fectiones. *Vide Coroll.*

4. Pyramidi trilateræ & æquilaterę exoctaedron infcribere.

Propofitiones à 5. ad 25. In dato octaedro; & cubo exoctaedrum; in icofaedro; & docaedro exoctaedron : In exoctaedro pyramidem trilateram, & æquilateram: octaedron: cubum: & icofaedron. In icofaedro : trilatera, & æquilatera pyramide: octaedro : & cubo, icofidodecaedron. In exoctaedro dodecaedron; in hoc icofidodecaedro dodecaedron cubum : pyramidem trilateram æquilateram, octaedron, icofaedron, & exoctaedron : & in exoctaedro icofidodecaedrum infcribere. *Vide 15. Coroll.*

26. Icofidodecaedri & exoctaedri bafes, & latera oppofita parallela ad inuicem effe demonftrare.

27. Icofidodecaedrum fecari bifariam 6. decagonis æquilateris, & æquiangulis vnde duodecim pyramidibus quinquangulis, & 20. pyram. triangulis æquis, & fimilibus componitur.

28. Exoctaedron quatuor hexagonis æquilateris, & æquiangulis bifariam fecatur. *Vide Coroll.*

G ij

LIBER DECIMVS-OCTAVVS.

SOLIDORVM VERO REGV-
larium compoſitorum.
ſecundus.

PROPOSITIONES 45.

1. OCtaedri latus ſibi inſcripti exoctaedri lateris duplum eſt.
2. Pyramidis trilateræ,& æquilateræ latus, lateris ſibi inſcriptæ exoctaedri quadruplum eſt.
3. Cubi latus, duplum poteſt lateris ſibi inſcripti exoctaedri.
4. Si icoſaedri maius ſegmentum ſecetur in totam & minus, latus icoſaedri aſſumens idem minus, duplum. poteſt lateris ſibi inſcriptæ exoctaedri.
5. Dodecaedri latus ad exoctaedri ſibi inſcripti latus eſt ſicut maius ſegmentum rectæ extremâ ac mediâ ratione ſectæ, ad eam quæ poteſt dimidium totius.
6. Exoctaedri latus ſibi inſcriptæ trilatteræ æquilateræ pyramidis lateris tripartitur quartas.
7. Latus exoctaedri lateri ſibi inſcripti octaedri eſt æquale.
8. Exoctaedri latus lateris ſibi inſcripti cubi ſeſquioctauum poteſt.
9. Latus exoctaedri ad latus ſibi inſcripti icoſaedri rationem habet quam recta potens dimidium rectæ extremâ, & mediâ ratione ſectæ ad maius ſegmentum totius.
10. Exoctaedri latus ad dodecaedri ſibi inſcripti latus ſe habet vt potens dimidium rectæ extrema,& media ratione ſectæ ad minus cius. ſegmentum.
11. Pyramidis lateris extremâ,& mediâ ratione ſecti minus ſegmentum octuplum eſt lateris ſibi inſcripti icoſidodecaedri potentia.
12. Octaedri latus extrema & media ratione ſectum efficit minus ſegmentum, duplum potentia lateris ſibi inſcripti icoſidodecaedri. Vide Coroll.
13 Lateris cubi dimidia extrema & media ratione ſecta, efficit maius ſegmentum latus icoſidodecaedri, eidem cubo inſcripti.
14. Icoſaedri latus, lateris ſibi inſcripti icoſidodecaedri duplum eſt.

5. Dodecaedri latus, icofidodecaedri fibi infcripti lateris extrema media ratione fecti, maioris fegmenti duplum eft. *Vide Coroll.*

7. Dodecaedri dimetiens quatuor planis orthogoniis fecatur, ad afque centri partes, extrema & media ratione iungentibus, *de Coroll. 2.*

7. Icofidodecaedri latus ad dodecaedri fibi infcripti latus ratio_ m habet, quam tota & maius, ad totam, maius & tertiam minoris ʒmenti, eiuſdem totius.

8. Icofidodecaedri latus deficit à latere fibi infcripti icofaedri, di- dio maioris fegmenti lateris icofaedri.

9. Icofidodecaedri latus fectu in totam & maius deficit à latere fibi ſcripti cubi, minoris eius fegmento, & infuper tertia parte minoris ʒmenti prædictæ totius.

o. Latus icofidodecaedri aſſumens maius eius fegmentum dimi- um.poteft lateris fibi infcripti octaedri.

r. Icofidodecaedri lateris maioris fegmento, extrema & média :ione fecto, tertium minoris eius fegmenti, eft exceſſus, quo totum :us deficit à maiori fegmento eius, quæ dimidium poteft lateris ico- lod. infcriptæ pyramidis.

2. Latus icofidod. dimidium poteft lateris fibi infcripti exoctae- i. *Vide Coroll.*

3. Latus exoctaedri duplum poteft eius, cuius latus fibi infcri- rcofidodecaedri eft maius fegmentum.

4. Cubus fibi infcripti exoctaedri fefquiquintum eft.

5. Octaedron fibi infcripti exoctaedri fupertripartiens quintas

6. Trilatera æquilatera pyramis fibi infcripti exoctaedri tripla quiquinta eft.

7. Dodecaedri folidum excedit exoctaedri fibi infcripti folidum. allelepipedo folido, quod fuper bafi cubi dodecaedro infcripti, tice autem maiore fegmento, dimidio minoris fegmenti, & fexta. te lateris cubi. *Vide Corollarium.*

8. Icofaedri folidum ad fibi infcripti exoctaedri folidum, ratio- π habet, quam folidum parallelepipedum, conftitutum fuper eo, ꝺd fub trianguli icofaedri latere, & dupla fuæ perpendicularis, yer- ſverò fuperpartiente tertias, eius quæ à centro in bafim icofaedri. pendicularis continetur, ad folidum parallelepipedum fuper qua- to lateris fumenti s minus fegmentum fui maioris, & in totam, & ꝺus fecti, vertice autem quintupartiente fextas totius compre- iſum. *Vide Coroll.*

H iij

29. Exoctaedri folidum ad fibi infcriptæ trilateræ æquil. pyramidis folidum rationem habet octuplam fuperfeptupartientem decimas fextas.

30. Ex octaedrum ad fibi infcriptum octaedrum, rationem habet quintuplam.

31. Exoctaedri folidum ad fibi infcripti cubi folidum rationem habet duplam fupertredecupartientem decimas fextas.

32. Si propofita recta affumat fui maius, & dimidia minus fegmenta, totius autem fufcipiatur minus maioris fegmenti, exoctaedrum ad fibi infcriptum dodecaedrum habebit rationem, quam propofitæ quinque fextæ, ad idem minus fegmentum.

33. Exoctaedrum ad icofaedrum fibi infcriptum, fe habet ficut folidum parallelepipedum fuper quadrato lateris icofaedri, cum maiori eius fegmento, vertice autem quintupartiente fextas totius comprehenfum, ad folidum parallelepipedum fuper eo quod fub icofaedri eodem latere, & tripla fibi potentia, vertice autem quintupartiente fextas iungentis oppofitarum eiufdem bafium centra.

34. Dodecaedron excedit fibi infcriptum icofidodecaedron, folido prifmate, cuius bafis eft æquilaterum triangulum, fuper binis eorum lateribus defcriptum, vertex autem minoris fegmenti dimetientis dodecaedri duo nona. *Vide duo Coroll.*

35. Icofaedri folidum excedit fibi infcripti icofidodecaedri folidum, folido fuper eiufdem pentagona bafi, vertice verò iungentis eiufdem, & oppofitæ bafis centra, dupla minoris fegmenti conftituto, *Vide duo Coroll.*

36. Octaedri folidum excedit fibi infcripti icofidodecaedri folidum folidis, quæ fuper quadrato duplæ lateris icofidodecaedri, vertice verò ea, quæ ex eiufdem centro, & fuper pentagono fui eiufdem lateris, vertice autem binis minoribus fegmentis, iungentis oppofitorum pentagonorum centra conftituuntur.

37. Si cubi dodecaedro infcripti latus, affumat maius, & dimidiæ minus fegmenta: totius autem fufcipiatur minus maioris fegmentum, cubus dodecaedro circumfcriptus excedet fibi infcriptum icofidodecaedrum, folido quod fuper bafi cubi infcripti, vertice verò ea qua latus eiufdem cubi excedit idem minus maioris fegmentum, & infuper prifmate fuper triangulo lateris eiufdem cubi, vertice autem quintupartiente decimas octauas maioris fegmenti dimetientis dodecaedri, conftituto.

38. Pyramis trilatera æquilatera icofidodecaedri fibi infcripti fuperat duplam, folido parallelepipedo, fuper quadrato dupli fui lateris,

vertice autem dimetiente comprehenso, & folido fuper pentagono eiufdem dupli lateris, vertice verò maiori fegmento eius, quæ à
pentagoni centro, conftituto.

39. Si recta iungentis oppofitorum icofidodecaedri pentagonorum centra, dupla fuerit, ad aliam autem fit vt dimidia ad maius,
& idem aliam, vt dimidia ad maius; maxima autem ad aliam fit tripla in ratione totius ad duo tertia, & maius fegmentum: quod fub
reliquæ vertice,& pentagona bafi folidum, æquale erit dodecaedro,
icofidodecaedro infcripto.

40. Si à iungente oppofitorum icofidodecaedri triangulorum centra, tollatur fexta pars: à reliqua verò auferatur tripla rationis totius & minoris fegmenti ad totam, quod fub reliquæ vertice, & fuper
triangulo, quod ex quadrupla lateris icofidodecaedri, folidum, æquale erit icofaedro eidem icofidodecaedro infcripto.

41. Si iungens oppofitorum icofidodecaedri quinquangulorum
centra aliquam tertio minoris fegmenti fuperet, eamdem autem excedat alia quarto minoris fegmenti, quod fub excedentis vertice, &
fuper pentagono eius, quæ proximorum icofidodecaedri triangulorum centra iungit, folidum, æquale erit cubo eidem icofidodeca-
dro infcripto.

42. Octaedri folidum æquale eft folido parallelepipedo, quod fub
vertice icofidodecaedri circumfcripti dimetiente, & fuper quadrato
eius quæ fextum dimetientis poteft.

43. Si ab icofidodecaedri dimetiente tertium minoris fegmenti
tollatur, reliqua verò extremâ & mediâ ratione diuidatur, erit, quod
fuper maioris fegmenti quadrato, vertice verò eiufdem tertia parte
folidum, æquale pyramidi eidem icofidodecaedro infcriptæ.

44. Si icofidodecaedri dimetiens extremâ & mediâ ratione diuidatur, quod fuper maioris fegmenti quadrato, & vertice quintupartiente fextas eiufdem comprehenfum folidum, æquale erit exoctaedro eidem icofidodecaedro infcripto.

45. Si fuper quadrato maioris fegmenti dimetientis bafis exoctaedri, vertice autem quadrati latere, maiori & dimidio minoris fegmentis. eiufdem, comprehendatur folidum, ab hoc detractum
quod fuper æquilatero triangulo eiufdem lateris, vertice verò quin-
upartiente decimas-octauas minoris. fegmenti eius quæ triplum
poteft. eiufdem lateris folidum relinquit; æquale icofidodecaedro
idem ex octaedro infcripto folidum. *Qui verò naturam pyramidis tri-
uerx, æquilatera, octaedri, cubi, icofaedri, & dodecaedri accuratius ca-*

gnoscere voluerit, legat Candallam in fine libri decimisexti qui naturam exoctaedri, & icosidodecaedri ad calcem huiusce libri decimi octaui explicat.

PETRI RAMI
GEOMETRIÆ
LIBER PRIMVS.
DE MAGNITVDINE.

1. EOMETRIA eſt ars bene metiendi.
2. Res ad bene metiendum propoſita eſt Magnitudo.
3. Magnitudo eſt quantitas continua.
4. Continuum eſt, cujus partes communi termino continentur.
5. Terminus eſt magnitudinis extremum. e. 3. d. 1.　　Itaque
Magnitudo infinitè & creatur, & continetur, & ſecatur iiſdem quibus terminatur.
6. Punctum eſt ſignum in magnitudine individuum.
7. Magnitudines ſymmetræ ſunt, quas eadem menſura exactè metitur aſymmetræ contra. 1. 2. d. 10.
8. Rationales ſunt, quarum ratio eſt explicabilis numero datę menſuræ, irrationales contra. e. 5. d. 10.
9. Magnitudines congruæ ſunt, quarum partes applicatæ partibus æqualem locum occupant.　　Itaque
Magnitudines congruæ ſunt æquales, 8. ax.
10. Magnitudines adſcriptæ ſunt inter ſe, quando vnius termini alterius terminis terminantur: quæ intra eſt, dicitur inſcripta : circumſcripta, quæ extra.

LIBER SECVNDVS.
De Linea.

1. MAgnitudo eſt linea aut linearum.
2. Linea eſt magnitudo tantum longa.
3. Lineæ terminus eſt punctum.
4. Linea eſt recta vel curua.
5. Linea recta eſt linea, quæ intra ſuos terminos æqualiter inter-

I

jacet, curua contra. 4. *d*. 1. *Itaque*

Recta est, breuissima intra eosdem terminos.

6. Linea obliqua tangitur à recta vel curua, quando ambæ ita concurrunt, vt continuatæ non intersecentur.. *Itaque*

Tactus fit vnico puncto. e. 13. p. 3.

7. Linea curua est peripheria, aut helix.

8. Peripheria, quæ distat æqualiter à medio comprehensi spatij.

Itaque

Peripheria fit conuersione lineæ altero termino quiescente, altero lineante.

9. Helix est, quæ distat inæqualiter à medio vtcunque comprehensi spatij.

10. Lineæ inter se rectæ sunt, quarum altera in alteram incidens æqualiter interjacet: obliquæ contra. e. 19. *d*. 1. *Itaque*.

Si recta est perpendicularis rectæ, est ab eodem termino & eadem parte singulari. e. 5. 13. p. 11. ·

11. Lineæ parallelæ sunt, quæ vbique æqualiter distant. e. 35. *d*. 1.

Itaque

1. *Parallela est ab eodem puncto ad eandem rectam singularis.* *Et*

2. *Lineæ eidem parallelæ sunt inter se parallelæ. 30. p. 1.*

LIBER TERTIVS.

De Angulo:.

1. Lineatum est magnitudo plusquam longa:.

2. Lineatum est angulus & figura..

3. Angulus est, lineatum in communi concursu terminorum.

4. Crura anguli sunt termini comprehendentes-angulum.

5. Anguli homogenei sunt anguli cruribus & crurum concursu genere ijdem.

6. Anguli cruribus congrui sunt æquales.. *Itaque*

1. *Si angulus angulo homogeneus & æquicrurus æquatur basi, est æqualis: & si est æqualis, æquatur basi. ex 8. & 4. p. 1..* *Et*

2. *Si æqualis basi est æquicrurus, æquatur.* *Et*

3. *Si angulus angulo æquicrurus est, major basi, est major: & si major, est major basi. e. 25. & 24. p. 1..* *Et*

4. *Si æqualis basi est minor interioribus cruribus, est major.* *Itaque*

5. *Si dati anguli cruribus ad datum punctum crura homogenea æquentur æqua basi, æquabus angulum dato. e. 23. p. 1. & 26. p. 11..*

7. Angulus eſt rectus vel obliquus.
8. Rectus, cuius crura ſunt inter ſe recta, obliquus contra. *Itaque*
*Anguli recti cruriretti ſunt æquales . e.p.*1.
9. Angulus obliquus eſt obtuſus aut acutus.
10. Obtuſus eſt obliquus maior recto. 11. *d.*1.
11. Acutus eſt obliquus minor recto. 12. *d.*1.

LIBER QVARTVS.

De figura.

1. **F** Igura eſt lineatum vndique terminatum. *e.*14. *d.*1.
2. Centrum eſt punctum in figura medium.
3. Perimeter eſt comprehenſio figuræ.
4. Radius eſt recta à centro ad perimetrum.
5. Diameter eſt recta inſcripta figuræ per centrum. *Itaque*
   1. *Diametri in eadem figura ſunt infinita.* *Et*
   2. *Centrum figura eſt in diametro.* *Et*
   3. *In concurſu diametrorum.*
6. Altitudo eſt perpendicularis à vertice figuræ ad baſim.
7. Figura ordinata eſt figura æquitermina & æquiangula.
8. Figura prima eſt figura in alias ſimpliciores figuras indiuidua.
9. Figura rationalis eſt quæ comprehenditur à baſi & altitudine rationalibus inter ſe : irrationalis contra. *Itaque*
Numerus figuræ rationalis figuratus dicatur, & numeri vnde fit, latera
figurati.
10. Figuræ iſoperimetræ ſunt figuræ æqualis perimetri.
11. Ex iſoperimetris homogeneis ordinatius eſt maius, ex heteroge-
neis ordinatis terminatius.
12. Si figuræ primæ ſunt æquealtæ, ſunt vt baſes : & contra. *Itaque*
Si ſunt in baſi æquali, ſunt æquales.
13. Si figuræ primæ ſunt reciprocæ baſi & altitudine, ſunt æquales
& contra.
14. Figuræ ſimiles ſunt figuræ æquiangulæ, & proportionales cruribus æqualium angulorum. *Itaque*
   1. *Habent homologos terminos æqualibus angulis ſubtenſos, & æquales,*
   ſi ipſæ ſint æquales. *Et*
   2. *Similiter ſita ſunt, quando termini proportionales ſimili ſitu reſpon-*
   dent. *Et*
   3. *Similes eidem, ſunt ſimiles inter ſe.* *Et*

4. *Si partibus data figura partes ad datum terminum similes, similiterque sita constituantur, figura constituetur similis data similiterque sita.*

15. Figuræ similes habent rationem 'homologorum laterum æquemultiplicatam dimensionibus, & medium proportionale vna minus. *Itaque*

1. *Si linea recta sint continuè proportionales vna plures dimensionibus figurarum similium ad primam secundámque similiter sitarum, vt prima recta est ad vltimam, sit prima figura est ad secundam: & contra.*

Et

2. *Si quatuor recta sint proportionales, figura similes ad eas similitérque sita sunt proportionales: & contra.*

6. Figuræ complentes locum sunt æquiangulæ, quæ circa idem punctum quolibet modo collocatæ nihil inane relinquunt.

7. Figura rotunda est ordinata, cuius radij omnes æquantur.

Itaque

1. *Diametri in rotundo bisecantur radijs æqualibus.* **Et**

2. *Rotunda diametrorum aqualium sunt aqualia.* e.1.d.3.

LIBER QVINTVS.

De Lineis & Angulis in plano.

1. Lineatum est superficies aut corpus.
2. Superficies est lineatum duntaxat latum. 5.d.1.
3. Superficiei terminus est linea. 6.d.1.
4. Superficies est plana vel gibba.
5. Superficies plana est superficies, quæ æqualiter intra suos terminos interiacet. e.7.d.1.

Itaque licet in plano:

1. *A puncto ad punctum rectam ducere.* 1. & 2. post.1.1 **Et**

2. *Rectam ponere ad datum punctum aqualem data: & à maiore secare aqualem minori.* 2. 3. p.1. *Itaque*

Recta vna duaque intersecta sunt in eodem plano. e.1.& 2. p.11.

Et

3. *Data recta peripheriam describere.* *Itaque*

Rady eiusdem vel aqualis peripheria sunt aquales.

6. Si duæ æquales peripheriæ à terminis æqualium crurum dati anguli rectilinei ante concurrant, recta à concursu ad verticem bisecabit angulum. 9.p.1.

7. Si duæ peripheriæ æquales à terminis datæ rectæ vtrimquē concurrant, recta per concursus bisecabit datam. 10.p.1.

8. Si recta in rectam perpendicularis insistit, facit angulos deinceps rectos: & contra.   *Itaque*

1. *Si recta insistit in rectam, æquat deinceps angulos duobus rectis: & contra e.13. & 14.p.1.*

2. *Si duæ rectæ intersecantur, æquant angulos ad verticem, & omnes quatuor rectis. 15.p.1.*   *Et*

3. *Si rectis recta sectis interiores eadem parte anguli sunt maiores duobus rectis, oppositi minores sunt.*

9. Si dato datæ rectæ infinitę puncto duæ partes vtrinque secentur æquales, & à punctis sectionum duæ æquales peripheriæ concurrant, recta à dato puncto in concursum erit perpendicularis super datam. 11.p.1.

10. Si pars datæ rectę infinitæ secetur à peripheria à dato extra puncto, recta à dicto puncto bisecans dictam partem erit perpendicularis super datam. 12.p.1.

11. Si duæ rectæ in eodem plano nusquam concurrant, sunt parallelæ. e.35.d.1.   *Itaque*
Si recta infinita secat alteram è rectis parallelis infinitis, secabit reliquam.

12. Si rectæ recta sectæ sint parallelæ, æquant angulos interiores eadem parte duobus rectis, & inter se alternos, & exteriorem interiori opposito: & contra 29. 28 27.p.1.   *Itaque*

1. *Si recta recta connexa faciunt interiores angulos eadem parte minores duobus rectis, eodem continuata concurrent: & contra.*   *Et*

2. *Recta connectens rectas parallelas est in earum plano. 7.p.11.*   *Et*

3. *Si recta à dato puncto cum data faciat angulum, anguli facto æquati & alterni crus alterum erit parallelum datæ rectæ. 31.p.1.*   *Et*

4. *Anguli crurum alternè parallelorum sunt æquales.*   *Et*

5. *Si rectæ oppositæ æquantur, parallela conterminant parallelas: & contra. e.34.p.1.*   *Et*

6. *Si rectæ conterminent eadem parte æquales & parallelas, sunt æquales & parallelæ. 33.p.1.*

13. Si lineæ rectæ parallelis pluribus rectis intersecantur, intersegmenta sunt proportionalia: & contra.e.2.p.6. & 17.p.1.   *Itaque*

1. *Si recta cum data faciens angulum basique connexa secetur data ratione, parallela à segmentorum terminis in finem data & contingens in ea punctum secabunt datam data ratione. 9. & 10.p.6.*   *Et*

2. *Si duæ datæ rectæ facientes angulum cūt inuentur, prima æqualiter secundæ, secunda infinitè, parallela à terminis primæ continuationis in prim.*

I.iij.

cipium, secunda, & contingens in ea punctum intersecabunt tertiam
proportionalem. II. p. 6. *Et*

3. Si è datis tribus rectis prima tertiaque facientes angulum continuentur,
prima aqualiter secunda, tertia infinitè, parallela à terminis prima
continuationis in principium secunda, & contingens in ea punctum intersecabunt quartam proportionalem. I2. p. 6.

LIBER SEXTVS.

De Triangulo.

1. **P**Lana similia habent duplicatam rationem homologorum laterum, & vnum proportionale medium. e. 20. p. 6. II. &. 18.
p. 8.

2. Planum est rectilineum aut curui lineum.

3. Rectilineum est planum, quod comprehenditur à lineis rectis.

4. Rectilineum æquat angulos rectis interiores quidem generatim à
binario paribus, externos autem quaternis.

5. Rectilineum est triangulum aut triangulatum.

6. Triangulum est quod comprehenditur à tribus lineis rectis. 21.
d. I.

Itaque •

1. *Triangulum est prima figura rectilineorum.* *Et*

2. *Si recta infinita secat angulum, secat basim.*

7. Trianguli duo quælibet latera sunt maiora reliquo. 20. p. I.

Itaque

1. *Si tres recta sunt dua qualibet majores reliqua; peripheriaque à terminis vnius interuallis reliquarum concurrant, radij à concursu ad
dictos terminos constituent triangulum.* *Et*

2. *Si dua aquales periph ria à terminis data recta eiusque internallo
concurrant, recta à concursu ad dictos terminos constituent triangulum equilaterum super datam. I. p. I.*

8. Si recta in triangulo est parallela basi, secat crura proportionaliter: & contra. 2. p. 6.

9. Trianguli tres anguli sunt æquales duobus rectis 32. p. I.

Itaque

1. *Trianguli duo quilibet anguli sunt minores duobus rectis.* 17. p. I.

Et

2. *Continuato latere, exterior angulus aquatur duobus interioribus oppositis. 32. p. I.* *Itaque*

9. *Eſt maior vtrolibet interiore oppoſito.*

10. Si triangulum eſt æquicrurum, eſt in baſi æquiangulum: & contra. *e.* 5. *& 6. p.* 1.   *Itaque*

  1. *Si trianguli æqua crura continuentur, anguli ſub baſim æquabuntur.* 5. *p.* 1.   *Et*

  2. *Si triangulum eſt æquilaterum, eſt æquiangulum: & contra.*

           Et

  3. *Angulus trianguli æquilateri valet duas tertias recti.*   *Et*

  4. *Triangula ſex æquilatera complent locum.*

11. Trianguli maius latus ſubtendit maiorem angulum, & maior angulus ſubtenditur à maiore latere. 19. *&* 18. *p.* 1.

12. Si recta in triangulo biſecat angulum, ſecat baſim ratione crurum: & contra. 3. *p.* 6.

LIBER SEPTIMVS.

De comparatione Triangulorum.

  1. TRiangula æquilatera ſunt æquiangula. 8. *p.* 1:

  2. Si duo triangula æquantur angulis vel duobus æquicruris vel binis æqualis aut cruris aut baſis duorum, ſunt æquilatera. 4. *& 26. p.* 1.

  3. Triangula æquantur ternis angulis.   *Itaque*

    Si bini anguli duorum triangulorum æquantur, reliqui æquantur.

  4. Si triangulum triangulo æquicrurum eſt maius baſi, eſt maius angulo: & contra. 25. *&* 24. *p.* 1.

  5. Si triangulum triangulo in eadem baſi eſt minus interioribus cruribus, eſt maius angulo crurum. 21. *p.* 1.

  6. Triangula æqualta ſunt, vt baſes : & contra. *e.* 1. *p.* 6.

         Itaque

  1. *In æquali baſi ſunt æqualia.* 37. & 38. *p.* 1.   *Et*

  2. *Si recta à vertice trianguli biſecat baſim, biſecat triangulum, & diameter eſt trianguli.*

  7. Si recta eſt à vertice trianguli ad datum in baſi punctum non medium, & parallela ſit à medio baſis in latus, recta à vertice parallele in dictum punctum biſecabit triangulum.

  8. Si triangula æquiangulo reciprocantur cruribus æqualis anguli, ſunt æqualia: & contra. 15. *p.* 6.

  9. Si duo triangula ſunt æquiangula, ſunt proportionalia cruribus.

æqualium angulorum :·& contra. 4. 5. *p.* 6.   *Itaque*
. *Si recta in triangulo est parallela basi, defecat triangulum æquiangu-*
lum toti, & minus basi.

10. Si duo triangula sunt proportionalia curibus æqualis anguli
sunt æquiangula. 6. *p.* 6.

11. Si cruribus proportionalia , & alternè parallela intermedium
angulum faciunt, bases habent in rectam continuas. 32. *p.* 6.

12. Si habeant vnum angulum equalem, alterum cruribus proportionalem, tertium homogeneum, sunt æquiangula. 7. *p.* 6.

LIBER OCTAVVS.

De Generibus triangulorum.

1. **T**Riangulum est rectangulum vel obliquangulum.
2. Triangulum rectangulum est quod habet vnicum angulum
rectum:obliquangulum quod nullum 27. *d.* 1.   *Itaque*

1. *Si dua perpendiculares connectantur, constituent triangulum rectan-*
gulum.   Et
2. *Si trianguli angulus ad basim rectus est, perpendicularis à vertice est*
crus alterum, & contra.
3. Si triangulum rectangulum est æquicrurum, vterque angulus ad
basim est dimidius recti:& contra.   *Itaque*
1. *Si trianguli angulus æquatur reliquis est rectus, & contra.*
2. *Si recta à vertice trianguli bisecans basim est æqualis bisegmento, angu-*
lus verticis rectus est : & contra.
4. Perpendicularis in triangulo ab angulo recto in basim secat triangula similia toti & inter se. 8. *p.* 6. *& contra.*   *Itaque*
1. *Perpendicularis est proportionalis inter segmenta basis.*   *Et*
2. *Crus vtrumlibet est proportionale inter basim & basis segmentum con-*
terminum.
5. Si basis trianguli subtendit rectum rectilineum ad eum situm ,
æquatur rectilineis ad crura similibus similiterque sitis: & contra. *e.*
31. *p.* 6.
6. Triangulum obliquangulum est obtusangulum vel acutangulum.
7. Obtusangulum quod habet vnum obtusum angulum. 28. *d.* 1.
         Itaque
1. *Si obtusus angulus est ad basim, perpendicularis à vertice cadit extra:&*
contra.   *Et*

                                                            2. *Si*

2. *Si trianguli angulus fit maior reliquis, eſt obtuſus: & contra.*

Et

3. *Si recta à vertice trianguli biſecans baſim, eſt minor biſegmento, angulus verticis obtuſus eſt: & contra.*

8. Triangulum acutangulum eſt quod habet omnes acutos angulos.
18.*d*.1. *Itaque*

1. *Perpendicularis à vertice cadit intra: & contra.* *Et*

2. *Si trianguli angulus fit minor reliquis, eſt acutus: & contra.* *Et*

3. *Si recta à vertice trianguli biſecans baſim eſt maior biſegmento, angulus v.rticis acutus eſt., & contra*

LIBER NONVS.

De Geodæſia rectarum è triangulis rectangulis ſimilibus.

1. **R**Adius eſt norma crurum inæqualium.
2. Radij crura ſunt index & tranſuerſarium.
3. Index eſt duplus ſeſquidecimus tranuerſarij.
4. Tranſuerſarium eſt per indicem volubile, modò ſublimius, modò humilius.
5. Si viſus eſt ab initio cruris alterius, eſt pr termeinum r eliqui cruſque alterum eſt rectum metiendæ magnitudini,reliqtrum parallelum.
6. Longitudo & altitudo triplicem menſuram habent, primam & ſecûdam vnius diſtantiæ,& quidem data alterius dimenſione pro tertio proportionali:tertiam duplicis diſtantiẹ,qualis tantum eſt dimenſio latitudinis.
7. Si viſus fit ab initio indicis recti in metam longitudinis, erit vt ſegmentum indicis ad ſegmentum tranſuerſarij, ſic menſoris altitudo ad longitudinem.
8. Si viſus fit ab initio indicis paralleli, erit vt ſegmentum tranſuerſarij ad ſegmentum indicis, ſic data altitudo ad longitudinem.
9. Si viſus fit ab initio tranſuerſarij paralleli, erit vt in indice differentia maioris ſegmenti ad minus,ſic differentia ſecundæ diſtantiæ ad longitudinem.
10. Si viſus fit ab initio tranſuerſarij recti,erit vt ſegmentum tranſuerſarij ad ſegmentum indicis, ſic data longitudo ad latitudinem.

Itaque in euerſa altitudine.

K

Si vifus fit ab initio indicis paralleli, erit vt fegmentum tranfuerfarii ad fegmentum indicis, fic data longitudo ad altitudinem.

11. Si vifus fit ab initio indicis recti, erit vt fegmentum Indicis ad fegmentum tranfuerfarij, fic data longitudo ad altitudinem.   *Itaque*

Si vifus fit ab initio indicis recti per pinnas tranfuerfary in terminos nota partis, erit vt interuallum pinnarum ad reliquum fupereminentis tranfuerfarÿ, fic nota pars ad reliquam.

12. Si vifus fit ab initio indicis recti, erit vt in indice differentia fegmenti ad differentiam diftantiæ, fic fegmentum tranfuerfarij ad altitudinem:

Itaque è geodæfia altitudinis patet differentia duarum altitudinum.

13. Si vifus fit ab initio indicis recti per pinnas tranfuerfarij in terminos latitudinis, erit vt in indice differentia fegmenti ad differentiam diftantiæ, fic interuallum pinnarum ad latitudinem.

LIBER DECIMVS.

De triangulato & parallelogrammo.

1. **T**Riangulatum eft rectilineum compofitum è triangulis.   *Itaque*

1. *Triangulati latera funt binario plura triangulis.*   **Et**

2. *Triangulata homogenea fecantur in triangula æqua numero. e. 20. p. 6.*

2. Triangulata fimilia fecantur in triangula fimilia inter fe & homologa totis. e. 20. p. 6.

3. Triangulatum eft quadrangulum aut multangulum.

4. Quadrangulum eft quod comprehenditur à quatuor lineis rectis. 22. d. 1.

5. Quadrangulum eft parallelogrammum aut trapezium.

6. Parallelogrammum eft quadrangulum lateribus oppofitis parallelum.   *Itaque*

1. *Si rectæ eadem parte conterminent æquales & parallelas, parallelogrammum conftituent.*   **Et**

2. *Parallelogrammum oppofitis & lateribus & angulis & fectis diametro fegmentis æquatur.*   **Et**

3. *Diameter parallelogrammi bifecatur radijs æqualibus.*   **Et**

4. *Parallelogrammum eft duplum trianguli bafi & altitudine æqualis.*

41. p. 1. *Et*

5. Æquatur triangulo æquealto, bafíque duplo. e. 52. p. 1. *vnde licet*

6. *Dato triangulo in dato angulo rectilineo parallelogrammum æquale conftituere. 42. p. 1.*

7. Parallelogrammum conftat è binis & diagonalibus & complementis,& gnomonibus.

8. Diagonale eft particulare parallelogrammum communis anguli & diagonij.cum toto parallelogrammo.

9. Diagonale eft toti fimile fimiliterque fitum , e. 24 p. 6.& contra.

Itaque

Si particulare parallelogrammum eft toti toangulum, & fimile fimiliter quefitum, eft diagonale. 26. p. 6.

10. Complementum eft particulare parallelogrammum à conterminis diagonalium lateribus comprehenfum

11. Complementa funt æqualia 43. p. 1. *Itaque*

1. Si complementum alterum æquatur dato triangulo in dato angulo rectilineo, reliquum ad datam rectam comparatum,eidem pariter æquabitur. 44. p. 1. *Et*

2. Si parallelogramma continenter æquentur triangulis dati triangulati in dato angulo rectilineo,totum parallelogrammum toti triangulato pariter æquabitur. 45. p. 1. *Itaque*

Parallelogrammum fuis equatur diagonalibus & complementis.

12. Gnomo eft alterum diagonale cum duobus complementis. 2. d. 1.

13. Parallelogramma æquealta , funt vt bafes. 1. p. 6.

Itaque

Parallelogramma æquealta in æquali bafi funt æqualia. 35. 36. p. 1.

14. Si parallelogramma æquiangula reciprocantur cruribus æqualis anguli,funt æqualia:& contra.15. p.6. *Itaque*

1. *Si quatuor recta funt proportionales ,parallelogrammum mediarum æquatur æquiangulo parallelogrammo extremarum. e. 16. p. 6. & contra.*

Et

2. *Si tres recta funt proportionales, parallelogrammum media equatur æquiangulo parallelogrammo extremarum,& contra.*

LIBER VNDECIMVS.

De Rectangulo.

1. PArallelogrammum est rectangulum aut obliquangulum.

2. Rectangulum est parallelogrammum quod habet omnes angulos rectos. *Itaque*

　　1. Rectangulum comprehenditur à duabus rectis angulum rectum comprehendentibus. 1. d. 2.

　　2. Rectangula quatuor complent locum.

3. Si diameter bisecat latus rectanguli, rectè secat & contra.
　　Itaque
　　Si inscripta recte bisecat latus rectanguli, est diameter.

4. Rectangulum æquatur rectangulis ipsius vno latere.& reliqui ex segmentis.1.p.2.

5. Si quatuor rectæ sint proportionales, rectangu um mediarum æquatur rectangulo extremarum. 16.p.6. & contra.

6. Figuratus rectanguli rationalis appellatur planus rationalis. 16.d.7.

LIBER DVO DECIMVS.

De Quadrato.

1. REctangulum est quadratum, vel oblongum.

2. 2. Quadratum est rectangulum æquilaterum. 30. d. 1.
　　Itaque
　　1. Latera quadratorum æqualium sunt æqualia.　　Et

　　2. Potentia recta est quadratum.　　Et

　　3. Si duæ contermina perpendiculares æquales claudantur parallelis, constituent quadratum. 4. 6. p. 1.

3. Planus quadrati est planus æquilaterus.　　*Itaque*
　　Fit à numero in se ipsum multiplicato.

4. Si tres rectæ sunt proportionales, quadratum mediæ æquatur rectangulo extremarum: & contra. 17. p. 6. & 20 p. 7.

5. Si basis trianguli subtendit rectum, æque potest cruribus: & contra. 47. & 48. p. 1.　　*Itaque*
　　1. Si quadratus imparis pro crure primo dati minuatur vnitate, dimidius reliqui erit crus alterum, ar. cius vnitate erit basis.　　Et

2. Si dimidius paris pro crure primo dati quadretur, quadratus minutus vnitate er it crus alterum, auctus vnitate erit basis. Itaque

3. Diagonius potest duplum lateris, eique est asymmetra.

6. Si basis trianguli rectanguli secaturà perpendiculari ex angulo recto dupla ratione, potest sesquialterum maioris cruris, triplum minoris: si quadrupla, sesquiquartum maioris quintuplum minoris. *ad. 13.15.16.p.13.*

7. Si recta est secta quotlibet fariam, potest multiplex segmenti co-gnomine quadrato numeri sectionis.

8. Si recta est secta in duo segmenta, quadratum totius æquatur quadratis segmentorum & duplici rectangulo vtriusque. *4.p.2.*

Itaque

Latus primi diagonalis est latus alterius complementi, & duplicatum est latus simul vtriusque: reliquum autem latus simul vtriusque est latus reliqui diagonalis. Et

Si latus inuentum duplicetur, & duplicato vnitas addatur, totus erit gnomo proxime maioris quadrati.

9. Si de dimidio collectorum laterum dati trianguli latera figillatim subducantur, latus continuè facti è dimidio & reliquis erit area trianguli:

10. Si basis trianguli subtendit obtusùm plus potest cruribus duplici rectangulo alterius, & ex co continuationis ad verticis perpendicularem. *12.p.1.*

LIBER DECIMVS TERTIVS.

De Oblongo.

1. **O**Blongum est rectangulum inæquilaterum. *31. d.1.*

2. Oblongum è tota & segmento æquatur rectangulo segmentorum, & prædicti segmenti quadrato. *3. p.1.*

3. Oblonga è tota & segmentis æquantur è tota quadrato. *2.p.2.*

4. Oblonga duo è tota & segmento cum tertio quadrato reliqui segmenti, æquantur quadratis totius & prædicti segmenti. 7. *p.2.*

5. Basis trianguli acutanguli minus potest cruribus duplici oblongo ex altero crure & eius segmento à dicto angulo adverticis perpendicularem. *13. p.2.* Itaque

Si quadratum basis acuti anguli tollatur è quadratis crurum, reliqui dimidio per crus diuisio, quotus erit segmentum diuidentis à dicto an-

K. iij.

gulo ad verticis perpendicularem.

6. Si recta est bisecta, secusque oblongum inæqualium segmentorum cum quadrato intersegmenti æquatur quadrato bisegmenti. 5. p. 2.

7. Si recta est bisecta & continuata, oblongum continuatæ & continuationis cum quadrato bisegmenti æquatur quadrato compositæ ex bisegmento & continuatione. 6. p. 1.

8. Si duas datas rectas comprehendentes rectangulum, & infinitè continuatas mesograpus tangens oppositum angulum angulo datarum intersecet æquidistanter à centro, intersegmentà erunt media continuè proportionalia datis.

LIBER DECIMVS-QVARTVS.

De Recta proportionaliter secta, & de reliquis quadrangulis & multangulis.

1. R Ecta secatur secundum mediam, & extremam rationem, quando fuerit vt tota ad maius segmentum, sic maius segmentum ad minus. 3. d. 6.

2. Si recta proportionaliter secta est rationalis datæ mensuræ, segmenta sunt ad eam & inter se irrationalia. e. 6. p. 13.

3. Si quadratum fiat è data recta, rectæ ab angulo facti ad medium contermini lateris differentia supra dimidium erit maius segmentum datæ proportionaliter sectæ. 11. p. 2. & 30. p. 6.

   Itaque

   1. Si recta proportionaliter secta continuetur maiore segmento, tota secabitur proportionaliter, & maius segmentum erat data. 5. p. 13.

4. Maius segmentum continuatum dimidio totius potest quintuplum eiusdem dimidii: & si recta potest quintuplum sui segmenti, reliquum factum duplum prædicti secatur proportionaliter, & maius segmentum est idem reliquum. 1. & 2. p. 13.

5. Minus segmentum continuatum dimidio maioris potest quintuplum eiusdem dimidii. e. 3. p. 13.

6. Tota & minus segmentum possunt triplum maioris. e. 4. p. 13.

7. Parallelogrammum obliquangulum est rhombus aut rhomboides.

8. Rhombus est obliquangulum æquilaterum. 31. d. 1.

9. Rhomboides est obliquangulum inæquilaterum. 33. d. 1.

10. Trapezium est quadrilaterum, non parallelogrammum. 34. d. 1.

11. Multangulum eft quod pluribus quam quatuorlineis rectis comprehenditur. 23. d. 1.

12. Si quinquangulum æquilaterum tribus angulis æquatur, eft æquiangulum. 7. p. 13.

13. Triangulata multangula è fuis item triangulis menfuram capiunt.

LIBER DECIMVS QVINTVS.

De Lineis circuli.

1. CIrculus eft planum rotundum. e. 15. d. 1.
2. Circuli funt vt à diametris quadrata. 2. p. 12.

Itaque

Diametri funt vt peripheria.

3. Geometria circularis eft in lineis aut in fegmentis circuli.

4. Si recta duobus in peripheria punctis terminetur, cadet intra circulum. 2. p. 3.

5. Si à termino diametri ex eaque radio æquante datam rectam peripheria defcribatur, recta à dicto termino in concurfum peripheriarum infcribetur dato circulo æqualis datæ rectæ. 1. p. 4.

6. Si infcripta rectæ bifecat infcriptam, eft diameter circuli, eiufque medium eft centrum. 1. p. 3.

　1. Si duæ rectæ duas infcriptas recte bifecent, concurfus bifecantium erit centrum circuli. c. 25. p. 3.　　　　Et licet

　2. Peripheriam ducere per tria puncta in rectam minime-cadentia. e. 5. p. 4.

7. Si diameter bifecat adiametrum, recte fecat: & contra. 3. p. 3.

8. Si adiametri interfecantur, fegmenta funt inæqualia. 4. p. 3.

9. Si duæ infcriptæ interfecantur rectangulum è fegmentis vnius æquatur rectangulo è fegmentis reliquæ. 35. p. 3

10. Infcriptæ æquidiftant à centro, in quas à centro perpendiculares funt æquales. 4. d. 3.

11. Si infcriptæ funt æquales æquidiftant à centro: & contra. 14. p. 3.

12. Infcriptarum inæqualium diameter eft maxima, diametroque propior maior remotiore, remotiffima minima, minimæque propior minor remotiore, binæque vtrinque à diametro æquantur. e. 15. p. 3.

13. Rectarum à diametri puncto non centro in peripheriam, quæ per

centrum eft maxima, propiorque maximæ eft maior remotiore,
reliqua maximæ minima, minimæque propior minor remotiore,
binæque vtrinque à maxima vel minima folæ æquantur. 7. p. 3.

Itaque

Si punctum in circulo eſt terminus trium rectarum in peripheriam æqua-
lium,eſt centrum circuli. 9. p. 3.

14. Rectarum à dato extra puncto in concauum peripheriæ, quæ per
centrum, eft maxima, propiorque maximæ eft maior remotiore:
in conuexum, tangens peripheriam eft maxima, fegmentum maximæ eft minima; minimæque propior minor remotiore, binæque vtrimque à maxima vel minima folæ æquantur. 8. p. 3.

15. Si recta eft perpendicularis extrema diametro, tangit peripheriam:& contra. e. 16. &. 19. p. 3.   *Itaque*

1. *Si recta eſt per centrum & contactum,eſt perpendicularis tangenti. 19.*
p. 3.   *Et*

2. *Punctum contactus eſt, quo à centro perpendicularis tangenti incidit.*
Et

3. *Tangens eſt ſingularis eadem parte. e. 16. p. 3.*   *Et*

4. *Angulus contactus eſt minor quovis acuto rectilineo, e. 16. p. 2.*

5. *Anguli contactus in æqualibus peripherijs ſunt æquales..*

16. Si à radio ex datæ peripheriæ centro ad datum extra punctum
peripheria defcribatur, & à concurfu datæ, radiique radio ipfi
perpendicularis in defcriptam connectatur cum dicto centro,
recta dato puncto in concurfu datæ connectentis tanget datam
peripheriam 17. p. 3.

17. Si è duabus rectis à dato extra puncto prima fecat in concauum,
reliqua tangit, oblongum è fecante & exteriore fecantis fegmento æquatur quadrato tangentis:& fi oblongum tale æquatur
quadrato reliquæ, reliqua ipfa tangit. 36. &. 37. p. 3.

Itaque

1. *Tangentes ab eodem puncto ſunt æquales duæ.*   *Et*

2. *Oblonga è qualibet ex eodem puncto ſecante & ſecantis exteriore ſeg-*
mento æquantur inter ſe.   *Et*

3. *Datis duabus rectis licet alteri continuare tertiam, vt oblongum ex*
continuata & continuatione æquetur quadrato reliquæ Vitell. 127.
p. 1.

18. Si peripheriæ funt interfectæ vel contiguæ funt eccentricæ : illæ-
que duobus tantum punctis interfecantur, hæ diametros per contactum continuant. 5. 6. 10. 11. 12. p. 3.

19. Si infcriptæ circulis æqualibus funt æquales, fecant peripherias
æquales

æquales: & contra. 28. 29. *p. 3.*

LIBER DECIMVS SEXT.

De Circuli segmentis.

1. SEgmentum circuli est quod comprehenditur extrinsecus à periphería, intus à recta.
2. Segmentum circuli est sector aut sectio.
3. Sector est segmentum intus comprehensum à recta duplici, faciente angulum in centro, qui angulus in centro, dicitur: vt peripheria dicitur basis sectoris. 9. *d. 3.*
4. Angulus in peripheria est angulus comprehensus à duab. rectis inscriptis, & in peripheria conterminis. 8. *d. 3.*
5. Angulus in centro duplus est anguli in peripheria in eandem peripheriam insistentis. 20. *p. 3.*　　　*Itaque*
   Si angulus in peripheria æquatur angulo in centro, est duplus basi. & contra.
6. Anguli in centro, peripheriave circulorum æqualium sunt vt peripheriæ in quas insistunt: & contra. *e. 33. p. 6. 16. 27. p. 3.*
   Itaque
   Vt sector ad sectorem, sic angulus ad angulum.
7. Sectio est segmentum circuli intus comprehensum ab vna recta, quæ basis sectionis dicitur.
8. Sectio absoluitur invento centro.
9. Peripheria sectionis bisecatur perpendiculari bisecante basim. 30 *p. 3.*
10. Angulus in sectione est angulus comprehensus à duabus rectis conterminis basi & in peripheria conterminis. 7. *d. 3.*
11. Anguli in eadem sectione sunt æquales. 21. *p. 3.*
12. Anguli in oppositis sectionibus æquantur duobus rectis. 22. *p. 3.*
13. Si sectiones capiunt angulos æquales, sunt similes. *e. 10. d. 3.*
14. Si sectiones similes sunt in æquali basi, sunt æquales. 23. & 24. *p. 3.*
15. Angulus sectionis est, qui comprehenditur à terminis. 7. *d. 3.*
16. Sectio est semicirculus, aut inæqualis semicirculo.
17. Semicirculus est sectio dimidia circuli.
   Itaque

L.

Semicirculus comprehenditur à semiperipheria & diametro. 8. d. 1.

18. Angulus in semicirculo rectus est, semicirculi, minor recto rectilineo, maior quouis acuto : in maiore sectione est minor recto, maioris maior, in minore maior, minoris minor. *e.* 31. *& 16. p.* 3. *Itaque*

1. *Si duæ rectæ diametro circuli contermina conterminentur in peripheria, faciunt angulum rectum.*

Et

2. *Si recta infinita secetur à peripheria externi centri in punctis dato & contingente, & diameter sit à contingente, recta à dato puncto connectens diametrum erit perpendicularis super infinitam.*

Et

3. *Si recta à dato puncto faciens acutum angulum cum infinita, fiat diameter peripheriæ secantis infinitam, recta à dicto puncto connectens segmentum erit perpendicularis super infinitam. Et*

4. *Si duarum rectarum maior fiat diameter circuli, minorque maiori contermina & inscripta connectatur, maior plus poterit, quam minor, quadrato connectentis ad. 13. p. 10.*

19. Si recta continuata è duabus rectis fiat diameter circuli, perpendicularis à puncto continuationis in peripheriam erit proportionalis inter datas. 13. *p.* 6.

20. Anguli in oppositis sectionibus æquantur alternis angulis secantis & contiguæ. 32. *p.* 3. *Itaque*

1. *Si ad terminum datæ rectæ æquetur angulus rectilineus dato, & ab æquati vertice perpendicularis reliquo lateri concurrat cum perpendiculari à medio datæ, concursus erit centrum circuli per æquatum angulum descripti, in cuius opposita sectione super datam angulus æquabitur dato. e. 33. p. 3.*

2. *Si angulus secantis & contiguæ æquetur dato angulo rectilineo, angulus in opposita sectione eidem pariter æquabitur. 34. p. 3.*

LIBER DECIMVS SEPTIMVS.

De adscriptione circuli & trianguli.

1. **S**I rectilineum inscriptum circulo est æquilaterum, est æquiangulum.

2. Æquatur triangulo, basis quidem perimetro, altitudinis autem perpendiculari à centro in latus.

3. Rectilinea fimilia circulis infcripta, funt vt à diametris quadrata.
1. *p.* 12. *Itaque*

Si fit vt diameter circuli ad latus rectilinei adfcripti, fic diameter fecundi circuli ad latus fecundi rectilinei adfcripti, tria gulaque adfcriptorū fingularia fimilia fimiliterque fita, rectilinea adfcripta erunt fimilia fimiliterque fita.

4. Si duæ rectæ bifecent duos angulos dati rectilinei, circulus radij ab earum concurfu in latus perpendicularis infcribetur dato rectilineo. 4. & 8 *p.* 4.

5. Si duæ rectæ bifecent duo latera dati rectilinei, circulus radij ab earum concurfu in angulum circumfcribetur dato rectilineo. 5. *p.* 4.

6. Si duæ infcriptæ à contactu rectæ & peripheriæ æquent duos vtrinque angulos duobus angulis dati trianguli, connexæ infcribent triangulum dato circulo, æquiangulum dato triangulo. *e.* 2. *p.* 4.

7. Si duo anguli in centro dati circuli æquentur ad commune latus exterioribus angulis dati trianguli, rectæ tangentes peripheriam in cruribus angulorum circumfcribent triangulum dato circulo, æquiangulum dato triangulo. 3. *p.* 4. *Itaque*

Si triangulum eft rectangulum, obtufangulum, acutangulum, centrum circumfcripti circuli eft in latere, extra latera, intra latera & contra. confect. eft 5. p. 4.

LIBER DECIMVS OCTAVVS.

De Adfcriptione triangulati.

1. **S**I rectæ tangant peripheriam in angulis infcripti triangulati ordinati, circumfcribent triangulatum circulo homogeneum infcripto triangulato.

2. Si diametri recte interfecentur, fubtenfa recto erit latus infcripti quadrati. *e.* 6. *p.* 4. *Itaque*
Quadratum infcriptum eft dimidium circumfcripti. *Et*
Eft maius dimidio circumfcripti circuli.

3. Si recta fecetur proportionaliter, trianguli crurum fectæ æqualium, bafis maiori fegmento æqualis, vterque angulus ad bafim erit duplus reliqui, & bafis erit latus quinquanguli in circulum cum triangulo infcripti. 10. & 11. *p.* 4.

L ij

4. Si duæ rectæ fubtendunt duos deinceps angulos infcripti quinquanguli, fecantur proportonaliter, & maiora fegmenta funt latera infcripti. e. 18. p. 13. *Itaque*

Si data recta fecta proportionaliter continuetur vtrinque maiore feg-
mento fexque peripheriæ ratio data concurrant, binæ vtrimque à ter-
minis data & continuata: duæ reliquæ ab earum concurfu, recta per con-
curfus & terminos, data conftituunt fuper datam quinquangulum ordi-
natum.

5. Si diameter circuli quinquangulo circumfcripti eft rationalis, eft.
irrationalis ad latus infcripti quinquanguli. e. 11. p. 13.

6. Radius circuli eft latus infcripti fexanguli. e. 15. p. 4.
Itaque

1. *Sexangula tria ordinata complent locum.*

2. *Si recta ab vno infcripti fexanguli angulo in tertium vtrinque angu-*
lum connectantur, infcribent triangulum æquilaterum dato circulo.

7. Latus infcripti trianguli æquilateri poteft triplum circularis radij.
12. p. 13.

8. Si latus fexanguli fecetur proportionaliter, maius fegmentum
erit latus decanguli: & contra.
Itaque

Si decangulum & fexangulum infcribantur eidem circulo, recta è latere
vtriufque continuata fecabitur proportionaliter, & maius fegmen-
tum erit latus fixanguli: &, fi maius fegmentum recta proportiona-
liter fecta eft latus fexanguli, reliquum erit latus decanguli. 9. p.
13.

9. Si decangulum, fexangulum, quinquangulum infcribantur eidem circulo, latus quinquanguli poteft latera reliquorum: & fi
recta poteft latera fexanguli & decanguli, eft latus quinquanguli. 10. p. 13.

10. Si triangulum & quinquangulum infcribantur eidem circulo ad
idem punctum, recta infcripta inter vtriufque bafim dicto puncto oppofita erit latus infcripti quindecanguli. 16. p. 4

11. Si quinquangulum & fexangulum infcribantur eidem circulo ad
idem punctum, peripheria inter vtriufque latera erit pars tricefima totius peripheriæ.

LIBER DECIMVS NONVS.

De Geodæfia multanguli ordinati & circuli.

1. **P**Lanus è perpendiculari à centro in latus & dimidio perimetri, eft area multanguli ordinati.
2. Peripheria eft tripla diametri & fere fefquifeptima.
  Itaque
  1. *Planus è radio & peripheriæ dimidio eft area circuli.*
  Et
  2. *Vt 14. ad 11. fic quadratum diametri ad circulum.*
3. *Planus è radio & peripheriæ quadrante eft area femicirculi.* *Et*
4. *Planus è radio & bafis dimidio eft area fectoris.* *Et*
5. *Si triangulum è duobus radijs & bafi maioris fectionis addatur duobus in ea fectoribus: totum erit area fectionis maioris: fin detrahatur fuo fectori reliquum erit area minoris.* *Et*
Circulus è planis ifoperimetris inæqualibus eft maximus.

LIBER VIGESIMVS.

De Superficie gibba.

1. **G**Ibbum eft fuperficies quæ inæqualiter intra fuos terminos interiacet.
2. Gibbum eft fphæricum aut varium.
3. Sphæricum eft gibbum æquidiftans à centro comprehenfi fpatij.
  Itaque
  Fit conuerfione femiperipheriæ manente diametro. e. 14. d. 11.
4. Maxima in fphærico peripheria eft quæ fphæricum bifecat.
  Itaque
  Peripheria propior maximæ eft maior remotiore, & vtrinque æquidiftantes à maxima duæ funt æquales.
5. Planus è maxima peripheria & eius diametro eft fphæricum.
  Itaque
  1. *Planus è maximo circulo & 4. eft fphæricum.* *Et*
  2. *Vt 7. ad 22. fic quadratum diametri ad fphæricum.* *Et*
  3. *Planus è maxima peripheria & radio eft hemifphæricum.*
6. Si quota pars eft radij, perpendicularis à centro ad bafim fectionis maioris, tanta augeatur hemifphæricum, totum erit fphærici

maior fectio : fin tanta minuatur, reliquum erit minor.

7. Varium eft gibbum, cuius bafis eft peripheria, latus recta à termino verticis in terminum bafis.

8 Varium eft conicum aut cylindraceum.

9. Conicum eft quod à fubiecta peripheria *æqualiter faftigiatur ad
verticem,   Itaque*

Fit connerfione lateris circa fubiectam peripheriam.

10. Planus è latere & dimidio bafis eft conicum.

11. Cylindraceum eft quod à fubiecta peripheria ad fublimem æqualem & parallelam peripheriam æqualiter erigitur.

*Itaque
Fit connerfione lateris circa duas peripherias æquales & parallelas.*

12. Planus è fua bafi & altitudine eft cylindraceum.

LIBER VIGESIMVS PRIMVS.

De Lineis & Superficiebus in Solido.

1. **C**Orpus eft lineatum latum & altum. 1. d. 11.

2. **C**Terminus folidi eft fuperficies. 2. d. 11.

3. Si recta eft rectis in fubiecto plano interfectis perpendicularis in communi fectione, eft perpendicularis fubiecto plano : &, fi eft perpendicularis plano, eft rectis in fubiecto plano interfectis perpendicularis in communi fectione. e. 3. d & 4. p. 11.

4. Si tres rectæ interfectæ funt eidem rectæ perpendiculares in communi fectione, funt in eodem plano. 5. p. 12.

5. Si duæ rectæ funt perpendiculares fubiecto plano, funt parallelæ, & fi parallelarum altera eft perpendicularis fubiecto plano, reliqua eft eidem perpendicularis. 6. 8. p. 11.

6. Si rectæ in diuerfis planis funt ad eandem rectam parallelæ, funt inter fe parallelæ. 9. p. 11.

7. Si duæ rectæ funt perpendiculares, prima à fublimi puncto in rectam fubiectam, fecunda à communi fectione in fubiecto plano, tertia, à dicto puncto perpendicularis fecundæ, erit perpendicularis fubiecto plano. e. 11. p. 11.

8. Si recta à dato fubiecti plani puncto fit parallela rectæ ad idem planum perpendiculari, erit etiam perpendicularis fubiecto plano, ex 12. p. 11.

9. Si recta altero interfectorum planorum perpendicularis communi fectioni eft perpendicularis reliquo, plana funt perpendi-

cularia, recta in altero perpendicularis communi sectioni, est perpendicularis reliquo. *e.* 4. *&* *d.* 3. 8. *p.* II.

10. Si recta est perpendicularis plano, omnia per eam plana, sunt eidem perpendicularia: & si duo plana inter secta sunt alicui plano perpendicularia, communi sectio est eidem perpendicularis, *e.* 18. *&* 19. *p.* II.

11. Plana sunt parallela quæ nusquam annuunt. 8. *d.* II.

Et

1. *Quæ communi perpendiculo diuiduntur.* 14. *p.* II.
2. *Si bina rectæ in ipsis contermina, sunt parallelæ.* 15. *p.* II.

12. Si duo plana parallela secantur plano, communes sectiones sunt parallelæ. 16. *p.* II.

LIBER VIGESIMVS SECVNDVS.

De Pyramide.

1. **A**Xis solidi est diameter circa quam conuertitur. *e.* 15. 19. 22. *d.* II.

2. Solidum rectum est cuius axis est perpendicularis centro basis.

3. Si solida comprehenduntur à superficiebus homogeneis æqualibus multitudine & magnitudine, sunt æqualia. 10. *d.* II.

4. Si solida comprehenduntur à superficiebus multitudine æqualibus & similibus, sunt similia. 9. *d.* II.|

5. Solida similia habent triplicatam rationem homologorum laterum, & duo media proportionalia. 33. *p.* II. 8. *p.* 12.

6. Solidum est planum vel gibbum.

7. Planum, quod comprehenditur à superficiebus planis.

8. Anguli plani comprehendentes angulum solidum sunt minores quatuor rectis 21. *p.* II.

9. Si tres anguli plani minores quatuor rectis comprehendant angulum solidum, duo quilibet sunt maiores reliquo: & si duo quilibet sunt maiores reliquo, comprehendent angulum solidum. 20. *&* 23. *p* II.

10. Solidum planum est pyramis aut pyramidatum.

11. Pyramis est solidum planum à basi rectilinea æqualiter fastigiatum. *Itaque*

1. *Pyramidis hedræ sunt vna plures angulis in basi.* *Et*
2. *Pyramis est prima figura solidarum.* *Itaque*
3. *Pyramides æquialtæ sunt vt bases.* 5. *e.* & 6. *p.* 12. *Et*

4. *Reciproca baſi & altitudine ſunt æquales.* 9. p. 12.

12. Tetraedrum eſt pyramis ordinata à quatuor triangulis comprehenſa. 26. d. 11. *Itaque*

   1. *Tetraedri latera ſunt ſex, anguli plani duodecim, ſolidi quatuor.*

               Et

   2. *Tetraedra duodecim complent locum ſolidum.*   *Et*

   3. *Si quatuor triangula ordinata & æqualia ſolidis angulis componantur, comprehendent tetraedrum.*

13. Si recta potens ſeſquialterum ad latus trianguli æquilateri ſecetur dupla ratione, duplum ſegmentum perpendiculare trianguli centro, connexum cum eius angulis comprehendet tetraedrum. *e.* 13. *p.* 13.

LIBER VIGESIMVS TERTIVS.

De Priſmate.

1. PYramidatum eſt ſolidum planum è pyramidibus compoſitum.

2. Pyramidatum eſt priſma aut polyedrum miſtum.

3. Priſma eſt pyramidatum, cuius duo oppoſita plana ſunt æqualia, ſimilia, parallela ſimiliter ſita: reliqua parallelogramma. 13. d. 11.   *Itaque*

  Hedræ priſmatis ſunt binario plures angulis in baſi.

4. Planus è baſi & altitudine eſt ſoliditas recti priſmatis.

5. Priſma eſt triplum pyramidis baſi & altitudine æqualis. *e.* 7. *p.* 12.   *Itaque*

   1. *Planus è ſua baſi & triente altitudinis eſt ſoliditas pyramidis baſi & altitudine æqualis.*   *Et*

   2. *Priſmata homogenea æqualta ſunt vt baſes.* 29. 30. 31. 32. p. 11.

               Et

   3. *Si reciprocantur baſi & altitudine, ſunt æqualia.* 34. p. 11.   *Et*

   4. *Si priſma ſecetur plano oppoſitis hedris parallelo, ſegmenta ſunt vt baſes.* 25. p. 11.

6. Priſma eſt pentaedrum aut è pentaedris compoſitum.

7. Si pentaedra alterum baſis triangulæ, alterum parallelogrammæ ad triangulum duplæ ſunt æquealta, ſunt æqualia. 40. p. 11.

8. Priſma è pentaedris compoſitum eſt hexaedrum aut polyedrum. Hexaedrum eſt quod ſex hedris quadrangulis continetur; eſtque parallelepipedum aut trapezium.

                               9. Pa-

9. Parallelepipedum est cuius opposita plana sunt parallelogramma. 24. p. 11. *Itaque*

1. Bisecatur plano per diagonios oppositorum laterum. 28. p. 11.

Et

2. Si bisecatur duobus planis bisecantibus opposita latera communis bisectio
& diagonius, inter se bisecantur, 39. p. 11.

10. Si tres rectæ sunt proportionales, parallelepipedum mediæ
æquatur æquangulo parallelepipedo omnium. e. 36. p. 11.

11 Parallelepipeda rectangula octo complent locum solidum.

12. Figuratus parallelepipedi rectanguli appellatur solidus, factus à
tribus numeris. 17. d. 11.. *Itaque*

2. Si duo solidi sunt similes, habent proportionalia latera & duos medios
proportionales. 21. d. 7. 19. 21. p. 8.

LIBER·VIGESIMVS QVARTVS.

De Cubo.

1. **P**Arallelepipedum rectangulum est cubus aut oblongum.
2. Cubus est rectangulum isoedrum. 25. d. 11. *Itaque*

1. Cubi latera sunt duodecim, anguli plani vigintiquatuor, solidi octo.

Itaque

2. Si sex quadrata aqualia solidis angulis componantur, comprehendent
cubum. *Et*

3. Si è quadrati angulis perpendiculares lateribus æquales sublimè connectantur, comprehendent cubum. c. 15. p. 11.

3. Diagonius cubi potest triplum lateris.

4. Si quatuor rectarum continuè proportionalium prima sit dimidia quartæ, cubus primæ erit dimidius ad cubum secundæ. e. 33.
p. 11.

5. Solibus cubi etiam cubus dicitur, solidus nempe æqualium laterum. 19. d. 7: *Itaque*
Fit à numero in suum quadratum multiplicato.

6. Si recta secetur in duo segmenta, cubus totius æquabitur cubis segmentorum & duplici solido ter comprehenso à quadrato sui segmenti & reliquo segmento. *Itaque*
Latus primi cubi singularis est alterum latus secundi solidi, eiusdemque lateris quadratus est alterum latus primi solidi, cuius reliquum latus est
latus secundi cubi, eiusdemque reliqui lateris quadratus est reliquum latus secundi solidi.

M.

LIBER VIGESIMVS QVINTVS.

De Polyedris miſtis ordinatis.

1. **P**Olyedrum miſtum ordinatum eſt pyramidatum compoſitum è pyramidibus vertice coëuntibus in centro, & ſola baſi ordinata eminentibus.

2. Altitudo componentis pyramidis habetur per radium circuli baſi circumſcripti, perque polyedri ſemidiagonium.　　　　·

3. Miſtum ordinatum eſt triangulæ baſis aut quinquangulæ.

4. Si quadratus è latere triangulæ baſis trifariam diuidatur, latus trientis erit radius circuli baſi circumſcripti.

5. Miſtum ordinatum triangulæ baſis eſt octaedrum aut icoſaedrum.

6. Octaedrum eſt polyedrum miſtum ordinatum, quod ab octo triangulis comprehenditur. 27. d. 11.

Itaque

1. *Octaedri latera ſunt* 12. *anguli plani* 24. *ſolidi* 6.　　　*Et*

2. *Octaedra nouem complent locum ſolidum.*　　　*Et*

3. *Si triangula octo æquilatera & æqualia ſolidis angulis componantur, comprehendent octaedrum.*

7. Si recta è centro quadrati vtrimque perpendicularis æqualis ſemidiagonio connectatur cum angulis, comprehendet octaedrum. 14. p. 13.　　　*Itaque*

1. *Diagonius octaedri poteſt duplum lateris.*　　　*Et*

2. *Si quadratum à latere octaedri duplicetur, duplicati latus erit diagonius.*

8. Icoſaedrum eſt polyedrum miſtum ordinatum à viginti triangulis comprehenſum. 29. d. 11.　　　*Itaque*

1. *Icoſaedri latera ſunt* 30. *anguli plani* 60. *ſolidi* 12.　　　*Et*

2. *Si viginti triangula ordinata & æqualia ſolidis angulis componantur, comprehendent icoſaedrum.*

9. Si ordinata quinquangulum duplex & decangulum vnum eidem circulo ſic inſcribantur, vt latus vtriuſque quinquanguli ſubtendat duo latera decanguli, ſex rectæ circulo perpendiculares & radio eius æquales quinque ab angulis alterius quinquanguli connexæ & inter ſe, & cum angulis reliqui quinquanguli, ſexta à centro vtrinque continuata latere decanguli, & connexa illic cum quinque perpendicularibus, hic cum angulis ſecundi quinquanguli, comprehendent icoſaedrum. e. 16. p. 13.

10. Diagonius, icofaedri eft irrationalis ad latus. 16. p. 13.
Et
11. Poteft quintuplum circularis radij. è confect. 16. p. 13.
12. Polyedrum miftum ordinatum quinquangulæ bafis eft, quod à
duodecim quinquangulis comprehenditur, & dodecaedrum dicitur. Itaque
1. Dodecaedri latera funt 30. anguli plani 60. folidi 20. Et
2. Si duodecim quinquangula ordinata aqualia folidis angulis componantur, comprehendent dodecaedrum.
13. Sicubi latera rectis recte bifecentur, ternaque bifegmenta bifecantium in conterminis planis neque concurrentium neque parallelarum, duo vnius tertium teliquæ vicinum proportionaliter
ita fecentur, vt minora fegmenta bifecantem terminent, ternæ extra cubum dictis planis perpendiculares à proportionalium fectionum punctis, æquales majoribus fegmentis connexæ duæ ex eadem bifecante inter fe & cum vicinis cubi angulis, tertia cum angulis eifdem comprehendent dodecaedrum. 17. p. 13.
14. Diagonius eft irrationalis ad latus dodecaedri.
15. Si latus cubi fecetur proportionaliter, maius fegmentum erit latus dodecaedri conf. 17. p. 13.
16. Solida plana tantum quinque funt ordinata. e. 18. p. 13.

LIBER VIGESIMVS SEXTVS.

De Sphæra.

1. SOlidum gibbum eft quod comprehenditur à fuperficie gibba.
2. Eftque fphæra aut varium.
3. Sphæra eft gibbum rotundum. Itaque
Sphæra fit converfione femicirculi manente diametro. 14. d. 11.
4. Maximus fphæræ circulus eft, qui fphæram bifecat. Itaque
1. Circulus propior maximo maior eft remotiore. Et
2. Æquidiftantes à maximo funt aquales.
5. Planus è diametro & fextante fphærici eft, fphæra. Itaque
1. Vt 21. ad 11. fic cubus diametri ad fphæram. Et
2. Planus è radio & fextante fpharici eft hemifpharium.
6. Sphæræ habent triplicatam rationem diametrorum. 18. p. 12.
7. Quinque corpora ordinata infcribuntur eidem fphæræ conuen

3. *Reciproci bafi atque altitudine funt aquales.* 15. p. 11.

4. *Si cylindrus fecatur plano bafibus oppofitis parallelo; fegmenta funt vt axes.* 13. p. 11.

8. Sector fphæræ eft fegmentum fphæræ, quod foris à fphærico, intus à conico in centrum terminato comprehenditur, maior concauo, minor conuexo.

9. Planus è diametro & fextante maioris vel minoris fphærici eft fector maior vel minor.

10. Si maior fector augeatur intermedio cono, totus erit maior fectio: fi minor minuatur, reliquus erit minor fectio.

ARCHIMEDIS

DE SPHÆRA ET
CYLINDRO.
LIBER PRIMVS.

Ad Dofitheum.

NTEA quidem ad te mifi quædam à nobis animaduerfa, quorum fcripfimus demonftrationes, veluti quod omnis portio comprehenfa fub recta linea & rectanguli coni fectione, fefquitertia eft trianguli habetis eandê bafim ac portio, eandêque altitudnê:nûc quorumdãoccurentium theorematum fecimus demonftrationes, cüiufmodi funt hæc: Primum quidem, quod fuperficies fphæræ quadrupla fit maximi circuli eorum quiin ipfa,funt.Secundû vero,quod cuiufcumque portionalis fphæræ fuperficiei æqualis fuerit.circulus, cuius radius par fit rectæ lineæ ductæ à vertice in fuperficiem circuli,qui bafis fit ipfius portionis. Ad hæc, quod omnis fphæræ cylindrus fefquialter fit, qui bafim quidem habet maximo qui fit in fphæra circulo,altitudinem verò æqualem diametro fphæræ. Superficies verò ipfius cylindri fefquialtera fuperficiei fphære.Hçc quidem demonftrata, naturâ præcefferant cisca dictas figuras,non tamen fuerant ab his qui ante nos.circa Geometriam verfati erant, animaduerfa, quia harum figurarum nondum fuerat exculta fcientia;& qui contulerit ifta cum antiquis, nondum ea reperiet confiderata. Quanquam.demonftrata'plurima fuerint eorum quæ ab Eudoxo circa folida contemplata funt: veluti, quod omnis pyramis tertia pars fit,prifmatis bafim habentis eandem cum.pyramide, paremque altitudinem. Et quod omnis conus tertia pars fit cylindri bafim eandem habentis cum cono, & eandem altitudinem. Hæc enim naturâ præexiftentia in his figuris, non vni dumtaxat, fed multis qui ab Eudoxo extiterunt, præftantibus Geometris, nouiffe contigit. Licebit verò iis qui potuerint, eadem diligentiùs fcrutari. Tum debemus Conone viuente ipfa emittere in vulgus.Hunc enim accepimus talia potiffimum deprehendere, & ipfis accommodatam proferre demonftrationem. Arliterati itaque recte se habere, si hæc inuenta impertitus fuerim iis, qui colunt Mathemata, mittimus tibi quas scripsimus demonstrationes,quasque licebit omnibus qui in Mathematicis versantur,perpendere. Vale. *Scribuntur autem primùm axiomata & hypotheses quæ conueniunt sequentibus demonstrationibus.*

DEFINITIONES.

1. SI fuerint aliquot in plano curuæ lineæ determinatæ,quarum extrema iungant rectæ lineæ, aut sunt totæ in easdem partes,aut nihil habent in alias.

2. Voco autem lineam cauam in easdem partes: in qua duobus quibuslibet assumptis punctis, quæ sunt rectæ inter assumpta puncta, vel omnes in easdem partes lineæ puncta iungentis cadunt,aut aliquæ quidem in easdem partes, quædam secus rectam lineam iungentem puncta,nullæ verò in alias partes.

3. Similiter etiam superficies quædam sunt terminatæ, non quidem plano, sed terminos habent in plano. Et plani in quo terminos habet,aut tota vergut in easdē partes,aut nihil habet in alteras,

4. In easdem verò partes cauas superficies voco , in quibus si duo sumantur puncta:rectæ lineæ inter puncta mediæ,aut omnes cadunt in easdem partes superficiei, aut, quædam in easdem partes, quædam verò secus eandem partem: nulla verò in partes contrarias.

5. Frustum solidum appello figuram, quæ vbi sphæram Conus secuerit habens verticem in centro sphærę,comprehendetur tam à superficie coni intra sphæram demersa, quàm à superficie sphæræ intra conum contenta.

6. Rhombum verò solidum appello figuram ex duobus conis isoscelibus deformatam, quando habuerint ambo eandem basim ,conuersos verò vertices in contrarias partes plani basis ; ita vt eorum tres iaceant in rectam lineam.

7. Sphærarum portiones similes sunt quæ ex similibus circulorum p ortionibus nascuntur. *Assumo autem ista.*

Hypotheses.

1. Omnium linearum eadem puncta seu terminos habentium minimam esse rectam.

2. Aliarum verò linearum in plano existentium si iisdem terminentur punctis,easdem esse inæquales.

ET CYLINDRO, LIBER PRIMVS. 95

Lemma I.

Inter duas inæquales quantitates media proportioñalis neutri æ-
qualis est : Et ratio primæ ad tertiam vt dupla, maior est ratione primæ ad secundam vt simplici.

Lemma II.

Sub circulo figura multorum laterum & æqualium, vel conscripta
vel inscripta fuerit : possibile est alij circulo aliam figuram vel conscribere, vel inscribere, parium numero laterum, & præcedenti similem.

Probl. IV. Prop. V.

Dato circulo, duabusque magnitudinibus inæqualibus, polygonum conscribere circulo, eidemque aliud inscribere; ita vt conscri-
ptum habeat ad inscriptum minorem rationem, quàm maior magnitudo ad minorem.

Manifestum I.

Similiter ostendemus, quod duabus magnitudinibus inæqualibus
datis & sectore, possibile est circa sectorem, multangularem figuram
conscribere, & aliam similem eidem inscribere, ita vt conscripta ad
inscriptam minorem habeat rationem, quàm maior magnitudo ad
minorem.

Manifestum II.

Manifestum & illud est, quod si detur circulus vel sector, & aliquod spatium : possibile sit inscriptas haberi, & conscriptas figuras
circulo, vel sectori æquilateras, tum reliquis partibus semper alias,
donec segmenta supersint circuli vel sectoris, quæ sint minora subiecto plano. Hæc enim in elementis tradita sunt. Fortè quia deduci potest ex I. decimi Euclidis.

Lemma.

In data ellipsi figuram describere similem alij in alia ellipsi descriptæ : hoc est, quæ ad suam ellipsim eandem habeat rationem quàm
prima ad suam ellipsim.

Probl. V. Prop. VI.

Demonstrandum est, quod dato circulo vel sectore & plano : possibile sit circulo vel sectori conscribere figuram, ita vt circumsepta à
circumscripta & circulo segmenta, minora sint plano dato.

Theorema II. Prop. VII.

✦ Si in cono isoscele pyramis inscribatur, æquilateram habens basim : superficies ipsius sine base, æqualis est triangulo basim quidem
habenti æqualem ambitui basis; altitudinem verò perpendiculari demissæ à vertice in vnum ex lateribus basis.

N

Theor. III. *Prop.* VIII.

✢ Si circa conum isoscelem pyramis conscribatur: superficies pyramidis sine base, æqualis est trigono, basim quidem habenti æqualem ambitui basis, altitudinem verò lateri coni.

Theor. IV. *Prop.* IX.

Si in coni cuiusdam isoscelis circulum, qui coni sit basis, ceciderit linea recta, à cuius extremitatibus protrahantur lineæ rectæ ad verticem coni: triangulus definitus & ab incidente & à lineis actis ad verticem, minor est superficie coni, quæ est à vertice intra protractas.

Theor. V. *Prop.* X.

Si ducantur tangentes circulum qui sit basis coni, & quidem in eodem quo circulus plano existant, & in se mutuò incidant, à punctis verò contactuum, & mutuæ intersectionis ad coni verticem lineæ protrahantur: comprehensa triangula à tangentibus & lineis ad verticem coni protractis, maiora sunt superficie conica inter ipsa comprehensa.

Theor. VI. *Prop.* XI.

Si in superficie recti cylindri duæ rectæ lineæ fuerint: superficies cylindri inter duas rectas, maior est parallelogrammo comprehenso duabus rectis lineis in superficie cylindri ductis, & lineis earum extrema iungentibus.

Lemma.

In duobus circulis æqualibus si duæ lineæ agantur æquales, diametris minores, à quarum extremis punctis lineæ ducantur tangentes circulos, ab eodem latere concurrent, & erunt tangentes vnius circuli æquales tangentibus alterius. Ab extremitatibus verò diametri non possunt duci tangentes quæ concurrent. ●

Theor. VII. *Prop.* XII.

Si in superficie cuiusdam cylindri recti capiantur duæ lineæ rectæ, à quarum extremis punctis educantur lineæ tangentes circulos qui bases sunt cylindri, existantque in eodem cum circulo plano, & simul concurrant: parallelogramma comprehensa sub tangentibus & cylindri lateribus, maiora sunt cylindricæ superficie, quæ est inter rectas ductas in superficie cylindri.

Manifestum III.

✢ His ergo demonstratis, ex dictis patet, quod si in isoscele cono pyramis inscribatur, superficies pyramidis sine base minor erit conica superficie.

Manifeſtum IV.

✠ Et quod ſi circa conum iſoſcelem pyramis conſcribatur ; ſuperficies pyramidis ſine baſe maior eſt ſuperficie coni ſine baſe quæ illi
contermina eſt.

Manifeſtum V.

✠ Ex iiſdem demonſtratis manifeſtum, quod ſi in recto cylindro
priſma inſcribatur, ſuperficies priſmatis ex parallelogrammis compoſita, minor eſt ſuperficie cylindri ſine baſe.

Manifeſtum VI.

✠ Etiam, ſi circa rectum cylindrum priſma conſcribatur, ſuperficies priſmatis quæ conſtat parallelogrammis, maior eſt cylindrica
ſuperficie ſine baſe.

Theor. VIII. *Prop.* XIII.

✠ Omnis cylindri recti ſuperficies ſine baſe, æqualis eſt circulo, cuius ea, quæ ex centro, media proportionalis eſt inter latus & diametrum baſis cylindri.

Theor. IX. *Prop.* XIV.

✠ Omnis coni iſoſcelis ſuperficies ſine baſi, æqualis eſt circulo, cuius radius medius eſt proportionalis inter latus coni & radium circuli, qui eſt coni baſis.

Theor. X. *Prop.* XV.

✠ Cuiuſcumque coni iſoſcelis ſuperficies ad baſim, eam habet rationem, quam latus coni ad radium circuli qui baſis eſt coni.

Lemma I.

Si duæ rectæ prima & ſecunda ſecentur: rectangulum comprehenſum ſub vtraque, æquale erit tribus rectangulis, primo ſub prima parte primæ, & prima parte ſecundæ : ſecundo ſub ſecunda parte
primæ, & eadem prima ſecundæ : tertio ſub ſecunda parte primæ &
tota ſecunda.

Lemma II.

Si conus iſoſceles plano ſecatur baſi parallelo, interſectione fit
circulus.

Lemma III.

Circulum ex circulo auferre vt remaneat circulus.

Theor. XI. *Prop.* XVI.

Si conus iſoſceles plano ſecat baſi parallelo: ſuperficiei coni mediæ inter plana parallela, æqualis eſt circulus, cuius radius medius
eſt proportionalis inter partem lateris coni comprehenſam parallelis
planis, & lineam æqualem radiis duorum circulorum qui habentur
in planis parallelis.

N ij

Lemma I.

Coni æqualem habentes altitudinem., eam inter se rationem habent, quam bases.

Lemma I.

Coni verò habentes æquales bases, eam inter se rationem habent quam altitudines.

Lemma III.

Si cylindrus plano secatur parallelo ad basim: cylindrus.est ad cylindrum, vt axis ad axem.

Lemma IV.

Coni qui easdem bases habent, & altitudines, cum cylindris, in eadem sunt ratione quàm cylindri.

Lemma V.

Et æqualium conorum reciprocæ sunt bases altitudinibus : Atque quorum reciprocæ fuerint bases altitudinibus, ipsi æquales sunt.

Lemma VI.

✚ Et coni quorum diametri basium eandem rationem habent, quam axes, seu quam altitudines : se habent in triplicata ratione dimetientium quæ in basibus. *Quæ omnia apud Euclidem lib. 12. Elementorum. habentur.*

Theor. XII. *Prop.* XVII.

✚ Si fuerint duo coni isosceles , & fuerit alterius superficies æqualis basi alterius, linea verò à centro basis educta perpendiculariter in latus coni, altitudinis extiterit æqualis : coni erunt æquales.

Theor. XIII. *Prop.* XVIII.

✚ Cuilibet rhombo ex isoscelibus conis composito, æqualis est conus, qui basim habeat æqualem superficiei alterius coni eorum qui rhombum componunt: altitudinem verò æqualem perpendiculari à vertice alterius coni, in vnum latus primi illius deducto.

Theor. XIV. *Prop.* XIX.

Si conus æquicrurius plano æquidistanti basi secetur ; tum à circulo facto conus contrascribatur, verticem habens centrum basis, factusque rhombus auferatur à toto cono : residuo æqualis est conus qui basim habeat æqualem superficiei coni mediæ inter parallela plana : altitudinem verò æqualem perpendiculari ductæ à centro basis in vnum latus.

Lemma problematicum.

Duorum conorum inuersim sumptorum in trunco coni secto plano parallelo basi, eandemque habentium cum trunco altitudinem, differentiam notare.

Theor. X V. *Prop.* X X.

Si rhombi ex æquicruriis conis compositi alter conus plano secetur parallelo basi : à circulo verò tum facto conus deorsum describatur verticem habens eundem quàm alter conus : à toto verò rhombo
diuellatur factus rhombus : residuo æqualis erit conus habens basim
æqualem superficiei coni, mediæ inter parallela plana : altitudinem
verò parem perpendiculari à vertice huius coni in illius coni latus
demissæ.

Lemma I.

Binæ quælibet rectæ lineæ circulo descriptæ, quarum extrema distant æqualibus arcubus, sunt inter se parallelæ.

Lemma I I.

Si à puncto in circumferentia circuli capiantur duo arcus æquales,
quorum extrema iungantur recta linea : diameter à puncto sumpto
ducta per centrum circuli, hanc lineam iungentem arcuum extrema
bifariam diuidet, & ad angulos rectos.

Theor. XVI. *Prop.* XXI.

Si circulo multangularis, parilatera, & æquilatera figura inscribatur : atque agantur rectæ iungentes latera figuræ, ita vt parallelæ sint
vni ex his quæ duobus figuræ lateribus subtenduntur : omnes iungentes ad circuli diametrum eam habent rationem, quam altera subtendens dimidium vnius ex minimis habet ad multangularis figuræ
latus.

Theor. XVII. *Prop.* XXII.

Si in sectione circuli polygonum inscribatur, latera habens sine
base æqualia, & numero pari : agantur verò rectæ parallelæ basi, coniungentes figuræ latera : omnes hæ ductæ lineæ cum dimidio basis ad
altitudinem sectionis, eandem rationem habebunt quam habet recta
linea ducta ab extremitate diametri in figuræ latus, ad ipsum figuræ
latus. *Vide longum corollarium Archimedis.*

Theor. XVIII. *Prop.* XXIII.

Inscriptæ in sphæra figuræ superficies æqualis est circulo, cuius radius potest rectangulum comprehensum sub latere figuræ & linea
æquali omnibus iungentibus latera figuræ, ita vt fiant quadrilatera
in ipsa, existentibusque parallelis rectæ lineæ duo latera figuræ sub-
tendenti.

Theor. XIX. *Prop.* XXIV.

✤ Figuræ in sphæra inscriptæ superficies comprehensa sub conicis
superficiebus, minor est quàm quadrupla maximi circuli eorum qui
sunt in sphæra.

Theor. XX. *Prop.* XXV.

✚ Inſcriptæ in ſphæra figuræ comprehenſæ ſub conicis ſuperficiebus, æqualis eſt conus qui baſim quidem habeat circulum æqualem
ſuperficiei figuræ inſcriptæ in ſphæra: altitudinem verò æqualem lineæ à centro ſphæræ in vnum ex lateribus figuræ planæ perpendiculariter eductæ.

Theor. XXI. *Prop.* XXVI.

✚ Inſcripta ſphæræ figura ſolida, comprehenſa ſub ſuperficiebus conicis, minor eſt quàm quadrupla coni, qui baſim quidem habeat æ-
qualem maximo circulo eorum qui ſunt in ſphæra: altitudinem verò
æqualem radio ſphæræ.

Lemma.

Figuræ æquilateræ & æquiangulæ circulo conſcriptæ, circulum
conſcribere eodem cum primo centro. *Vide corollarium Archimedis.*

Theor. XXII. *Prop.* XXVII.

✚ Superficiei conſcriptæ ſolidæ figuræ circa ſphæram, æqualis eſt
circulus, cuius linea ducta à centro poteſt æquale comprehenſo ſub
vno latere figuræ, exiſtentibus parallelis alicui earum quæ duo latera figuræ ſubtendunt.

Theor. XXIII. *Prop.* XXVIII.

✚ Solidæ figuræ conſcriptæ circa ſphæram, ſuperficies maior eſt
quàm quadrupla maximi circuli eorum qui in ſphæra.

Lemma.

Si duo circuli idem centrum habuerint, & aliqua linea ducta ſit
ab extremitate diametri maioris tangens minorem circulum, maioremque ſecans: linea ducta ab altero extremo huius lineæ ſecantis ad
alterum diametri maioris circuli extremum, æqualis eſt diametro
minoris circuli.

Manifeſtum VII.

Circumſcriptæ figuræ ſolidæ circa minorem ſphæram æqualis eſt
conus, qui baſim quidem habeat circulum æqualem ſuperficiei ſolidæ figuræ, altitudinem verò æqualem radio ſphæræ.

Manifeſtum VIII.

Figura ſolida circumſcripta circa minorem ſphæram, maior eſt
quadruplo coni baſim quidem habentis maximum circulum eorum
qui in ſphæra, altitudinem verò radium ſphæræ.

Lemma I.

. Propoſitarum quatuor magnitudinum ſi prima fuerit ad tertiam,
vt ſecunda ad quartam: media proportionalis inter primam & ſe-
cundam erit ad mediam proportionalem inter tertiam & quartam,

vt est prima ad tertiam, vel secunda ad quartam.

Lemma II.

Duarum figurarum similium, quarum altera conscribitur, altera inscribitur eidem circulo, vel circuli portioni, lineæ latera iungentes eam habent inter se rationem quàm figurarum latera.

Theor. XXIV. Prop. XXIX.

Si fuerit in sphæra figura solida inscripta, & alia circumscripta sub similibus figuris planis eodem quo supra modo reuolutis: superficies circumscriptæ figuræ solidæ ad inscriptæ superficiem, duplicatam rationem habet, scilicet quam latus circumscriptæ figuræ planæ circa maximum circulum ad latus inscriptæ planæ figuræ in eodem circulo. Ipsa verò solida figura quæ circumscribitur ad figuram solidam quæ inscribitur, trip lam rationem habet eiusdem rationis.

Theor. XXV. Prop. XXX.

✠ Cuiuscumque sphæræ superficies quadrupla est maximi circuli eorum qui sunt in ipsa. *Hinc constat, data sphæræ superficiei dari circulum æqualem.*

Lemma Problematicum I.

Inter duas datas magnitudines inæquales, duas alias reperire continuè proportionales in ratione Arithmetica.

Lemma II.

Inter duas datas magnitudines quantitatem reperire ad quam datarum prima minorem rationem habeat, quàm sit ea quæ triplicata producit eam rationem quam prima datarum habet ad secundam.

Theor. XXVI. Prop. XXXI.

Omnis sphæra quadrupla est coni basim quidem habentis æqualem maximo circulo eorum qui in sphæra, altitudinem verò radium sphæræ.

Manifestum IX.

Manifestum quod omnis cylindrus basim quidem habens maximum circulum eorum qui sint in sphæra, altitudinem verò æqualem diametro sphæræ, sesquialter est sphæræ. Et superficies ipsius cum basibus etiam sesquialtera est superficiei sphæræ.

Lemma.

Si sit in sphæra circulus, per cuius ametrum planum agatur perpendiculare ad ipsum circulum, secat hoc planum sphæram in æqualia, & maximum sphæræ circulum offert.

Theor. XXVII. Prop. XXXII.

Superficies inscriptæ figuræ solidæ in portione sphæræ, æqualis est circulo, cuius radius potest æquale comprehenso rectangulo sub vno latere inscriptæ planæ figuræ in portione maximi circuli, & linea æquali omnibus parallelis basi portionis cum semisse diametri basis.

Lemma.

Per punctum axis sphæræ agere planum perpendiculare ad axem, quod sphæram dirimat in duo segmenta. *Videatur porisma, seu coroll. Archim.*

Theor. XXVIII. Prop. XXXIII.

Superficies inscriptæ figuræ in portione sphæræ minor est circulo, cuius radius est æqualis lineæ eductæ à vertice portionis in circumferentiam circuli qui basis est portionis.

Theor. XXIX. Prop. XXXIV.

Figura solida inscripta in portione sub conicis superficiebus contenta, vnà cum cono, basim quidem eandem habenti quam figura, verticem verò centrum sphæræ, æquale est cono basim habenti æqualem superficiei figuræ, altitudinem verò perpendiculari ductæ à centro sphæræ in vnum ex figuræ lateribus. *Quod intellige de portione sphæræ hemicyclio minori.*

Lemma I.

Figura solida in sphæræ portione hemisphærio æquali inscripta, conicisque superficiebus contenta, æqualis est cono basim habenti æqualem superficiei figuræ: altitudinem verò æqualem perpendiculari excidentia centro sphæræ, & basis portionis in figuræ planæ latus.

Lemma II.

Figura item solida in sphæræ portione hemisphærio maiore descripta, & enata ex reuolutione planæ æquilateræque figuræ, ac laterum quaternario dimensorum, demù ita in portione circuli sphæræ maximi descriptę, vt diameter circuli coniungat duos figurę ipsius planæ angulos, ęqualis est duobus conis, quorum primus habeat basim parem superficiei ipsius solidę figuræ, altitudinem verò æqualem perpendiculari ductæ à centro basis in figuræ planæ latus: secundus verò qui basim habeat basim portionis, verticem verò in centro sphæræ.

Lemma III.

Figura solida in sphærę portione hemisphærio maiore descripta conica simul ac cylindrica superficiebus contenta, æqualis est septuplo coni qui basim habeat eandem quam figura, verticem vero centrum sphæræ.

Lemma IV.

Figura folidà in fphæræ portione hemifpæhrió maiore defcripta,
& nata ex reuolutione figuræ planæ in circuli fphæræ maximi portione, ita infcripta vt diametet fphæræ vel circuli maximi incidat
in latera oppofita àd angulos obliquos, æqualis eft tum cono qui bafim habeat parem fuperficiei figuræ, & altitudinem æqualem perpendiculari à centro fphæræ demiffæ in planæ figur latus, tum
alij cono qui bafim habeat bafim figuræ folidæ, verticem verò centrum fphæræ : fi tamen demeris differentiam coni ad bafim trunci
qui fit prope centrum à cono ad verticem, qui fit fuper circulo tanquam bafi, cuius eft diameter pars diametri fphæræ. *Videatur corell.*
Archim.

Manifeftum X.

Et patet quod fuperficies defcriptæ figuræ folidæ circa fegmentum
æqualis eft circulo, cuius radius poteft rectangulum comprehenfum fub vno latere figuræ planæ, & omnibus iungentibus angulos figuræ planæ, & adhuc dimidia bafe ductæ planæ figuræ. Infcripta
folida figura infcripta eft in portione maioris fphæræ. Hoc verò
manifeftum per hoc quod priùs fcriptum eft.

Theor. XXX. Prop. XXXV.

Figuræ folidæ circa fphæræ portionem confcriptæ fuperficies maior
eft circulo, cuius radius æqualis eft lineæ ductæ à vertice portionis in
circumferentiam circuli, qui bafis eft portionis.

The. XXXI. Prop. XXXVI.

Fit verò & circumfcripta folida figura circa portionem cum cono,
cuius bafis eft circulus circa diametrum; vertex verò centrum æqualis eft cono, cuius bafis quidem æqualis eft fuperficiei figuræ, altitudo
verò lineæ à centro in latus perpendiculari ductæ, quæ vtique æqualis
eft radio fphæræ. *Videantur duo corollaria; & manifeftum* II. *quod ita*
concludit.

Manifeftum XI.

Circumfcriptæ figuræ folidæ fuperficies ad infcriptæ folidæ figuræ
fuperficiem duplicatam rationem habet quam latus circumfcriptæ
figuræ planæ habet ad latus infcriptæ figuræ planæ. At verò figura folida cum cono, triplicatam hab et eiufdem rationem.

Th. XXXI. Prop. XXXVI.

Cuiufcumque portionis fphæræ minoris femicirculo fuperficies
æqualis eft circulo, cuius radius æqualis eft lineæ à vertice
portionis in peripheriam ductæ circuli, qui bafis eft portionis
fphæræ.

Th. XXXII. Prop. XXXVII.

Q

✠ Et fi maior fuerit hemifpherio portio, fimiliter ipfius fuperficies æqualis eft circulo, cuius radius, æqualis eft lineæ ductæ à vertice ad circumferentiam circuli, qui bafis eft portionis.

Th. XXXIII. *Prop.* XXXVIII.

Omni fegmento fphæræ æqualis eft conus qui bafim quidem habeat æqualem fuperficiei fegmenti fphæræ, quæ fectioni refpondet, altitudinem verò æqualem radio fphæræ.

ARCHIMEDIS

DE SPHÆRA

ET CYLINDRO.

LIBER SECVNDVS.

Dofitheo S.

NTEA quidem mandâfti mihi, fcriberem eorû problematum demôftrationes, quæ priùs ipfe propofuerâ Cononi. Accidit verò eorû plurima fcribi inter theoremata, quorum priùs ad te mifi demonftrationes: ficuti quod prop. 30. 36. 37. manifefto 9. & 38. prop. libri præcedentis demonftratum eft. Quotquot enim horum theorematum & problematum inter illa fcribuntur, in hoc libro exfcripta ad te mifi. Quæcumque verò inueniuntur alia, contemplationem puta de helicibus, & de conoidibus, enitar breui mittere. Primum autem problematum erat eiufmodi, fphæræ datæ planum fpatium inuenire æquale fuperficiei fphæræ. Eft verò hoc manifeftum & demonftratum ex dictis theorematibus, præfertim verò ex 30. propofitione.

Problema I. *Propofitio* I.

Secundum erat · Dato cono vel cylindro, fphæram inuenire cono vel cylindro æqualem.

Lemma I.

Lineam conchoidem defcribere.

Lemma II.

Linea conchoidis vndequaque verticis accedit ad lineam norma-lem, (modò ex perpendicularibus diſtantia perpendatur) quò magis recedit à vertice.

Lemma III.

Inter conchoidem & normalem non poteſt duci linea quin ſecet conchoidem.

Lemma IV. Probl.

Angulo dato & puncto, extra lineas angulum datum concipien-tes, ducere à puncto dato lineam, cuius pars à lineis angulum datum concipientibus intercepta æqualis ſit alicui datæ li-neæ.

Lemma V.

Si primum fuerit ad ſecundum vt tertium ad quartum, erit primum ad dimidium ſecundi, vt duplum tertij ad quartum.

Lemma VI.

Inter duas datas lineas inæquales duas medias proportionales inuenire.

Lemma VII.

Si diametri duo ſumantur ad normam in dato circulo, & vtrimque alterutrius receſentur duo arcus æquales, à quibus duæ perpendicula-res excitentur ad alteram diametrorum, à cuius deinde extremitate ad arcum exteriorem ducatur linea : hæc linea ita diuidit proxi-mam ex perpendicularibus, vt inter partem conſtituentem angulum rectum cum diametro, & partem maiorem diametri, relinquantur mediæ proportionales ſecta hæc perpendicularis & reliqua diametri pars. *Qui modus complectitur picturam lineæ ciſſidea, ſeu hederaceæ Dioclis.*

Lemma VIII. Probl.

Inter duas datas inuenire duas medias proportionales, mediante linea ciſſoide.

Lemma IX.

Modum Spori exponere.

Lemma X.

Si quatuor lineæ continuè proportionales decuſſatim, & ad angu-los rectos conſtituantur, ita vt prima & quarta angulum ſimul, tum ſecunda & tertia alium ſimul angulum componant, perficiatur-que ex ſecunda & tertia rectangulum, deſcriptæ parabolæ ſeu rectan-guli coni ſectiones diametris quidem ſecunda & tertia, rectis verò iuxta quas poſſunt ordinatim applicatæ prima & quarta ſeſe ſecabunt

O ij

in angulo rectanguli constituti sub secunda & tertia. *Vnde modus Menechmi qui fit corporum sectione explicatur. Sed & vnius solius parabolæ beneficio Mathematicus nobilissimus idem inuenit.*

Lemma XI. Probl.

Duas medias proportionales inter duas datas ex modo Menechmi inuenire. *Sed & anguli trisectionem, & alia plurima non inuenta hactenus, is qui suprà, parabolæ beneficio reperit.*

Theor. I. Prop. II.

✦ Omni portioni sphæræ æqualis est conus qui basim quidé habeat eandem ac portio, altitudinem verò lineam rectam quæ ad altitudinem portionis in ea sit ratione, qua composita ex radio sphæræ, & ex altitudine reliquæ portionis ad ipsam altitudinem reliquæ portionis.

Probl. II. Prop. III.

Datam sphæram plano secare, ita vt superficies segmentorum rationem inter se inuicem habeant eandem quam sit alia data.

Lemma I.

Si fuerint quatuor rectæ lineæ continuè proportionales, est quadratum secundæ ad quadratum tertiæ, vt prima ad tertiam, vel quadratum primæ ad quadratum secundæ, vt secunda ad quartam.

Lemma II.

Si inter duas quantitates eiusdem speciei, aliquæ aliæ homogenæ ponantur: ratio extremarum componitur ex rationibus intermediarum.

Probl. III. Prop. IV.

Datam sphæram secare, ita vt segmenta sphęræ inter se rationem habeant eandem quam quæ data sit.

Lemma I.

Duabus datis rectis lineis in ratione dupla, & terminis alicuius rationis: diuidere minorem illarum in ratione data; aut efficere vt sicut sunt duo termini simul rationis datæ ad consequentem, ita fiat minor ad inuentam; tum ita secare compositam ex vtraque, vt quadratum maioris sit ad quadratum partis, vt est reliqua pars ad inuentam.

Lemma II.

Duabus datis rectis lineis inæqualibus & rectilineo proposito, ita secare maiorem, vt quemadmodum fuerit altera partium resectæ ad minorem lineam, ita sit spatium propositum rectilineum ad quadratum alterius portionis sectæ lineæ. *Huc Eutocij modus pertinet.*

Lemma III.

Propofita linea, eaque fecta, ita vt partes fint in ratione dupla : parallelepipedum conftructum bafe quadrato maioris partis, & altitudine minori portione, maximum eft omnium quæ pariter confici poffunt ex alia quacumque fectione eiufdem lineæ. *Vide confectionem probl. Archimedei : nempe quomodo fphæra data ita fecetur, vt ipfius fegmenta rationem datam habeant.*

Lemma IV.

Si fuerint duo fphærarum fegmenta fimilia, coni recti huiufmodi fegmentis æquales, inter fe quoque funt fimiles.

Probl. IV. *Prop.* V.

Dato fegmento fphæræ, fimile & alij dato æquale idem ipfum conftituere.

Probl. V. *Prop.* VI.

Datis duobus fphæræ fegmentis, fiue eiufdem, fiue non, inuenire fegmentum fphæræ, quod fit alteri datorum fimile, fuperficiem verò habeat æqualem fuperficiei fegmenti alterius.

Probl. VI. *Prop.* VII.

A data fphæra fegmentum plano fecare, ita vt fegmentum ad conum bafim habentem eandem cum fegmento, & æqualem altitudinem, datam rationem habeat.

Lemma I.

Si cuique duarum linearum inæqualium eadem, vel quæque duarum æqualium addatur : erit maior inæqualium ad minorem inæqualium in maiori ratione, quàm compofita ex maiori inæquali & altera æquali ad compofitam ex minori inæquali, & altera æquali.

Lemma II.

Trium linearum, fi prima ad fecundam in minori ratione eft quàm fecunda ad quartam ; rectangulum fub prima & tertia minus erit fecundæ quadrato. Contra maius erit, fi prima ad fecundam maiorem rationem habeat quàm fecunda ad tertiam.

Lemma III.

Si quatuor magnitudinibus propofitis, quod fit fub prima & quarta minus eft eo quod fit ex fecunda & tertia : prima ad fecundam minorem rationem habebit quàm tertia ad quartam.

Lemma IV.

Si trium linearum primæ quadratum habeat maiorem rationem ad quadratum fecundæ quàm fecunda habet ad tertiam : prima habebit ad tertiam maiorem rationem quàm fit ratio fefquialtera rationis secundæ ad tertiam.

Lemma V.

Si linea duobus punctis inæqualiter diuiditur : rectangulum quod fit ex duabus partibus medietatis figno proximioribus, maius est eo quod fit ex inæqualioribus partibus , magifque à medio dif-fitis.

Theor. II. Prop. VIII.

Si fphæra plano fecetur non per centrum , maius fegmentum ad minus minorem quidem rationem habet quàm fit dupla eius quam habet maioris fegmenti fuperficies ad minoris fuperficiem, maiorem verò quàm fit fefquialtera eiufdem.

Lemma I.

Si proponantur duo coni , quorum bafis primi habeat maiorem rationem ad bafim fecundi, quam altitudo fecundi ad altitudinem primi , primus conus est maior fecundo.

Lemma II.

Lineæ datæ lineam reperire potentia fubduplam.

Lemma III.

Si fuerint quinque lineæ continuè proportionales , vt erit prima ad quintam , fic erit quadratum fecundæ ad quadratum quartæ.

Theorema II. Prop. IX.

Sphæricorum fegmentorum fub æquali fuperficie contentorum maximum est hemifphærium.

ARCHIMEDIS
DE CIRCVLI
Dimensione Liber.

Propositio I. Theorema I.

OMNIS circulus æqualis est triangulo rectangulo; cuius radius est par vni eorum quæ sunt circa rectum angulum: circumferentia verò basi.

Prop. II. Theor. II.

✚ Circulus ad quadratum suæ diametri, rationem habet quam vndecim ad quatuordecim.

Lemma I.

✚ Si duæ lineares quantitates in aliquot partes diuidantur : rectangula quæ ex singulis partibus vnius fiunt per alterius segmenta, æqualia sunt toti ab integris comprehenso.

Lemma II.

✚ Si rectangulum continetur sub duabus congeneis & linearibus quantitatibus, vt se habebit mensura ad alteram ipsarum, ita se habebit quod fit ex altera, & mensura ad totum rectangulum.

Lemma III.

✚ Si fuerint quatuor quantitates proportionales, numerus qui multiplicauerit aut diuiserit primum vt faceret secundum, idem multiplicat aut diuidit tertium vt producat quartum.

Lemma IV.

Dato rectangulo eiusque altero latere, dare ignotum latus.

Lemma V.

Dati in numeris quadrati latus inuenire.

Lemma VI.

Noti quadrati latus ignotum Geometricè cognoscere.

Lemma VII.

Si quatuor magnitudinum prima ad secundam maiorem rationem habuerit quàm tertia ad quartam, sumantur autem prima & secundam

Lemma I.

. Coni æqualem habentes altitudinem, eam inter se rationem habent, quam bases.

Lemma I.

Coni verò habentes æquales bases, eam inter se rationem habent quam altitudines.

Lemma III.

Si cylindrus plano secatur parallelo ad basim: cylindrus est ad cylindrum, vt axis ad axem.

Lemma IV.

Coni qui easdem bases habent, & altitudines, cum cylindris, in eadem sunt ratione quàm cylindri.

Lemma V.

Et æqualium conorum reciprocæ sunt bases altitudinibus: Atque quorum reciprocæ fuerint bases altitudinibus, ipsi æquales sunt.

Lemma VI.

✤ Et coni quorum diametri basium eandem rationem habent, quam axes, seu quam altitudines: se habent in triplicata ratione dimetientium quæ in basibus. *Quæ omnia apud Euclidem lib. 12. Elementorum habentur.*

Theor. XII. Prop. XVII.

✤ Si fuerint duo coni isosceles, & fuerit alterius superficies æqualis basi alterius, linea verò à centro basis educta perpendiculariter in latus coni, altitudinis extiterit æqualis: coni erunt æquales.

Theor. XIII. Prop. XVIII.

✤ Cuilibet rhombo ex isoscelibus conis composito, æqualis est conus, qui basim habeat æqualem superficiei alterius coni eorum qui rhombum componunt: altitudinem verò æqualem perpendiculari à vertice alterius coni, in vnum latus primi illius deducto.

Theor. XIV. Prop. XIX.

Si conus æquicturius plano æquidistanti basi secetur; tum à circulo facto conus contrascribatur, verticem habens centrum basis, factusque rhombus auferatur à toto cono: residuo æqualis est conus qui basim habeat æqualem superficiei coni mediæ inter parallela plana: altitudinem verò æqualem perpendiculari ductæ à centro basis in vnum latus.

Lemma problematicum.

Duorum conorum inuersim sumptorum in trunco coni secto plano parallelo basi, eandemque habentium cum trunco altitudinem, differentiam notare.

Theor. XV. Prop. XX.

Si rhombi ex æquicruriis conis-compositi alter conus plano secetur parallelo basi : à circulo verò tum facto conus deorsum describatur verticem habens eundem quàm alter conus : à toto verò rhombo
diuellatur factus rhombus : residuo æqualis erit conus habens basim
æqualem superficiei coni, mediæ inter parallela plana : altitudinem
verò parem perpendiculari à vertice huius coni in illius coni latus
demissæ.

Lemma I.

Binæ quælibet rectæ lineæ circulo descriptæ, quarum extrema distant æqualibus arcubus, sunt inter se parallelæ.

Lemma II.

Si à puncto in circumferentia circuli capiantur duo arcus æquales,
quorum extrema iungantur recta linea : diameter à puncto sumpto
ducta per centrum circuli, hanc lineam iungentem arcuum extrema
bifariam diuidet, & ad angulos rectos.

Theor. XVI. Prop. XXI.

Si circulo multangularis, parilatera, & æquilatera figura inscribatur : atque agantur rectæ iungentes latera figuræ, ita vt parallelæ sint
vni ex his quæ duobus figuræ lateribus subtenduntur : omnes iungentes ad circuli diametrum eam habent rationem, quam altera subtendens dimidium vnius ex minimis habet ad multangularis figuræ
latus.

Theor. XVII. Prop. XXII.

Si in sectione circuli polygonum inscribatur, latera habens sine
base æqualia, & numero pari : agantur verò rectæ parallelæ basi, coniungentes figuræ latera : omnes hæ ductæ lineæ cum dimidio basis ad
altitudinem sectionis, eandem rationem habebunt quam habet recta
linea ducta ab extremitate diametri in figuræ latus, ad ipsum figuræ
latus. *Vide longum corollarium Archimedis.*

Theor. XVIII. Prop. XXIII.

Inscriptæ in sphera figuræ superficies æqualis est circulo, cuius radius potest rectangulum comprehensum sub latere figuræ & linea
æquali omnibus iungentibus latera figuræ, ita vt fiant quadrilatera
in ipsa, existentibusque parallelis rectæ lineæ duo latera figuræ sub-
tendenti.

Theor. XIX. Prop. XXIV.

✠ Figuræ in sphæra inscriptæ superficies comprehensa sub conicis
superficiebus, minor est quàm quadrupla maximi circuli eorum qui
sunt in sphæra.

Theor. XX. Prop. XXV.

✚ Inscriptæ in sphæra figuræ comprehensæ sub conicis superficiebus, æqualis est conus qui basim quidem habeat circulum æqualem superficiei figuræ inscriptæ in sphæra: altitudinem verò æqualem lineæ à centro sphæræ in vnum ex lateribus figuræ planæ perpendiculariter eductæ.

Theor. XXI. Prop. XXVI.

✚ Inscripta sphæræ figura solida, comprehensa sub superficiebus conicis, minor est quàm quadrupla coni, qui basim quidem habeat æqualem maximo circulo eorum qui sunt in sphæra: altitudinem verò æqualem radio sphæræ.

Lemma.

Figuræ æquilateræ & æquiangulæ circulo conscriptæ, circulum conscribere eodem cum primo centro. *Vide corollarium Archimedis.*

Theor. XXII. Prop. XXVII.

✚ Superficiei conscriptæ solidæ figuræ circa sphæram, æqualis est circulus, cuius linea ducta à centro potest æquale comprehenso sub vno latere figuræ, existentibus parallelis alicui earum quę duo latera figuræ subtendunt.

Theor. XXIII. Prop. XXVIII.

✚ Solidę figurę conscriptæ circa sphæram, superficies maior est quàm quadrupla maximi circuli eorum qui in sphęra.

Lemma.

Si duo circuli idem centrum habuerint, & aliqua linea ducta sit ab extremitate diametri maioris tangens minorem circulum, maioremque secans: linea ducta ab altero extremo huius lineæ secantis ad alterum diametri maioris circuli extremum, æqualis est diametro minoris circuli.

Manifestum VII.

Circumscriptę figurę solidę circa minorem sphæram æqualis est conus, qui basim quidem habeat circulum æqualem superficiei solidæ figuræ, altitudinem verò æqualem radio sphærę.

Manifestum VIII.

Figura solida circumscripta circa minorem sphęram, maior est quadruplo coni basim quidem habentis maximum circulum eorum qui in sphæra, altitudinem verò radium sphæræ.

Lemma I.

Propositarum quatuor magnitudinum si prima fuerit ad tertiam, vt secunda ad quartam: media proportionalis inter primam & secundam erit ad mediam proportionalem inter tertiam & quartam, vt est prima ad tertiam, vel secunda ad quartam.

Lemma II.

Duarum figurarum similium, quarum altera conscribitur, altera inscribitur eidem circulo, vel circuli portioni, lineæ latera iungentes eam habent inter se rationem quàm figurarum latera.

Theor. XXIV. Prop. XXIX.

Si fuerit in sphæra figura solida inscripta, & alia circumscripta sub similibus figuris planis eodem quo suprà modo reuolutis : superficies circumscriptæ figuræ solidæ ad inscriptæ superficiem, duplicatam rationem habet, scilicet quam latus circumscriptæ figuræ planæ circa maximum circulum ad latus inscriptæ planæ figuræ in eodem circulo. Ipsa verò solida figura quæ circumscribitur ad figuram solidam quæ inscribitur, triplam rationem habet eiusdem rationis.

Theor. XXV. Prop. XXX.

✢ Cuiuscumque sphæræ superficies quadrupla est maximi circuli eorum qui sunt in ipsa. Hinc constat, data sphæra superficiei dare circulum æqualem.

Lemma Problematicum I.

Inter duas datas magnitudines inæquales, duas alias reperire continuè proportionales in ratione Arithmetica.

Lemma II.

Inter duas datas magnitudines quantitatem reperire ad quam datarum prima minorem rationem habeat, quàm sit ea quæ triplicata producit eam rationem quam prima datarum habet ad secundam.

Theor. XXVI. Prop. XXXI.

Omnis sphæra quadrupla est coni basim quidem habentis æqualem maximo circulo eorum qui in sphæra, altitudinem verò radium sphæræ.

Manifestum IX.

Manifestum quod omnis cylindrus basim quidem habens maximum circulum eorum qui sint in sphæra, altitudinem verò æqualem diametro sphæræ, sesquialter est sphæræ. Et superficies ipsius cum basibus etiam sesquialtera est superficiei sphæræ.

Lemma.

Si sit in sphæra circulus, per cuius diametrum planum agatur perpendiculare ad ipsum circulum, secat hoc planum sphæram in æqualia, & maximum sphæræ circulum offert.

Theor. XXVII. Prop. XXXII.

Superficies inscriptæ figuræ solidæ in portione sphæræ, æqualis est circulo, cuius radius potest æquale comprehenso rectangulo sub vno latere inscriptæ planæ figuræ in portione maximi circuli, & linea æquali omnibus parallelis basi portionis cum semisse diametri basis.

Lemma.

Per punctum axis sphæræ agere planum perpendiculare ad axem, quod sphæram dirimat in duo segmenta. *Videatur porisma, seu coroll. Archim.*

Theor. XXVIII. Prop. XXXIII.

Superficies inscriptæ figuræ in portione sphæræ minor est circulo, cuius radius est æqualis lineæ eductæ à vertice portionis in circumferentiam circuli qui basis est portionis.

Theor. XXIX. Prop. XXXIV.

Figura solida inscripta in portione sub conicis superficiebus contenta, vnà cum cono, basim quidem eandem habenti quam figura, verticem verò centrum sphæræ, æquale est cono basim habenti æqualem superficiei figuræ, altitudinem verò perpendiculari ductæ à centro sphæræ in vnum ex figuræ lateribus. *Quod intellige de portione sphæræ hemicyclio minori.*

Lemma I.

Figura solida in sphæræ portione hemisphærio æquali inscripta, conicisque superficiebus contenta, æqualis est cono basim habenti æqualem superficiei figuræ: altitudinem verò æqualem perpendiculari excidenti à centro sphæræ, & basis portionis in figuræ planæ latus.

Lemma II.

Figura item solida in sphæræ portione hemisphærio maiore descripta, & enata ex reuolutione planæ æquilateræque figuræ, ac laterum quaternario dimensorum, demū ita in portione circuli sphæræ maximi descriptæ, vt diameter circuli coniungat duos figuræ ipsius planæ angulos, æqualis est duobus conis, quorum primus habeat basim parem superficiei ipsius solidæ figuræ, altitudinem verò æqualem perpendiculari ductæ à centro basis in figuræ planæ latus: secundus verò qui basim habeat basim portionis, verticem verò in centro sphæræ.

Lemma III.

Figura solida in sphæræ portione hemisphærio maiore descripta conica simul ac cylindrica superficiebus contenta, æqualis est septuplo coni qui basim habeat eandem quam figura, verticem vero centrum sphæræ.

Lemma IV.

Figura folida in fphæræ portione hemifpæhrio maiore defcripta, & nata ex reuolutione figuræ planæ in circuli fphæræ maximi portione, ita infcripta vt diametet fphæræ vel circuli maximi incidat in latera oppofita ad angulos obliquos, æqualis eft tum cono qui bafim habeat parem fuperficiei figuræ, & altitudinem æqualem perpendiculari à centro fphæræ demiffæ in planæ figur. latus, tum alij cono qui bafim habeat bafim figuræ folidæ, verticem verò centrum fphæræ : fi tamen demeris differentiam coni ad bafim trunci qui fit prope centrum à cono ad verticem, qui fit fuper circulo tanquam bafi, cuius eft diameter pars diametri fphæræ. *Videatur corell. Archim.*

Manifeftum X.

Et patet quod fuperficies defcriptæ figuræ folidæ circa fegmentum æqualis eft circulo, cuius radius poteft rectangulum comprehenfum fub vno latere figuræ planæ, & omnibus iungentibus angulos figuræ planæ, & adhuc dimidia bafe ductæ planæ figuræ. Infcripta folida figura infcripta eft in portione maioris fphæræ. Hoc verò manifeftum per hoc quod priùs fcriptum eft.

Theor. XXX. Prop. XXXV.

Figuræ folidæ circa fphæræ portionem confcriptæ fuperficies maior eft circulo, cuius radius æqualis eft lineæ ductæ à vertice portionis in circumferentiam circuli, qui bafis eft portionis.

The. XXXI. Prop. XXXVI.

Fit verò & circumfcripta folida figura circa portionem cum cono, cuius bafis eft circulus circa diametrum ; vertex verò centrum æqualis eft cono, cuius bafis quidem æqualis eft fuperficiei figuræ, altitudo verò lineæ à centro in latus perpendiculari ductæ, quæ vtique æqualis eft radio fphæræ. *Videantur duo corollaria ; & manifeftum* 11. *quod ita concludit.*

Manifeftum XI.

Circumfcriptæ figuræ folidæ fuperficies ad infcriptæ folidæ figuræ fuperficiem duplicatam rationem habet quam latus circumfcriptæ figuræ planæ habet ad latus infcriptæ figuræ planæ. At verò figura folida cum cono, triplicatam hab et eiufdem rationem.

Th. XXXI. Prop. XXXVI.

Cuiufcumque portionis fphæræ minoris femicirculo fuperficies æqualis eft circulo, cuius radius æqualis eft lineæ à vertice portionis in peripheriam ductæ circuli, qui bafis eft portionis fphæræ.

Th. XXXII. Prop. XXXVII.

Q

✚ Et ſi maior fuerit hemiſpherio portio, ſimiliter ipſius ſuperficies æqualis eſt circulo; cuius radius, æqualis eſt lineæ ductæ à vertice ad circumferentiam circuli, qui baſis eſt portionis.

Th. XXXIII. Prop. XXXVII.

Omni ſegmento ſphæræ æqualis eſt conus qui baſim quidem habeat æqualem ſuperficiei ſegmenti ſphæræ, quæ ſectioni reſpondet, altitudinem verò æqualem radio ſphæræ.

ARCHIMEDIS

DE SPHÆRA

ET CYLINDRO.

LIBER SECVNDVS.

Doſitheo S.

ANTEA quidem mandaſti mihi, ſcriberem eorū problematū demōſtrationes, quæ priùs ipſe propoſueră Cononi. Accidit verò eorū plurima ſcribi inter theoremata, quotum priùs ad te miſi demonſtrationes: ſicuti quod prop. 30. 36. 37. manifeſto 9. & 38. prop. libri præcedentis demonſtratum eſt. Quotquot enim horum theorematum & problematum inter illa ſcribuntur, in hoc libro exſcripta ad te miſi. Quæcumque verò inueniuntur alia, contemplationem, puta de helicibus, & de conoidibus, enitar breui mittere. Primum autem problematum erat eiuſmodi, ſphæræ datæ planum ſpatium inuenire æquale ſuperficiei ſphæræ. Eſt verò hoc manifeſtum & demonſtratum ex dictis theorematibus, præſertim verò ex 30. propoſitione.

Problema I. Propoſitio I.

Secundum erat · Dato cono vel cylindro, ſphæram inuenire cono vel cylindro æqualem.

Lemma I.

Lineam conchoidem deſcribe.

Lemma II.

Linea conchoidis vndequaque verticis accedit ad lineam norma-
lem, (modò ex perpendicularibus distantia perpendatur) quò magis
recedit à vertice.

Lemma III.

Inter conchoidem & normalem non potest duci linea quin secet
conchoidem.

Lemma IV. Probl.

Angulo dato & puncto, extra lineas angulum datum concipien-
tes, ducere à puncto dato lineam, cuius pars à lineis angulum
datum concipientibus intercepta æqualis sit alicui datæ lineæ.

Lemma V.

Si primum fuerit ad secundum vt tertium ad quartum, erit primum
ad dimidium secundi, vt duplum tertij ad quartum.

Lemma VI.

Inter duas datas lineas inæquales duas medias proportionales
inuenire.

Lemma VII.

Si diametri duo sumantur ad normam in dato circulo, & vtrimque
alterutrius recesentur duo arcus æquales, à quibus duæ perpendiculares excitentur ad alteram diametrorum, à cuius deinde extremitate
ad arcum exteriorem ducatur linea : hæc linea ita diuidit proximam ex perpendicularibus, vt inter partem constituentem angulum
rectum cum diametro, & partem maiorem diametri, relinquantur
mediæ proportionales secta hæc perpendicularis & reliqua diametri
pars. *Qui modus complectitur picturam lineæ ciss. ideæ, seu hederaceæ
Dioclis.*

Lemma VIII. Probl.

Inter duas datas inuenire duas medias proportionales, mediante
linea cissoide.

Lemma IX.

Modum Spori exponere.

Lemma X.

Si quatuor lineæ continuè proportionales decussatim, & ad angulos rectos constituantur, ita vt prima & quarta angulum simul,
tum secunda & tertia alium simul angulum componant, perficiatur-
que ex secunda & tertia rectangulum, descriptæ parabolæ seu rectanguli coni sectiones diametris quidem secunda & tertia, rectis verò
iuxta quas possunt ordinatim applicatæ prima & quarta sese secabunt

in angulo rectanguli constituti sub secunda & tertia. *Vnde modus Me-*
nechmi qui sit corporum sectione explicatur: Sed & vnius solius parabolæ be-
neficio Mathematicus nobilissimus idem inuenit.

Lemma XI. Probl.

Duas medias proportionales inter duas datas ex modo Menechmi
inuenire. *Sed & anguli trisectionem, & alia plurima non inuenta hactenus,*
is qui suprà, parabolæ beneficio reperit.

Theor. I. Prop. II.

✠ Omni portioni sphæræ æqualis est conus qui basim quidẽ habeat
eandem ac portio, altitudinem verò lineam rectam quæ ad altitudinem portionis in ea sit ratione, qua composita ex radio sphæræ, & ex
altitudine reliquæ portionis ad ipsam altitudinem reliquæ portionis.

Probl. II. Prop. III.

Datam sphæram plano secare, ita vt superficies segmentorum rationem inter se inuicem habeant eandem quam sit alia data.

Lemma I.

Si fuerint quatuor rectæ lineæ continuè proportionales, est quadratum secundæ ad quadratum tertiæ, vt prima ad tertiam, vel
quadratum primæ ad quadratum secundæ, vt secunda ad quat-
tam.

Lemma II.

Si inter duas quantitates eiusdem speciei, aliquæ aliæ homogenæ ponantur: ratio extremarum componitur ex rationibus intermediarum.

Probl. III. Prop. IV.

Datam sphæram secare, ita vt segmenta sphæræ inter se rationem habeant eandem quam quæ data sit.

Lemma I.

Duabus datis rectis lineis in ratione dupla, & terminis alicuius
rationis: diuidere minorem illarum in ratione data; aut efficere vt
sicut sunt duo termini simul rationis datæ ad consequentem, ita fiat
minor ad inuentam; tum ita secare compositam ex vtraque, vt
quadratum maioris sit ad quadratum partis, vt est reliqua pars ad
inuentam.

Lemma II.

Duabus datis rectis lineis inæqualibus & rectilineo proposito, ita
secare maiorem, vt quemadmodùm fuerit altera partium resectæ
ad minorem lineam, ita sit spatium propositum rectilineum ad
quadratum alterius portionis sectæ lineæ. *Huc Eutocij modus pertinet.*

Lemma III.

Proposita linea, eaque secta, ita vt partes sint in ratione dupla : parallelepipedum constructum base quadrato maioris partis, & altitudine minori portione, maximum est omnium quæ pariter confici possunt ex alia quacumque sectione eiusdem lineæ. *Vide confectionem probl. Archimedei : nempe quomodo sphæra data ita secetur, vt ipsius segmenta rationem datam habeant.*

Lemma IV.

Si fuerint duo sphærarum segmenta similia, coni recti huiusmodi segmentis æquales, inter se quoque sunt similes.

Probl. IV. Prop. V.

Dato segmento sphæræ, simile & alij dato æquale idem ipsum constituere.

Probl. V. Prop. VI.

Datis duobus sphæræ segmentis, siue eiusdem, siue non, inuenire segmentum sphæræ, quod sit alteri datorum simile, superficiem verò habeat æqualem superficiei segmenti alterius.

Probl. VI. Prop. VII.

A data sphæra segmentum plano secare, ita vt segmentum ad conum basim habentem eandem cum segmento, & æqualem altitudinem, datam rationem habeat.

Lemma I.

Si cuique duarum linearum inæqualium eadem, vel quæque duarum æqualium addatur : erit maior inæqualium ad minorem inæqualium in maiori ratione, quàm composita ex maiori inæquali & altera æquali ad compositam ex minori inæquali, & altera æquali.

Lemma II.

Trium linearum, si prima ad secundam in minori ratione est quàm secunda ad quartam ; rectangulum sub prima & tertia minus erit secundæ quadrato. Contra maius erit, si prima ad secundam maiorem rationem habeat quàm secunda ad tertiam.

Lemma III.

Si quatuor magnitudinibus propositis, quod fit sub prima & quarta minus est eo quod fit ex secunda & tertia : prima ad secundam minorem rationem habebit quàm tertia ad quartam.

Lemma IV.

Si trium linearum primæ quadratum habeat maiorem rationem ad quadratum secundæ quàm secunda habet ad tertiam: prima habebit ad tertiam maiorem rationem quàm sit ratio sesquialtera rationis secundæ ad tertiam.

Lemma V.

Si linea duobus punctis inæqualiter diuiditur : rectangulum quod fit ex duabus partibus medietatis signo proximioribus, maius est eo quod fit ex inæqualioribus partibus , magisque à medio disfitis.

Theor. II. Prop. VIII.

Si sphæra plano secetur non per centrum, maius segmentum ad minus minorem quidem rationem habet quàm sit dupla eius quam habet maioris segmenti superficies ad minoris superficiem, maiorem verò quàm sit sesquialtera eiusdem.

Lemma I.

Si proponantur duo coni, quorum basis primi habeat maiorem rationem ad basim secundi, quam altitudo secundi ad altitudinem primi , primus conus est maior secundo.

Lemma II.

Lineæ datæ lineam reperire potentia subduplam.

Lemma III.

Si fuerint quinque lineæ continuè proportionales , vt erit prima ad quintam , sic erit quadratum secundæ ad quadratum quartæ.

Theorema II. Prop. IX.

Sphæricorum segmentorum sub æquali superficie contentorum maximum est hemisphærium.

ARCHIMEDIS

DE CIRCVLI

Dimensione Liber.

Propositio I. Theorema I.

MNIS circulus æqualis est triangulo rectangulo, cuius radius est par vni eorum quæ sunt circa rectum angulum: circumferentia verò basi.

Prop. II. Theor. II.

✦ Circulus ad quadratum suæ diametri, rationem habet quam vndecim ad quatuordecim.

Lemma I.

✦ Si duæ lineares quantitates in aliquot partes diuidantur e rectangula quæ ex singulis partibus vnius fiunt per alterius segmenta, æqualia sunt toti ab integris comprehenso.

Lemma II.

✦ Si rectangulum continetur sub duabus congeneis & linearibus quantitatibus, vt se habebit mensura ad alteram ipsarum, ita se habebit quod fit ex altera, & mensura ad totum rectangulum.

Lemma III.

✦ Si fuerint quatuor quantitates proportionales, numerus qui multiplicauerit aut diuiserit primum vt faceret secundum, idem multiplicat aut diuidit tertium vt producat quartum.

Lemma IV.

Dato rectangulo eiusque altero latere, dare ignotum latus.

Lemma V.

Dati in numeris quadrati latus inuenire.

Lemma VI.

Noti quadrati latus ignotum Geometricè cognoscere.

Lemma VII.

✦ Si quatuor magnitudinum prima ad secundam maiorem rationem habuerit quàm tertia ad quartam, sumantur autem primæ & tertiæ æquemultiplices: æquemultiplex primæ habebit maiorem quoque rationem ad secundam quàm æquemultiplex tertiæ ad quartam.

Prop. III. Theor. III.

✠ Cuiuscumque circuli circumferentia tripla est diametri, & adhuc excedit minori quidem quàm septima parte diametri, maiori verò quàm septuagesimis primis.

ARCHIMEDIS
DE CONO IDIBVS
ET SPHÆROIDIBVS.

Dositheo bene agere.

SCRIPTAs tibi mitto in hoc quidem libro reliquorum theorematum demonstrationes, quas non habueras in præcedentibus: & aliorum rursus tandem aliquando inuentorum: quorum cùm multoties antea aggressus essem contemplationem, visum mihi fuerat negotium difficile, ac de eorum inuentione diu hæsitaueram: vnde contigerat, vt ipsa proposita vnà cum alijs tibj data non fuissent. Verùm postea curiosius ea contemplatus, inueni quæ me anxium retinuerant. Cæterum priora theoremata de rectangula portione conoidali proponebantur. At quæ nunc inuenta sunt, de obtusa conoide sunt, ac de figuris sphæroidalibus, quarum nonnullas oblongas, quasdam prolatas appello. De rectangula quidem conoide hæc subiiciebantur.

DEFINITIONES.

I.

SI rectanguli coni portio, manente diametro circumducta redeat denuò vnde prodierit: comprehensa figura subrectanguli coni

ái fectione vocetur rectangula conois , vel rectangulum conoides.

2. Et axem quidem ipsius, illam manentem diametrum vocari.

3. Verticem vero punctum secundùm quod axis tangit superficiem
conoidis.

4. Et si planum tetigerit figuram rectangulæ conoidis, aliudque
planum illi parallelum ductum secuerit aliquam particulam conoidis: basim quidem resectæ portionis vocari planum comprehensum
à conoide in resecante plano.

5. Verticem vero punctum, in quo illud aliud planum tangit conoidem.

6. Axem demum conclusam in portione partem rectæ lineæ,quæ
ducitur ab apice portionis parallelo axi conoidis.

7. De amblygonia vero conoide supponebamus quidem ista.Si in
eodem plano fuerint obtusi anguli coni sectio,& ipsius diameter,tum
lineæ quæ dicuntur proximæ sectioni coni, manente vero diametro circumuoluatur planum ,in quo sunt dictæ lineæ proximę, donec
redierit vnde profectum fuerit: istæ quidem lineæ sectioni obtusi anguli coni proximæ, manifestò conum isoscelem comprehendent,cu-
ius vertex erit punctum, in quod concurrunt lineæ proximę : axis
verò diameter manens.

8. Figura vero comprehensa sub obtusi anguli coni sectione, amblygoniam seu obtusiangulum conoidem vocari.

9. Axem vero ipsius manentem,diametrum.

10. Verticem autem punctum secundùm quod tangit axis superficiem conoidis.

11. Cæterùm conum conceptum sub proximis sectioni amblygonij
coni comprehendentem conoidem appellari.

12. Lineam vero rectam , mediam inter verticem conoidis, &
verticem coni comprehendentis conoidem adhærentem axi nuncupari.

13. Et si amblygoniam conoidem tetigerit aliquod planum , &
huic tangenti plano , aliud planum agatur parallelum, quod secet
portionem conoidis: basim quidem resectæ portionis appellari planum comprehensum sub sectione conoidis,in secante plano.

14. Verticem vero punctum secundum, quod planum conoidem
tangens ipsam attingit.

15. Axem vero comprehensam in segmento partem lineæ: quæ ducitur per verticem segmenti , & apicem coni comprehendentis conoidem.

P

16. Et quæ demum media est inter dictos vertices adiectam axi vo-
citari.

Lemma.

Duabus datis lineis duas alias inuenire & efficere, vt quemadmodum fuerit prima datarum ad secundam, ita sit quadratum prioris
inuentæ ad quadratum posterioris.

Problema 1. 2. & 3.

Parabolem, hyperbolem, & ellipsim in plano describere.

Lemma.

Dato quadrato, & altero latere eorum (sub quibus continetur rectangulum illi quadrato æquale, reliquum latus cognoscere.

Problema.

Ex data ellipseos portione integram ellipsim cognoscere.

✤ 17. Rectangulæ igitur conoides omnes similes sunt.

✤ 18. Amblygoniarum verò conoidum similes illæ vocentur quarum & coni comprehendentes conoides similes fuerint. Similes portiones sectionum coni Apollonius definiuit.

*In quarum singulis ductis lineis basi parallelis numero æqualibus, sūt ipsæ:
parallela & bases ad abscissas diametrorum partes sumptas à verticibus in
iisdem rationibus, tum abscissæ ipsæ ad abscissas.*

19. De sphæroidibus verò figuris supponebamus ista. Si acutianguli coni sectio manente maiori diametro reuoluatur, donec redeat
rursus vnde profecta est, comprehensam figuram ab oxygonij coni
sectione oblongam sphæroidem vocari. Si verò manente minore
diametro reuoluatur acutianguli coni sectio, donec redeat vnde prodierit, constitutam figuram ab acutianguli coni sectione, prolatam
sphæroidem nuncupari.

20. Vniuscuiusque verò sphæroidis axem appellari manentem diametrum.

21. Verticem verò punctum quo axis tangit superficiem sphæroidis.

✤ 22. Centrum autem vocati medium axis.

23. Diametrum denique per centrum ad angulos rectos ductam
axi.

✤ 24. Et si sphæroidum figurarum vtramuis plana parallela tetigerint non secantia : tangentibus verò his planis aliud parallelum planum agatur secans sphæroidem : factarum quidem portionum basim vocari comprehensam in sphæroide particulam plani
secantis.

✤ 25. Vertices verò puncta quibus parallela plana sphæroidē tāgunt

26. Axes autem receptas in portionibus particulas 'rectæ earum apices coniungentis.

27. Similes verò vocari fphæroideas figuras, quarum axes ad diametros eandem rationem habent.

28. Segmenta verò fpæroidearum figurarum & conoidearum similia vocari, si dirempta fuerint ex similibus figuris, & similes habuerint bafes, & axes eorum vel recti existentes ad plana bafium, vel angulos æquales constituentes ad homologas bafium diametros eandem rationem habuerint mutuò ad homologas bafium diametros.

Demonstratis verò huiusmodi theorematibus, per ipsa reperiuntur theoremata multa & problemata ; quale est istud : Quod similes fphæroides & similium tam fphæroidearum figurarum quàm conoidearum fegmenta triplicem axium rationem inter fe habeant.

Et rursus, quod in æqualibus fphæroideis figuris quadrata dimetientum reciprocè æquipollent axibus.

Et si in fphæroideis figuris quadrata dimetientium æquipollent reciprocè axibus, æquales funt fphæroides.

Præfcribentes igitur & theoremata & fubfidia, quæ necessaria funt ad demonstrationes illorum, postea tibi quæ propofita funt, fcribemus. Vale.

SVBSIDIA.

1. SI conus plano fecatur in omnia coni latera coincidente, fectio erit vel circulus vel acutianguli coni fectio.

2. Si quidem ergo circulus fuerit fectio: manifeftum est comprehenfum ab ipsa fegmentum ad verticem vfque coni, conum esse.

3. S verò fectio fuerit ellipfis: deducta à cono figura vfque ad verticem coni, fegmentum coni nuncupetur.

4. Segmenti verò bafis dicatur planum comprehenfum fub ellipfi.

5. Vertex autem punctum quod idem est apex coni.

6. Axis demum iuncta linea à vertice ad centrum ellipfeos.

7. Atque si cylindrus duobus planis parallelis fecatur coincidentibus in omnia cylindri latera : fient vel circuli vel acutiangulorum conorum fectiones æquales, & inter fe fimiles.

8. Si quidem igitur fectiones circuli fiant: manifeftum quod refecta à cylindro figura inter parallela plana, cylindrus erit.

9. Si verò & fectiones acutiangulorum conorum fectiones fuerint:

excepta è cylindro figura inter parallela plana, fruſtum cylindri appelletur.

10. Huius autem fruſti baſis quidem dicatur, quodlibet planorum conceptorum ſub acutiangulorum conorum ſectionibus.

11. Axis verò recta quæ coniungit centra ſectionum acutiangulorum conorum : eritque ipſa in eadem recta linea cum axe cylindri.

12. Diametrum voco cuiuſcumque ſegmenti lineam quæ biſariam ſecat omnes rectas ductas in ſegmento baſi ipſius æquidiſtantes.

13. Similia cylindri fruſta, ſimiliaque coni ſegmenta ſunt, quæ ſimilibus inſiſtunt baſibus, quarumque axes facunt æquales angulos ad ſimiles baſium diametros, ad eaſque pares rationes habent.

Propoſitio prima.

Si fuerint magnitudines quotcumque æquali ſeſe excedentes, fueritque exceſſus æqualis minimę : Et aliæ item magnitudines, numero quidem æquales illis, magnitudine verò ſingulæ pares maximæ : omnes quidem magnitudines, quarum vnaquæque æqualis eſt maximæ omnium æquali ſeſe excedentium, minores ſunt quàm duplę : reliquarum verò verò ſine maxima maiores, quàm duplæ.

Prop. II.

Si magnitudines quotlibet multitudine aliis magnitudinibus æqualibus numero binæ, eandem rationem habuerint ſimiliter ordinatæ : ponantur verò primæ magnitudines ad alias magnitudines, vel omnes, vel aliquæ, earum in quibuſuis rationibus, tum ſecundæ ad alias magnitudines homologæ in iiſdem rationibus : omnes primæ magnitudines ad omnes, quibus conferantur, eandem rationem habebunt, quam habent omnes ſecundæ magnitudines ad omnes, quibus proponuntur.

Prop. III.

Si fuerint lineæ inter ſe æquales quotlibet numero, ad quarum vnamquamque accedat ſpatium excedens forma quadrata, fuerint verò latera excedentium quadratorum, ex ęquò alia aliis maiora, & exceſſus æqualis eorum minimo : aſſumantur verò & alia ſpatia ſurioribus æqualia numero, ſed magnitudine ſingula ſint æqualia maximo illorum : hæc ad omnia quidem alia ſpatia minorem rationem habebuut ea, quam habet linea æqualis duabus, lateri ſcilicet maximi excedentis quadrati, & vni ex æqualibus aſſumptis ad æqualem duabus, tertiæ nimirum parti dicti lateris maximi quadrati, & dimidiæ vnius æqualium : maiorē verò hac eadem ad reliqua ſpatia inæ qualia dempto maiori habebunt.

Manifestum I.

Si coni sectionem aliquot lineæ tetigerint ab eodem puncto eductæ: fuerint verò & aliæ ductæ in ipsa coni sectione parallelæ tangentibus, & se mutuò secantes: comprehensa parallelogramma sub
earum segmentis, eandem habebunt rationem ad alia, quæ existunt,
quadrata sub tangentibus. Eiusdem autem rationis erit contentum
sub segmentis alterius lineæ, cum quadrato tangentis sibi eiusdem
parallelæ.

Lemma I.

✤ In antiqua parabola linea, iuxta quam possunt, quæ in sectione
ordinatim ducuntur, dupla est illius quæ à vertice sectionis vsque
ad axem coni: in recentibus verò maior esse potest aut minor quàm
dupla.

Lemma II.

✤ Sumptis duabus paraboles portionibus secundùm duas lineas,
quarum altera rectè, altera obliquè abscindat diametrum sectionis.
Tum ab extremitate secantis obliquè ducatur perpendicularis in
diametrum portionis, & vt semissis lineæ obliquæ ad perpendicularem, ita fiat linea quæpiam ad eam iuxta quam possunt, quæ in recta
portione: hæc quæpiam erit linea iuxta quam possunt, quæ in non
recta portione ordinatim ducuntur.

Prop. IV.

Si ab eadem rectanguli coni sectione duo segmenta quomodocumque resecentur, quæ partes diametros habeant ◼sa etiam segmenta æqualia erunt, vt & triangula in ipsis inscripta, eandem habentia basim cum segmentis, & altitudinem eandem.

Prop. V.

✤ Planum comprehensum sub acutianguli coni sectione, ad circulum qui habeat diametrum æqualem maiori diametro sectionis
acutianguli coni, eam rationem habet, quam minor diameter ad
maiorem, hoc est, ad circuli diametrum.

Prop. VI.

Omne planum sub acutianguli sectione contentum ad quemlibet
circulum eandem rationem habet, quam rectangulum contentum
sub diametris sectionis acutianguli coni ad quadratum diametri
circuli.

Prop. VII.

Plana sub acutianguli coni sectionibus contenta eandem habent
rationem inter se, quam comprehensa rectangula sub diametris se-

ctionum acutiangulorum conorum inter se.

Manifestum II.

Ex hoc verò manifestum est, quod comprehensa plana sub similibus acutiangulorum conorum sectionibus, eandem rationem habent inter se quam habent potentia inter se sectionum diametri similis rationis.

Lemma I.

Si fuerint tres lineæ in eodem ordineratione, sicuti tres aliæ, rectangulum sub extremis vnius ordinis erit ad quadratum mediæ, sicuti rectangulum alterius ordinis ad quadratum quoque mediæ.

Lemma II. Problematicum.

Dato angulo secto bifariam, datoque puncto in alterutro crure, à puncto dato lineam rectam educere in alterum crus, quæ ita dirimatur a linea angulum secante, vt rectangulum comprehensum sub eductæ segmentis partibus contentis inter ambo crura, sit ad quadratum secantis angulum in ratione data.

Prop. VIII.

Acutianguli coni sectione data, & linea à centro acutianguli coni sectionis excitata recta ad planum in quo est acutianguli coni sectio: possibile est conum inuenire, qui verticem habeat extremitatem excitatæ lineæ, & in cuius superficie sit data acutianguli coni sectio.

Prop. IX.

Acutianguli coni sectione data, & linea non rectò excitata à centro sectionis acutianguli coni sectio; possibile est conum inuenire qui verticem habeat extremitatem exsuscitatæ lineæ, in cuius superficie sit data trianguli coni sectio.

Prop. X.

Acutianguli coni sectione data, & linea à centro acutianguli coni sectionis erecta in plano, quod ab altera diametro assurgit rectò ad planum in quo est acutianguli coni sectio: possibile est cylindrum inuenire qui habeat axem in linea recta erecta, in cuius superficie erit data acutianguli coni sectio.

Prop. XI.

Quod quidem omnis conus ad conum compositam habeat rationem, tam ex ratione basium quàm ex ratione altitudinum, demonstratur ab iis, qui ante fuerunt: Eademque demonstratio concludit quod omne segmentum coni ad segmentum coni compositam rationem habet, tum ex basium, tum ex altitudinum ratione. Et quod omnis portio cylindri, tripla est segmenti coni eandem basim habentis, quam portio, & eandem altitudinem. Hæc ipsa demum demonstratio ostendit quòd cylindrus triplus est coni basim habentis eandem cum cylindro, altitudinemque eandem.

Lemma I.

✠ Omne segmentum coni, tertia pars est frusti cylindri easdem cum segmento coni habentis basim & altitudinem.

Lemma II.

Sub eodem fastigio existentia frusta cylindri, vel segmenta coni, sunt inter se sicuti bases.

Lemma III.

Si cylindri frustum plano secetur parallelo oppositis planis: erit portio ad portionem, vt altitudo ad altitudinem.

Lemma IV.

Quæ inæqualibus fuerint basibus frusta cylindri, aut segmenta coni, sunt inter se sicut altitudines.

Lemma V.

Cylindrorum æqualia frusta, vel conorum æqualia segmenta habent reciprocas bases verticibus: & quæ reciprocas bases habent verticibus, illa sunt æqualia.

Lemma VI.

Frusta cylindrorum, & segmenta conorum, sunt inter se in ratione composita ex rationibus basium, & altitudinum.

Lemma VII.

Similia cylindrorum frusta, seu coni segmenta, se habent inter se in triplicata ratione diametrorum, quæ in basibus, vel axium ipsorum.

Propositio XII. continens quinque conclusiones.

I. Si rectangulum conois plano secetur per axem, vel equidistanter axi, sectio erit rectangulæ conoidis sectio eadem quæ comprehendit figuram: diameter verò ipsius erit communis sectio planorum, & eius quod secat figuram, & eius quod per axem ducitur rectum ad planum secans. Et si scindatur plano recto ad axem, sectio circulus erit centrum habens in axe.

✠ 2. Si amblygonia conois plano secatur per axem, vel æquidistans axi, vel per verticem coni comprehendentis conoidem, sectio erit amblygonij coni sectio.

3. Et si quidem per axem eadem erit quæ comprehendit figuram: sed si æquidistanter axi, similis erit ipsi. Si autem per verticem coni conoidé comprehendentis, non erit similis. Cæterùm diameter

fectionis efit communis fectio planorum,& eius quod fecat figuram, & eius quod per axem ducitur rectum ad planum fecans. Si fecatur recto plano ad axem,fectio circulus erit centrum habens in axe.

✤ IV. Si fphæroidearum figurarum aliqua plano fecatur per axem, vel æquidiftanter axi,fectio erit acutianguli coni fectio. Et fi quidem per axem,ipfa erit quæ comprehendit figuram ; fi verò æquidiftanter axi,fimilis ipfi.Diameter verò fectionis erit illa communis planorum, & eius quod fecat figuram, & eius quod ducitur æquidiftanter axi, recto ad fecans planum. Si porrò fecatur plano recto ad axem ,fectio circulus erit centrum habens in axe.

✤ 5. Denique quibuflibet dictarum figurarum plano fectis per axem, lineæ à punctis, quæ in fuperficie figurę funt, non in ipfa fectione, perpendiculares ductæ ad planum fecans, intra figuram fectionis cadunt. Harum autem omnium facilè eft dare demonftrationes.

Lemma I.

Quæcumque conois vel fphærois per axem fecetur, redditur eadem coni fectio, ex cuius circumvolutione nata eft expofita vel conois, vel fphærois', eftque redditæ fectionis diameter linea communis duobus planis ,& figuram fecanti, & illi,quod per axem figuræ actum,fuper fecante plano erigitur.

Lemma II.

Conoide vel fphæroide fecta plano ad axem perpendiculari, fit fectione circulus,centrum habens in axe.

Lemma III.

Quibuflibet dictarum figurarum plano fectis per axem, lineæ à punctis, quæ in fuperficie figuræ funt, non in ipfa fectione perpendiculares ductæ ad planum fecans ,intra figuram fectionis cadunt.

Lemma IV.

✤ Si parabolica conis fecatur æquidiftantes axi, fit parabole,eadem nempe ei quæ figuram comprehendit: eftque diameter ipfius communis fectio planorum , & eius,quod fecat figuram æquidiftanter axi,& eius,quod per axem figuræ ducitur perpendiculare ad illud planum fecans.

Lemma V.

Si recta linea duobus punctis fecatur, fueritque rectangulum ex partibus vnius fectionis æquale rectangulo ex partibus alterius, erunt ipfæ partes inter fe æquales, maior maiori,minorqne minori.

Lemma VI.

✤ Si hyperbolica conois plano fecatur æquidiftanter axi, fectio erit

erit hyperbole similis illi quæ figuram descripsit, eiusque diameter
erit communis intersectio planorum; & eius quod figuram secat, &
eius quod ducitur per axem rectò ad planum secans.

Lemma VII.

✦ Si conois hyperbolica plano per verticem coni ipsam continentis
conoidem, ducto secetur: fit hyperbole, dissimilis illi quæ figuram
complectitur: eiusque diameter est linea communis duobus planis &
illi secanti, & ei quod per axem conoidis ducitur perpendiculare ad
prius illud secans per verticem coni conoidem comprehendentis
eductum.

Lemma VIII.

✦ Si sphæroidearum figurarum aliqua plano secatur æquidistanter
axi, sectio erit ellipsis similis ipsi quæ figuram comprehendit. Diameter verò sectionis erit illa communis planorum, & eius quod secat
figuram, & eius quod ducitur æquidistanter axi recti ad planum secás.

Lemma IX.

✦ Lineæ in sectione coni obliquè ad axem ductæ parallelam ducere,
quæ coni sectionèm tangat.

Prop. XIII.

✦ Si rectangula conois plano secetur, non quidem per axem, neque
æquidistanter axi, neque ad rectos angulos cum axe, sectio erit acutianguli coni sectio: diameter verò ipsius maior linea concepta in
conoide ab intersectione facta planorum, & eius scilicet quod secat
figuram, & eius quod ducitur rectò per axem ad planum secans. Minor verò diameter æqualis erit distantiæ linearum ductarum æquidistanter axi, ab extremis diametri maioris.

Prop. XIV.

Si obtusiangula conois plano secatur coincidente in omnia coni
latera conoidem comprehendentis non rectis ad axem angulis; sectio
erit acutianguli coni sectio: diameter verò maior ipsius erit concepta in conoide à sectione facta planorum alterius quidem secantis figuram, & alterius acti per axem rectò ad planum secans.

Prop. XV.

Si oblonga sphærois plano secetur non recto ad axem, sectio erit
acutianguli coni sectio: diameter verò ipsius maior erit concepta in
sphæroide sectio duorum planorum, eius scilicet quod secat figuram, & eius quod ducitur per axem rectò ad planum secans.

Coroll I.

Si prolata sphærois plano secetur, alia quidem eadem erunt: Atque diametrorum minor erit concepta in sphæroide linea.

Q

Corollarium II.

Ex ipſis manifeſtum eſt in omnibus figuris, quod ſi plánis parallelis ſecentur, omnes ſectiones ſimiles erunt: quadrata enim à perpendicularibus facta ad parallelogramma interſectionum eaſdem rationes habebunt.

Prop. XVI.

In rectangula conoide, à quocumque puncto ſuperficiei conoidis ducantur lineæ rectæ parallelæ axi: quæ ad eas partes ducuntur, in quas tendit cauitas conoidis, cadunt extra conoidem; quæ verò ad contrarias, intra. *Propoſitionis ſecunda pars.*

In amblygonia conoide, à quolibet puncto ſuperficiei ipſius ductis rectis parallelis alicui lineæ, quæ in conoide agitur à vertice coni comprehendentis conoidem: quæ quidem ducuntur in eaſdem partes, ad quas tendit figuræ curuitas, extra cadent; quæ verò in contrarias, intra. *Propoſitionis tertia pars.*

Si conoideas figuras planum tetigerit non ſecans conoidem: in vno tantùm puncto tanget, & per contactus punctum axemque actum planum, rectum erit ad planum tangens.

Prop. XVII.

Si ſphæroidearum figurarum quamlibet planum attingat non ſecans figuram, in vno tantùm puncto tanget, & per contactum & axem planum actum fuerit, rectum erit ad planum tangens. *Idemque de conoide dicendum eadem omnino ratione.*

Prop. XVIII.

Si aliquam ex ſphæroideis figuris duo plana parallela tetigerint: linea iungens contactuũ pũcta, per cĕtrum ſphæroidis porrigetur.

Prop. XIX.

Si quamcumque ſphæroidearum figurarum duo parallela plana ducta tangant: agatur verò & aliquod planum per centrum ſphæroidis æquidiſtanter tangentibus: quæ per factam ſectionem aguntur, parallelæ ei quæ coniungit contactuum puncta, extra ſphæroidem cadent. *Propoſitionis ſecunda pars.*

Si verò parallelum planum tangentibus ſignis (ſeu planis) non agatur per centrum; manifeſtum eſt ductarum à ſectione linearum partes verſus minus ſegmentum protractas, extra ſphæroidem cadere: actas verò ad maius ſegmentum, intra.

Prop. XX.

Omnis figura ſphæroidea plano ſecta per centrum bifariam ſecatur à plano, & ipſum & ſuperficies ipſius.

Prop. XXI.

Dato fegmento cuiuflibet conoidis refecto plano recto ad axem: aut fphæroidis cuiufcumque frufto non maiore dimidia fphæroide fimiliter auulfo:poſſibile eſt fegmentum folidum inſcribere, & aliud circumſcribere ex cylindris æqualem altitudinem habentibus fimul compoſitis, ita vt circumſcripta figura inſcriptam minori exſuperet omni propoſita ſolida magnitudine.

Prop. XXII.

Portione data cuiufuis conoidis plano fecta non recto ad axem, vel cuiufcumque fphæroidis non maiore dimida fphæroide fimiliter refecta : poſſibile eſt in ipſa figuram ſolidam inſcribere, & aliam circumſcribere ex cylindrorum fruſtis conſtantes, ita vt circumſcripta figura inſcriptam exſuperet quantitate minori, quàm fit quælibet expofita ſolida magnitudo

Lemma.

Si quatuor magnitudinum prima fit quàm fecunda maior : prima verò minori quantitate fuperet tertiam quàm fecunda quartam: quarta minor erit quàm tertia. Inuerſo verò ordine, fi prima fit minor fecunda, minorique quantitate tertia excedat primam, quàm quarta fecundam, erit quarta maior tertia.

His autem preſcriptis (*inquit Archimedes*) demonſtrabimus quæ propoſita fuerant de figuris.

Prop. XXIII.

✠ Omnis portio rectangulæ conoideos refectæ plano recto ad axem, fefquialtera eſt coni bafim habentis eandem cum portione, & axem.

Prop. XXIV.

✠ Etiam fi plano non recto ad axem refecetur portio à rectangula conoide fimiliter fefquialtera erit fegmenti coni bafim habentis eandem cum portione, & axem eundem.

Lemma I.

Datis circulo & ellipſi, defcriptaque in circulo figura laterum æqualium longitudine & numero parium: defcribere in ellipſi figuram, ad quam inſcripta circulo fit, vt circulus ad ellipſim.

Lemma II.

Si fub eodem faſtigio exiſtant cylindrus & fruſtum cylindri, vel conus & fegmentum coni : erunt inter fe ficuti bafes.

Lemma III.

✠ Cylindri & fruſta cylindrorum, tum coni & fegmenta conorum, habent inter fe rationem compoſitam ex rationibus baſium & altitudinum.

Prop. XXV.

Si rectangulæ conoidis duæ portiones secentur planis, altero quidem recto ad axem, altero obliquo, fuerint verò ambarum portionum axes æquales, sectiones erunt æquales.

Prop. XXVI.

✠ Si rectangulæ conoideos duæ portiones secentur planis quomodocumque ductis: portiones huiusmodi rationem inter se habebunt, quàm quadrata axium earumdem.

EPIPHORA.

Hinc deducimus in diuersis conoidibus rectangulis sumptas quomodocumque portiones, quarum axes sint æquales, ipsas esse æquales: & si axes fuerint inæquales, easdem se habere inter se sicuti axium earumdem quadrata.

Prop. XXVII.

Omnis sectio obtusiangulæ conoideos secta plano recto ad axem, ad conum basim habentem eandem cum sectione & altitudinem eandem, hanc habet rationem quam habet linea composita, & ex æquali axi sectionis, & ex tripla adiecta axi, ad lineam æqualem duabus, axi scilicet sectionis, & duplę adiectæ axi.

Prop. XXVIII.

✠ Et proinde si non recta ad axem plano secetur: portio amblygoniæ conoideos ad coni segmentum basim habentis eandem ac segmentum, eundemque axem, eandem habebit rationem quam linea æqualis duabus, & axi portionis & triplę additę ad axem, ad æqualem binis & axi & duplę adiectæ axi.

Prop. XXIX.

✠ Cuiuscumque figuræ sphæroideæ plano sectæ per centrum recto ad axem, dimidium duplum est coni basim habentis eandem cum portione, & eundem axem.

Prop. XXX.

✠ Et proinde si sphæroides non rectum ad axem plano per centrum secatur, similiter dimidium sphæroidis duplum erit segmenti coni basim habentis eandem cum portione, & axem eundem.

Lemma.

. Si duæ quantitates quomodocumque bisecentur, & prima fuerit ad alteram ex suis partibus in minori ratione, quàm secunda ad alteram ex suis partibus: erit prima ad reliquam sui partem in maiori ratione quàm secunda ad reliquam sui partem, & contra.

Prop. XXXI.

Cuiuscumque figuræ sphæroideæ plano non per centrum sectæ, sed rectò ad axem: minor portio ad conum, eandem cum ipsa basim

habentem, eundemque axem, hanc habet rationem, quam linea compofita ex dimidio axe fphæroidis, & ex axe maioris portionis, habet
ad axem maioris portionis.

Prop. XXXII.

· Et proinde fi non rectò ad axem fecetur fphærois, neque per centrum, minor ipfius portio ad fegmentum coni bafim habentis eandem cum portione, & axem eundem, hanc habebit rationem quam
compofita linea ex dimidia eius, quæ coniungit vertices factarum
portionum, & ex axe maioris portionis ad axem maioris portionis.

Prop. XXXIII.

✢ Cuiufcumque figuræ fphæroideæ plano fectæ rectò ad axem non
per centrum, maior portio ad conum, qui bafim habeat eandem
quam portio, & axem eundem, eam habet rationem, quam æqualis
duabus, & |dimidiæ axis fphæroidis, & axi minoris portionis habet, ad
axem minoris portionis.

Prop. XXXIV.

Et proinde fi non rectò ad axem plano fecetur fphærois, neque per
centrum: maior portio ipfius ad fegmentum coni bafim habentis
eandem quam portio, & eundem axem, eam habebit rationem, quam
compofita ex dimidia coniungentis vertices factarum portionum,
& ex axe minoris portionis ad axem minoris portionis habet. *Quæ fo-
quuntur, vt & lemmata præcedentia, Riualti funt.*

Theoremat I. tres partes continens.

✢ 1. Similes fphæroideæ figuræ triplicatam fuorum axium rationem
habent.

✢ 2. Similes fphæroideon figurarum portiones triplicatam fuorum
axium rationem habent.

3· Conoideæ figuræ fimiles, portionefque conoideon figurarum
fimiles triplicatam fuorum axium rationem habent. *Hinc inueniri poteft conus qui conoidi vel fphæroidi, vel portioni conoidis aut fphæroidis fit
inæqualis.*

Theorema II.

Æqualium fphæroideon figurarum quadrata, quæ fub diametris
confimilibus reciprocè refpondent axibus, fphæroides figuræ funt
æquales.

|EPIPHORA.

Idem concludendum eft de æqualibus conoidibus parabolicis, tum
de portionibus æqualibus conoideon rectangularum, quarum rectangula fub diametris bafium reciproca funt bafibus.

Lemma I.

Duorum conorum inæqualium differentiam oftendere, quæ quoque fit conus.

Lemma II.

Duorum conorum rationem exprimere fuperficiebus ac lineis.

Lemma III.

Dato plano fciuncto à fphæroide data, planum agere quod datam fphæroidem tangat, & parallelum fit datò plano.

Problema.

A datá fphæroidea vel conoidea portione, portionem abfcindere plano æquidiftanter ad datum planum acto, ita vt refecta portio æqualis fit dato cono, vel cylindro, vel datæ fphæræ.

ARCHIMEDIS DE QVADRATVRA

PARABOLES.

Archimedes Dofitheo.

CVM audiiffem defunctum effe Cononem, qui nobis reliquus erat in amicitia, tibique admodùm fuerat familiaris, putà in Geometria maximè verfatus, virum quidem mortuum amarè planxi, vt amiciffimum, & hominem in Mathematicis planè mirabilem. Atque tunc derepente ftatui mittere ad te, ficuti antea ad Cononem folebam, Geometricum theorema, quod (nemo quidem priùs eft contemplatus, nunc verò à nobis oftenditur, mechanicè quidem primò inuentum, deinde & Geometricè demonftratum. Nonnulli ante nos qui Geometriam tractare nouerunt, conati funt fcribere quomodo poffibile effet circulo, vel circuli fegmento dato inuenire æquale rectilineum : & poftea tentarunt quadrare fpatium fub totius coni fectione, & recta linea comprehenfum, incertæ fidei lemmata affumentes, quæque à multis non inuentâ, damnata funt. Cæterùm qui ftatuerit quadrare portionem rectanguli coni fectione comprehenfam neminem fcimus. Hoc verò à nobis iam tandé inuenitur. Demonftratur enim quod omne fegmentum comprehenfum fub recta & rectanguli coni fectione fefquitertium fit trianguli bafim habentis eandem & equalem altitudinem cum fectione : affumpto fcilicet lemmate ad hoc demonftrandum : quod poffibile fit inæqualium fpatiorum exceffum quo maius excedit minus, toties compañere, vt ipfum excedat quodcumque propofitum fpatium. Vtebantur & illi fuperiores Geometræ eodem lémate. Etenim per hoc axioma demonftrarunt omnes circulos habere rationem inter fe duplicatam fuarum dimetientium. Et fphæras habere inter fe rationem triplicatam fuarum diametrorum, Adhuc & omnem pyramidem tertiam partem effe cylindri eandem habentis bafim cum cono, & parem altitudinem. Ita hoc affumentes lemma, fcripferunt. Contingit verò vt vnumquodque ex his demonftratis theorematibus, non minus fidei quàm ipfum lemma, nactnm fit. Nuper verò in fimilem fidem adduximus ea quæ à nobis data funt. Cùm itaque huiufce theorematis demonftrationes fcripfiffemus, mittimus primum quidem quemadmodum mechanicè cognitæ fint: poftea verò qua ratione geometricè fuerint oftenfæ. Præfcribuntur etiam & elementa conica quæ demonftrando vfui funt. Vale.

Propofitiones & Theoremata.

I.

SI fuerit rectanguli coni fectio, in qua A B G, & linea B D parallela diametro vel ipfa diameter, tù linea A B parallela ei quæ tangit fectionem coni in puncto B, æqualis erit A D ipfi D G. & fi æqualis fuerit A D ipfi D G, parallelæ erunt tum A G, tum ea quæ coni fectionem tangit in B.

2. Si fuerit rectanguli coni fectio A B G, fuerit verò recta B D, vel parallela diametro; vel ipfamet diametrus: tum linea A B G, parallela lineæ tangenti fectionem rectanguli coni in puncto B, demum linea E G coni fectionem tetigerit in G, erunt B D, B E æquales.

3. Si fuerit rectanguli coni fectio, A B G, linea verò B D vel parallela diametro, vel ipfamet diametrus, & ducantur quædam rectæ A D, E Z parallelæ tangenti fectionem coni in B, erit vt B D, longitudine ad B Z, fic potentia linea A D ad lineam E Z.

Lemma. Si fuerint tres lineæ, quarum prima fit ad fecundam potentia, ficut eft ad tertiam longitudine, erunt tres illæ lineæ proportionales,

4. Sit portio contenta fub recta & rectanguli coni fectione, A B G, agaturque linea B D è medio lineæ A G parallela diametro, vel ipfa fit diametrus, tum recta B G juncta producatur: fi quidem demittatur aliqua alia puta Z T parallela ipfi B D fecans vtramque rectarum A G, & B G, eandem habeb trationem Z T ad T I, quam D A ad D Z.

5. Sit portio cōtenta sub recta, & rectaguli coni sectione ABG, & à puncto A ducatur parallela diametro ZA. à pūcto verò G tāgētes coni sectionem in puncto G, quæ sit GZ. si quidem aliqua recta ducatur in triāgulo ZAG, parallela ipsi AZ. in eadē ratione ipsa ducta secabitur à sectione rectanguli coni, ac linea AG ab ipsa ducta proportionaliter. Similis verò rationis erit portio lineæ AG, quæ est A portioni ductæ lineę quæ est ab A.

Lem. Si duæ portiones similes punctum vnum in extremo angulo commune habuerint, basesque in eadem recta linea, & describantur ita vt altera alteram includat: quæcumque lineæ ducentur à puncto communi secantes minorem portionem, & eductæ vsque ad ambitum maioris, omnes secentur à minori in eadem ratione, & erit sicut vna ad sui partem portionibus inclusam : sic singulæ reliquarum ad singulas sui partes similiter inclusas.

Problema. Data sectionę, maiorem vel minorem similem super eadē recta basis extensa, & à puncto communi initio scilicet basis , describere, quouis axe dato, vel qualibet base proposita. *Videantur 3. coroll. Riualsi.*

Intelligatur verò quod est , hoc vnum iam contemplandum & conspiciendum in statu recto ad horizontem, & in linea AB. Postea quæ sunt ad partes D supponantur deorsum , quæ verò in oppositum tendunt , sursum. Triangulum verò BDG sit rectangulum rectum, habens ad B angulum, & latus BG æquale dimidio stateræ: Manifestum quod existente AB æquali ipsi BG, si suspendatur triangulum à punctis BG, suspendatur verò & aliud spatium Z ab altera parte stateræ iuxta A, & æquiponderet spatium Z à puncto A suspensum cum triangulo BGD sic existente vt nunc iacebat : dico spatium Z trianguli BGD tertiam partem esse. *Vide Riualtum.*

7. Si rursus trutina AG, linea, cuius medium sit B, & appendatur secus B, triangulum GDI. sit verò GDI triāgulum amblygoniū basim habēs DI , altitudinem verò lineā æqualem dimidio trutinæ, appendatur triangulum DGI à pūctis B & G. Rursus spatium Z appensū ab A æquiponderet cum triangulo BDI, sic habente vt nūc iacet, similiter demonstrabitur spatium Z tertiam partem esse trianguli GDI.

8. Sit trutina AB; mediū verò ipsius sit B , & appendatur post B triangulum GDE rectangulum rectum habens angulū E : & appēdatur è-trutina secus GE. Verùm spatium Z appēdatur puncto A, & æquiponderet cum GDE sic se, habente vt nunc iacet. Quam verò rationem habet AB ad BE, eam habeat GDE triangulum ad spatium C, licèt spatium Z triangulo GDE minus esse, spatio verò C maius.

9. Sit rursum

Sit rurſum trutina A G, medium verò ipſius B. Tum triangulum G D C amblygonium baſim habens D C, altitudinem verò E G, & ſuſpendatur è trutina ad G E. Spatium verò Z appendatur ex A, & æquiponderet cum trigono D G C ſic ſe habenti vt iacet : quam verò rationem habet A B ad B E, eam habeat G D C triangulum ad L. Dico Z maius quidem eſſe quàm L ; minus verò D G C triangulo. *Videatur Lemma Rinalti.*

X.

Sit rurſum A B G trutina, mediumque ipſius B, trapezium verò B D I C angulos rectos habens in punctis B I. Latus verò C D tendens ad G, & quam habet rationem B A ad B I, eandem habeat trapezium B D C I ad L. Suſpenſum verò fuerit iſtud trapezium B D I C in trutina è punctis B I. Appenſumque itidem fuerit ſpatium Z puncto A, & æquiponderet cum trapezio B D I C ſic habenti vt nunc ſubiacet. Dico ſpatium Z minus eſſe ipſo L.

X I.

Sit rurſum bilanx A G, & medium ipſius B. Sit verò trapezium C D T R habens latera C D, & T R ad G tendentia;reliqua verò D R, & T C perpendicularia ad B G:Tum D R cadat in B. quam verò rationem habet A B ad B I candé habet trapezium D C T R ad L. Et quidem trapezium D C T R ſuſpendatur è libra ſecus puncta B I, vt & Z è puncto A, & æquiponderet Z cum trapezio D C T R ſic ſe habente vt nunc iacet: ſimiliter demonſtrabitur vt priùs, minus eſſe Z ſpatium ipſo L.

X I I.

Sit rurſus ſtatera A G, mediumque ipſius B. Sit verò trapezium D E I C in punctis quidem E & I angulos rectos habens, lateraque C D & E I ad punctum G tendentia. Atque quam rationem habet A B ad B I, eandem habeat trapezium D C I E ad ſpatium M. Quam verò rationem habet A B ad B E, eandem rationem habet D C I E trapezium ad L. Appenſum autem fuerit iſtud trapezium D C I E ad ſtateram è punctis E I. Sed ſpatium Z appendatur ab A, & æquiponderet trapezio ſic ſe habenti vt nunc iacet. Dico ſpatium Z ſpatio L maius eſſe, ſpatio verò M minus.

X I I I.

Sit rurſus trutina A G, cuius medium circa B. Sit verò trapezium C D T R, itaut latera ipſius C D, & T R tendant ad G, reliqua verò D T, C R perpendicularia ad B G. Appenſum autem fuerit in ſtatera è punctis E I. Tum ſpatium Z ſuſpendatur ad punctum A, & æquiponderet cum trapezio D C T R ſic ſe habente vt nunc eſt. Et quam ratio-

R

nem habet A ad B E, eandem habeat D C T R trapezium ad L fpatium.
Quam verò rationem habet A B ad B I, eam habeat idem trapezium
ad M. Similiter demonftrabitur vt priùs, fpatium Z fpatio L maius, fpatio verò M minus.

XIV.

Sit portió B K G comprehenfa fub recta & rectanguli coni fectione.
Sit etiam primum B G ad rectos angulos diametro, & educatur à B puncto linea B D parallela diametro: à puncto verò G linea G D tangens
fectionem coni in puncto G. Erit quippe B G D triangulus rectangu-
lus Diuidatur itaque illa B G in portiones quotcunque B E, E Z, Z H,
H I, & à fectionibus huiufmodi æquidiftantes diametro ducantur lineæ
E S, Z T, H V, T X. A punctis autem quibus ipfæ fecant coni fectionem, iungantur lineæ ad G, & vltra producantur. Dico quod triangulum B D G, trapeziorum quidem C E, L Z, M H, N I, & trianguli X
I G minùs fit quam triplum : trapeziorum verò Z F, H K, I P, & trianguli I O G maius fit quàm triplum.

XV.

Sit rurfum fectio B.K G comprehenfa fub recta & rectanguli coni
fectione: linea verò B G non fit ad rectos diametro : neceffe quidem
eft vel lineam à puncto B æquidiftanter diametro ductam ad eafdem
partes fectioni, vel eam quæ trahitur à puncto G, obtufum facere angulum ad B G. Sit itaque quæ obtufum angulum facit ea quæ ad G B.
Et ducatur à puncto B parallela diametro linea B D. Et à puncto G
agatur G D tangens coni fectionem in puncto G. Et diuidatur B G in
quotlibet partes æquales, quæ fint B E, E Z, Z H, H I, I G. Et à punctis E, Z, H, I, parallelæ diametro ducantur E S, Z T, H V, I X, & à punctis quibus fecant ipfam coni fectionem iungantur ad G, & vltra producantur. Dico quippe & nunc triangulum B D G, trapeziorum quidem
B F, L Z, K H, P I, & trianguli G I X minus effe quàm triplum: aliorum
verò Z F, H K, I P, & trianguli G O I maius effe quàm triplum.

XVI.

Sit rurfum portio hæc B K G comprehenfa fub recta, & rectanguli
coni fectione, & agatur per B linea quidem B D parallela diametro; à
puncto verò G alia G D tangens coni fectionem in puncto G, fit adhuc
trianguli B D G, tertia pars fpatium z. Dico portionem B K G æqualem effe fpatio Z.

XVII.

✚ Hoc demonftrato, manifeftum quod omnis portio comprehenfa fub
recta & rectanguli coni fectione, fefquitertia eft trianguli habentis bafim eandem cum ipfa portione, & altitudinem æqualem.

DEFINITIONES.

I. SEctionum comprehensarum sub recta & curua linea: basim quidem appello rectam.

II. Altitudinem verò maximam perpendicularem, à curua linea decidentem in basim portionis.

III. Verticem verò punctum, à quo maxima perpendicularis agitur.

Propositiones & Theoremata.

XVIII.

Si in portione quæ comprehenditur sub recta & rectanguli coni sectione, à medio basis ducatur recta parallela diametro, vertex erit portionis punctum, in quo quæ acta est parallela diametro, secat coni sectionem.

XIX.

Si in portione comprehensa sub recta & rectanguli coni sectione ducantur duæ rectæ diametro parallelæ, altera quidem à media basi, altera verò à medio dimidiæ: quæ quidem à medio ducta fuerit, alterius quæ à dimi dia agitur, longitudine sesquitertia erit.

XX.

S in portione comprehensa sub recta & rectanguli coni sectione triangulus inscribatur eandem basim habens cum portione eandemque altitudinem: maior est inscriptus dimidio portionis.

Manifest. Liquet quod sic in hac portione possibile sit polygonum inscribere, ita vt relictæ portiónes omni proposito spatio sint minores.

XXI.

✴ Si in portione comprehensa sub recta & rectanguli coni sectione triangulus inscribatur eandem basim habens cum portione, & eandem altitudinem: inscribantur verò & alia trigona eandem basim habentia cum portionibus, & altitudinibus eandem: vniuscuiusque triangulorum in reliquis portionibus descriptorum, octuplum est triangulum quod in tota portione describitur.

XXII.

Si portio comprehensa sub recta & rectanguli coni sectione, & spatia ponantur deinceps quotlibet in quadrupla ratione: fuerit verò maximum spatiorum æquale triangulo portioni inscripto easdem basim, & altitudinem habente cum portione: omnia simul spatia minora sunt portione.

✛ *Lem.* Tertia pars quartæ partis totius, iuncta eidem quartæ, tertiam totius partem efficit.

XXIII.

✛ Si magnitudines ponantur deinceps in quadrapla ratione: omnes eiufmodi magnitudines, & adhuc minimæ tertia pars in vnum compofitæ, fefquitertiæ erunt maximæ.

XXIV.

✛ Omnis portio comprehenfa fub recta, & rectanguli coni fectione, fefquitertia eft trianguli eandem bafim habentis cum ipfa & æqualem altitudinem. *Hinc fpatium parabolicum in quadratum mutari poteft.*

ARCHIMEDIS

ΠΕΡΙ ΕΛΙΚΩΝ

feu de Spiralibus.

Archimedes Dofitheo ΧΑΙΡΕΙΝ.

IN iis quæ ad Cononem miffa funt theorematibus, eorum quidem, quorum à me flagitabas affiduè demonftrationes, multorum à Hercule latas confcriptas habes; nonnullas rurfus eorumdem in hoc libro ad te fcriptas mitto. Ne mireris verò fi longum tempus confumpferimus antequam horum demonftrationes dederimus. Hoc enim contigit quod cupiuerim priufquam eas darem, & ipfis, inquirere eos qui in Mathematicis exercitati funt. Quot enim in Geometria theoremata vifa primùm impoffibilia, tempore perfectionem capiunt? Conon quidem non fufficiens tempus fortitus in eorum difquifitione, vitam cum morte commutauit, & ea dubia reliquit, quamquam omnia inuenerat, vt & alia multa, quibus plurimùm Geometriam adauxit. Scimus quippe in illo fuiffe non vulgarem Mathematicarum artium peritiam, laborifque fupra modum tolerantiam. Poft obitum verò Cononis multi exacti funt anni, quibus à nemine, quod nouerimus, vllum fit horum problematum tentatum. Volo autem eorum fingula perfequi. Etenim contigit duo quædam eorum, quæ apud Cononem erant, hoc libro inferta fuiffe, finem tandem confecutura: vt qui prædicant omnia fe inueniffe, demonftrationem verò eorum nullam proferentes, fophifticè agunt, ea aliquando fpondere videantur reperijffe, quæ funt impoffibilia. Quotquot itaque sunt huiusmodi problematum, tum quorumdam quorum demonstrationes nullas habes, denique cæterorum, quas in hoc libro latas probamus,tibi declarabo.Primum itaque fuerat:*sphæra data planum spatium reperire æquale superficiei sphæræ.* Quod quidem primùm factum est manifestum dato de sphæra libro. Cùm enim illic demonstratum fuerit,*quod omnis sphæræ superficies quadrupla est circuli maximi eorum qui sunt in sphæra,*manifestè possibile est,spatium planum inuenire æquale superficiei sphæræ.Secundù verò:*cono dato vel cylindro inuenire sphærá ipsi cono vel cylindro paré.* Tertium autè:*data sphæram plano secare it.tut segméta ipsius inter se ordinatá rationem habeant.*Adhæc quartù: *datam sphæram plano secare, itaut superficiei port ones ordinatam rationem inter se habeant.* Præterea quintum :*datum sphæræ segmentum dato sphæræ segmento assimilari.* Tandum sextum :*datis duobus sphæræ segmentis ,siue eiusdem ,siue diuersæ , inuenire segmentum sphæræ , quod sit quidem simile alteri segmentorum, superficiem verò habeat æqualem superficiei alterius.* Deniq;septimum fuerat :*à data sphæra segmentum resecare plano,itaut segmentum ad conum basim habentem eandem cum segmento, & altitudinem æqualem ,ordinatam rationem habeat non minorem ea , quam habent tria ad due.*Horum quidem omnium demonstrationes Hercules tulit. Quod verò ab ipsis seiungebatur, falsum erat.Est autem huiusmodi. Si sphæra plano secatur in inæqualia , maius segmentum ad minus duplam habet rationem eius quam habet maior superficies ad minorem.Quod verò istud falsum sit, per ea quæ prius missa sunt , manifestum est, Distinguebatur enim & hoc in ipsis. Si sphæra plano secatur in inæqualia , ad rectos angulos cuidam diametro eorum quæ sunt in sphæra, maius segmentum ad minus eandem habebit rationem, quam portio diametri maior ad minorem. Segmentum enim sphæræ maius, ad minus minorem quidem rationem habet dupla eius, quam habet maior superficies ad minorem : maiorem verò quàm sesquialteram. Erat rursus & extremum separatorum problematum falsum : Nempe si diameter alicuius sphæræ secatur, itaut quadratum quod fit à maiori portione,triplum sit quadrati, quod à minore fit portione , & per sectionis punctum planum agatur rectum ad diametrum , ipsum sphæram secare in talem specie figuram,quale est maius sphæræ segmentum, maximum scilicet segmentorum æqualem habentium superficiem. Quod verò sit hoc falsum, apparet ex præmissis ad te theorematibus. Demonstratum enim est quod hemisphærium maximum est comprehensorum sub æquali superficie sphæræ segmentorum. Post autem ista de cono, hæc etiam proponebantur. Si rectanguli coni sectio, manente diametro, circumuoluatur, itaut sit diameter axis: descripta figura à sectione re-

&anguli *conois*, fiue *conoides* appelletur. Tum fi conoideam figuram planum quod iam tetigerit, tangenti verò plano aliud planum ductum fecuerit aliquam conoidis portionem, refectæ portionis bafis quidem vocetur ipfum planum fecans : Vertex verò punctum quo alterum planum conoidem tangit. Porrò fi dicta figura plano fecatur recto ad axem, manifeftum eft fectionem fore circulum. Quod autem refecta portio fefquialtera fit coni bafim habentis eandem, quam portio, & altitudinem æqualem, demonftrare oportet. Ac 'fi conoidis duæ portiones refecentur planis, quomodocunq; ductis, fore vt fiant acutiangulorum conorum fectiones, patet. Cæterùm, fi fecantia plana non recta fuerint ad axem, fegmenta ad fe inuicem eandem habere rationem, quam potentiâ inter fe habent lineæ à verticibus eorum axi æquidiftanter ductæ, vfque ad fecantia plana, etiam eft demonftrandum. Horum autem demonftrationes fimiliter ad te mittuntur. Poft ifta verò hæc de fpirali propofita funt, quæ aliud longéque diuerfum problematum genus redolent, nihil commune habens cùm prædictis. Horum porrò demonftrationes in hoc libro tibi refcripfimus.Res autem ita fe habet.

DEFINITIONES.

I. SI in plano recta linea altero termino manente, æquali celeritate circumlata redeat deinceps eò, vnde profecta eft: fimul verò cum linea circvmoluta feratur punctum pari velocitate fibi ipfi, fecundum lineam rectam ducto, motus initio ab immobili termino·iftud punctum lineam fpiralem in plano defcribet.

II. Vocetur igitur hoc quidem manens punctum rectæ lineæ, quæ circumuoluitur, principium Helicis.

+ III. Pofitio verò lineæ, à qua incipit recta circumferri, principium circulationis.

+ IV. Linea porrò quam quidem in prima reuolutione pertranfierit punctum latum fecundum rectam, prima vocetur: quam verò in fecunda gyratione idem punctum perambulauerit, fecunda : atque de aliis fimiliter, quæ circumuolutionibus proportionaliter denominentur.

+ V. Spatium verò comprehenfum fub Helice in prima reuolutione defcripta, & linea recta quæ prima eft, primum appelletur. Quod verò comprehenditur fub Helice in fecunda reuolutione defcripta, & linea recta fecunda, fecundum nominetur. Et alia deinceps fic vocentur.

VI. Atquè ſi à punƈto, quod eſt principiũ Helicis, agatur aliqua
linea reƈta : ea quæ ſunt ad eaſdem huius reƈtæ partes , ad quas circumuolutio fertur, antecendentia vocentur : quæ verò in contraria,
conſequentia.

✦ VII. Deſcriptus autem circulus centro quidem punƈto , quod
eſt principium ſpiralis ; interuallo verò hac reƈta , quæ eſt prima,
primus appelletur : deſcriptus verò centro quidem eodem , interualło
verò dupla reƈta , ſecundus dicatnr : & alij deinceps eodem modo
denominentur.

Præmittuntur verò, vt fit in aliis Geometricis , quæ quaſdem vtilitates habent ad illorum demonſtrationes.

Aſſumo præterea vt rata lemmata, quæ in aliis libris iam euulga-
tis habentur, cuiuſmodi eſt.

✦ *Lemma.* Inæqualium linearum,& inæqualium ſpatiorum exceſſum,
quo excedit maior minorem ſibi ipſi coadditum : poſſibile eſſe excedere quamcumque earum, quæ inter ſe comparantur, quantitatum.

PROPOSITIONES.

Propoſitio I. *Theorema* I.

✦ SI ſecundùm aliquam reƈtam ſeratur quoddam punƈtum æquè
velociter ſibi ipſi latum, & ſumantur in ipſa duælineæ : ſumptæ
eandem habebunt rationem inter ſe, quam tempora, in quibus punƈtum iſtas lineas pertranſierit.

Prop. II. *Theor.* II.

✦ Si duorum punƈtorum vnoquoque pariformiter ſecundùm reƈtam
lineam lato, non quidem æquali ſimul celeritate, capiantur in vna-
quaque linearùm duæ lineæ , quæ primæ in æqualibus ſub punƈtis diſ-
currentibus teritur, & item ſecundæ, eandem inter ſe rationem habent accëptæ lineæ.

Prop. III. *Probl.* I.

Circulis quotlibet datis , poſſibile eſt reƈtam ſumere, quæ ſit maior
circulorum datorum peripheriis.

Prop. IV. *Probl.* II.

Duabus datis lineis inæqualibus, reƈta, & circuli circumferentia,
poſſibile eſt ſumere reƈtam, maiore quidem linearùm datarum minorem, minore verò maiorem. *Vide Lemma.*

Prop. V. *Probl.* III.

Circulo dato, & linea recta tangente circulum, possibile est à centro circuli ducere rectam ad tangentem, itaut quæ recta fuerit inter tangentem & circuli circumferentiam, ad radium circuli minorem rationem habeat, quàm circumferentia circuli, quæ est inter contactam & productam ad datam cuiuscunque circuli circumferentiam.

Lemma.

Si circulum tetigerit quæ piam linea, impossibile est ducere aliam lineam à puncto contactus, quæ circulum non secet ab ea parte, qua angulum recto minorem efficit cum radio ducto à centro ad punctum contactus.

Prop. VI. Probl. IV.

Circulo dato, & in circulo linea minore, diametro, possibile est à centro circuli ad peripheriam ipsius eiaculári rectam, secantem eam quæ in circulo data est, lineam; ita vt comprehensa recta inter peripheriam & rectam in circulo datam ad coniunctam à termino eiaculatæ, qui est in circumferentia ad alteram partem eius rectæ, quæ in circulo data est, ordinatam rationem habeat; modo tamen vt data ratio minor sit ea quam habet dimidia datæ in circulo, ad eam quæ à centro perpendiculariter in ipsam ducitur.

Prop. VII. Probl. V.

Iisdem datis, & recta data extra circulum porrecta possibile est à centro lineam eiaculari ad extrà porrectam, itaut quæ fuerit inter circumferemtiam & porrectam ad lineam iunctam à termino eiaculatæ ad terminum porrectæ ordinatam rationem habeat: dummodo tamen data ratio maior fuerit ea, quam habet dimidia datæ in circulo, ad eam quæ à centro perpendiculariter in ipsam agitur.

Lemma I.

Si recta in circulo ab alia recta bifariam secatur, & ad angulos rectos: impossibile est ab eodem puncto, à quo secans ducitur, aliam secantem agere in sectam, itaut partes inter sectam, & peripheriam circuli æquales sint: quod tamen fieri potest, si secta linea bifariam non dirimitur. Videatur Lemma 2.

Prop. VIII. Probl. VI.

Circulo dato, & in circulo linea minore ipsa diametro, & alia tangente circulum in termino lineæ in circulo datæ; possibile est à centro circuli eiaculari aliquam rectam ad rectam datam, itaut pars ipsius contenta inter peripheriam circuli, & datam lineam in circulo ad partem comprehensam à tangente, ordinatam rationem habeat: si modo data ratio sit minor ea quam habet dimidia datæ in circulo, ad eam quæ à centro circuli perpendiculariter in ipsam ducitur.

Prop. IX.

Prop. IX. Probl. VII.

Iifdem datis , & in circulo data linea vlterius porrecta : poffibile eft
à centro circuli eiaculari rectam in datam porrectam , itaut pars inter
circumferentiam & porrectam ad conceptam in tangente à puncto
contactus, ordinatam rationem habeat : fi modo data ratio maior fuerit ea quàm habet dimidia datæ in circulo ad eam quæ à centro perpendiculariter in ipfam ducitur.

Prop. X. Theor. III.

✦Si lineæ deinceps ponantur quotcumque, æquali fefe inuicem excedentes, fuerit verò exceffus æqualis minimæ : Et aliæ lineæ ponantur numero quidem æquales illis , magnitudine vero fingulæ parei
maximæ ; quadrata ab æqualibus maximæ , comprehenfa , & quod fit
à maxima quadratum , & quod comprehenditur fub minima & linea
æquali omnibus æqualiter fefe excedentibus, tripla erunt omnium quadratorum linearum fefe æqualiter excedentium.

Lemma.

✦ Si fuerint duæ quantitates eiufdem fpeciei in aliqua ratione, ante-
cedentifque pars fit ad partem confequentis in minori ratione quàm
tota ad totam ; reliquum antecedentis erit ad reliquum confequentis
in maiori ratione quàm tota ad totam.

Manifeftum I.

✦ Inde igitur patet quod quadrata omnia quæ ab æqualibus maximæ
defcribuntur, eorum quadratorum quæ ab æquali fefe inuicem excedentibus fiunt, minora fint quàm tripla.

Minifeftum II.

Reliquorum verò, fublato maximæ quadrato , maiora funt quàm
tripla.

Manifeftum III.

Propterea fi fimiles figuræ defcribantur ab omnibus quæ fefe æquali inuicem fuperant, & ab iis quæ funt illarum maximæ æquales: quæ
fanè fiunt ab æqualibus maximæ, eorum quæ fiunt ab iis quæ fefe æ-
qualiter excedunt, minora funt quàm tripla : Sublata verò figura quæ
defcribitur à maxima reliquarum funt plufquam tripla.

Prop. XI. Theor. IV.

Si lineæ deinceps quotlibet ponantur, æqualiter fefe mutuo excedentes, & aliæ lineæ conftituantur, multitudine quidem vna pauciores quàm fint illæ æqualiter fefe inuicem excedentes, magnitudine
verò fingulæ æquales illarum maximæ , quadrata omnia quæ ab æ-
qualibus maximæ , ad quadrata quæ fefe æqualiter mutuo excedunt,
fiunt , fine minima , minorem rationem habent , quàm quadratum

S

quod à maxima ad æquale duobus ,. scilicet comprehenso sub maxima & minima, & tertiæ parti quadrati excessus quo maxima minimam superat : ad quadrata autem quæ fiunt ab æqualiter sese inuicem excedentibus, sine eo quadrato, quod fit ab omnium maxima, hac ipsa maiorem rationem habent.

EPIΦOPA.

Hinc concludimus, quod si excessus maximæ supra minimam fuerit minimæ æqualis , fore vt ratio quadrati maximæ ad rectangulum sub maxima & minima , cum tertia parte quadrati excessus maximæ supra minimam, sit vt 11. ad 7.

Manifestum IV.

Idcirco si similes figuræ describantur ab omnibus, tum ab iis quæ sese mutuo æqualiter excedunt , tum ab æqualibus maximæ : figuræ omnes ab æqualibus maximæ descriptæ ad eas quæ ab iis quæ mutuo sese æqualiter excedunt , sine ea quæ à minima fit figura, minorem rationem habebunt quàm quadratum quod à maxima ad æquale duobus tam ei , quod comprehenditur à maxima, & minima, & tertiæ parti eius, quod ab excessu fit, quo maxima minimam superat : ad eas verò quæ ab iisdem lineis fiunt figuris, sine ea quæ à maxima describitur eadem illa ratione maiorem.

Prop. XII. Theor. V.

Si in spiralem vna quidem circumuolutione descriptam, à principio spiralis, rectæ quotlibet cadant, quæ æquales inter se angulos contineant, sese mutuò æqualiter excedunt. *Vide Corollarium.*

Lemma I.

Si tres lineæ ordine sese inuicem æquali excessu superauerint, maxima , & minima simul duplæ sunt mediæ.

Lemma II.

Si à iugo trianguli decidit linea in basim bifariam diuidens angulum iugi , duo latera angulum hunc continentia maiora sunt qu'm dupla eius quæ à iugo demissa linea.

Prop. XIII. Theor. VI.

Si recta linea spiralem tetigerit, in vno tantùm puncto tanget.

Prop. XIV. Theor. VII.

✱ Si in spiralem ex prima reuolutione ortam incidant duæ lineæ à puncto, quod est principium spiralis, & producantur ad circumferentiam vsque primi circuli : eandem rationem inter se habebunt istæ in spiralem incidentes, quam arcus circuli, medij inter terminum spiræ, & limites linearum productarum in circumferentia factos, sumptis in consequentia arcubus à fine spiralis.

Prop. X V. *Theor.* V I I I.

Si in Helicem in secunda reuolutione factam lineæ rectæ ceciderint à principio Helicis; eandem rationem eiusmodi rectæ ad inuicem
quàm dicti arcus cum tota circuli circumferentia circuli simul assumpta, habebunt.

Manifestum V.

Hoc ipso demonstrabitur, quod si in spiralem ex tertia reuolutione
ortam ceciderint rectæ lineæ, eandem inter se rationem habebunt
quam dicti arcus cum integra circuli circumferentia bis accepta. Similiter verò omnes cadentes in alias spirales demonstrantur eandem
habere rationem quam dicti arcus cum integra circuli circumferentia
toties assumpta, quotus est vnitate minor, reuolutionum numerus, licet alterutra cadens in finem spiralis incidat.

Prop. X V I. *Theor.* I X.

✛ Si spiralem ex prima reuolutione ortam recta linea tetigerit, & à
contactu recta linea ducta fuerit ad punctum quod sit principium spiralis, quos facit angulos tangens cum hac ducta inæquales erunt, &
quidem qui in antecedentia vergit, obtusus est ; qui in consequentia
acutus.

Manifestum V I.

Similiter verò demonstrabitur, quod si tangens spiralem in fine ipsius
tetigerit, idem omnino sequetur.

Prop. X V I I. *Theor.* X.

Quinimo si spiralem ex secunda reuolutione natam recta linea tetigerit, idem accidet.

Manifestum V I I.

Eadem verò accident, & si tangens per terminum spiralis attingat.
Similiter verò demonstrabitur: Quod si spiralem ex quacunque reuolutione natam recta tetigerit, etiam in fine ipsius, quod inæquales angulos faciet ad eam, quæ à tactu ad principium spiræ coniungitur : &
eum quidem qui fiet in antecedentibus, obtusum, alium verò in consequentibus acutum.

Lemma.

Si quatuor magnitudinum prima fuerit minor tertia, & secunda maior quarta: prima minorem rationem habebit ad secundam, quàm tertia ad quartam. Contrà verò si prima fuerit maior tertia, & secunda
minor quarta, prima maiorem habebit rationem ad secundam, quàm
tertia ad quartam.

Prop. X V I I I. *Theor.* X I.

Si spiralem ex prima circumuolutione ortam recta linea tetigerit in termino fpiræ : A puncto verò quod eft in principio fpiræ, quædam ducatur ad angulos rectos ei quæ eft principium reuolutionis, ducta incidet in tangentem, & ipfius quæ pars media, erit inter tangentem,& principium fpiræ,æqualis erit peripheriæ primi circuli.

Prop. XIX. *Theor.* XII.

✝ At fi fpiralem ex fecunda reuolutione ortam in termino tetigerit linea recta, & à principio fpiræ ducatur aliqua ad angulos rectos lineæ, quæ fit initium reuolutionis : ipfa coincidet in tangentem, & erit recta media inter tangentem & principium fpiræ, dupla circumferentiæ fecundi circuli,

Manifeftum VIII.

Hoc ipfo modo demonftrandum eft, quo fi fpiralem ex quacunque circumuolutione natam tangat quædam recta in termino fpiræ : tum ab initio fpiralis ducatur linea recta ad principium reuolutionis, cadet in tangentem, totuplexque erit circumferentiæ circuli, quotus eft numerus reuolutionis denominatus ab eodem numero,

Prop. XX. *Theor.* XIII.

✝ Si fpiralem in prima reuolutione factam recta linea tetigerit non in termino fpiræ, à contactu verò ad principium volutæ recta iungatur, tum centro quidem principio fpiralis, interuallo verò illa iuncta, circulus defcribatur : à principio præterea fpiralis agatur aliqua ad rectos angulos : quæ à contactu ad principium helicis iungitur, cadet in tangentem, & erit recta inter concurfum & principium helicis,æqualis arcui defcripti circuli, qui intercedit inter contactum & fectionem qua fecat defcriptus circulus principium reuolutionis, capto in antecedentibus arcu à puncto qui eft in principio circumuolutionis,

Manifeftum IX.

Hoc verò ipfo modo demonftrabitur,fi recta fpiralem ex fecunda natam reuolutione tetigerit, non in termino fpiralis, & cætera alia præparentur, quod quæ pars eft media cadentis in tangentem à principio fpiralis, æqualis eft toti defcripti circuli circumferentiæ, & adhuc arcui medio inter dicta puncta fimiliter accepto. Et rurfus fi aliqua linea fpiralem quamcumque ex reuolutione ortam tetigerit, non quidem in termino, & cætera ftruantur, quod recta quæ eft inter dicta puncta,multiplex quædam eft peripheriæ circuli, qui defcribitur fecundùm numerum vno minorem eo quo reuolutiónes appellantur, & adhuc æqualis arcui qui eft inter dicta puncta fimiliter fumpto,

Probl. XXI. *Prop.* VIII.

Circa fumptum fpatium comprehenfum fub helice in prima reuolutione orta, & prima linea quæ principium facit reuolutionis : pof-

fibile eft figuram planam defcribere, & aliam eidem infcribere, ex fimilibus fectionibus compofitam, ita vt circumfcripta maior fit quàm
infcripta quocumque propofito fpatio.

Manifeftum X.

Inde manifeftum eft, quod poffibile eft circa dictum fpatium figuram, qualis dicta fit, fcribere, ita vt circumfcripta figura maior fit fpatio, & quidem quantitate minori quocumque propofito fpatio : &
rurfus aliam infcribere, ita vt fpatium fimiliter maius fit infcripta figura quantitate minori; quocumque propofito fpatio.

Prop. XXII. Probl. IX.

Circa fumptum fpatium quod comprehendatur fub helice ex fecunda reuolutione defcripta, & recta linea que eft fecunda earum quæ
principium faciunt reuolutionis: poffibile eft figuram planam confcribere ex fimilibus fectoribus conftantem, & aliam in ipfo infcribere,
ita vt circumfcripta maior fit infcripta minori quantitate quàm fit
quodcumque propofitum fpatium.

Manifeftum XI.

Liquet itaque quod poffibile fit & circumfcribere figuram circa fumptum fpatium, quæ maior fit quantitate minori, omni propofito fpatio, & rurfus fumptum fpatium maius effe infcripta figura quantitate
minori, omni propofito fpatio.

Manifeftum. XII.

Hoc ipfo autem modo manifeftum eft, quod poffibile fit circa fumptum fpatium comprehenfum fub fpirali ex quantacumque reuolutione
orta, & recta linea quæ fit in principio reuolutionis ab eodem num ero
quam reuolutio denominata, confcribere figuram planam qualis dicitur; ita vt circumfcripta hæc figura maior fit affumpto fpatio, quantitate minori quolibet propofito fpatio, & rurfus infcribere, ita vt
affumptum fpatium maius fit hac infcripta figura quantitate minori
omni propofito fpatio.

Prop. XXIII. Probl. X.

Sumpto fpatio comprehenfo fub fpirali, quæ fit minor ea quæ ex vna
reuolutione generatur, nec habeat terminum principium fpiralis, & lineis rectis, quæ à principio fpiralis ducantur; poffibile eft circa huiufmodi fpatium figuram planam circumfcribere ex fimilibus fectoribus conflatam, & aliam infcribere, ita vt circumfcripta figura infcripta
fit maior minori quidem quantitate quàm fit propofitum fpatium.

Manifeftum XIII.

Hinc igitur manifefte patet quod poffibile fit circa dictum fpatium
planum, quale dictum eft, confcribere, itaut circumfcripta figura

nem habet A ad B E, eandem habeat D C T R trapezium ad L spatium.
Quam verò rationem habet A B ad B I, eam habeat idem trapezium
ad M. Similiter demonstrabitur vt priùs, spatium Z spatio L maius, spatio verò M minus.

XIV.

Sit portió B K G comprehensa sub recta & rectanguli coni sectione.
Sit etiam primum B G ad rectos angulos diametro, & educatur à B puncto linea B D parallela diametro: à puncto verò G linea G D tangens
sectionem coni in puncto G. Erit quippe B G D triangulus rectangu-
lus Diuidatur itaque illa B G in portiones quotcunque B E, E Z , Z H,
H I, & à sectionibus huiusmodi æquidistantes diametro ducantur lineæ
E S, Z T, H V, T X. A punctis autem quibus ipsæ secant coni sectionem, iungantur lineæ ad G, & vltra producantur. Dico quod triangulum B D G, trapeziorum quidem C E, L Z, M H, N I, & trianguli X
I G minùs sit quàm triplum : trapeziorum verò Z F, H K, I P, & trianguli I O G maius sit quàm triplum.

XV.

Sit rursum sectio B K G comprehensa sub recta & rectanguli coni
sectione : linea verò B G non sit ad rectos diametro : necesse quidem
est vel lineam à puncto B æquidistanter diametro ductam ad easdem
partes sectioni, vel eam quæ trahitur à puncto G, obtusum facere angulum ad B G. Sit itaque quæ obtusum angulum facit ea quæ ad G B.
Et ducatur à puncto B parallela diametro linea B D. Et à puncto G
agatur G D tangens coni sectionem in puncto G. Et diuidatur B G in
quotlibet partes æquales, quæ sint B E, E Z, Z H, H I, I G. Et à punctis E, Z, H, I, parallelæ diametro ducantur E S, Z T, H V, I X, & à punctis quibus secant ipsam coni sectionem iungantur ad G, & vltra producantur. Dico quippe & nunc triangulum B D G, trapeziorum quidem
B F, L Z, K H, P I, & trianguli G I X minus esse quàm triplum: aliorum
verò Z F, H K, I P, & trianguli G O I maius esse quàm triplum.

XVI.

Sit rursum portio hæc B K G comprehensa sub recta, & rectanguli
coni sectione, & agatur per B linea quidem B D parallela diametro; à
puncto verò G alia G D tangens coni sectionem in puncto G, sit adhuc
trianguli B D G, tertia pars spatium z. Dico portionem B K G æqualem esse spatio Z.

XVII.

✠ Hoc demonstrato, manifestum quod omnis portio comprehensa sub
recta & rectanguli coni sectione, sesquitertia est trianguli habentis basim eandem cum ipsa portione, & altitudinem æqualem.

DEFINITIONES.

I. SEctionum comprehenfarum fub recta & curua linea:bafim quidem appello rectam.

II. Altitudinem verò maximam perpendicularem, à curua linea decidentem in bafim portionis.

III. Verticem verò punctum, à quo maxima perpendicularis agitur.

Propofitiones & Theoremata.

XVIII.

Si in portione quæ comprehenditur fub recta & rectanguli coni fectione, à medio bafis ducatur recta parallela diametro, vertex erit portionis punctum, in quo quæ acta eft parallela diametro, fecat coni fectionem.

XIX.

Si in portione comprehenfa fub recta & rectanguli coni fectione ducantur duæ rectæ diametro parallelæ, altera quidem à media bafi, altera verò à medio dimidiæ : quæ quidem à medio ducta fuerit, alterius quæ à dimidia agitur, longitudine fefquitertia erit.

XX.

S in portione comprehenfa fub recta & rectanguli coni fectione triangulus infcribatur eandem bafim habens cum portione eandemque altitudinem : maior eft infcriptus dimidio portionis.

Manifeft. Liquet quod fic in hac portione poffibile fit polygonum infcribere, ita vt relictæ portiones omni propofito fpatio fint minores.

XXI.

✦ Si in portione comprehenfa fub recta & rectanguli coni fectione triangulus infcribatur eandem bafim habens cum portione, & eandem altitudinem : infcribantur verò & alia trigona eandem bafim habentia cum portionibus, & altitudinibus eandem : vniufcuiufque triangulorum in reliquis portionibus defcriptorum, octuplum eft triangulum quod in tota portione defcribitur.

XXII.

Si portio comprehenfa fub recta & rectanguli coni fectione, & fpatia ponantur deinceps quotlibet in quadrupla ratione : fuerit verò maximum fpatiorum æquale triangulo portioni infcripto eafdem bafim, & altitudinem habente cum portione : omnia fimul fpatia minora funt portione.

R ij

✤ *Lem.* Tertia pars quartæ partis totius, iuncta eidem quartæ, tertiam totius partem efficit.

XXIII.

✤ Si magnitudines ponantur deinceps in quadrapla ratione: omnes eiufmodi magnitudines, & adhuc minimæ tertia pars in vnum compofitæ, fefquitertiæ erunt maximæ.

XXIV.

✤ Omnis portio comprehenfa fub recta, & rectanguli coni fectione, fefquitertia eft trianguli eandem bafim habentis cum ipfa & æqualem altitudinem. *Hinc fpatium parabolicum in quadratum mutari poteft.*

ARCHIMEDIS

ΠΕΡΙ ΕΛΙΚΩΝ

feu de Spiralibus.

Archimedes Dofitheo XAIPEIN.

IN iis quæ ad Cononem miffa funt theorematibus, eorum quidem, quorum à me flagitabas affiduè demonftrationes, multorum à Hercule latas confcriptas habes; nonnullas rurfus eorumdem in hoc libro ad te fcriptas mitto. Ne mireris verò fi longum tempus confumpferimus antequam horum demonftrationes dederimus. Hoc enim contigit quod cupiuerim priufquam eas darem, & ipfis, inquirere eos qui in Mathematicis exercitati funt. Quot enim in Geometria theoremata vifa primùm impoffibilia, tempore perfectionem capiunt? Conon quidem non fufficiens tempus fortitus in eorum difquifitione; vitam cum morte commutauit, & ea dubia reliquit, quamquam omnia inuenerat, vt & alia multa, quibus plurimùm Geometriam adauxit. Scimus quippe in illo fuiffe non vulgarem Mathematicarum artium peritiam, laborifque fupra modum tolerantiam. Poft obitum verò Cononis multi exacti funt anni, quibus à nemine, quod nouerimus, vllum fit horum problematum tentatum. Volo autem eorum fingula perfequi. Etenim contigit duo quædam eorum, quæ apud Cononem erant, hoc libro inferta fuiffe, finem tandem confecutura: vt qui prædicant omnia fe inueniffe, demonftrationem verò eorum nullam proferentes, fophifticè agunt, ea aliquando fpondere videantur reperiiffe, quæ funt impoffi-

bilia. Quotquot itaque funt huiufmodi problematum, tum quorumdam quorum demonftrationes nullas habes, denique cæterorum, quas
In hoc libro latas probamus,tibi declarabo.Primum itaque fuerat:*fphæra data planum fpatium reperire æquale fuperficiei fphæræ.* Quod quidem
primùm factum eft manifeftum dato de fphæra libro. Cùm enim illic
demonftratum fuerit, *quod omnis fphæra fuperficies quadrupla eft circuli maximi eorum qui funt in fphæra,* manifeftè poffibile eft, fpatium planum inuenire æquale fuperficiei fphæræ.Secundū verò: *cono dato vel cylindro inuenire fphærā ipfi cono vel cylindro parē.* Tertium autē: *data fpæram plano fecare itaut fegmēta ipfius inter fe ordinatā rationem habeant.*Adhæc quartū;
*datam fphæram plano fecare, itaut fuperficiei portiones ordinatam rationem
inter fe habeant.* Præterea quintum: *datum fphæræ fegmentum dato fphæræ
fegmento affimilari.* Tandum fextum: *datis duobus fphæræ fegmentis, fiue
eiufdem, fiue diuerfæ, inuenire fegmentum fphæræ, quod fit quidem fimile alteri fegmentorum, fuperficiem verò habeat æqualem fuperficiei alterius.* Denique feptimum fuerat: *à data fphæra fegmentum refecare plano,itaut fegmentum ad conum bafim habentem eandem cum fegmento, & altitudinem
æqualem, ordinatam rationem habeat non minorem ea, quam habent tria
ad duo.*Horum quidem omnium demonftrationes Hercules tulit. Quod
verò ab ipfis feiungebatur, falfum erat.Eft autem huiufmodi. Si fphæra plano fecatur in inæqualia, maius fegmentum ad minus duplam
habet rationem eius quam habet maior fuperficies ad minorem.Quod
verò iftud falfum fit, per ea quæ prius miffa funt, manifeftum eft, Di-
ftinguebatur enim & hoc in ipfis. Si fphæra plano fecatur in inæqualia, ad rectos angulos cuidam diametro eorum quæ funt in fphæra,
maius fegmentum ad minus eandem habebit rationem, quam portio
diametri maior ad minorem. Segmentum enim fphæræ maius, ad minus minorem quidem rationem habet dupla eius, quam habet maior
fuperficies ad minorem: maiorem verò quàm fefquialteram. Erat rurfus & extremum feparatorum problematum falfum: Nempe fi diameter alicuius fphæræ fecatur, itaut quadratum quod fit à maiori portione, triplum fit quadrati, quod à minore fit portione, & per fectionis
punctum planum agatur rectum ad diametrum, ipfum fphæram fecare
in talem fpecie figuram,quale eft maius fphæræ fegmentum, maximum
fcilicet fegmentorum æqualem habentium fuperficiem. Quod verò fit
hoc falfum, apparet ex præmiffis ad te theorematibus. Demonftratum
enim eft quod hemifphærium maximum eft comprehenforum fub æ-
quali fuperficie fphæræ fegmentorum. Poft autem ifta de cono, hæc
etiam proponebantur. Si rectanguli coni fectio, manente diametro,
circumuoluatur, itaut fit diameter axis: defcripta figura à fectione re-

ctanguli *conois*,ſiue *conoides* appelletur. Tum ſi conoideam figuram planum quod iam tetigerit, tangenti verò plano aliud planum'ductum ſecuerit aliquam conoidis portionem, reſectæ portionis baſis qùidem vocetur ipſum planum ſecans : Vertex verò punctum quo alterum planum· conoidem tangit. Porrò ſi dicta figura plano ſecatur recto ad axem, manifeſtum eſt ſectionem fore circulum. Quod autem reſecta portio ſeſquialtera ſit coni baſim habentis eandem, quam portio, & altitudinem æqualem, demonſtrare oportet. Ac 'ſi conoidis duæ portiones reſecentur planis, quomodocunq; ductis, fore vt fiant acutiangulorum çonorum ſectiones, patet. Cæterùm, ſi ſecantia plana non recta· fuerint ad axem, ſegmenta ad ſe inuicem eandem habere rationem, quam potentiâ inter ſe habent lineæ à verticibus eorum axi æquidiſtanter ductæ, vſque ad ſecantia plana, etiam eſt demonſtrandum. Horum autem demonſtrationes ſimiliter ad te mittuntur. Poſt iſta verò hæc de ſpirali propoſita ſunt, quæ aliud longéque diuerſum problematum genus redolent, nihil commune habens cùm prædictis. Horum porrò demonſtrationes in hoc libro tibi reſcripſimus. Res autem ita ſe habet.

DEFINITIONES.

I. SI in plano recta linea altero termino manente, æquali celeritate circumlata redeat deinceps eó, vnde profecta eſt: ſimul verò cùm linea circvmuoluta feratur punctum pari velocitate ſibi ipſi, ſecundum lineam rectam ducto, motus initio ab immobili termino. iſtud punctum lineam ſpiralem in plano deſcribet.

II. Vocetur igitur hoc quidem manens punctum rectæ lineæ, quæ circumuoluitur, principium Helicis.

✥ III. Poſitio verò lineæ, à qua incipit recta circumferri, principium circulationis.

✥ IV. Linea porrò quam quidem in prima reuolutione pertranſierit punctum latum ſecundum rectam, prima vocetur : quam verò in ſecunda gyratione idem punctum perambulauerit, ſecunda : atque de aliis ſimiliter, quæ circumuolutionibus proportionaliter denominentur.

✥ V. Spatium verò comprehenſum ſub Helice in prima reuolutione deſcripta, & linea recta quæ prima eſt, primum appelletur. Quod verò comprehenditur ſub Helice in ſecunda reuolutione deſcripta, & linea recta ſecunda, ſecundum nominetur. Et alia deinceps ſic vocentur.

VI. Atquè fi à punƈto, quod eſt principium Helicis, agatur aliqua
linea reƈta : ea quæ ſunt ad eaſdem huius reƈtæ partes, ad quas circumuolutio fertur, antecendentia vocentur : quæ verò in contraria,
conſequentia.

✛ VII. Deſcriptus autem circulus centro quidem punƈto , quod
eſt principium ſpiralis ; interuallo verò hac reƈta , quæ eſt prima,
primus appelletur : deſcriptus verò centro quidem eodem, interuallo
verò dupla reƈta, ſecundus dicatnr : & alij deinceps eodem modo
denominentur.

Præmittuntur verò, vt fit in aliis Geometricis, quæ quaſdem vtilitates habent ad illorum demonſtrationes.

Aſſumo præterea vt rata lemmata, quæ in aliis libris iam euulga-
tis habentur, cuiuſmodi eſt.

✛ Lemma. Inæqualium linearum,& inæqualium ſpatiorum exceſſum,
quo excedit maior minorem ſibi ipſi coadditum: poſſibile eſſe excedere quamcumque earum, quæ inter ſe comparantur, quantitatum.

PROPOSITIONES.

Propoſitio I. Theorema I.

✛ SI ſecundùm. aliquam reƈtam feratur quoddam punƈtum æquè
velociter ſibi ipſi latum, & ſumantur in ipſa duæ lineæ : ſumptæ
eandem habebunt rationem inter ſe, quam tempora, in quibus pun-
ƈtnm iſtas lineas pertranſierit.

Prop. II. Theor. II.

✛ Si duorum punƈtorum vnoquoque pariformiter ſecundùm reƈtam
lineam lato, non quidem æquali ſimul celeritate, capiantur in vna-
quaque linearům duæ lineæ, quæ primæ in æqualibus ſub punƈtis dif-
currentibus teritur, & item ſecundæ, eandem inter ſe rationem habent accëptæ lineæ.

Prop. III. Probl. I.

Circulis quotlibet datis, poſſibile eſt reƈtam ſumere, quæ ſit maior
circulorum datorum peripheriis.

Prop. IV. Probl. II.

Duabus datis lineis inæqualibus, reƈta, & circuli circumferentia,
poſſibile eſt ſumere reƈtam, maiore quidem linearům datarum minorem, minore verò maiorem. Vide Lemma.

Prop. V. Probl. III.

Circulo dato, & linea recta tangente circulum, possible est à centro circuli ducere rectam ad tangentem, itaut quæ recta fuerit inter tangentem & circuli circumferentiam, ad radium circuli minorem rationem habeat, quàm circumferentia circuli, quæ est inter contactam & productam ad datam cuiuscunque circuli circumferentiam.

Lemma.

Si circulum tetigerit quæ piam linea, impossibile est ducere aliam lineam à puncto contactus, quæ circulum non secet ab ea parte, qua angulum recto minorem efficit cum radio ducto à centro ad punctum contactus.

Prop. VI. Probl. IV.

Circulo dato, & in circulo linea minore, diametro, possibile est à centro circuli ad peripheriam ipsius eiaculari rectam, secantem eam quæ in circulo data est, lineam; itavt comprehensa recta inter peripheriam & rectam in circulo datam ad coniunctam à termino eiaculatæ, qui est in circumferentia ad alteram partem eius rectæ, quæ in circulo data est, ordinatam rationem habeat; modo tamen vt data ratio minor sit ea quam habet dimidia datæ in circulo, ad eam quæ à centro perpendiculariter in ipsam ducitur.

Prop. VII. Probl. V.

Iisdem datis, & recta data extra circulum porrecta possibile est à centro lineam eiaculari ad extrà porrectam, itaut quæ fuerit inter circumferemtiam & porrectam ad lineam iunctam à termino eiaculatæ ad terminum porrectæ ordinatam rationem habeat: dummodo tamen data ratio maior fuerit ea, quam habet dimidia datæ in circulo, ad eam quæ à centro perpendiculariter in ipsam agitur.

Lemma. I.

Si recta in circulo ab alia recta bifariam secatur, & ad angulos rectos: impossibile est ab eodem puncto, à quo secans ducitur, aliam secantem agere in sectam, itaut partes inter sectam, & peripheriam circuli æquales sint: quod tamen fieri potest, si secta linea bifariam non dirimitur. Videatur Lemma 2.

Prop. VIII. Probl. VI.

Circulo dato, & in circulo linea minore ipsa diametro, & alia tangente circulum in termino lineæ in circulo datæ; possibile est à centro circuli eiaculari aliquam rectam ad rectam datam, itaut pars ipsius contenta inter peripheriam circuli, & datam lineam in circulo ad partem comprehensam à tangente, ordinatam rationem habeat: si modo data ratio sit minor ea quam habet dimidia datæ in circulo, ad eam quæ à centro circuli perpendiculariter in ipsam ducitur.

Prop. IX.

Prop. IX. Probl. VII.

Iifdem datis , & in circulo data linea vlterius porrecta: poſſibile eſt
à centro circuli eiaculari rectam in datam porrectam , itaut pars inter
circumferentiam & porrectam ad conceptam in tangente à puncto
contactus, ordinatam rationem habeat: ſi modo data ratio maior fuerit ea quàm habet dimidia datæ in circulo ad eam quæ à centro perpendiculariter in ipſam ducitur.

Prop. X. Theor. III.

✚Si lineæ deinceps ponantur quotcumque, æquali ſeſe inuicem excedentes, fuerit verò exceſſus æqualis minimæ: Et aliæ lineæ ponantur numero quidem æquales illis , magnitudine vero ſingulæ pares
maximæ: quadrata ab æqualibus maximæ , comprehenſa , & quod fit
à maxima quadratum, & quod comprehenditur ſub minima & linea
æquali omnibus æqualiter ſeſe excedentibus, tripla erunt omnium quadratorum linearum ſeſe æqualiter excedentium.

Lemma.

✚ Si fuerint duæ quantitates eiuſdem ſpeciei in aliqua ratione, ante-
cedentiſque pars ſit ad partem conſequentis in minori ratione quàm
tota ad totam; reliquum antecedentis erit ad reliquum conſequentis
in maiori ratione quàm tota ad totam

Manifeſtum I.

✚ Inde igitur patet quod quadrata omnia quæ ab æqualibus maximæ
deſcribuntur, eorum quadratorum quæ ab æquali ſeſe inuicem excedentibus fiunt, minora ſint quàm tripla.

Minifeſtum II.

Reliquorum verò ſublato maximæ quadrato , maiora ſunt quàm
tripla.

Manifeſtum III.

Propterea ſi ſimiles figuræ deſcribantur ab omnibus quæ ſeſe æquali inuicem ſuperant, & ab iis quæ ſunt illarum maximæ æquales: quæ
ſanè fiunt ab æqualibus maximæ, eorum quæ fiunt ab iis que ſeſe æ-
qualiter excedunt, minora ſunt quàm tripla: Sublata verò figura quæ
deſcribitur à maxima reliquarum ſunt pluſquam tripla.

Prop. XI. Theor. IV.

Si lineæ deinceps quotlibet ponantur, æqualiter ſeſe mutuo excedentes, & aliæ lineæ conſtituantur, multitudine quidem vna pauciores quàm ſint illæ æqualiter ſeſe inuicem excedentes, magnitudine
verò ſingulæ æquales illarum maximæ , quadrata omnia quæ ab æ-
qualibus maximæ , ad quadrata que ſeſe æqualiter mutuo excedunt,
fiunt , ſine minima , minorem rationem habent , quàm quadratum

S

quod à maxima ad æquale duobus ,.ſcilicet comprehenſo ſub maxima & minima, & tertiæ parti quadrati exceſſus quo maxima minimam ſupetat : ad quadrata autem quæ fiunt ab æqualiter ſeſe inuicem
excedentibus, ſine eo quadrato, quod fit ab omnium maxima, hac
ipſa maiorem rationem habent.

EPI$\odot$OPA.

Hinc concludimus, quod ſi exceſſus maximæ ſupra minimam fuerit minimæ æqualis, fore vt ratio quadrati maximæ ad rectangulum
ſub maxima & minima , cum tertia parte quadrati exceſſus maximæ
ſupra minimam, ſit vt 11. ad 7.

Manifeſtum IV.

Idcirco ſi ſimiles figuræ deſcribantur ab omnibus, tum ab iis quæ
ſeſe mutuo æqualiter excedunt , tum ab æqualibus maximæ : figuræ
omnes ab æqualibus maximæ deſcriptæ ad eas quæ ab iis quæ mutuo
ſeſe æqualiter excedunt , ſine ea quæ à minima fit figura, minorem
rationem habebunt quàm quadratum quod à maxima ad æquale duobus tam ei, quod comprehenditur à maxima,& minima,& tertiæ parti
eius, quod ab exceſſu fit, quo maxima minimam ſuperat : ad eas verò
quæ ab iiſdem lineis fiunt figuris, ſine ea quæ à maxima deſcribitur
eadem illa ratione maiorem.

Prop. XII. Theor. V.

Si in ſpiralem vna quidem circumuolutione deſcriptam, à principio
ſpiralis, rectæ quotlibet cadant, quæ æquales inter ſe angulos contineant, ſeſe mutuò æqualiter excedent. Vide Corollarium.

Lemma I.

Si tres lineæ ordine ſeſe inuicem æquali exceſſu ſuperauerint, maxima , & minima ſimul duplæ ſunt mediæ.

Lemma II.

Si à iugo trianguli decidit linea in baſim bifariam diuidens angulum iugi, duo latera angulum hunc continentia maiora ſunt qu'm
dupla eius quæ à iugo demiſſa linea.

Prop. XIII. Theor. VI.

Si recta linea ſpiralem tetigerit, in vno tantùm puncto tanget.

Prop. XIV. Theor. VII.

✠ Si in ſpiralem ex prima reuolutione ortam incidant duæ lineæ à
puncto, quod eſt principium ſpiralis, & producantur ad circumferentiam vſque primi circuli : eandem rationem inter ſe habebunt iſtæ in
ſpiralem incidentes, quam arcus circuli, medij inter terminum ſpiræ,
& limites linearum productarum in circumferentia factos, ſumptis in
conſequentia arcubus à fine ſpiralis.

Prop. X V. Theor. V I I I.

Si in Helicem in fecunda reuolutione factam lineæ rectæ ceciderint à principio Helicis ; eandem rationem eiufmodi rectæ ad inuicem
quàm dicti arcus cum tota circuli circumferentia circuli fimul affumpta, habebunt.

Manifeftum V.

Hoc ipfo demonftrabitur, quod fi in fpiralem ex tertia reuolutione
ortam ceciderint rectæ lineæ, eandem inter fe rationem habebunt
quam dicti arcus cum integra circuli circumferentia bis accepta. Similiter verò omnes cadentes in alias fpirales demonftrantur eandem
habere rationem quam dicti arcus cum integra circuli circumferentia
toties affumpta, quotus eft vnitate minor, reuolutionum numerus, licet alterutra cadens in finem fpiralis incidat.

Prop. X V I. Theor. I X.

✠ Si fpiralem ex prima reuolutione ortam recta linea tetigerit, & à
contactu recta linea ducta fuerit ad punctum quod fit principium fpiralis, quos facit angulos tangens cum hac ducta inæquales erunt, &
quidem qui in antecedentia vergit, obtufus eft ; qui in confequentia
acutus.

Manifeftum VI.

Similiter verò demonftrabitur, quod fi tangens fpiralem in fine ipfius
tetigerit, idem omnino fequetur.

Prop. X V I I. Theor. X.

Quinimo fi fpiralem ex fecunda reuolutione natam recta linea tetigerit, idem accidet.

Manifeftum VII.

Eadem verò accident, & fi tangens per terminum fpiralis attingat.
Similiter verò demonftrabitur : Quod fi fpiralem ex quacunque reuolutione natam recta tetigerit, etiam in fine ipfius, quod inæquales angulos faciet ad eam, quæ à tactu ad principium fpiræ coniungitur : &
eum quidem qui fiet in antecedentibus, obtufum, alium verò in con-
fequentibus acutum.

Lemma.

Si quatuor magnitudinum prima fuerit minor tertia, & fecunda maior quarta : prima minorem rationem habebit ad fecundam, quàm tertia ad quartam. Contrà verò fi prima fuerit maior tertia, & fecunda
minor quarta, prima maiorem habebit rationem ad fecundam, quàm
tertia ad quartam.

Prop. X V I I I. Theor. X I.

Si fpiralem ex prima circumuolutione ortam recta linea tetigerit

fibile eft figuram planam defcribere, & aliam eidem infcribere, ex fimilibus fectionibus compofitam, ita vt circumfcripta maios fit quàm
infcripta quocumque propofitô fpatio.

Manifeftum X.

Inde manifeftum eft, quod poffibile eft circa dictum fpatium figuram, qualis dicta fit, fcribere, ita vt circumfcripta figura maior fit fpatio, & quidem quantitate minori quocumque propofito fpatio : &
rurfus aliam infcribere, ita vt fpatium fimiliter maius fit infcripta figura quantitate minori, quocumque propofito fpatio.

Prop. XXII. Probl. IX.

Circa fumptum fpatium quod comprehendatur fub helice ex fecunda reuolutione defcripta, & recta linea que eft fecunda earum quæ
principium faciunt reuolutionis : poffibile eft figuram planam confcribere ex fimilibus fectoribus conftantem, & aliam in ipfo infcribere,
ita vt circumfcripta maior fit infcripta minori quantitate quàm fit
quodcumque propofitum fpatium.

Manifeftum XI.

Liquet itaque quod poffibile fit & circumfcribere figuram circa fumptum fpatium, quæ maior fit quantitate minori, omni propofito fpatio, & rurfus fumptum fpatium maius effe infcripta figura quantitate
minori, omni propofito fpatio.

Manifeftum. XII.

Hoc ipfo autem modo manifeftum eft, quod poffibile fit circa fumptum fpatium comprehenfum fub fpirtali ex quantacumque reuolutione
orta, & recta linea quæ fit in principio reuolutionis ab eodem numero
quam reuolutio denominata, confcribere figuram planam qualis dicitur; ita vt circumfcripta hæc figura maior fit affumpto fpatio, quantitate minori quolibet propofito fpatio, & rurfus infcribere, ita vt
affumptum fpatium maius fit hac infcripta figura quantitate minori
omni propofito fpatio.

Prop. XXIII. Probl. X.

Sumpto fpatio comprehenfo fub fpirali, quæ fit minor ea quæ ex vna
reuolutione generatur, nec habeat terminum principium fpiralis, & lineis rectis, quæ à principio fpiralis ducantur; poffibile eft circa huiufmodi fpatium figuram planam circumfcribere ex fimilibus fectoribus conflatam, & aliam infcribere, ita vt circumfcripta figura infcripta
fit màior minori quidem quantitate quàm fit propofitum fpatium.

Manifeftum XIII.

Hinc igitur manifeftè pater quod poffibile fit circa dictum fpatium
planum, quale dictum eft, confcribere, itaut circumfcripta figura

maior sit spatio quantitate minori, quàm sit propositum spatium.

Prop. XXIV. Theor. XIV.

✠ Comprehensum à spirali ex prima reuolutione nata, & prima linea quæ principium est reuolutionis: spatium, tertia pars est primi circuli.

Corollar. 1. Hinc sequitur reliquum circuli, quod superest, post spatium illud ablatum, esse duas tertias circuli, scilicet spatij duplum.

Corollar. 2. Hinc etiam deducimus, quòd si à principio spiralis in ipsam recta linea ducatur, spatium contentum spirali, & hac recta linea tertiam partem esse eius partis circuli, qui centro principio spiralis & interuallo linea in spiralem incidente describitur, contentæ circumferentia huiusce circuli, & duabus lineis, nempe incidente, tum parte eius quæ principium est reuolutionis, à circulo resecta.

Prop. XXV. Theor. XV.

Spatium sub helica ex secunda reuolutione descripta, & recta linea, secunda eius quæ est in pricipio reuolutionis, ad secundum circulum hanc habet rationem, quam habent 7. ad 12. quæ eadem est. quam habent hæc duo, nempe quod comprehenditur sub radio secundi circuli, & radio primi circuli, & tertia pars quadrati excessus quo excedit radius secundi circuli radium primi circuli, ad quadratum à radio secundi circuli.

Manifestum XIV.

Hoc ipsomet modo demonstrabitur, & quod comprehensum spatium sub spirali ex quacumque circumuolutione generata, & recta eodem numero quo reuolutiones denominata, ad circulum eodem rursus numero significatum, quo circumuolutiones, rationem habet quam complexum, tum ex eo quod comprehenditur sub radio ipsiusmet circuli secundùm ipsum numerum dicti, & radio circuli secundùm numerum vnitate minorem, quàm sit reuolutionum numerus denominati, tum ex tertia parte quadrati quod sit ab excessu, quo excedit radius maioris circuli prædictorum, radium minoris circuli prædictorum, habet ad quadratum eius, quæ ducitur à centro maioris circuli prædictorum.

Prop. XXVI. Theor. XVI.

Comprehensum spatium sub spirali, quæ est minor ea quæ ex vna reuolutione fit, nec habet terminum principium spiralis, & rectis quæ à terminis ipsius in principium spiralis ducuntur, ad sectorem habentem radium æqualem maiori earum, quæ à termino ad principium spiralis ducitur: arcum verò qui intercipitur inter rectas ductas secun-

dùm eafdem partes fpiralis, hanc habet rationem, quam haber.t hæc
duo, rectangulum comprehenfum fub rectis à terminis in principium
fpiralis, ductis, & tertia pars quadrati exceffus quo maior dictarum
linearum fuperat minorem, ad quadratum maioris linearum à terminis ad fpiralis principium coniunctarum. *Vide Lemma, & Corollarium.*

Lemma. Expofitis tribus lineis inæqualibus, rectangulum fub maiori & media fuperat id quod fit à media & minima, quantitate rectan-
ctanguli fub media & parte, qua maxima fuperat minimam comprehenfi.

Prop. XXVII. Theor XVII.

✣ Spatiorum comprehenforum fub fpiralibus, & rectis lineis quæ in
circumuolutione funt, tertium quidem fecundi duplum eft: quartum
verò triplum: quintum autem quadruplum, & femper quod fequitur,
fecundum numeros qui deinceps funt, multiplex eft fecundi fpatij.
Primum verò fpatium fexta pars eft fecundi.

Prop. XXVIII Theor. XVIII.

Si in Helica ex quacumque reuolutione generata duo puncta fumantur, quæ non fint ipfius termini : à fumptis verò punctis iungantur rectæ ad principium Helicis : & centro quidem principio fpiralis
interuallis verò lineis à punctis ad principium fpiralis ductis, circuli
defcribantur: comprehenfum fpatium fub maiori arcuum medio inter
ductas lineas, & helica media inter eafdem rectas, ac recta linea producta, hanc habebit rationem ad comprehenfum fpatium fub minori
arcu, & eadem fpirali, & alia recta coniungedte vtriufque terminos,
quam radius minoris circuli cum duabus tertii exceffus, quo excedit
radius maioris circuli radium minoris, ad radium minoris circuli cum
vna tertia parte eiufdem exceffus.

Prop. XXIX. Theor. XIX.

✣ Si infpiralem ex vna reuolutione ortam, & à principio fpiralis recta
linea ceciderit : fpatium comprehenfum fub fpirali, & linea prima cam
rationem habet ad fpatium contentum fub prima fpiralis parte & linea
incidente, quam habet cubus primæ lineæ ad cubum lineæ incidentis.
Videatur Corollarium.

Lemma. Si fuerint duo quantitatum inæqualium ordines, in quorum primo fit prima ad fecundam, & fecunda ad tertiam, vt in fecundo prima ad fecundam, & fecunda ad tertiam : erit in illo differentia
primæ & fecundæ ad differentiam eiufdem primæ & tertiæ, vt in hoc
differentiam primæ & fecundæ, ad differentiam primæ & tertiæ.

Problema i. Propofiti anguli imperatam partem affignare.

Problema 2. Omnes figuras quotquotlibet laterum in circulo deſcribere. Cognoſces autem facilè quot rectis æquiualeant anguli figuræ
propoſitæ ; duplicatus enim triangulorum numerus, in quot figura diuiditur, prædictum numerum conſtituit. Exempli gratia, Heptago-
num in quinque triangulos dirimitur, quapropter decem angulos rectos angulis ſuis continet, quorum vnuſquiſque recto & ⅓ recti par
eſt. Idem reperies (mi Theotime) ſi à numero laterum duplicato
quaternarium auferas.

ARCHIMEDIS
DE PLANIS ÆQVIPON-
DERANTIBVS SEV ISORROPICIS,
VEL CENTROBARICIS.
LIBER PRIMVS.

Petitiones.

I. ÆQVALIA pondera ab æqualibus diſtantiis æquipondcrare.
II. Æqualia verò pondera ab inæqualibus diſtātii non æquiponderare .ſed inclinari ad grauitatem quæ à diſtantia maiori tendet.
III. Si ponderibus æquiponderantibus ab aliquibus diſtantiis alteri
ipſorum ponderum adiiciatur aliquid, non ampliús æquiponderare,
ſed inclinari ad pondus illud quod additum eſt.
✦ IV. Similiter verò, & ſi ab altero ponderum auferatur aliquid : non
æquiponderare, ſed inclinari verſus illud pondus à quo nihil ablatum
fuerit.
✦ V. Æqualium & ſimilium figurarum planarum inter ſe mutuo con-
ueriertium, centra grauitatum inter ſe mutuo conuenire.
✦ VI. Puncta verò ſimiliter poni in ſimilibus figuris,à quibus ad æquales angulos ductæ rectæ , angulos ad latera ſimilium rationum æquales
efficiunt.
✦ VII. Inæqualium verò, ſed ſimilium centra grauitatum ſimiliter
eſſe poſita.
✦ VIII. Si magnitudines ab æqualibus diſtantiis æquipondcrant,
etiam alias ipſis æquales ab iiſdem diſtantiis æquiponderare.

9. Cuiufcunque figuræ fi fuerit ambitus in eafdem partes cauus, centrum grauitatis figuræ intus effe.

10. Planum contentum fub recta linea, & rectanguli coni fectione,
planum parabolicum appellari.

11. Similes fectiones coni effe, in quarum fingulis, ductis lineis bafi
parallelis numero æqualibus, funt ipfæ parallelæ,& bafes ad abfciffas,
ab ipfis parallelis à vertice partes diametrorum, in eadem ratione,
tum abcifæ ipfæ ad abfciffas.

12. Figuras euidenter defcriptas in portionibus parabolicis effe fimiles, quæ defcribuntur numero laterum pares.

Propofitiones & Theoremata.

1. Æquiponderantia grauia ab æqualibus diftantijs, æqualia
funt.

2. Inæqualia grauia non æquiponderant ab æqualibus diftantijs, fed
inclinabuntur ad maius.

3. Inæqualia grauia ab inæqualibus diftantiis æquiponderant,& quidem maius à minori.

4. Si duæ æquales magnitudines non habent idem centrum grauitatis: magnitudinis ex vtrifque magnitudinibus compofitæ centrum
grauitatis eft in medio rectæ lineæ centra grauitatum ipfarum magnitudinum coniungentis.

5. Si trium magnitudinum cêtra grauitatis in rectam lineam fuerint
pofita,& magnitudines æqualem grauitatem habuerint.Tum quæ inter centra lineæ, fuerint æquales: magnitudinis ex omnibus compofitæ centrum grauitatis erit punctum, quod eft mediæ ipfarum centrum grauitatis. *Videatur corollarium.*

Manifeftum I.

Vnde manifeftum eft, quod fi quotcunque magnitudinum numero imparium centra grauitatis in recta linea fuerint conftituta, fique
æqualiter abfuerint à media magnitudine & æqualem habuerint grauitatem, nempe fi rectæ lineæ inter earum centra fuerint æquales:
magnitudinis ex omnibus compofitæ centrum grauitatis erit punctum quod & mediæ ipfarum centrum eft grauitatis.

Manifeftum II.

Si quoque pares fuerint multitudine magnitudines, & centra grauitatis earum in rectam fuerint conftituta & media ipforum æqualem grauitatem habuerint,fuerintque lineæ inter centra rectæ æqua-
les:magnitudinis ex omnibus illis magnitudinibus compofitæ grauitatis centrum erit medium rectæ lineæ coniungentis centra grauitatis magnitudinum, vt dictum eft. *Vide lemma.*

T

6. Commensurabiles magnitudines ex distantijs reciprocis eandem
rationem habentibus quam pondera, æquiponderant.

7. At vero si incommensurabiles fuerint magnitudines, similiter
æquiponderabunt à distantijs permutatim rationem habentibus eandem quam magnitudines.

Lemma I. Quolibet plano in duas partes secto, si partium centra
recta linea coniungantur, agetur hæc recta per centrum totius.

Lemma II. Si æquiponderantibus æquiponderantia addantur, omnia æquiponderant; aut ab æquiponderantibus si æqualiter ponde-
rantia auferantur, etiam reliqua æquiponderant.

8. Si ab aliqua magnitudine resecetur quædam portio non habens
idem centrum cum tato: reliquæ magnitudinis centrum grauitatis est,
in recta linea coniungente centra grauitatum totius magnitudinis, &
ablatæ portionis, producta ad easdem partes, versus quas centrum
est totius magnitudinis, nempe si assumpta aliqua pars ex producta,
coniungente dicta centra, habeat eandem rationem ad illam quæ est
inter centra, quam habet grauitas detractæ magnitudinis ad grauitatem reliqui, erit centrum illud assumptæ terminus.

9. Cuiuscunque parallelogrammi centrum grauitatis est in recta linea coniungente opposita parallelogrammi latera bifariam facta.

10. Cuiuscunque parallelogrammi centrum grauitatis est punctum
quo diametri coincidunt.

11. Si duo triangula similia inter se fuerint, & in ipsis puncta similiter
posita ad ipsa triangula alterúmque punctum trianguli in quo stete-
rit, centrum grauitatis fuerit, reliquum quoque punctum centrum est
grauitatis eius in quo stat trianguli: similiter verò dicimus puncta iacere in similibus figuris illa, à quibus rectæ ad æquales angulos ductæ
lineæ æquales, ad similia latera angulos faciunt.

12. Si duo triangula similia fuerint, vnius verò triáguli centrum grauitatis fuerit in recta, quę ducta est ab vno angulo in mediam basim;
etiam reliqui trianguli centrum grauitatis erit in linea similiter ducta.

Lemma I. Si triangulus bifariam dirimatur linea à superiori angulo,
in oppositum latus educta, ipsumque bifariam dirimente: basis autem
semisses in partes æquales distribuantur, & à sectionum punctis rectæ
intra triangulum ducantur parallelæ illi bifariam triangulum secanti
harum parallelarum binæ æqualiter remotæ à centro æquales erunt.

Lemma 2. *pendet à figura.*

Lemma 3. Si trianguli bina latera lineæ secuerint basi equidistan-
tes & ab angulo opposito in reliquam basim lineæ demittantur, hæc
illas, & basim secant proportionaliter: tum vicissim hæ, & latera secta,

ab illis,& bafi proportionaliter fecantur.

Lem. 4. Si trianguli omnia latera bffariam fecentur, lineifque iungantur fectionum puncta, fient quatuor fimilia toti, & inte fe & æqualia triangula.

18. Cuiuſcumque trianguli centrum grauitatis eſt in recta linea, quæ ab angulo in mediam baſim ducitur.

19. Cuiuſcunque trianguli centrum grauitatis eſt punctum, in quod coincidunt lineç ductæ ab angulis trianguli in media latera oppoſita. *Vnde ſequitur lineam ab angulo trianguli per centrum ipſius grauitatis actam in oppoſitum latus, ipſum bifariam ſecare.*

Lemma I. Si trapezium duo latera habuerit inæqualia & parallela, quæ bifariam ſecta recta linea iungantur è ſectionum punctis, reliqua vero latera producantur vnà cum linea iungente: latera producta in iùgéte cócurrent: Eritque in iungente centrum grauitatis trapezij.

Lemma II. Si per centrum grauitatis trianguli agatur linea parallela vni ex lateribus : inter eam & ductum parallelum latus reſecabitur tertia pars aliorum laterum. Et ſi linea ducta parallela vni lateri reſecuerit tertiam reliquorum partem, centrum grauitatis trianguli in ea continebitur.

Hinc ſequitur lineæ cuiuſlibet educta ab angulo per centrum grauitatis trianguli in oppoſitum latus, tertiam partem contineri inter centrum, & oppoſitum latus.

Lemma III. Quatuor magnitudinum proportionalium, duplum primæ cum ſecunda eſt ad duplum ſecundæ cum prima, vt duplum tertiæ cum quarta ad duplum quartç cum tertia.

Lemma 4. Si è duobus trianguli lateribus in latera oppoſita lineæ agántur, quæ ea ſimiliter ſecent: ipſæ quoque ſe diriment in ratione quam habet quodlibet latus ad ſuam partem angulo proximam, tum ſi à reliquo angulo per punctum interſectionis præcedentium tertia linea ducatur in oppoſitum latus, ipſum bifariam ſecabit.

13. Cuiuſcumque trapezij duo latera parallela habentis, centrum grauitatis eſt in recta linea coniungente biſectiones parallelorum, ita diuiſa, vt portio ipſius terminata in biſectione minoris parallelorum ad reliquam ſectionem, habeat eam rationem quam habet æqualis duplæ maioris cum minori ad duplam minoris cum maiori parallelorum laterum. *Ex dictis ſequens problema naſcitur:* Cuiuſcumque rectilineæ figuræ centrum grauitatis reperire.

Theorema.

Si fuerint duæ qualitates inæquilibrio, quæ ambæ vel ambarú vna, adijs adhæſerint: à centris autem grauitatum earumdem n radios,

T ij

quibus appenduntur, perpendiculares agantur: incidēt hæ in radiorum puncta, à quibus si appensæ fuerint eædem quantitates, ita vt
iam radijs non toto corpore adhæreant, sed tantùm ab illis punctis.
appendeant, manebunt rursus inæquilibrio. *Vide corollarium.*

ARCHIMEDIS

Ἀρχιμήδης ἰσορροπούντων.

LIBER SECVNDVS.

Problema Riualti.

PLANO subrecta linea & parabolica sectione contento parallelogrammum æquale reperire, ipsúmque ad datam rectam lineam applicate, ita vt recta hæc illud bifariam dirimat.

Propositiones & Theoremata.

1. Si duo spatia comprehensa sub recta linea & rectanguli coni sectione, quæ possumus ad datam rectam lineam applicare, idem grauitatis centrum non habeant, compositæ ex vtrísque magnitudinibus.
centrum grauitatis erit in recta linea coniungente grauitatis eorum
centrum, quæ dictam rectam sic diuiserat, vt portiones ipsius permutatim eandem rationem ac ipsa spatia habuerint.

Manifestum I.

Si in portione sub recta & rectanguli coni sectione, comprehensa
triangulum inscribatur eandem basim habens ac portio, & altitudinem æqualem: & rursus in reliquis portionibus triangula inscribantur easdem habentia bases cum portionibus & altitudines æquales, &
semper in reliquis portionibus triangula fiant hoc ipso modo: Nata
hinc figura in portione euidenter inscribi dicatur. Manifestum verò
est, quod figuræ sic inscriptæ angulos à vertice quidem portionis
deinceps proximos iungentes lineæ sint parallelæ basi portionis,
& quod à diametro portionis, bifariam diuidantur, diametrum
verò diuidant in rationes numerorum deinceps imparium vna
dicto ad verticem portionis. Hoc autem demonstrandum fuit in ordinibus.

Si verò in portione comprehensa sub recta linea & rectanguli coni
sectione rectilineum euidenter inscribatur: inscripti centrum grauitatis erit in diametro portionis.

Lemma 1. Parabolæ omnes sunt similes.

Lemma 2. Si fuerit sicut totum ad ablatum; & rursus vt totum ad
reliquum, sic totum ad reliquum: Erit ablatum ad reliquum, vt ablatum ad reliquum, & vt totum ad totum, sic totum ad totum.

Lemma 3. Si fuerit prima ad secundam vt tertia ad quartam, prima verò fuerit ad partem secundæ, vt tertia ad partem quartæ, erunt secunda & quarta diuisæ in eadem ratione, & contra.

Lemma 4. Si duæ lineæ similiter secantur, & à punctis tam extremitatum quam sectionum lineæ assurgant parallelæ in similibus rationibus quarum extrema rectis iungantur: trapezia quæ hinc nascentur, erunt inter se sicuti trapezia quæ orientur illinc. *Vide coroll.*

3. Si in vtraque dearum portionum similium comprehensum sub recta & rectanguli coni sectione rectilineæ figuræ euidenter describatur, quarum latera sint multitudine æqualia : figurarum centra grauitatum similiter secant diametros portionum.

4. Cuiuscumque portionis comprehensæ sub recta linea, & rectanguli coni sectione, centrum grauitatis est in portionis diametro.

Lemma. Si in parabola figura euidenter inscribatur, duarúmque oppositarum portionum relictarum centra grauitatum linea rectà copulentur : centrum magnitudinis ex ambabus portionibus compositæ incidet in diametrum totius. *Vide corollarium.*

5. Si in portione comprehensa sub recta linea, & rectanguli coni sectione, rectilinea figura euidéter inscribatur: totius portionis centrũ grauitatis propius erit vertici portionisquàm inscriptæ figuræ cétrũ.

Corollarium. Ex demonstratis deducere possumus, quod si ex quatuor magnitudinibus prima in maiori fuerit ratione ad secundam quàm tertia ad quartam, esse secundam minorem quarta.

Lemma 1. Quatuor magnitudinum si prima quàm secunda maior fuerit, & tertia quàm quarta, prima est ad quartam in maiori ratione, quàm secunda ad tertiam.

Lemma 2. Figuræ ϗεωϗως inscriptæ in parabola ; quanto pluribus lateribus constabit, tanto propiùs centrum grauitatis accedet ad verticem portionis.

6. Portione data comprehensa recta linea, & rectãguli coni sectione, possibile est in ipsa sectione figuram euidenter inscribere, ita vt recta linea quæ media fuerit inter centra grauitatum portionis, & inscriptæ figuræ minor sit, qualibet linea recta proposita.

7. Duarum portionum similium comprehensarum sub recta linea, & rectanguli coni sectione, centra grauitatum in eadem ratione secant diametros.

Lemma. Si prima magnitudo fuerit quadrupla secundæ, & secunda tripla tertiæ, prima secundæ & tertiæ simul, tripla erit.

8. Cuiuscumque portionis comprehensæ sub recta, & rectanguli coni sectione, centrum grauitatis dirimit portionis diametrum, ita

T iij.

vt pars ipfius quę eſt ad verticem, fit feſquialtera partis,quę eſt verſus baſim.*Videantur duo corollaria.*

Lemma I. Quatuor magnitudinum inæqualium in continua proportione exiſtentium exceſſus in eadem proportione exiſtunt.

Lemma II. Si fuerint aliquot magnitudines,& aliæ totidem in eadem ratione: vt fuerint in primo ordine omnes præcedentes ad vltimam, fic erunt in alio ordine omnes præcedentes ad vltimam: *Vide corollarium.*

Lemma III. Magnitudo magnitudinis feſquialtera, trium eiuſdem quintarum eſt dupla feſquialtera.

IX.

Si quatuor fuerint lineæ proportionales in continua proportione, & quam habet rationem minima ad exceſſum quo maxima excedit minimam, eandem aliqua aſſumpta habeat ad tres quintas exceſſus, quo ſuperat maxima proportionalium tertiam: quam verò rationem habet æqualis duplæ maximæ proportionalium & quadruplæ ſecundæ & ſextuplæ tertiæ & triplæ quartæ ad æqualem quintuplæ maximæ,& decuplæ ſecundæ & decuplæ tertiæ, & quintuplæ quartæ, eadem habeat quædam aſſumpta ad exceſſum quo maxima proportionalium tertiam ſuperat: hæ duæ aſſumptæ ſimul erunt duæ quintæ ipſius maximæ.

Lemma. Si in aliqua parabola lineæ ordinatim ducantur: portiones ab ipſis conſtitutæ fe habent inter fe vt cubi baſium, vel femiſſium baſium ipſarum portionum.

X.

Cuiuſcumque fruſti à rectanguli coni ſectione dirempti centrum grauitatis eſt in recta linea quæ diameter eſt fruſti: eo ſcilicet modo iacens in media quinta huius rectæ lineæ in quinque partes æquales ſectæ,vt particula ipſius quintæ propior minori baſi fruſti ad reliquam particulam eam rationem habeat quam habet ſolidum habens quidem baſim quadratum maioris baſis fruſti, altitudinem verò lineam æqualem vtrique,& duplæ maioris baſis & minori ipſarum.

Hiſce de æquiponderantibus libris tractatus Commandini, & Valerij ſubiungendus eſſent, vt centrum grauitatis perfectiùs in omni corpore intelligeretur; niſi illud in mechanicorum libris facturi eſſemus, quos ſi placet (mi THEOTIME) expectabis; accipieſque interim libros qui ad hydraulicam attinent; de qua etiam, Deo iuuante, in mechanicis agendum erit.

ARCHIMEDIS περὶ τῶν ὀχουμένων,
hóc eſt de inſidentibus in humido.

LIBER I.

Poſitiones, ſeu Hypotheſes.

I.

✛ PONATVR humidi eam eſſe naturam, vt partibus ipſius æqualiter iacentibus, & continuatis inter ſeſe, minus preſſa á magis preſſa expellatur: vnaquæque autem pars eius premitur humido,
ſupra ipſam exiſtente ad perpendiculum, ſi humidum ſit deſcendens
in aliquo, aut ab alio aliquo preſſum.

I. I.

✛ Ponatur eorum quæ in humido ſurſum vel deorſum feruntur,
vnumquodque ſurſum vel deorſum ferri ſecundùm perpendicularem,
quæ per centrum grauitatis ipſorum ducitur. *His addit. 3. Riualius,*
nempe. III.

✛ Humidum omne pondus habere.

Propoſitiones & Theoremata.

I.

✛ SI ſuperficies aliqua plano ſecetur per idem ſemper punctum,
ſitque ſectio circuli circumferentia centrum habens punctum
illud, per quod plano ſecatur: ſphæræ ſuperficies erit.

I I.

✛ Omnis humidi conſiſtentis atque mouentis ſuperficies ſphærica
eſt, cuius ſphæræ centrum eſt idem quod centrum terræ.

III.

✛ Solidarum magnitudinum quæ æqualem molem habentes æquè
graues ſunt atque humidum in humidum conſiſtens demiſſæ mer-
gentur, ita vt ex humidi ſuperficie nihil extet: non tamen adhuc
deorſum ferentur. IV.

✛ Solidarum magnitudinum quæcumque leuior humido fuerit,
demiſſa in humidum manens non demergetur tota, ſed aliqua pars
ipſius ex humidi ſuperficie extabit. V.

✛ Solidarum magnitudinum quæcumque leuior humido fuerit

demiſſa in humidum *manens*, vſque eo demergetur vt tanta mȯles humidi, quanta eſt partis demerſæ, eandem quam tota magnitudo grauitatem habeat. VI.

Solidæ magnitudines humido leuiores in humidū impulſæ, ſurſum ferūtur tanta vi, quanto humidum molem habēs magnitudini æqualē, grauius eſt ipſa magnitudine. VII.

✚ Solidæ magnitudines humido grauiores demiſſæ in humidum ferentur deorſum, donec deſcendant: & erūt in humido tanto leuiores, quanta eſt grauitas humidi molem habentis ſolidæ magnitudini æqualem.

Lemma. Si circuli ſe ſecuerint, iunganturque eorum ſectiones lineā: ipſa dirimetur bifariam, & ad angulos rectos ab alia linea quæ eorum centra coniunget. VIII.

✚ Si aliqua magnitudo ſolida leuior humido, quæ figuram portionis ſphæræ habeat, in humidum demittatur, ita vt baſis portionis non tangat humidum: figura inſidebit recta, ita vt axis portionis ſit ſecundùm perpendicularem.

Et ſi ab aliquo inclinetur figura, vt baſis portionis humidum contingat: non manebit inclinata ſi demittatur, ſed recta reſtituetur.

IX. Quod ſi figura humido leuior in humidum demittatur, ita vt baſis tota ſit in humido: inſidebit recta, ita vt axis ipſius ſecundùm perpendicularem conſtituatur.

Accuratè legendi ſunt iſti libri, cùm in ijs multorum arcanorum, & machinarum admirabilium ſemina inſint; nec poſſit afferri ratio plurimorum effectuum, qui tam in arte, quàm in natura quotidie cer. nuntur, niſi ex iſtis libris depromatur: quibus alia de differentiis ponderum in aëre, & aqua iungi poſſent; quod in mechanicis commo. dius fieri poterit.

ARCHIMEDIS DE IIS QVÆ
vehuntur in humido.

LIBER II.

Propoſitiones & Theoremata.

I.

✚ SI magnitudo aliqua humido leuior demittatur in humidum, eam in grauitate proportionem habebit ad humidum æqualis

molis

molis , quam pars magnitudiñis demersa habet ad totam magnitudinem.

Lemma.. Si parabolem contingat linea in puncto , sumatur vero in
diametro paraboles linea æqualis ei quæ vsque ad axem: tum à puncto
contactus ducatur linea æquidistans diametro; in quam ab initio lineæ
assumptæ ducatur perpendicularis secans æquidistantem & tandem à fine lineæ assumptæ per punctum sectionis æquidistantis ducatur linea
in tangentem, ad eandem linea ducta erit perpendicularis.

II.

✚ Recta portio conoidis rectanguli, quando axem habuerit minorem,
quàm sesquialterum eius quæ vsque ad axem, quamcumque proportionem habens ad humidum in grauitate: demissa in humidum, ita vt basis ipsius humidum. non contingat, & posita inclinata non manebit
inclinata, sed recta restituetur. Rectam· dico consistere talem portionem, quando planum quod ipsum secuit , superficiei humidi fuerit æ-
quidistans.

III.

✚ Recta portio conoides rectangulæ quando axem habuerit minorem
quàm sesquialterum eius, quæ vsque ad axem, quamcunque proportionem habens ad humidum in grauitate, demissa in humidum, ita vt basis
ipsius tota sit in humido, & posita inclinata, non manebit inclinata, sed
ita restituetur, vt axis ipsius secundùm perpendicularem fiat..

IV.

✚ Recta portio rectangulæ conoidis , quando fuerit humido leuior,
& axem habuerit maiorem quàm sesquialterum eius, quæ vsq; ad axem,
si in grauitate ad humidum æqualis molis, non minorem proportionem
habeat ea, quam quadratum quod fit ab excessu , quo axis maior est,
quàm sesquialter eius, quod vsque ad axem, habet ad quadratum que ab
axe: demissa in humidum , ita vt basis ipsius humidum non contingat,
& posita inclinata, non manebit inclinata , sed recta restituetur.

Lemma 1. Si prima ad secundam non maiorem habuerit rationem,
quàm tertia ad quartam; habebit conuertendo secunda ad primam, non
minorem proportionem quàm· quarta ad tertiam.

Lemma 2. Si fuerit tota ad partem sui in non minori ratione quàm
alia tota ad partem sui : erit quoque conuertendo tota prima ad sui reliquum in non maiori ratione quàm secunda tota ad sui reliquum..

V.

✚ Recta portio conoidis rectangulæ quando leuior humido axem habuerit maiorem quàm sesquialterum eius, quæ vsque ad axem, si ad
humidum in grauitate non maiorem proportionem habeat , quàm ex-

ceſſus, quo quadratum quod fit ab axe maius eſt quadrato, quod ab exceſſu, quo axis maior eſt quàm ſeſquialter eius quæ vſque ad axem, ad
quadratum quod ab axe: demiſſa in humidum, ita vt baſis ipſius tota ſit
in humido, & poſita inclinata, non manebit inclinata, ſed reſtituetur
ita, vt axis ipſius ſecundùm perpendicularem fiat.

Lemma. In triangulo, ſi ab altera extremitate baſis, linea ducatur
quomodocumque ſecans oppoſitum latus: tum in latere à quo incipit
duci linea, ſumantur aliquot puncta, à quibus ſingulis ducantur lineæ
parallelæ cùm baſi, tùm lineæ recens ductæ: omnes lineæ rectæ inter
illas parallelas ductæ æquidiſtanter oppoſito lateri, ſiunt alternatim
proportionales. *Vide corollar, & ſcholson.*

V I.

✠ Recta portio conoidis rectangulæ, quando leuior humido axem habuerit maiorem quidem quàm ſeſquialterum eius, quæ vſque ad axem,
minorem verò quàm vt ad eam quæ vſque ad axem proportionem habeat, quam 15 ad 4; in humidum demiſſa adeo vt baſis ipſius contingat humidum, nunquam conſiſtet inclinata ita, vt baſis in vno puncto
humidum contingat.

V I I.

Recta portio conoidis rectangulæ, quando leuior humido axem
habuerit maiorem quidem quàm ſeſquialterum eius, quæ vſque ad
axem, minorem verò, quàm vt ad eam quæ vſque ad axem proportionem habeat, quam 15 ad 4: in humidum demiſſa, adeo vt baſis ipſius
tota ſit in humido, nunquam conſiſtet, ita vt baſis contingat humidi
ſuperficiem, ſed vt tota in humido ſit, & nullo modo eius ſuperficiem
contingat.

V I I I.

Recta portio conoidis rectangulæ quando axem habuerit maiorem
quidem quàm ſeſquialterum eius quæ vſque ad axem, minorem verò
quàm vt ad eam quæ vſque ad axem proportionem habeat quàm 15 ad
4: ſi in grauitate ad humidum habeat proportionem ea minorem quàm
quadratum, quod fit ab exceſſu quo axis maior eſt quam ſeſquialter illius, quæ vſque ad axem, habet ad quadratum quod ab axe, demiſſa
in humidum, ita vt baſis ipſius humidum non contingat: neque in
rectum reſtituetur, neque manebit inclinata, niſi quando axis cum
ſuperficie húmidi angulum fecerit æqualem ei, de quo infra dicitur.

I X.

Recta portio conoidis rectangulæ, quando axem habuerit maiorem
quidem quàm ſeſquialterum eius, quæ vſque ad axem, minorem verò
quàm vt ad eam quæ vſque ad axem proportionem hrbeat, quàm 1 ad 4:

& in grauitate ad humidum proportionem habeat maiorem quàm exceſſus, quo quadratum quod ſit ab axe maius eſt quadrato quod ab exceſſu, quo axis eſt maior quàm ſeſquialter eius, quæ vſque ad axem,
habet ad quadratum, quod ab axe: in humidum demiſſa, adeo vt baſis
ipſius tota ſit in humido, & poſita inclinata, nec conuertatur ita vt
axis ipſius ſecundùm perpendicularem ſit, nec manebit inclinata, niſi
quando axis cum ſuperficie humidi angulum fecerit æqualem angulo
ſimiliter vt priùs aſſumpto.

Propoſitio X. *habens quinque concluſiones, quarum ſit.*

I. Recta portio conoidis rectanguli quando leuior humido axem habuerit maiorem quàm vt ad eam, quæ vſque ad axem, rationem habeat quàm 15 ad 4, in humidum demiſſa, ita vt baſis ipſius non contingat humidum: nonnunquam quidem recta conſiſtet: nonnunquam
inclinata, vt baſis ipſius in vno puncto contingat ſuperficiem humidi,
idque in duabus diſpoſitionibus: interdum quidem, ita vt baſis in humidum magis demergatur: interdum verò, vt ſuperficiem humidi nullo
modo contingat, ſecundùm proportionem, quam habet ad humidum
in grauitate. Eorum quæ dicta ſunt, ſingula inferiùs demonſtrabuntur.
II. *Concl.* Si portio ad humidum in grauitate minorem quidem proportionem habeat, quàm quadratum S B ad quadratum B D, maiorem verò quàm quadratum X O ad quadratum B D I demiſſa in humidum, adeo inclinata, vt baſis ipſius non contingat humidum, inclinata conſiſtet, itavt baſis ſuperficiem humidi nullo modo contingat, & axis cum humidi ſuperficie angulum faciat maiorem angulo X.
III. *Concl.* Si portio ad humidum in grauitate eam habet propor-
tiónem, quam quadratum X O ad quadratum B D; demiſſa in humidum inclinata adeo, vt baſis ipſius non contingat humidum: conſiſtet, & manebit ita, vt baſis in vno puncto humidi ſuperficiem contingat: & axis cum ſuperficie humidi angulum faciat angulo X æqualem. Quod ſi portio ad humidum in grauitate eam proportionem habeat, quàm quadratum P F ad quadratum B D, in humidum demiſſa,
& poſita adeo inclinata, vt baſis ipſius non contingat humidum, conſiſtet inclinata, itavt baſis in vno puncto humidi ſuperficiem contingat,
& axis cum ea faciat angulum angulo æqualem.
IV. *Concl.* Si portio ad humidum in grauitate maiorem quidem
proportionem habeat, quàm quadratum F P ad quadratum B D, minorem verò quàm quadratum X O ad B D quadratum: in humidum de-

:rò manifestò impoſſibile eſt. Cùm enim centrum ſphęræ nullam habeat quantitatem, neque vllam rationem habere ipſum ad ſuperficiem
ſphęræ ſupponendum eſt. Admittendum verò & iſtud intellexiſſe Ari-
ſtarchum. Ex quo enim putamus terram circa mundi centrum conſti-
tutam, ſtatuendum adſtruxit demonſtrationibus ex apparentiis peti-
tis, quam terra rationem habet ad mundum à nobis dictum, eandem
habere analogiam ſphæram, cuius eſt circulus, ſecundùm quem terra
gyrari ſupponitur ad ſphæram ſtellarum fixarum. Et maximè videtur
orbem in quo ponit terram moueri, ſupponi æqualem magnitudine
ei quo mundum præſcribi diximus. Dicimus itaque quod ſi ex arena
fiat ſphæra mole tanta, quantam Ariſtarchus eſſe inerrantium ſiderum
orbem ſupponit, etiam aliquas demonſtrari in principiis numerorum
nomen-claturas, multitudinem arenæ, quæ congerie dictam ſtellarum
ſphęram adęquet: ſuppoſitis ſcilicet aliquibus. Quorum primum eſt,
ambitum terræ eſſe ter mille millium ſtadiorum & amplius, idque ra-
tum eſſe, & ab experimentatis demonſtrari, ſicut & tu aſſentiris eam
ipſam eſſe trecentorum millium ſtadiorum. At ego ſingulatim terræ
magnitudinem augens, decuplo maiorem pono ipſius ambitum eo,
quem primi illi obſeruarunt, nempe ter millies millium ſtadiorum,
& amplius. Deinde diametrum terræ maiorem eſſe diametro lunæ.
Tum diametrum ſolis maiorem eſſe diametro terræ. Similiter iſta ſu-
mo & conuenienter multis ſuperiorum Aſtrologorum. Præterea diametrum ſolis diametri lunæ eſſe vt trigecuplum & non maiorem;
cùm inter antiquos Aſtronomos Eudoxo quidem viſus ſit tantùm
noncuplus: Phidiæ verò Acupatris filio vt duodecuplus, Sed A-
riſtarchus nixus ſit oſtendere diametrum ſolis maiorem eſſe quàm
duodeuigintuplum diametri lunæ, minorem verò quàm vigecu-
plum. Ego verò iſtud excedens, vt hypotheſis remaneat ſine dubio,
& clarè demonſtrata, ſuppono diametrum lunæ vt trigecuplum eſſe,
nec maiorem. Præterea diametrum ſolis maiorem eſſe latere figuræ mille angulorum inſcriptæ circulo maximo qui ſit in mundo. Hoc verò ſupponimus, cum Ariſtarchus dicat ſolem apparere ac ſi eſſet vigeſima & ſeptingenteſima circuli zodiaci pars. Ipſe
enim conſiderauit quomodo inſtrumentis poſſet excipere angulum,
quo ſol accommodatur, habentem verticem in oculo. Simile autem
quid verè aſſumere non ita in promptu eſt: quoniam neque inſtrumenta, quibus fit obſeruatio, digna ſatis ſunt fide, ad accuratè demonſtrandum. Verùm de his diſputare nunc intempeſtiuum eſt, cum & alias
frequentiùs iſta determinata fuerint. Cæterùm ſatis mihi eſt vt propoſitum demonſtrem, angulum ſumere, qui maior ſit angulo cui ſol

accommodatur, habeatque verticem in viſu. Et rurſum aliumangu-
lum ſumere, qui non minor ſit angulo, cui ſol accommodatur, & apicem in viſu habeat. Conſtituta ergo ad normam longa regula ſuper plano recto in loco iacente, vnde ſol oriens conſpici queat: Tum paruo
cylindro tornatili ſuper regula poſito confeſtim ab aurora & ortu ſolis, poſtquam inceperit eiaculari radios in horizontem, potueritque
ex oppoſito videri, conuertatur regula ad ſolem. Deinde viſus ſtatuatur in extremo ipſius regulæ. Cylindrus verò in medio admoueatur
inter viſum & ſolem, ita vt adum bretur ſoli, tum ſeparetur paulatim
cylindrus ab oculo:& vbi inceperit quid minimum ſolis intueri ab vtraque parte cylindri, ſiſtatur cylindrus. Sic enim accidit vt oculus ab
vno puncto intueatur ſub rectis ductis ab extremo regulæ in loco vbi
conſtitit viſus, tangentibus cylindrum, & quidem angulo comprehenſo ſub iſtis ductis minori eo angulo, cui ſol accommodatur, habenti verticem in oculo : propterea quod apparet aliquid ſolis vndequaq; cylindri. Porro quoniam viſus non reſpicit ab vno puncto, ſed ab
aliqua quantitate, ſumatur aliqua magnitudo teres, non minor viſu,
& hoc rotundo corpore collocato in extremitate regulæ vbi oculus ſiſtitur, recta agatur tangens, & hoc teres corpus & item cylindrum:
etenim qui comprehenditur angulus ſub lineis ductis, minor eſt angulo, in quo ſol accommodatur, habente apicem in viſu. Magnitudo autem non minor viſu hoc pacto reperietur. Capiantur duo cylindruli le-
ues, æquè craſſi inter ſe, alter quidem albus, alter verò non; præpo-
nantur deinde viſui, longius quidem à viſu albus, qui verò non albus eſt, propè oculos, ita vt faciem attingat. Si quidem ergo aſſumpti
cylindruli fuerint viſu multo tenuiores, intercipitur à viſu propior cy-
lindrulus, ita vt appareat albus totus eſſe, figura multo exiliori. Si
verò non multum quædam dumtaxat. albi partes conſpiciuntur, vndiquaque eius qui prope oculum eſt. Sumptis itaque cylindrulis eiuſmodi vt alter ſua craſſitie alterum adumbret, & non ampliori loco talis
quidem magnitudo qualis eſt craſſities cylindrulorum hoc. efficien-
tium maximè eſt non minor vſu. Verùm angulus non minor angulo
cui ſol accommodatur verticem habens in oculo, ſic ſumitur. Remoto
ſecus regulam cylindro, ab oculo ita vt applaudat ſeu conculcet cylindrus totum ſolem, & recta linea à regulæ extremo in quo eſt viſus,
educta ſtet tangens cylindrum: comprehenſus angulus à ductis lineis
non minor ſit angulo in quo ſol accommodatur, verticem habens in
oculo. Porro his angulis ſic aſſumptis, dimenſoque angulo recto, ſie-
bat qui in ſigno erat, ſeu maior angulus, minor quàm vnius partis
earum 164, in quas rectus fuerat diuiſus: minor verò, maior inuenie-

batur quàm vna 200. partium, in quas rectus fuerat diſſectus. Mani_
feſtum itaque eſt quod angulus cui ſol accommodatur , verticem habens in oculo, minor eſt quàm vna pars earum 164, in quas rectus di-
tribueretur. maior verò quàm vna pars ex 200 in quas rectus diuide_
retur. His verò perſuaſis, per quæ etiam diameter ſolis exiſtit maior
latere figuræ mille angulorum, deſcriptæ in maximo circulo qui ſit
in mundo, intelligatur planum eductum per centrum terræ , & per viſum , ſtatim ac ſol fuerit ſupra horizontem. Et quidem traductum planum ſecet mundum ſecundùm circulum A B G : terram vero ſecundùm
D E Z ; ſolém autem iuxta S H circulum. Centrum quidem terræ ſit θ,
ſolis verò C , oculus ſit D. Et ducantur
rectæ tangentes circulum S H. à puncto
quidem D, hæ D L & D X contingentes
in N & T. Sed à puncto θ, hæ θ M, & θ
O contingentes in K & R , & ſecantes
circulum A B G in punctis A & B. Eſt
quippe maior θ C , quàm D C , cùm ſupponatur ſol eſſe ſupra horizontem, ita vt
angulus comprehenſus ſub D L, D X maior ſit angulo comprehenſo ſub θ M , θ O.

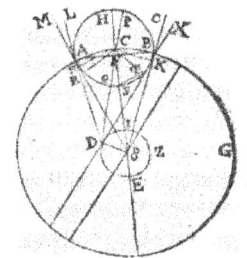

Qui vero comprehenditur ſub D L, D X maior quidem eſt quàm ducen-
teſima pars recti , ſed minor parte eiuſdem recti centeſima ſexageſima
quarta. Iſte enim angulus eſt æqualis angulo, cui ſol accommodatur,
verticem habenti in oculo. Angulus proinde comprehenſus ſub θ M θ
O, minor eſt vna parte recti diuiſi in 164. Recta vero linea A B minor
eſt ſubtendente portionem circumferentiæ circuli A B G , diuiſæ in
656 partes ; peripheria vero huius polygon ad radiū circuli A B G, minorem rationem habet quam 44 ad 7, quia cuiuſcumq; polygoni inſcripti circulo diameter ad radium minorem rationem habet quàm 44. ad
7. Noſti enim à nobis fuiſſe demonſtratum, omnem circuli circumferentiam maiorem eſſe quàm triplam diametri, parte minori quidem ſe-
ptima, maiore vero decem ſeptuageſimis primis. Minorem ergo rationem habet linea A B ad θ C, quam 11 ad 1148. ita vt minor ſit A B quàm
lineæ θ C centeſima pars. Lineæ autem B A æqualis eſt diametrus circuli S H : quoniam dimidia ipſius F A æqualis eſt radio C R. Æqua
enim exiſtente θ C lineæ θ A, à punctis A & C iunctæ perpendiculares ad eundem angulum , ſunt æquales. Manifeſtum ergo eſt quod
diameter circuli S H minor eſt centeſima parte lineæ θ C. Eſt autem
diameter E θ I minor diametro circuli S H, quia minor eſt circulus
D E Z. circulo S H : minores ergo ſunt ambæ θ I, & S C centeſima par-

te lineæ θ C, ita vt θ C minorem rationem habeat ad I S, quàm 100 ad 99. Atque cum θ R minor sit quàm θ C. Tum I S minor quàm D T, minorem proinde rationem habet θ R ad D T, quàm 100 ad 99.

Cùm verò trianguli, θ C R & D C T sint rectanguli, lateraque C R C T æqualia, alia verò θ R, D T, inæqualia. Et maior angulus T D C comprehensus sub D T, D C ad angulum comprehensum sub θ R, & θ C, maiorem habet rationem quam θ C ad D C, minorem verò quàm θ R ad D T. Si enim duorum triangulorum rectangulorum altera quidem latera quæ circa angulum rectum sunt, æqualia fuerint, altera inæqualia: maior quidem angulus eorum qui inæqualibus lateribus adhærent, ad minorem, maiorem quidem habet rationem, quàm maior linea quæ circa rectum angulum est; ad minorem, ita vt angulus comprehensus sub D L, D X ad angulum contentum sub θ O, θ M minorem rationem habeat, quàm θ R ad D T: quæ scilicet minor ratio est quàm 100 ad 99. Inde fit vt angulus comprehensus sub D L, D X, angulum comprehensum sub illis θ M, θ O, minorem rationem habeat quàm 100 ad 99. Et quoniam est angulus contentus sub D L, D X, maior. ducentesima recti parte, erit & angulus comprehensus sub θ M, θ O, maior quàm partes 99 earum viginti millium in quas rectus secaretur. Ita vt maior fuerit quàm vna portio recti dissecti in 203 partes. Igitur B A maior est subtédente portionem circúferentiæ circuli A B G distributæ in 812. Est vero lineæ A B æqualis solis diameter. Manifestum ergo est solis diametrum maiorem esse latere figuræ mille angulorum. His suppositis hæc quoque demonstrantur: Diametrum nempe mundi minorem esse decies millecuplum diametri terræ. Et adhuc diametrum mundi minorem esse quàm stadiorum decies millies millenorum millium. Cùm enim ponatur diametrum solis non esse maiorem quàm trigecuplum diametri lunæ, diametrum verò terræ maiorem esse diametro lunæ: manifestum est diametrum solis minorem esse quàm trigecuplum diametri terræ. Rursus verò cum sit ostensus diameter solis maior esse latere figuræ mille angulorum inscriptæ circulo qui sit in mundo, maximo: patet ambitum dictæ figuræ mille laterum, minorem esse quàm millecuplum diametri solis. Diameter vero solis minor est quàm trigecuplus diametri terræ. Proinde ambitus dictæ figuræ mille angulorum minor est quàm terdecies mille cuplus diametri terræ. Cùm itaque ambitus figuræ mille laterum sit minor

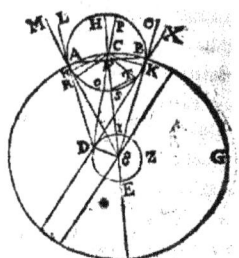

ñor quàm trigesies millecuplus diametri terræ , diametri verò mundi
maior quàm triplus. Siquidem demonstratum est quòd omnis circuli
diameter minor est tertia parte cuiuscumqne polygoni in eo inscripti, quod pluribus quam 6 lateribus contineatur. Quia id tantùm est
Hexagoni in circulo inscripti. Sequitur inde diametrum mundi minorem esse quàm decies millecuplum diametri terræ. Cum igitur
diameter mundi minor sit quàm decies millecuplus diametri terræ,
nempe quàm decies millies millenorum millium stadiorum. Id ex
hoc patet. Quoniam itaque supponitur ambitum terræ non maiorem
esse quàm trecenties decies millium stadiorum : ambitus verò terræ
maior est triplo diametri , quia cuiuslibet circuli circumferentia
maior est quàm tripla diametri , patet diametrum terræ minorem esse
quàm stadiorum centies decies millium. Itaque cùm mundi diameter
minor sit quàm decies millecuplus diametri terræ , manifestū est quòd
ipsa mundi diameter minor est quàm stadiorum 1000000000. Porro
de magnitudinibus & distantiis ista suppono.

De arena verò hæc : si aliqua magnitudo conflatur ex arena non maior papauere, numerum ipsius non maiorem esse quàm 10008. Et diametrum papaueris non minorem esse, quàm quadragesimam partem
digiti. Hoc autem statuo quod hoc modo sum contemplatus. Super plana regula papaueres dispositi sunt in rectam lineam sese tangentes, oc-
cuparuntque 25 papaueres locum ampliorem longitudine digiti. Verùm minorem ponens diametrum papaueris , eam suppono ¼ tantùm
esse digiti partem, nec minorem, volens ita absque vlla ambiguitate
demonstrare propositum. Quæ igitur supposui , sunt hæc. Nunc vtile
esse puto numerorum denominationem recensere , ne errent qui non
inciderūt in alios numeros qui habentur libro per Zeuxippum scripto,
cùm de ipsis in hoc etiam volumine nihil dictum fuisset. Accidit autem numerorum nomina vsq; ad myriadas esse data nobis, & supra myriadas quidem sufficienter nouimus numerum myriadum exprimentes
ipsum semper ad myriadas referentes : verùm numeri qui ad myria-
dem myradum vsque protenduntur, dicantur nobis primi. Et horum
quidem primorum numerorum myrias myriadum vocetur vnitas secundorum , & secundorum numerorum vnitates, & ab vnitatibus decem & centeni, & milleni & decies milleni sint centum millenorum
millium. Rursus myrias myriadum secundorum numerorum vocetur
vnitas tertiorum numerorum. Et numerentur tertiorum numerorum
vnitates, & ab vnitatibus denarij & centenarij & millenarij, & de-
cupli millenarij sint centum millena millia: Atque hoc modo tertiorum numerorum myrias myriadum vnitas appelletur quartorum nu-

X

fius A per D; multiplex igitur eft L ipfius T per D, ita vt æqualis fit L ipfi Q. Manifeftum igitur eft quod aliquis factus ex proportionalitate à maiori multiplicantium fefe inuicem, æquè diffitus eft, ac minor ab vnitate diffidet. Patet item quod ab vnitate diftat vno minus, quàm quantus eft numerus ex vtrifque conflatus, quibus multiplicantes ab vnitate abfunt. Quot enim funt hi A. B. G. D. E. Z. I. T, tot diftat T ab A vnitate. Ifti verò I, C, L, vno minus funr, quàm quibus D ab vnitate differt. Etenim cum T tot funt. His autem fuppofitis, illis quoque demonftratis propofitum oftendetur. Cùm enim fupponatur diametrum papaueris nón minorem effe quadragefima digiti parte Manifeftum, quòd fphæra quæ digitalem habuerit diametrum, non maior eft quàm vt contineat plures quàm 64. papauerum millia. Sphæræ quippe habentis diametrum quadragefimam partem digiti, multiplex eft fecundùm numerum ductum. Demonftratur enim quod fphæræ triplam rationem habent eius, quæ eft diametrorum inter fe. Poftquam ergo fuppofitum eft arenam coaceruatam in molem papaueris, non maiorem effe numero quàm decem millium: manifeftum, quod fi arenà impleatur fphæra digitalem habens diametrum, non maior erit arenæ numerus quàm 640000000. Eft vero huiufmodi numerus, vnitates, videlicet 6, & numerus fecundorum numerorum: tum primorum quadraginta millena millia. Minor ergo eft quàm decem vnitates fecundorum numerorum. Quæ vero centum digitorum diametrum habet fphæra, multiplex eft eius quæ habet digitalem diametrum femel mille millies: quia rationem habet triplicatam diametrorum inter fe fphæræ. Si igitur fiat ex arena fphæra tanta magnitudine, quanta eft fphæra habens diametrum digitorum centum, patet minorem fore arenæ numerum, quàm fit numerus productus ex multiplicatis decem vnitatibus fecundorum numerorum per femel millena millia. Cùm itaque fecundorum numerorum decem vnitates decimum conftituant numerum ab vnitate, in proportionalitate decuplorum laterum: femel verò millena millia feptimus fint ab vnitate in eadem progreffione: manifeftum eft quod factus, fextus erit huius progreffionis, & fextufdecimus ab vnitate. Demonftratur enim quod vno minus diftat ab vnitate quàm fit numerus ex vtrifque conflatus, quibus diftant ab vnitate multiplicantes fefe inuicem Horum porro 16, octo priores cum vnitate eorum funt qui primi appellati funt. Qui verò poft ipfos, octo, fecundorum, & vltimus eft decies millena millia, fecundorum nempe numerorum. Ergo conftat multitudinem erenæ magnitudinis mole æqualis fphæræ diametrum habenti qui fit centum digi-

torum, minorem esse quàm decies millena millia secundorum numerorum. Rursus verò, & sphæra quæ 10000 digitorum habuerit diametrum, multiplex eius est quæ fuerit dimetientis centum digitorum
habuerit diametrum, multiplex eius est quæ fuerit dimetientis centum
digitorum millies, millies semel. Si igitur fiat ex arena sphæra tanta
mole, quanta est ea, quæ habuerit dimetientem 10000 digitorum, patet eam fore minorem, quàm sit arenæ numerus factus ex multiplicatione decies millenorum millium secundorum numerorum per semel
millenæ millia. Cùm ergo secundorum numerorum decies millena
millia decimus sextus sit numerus ab ynitate: tum proportionalia semel millena millia septimus ab vnitate in eadem progressione: patet
numerum factum esse 22 eorum, qui in hac proportionalitate sunt ab
vnitate. Horum verò 22, octo quidem primi cum vnitate eorum
sunt qui dicuntur primi: Tum sequentes octo sunt eorum qui secundi
appellantur : reliqui sunt tertiorum. Atque vltimus eorum est centum millia tertiorum numerorum. Patet igitur multitudinem arenæ in
molem congestæ parem sphæræ, quæ diametrum habeat 10000 digitorum, esse minorem 100000 tertiorum numerorum. Quoniam autem
minor est sphæra habens diametrum ynius stadij, sphærâ quæ habuerit diametrum 10000 digitorum: patet multitudinem arenæ cumulatæ
in aceruum æqualem sphæræ dimetientis vnius stadij, minorem esse
quàm 100000 tertiorum numerorum. Adhuc sphæra quæ habet diametrum centum stadiorum, multiplex est sphæræ diametri vnius stadij
semel millies millies. Si igitur fiat ex arena sphæra tanta magnitudine, quanta est habens diametrum centum stadiorum, manifestum quod
minor erit arenæ numerus eo qui produceretur ex multiplicatis 100000
tertiorum numerorum per 1000000. Et quia hæc 100000 tertiorum numerorum sunt 22 numerus proportionalitatis ab vnitate : Hæc verò
1000000 septimus ab vnitate eiusdem proportionalitatis , erit sanè
factus 28 ab vnitate istius progressionis. Porrò horum 28, primi quidem 8 cum vnitate sunt eorum qui primi dicuntur. Qui verò post ipsos alij 8, secundorum: alij rursus sequentes 8, sunt tertiorum : reliqui demum 4. sunt eorum qui dicuntur quarti. Et extremus illorum
est mille vnitates quartorum numerorum. Manifestum itaque arenæ
multitudinem in sphæram deformatæ diametri centum stadiorum,
minorem esse mille vnitatibus quartorum numerorum. Præterea sphæra stadiorum 10000, multiplex est sphæræ diametri stadiorum centum,
semel millies millies. Sphæra ergo si ex arena fiat tanta mole, vt eam
adæquet sphæram quæ habeat diametrum 10000 stadiorum : equidem
minor erit arenæ multitudo eo qui nasceretur numero ex mille vnitati-

bus quartorum numerorum ductis in 1000000. Quoniam verò quartorum numerorum mille vnitates faciunt 28 progreſſionis numerum ab
vnitate : 1000000 verò 7 eiuſdem progreſſionis ab vnitate : patet quod.
factus numerus erit ipſius progreſſionis ab vnitate 34. Horum verò 34
primi 8 cum vnitate primorum numerorum ſunt. Qui verò poſt ipſos ſunt 8 ſecundorum, tum qui ſequitur 8 alij, tertiorum, & qui ſunt
deinceps quartorum. Reliqui duo ſunt eorum qui vocantur quinti, &
vltimus quidem eorum eſt decem vnitates quintorum numerorum.
Clarum itaque eſt multitudinem arenularum ea mole collectarum quæ
ſphæræ æqualis ſit habenti diametrum 10000 ſtadiorum, minorem eſſe
quàm decem vnitates quintorum numerorum. Adhæc ſphæra habens
diametrum ſtadiorum 1000000, ſphæræ diametrum habentis longam
10000 ſtadiis, eſt millies millecuplus. Si ergo fiat ex arena ſphæra tanta magnitudine, quanta eſt ſphæra habens diametrum ſtadiorum 100-
0000, conſtat arenæ numerum minorem fore eo qui fieret ex ductu to
vnitatum quintorum numerorum per 1000000.

Atque, quoniam quintorum numerorum 10 vnitates conſtituunt 34
proportionalitatis numerum ab vnitate : 1000000 verò 7 ab vnitate ip-
ſiuſmet progreſſionis: patet quod factus erit eiuſdem proportionalitatis 40 ab vnitate. Atque horum 48 quidem primi cum vnitate ſunt primorum numerorum, Secundi 8 ſunt ſecundorum : tertij 8 tertiorum;
quarti 8 quartorum, & denique 8 poſtremi ſunt quintorum : & vltimus
eorum eſt 1000000 quintorum numerorum. Apparet ergo arenæ multitudinem magnitudinem habentem æqualem ſphæræ diametrum habenti 1000000 ſtadiorum, non attingere 10000000 quintorum numerorum. Iam verò ſphæra habens diametrum ſtadiorum 10000000. multiplex eſt ſphætæ, cuius diameter ſit 1000000 ſtadiorum, ductorum in
1000000. Si verò fiat ſphæra ex arena tanta magnitudine, quanta eſt
ſphæra quæ diametrum habeat ſtadiorum 100000000, patet quod minor
erit arenæ numerus producto numero ex 1000000 quintorum numerorum multiplicatis per 10000. Quoniam autem quintorum numerorum
10000000 quadrageſimus eſt ab vnitate proportionalis : at 1000000 ſeptimus ab vnitate eiuſdem ordinis: conſtat genitnm eſſe 46 ab vnitate.
Horum præterea 46, octo quidem primi cum vnitate, eorum ſunt qui
primi dicuntur : 8 alij proximi ſunt ſecundorum : ſequentes 8 ſunt tertiorum : tum poſt tertios, alij 8 ſunt quartorum : & qui poſt quartos,
ſunt quintorum : reliqui tandem ſunt ſextorum : & extremus eorum eſt
10000 ſextorum numerorum. Clarum eſt itaque, quod multitudo
areræ ea quantitate conglobatæ, vt æquetur ſphæræ diametrum habenti, ſtadiorum 1000000000000, minor eſt quàm 100000 ſextorum

numerorum. Sphæra itidem habens diametrū ſtadiorum 10000000000,
ſphæræ hobentis diamettrum ſtadiorum 10000000, eſt ſemel millies
millecupla. Si igitur fiat ex arena globus tantus craſſitie, quanta eſt
ſphæra habens diametrum ſtadiorum decies millies millenorum millium : manifeſtum quod arenæ multitudo minor erit numero pro-
creato ex centum millibus ſextorum numerorum ductis in ſemel millena millia. Cùm autem ſextorum numerorum centum millia, ſextus
& quadrageſimus ſit ab vnitate proportiónis: ſemel verò millena millia ſeptimus ab vnitate in eadem progreſſione: patet quod genitus numerus fuerit 52 ab vnitate eiuſmodi progreſſionis. Horum vero 52 duorum primi 48 cum vnitate ſunt eorum qui primi dicuntur, ſecundi,
tertij, quarti, quinti, & ſexti. Reliqui verò 4 ſunt eorum quos ſepti-
mos dicimus. Eſt poſtremus eorum eſt mille vnitatum ſeptimorum numerorum. Apparet igitur arenæ multitudinem quæ tantæ molis ſit, vt
exæquet ſphæram quæ diametro ſit ſtadiorum decies millies millenorum millium, minorem eſſe mille vnitatibus ſeptimorum numerorum.
Quoniam itaque demonſtratus eſt mundi diameter minor eſſe ſtadiorum decies millies millenorum millium; manifeſtum eſt arenæ multitudinem conformatæ in molem mundo æqualem: minorem eſſe quàm
ſint mille vnitates ſeptimorum numerorum. Similiter & multitudo
arenæ mole pari ei; quod à multis aſtrologis appellatum eſt mundus,
oſtenditur minor quàm ſint mille vnitates ſeptimorum numerorum.
Quod etiam multitudo arenæ ſphæricæ molis tantæ, quantam Ariſtarchus ſupponit inerrantium ſiderum ſpæram, minor ſit decem millenis
millibus octauorum numerorum demonſtrabitur. Cum enim ſupponatur terram eam habere rationem ad hunc dictum à nobis mundum;
quam habet rationem dictus mundus ad ſtellarum fixarum ſphæram
ab Ariſtarcho poſitam: Et diametri ſphærarum eam ipſam rationem
habeant inter ſe, diameter verò mundi oſtenſus ſit minor quàm decies
millecuplus diametri terræ: ſequitur diametrum ſphæræ ſtellarum
fixarum minorem eſſe quàm diametri mundi decies millecuplum. Cum
itaque ſit vt ſphæræ habeant inter ſe triplicatam rationem diametrorum, planum eſt, quod inerrantium aſtrorum ſphæra quam Ariſtarchus ſupponit, minor ſit, quàm ſemel milies, millies, millies, millecuplus mundi. Oſtenditur enim, multitudinem arenæ mundum mole
referentis, minorem eſſe, quàm mille vnitatum ſeptimorum numerorum Patet ergo, quodſi ſphæra ex arena fiat, tanta magnitudine, quantam Ariſtarchus ſupponit inerrantium eſſe ſiderum ſphæram, minor
erit huius arenæ numerus, quàm qui ſit ex multiplicatione mille vnitatum per ſemel millies, mille, millenaria, millia. Et quoniam iſtæ

mille vnitates septimorum numerorum, sunt progressionis 52 ab vnitate: semel verò millies mille millenaria millia 13 ab vnitate eiusdem
proportionalitatis, consentaneum est factum fore eiusdem progressionis 64 ab vnitate. Iste verò est octauorum octauus, & decem millia
octauorum numerorum. Consequens ergo est quòd arenæ multitudo
quæ excreuerit in molem æqualem sphæræ non errantium siderum,
quam Aristarchus supponit, minor sit quàm decem millena millia
octauorum numerorum. Hæc autem, ô Rex Gelon, multis qui non
facti sunt Mathematicarum artium participes, incredibilia apparere
intelligo : ijs verò qui eas degustarint, quique meditati sunt distantias:
& magnitudines terræ, solis, lunæ, totiusque mundi, credibilia ex
demonstratione forent. Propterea existimaui quibusdam non incon-
gruum videri, ista contemplari.

SVPPLEMENTVM
ARCHIMEDIS.

TRES erunt partes istius supplementi, Theotime, quarum prima
proportiones exhibebit, quibus librum Archimedis de circuli
dimensione Snellius perfecisse, videtur in suo cyclometrico. Secunda
continebit propositiones Kepleri, quibus demonstrare voluit quæ dee-
rant libro de sphæroidibus. Tertia denique complectetur nouam qua-
draturam parabolæ à Luca Valerio demonstratam.

PRIMA PARS. CYCLOMETRICI
PROPOSITIONES.

✦ I. RECTANGVLVM sub inscriptæ à diametro differentia & radio comprehensum, æquatur quadrato inscriptæ dimidij complementi ad semicirculum.

II.

✦ Rectangulum sub recta à diametro, plus inscripta radio comprehensum æquatur quadrato inscriptæ quæ & datum & dimidium eius
complementum ad semicirculum simul subtendit.

III.

✠ Rectangulum è figuræ ordinatæ circulo inscriptæ latere vno & totī-
dem radiorum semissibus, quot ipsum habet latera, æquatur areæ polygoni ordinati sub duplo laterum numero in eodem circulo.

IV.

✠ Dodecangulum æquatur quadrato à latere trianguli æquilateri in
eundem circulum inscripti.

V.

✠ Sexangulum est duplum trianguli æquilateri in eodem circulo.

VI.

✠ Dodecangulum est sesquialterum quadrati eidem circulo inscripti
& subsesquitertium circumscripti.

VII.

✠ Triens lateris trianguli æquilateri circulo inscripti æquatur semissi
lateris circumscripti sexanguli.

VIII.

✠ Differentia diametri à latere inscripti trianguli æquilateri æquatur
lateris dodecanguli circumscripti dimidio.

IX,

✠ Inter figuras ordinatas similes eidem circulo adscriptas, inscripta duplo laterum numero media proportionalis est.

X.

✠ Differentia radij circularis à latere inscripti quadrati æquatur lateris
octanguli circumscripti dimidio.

XI.

✠ Ambitus rectilinei circulo inscripti eius peripheriæ cedit : circumscripti verò eandem excedit.

XII.

✠ Sectio semicirculo non maior cedit trianguli æquicruri sibi inscripti duplo.

XIII.

Spatium à duabus ex eodem puncto tangentibus & peripheria comprehensum, minus est duplo trianguli æquicruri ab earumdem segmentis & tertia eandem peripheriam tangente comprehensi.

XIV.

Rectilineum circulo inscribi potest maius dato quocumque spatio,
quod eodem circulo fit minus: & aliud circumscribi minus dato quocumque spatio, quod eodem circulo fit maius.

XV.

Duæ rectæ lineæ inueniri possunt, quarum maior ad minorem rationem

tionem habeat minorem, quàm data magnitudo quælibet maior ad minorem.　　XVI.

Datæ peripheriæ duo similium multangulorum latera ita abscribi possunt, vt latus circumscriptum ad inscriptum minorem habeat rationem, quàm maior datarum magnitudinum ad minorem.
　　XVII.

Circulo duæ similes figuræ ita adscribi possunt vt circumscripta ad inscriptam maiorem habeat rationem, quam data quælibet maior ad minorem.　　· 　XVIII.

Circulo dato poligonum circumscribere, vt spatia ab eius lateribus & peripheriæ conuexô comprehensa minora sint dato quocumque spatio.　　XIX.

✴ Circulus æquatur triangulo, cuius altitudo radio basis peripheriæ eiusdem sit æqualis.　　XX.

✴ Si diameter radio æqualiter continuetur, & recta à termino continuata circulum eontingat, segmentum conuexi à contacta ad diametrum erit totius circuli sextans, reliquum triens. ·
　　XXI.

Si à termino diametri radio æqualiter continuata recta circulum contingens, rectæ in reliquo diametri termino eundem contingenti occurrat, intercipiet ab ea ad contactum rectam æqualem inscriptæ vtriusque contactum connectenti.

✴ Consectarium. Perpendicularis à vertice trianguli æquilateri circumscripti est tripla radij circuli inscripti.
　　XXII.

Si à puncto, quod diametri interuallo ab eius centro distat, duæ rectæ peripheriam secantes educantur, segmentum peripheriæ conuexum ab iis interceptum minus est concaui dimidio, maius triente.
　　XXIII.

✴ Si à termino diametri radio æqualiter continuatæ, rectæ per peripheriam educta eundem in reliquo diametri termino tangenti occurat, absumet ad contactum rectam maiorem, quàm sit ea quæ peripheriæ absumptæ est inscripta.　　XXIV.

✴ Circulorum peripheriæ, quorum anguli in centro peripheriáue suis radiis sunt reciprocè proportionales, sunt æquales.
　　XXV.

Si recta inter peripheriæ conuexum & diametrum continuatam sit radio æqualis, segmentum concaui inter eas interceptum erit conuexi triplum, & contra.

Lemma. Diameter circuli maior est quinque lateribus circumscripti

Y

fedecanguli *vel*,Complementum lateris infcripti fedecanguli maius eft eiufdem lateris quintuplo.   XXVI.

Si recta inter diametrum continuatam , & peripheriæ contactum radio æqualis,occurrat rectæ circulum in remotiffimo diametri termino contingenti , abfumet rectam maiorem peripheria inter has tangentes comprehenfâ.   XXVII.

Si à termino diametri radio æqualiter continutæ recta per peripheriam educta , tangenti eam in reliquo diametri termino occurrat, abfumet rectam minorem quàm fit trientis concauæ peripheriæ inter eas interceptæ tangens tripla.

XXVIII.

Si à termino diametri radio æqualiter continuatæ recta per peripheriam educta , tangenti eam in reliquo diametri termino occurrat,abfumet rectam minorem quàm fit peripheria inter eafdem intercepta.

XXIX.

Linea quæ à limite trifectionis cuiufque peripheriæ rectæ in reliquo diametri termino tangenti occurrit , abfumet è tangente fegmentum maius quàm fit peripheriæ concauum inter ipfam & diametrum interceptum.   XXX.

Linea recta quæ à limite trifectionis peripheriam in reliquo diametri termino tangenti occurrit,abfumit ex ea fegmentum duobus finibus & vni tangenti, qui ad eiufdem trientem pertinent,æqualem.

XXXI.

Rationem diametri ad fuam peripheriam fecundùm expofitos limites tam accuratè quàm cuique collibitum erit , definire.

XXXII.

Diametro binario, & poftpofitis quotlibet circulis taxatâ , ratio diametri ad peripheriam in duplo tot circulis conftans erit, quot nouenarij coutinui à principio in infcripta côplementi dati lateris inuenietur.

Confectarium. Licet itaque hinc, quoufque ratio diametri ad peripheriam benè accuratè è fingulis eruatur, quàm proximè definire.

XXXIII.

Lineam datæ peripheriæ quamlibet proximè æqualem exhibere.

XXXIV.

Datæ rectæ æqualem peripheriam è dato circulo affumere,& contra.

XXXV.

Datam peripheriam data ratione fecare.

XXXVI.

Datæ infcriptæ debitam peripheriam tam verè propinquam in numeris exhibere, quàm erit ratio diametri ad fuam peripheriam data.

Lemma. Triens finus datæ peri pheriæ minor eft finus trientis datæ peripheriæ. XXXVII.

Si duorum finuum vtrimque à centro eidem diametro perpendicularium ille huius fit triens, recta per eorum vertices lineæ in hoc diametri termino tangenti occurens abfumet fegmentum tangentis maius peripheriâ fibi contiguâ. XXXVIII.

Datæ cuicumque peripheriæ infcriptam veræ tam propinquam in numeris exhibere, quàm erit ratio diametri ad fuam peripheriam data. XXXIX.

✚ Si trienti datæ peripheriæ finus æqualis vltra centrum conftituatur, recta vtriufque verticem connectens, & continuata occurret diametro continuatæ intra limitem trifectionis & diametri continuationem radio æqualem. *His autem fequentia problemata praxi feruientia fubiungit.*

I. Triangulum dato fectori æquale conftruere, & contra.

II. Dato fectori fuper data peripheria æquale trilaterum conftruere.

III. Dato trilatero in bafi circulari æqualem fectorem conftruere.

IV. Datæ fectioni æqualem fectorem conftituere.

V. Datis trianguli rectanguli lateribus eius angulos inuenire.

VI. Datis trianguli rectanguli angulis oppofitorum laterum rationem inuenire. ✱

SECVNDA PARS THEOREMA-
TVM STEREOMETRIÆ nouæ Kepleri.

I. R Ationem circumferentiæ ad diametrum effe proximè eam, quæ eft 21. ad 7. *ex Archimede.*

Epifagma. Longitudo lineæ ellipticæ, id eft defcribentis ellipfim, fefe habet ad medium Arithmeticum inter duas eius diametros, quæ axis rectus, & tranfuerfus dicuntur, vt 22. ad 27. ferè.

II. Circuli area ad aream quadratam diametri comparata, rationem habet eam quàm 11. ad 14. ferè.

Corollarium 1. Sectoris in circulo area æqualis eft rectangulo fub femidiametro, & dimidio arcu.

Coroll. 2. Segmenti circuli minoris area minor eft fectoris areâ, triangulo fub fectoris & fegmenti rectis comprehenfo : fegmenti verò maioris area tanto maior eft fectore fuo.

Epifag. 1. Circulo hoc eft commune cum parabola, quod in vtrifque portiones quomodocumque per vnam rectam abfciffæ, fi æquales.

habuerint diametros , & ipfæ inter fc in qualibet figura fint æquales.

✚ *Epif.* 2. Paraboles area eft fefquitertia areæ trianguli habentis eandem eum parabola bafim rectam,& eandemaltitudinem. *Ex Archimede*

✚ *Epif.* 3. Ellipfis area ad aream circuli eft, vt minor ellipfis diameter ad maiorem : & vt circulus ad quadratum diametri, fic ellipfis ad rectangulum diametrorum, fcilicet etiam vt 11 ad 14. feré. *Ex Archim.*

✚ III. Cylindri veró ad parallelepipedum columnare rectangulum æquè altum, quod cylindri corpus ftringit quadratis fuis bafibus & parallelis lateribus , ratio eft eadem, quæ circuli ad quadratum circumfcriptum , hoc eft eadem quæ 11. ad 14.

✚ IV. Si columna recta parallelarum bafium cum pyramide, fi cylinder cum cono eandem bafim habuerit , eandemque altitudinem, triplum erit illius.

V. Superficies curua coni rectanguli infcripti hemifphærio, eft femidupla bafeos, feu circuli maximi in fphæra, dimidia bafeos coni rectanguli circa hemifphærium.

✚ VI. Conuexum fphæricum eft quadruplum areæ circuli maximi, qui fphæram per centrum fecat. *Ex Archimede.*

✚ VII. Conuexum cuiuflibet fegmenti fphæræ eft æquale plano circuli, cuius femidiameter fubtendit fegmenti latitudinem à polo ad bafim. *Vide corollarium.*

✚ VIII. Sphæricum conuexum & eius axis fecantur à plano ad axem recto in eadem proportione.

✚ IX. Cylindri recti fuperficies eft æqualis fphæricæ quam ftringit.

✚ X. Superficies globi, eius cylindri, qui globum ftringit , refectæ ab eodem plano ad axem recto funt æquales.

XI. Corpus cylindri eft ad corpus fphæræ, quam ftringit, in proportione fefquialtera.

XII. Cubi corpus ad corpus fphæræ quam ftringit, eft duplum paulo minus, nimirum vt 21. ad 11. proximè.

✚ XIII. Corpus coni, cuius altitudo eft æqualis diametro fphæræ; bafis fphæræ, maximus circulus, eft dimidium corporis fphæræ.

Coroll. Conus, *de quo theoremate* 5. in hemifphærio eft ad cylindrum qui fphæram ftringit, vt octaedron in fphæra ad cubum circa fphæram, fextam fcilicet partem cylindri , quartam fphæræ , & fic dimidium hemifpærij fui, dimidiumque coni theor. 15. defcripti, quippe cuius bafim habet integram, altitudinis veró faltem dimidium.

Epif. 1. Eadem eft proportio corporis ab ellipfi producti, quod fphæroides dicitur, ad conum æquè altum. *Ex Arch. m.* 29. & 30 *pr. fphæroid.*

Fpif. 2. Sicut fphæroides eft coni fui duplum: fic conoides parabolicum est coni sui sesquialterum. *Ex eod. l.p. 23. & 24.* Conoides verò hyperbolicum sesquialteram proportionem magis ad æqualitatem adducit, nam ad lineas sesquialteram proportionem coutinentes ('quæ habent duplum & triplum eius quæ inter verticem, & centrum figuræ) addit vtrinque diametrum.

XIV. Segmento sphæræ æqualis est conus super eadem basi, habens altitudinem tanto maiorem, vt sit eius excessus ad semidiametrum globi, sicut est altitudo ipsa segmenti ad residuum diametri. *Vide coroll.*

*Epis.*1. Vt sectio globi facta plano axi parallelo semper est circulus: sic sectio sphæroidis non omnis, sed quæ sit plano axi parallelo, est ellipsis, sphæroidi similis, ellipses verò diuersarum, & dissimilium specierum, aut circuli fiunt, quoties vel sphæroides vtcunque, vel conoides per vtrumquue oppositorum laterum secatur. *Vide Archim. sphær. p. 12.13.14. & l. 5.*

Epis.g. 2. Segmentorum sphæroidis ratio eadem est, quæ segmentorum globi, si recta sit ratio ad axem: sin obliqua, tunc vsurpatur non dimidium axis, sed dimidium eius quæ vertices portionnum factarum) id est puncta earum super sectionem altissima, coniungit. Nam in ellipsi quæ gignit sphæroides, axis quidem est inter diametros; diametrorum verò multæ sunt, diuersæ longitudinis, quilibet binos oppositos vertices coniungens.

XV. Quemadmodum curuis superficiebus segmentorum theor. 7. fecit æquales circulos planos: 8 æquè valentes lineas rectas ostendit, comparabiles inter se diuersarum sectionum: sic etiam soliditati segmentorum assignare possumus non tantùm conos æquales, vt theor 14. sed etiam plana æquiualentia, seu proportionis eiusdem comparabilia inter se diuersarum sectionum. *Vide authorem qui hæc exhibet.*

Epis.g. Sic segmenta conoidis parabolici sunt inter se in proportione, quæ est inter quadrata axium. *Vide Arch. 16. p. sphæroid.*

Coroll. 1. Segmenta segmentorum sphæræ easdem habent leges, quoad corpora atinet, quæ supra fuerunt eiusdem generis segmentorum superficie in coroll. ad theor 7.

Coroll. Zona sphæræ & sphæroidis, seu corpus annulare, contentum parte superficiei sphæræ vel sphæroidis media, quæ zona dicitur, & superficie cylindrica intus, ita inuestigatur. A sphæra, vel sphæroide auferuntur bina segmenta æqualia, & cylinder zonæ æquè altus, basibus iisdem cum segmentis ablatis: remanetque corpus zonæ. Quod si zona non sit media globi, vel sphæroidis, sed inclinata ad polum seu verticem, auferuntur segmenta inæqualia, truncus coni, vt remaneat talis zona. Intelligitur autem zona, cui circum circa sit æquabilis latitudo, & sub qua sit truncus conicus parallelarum basium : cuius dimensiones sequuntur.

XVI. Conus secatur variè : aut enim per verticem & basim , & id vel plano , vel superficie alia coni minoris habentis eundem verticem. In vtroque casu segmenta coni æquè alta sunt vt eorum bases inter se. Verùm est autem theor 11. sphæroid. de omni segmento verticali , iuxta quod coni , segmentique verticalis ad conum proportio componitur ex proportione basium interse , & altitudinum inter se. *Vide plura apud authorem in hoc theormate.*

XVII. Segmenta cylindri recta , parallelis axi , superficiebus rescissa, sunt inter se , vt segmenta basis: segmenta verò , plano per axem transeunte, dummodo non secet alteram basium , sunt vt segmenta axis inter se. *Vide etiam authorem hic , vbi explicat prædictas figuras.*

XVIII. Omnis aunulus sectionis circularis , vel ellipticæ , est æqualis cylindro , cuius altitudo æquat longitudinem circumferentiæ , quam centrum figuræ circumductæ descripsit , basis verò eadem est cum sectione annuli. *Vide coroll.*

XIX. Annulus strictus est æqualis cylindro , qui habet basim , circulum sectionis annuli, altitudinem æqualem circuli longitudini. *Vide coroll. & analogiam.*

Coroll. Globus est ad circulum strictum eodem circulo creatum , vt 7. ad 33. nam tertia pars semidiametri ducta in quadruplum circuli maximi , vel duæ tertiæ diametri in aream circuli maximi , creant cylindrum æqualem cubo. At cylinder æqualis stricto, habet basim quidem eandem : altitudinem verò, circum ferentiam. Ergo vt circumferentia ad beisem diametri 33 ad 7. ita strictum ad globum.

XX. Zona Mali componitur ex zona globi , & segmento recto cylindri, cuius segmenti basis est segmentum, quod deficit in figura , quæ gignit Malum ; altitudo verò , æqualis circulo, quem centrum segmenti maioris describit. *Vide 1. corellaria pro praxi geometrica.*

XXI. Corpus Citrij est differentia inter zonam globi , & dictum segmentum cylindri. *Vide 1. coroll.*

Coroll.2. Sic corpus Olinæ , vel Pruni elliptici est differentia inter zonam sphæroidis illic longi, hic lati & inter segmentum cylindri elliptici.

XXII. Zona Citrij truncati vtrinque æqualibus circulis, componitur ex corpore minoris Citrij quod creatur ab eodem circuli segmento, quo zona proposita creata est , & ex segmento cylindri cuius basis idem minus segmentum circuli: altitudo æqualis circumferentiæ circuli truncantis. *Vide coroll.2 & episag.*

XXIII. Coni duo, creati à rectangulo scaleno: alter minori, saltem maiori latere eorum, quæ circa rectum, pro axe constitutis, sunt in proportione laterum, quæ bases ipsis conis describunt.

XXIV. Sphæroides longum in inscriptum sphæroidi lato sic vt easdem habeant diametros, sed axes in iis permutatos, est ad sphæroides latum vt diameter breuior ad longiorem. –

XXV. Segmentum globi ad Citrium eodem segmento circuli descriptum, videtur eam habere ptoportionem, quam habet diameter basis segmenti ad axem seu altitudinem segmenti.

XXVI. Si recta quædam sectionem conicam, & genitum ab illa segmentum sphæroidis, aut conoidis contigerit in circumferentia baseos, concurrens cum axe & circumductæ lineæ circa diametrum baseos immobilem, creauerint solida, contingens quidem conum, sectiones verò conicæ, prunum, Oliuam vel fusum, quælibet suum congenere: eadem verò contingens: circum ducta circa axem immobilem, creauerit conum alium: proportio dimidij Pruni vel Oliuæ ad segmentum sphæroidis, fusi verò ad suum conoides, proximè erit æqualis proportioni prioris coni, ad conum posteriorem.

XXVII. Si cuiuslibet trianguli latus alterum circa rectum angulum secetur, & in duo æqualia, & in proportione laterum reliquorum: in angulo verò opposito concurrant sectiones conicæ variæ: communiter scipsas, & latus recto angulo oppositum, tangentes, vertices primarios in latere secto habentes: quæ sunt à summo ad medietatem, omnes erunt hyperbolæ: quæ in ipsam bisectionem incidit, parabole; quæ hinc vsque ad sectionem proportionalem, omnis generis ellipses rectæ: quæ in ipsam proportionalem incidit, circulus: quæ denique hinc vsque ad rectum angulum, omnis generis ellipses transuersæ erunt, in quibus vertex impropriè dicitur, pro extremo axis breuioris. *Videantur* *2. corollaria.*

XXVIII. Si quatuor species conicarum sectionum circulus, ellipses, parabola, hyperbolæ se se in communi vertice contingunt: pretereaque in duobus aliis punctis, æqualiter à vertice remotis, concurrunt, omnes in duobus punctis secantur ab omnibus, & circuli circumferentia intra sectiones est exteriùs, continet que ellipticas: hæ parabolicam: intimæ sunt hyperbolicæ, & ex iis interiores, quæ obtusiores, eademque suis asymptotis propriores.

XXIX. Si Citrium, Pruna, fusum parabolicum, fusa hyperbolica, & conus duplicatus, omnia truncata, habuerint eosdem circulos, tam truncantes, quàm medium corporum: Citrium erit maximum, reliqua eodem ordine magnitudinis corporum, quo hic sunt recensita.

XXX. Proportionem indagare segmentorum Citrij, Oliuæ, Pruni, aut sui, sactorum plano axi parallelo. *Placet autem his adere theoremata quæ in gratiam doliorum statuit, postquam hocce* 30. *proposuit Snellio, vel alteri soluendum, cùm illius solutionem se nescire fateatur.*

THEOREMATA.

CYlindrorum rectorum sectiones per axem, quæ diagonios habent æquales, nisi proportio diametri basis ad altitudinem fuerit, eadem, aut permutata, inæquales habent areas : estque inter has illius area maxima, quæ secat cylindrum æquealtum diametro suæ basis.

II. In truncis conicis reliqua omnia manent, nisi quod inter truncos proximos ab illo, qui latus diametro basis habuerit æquale, plus variatur arearum suarum proportio, quàm si cylindri pro truncis conicis essent, inter truncos remotiores minus.

III. Cylindrorum rectorum quorum sectiones habent eandem diagonium, corpora non habent inter se proportiones analogas proportionibus arearum, quibus secantur per axem : nec cuius est maxima sectrix area, eiusdem & corpus maximum est. *Vide praxim.*

IV. Omnium parallelepipedorum seu columnarum inscriptarum sphæræ eidem, quæ binis ex opposito quadratis basibus constant, cubus est maximo corpore.

V. Omnium cylindrorum, diagonium eandem habentium, maximus & capacissimus est is, cuius diameter basis, est ad altitudinem in proportione semidupla, seu vt latus tetragoni aut diagonios quadrati cubici ad latus cubi in eadem sphæra. *Videantur* 2. *corollaria, & admonitio.*

Definitio. Cylinder, & trunci coniugati dicantur, quando sectionibus vtrorumque per axem fuerit eadem, vel æquales diagonij, & vt diameter basis cylindri ad eius altitudinem : sic diametri minoris basis truncorum ad eorum latera accliuia.

VI. Dato cylindri & trunci coniugati latere, vel basis minoris diametro, inuenire trunci coniugati lineas reliquas. Oportet autem proportionem lateris vel basis in cylindro ad datum latus vel basim trunci esse minorem proportione diametri, & altitudinis cylindri iunctarum, ad diagonium.

VII. Si fuerit cylinder, & truncus conicus coniugati, & differentia diametrorum in basibus trunci secetur in proportione, quam habent inter se quadrata, diametri basis, & altitudinis cylindri : erit hoc diametri

tri quadratum, æquale rectangulo, sub minore diametro trunci , &
sub composita ex hac & segmento, quod diametro cylindri respondet.
Videantur 4. Corollaria practica.

VIII. In cyliudro & trunco conico coniugatis altitudinum proportio
componitur ex proportione diametrorum in basibus , minori conici
trunci & vttáque cylindri, & ex proportione perpendiculi, ad latus ac-
cliuertunci.

IX. Si differentia diametrorum trunci secetur in proportione laterum
cylindri coniugati & addatur pars respondens diametro basis cylindri
ad minorem, fiantque rectangula. 1 sub minore & maiore. 2 sub minore, & modo composita : proportio rectanguli primi, aucti tertia parte,
quadrati à differentia diametrorum , ad rectangulum secundum, &
proportio altitudinis cylindri ad altitudinem trunci, in vnum 'compositæ , constituunt proportionem corporis trunci ad corpus cylindri coniugati. *Videantur 3. Corollaria, & pulchra analogia.*

X. In omni coniugatione , trunci per augmentum proportionis diametrorum tandem fiunt minores quacumque data quantitate solida.

XI. Cylinder æqualis trunco æquialto, basim habet compositam ex
duarum basium trunci & earum medij proportionalis triētibus singulis.

XII. Cylindri habentis altitudinem eandem cum trunco recto, &
diagonion eandem, diameter basis est medium arithmeticum inter
diametros basium trunci.

XIII. Excessus trunci, habentis eandem cum cylindro altitudinem,
eandémque diagonion, proportionem ad illum habet, quam pars duodecima quadrati differentiæ ad quadratum de diametro cylindri. *Videatur. Corollarium & analogia.*

XIV. Cylinder æqualis trunco & æquealtus, maiorem illo diagonion habet.

XV. Omnes proportiones diametrorum trunci locum habentes in coniugatione proportionis certæ, locum etiam habent in coniugatione
proportionis maioris.

XVI. Omnis cylinder, altior maximo ,'super eadem diagonio , habet
ex cylindris maximo humilioribus, socium sibi æqualem , quem sub-
contrarium dicemus.

XVII. In vna qualibet coniugatione , quæ quadratum diametri habet minus, quàm duplum quadrati altitudinis, omnes trunci ab ipso cylindro coniugato maiores, nonobstante quod minuitur eorum altitudo, postea decrescunt iterum ,'semper adhuc maiores cylindro coniugato, quoad altitudinem habuerint maiorem , quàm cylinder coniugati subcontrarius.

Z

XVIII. In coniugatione proportionis dupla minoris , truncus æqualis cylindro coniugato , habet altitudinem minorem altirudine cylindri, qui coniugati focius, eidemque æqualis eſt, coniugationis tamen
diuerſæ. *Vide corollarium.*

XIX. In omnibus coniugationibus truncorum, & cylindri , quibus
diameter baſis minoris eſt minor ſemidupla lateris accliuis, datur bis
aliqua proportio diametrorum trunci , per quam truncus fiat æqualis
cylindro ex omnibus coniugationibus maximo.

XX. Trunci variarum coniugationum eandem habentes inter ſe diametrorum proportionem, quo propius aſſecuti fuerint altitudine cylindrum ſuper eadem diagonio maximum, hoc erunt maiores ; quo altiores illo, hoc minores.

X̄X̄I. Ex omnibus truncis coniugationis eiuſdem , maximus eſt ille,
qui habet altitudinem cylindri maximi ſubſemitriplam ſcilicet diagonij : Ab hoc verò faſtigio cæteri omnes, tam qui altiores , quam qui
humiliores, iterum decreſcunt.

XXII. In coniugationibus, quæ quadratum diametri habent duplum
quadrati altitudinis aut maius, trunci omnes ſunt minores cylindro
maximo, coniugato ſcilicet ſuo : & hoc tanto plus, quanto receſſeri-
mus à proportione dupla. V*ide corollar.*

XXIII. Data proportione diametrorum trunci , coniugationem inuenire , in qua talis truncus æquet cylindrum coniugationis maximæ.

XXIV. Data coniugatione, qua quadratum diametri in baſi cylindri, minus eſt duplo quadrati altitudinis , inuenire proportiones duas
diametrorum , quæ truncos coniugationis eiuſdem efficiat æquales cylindro maximo. *Hæc duo, 23. & 24. Problemata Geometris proponit.*

XXV. Si diuerſarum coniugationum trunci habuerint eandem inter
ſe proportionem diametrorum, conſtituti ſuper eadem diagonio, proportio corporum erit compoſita ex tribus elementis, ex proportione cylindrorum coniugationis , & ex proportionibus cylindri cuiuſque ad
ſuum truncum coniugatum, prioris quidem cylindri euerſa ; poſterioris verò directa *Videantur 3. corollaria practica.*

XXVI. In dolijs, quæ ſunt inter ſe figuræ ſimilis proportio capacita-
tum eſt tripla ad proportionem illarum longitudinum, quæ ſunt ab ori-
ficio ſummo ad imum calcem alterutrius orbis lignei. *Vide 2. corolla-*
ria præ ſtructura virgæ ad dolia menſuranda propoſita.

XXVII. Etiam binæ medietates dolij Auſtrici non planè fuerint ſimiles , ſed orbium ligneorum alter paulo minor & anguſtior reliquo-
dummodo longitudo in menſoria ſit eadem, inſenſibilis erit capacita-
tum in vtraque medietate differentia.

XXVIII. At ſi longitudo virgæ per vtrumque dolij truncum non ſit æqualis, quod vſu venit: medium proportionale inter vtramque virgæ longitudinem, id eſt medius inter duos ab vno & altera medietate notatos, ſine errore pro indice capacitatis vſurpatur.

XXIX, Curuatura tabularum, ſeu buceoſitas inter orificium medium & orbem vtrumque ligneum, in dolio Auſtriaco nihil derogat indicio virgæ, in oblongis doliis auget capacitatem virgâ indicatam (per ſe quidem, cæteris paribus) in Curtis minuit. *Videatur vſus totius libri circa dolia, quorum menſuram Keplerus varijs modis inueſtigat.*

TERTIA PARS·DE QVADRANDA
PER FALSVM SIMPLEX PARABOLA.

Propoſitio prima.

I. SI quælibet figura plana grauitatem acciperet, tanta eſſet, quanta ſi nullam grauitatem accepiſſet.

II. Si quælibet duæ magnitudines eiuſdem generis graues fierent; eandem inter ſe haberent proportionem, quam ante grauitatem habuiſſent.

III. Si duo quælibet grauia eiuſdem generis extra ſuum locum poſita. deinde ſibi relicta in eandem aliquam ſuperficiem planam, quam finientem appello, caderent ad perpendiculum: duo verò quælibet grauia eiuſdem generis ſuſpenſa non ſecundum ſua centra grauitatis in terminis cuiuſdam rectæ lineæ, quæ libra dicitur, in vno puncto, quod in ea ſit, detentæ, ita vi proprij ponderis grauarent libram, vt ea æqualiter diſtaret à finiente: ea grauia inter ſe eandem, quam brachia libræ haberent proportionem : ſi qui ad contrarias partes attinent proportionis termini, antecedentes, & conſequentes inter ſe comparentur. Brachia autem libræ dicimus duas illas partes, quæ inter punctum, in quo libra ſuſpenſa eſt, & terminos interijciuntur.

Lemma. Sit graue A B ſuſpenſum in puncto A, quod non ſit eius centrum grauitatis : ſit autem grauis A B centrum grauitatis C, quod quidem & punctum ſuſpenſionis A ſit in eodem perpendiculo A H: & punctum perpendiculi, cui congruit C, ſit D. Voco autem perpendiculum hîc generaliter rectam lineam, quam deſcribit grauis naturaliter moti centrum grauitatis. Dico graue A B manere vt nunc.

IV. Grauium eiuſdem generis pondera inter ſe ſunt vt magnitudines.

Quibus poſitis ſequentes propoſitiones Lucas demonſtrat.

Propofitio prima.

I. SI à cuiuflibet triãguli vertice recta linea ad medium bafis cadat,
omnem aliam rectam lineam lateribus interceptam nec bafi parallelam fic fecabit, vt pars propinquior bafi fit maior reliquâ.

II. Omnem parabolem diameter bifariam diuidit, vtraque autem talium partium vocetur femiparabola.

III. Si duæ parabolæ æquales diametros habuerint in directum inter
fe conftitutas, & communem ordinatim applicatam : figuræ ex duabus
femiparabolis compofitæ diameter erit prædicta communis ordinatim
applicata.

I.V. Omnem prædictam figuram diameter bifariam diuidit.

V. Si fint duæ rectæ lineæ terminatæ : quotcumque autem magnitudinum centra grauitatis fuerint in vna earum, totidem fint in altera: fint
autem & magnitudine s, & partes prædictarum linearum, quæ à centris
fiunt, binæ deinceps in eadem proportione, fumpto ordine ab iifdem
terminis: centra grauitatis duarum magnitudinum cuiufque ex iis, quæ
ad eandem lineam pertinent compofitarum centra grauitatis, prędictas
lineas diuidunt in eafdem rationes.

VI. Omnium parabolarum diametri à centris grauitatis ipfarum figurarum in eafdem rationes diuiduntur.

VII. Omnis figuræ ex duabus femiparabolis compofitæ, cuius diameter fit ad vtriufque parabolæ diametros æquales, & in directum inter fe
conftitutas communis ordinatim applicata, centrum grauitatis eft punctum illud, in quo dicta diameter fic diuiditur, vt pars quæ ad verticem,
fit ad reliquam vt 5 ad 3.

VIII. Omnis femiparabolæ centrum grauitatis eft in ea recta linea,
quæ diametro æquidiftans bafim ita diuidit, vt pars, quæ eft ad curuam,
fit ad reliquam , vt 5 ad 3.

IX. Omnis parabola fefquitertia eft trianguli eandem ipfi bafim, & eandem altitudinem habentis.

X. Quęlibet parabolæ inter fe proportionem habent, eofdem ipfis vertices, & eafdem bafes habentium triangulorum.

XI. Omnis parabola fefquitertia eft trianguli eandem ipfi bafim, & eandem altitudinem habentis.

Axioma. Si quodlibet graue fecetur in duas partes vtcũque, contiguas
autem eas aliqua caufa teneat alterius ad alteram fitu non mutato, earum
partium fimul centrum grauitatis effe in eodem puncto, in quo fuerat
centrum grtuitatis priufquam diuideretur. FINIS.

THEODOSII,
MENELAI,
ET MAVROLYCI,
SPHÆRICA.

 IX quidpiam Aftronomi, & Cofmographi demonftrare poffunt abfque fphæricorum librorum fcientia; quapropter omnes libentiffimè libros iftos excipient, qui folidè de fphæricis agunt, quos libello concludi oportuit, vt paffim à quopiam citari poffint. Quibus ea præmitto quæ Pitifcus de triangulorum fphæricorum dimenfione fuggerit in fua Trigonometria, quibus finguli problemata omnia foluant, quæ ad triangula tam plana quàm fphærica pertinent. Sequuntur ergo definitiones, & propofitiones, quæ partim ex Euclidis elementis, partim ex aliis locis defumptæ funt, vt ex Ptolomęo, Regiomontano, Copernico, &c.

Definitiones & propofitiones Trigonometriæ.

I. Trigometria eft doctrina de dimenfione triangulorum.

I I. Triangulum eft figura tribus lateribus tres angulos comprehendens.

I I I. Latera duo quęlibet funt crura anguli à fe comprehéfi; tertium, bafis.

I V. Latus vnumquodque dicitur fubtendere angulum fibi oppofitum.

V. Latera maiora maiores angulos fubtendunt: & minora minores, & æqualia æquales.

V I. Anguli menfura eft circuli ex angulati puncto defcripti arcus, inter crura fatis prolongata interceptus.

xxxiv. Illud est, quod habet vel vnum obtusum.

xxxv. Hoc autem quod omnes angulos habet acutos.

xxxvi. Triangulum denique est planum vel sphæricum, illud in plano, hoc in globo.

xxxvii. Trianguli plani sub Trigonometriam cadentis latera sunt tantùm lineæ rectæ, *de quibus propterea deinceps agendum est sequentibus septem propositionibus.*

xxxviii. Linea recta in rectas parallelas incidens angulos similes, similitérque aut alternatim sitos facit: eapropter si plures rectæ in eandem rectam sint perpendiculares, sunt inuicem parallelæ.

xxxix. Si plures rectæ pluribus rectis parallelis intersecentur, intersegmenta sunt proportionalia.

xl. Si duæ rectæ in se mutuò ducantur, efficitur inde quadrangulum rectangulum.

xli. Rectangulum è tota vna & segmentis alterius simul sumptæ, sunt æqualia rectangulo ex vtraque tota.

xlii. Si quatuor rectæ sint proportionales, *id est si se habeant vt prima ad secundum, ita tertia ad quartam,* rectangulum mediarum æquatur rectangulo extremarum. *Hinc fit vt datis tribus, detur quarta, cùm quatuer rectæ sunt proportionales, rectangulum enim mediarum diuisum per extremarum alteram, relinquit alteram.*

Deinde rectangula æqualia latera habent reciprocè proportionalia hoc est, in rectangulis æqualibus habent sese vt latus minus rectanguli primi ad latus minus secundi, ita latus maius rectanguli secundi ad latus maius primi, & contra.

xliii. Si tres rectæ sint proportionales, *id est, si secunda ad tertiam se habet vt prima ad secundam,* quadratum mediæ æquatur oblongo extremarum.

xliv. Si recta bisecta continuetur, oblongum continuatæ & continuationis est equale quadrato rectæ ex bisegmento & continuatione compositæ, minus quadrato bisegmenti, ex 6.prop.2. Eucl. *sed ad triangula reuertamur.*

xlv. In triangulo plano parallela basi, crura secat proportionaliter.

xlvi. Si plura triangula comparentur, æquiangula habent latera circa æquales angulos proportionalia, & contra. *Hoc autem theorema ex 4.6. Eucl. sumptum est totius trigonometriæ fundamentum.*

xlvii. Si plura triangula plana componantur, & rectis parallelis intersecentur, intersegmenta sunt proportionalia.

xlviii. Si trianguli plani quodcumque latus continuetur, angulus exterior per continuationem illam factus, est æqualis angulis duobus interioribus oppositis.

poſſunt: complementis ad ſemicirculum pro latere & angulo maxime hinc inde ſumptis.

LXII. Triangulum ſphæricum rectangulum aut vnum habet rectum, aut plures vno.

LXIII. Vnum rectum, vel cum duobus acutis, vel cum duobus obtuſis, vel cum obtuſo, & acuto.

LXIV. Triangulum ſphæricum rectangulum cum duobus acutis habet ex angulo recto oppoſitum ſibi triangulum rectangulum cum duobus obtuſis, & contra.

LXV. Trianguli ſphærici rectanguli cum duobus acutis latera ſingula ſunt quadrantibus minora.

LXVI. Trianguli ſphærici rectanguli cum duobus obtuſis latera duo ſunt quadrantibus maiora: tertium quadrante minus.

LXVII. Triangulo ſphærico rectangulo cum acuto, & obtuſo opponitur ex acuto triangulum rectangulum cum duobus acutis.

LXVIII. Trianguli ſphærici plures rectos habentis latera rectos ſubtendentia ſunt quadrantes.

LXIX. Triangulum ſphæricum plures rectos habens, habet tres, vel duos rectos: adeoque de lateribus, tres, vel duos quadrantes.

LXX. Si Trianguli ſphærici duos rectos habentis tertius angulus ſit acutus, tertium latus eſt quadrante minus, ſin obtuſus, maius.

LXXI. Triangulum ſphæricum obliquangulum aut conſtat ex puris acutis, vel obtuſis: aut ex his vtriſque mixtis.

LXXII. Triangulo ſphærico purè acutangulo opponitur triangulum ſphæricum cum duobus obtuſis & vno acuto, & contra.

LXXIII. Triangulo ſphærico purè obtuſangulo opponitur triangulum ſphæricum cum duobus obtuſis & vno acuto, & contra.

LXXIV. Trianguli ſphærici cuiuſcumque, tres anguli ſunt duobus rectis maiores.

Hæc ſunt, quæ primo libro docet: Omiſſis autem quæ habet l. 2. de tabulis ſinuum, tangentium, & ſecantium addo 6. axiomata proportionum l. 3. quibus docet triangulorum planorum ſolutionem. 4. poſtmodum allaturus l. 4. quibus ſphærica triangula ſoluantur: ſic igitur habet pro triangulis rectangulis.

Axioma primum.

Vt hypotenuſa ad perpendiculum, ita radius ad ſinum anguli perpendiculo oppoſiti, & contra.

II. Vt baſis ad perpendiculum, ita radius ad tangentem anguli perpendiculo oppoſiti, & contra.

A 2

11. Vt bafis ad hypotenufam, ita radius ab fecantem anguli perpendiculo oppofiti. *Iam pro triangulis planis vniuerfis.*

1 v. Latera finibus angulorum oppofitorum directè funt proportionalia.

v. Vt fumma duorum laterum ad differentiam eorumdem : ita tangens dimidij fummæ duorum angulorum oppofitorum, ad tangentem differentiæ infra vel fupra dimidium.

vi. Vt latus maximum ad fummam reliquorum laterum : ita differentia reliquorum laterum ad fegmentum lateris maximi ; quo dempto, in relicti dimidium perpendiculum cadit. Sequuntur axiomata 4 proportionum ad triangulorum fphæricorum folutionem fufficientia.

Axioma primum.

In triangulis fphæricis rectangulis pluribus, acutum ad bafim eundem habentibus, finus hypotenufarum & perpendiculorum omnes funt inter fe proportionales.

In iifdem, finus bafium & tangentes perpendiculorum omnes funt inter fefe proportionales.

11. In triangulis fphæricis vniuerfis, finus laterum finibus oppofitorum angulorum funt directè propotionales.

1 v. In jifdem, Si duo latera figillatim quadrantibus minora, primum ipfa inter fefe, deinde latus minus cum complemento maioris componas : Et finui arcus compofiti pofterioris finum complementi arcus compofiti prioris fubtrahas, vel finum exceffus addas, vt eft radius ad medietatem rectæ per illam fiue fubftractionem, fiue additionem factæ: ita finus verfus anguli à dictis duobus lateribus comprehenfi ad rectam, qua fubtracta de finu arcus compofiti pofterioris, relinquitur finus complementi terij lateris, vel, de qua fubtractus finus arcus compofiti pofterioris relinquit finum ex ceffus tertij lateris. Quorum omnium plures cafus, & exempla plurima apud Autorem videri poffunt.

De vfu, & conftructione canonis triangulorum.

His omnibus addo nonnulla ex eiufdem libro 2. & 5 quæ ad dimenfionem triangulorum, & ad tabulas finuum, tangentium, & fecantium attinent, vt latera, vel anguli fiue puri, fiue mixti reperiantur, & ad calculum redigantur, eapropter præcipua notanda fubijcio.

1. Omnis dimenfio triangulorum fit per regulam auream, quæ datis tribus numeris inter fefe proportionalibus reperit quartum.

11. Partes triangulorum, eorumque proportiones numero certo explicari debent, quod fieri nequit in vllorum angulorum menfura, nec

in fphæricorum lateribus,nifi quidquid eft curuilineum ad rectas lineas reducatur, cum proportio recti, & curuilinei necdum inuenta fit.

III. Hæc reductio fit definiendo quantitatem rectarum ad circulum applicatarum refpectu radij : quæ funt finus recti & verfi , & tangentes atque fecantes . qua definione tabulæ conftruuntur.

IV. Sinus rectus eft femiffis fubtenfæ dupli arcus, qui eft eidem in arcu quadrante minori, & maiori vfque ad femicirculum : cum autem finum rectum complementi audis , intellige complementi arcus quadrante minoris.

V. Sinus rectus eft quæcumque perpendicularis ducta in diametrum ex altero arcus termino.

VI. Sinus rectus complementi eft æqualis fegmento diametri inter finum rectum arcus, & centrum intercepti.

VII. Sinus verfus eft fegmentum diametri inter finum rectum. & circumferentiam interceptum, qui eft maior, cùm eft finus arcus quadrante maioris, minor vero, minoris.

VIII. Tangens eft recta perpendicularis ducta à fecante in extremitatem diametri ad alterum arcus terminum.

IX. Secans eft recta per alterum arcus terminum vfque ad fummitatem tangentis ducta.

X. Cùm autem nullæ tangentes, aut fecantes poffint effe arcuum quadrante maiorum ; tabulæ finuum rectorum, quæ folæ neceffariæ funt, non vltra quadrantem extenduntur, cum arcum quadrante maiorum finus funt ijdem qui minorum : at verò tabulæ finuum verforum vfque femicirculum extendi poffunt.

XI. Tabulæ vulgò conftruuntur ad fingula prima minuta, Rhetico tamen ad decimas minutorum fecundorum.

XII. Porrò radius certarum partium affumi debet, ad quem omnes finus fecantes , & tangentes ferè irrationales funt; quapropter nullæ tabulæ exactæ dari poffunt : quæ tamen tales effe debent, vt nullus numerus abfit à vero per integram earum partium, quarum radius eft affumptus.

XIII. Vt nullus error committatur in tabularum conftructione, & fractiones nullum negotium faceffant, tantus radius affumatur, vt error in tot à finiftra numeris, quot in tabulis collocare volumus, nullus ineffe poffit, & numeri à dextra verfus finiftram erronei poft fupputationem finitam abfcindantur : vt cùm Regiomontanus fupputauit tabulas ad partes radij 6000000 fumpfit radium partium 6000000000. vt poft fupputationem quatuor notas abfcinderet. Rheticus verò affumpfit radium partium 1000000000000000. vt haberet radium

Aa ji

partium 10000000000. & poſt ſupputationem abſcidit 5. notas de ſingulis ſinibus à ſiniſtra dextrorſum : autor verò radium partium 100000,
tantum aſſumit.

x i v. Primò ſinus recti arcuum quadrante minorum in iiſdem partibus
radij quærendi : ex quibus inuentis deducantur ſinus verſi, ſecantes &
tangentes : illi autem ſinus recti, è quibus alij deducuntur, dicuntur pri-
marii, qui 3. ſtatuuntur, nempe ſemiſſes laterum quadranguli , ſexan-
guli, & decanguli circulo inſcriptorum : id eſt, ſinus graduum 45.30.
& 18. latus enim quadranguli æquè poteſt duobus radiis ; latus ſexan-
guli æquale eſt radio ; & latus decanguli eſt maius ſegmentum radij
proportionaliter ſecti : ſecatur autem recta quæcumque proportionaliter, cum ſegmentum maius ita ſe habet ad minus, vt tota ad ſegmentum
maius.

x v. Reliqui verò ſinus, qui ſecundarij vocantur, ex primariis reperiuntur per inueſtigationem ſinuum complementorum, arcuum dimi-
diorum, & duplorum, & ſinuum ſummæ, vel differentiæ duorum ar-
cufn inæqualium coniunctim quadrante minorum. Quibus poſitis addit in quinto libro compendia quædam canonis condendi , & vſur-
pandi, quæ ſequuntur.

x v i. Differentia ſinuum arcuum duorum à 60. gradibus hinc inde
parirer diſtantium, eſt æqualis ſinui diſtantiæ : vnde ſinibus datis 60.
quorumque graduum, ſinus reliquorum 30. per ſolam additionem , vel
ſubſtractionem reperiuntur.

x v i i: Differentia tangentium duorum arcuum quadrantem ſimul adimplentium eſt dupla ad tangentem differentiæ arcuum: quapropter datis tangentibus duorum arcuum quadrantem ſimul adimplentium, datur tangens differentiæ duorum illorum arcuum , & contra,

x v i i i. Secans arcus eſt æqualis tangenti eiuſdem arcus & dimidij
complementi : eapropter, datis tangentibus arcus & dimidij complementi, datur eiuſdem arcus ſecans; & contra. Dato ſecante arcus, vna
cum eiuſdem arcus tangente, datur tangens dimidij complementi, ibi
per additionem , hic per ſubſtractionem.

x i x. Secans arcus, cum tangente eiuſdem, eſt æqualis tangenti arcus
ex arcu dato & dimidio complemento compoſiti. Hinc data ſecante
cuiuſcumque, vna cum tangente eiuſdem, datur tangens ex arcu dato
& dimidio complemento compoſiti. Et contra: data tangente arcus vna
cum tangente arcus ex arcu dato , & dimidio complemento compoſitis, datur arcus primi ſecans. Ibi per additioné; hic per ſubſtractionem

x x. Vt ſinus ad radium , ita radius ad ſecantem complementi.

x x i. Vt tangens ad radium , ita radius ad tangentem complementi.

Qui plura voluerit, legat προχειρον, Vietæ, c. 19. l. 8. Responsorum: hoc enim ante libros sphæricorum attulisse sufficit, vt ea possint intelligi quæ ad triangula, & ad eorum sinus pertinent.

Est & alius modus quo triangula per logarithmos soluantur, de quibus Neperus, & Keplerus fusè: sed via communis per tabulas sinuum plerisque magis naturalis, & commodior esse videtur; id tamen hábet commodi via logarithmica, vt sola multiplicatione, & additione diuisionem in alia methodo necessariam suppleat. Quidquid sit, vtróque modo ex lateribus angulos, & ex angulis latera vel purè, vel mixtim assequimur; nam ex sex in triangulo spectandis, nempe tribus lateribus, & tribus angulis, tribus quibuslibet datis, tria reliqua facilè innotescunt. Hinc datorum in triangulo quocumque sex species oriuntur: duæ puræ, scilicet vbi tria latera solùm, aut tres anguli solùm dantur: reliquæ 4. mixtæ sunt, cum nempe duo latera, & angulus vnus datus est, qui vel datis lateribus comprehenditur, aut alterutro datorum laterum opponitur: aut cum duo anguli cum vno laterum dati sunt, siue latus illud alterutri datorum angulorum opponatur, siue ei adiaceat: quæ sphæricis præposuisse, Theotimæ, satis superque fuerit,

Nunc autem Theodosij, Menelai, atque Maurolyci sphærica aggredior, quibus omnia complecti possis animo quæ ad singulos sphæræ tam cœlestis quam terrenæ circulos attinent, nihil vt esse possit in vtróque mundo, ex quo ad mundi conditorem non exurgas.

THEODOSII SPHÆRICORVM

ELEMENTORVM ex traditione Maurolyci.

· LIBER PRIMVS.

DEFINITIONES.

I. SPhæra est figura corporea vna quidem superficie côtenta, intra quam vnum punctorum existit: à quo omnes lineæ protractæ, quæ illi superficiei occurrunt, sunt ad inuicem æquales.

II. Et punctum illud est sphæræ centrum.

III. Diameter sphæræ est quælibet linea per centrum eius transiens ad superficiem sphæræ extremitates applicans.

IV. Axis autem sphæræ est diameter fixa, super quam sphæra circumuoluitur.

V. Extrema verò axis poli dicuntur.

VI. Polus circuli punctum est in superficie sphæræ, à quo omnes rectæ lineæ ad circumferentiam circuli protractæ sunt ad inuicem æquales.

VII. Circulorum in sphæra à centro elongatio æqualis dicitur, cùm perpendiculares, quæ à centro sphæræ ad circulorum superficies protrahuntur, ad inuicem sunt æquales.

VIII. Circulus magis remotus à centro est, super quem longior cadit perpendicularis.

IX. Superficies super superficiem inclinata dicitur, cùm super communem sectionem superficierum quodlibet punctum signatur : à quo in vtraque duarum superficierum linea recta perpendiculariter erigitur.

X. Et tales duæ lineæ angulum continent acutum.

XI. Inclinatio autem est angulus, qui ab illis duabus rectis lineis continetur.

XII. Angulus inclinationis est differentia recti anguli ad angulum acutum.

XIII. Inclinationes autem superficierum æquales sunt, quæ angulos æquales dicto modo suscipiunt :

XIV. Maior verò inclinatio, quæ minorem suscipit angulum acutum, vel cuius inclinationis angulus maior est.

PETITIO.

Super quodlibet punctum in superficie sphæræ ad datum spatium circulum describere. Vnde punctum illud erit polus circuli.

Propositio Prima.

Cum sphæræ superficiem secat aliqua plana superficies, sectio facta in superficie sphæræ circulus est.

Corrollarium.

Ex hoc itaque manifestum est, quod centrum omnis circuli, signati in sphæra, aut est centrum sphæra : aut punctum, cui occurrit perpendicularis ducta à centro sphæra ad superficium circuli.

Propos. II.

Sphæræ propositæ centrum inuenire.

Cor. Manifestum igitur ex hac est, quod si à centro cuiuslibet circuli in sphæra signata linea perpendicularis ad eius superficiem educatur vtrinque ad sphæricam vsque superficiem, necesse est eam per centrum ipsius sphæra transire.

Propos. III.

Si sphæram plana superficies contingat : in vno tantùm puncto contingere necesse est.

Vnde manifestum est, quod signatis duobus punctis in superficie sphæra : linea recta coniungens signata puncta cadit intra superficiem sphæra.

Prop. IV.

Sphæram plana superficie contingente, si à puncto contactus ad centrum sphæræ recta linea ducatur, necesse est eam supra superficiem contingentem stare perpendiculariter.

Prop. V.

Si sphæram plana superficies contingat: à puncto autem contactus recta linea ad contingentem superficiem perpendiculariter inter sphæram ducatur, in eadem centrum sphæræ esse necesse est.

Prop. VI.

Si in sphæra plures circuli fuerint signati : Qui per centrum sphæræ transierit, omnibus erit maior. Reliquorum autem, hi quidem, quorum longitudo à centro æqualis fuerit erunt æquales: At cuius longitudo maior fuerit, erit minor,

Prop. VII.

Omnis circulus maior in sphæra signatus transit per centrum sphæræ: Et circulorum minorum æqualium æquales sunt à centro sphæræ longitudines Minoris autem eorum maior erit longitudo.

Prop. VIII.

Si in sphæra circulus, qui per eius centrum non transeat, signetur: & à centro sphæræ ad centrum circuli recta linea ducatur, necesse est eam super circuli signati superficiem esse perpendicularem.

Prop. IX.

✦ Omnis perpendicularis ducta à centro sphæræ ad superficiem cuiusli. bet circuli in sphæra signati, cùm in ambas partes producitur, transit per polos ipsius circuli.

Propos. X.

✦ Omnis perpendicularis à centro cuiuslibet circuli in sphæra signati in vtramque partem egressa per pulos ipsius circuli transire ex necessitate conuincitur.

Prop. XI.

✦ Omnis linea recta continuans alterum duorum polorum cuiuslibet circuli signati in sphæra cum centro ipsius, ad eius superficiem perpendicularis esse probatur.

Prop. XII.

✦ Omnem perpendicularem ab alterutro duorum polorum alicuius circuli in sphæra signati ad ipsius superficiem ductam in centrum eius cadere necesse est, eamque, si in continuum & directum protrahatur, reliquo polo eiusdem circuli obuiare necesse est.

Prop. XIII.

✦ Omnis recta linea continuans duos polos alicuius circuli in sphæra signati super ipsum perpendicularis esse, ac per eius centrum & centrum sphæræ transire probatur;

Prop. XIV.

✦ Omnis recta linea, quæ alterum duorum polorum alicuius circuli in sphæra signati cum centro sphæræ continuat, si quousque ex altera parte superficiei sphæræ obuiet, protrahatur, super reliquum polum ipsius circuli, cadere ex necessitate conuincitur.

Manifestum ergo est quod omnis circulus maior transiens per alterum polorum alicuius circuli in sphæra signati transit per reliquum.

Prop. X.V.

✦ Omnis recta linea à centro sphæræ ad centrum cuiuslibet minoris circuli in sphæra signati protracta, cúm in ambas partes quod superficiei sphæræ obuiet producitur, supra polis ipsius circuli cadere necessariò comprobatur.

Prop. XVI.

Omnes circuli maiores in sphæra diuidunt se inuicem per æqualia.

Prop. XVII.

Omnes circuli in sphæra se inuicem per æqualia diuidentes, sunt maiores.

Prop. XVIII.

Omnis circulus maior secans alium circulum in sphæra orthogonaliter secat, eum per æqualia, & transit per polos eius.

Prop. XIX.

Omnis circulus maior secans aliquem ex circulis minoribus sphæræ per æqualia, secat eum orthogonaliter, & transit per polos eius.

Prop. XX.

Omnis circulus maior transiens per polos alicuius circuli signati in sphæra, secat eum per æqualia, & orthogonaliter.

Prop. XXI.

Omnis circulus maior, per cuius polos transit alius circulus maior in sphæra, transibit viciffim & per polos illius.

Prop. XXII.

Omnis circulus transiens per polos alicuius alterius circuli signati in sphæra est circulus maior, & secat eum per æqualia & orthogonaliter.

Prop. XXIII.

Omnis circulus secans aliquem ex circulis, qui in sphæra sunt, per æqualia, & orthogonaliter, est circulus maior, & transit per polos eius.

Prop XXIV.

Omnis circulus in sphæra signatus à cuius vtrolibet polo perpendiculariter cularis ad ipsum ducta æqualis est semidiametro eius, est circulus maior.

Lemma.

'Si à puncto in diametro circuli signato ducatur ad peripheriam recta linea æqualis vtrilibet portionum diametri punctum signatum erit centrum circuli.

Prop. XXV.

✢ Omnis recta linea, quæ à polo alicuius maioris circuli in sphæra signati ad ipsius peripheriam protrahitur, est æqualis lateri quadrati in eodem circulo designati.

Prop. XXVI.

Omnis circulus in sphæra signatus à cuius polo ad ipsius peripheriam linea protracta æqualis est lateri quadrati, quod in eo describitur, est circulus maior,.

Prop. XXVII.

Omnis circulus, à cuius polo recta linea ad ipsius peripheriam ducta est æqualis lateri quadrati maiori circulo in sphæra signato inscripti est circulis maior.

Prop. XXVIII.

Proposita sphæra, circuloque in ea dato, rectam lineam æqualem diametro ipsius circuli exponere.

Prop. XXIX.

Data sphæra rectam lineam diametro ipsius æqualem exponere.

Prop. XXX.

Si à polo alicuius circuli in sphæra signati recta linea ad sphæræ superficiem ducatur, quæ sit æqualis lineæ ab eodem polo super circuli ipsius peripheriam descendenti, necesse est eam in eiusdem circuli peripheriam terminari..

Prop. XXXI.

Quibuscumque duobus punctis in sphæræ superficie datis, circulum maiorem, qui per eâ transeat, designare.

Prop. XXXII.

Circuli in sphæra signati polum inuenire.

Ex hoc autem manifestum, est quod omnium circulorum maiorum in sphæra descriptorum, quicumque transfit per polos alterius: & reliquus quoque versa vice transibit per polos ipsius. Amplius autem omnes maiores circuli orthogonaliter se inuicem secantes vterque per alterius polos transeunt.

Prop. XXXIII.

In sphæræ superficie, puncto signato, si ab eo in alicuius circuli in eadem sphæra descripti peripheriam plures; quàm duæ rectæ lineæ ductæ fuerint æquales: punctum illud polum eiusdem circuli esse necesse est.

Bb

Propof. XXXIV.

Æquales fibi inuicem funt cuncti circuli in fphæra fignati, à quorum polis rectæ lineæ ad ipforum peripherias fuerint æquales. Contra & in circulis æqualibus in fphæra fignatis rectæ lineæ à polis ad peripheriam terminatæ funt ad inuicem æquales.

LIBER SECVNDVS

THEODOSII DEFINITIO.

CIrculi in fphæra fe inuicem contingentes dicuntur, quorum communis fectio eft vtrumque contingens.

Propofitio prima.

✚ Quicumque circuli in fphæra funt æquidiftantes, eofdem polos habere probantur.   *Probl.* II.

✚ Quicumque circuli in fphæra habent eofdem polos, funt æquidiftantes.

Propof. III.

✚ Circuli æquales & æquidiftantes in fphæra non erfit, nifi duo tàtùm.

Propof. IV.

✚ Omnes duo circuli in fphæra fecantes fuper vnum idemque punctum aliquem circulum maiorem per amborum polos tranfeuntem, in eodem puncto inuicem fefe contingent.

Propof. V.

✚ Omnis maior circulus in fphæra tranfiens per polos duorum circulorum fefe contingentium tranfibit per locum contactus.

Propof. VI.

✚ Duobus circulis fe inuicem in fphæra contingentibus, circulus maior, qui tranfit per polos vnius eorum, & per punctum contactus, tranfit etiam per polos alterius.

Propof. VII.

✚ Omnis circulus maior contingens aliquem circulum in fphæra, contingit alium ei æqualem & æquidiftantem.

Propof. VIII

Si fuerint in fphæra duo circuli æquales & æquidiftantes: Quicumque circulus maior vnum eorum contingit, alterum quoque contingere neceffariò probatur.   *Propof.* IX.

Omnes duo circuli æquidiftanter in fphæra, quos aliquis maior circulus contingit, fibi inuicem funt æquales.

Propof. X.

Omnis maior circulus fuper alium circulum maiorem in fphæra inclinatus contingit duos circulos æquales ad inuicem : eique fuper quem inclinatur æquidiftantes.

Propof. XI.

Omnis circulus maior contingens aliquem circulum fignatum in fphæra inclinatus eft fuper maiorem circulum, cui æquidiftat circulus quem contigit.

Propof. XII.

✠ Omnis circulus maior tranfiens per polos duorum circulorum fe inuicem in fphæra fecantium, diuidit vtrafque portiones eorum per æqualia.

Propof. XIII.

Duobus quibufcumque circulis fe inuicem in fphæra quomodolibet fecantibus, quicumque circulus diuidit vtrafque portiones eorum per æqualia, eft circulus maior, & tranfit per polos eorum.

Propof. XIV.

Si circulus maior fecet per æqualia fingulas duas portiones circulorum duorum fe inuicem in fphæra fecantium, portiones, inquam, fiue eiufdem, fiue diuerforum circulorum, arcum tamen habens inter tales portiones minimè femicirculo æqualem : idem reliquas duas eorumdem portiones per æqualia fingulas fecabit per ipforum polos incidens.

Propof. XV.

Si in fphæra fuerint circuli æquidiftantes, per quorum polos circuli maiores ducantur. Arcus circulorum æquidiftantium, qui funt inter circulos maiores, erunt fimiles : Et arcus circulorum maiorum, qui funt inter circulos æquidiftantes, erunt æquales.

Propof. XVI.

Si fupra diametros circulorum æqualium æquales circulorum portiones fuper ipfos circulos orthogonaliter erigantur: fuper quas duo puncta eas per inæqualia fed æqualiter diuidentia fignentur, quæcumque rectæ lineæ æquales ad inuicem ab his punctis in circulorum peripherias defcendunt, feparant ex eis à diametrorum extremitatibus æquos arcus: Et lineæ, quæ à diametrorum extremis ex eis feparant æquos arcus, fibi inuicem funt æquales.

Propof. XVII.

Circulo minore propofito, punctoque in eius peripheria fignato, circulum maiorem, qui ipfum fuper punctum fignatum contingat defcribere.

Propof. XVIII.

Si in sphæra fuerint plures circuli æquidistantes, vnum quorum duo circuli maiores contingant. & reliquos secent, Erunt portiones circulorum æquidistantium, quæ sunt inter medietates circulorum duorum, quæ non concurrunt, similes: Et portiones circulorum maiorum, quæ sunt inter circulos æquidistantes, erunt æquales.

Propof. XIX.

Dato circulo minore in sphæra, punctoque sphæræ in superficie inter ipsum & alium sibi æqualem, & æquidistantem assignato, maiorem circulum, qui per signatum punctum transeat, circulumque datum contingat describere.

Vnde manifestum est, quod per punctum in superficie sphæræ signatum inter duos circulos æquales & æquidistantes possunt semper describi duo circuli maiores, qui contingant dictos æquidistantes.

Propof. XX.

Omnes circuli maiores ex circulis æquidistantibus in sphæra inter se arcus similes separantes, aut transeunt per polos ipsorum, aut contingunt vnum & eundem ex illis æquidistantibus.

Propof. XXI.

Omnes circuli æquidistantes in sphæra, quos secat aliquis circulus maior, separantes à duabus partibus circuli maioris, qui est vnus ex æquidistantibus, æquos arcus ex circulo secante sibi inuicem sunt æquales. Qui autem ex eis maiorem arcum separat, minor esse conuincitur.

Propof. XXII.

Quicumque circuli in sphæra sunt æquales & æquidistantes, separant ex omni circulo maiori, qui secat eos, à duabus partibus maioris circuli, qui est vnus ex æquidistantibus, æquos arcus. Qui autem est maior, minorem.

Propof. XXIII.

Omnis circulus maior secans circulos quotlibet æquidistantes in sphæra, & inclinatus super ipsos diuidit eos omnes in duas partes inæquales, præter circulum maiorem, qui eis æquidistat: vnaquæque autem portionum apparentium, quæ sunt inter circulum maiorem ex æquidistantibus & polum manifestum, est semicirculo maior. At verò quælibet earum, quæ sunt inter eundem circulum maiorem & polum occultum, est semicirculo minor. Coalternæ autem portiones circulorum æquidistantium & æqualium sunt ad inuicem æquales.

Propof. XXIV.

Si circulus maior in sphæra secet quemlibet æquidistantium circulorum per quorum polos ipse non transit, erunt portiones eorum ap-

parentes inter circulum maiorem ex æquidistantibus & polum manifestum interceptæ, quæ polo propinquiores existunt, maiores portionibus similibus, portionibus quæ ab eodem polo remotiores existunt.

Prop. XXV.

Si in sphæra maiores circuli super alios maiores circulos fuerint inclinati, quorum poli altiores fuerint à superficiebus circulorum super
quos inclinantur, eorum erit inclinatio maior. Quorum autem poli
æquè alti fuerint, eorum inclinationes necesse erit esse æquales.

*Et manifestum est simul quod si circulorum maiorum in sphæra super alios
circulos inclinatorum poli æquè remoti sunt à polis eorum, super quos inclinantur: eorum inclinationes æquales erunt: cuius verò polus vicinior fuerit polo eius,
super quem inclinatur, eius inclinatio maior est.*

*E contrario verò, quorum inclinatio maior fuerit: Eorum poli altiores erunt
à superficiebus circulorum super quos inclinantur: Quorum autem inclinationes æquales fuerint, eorum polares altitudines æquales esse necesse est.*

*Æquas circulorum inclinationes æquales polorum distantia: Et maiorem
inclinationem maior polorum vicinitas sequetur.*

Propos. XXVI.

+ Circuli maiores in sphæra super circulum maiorem, cuius æquidistantem circulum tangunt, æqualiter inclinantur. Et si circuli maiores
super circulum maiorem æquè inclinati sunt, contingent circulum ei,
super quem inclinati sunt, æquidistantem. Qui autem maiorem æquidistantem contingit, magis inclinatur. Et qui magis inclinatur, continget maiorem æquidistantem.

Propos. XXVII.

+ Circulorum maiorum in sphæra super aliquem circulum maiorem
æqualiter inclinatorum poli sunt in peripheria circuli æquidistantis
ei, super quem inclinantur. Contra, si circulorum maiorum poli sint
in peripheria circul. æquidistantis ei, super quem inclinantur, æquales erunt eorum inclinationes.

Propos. XXVIII.

Si supra diametrum circuli portio quælibet circuli orthogonaliter
erigatur, cuius peripheria in duo inæqualia secetur: & à puncto sectionis ad peripheriam circuli supra quem ipsa erecta est, plurimæ rectæ lineæ protrahantur: Tunc ex eis, quæ minori arcui ipsius portionis subtē-
detur, omnium erit minima: Quæ autem maiori, omnium erit maxima.
Ceteræ autem tanto maiores erunt, quanto à minima remotiores: tanto breuiores, quanto eidem propinquiores. Duæ verò vtrinque ab eadem æqualiter distantes erunt ad inuicem æquales.

Propof. XXIX.

Si circulum recta linea præter centrum secet, super quam portio circuli non maior semicirculo ad ipsum circulum orthogonaliter erigatur: & huius portionis peripheria in duo inæqualia diuidatur : & à puncto diuisionis ad maiorem arcum circuli , super quem portio ipsa erigitur, plurimæ rectæ lineæ demittantur : tunc ex eis, quæ minori arcui portionis subtenditur , omnium erit breuissima : Quæ autem terminat diametrum traseuntem per punctum , in quo perpendicularis à puncto diuisionis portionis descendens ad planum circuli plano ipsi occurrit, omnium erit longissima ; earum verò, quæ inter extremitatem minoris arcus , & huius diametri cadent , semper propinquior extremitati minoris arcus breuior erit. At verò earum , quæ inter extremitatem eiusdem diametri & extremitatem maioris arcus ceciderint, illa quæ maiori arcui subtenditur, erit omnium breuissima, eique semper vicinior, breuior erit.

Prop. XXX.

Si ex circulo linea recta portionem semicirculo non minorem abscindat, super quam describatur portio circuli semicirculo non maior, quæ inclinata sit super portionem semicirculo non maiorem : At arcus huius portionis inclinatæ in duo inæqualia diuidatur, ac etiam à puncto diuisionis ad arcum portionis semicirculo non minoris plurimæ rectæ lineæ demittantur, tunc ex eis quæ minori arcui portionis inclinatæ subtenditur, omnium erit breuissima. Quæ autem diametrum terminat transcuntem per punctum in quo perpendicularis à puncto diuisionis descendens in superficiem circuli, ipsi superficiei occurit, omnium erit longissima. Earum verò, quæ inter extremitatem huius diametri, & minoris arcus cadent, semper vicinior extremo minoris arcus breuior erit. At verò earum, quæ inter extremitatem eiusdem diametri , & maioris arcus ceciderint , illa quæ maiori arcui subtenditur, erit omnium breuissima , eique semper propior breuior erit.

Prop. XXXI.

Si in sphæræ superficie intra circuli cuiuscumq; peripheriam punctum præter polum signetur, & ab eo ad ipsam peripheriam plurimi arcus circulorum maiorum ducantur, tunc ex eis qui per circuli polum transierit, omnium erit maximus : qur verò ei adiacet, omnium erit minimus. Cæterorum autem, quanto quilibet maximo transcunti per polum propinquior, tanto maior : duo verò ab eodem, siue à breuissimo vtrinque æqualiter distantes, inuicem æquales erunt.

Prop. XXXII.

Si in sphæra extra cuiuslibet circuli peripheriam punctum præter polum signetur : & ab eo ad peripheriam circuli plurimi arcus circulorum maiorum ipsum secantes ducantur : Tunc ex eis, qui per circuli polum transierit, omnium erit maximus. Qui verò ei adiacet propinquior, semper maior erit. Partialium autem arcuum extrinsecorum peripheriæ applicatorum , qui transeuntis per polum pars est, erit omnium breuissimus : Qui verò ei magis appropinquat, breuior est. Duoque demum à breuissimo, aut longissimo æqualiter vtrinque remoti æquales erunt.

Propos. XXXIII.

Si quem circulum in sphæra quilibet maior circulus contingat, ac sui æquidistantem inter ipsum & sphæræ centrum cadentem idem circulus maior secet : fueritque vnus duorum polorum huius circuli maioris inter duos prædictos æquidistantes interceptus : Tunc quicumque maiores circuli illum duorum æquidistantium, qui positus est secari , contingunt, sunt super primum maiorem circulum inclinati : etitque illius, qui contingit ipsum punctum super punctum medium minoris portionis, maxima inclinatio, & minima altitudo : eius autem, qui contingit ipsum super punctum medium maioris portionis, erit inclinatio minima, & maxima altitudo. Cæterorum autem , quanto punctum contactus vicinius erit puncto medio portionis minoris, tanto erit inclinatio maior, & minor altitudo. Duorum verò, quorum contactus à medio puncto ipsius minoris portionis æqualiter distant, erunt & inclinationes & altitudines æquales. Poli autem omnium horum circulorum contingentium super peripheriam vnius circuli duobus primis æquidistantibus æquidistantis, ac vtraque eorum minoris necessariò erunt.

Propos. XXXIV.

Si quem circulum in sphæra quilibet circulus maior contingat, & illius æquidistantem inter ipsum & sphæræ centrum cadentem idem circulus maior secet, fueritque vnus duorum polorum huius maioris circuli inter duos prædictos æquidistantes interceptus ; tunc quicumque duo maiores circuli illum duorum æquidistantium, qui positus est secari , contingunt super duo puncta à locis, in quibus maiorem circulum secant primum, æqualiter distantia ; sunt super ipsum maiorem circulum æqualiter inclinati.

THEODOSII SPHÆRICORVM,
LIBER TERTIVS.

Propositio prima.

CVm in fphæra duo circuli maiores fe inuicem fecant: fi ab alterutra duarum fectionum ex vtroque eorum duo arcus æquales ad inuicem, quos punctum commune fectionis eorum continuet, feparentur, tunc rectas lineas, quæ eorum extremitates continuant, oportet efle inter fe æquales.

Propof. II.

Si duo circuli magni in fphæra fe inuicem fecent: ex vno quorum feparentur duo arcus æquales, qui continuentur ad vnam duarum fectionum: & protrahantur duæ fuperficies æquidiftantes per extremitates duorum arcuum feparatorum, abfcindentefque ex reliquo circulo à puncto dictæ fectionis duos arcus minores duobus prioribus: fueritque altera iftarum duarum fuperficierum æquidiftantium, concurrens cum communi fectione duorum circulorum extra fphæram à parte illius puncti, ad quem continuantur arcus feparati: Tunc erunt arcus, quos hæ duæ fuperficies feparant de circulo fecundo à duabus partibus puncti fectionis inæquales: maiorque eorum erit arcus, qui eft inter communem fectionem & fuperficiem, quæ cum communi prædicta planorum circularium fectione non concurrit.

Propof. III.

Si circulus maior in fphæra fuerit fuper alium circulum maiorem inclinatus, fuerintque duo arcus circuli inclinati æquales continui feparati per tres circulos æquidiftantes ab eadem parte maioris circuli, qui eis æquidiftat: tunc erunt duo arcus circuli maioris tranfeuntis per polos circulorum æquidiftantium, & circuli inclinati, quos iidem æquidiftantes feparant, inæquales, maiorque eorum erit, qui propinquior fuerit circulo maiori ex circulis æquidiftantibus.

Propof. IV.

Si circulus maior in fphæra fuerit fuper alium circulum maiorem inclinatus: fuerintque ex vna qualibet quarta circuli inclinati, cuius principium fit alterutra duarum fectionum duo arcus æquales continui feparati: tunc arcus circulorum magnorum à polo alterius per extremitates duorum arcuum feparatorum in ipfius peripheriam defcen-

defcendentes ex ipfa periphęria arcus inęquales abfcindent:quorum
ille erit maior, qui erit ab eorum communi fectione remotior.

Prop. V.

✠ Si fuper maioré circulum in fphęra contingentem duos circulorum ęquidiftantium fuerit alius maior circulus inclinatus, contingés
duos eorumdem circulorum ęquidiftantium prædictis duobus maiores,fuerintque loca contactuum fuper primum circulum maiorem,ex
circulo autem inclinato feparati fuerint duo arcus æquales continui
ab eadem parte circulfmaioris ex æquidiftantibus: tunc tres circuli
æquidiftátes tranfeuntes per extremitates duorum arcuum feparatorum feparabunt ex primo circulo maiore arcus inæquales, quorum
qui propinquior erit maiorum circulorum æquidiftantium, erit
maior.

Prop. VI.

✠ Si fuper circulú maiorem in fphæra contingentem duos circulorum æquidiftantium fuerit alius maior circulus inclinatus contingens
duos eorumdem æquidiftantium prædictis duobus maiores, fuerintque loca contactuum fuper primum circulum maioté: ex circulo autem inclinato feparati fuerint duo arcus æquales continui ab eadem
parté circulémaioris ex ęquidiftápribus:tunc tres circuli maiores có-
tingentes duos primos æquidiftantes, quos contingit circulus maior
primus, tranfeuntes per extremitates duorum arcuum feparatorum
feparabunt ex circulo maiore circulorum æquidiftantium duos arcus
inæquales, quorum qui propinquior erit circulo maiori primo, maior erit.

Prop. VII.

Si circulus maior in fphæra fuerit fuper alium maiorem circulú inclinatus: fuerintque duo arcus circuli inclinati æquales non continui feparati per quatuor circulos æquidiftantes ab eadem parte maioris circuli qui eis æquidiftat: Tunc erunt duo arcus circuli maioris
tranfeuntis per polos circulorum æquidiftantium,& circuli inclinati
quos æquidiftantes feparant, inæquales:maiorque eorum erit, qui
propinquior fuerit circulo maiori ex æquidiftantibus.

Prop. VIII.

Si circulus maior in fphæra fuper aliú maiorem circulum fuerit inclinatus: fuerintque ex vna qualibet quarta circuli inclinati, cuius
principium fit alterutra duarum fectionum duo arcus æquales non
continui feparati: tunc arcus circulorum magnorum à polo alterius
per extremitates horum duorum arcuum in ipfius peripheriam defcendentes ex ipfa peripheria arcus inæquales abfcindent:quorum ille

erit maior, qui est ab eorum communi sectione remotior.

Prop. IX.

Si super circulum maiorem in sphæra contingentem duos circulorum æquidistantium fuerit alius maior circulus inclinatus contingens duos eorumdem circulorum æquidistantium, prædictis duobus maiores: fuerintque loca contactuum super primum circulum maiorem, ex circulo autem inclinato separati fuerint duo arcus æquales non continui ab eadem parte circuli maioris ex æquidistantibus: tũc quatuor circuli æquidistantes transeuntes per extremitates duorum arcuum separatorum, separabunt ex primo circulo maiore duos arcus inæquales: quorum, qui propinquior maiori circulo æquidistantium, erit maior.

Prop. X.

Si super circulum maiorem in sphæra contingentem duos circulorum æquidistantium fuerit alius maior circulus inclinatus contingens duos eorumdem æquidistantium prædictis duobus maiores: fuerintque loca contactuum super primum circulum maiorem: ex circulo autem inclinato separati fuerint duo arcus æquales non continui ab eadem parte circuli maioris ex æquidistantibus, tunc quatuor circuli maiores contingentes duos primos æquidistantes, quos contingit circulus maior primus, transeuntes per extrema duorum arcuum separatorum, separabunt ex circulo maiore circulorum æquidistantium duos arcus inæquales, quorum, qui propinquior erit circulo maiori primo, maior erit.

Prop. XI.

Si polus circulorum æquidistantium supra lineam continentem circulum maiorem fuerit, & secuerint hunc circulum duo circuli maiores orthogonaliter: quorum vnus sit ex circulis æquidistantibus, & alter sit inclinatus super circulos æquidistantes. & signata fuerint supra circulum inclinatum duo puncta qualitercumque contingat in vna & eadem parte à circulo maiore, qui est ex circulis æquidistantibus, & producti fuerint circuli maiores à polo per puncta signata, tunc erit proportio arcus circuli maioris ex æquidistantibus cadentis inter circulum primum maiorem, & sibi propinquum per eosdem polos, & vnum punctorum signatorum productum ad arcum circuli inclinati inter eosdem circulos interceptum maior, quàm proportio arcus circuli maioris ex æquidistantibus cadentis inter circulos productos per puncta signata ad arcum circuli inclinati inter signata puncta recepti.

Prop. XII.

Si polus circulorum æquidistantium fuerit supra lineam continen-

tem circulum maiorem : & fecuerint hunc circulum duo circuli maiores orthogonaliter: quorum vnus fit ex circulis æquidiftantibus, &
alter fuper eos inclinatus : Et fuerit alius circulus maior fecans circulum inclinatum inter circulum maiorem ex æquidiftantibus, & inter
circulum, quem circulus inclinatus cōtingit ex ipfis æquidiftantibus,
& fuerit tranfiens per polos æquidiftantium ,tunc proportio diametri
fphæræ ad diametrum circuli, quem contingit circulus inclinatus,
erit maior proportione arcus circuli maioris æquidiftantium cadentis inter circulos, qui per polos æquidiftantium ab arcum circuli inclinati inter eofdem circulos interceptum.

Prop. XIII.

Iifdem fuppofitis, proportio diametri fphæræ ad diametrum circuli ex æquidiftantibus, tranfeuntis per fectionem vltimi circuli maioris, & circuli inclinati,erit minor proportione arcus circuli maioris
æquidiftantium cadentis inter circulos,qui polos per æquidiftantium
ad arcum circuli inclinati inter eofdem circulos claufum.

Prop. XIV.

Cum in fphæra fuerint duo circuli maiores contingentes vnum
& eundem circulum ex circulis æquidiftantibus,& feparauerint inter
fe ex circulis æquidiftantibus arcus fimiles. Et fuerit alius arcus circulus maior inclinatus fuper circulos æquidiftantes contingens duos
circulos maiores duobus circulis, quos duo primi circuli continge-
bant, & fecuerit ipfos duos circulos primos inter circulum maiorem
ex æquidiftantibus ,& circulum, quem contingunt duo primi circuli : tunc proportio diametri fphæræ ad diametrum circuli , quem
contingit circulus inclinatus, eft maior, quàm proportio arcus circuli maioris ex circulis æquidiftantibus cadentis inter circulos primos, qui contingunt eundem circulum, ad arcum circuli inclinati
inter eofdem circulos interceptum.

Prop. XV.

Cum circuli æquidiftantes in fphæra fuerint, feparantes ex aliquo
circulo maiore arcus æquales ab ea parte, qua fequitur circulus maior, qui eft ex æquidiftantibus : & defcripti fuerint circuli maiores
per arcuum feparatorum terminos qui aut tranfeant per polos circulorum æquidiftantium, aut contingant vnum & eundem circulum ex
æquidiftantibus, tunc ipfi feparabunt ex circulo maiore æquidiftantium angulos æquales : Et ipforum arcus à maiore æquidiftantium
hinc inde ad minores recepti funt æquales.

Prop. XVI.

Cum in fphæra tetigerit circulus maior aliquem ex circulis æquidi ſtantibus, qui ſunt in ſphæra: & fuerit circulus alius inclinatus ſuper-circulos æquidiſtantes contingens duos circulos æquidiſtantes ma-iores circulis, quos primus circulus contingit: Tunc hi duo circuli ſeparabunt inter ſe ex circulis æquidiſtantibus arcus diſſimiles: Et quicunque horum arcuum fuerit magis propinquus vni duorum polo-rum, quicunque fuerit, erit maior arcu ſui circuli ſimili ei, qui eſt magis remotus ab eo.

PRÆFATIO
IN SPHÆRICA MENELAI.

MENELAVS, qui & Mileus, Geometra præſtantiſſimus, per annos fermè centum ante Ptolomæum ſtellas Romæ ac Rho-di obſeruaſſe narratur in ipſis magnæ conſtructionis libris, vbi Ptolo-mæus ſuas cum illius obſeruationibus confert. Scripſit hic poſt Theo-doſium, qui ſphærica elementa primus tradidit, ſphæricorum libel-los tres acutiſſimis demonſtrationibus refertos. Ex quorum tertio Ptolomæus ſumpſiſſe videtur quidquid de ſphæralibus triangulis tra-didit in primo & ſecundo ſui magni voluminis. Hos Menelai libel-los cùm ego in antiquis ex membrana codicibus reperiſſem, conatus ſum eos, quoniam corruptiſſimum erat exemplar, emendare, ac re-ſtituere, necnon quamplurimis tum neceſſariis, tum argutis ad auge-re propoſitionibus. Audierimus Tebitij ſupplementum in dictas Pto-lomæi demonſtrationes: quippe quod non minus huc pertinet. Nam quod hic Menelaus in principio tertij, & Ptolomæus in fine primi hinc ſumptum oſtendit, Tebitius correxit ſupplens quod in demon-ſtrando fuerat omiſſum: ac deinde faciliùs demonſtrauit: Tum etiam, quod ad rem pertinet, cum vna ratio componitur ex duabus, duo de viginti modos compoſitionis eſſe tantùm, certis concludit argu-mentis, ſed ante Menelai lectionem hæc prælibanda duximus, An-gulum ſphæralem eſſe eum, qui in ſphæræ ſuperficie ſub arcubus ma-gnorum circulorum continetur. Talem autem angulum rectum eſſe circulis ſe inuicem orthogonaliter ſecantibus: acutum angulum eſſe recto minorem: obtuſum verò maiorem.

✠ Æquales ſphærales angulos eſſe illos, qui ſub arcubus circulo-rum æquos ad angulos inclinatorum continentur. Triangulum ſphæ-rale eſſe, quod ſub tribus arcubus circulorum magnorum in ſuperfi-cie ſphæræ comprehenditur. Nadir arcus cuiuſpiam eſſe rectam, ſiue chordam, quæ duplo ipſius arcus ſubtenditur. Sinum rectum alicuius arcus esse dimidium ipsius nadir, seu chordæ dupli eiusdem arcus. Vnde manifestum est, quód quidquid Menelaus de ipsis nadir arcuum demonstrauit, idem de sinibus, & è contrario, concludi potest. ✳ Ptolomæus quoque Menelaum sequutus chordam dupli propositi arcus in demonstrationibus accipit. Nos autem Ioannem de Monte-regio, & Georgium Peurbachium imitati, pro chorda dupli, sinum ipsius arcus breuitati consulentes consideramus : quandoquidem vtrobique demonstratio est eadem. Et vbicumque opus fuerit inter demonstrandum, Euclidis elementa, ac Theodosij sphærica, quæ necessariò præmittenda sunt, citabuntur.

MENELAI SPHÆRICORVM,
LIBER PRIMVS.

PROPOSITIONES.

Propositio prima.

PRopositis in sphæræ superficie duobus circulis æqualibus, dato in vno eorum arcui æqualem arcum in reliquo ab assignato puncto abscindere.

Prop. II.

Super assignatum punctum arcus circuli magni in superficie sphæræ angulum sphæralem dato angulo sub duobus arcubus circulorum magnorum in eadem superficie contento æqualem constituere.

Corollaria.

I. *Hinc ergo manifestum est, quod anguli sub arcubus circulorum magnorum in superficie sphæræ contenti, qui æquos arcus assumunt de circulis æqualibus, ad quorum polos sunt constituti, sunt inuicem æquales. Contra, si anguli fuerint æquales, & assumpti quoque arcus inuicem erunt æquales.*

II. *Et quando duo circuli maiores in superficie sphæræ se inuicem secant, anguli sub illis contenti contra positi & oppositi sunt æquales.*

III. *Item si circuli se se orthogonaliter secant: rectos faciunt angulos : Et è contrario, si recti sunt anguli; circuli se se orthogonaliter secant.*

IV. *Item si angulus sphæralis quadrantem assumat de circulo, ad cuius polum constitutus est, rectus est contra, & rectus sphæralis angulus quadrantem assumit de circulo, ad cuius polum constituitur.*

V. *Demum angulus sphæralis minus quàm circuli quartam assumens:*

de circulo, adcuius polum constituitur, acutus est: Et è contrario, plus verò quàm circuli quartam assumens, obtusus est, & è contrario.

VI. *Ad summam, anguli sphærales semper sunt proportionales assumptis arcubus circulorum æqualium, ad quorum polos sunt constituti: sicut & ipsi inclinationum anguli, per vltimam sexti elementorum Euclidis.*

Prop. III.

Omnis trianguli duorum æqualium crurum ex circulis magnis in superficie sphæræ, duo anguli super latus tertium positi sunt ad inuicem æquales.

Prop. I.V.

Cum æquantur duo anguli trianguli ex arcubus circulorum magnorum in superficie sphæræ; crura æqualis angulis opposita sunt inter se æqualia.

Prop. V.

Omnium duorum triangulorum ex arcubus circulorum magnorum in superficie sphæræ, quorum vnus angulus vnius æqualis est vni angulo alterius, & arcus, qui continent angulum vnius, æquales arcubus, qui continent angulum alterius, singuli singulis: Et duo reliqui arcus æquales erunt. Quod si duo reliqui arcus æquales fuerint, tunc & duo anguli, quos continent arcus æquales in duobus triangulis, æquales erunt.

Prop. VI.

Cuiuslibet trianguli ex arcubus circulorum maiorum in superficie sphæræ quilibet duo arcus simul aggregati sunt maius arcu reliquo.

Prop. VII.

Cuiuslibet trianguli ex arcubus circulorum magnorum in superficie sphæræ tres arcus simul aggregati sunt minus integro circulo.

Coroll.

Et manifestum simul est, quod omnis sphæralis trianguli arcus minor est semicirculo.

Prop. VIII.

Ex tribus datis arcubus circulorum magnorum in superficie sphæræ, triangulum in eadem superficie construere. Oportet autem vt datorum arcuum quilibet sit minor semicirculo, vtque eorum duo quilibet aggregati sint maius reliquo.

Prop. IX.

Cum producuntur à duobus extremitatibus arcus ex arcubus circulorum magnorum continentium triangulum in superficie sphæræ duo arcus concurrentes super punctum vnum infra triangulum:

tunc ipfi producti funt minores duobus arcubus trianguli.

Prop. X.

Cuiuflibet trianguli ex arcubus circulorum maiorum in fuperficie fphæræ angulus vnus fuerit maior altero, arcus, qui fubtenditur angulo maiori, maior eft arcu, qui fubtenditur angulo minori.

Prop. XI.

. Omnium duorum triangulorum ex arcubus circulorum magnorum in fuperficie fphæræ, quorum vnius duo arcus æquantur duobus arcubus alterius, finguli videlicet fingulis : angulus autem fub duobus illis arcubus vnius, maior eft angulo contento fub dictis duobus alterius arcubus: tunc & arcus, qui fubtenditur angulo maiori, maior eft arcu, qui fubtenditur angulo minori. Item è contrario, angulus, quem fubtendit arcus maior, erit & maior angulo, quem fubtendit arcus minor.

Prop. XII.

Cuiuflibet trianguli ex arcubus circulorum magnorum in fuperficie fphæræ arcus vnus fuerit maior altero: angulus, quem fubtendit maior arcus, maior erit angulo quem fubtendit minor arcus.

Prop. XIII.

Triangulo cuiufcumque ex arcubus circulorum magnorum in fuperficie fphæræ, arcus duo coniuncti æquales fuerint femicirculo, tunc producto arcu reliquo angulus extrinfecus æqualis eft angulo extrinfecus oppofito fuper arcum productum. Si autem duo arcus coniuncti minus fint femicirculo, tunc angulus extra factus maior eft angulo dicto interiori. Quod fi duo arcus coniuncti femicirculum excedant, angulus exterior minor erit angulo ipfo intus oppofito.

Prop. XIV.

Contra, fi ponatur angulus extrinfecus æqualis angulo fibi intus oppofito in productione vnius arcus: tunc reliqui arcus coniuncti femicirculum conficiunt. Si autem extrinfecus angulus intrinfeco maior fuerit, tunc reliqui arcus coniuncti minus funt femicirculo. Si verò exterior angulus minor fuerit interiore, tunc reliqui arcus coniuncti femicirculum excedunt.

Corollaria.

Quæ propofitio etiam oftendi poteft ex præcedenti, vt deftructis contrarijs propofitum aftruatur.

. Manifeftum eft igitur quod quãdo trianguli fphæralis duo arcus coniuncti conficiunt femicirculum, tunc anguli arcubus illis oppofiti coniuncti faciunt duos rectos.

Quando autem duo arcus coniuncti minus fuerint semicirculo, tunc & anguli illis oppositi congregati minus etiam erunt quàm duo recti: At cum duo arcus coniuncti semicirculum exc-sserint: & anguli quoque eis oppositi simul sumpti duòs rectos angulos excedent.

Contra, si trianguli sphæralis duo anguli compositi conficiunt duos rectos; & arcus illis angulis subtensi simul sumpti semicirculum perficient. Quod si duo anguli aggregati minus fuerint, quàm duo recti: tunc & arcus eis subtensi simul positi semicirculum nequaquam attingent. Si demum duo anguli colligati duos rectos excesserint. Et arcus item eis subtensi pariter accepti semicirculum superabunt.

Prop. XV.

Cuiuscumque trianguli ex arcubus circulorum magnorum in superficie sphæræ habentis duo crura æqualia, si fuerint arcus æquales circuli quadrantes, erunt illis oppositi anguli recti. Si autem arcus æquales fuerint quadrantibus minores: Et anguli eis oppositi acuti erunt. Si verò arcus æquiquartas circulorum excesserint: tunc item illis obiecti anguli erunt obtusi. Contra, si in triangulo sphærali isoscele anguli arcubus æquis subtensi recti fuerint, & arcus illi quadrantes erunt: Si autem anguli acuti, & arcus minores quadrantibus. Si obtusi, minores quadrantibus erunt.

Corollarium.

✛ *Vnde manifestum est quod triangulum sphærale æquilaterum ex tribus quadrantibus constructum habet tres angulos rectos: Ex arcubus verò quadrante singulis minoribus, tres acutos: Ex arcubus tandem singulis circuli quarta maioribus, tres obtusos.*

Contra, triangulum sphærale æquiangulum habens tres rectos angulos, habet & tres arcus quadrantes. Habens autem tres acutos, habet tres arcus quadrantibus minores. Habens demum tres obtusos, habet tres arcus circulorum quartis longiores.

Prop. XVI.

Cuiuslibet trianguli ex arcubus circulorum magnorum in superficie sphæræ fuerit vnus arcuum quadrans, & vnus angulorum rectus: Erit & reliquorum arcuum saltem vnus quadrans: & reliquorum angulorum saltem vnus rectus.

Corollarium.

Constat ergo impossibile esse inueniri triangulum sphærale rectangulum, cuius vnus dumtaxat arcus sit circuli quadrans.

Prop. XVII.

✛ Cuiusque trianguli ex arcubus circulorum magnorum in superficie sphæræ fuerint arcus singuli quadrantibus maiores, erunt eius anguli

anguli obtufi; Et fimiles, fi duo arcus excedant quartas modo tertius fit quadrans.

Prop. XVIII.

Cuiufque trianguli ex arcubus circulorum magnorum in fuperficie fphæræ anguli finguli fuerint acuti: erunt eius arcus finguli quadrantibus minores. Et fimiliter, fi duo tantùm anguli fint acuti, ac tertius rectus.

Corollarium.

Notandum quod tam præfens quam præcedens propofitio non conuertitur.
Non enim neceffe eft, fi trianguli fpharalis anguli fint obtufi, & arcus fub-
tenfos omnes effe quadrantibus maiores. Neque rurfum arcus quadrantibus
minores cogunt omnes angulos effe acutos. Poteft enim effe triangulum fpharale habens tres angulos obtufos, & duos tantùm arcus quadrantibus maiores: reliquo autem quadrante aut minore exiftente. Et productis dictis arcubus quadrante maioribus ad concurfum, fiet fpharale triangulum trium
arcuum quadrantibus minorum habens duos tantùm acutos & reliquum
obtufum angulum.

Prop. XIX.

Cuiufcunque trianguli ex arcubus circulorum magnorum in fuperficie fphæræ vnus arcuum fuerit quadrante maior, duóque cæteri finguli quadrantibus minores; eiufdem nullus rectus erit angulus.

Corollarium.

Ex prædictis manifeftum eft, quod omne triangulum fpharale rectangulum aut habet tres quadrantes, trésque rectos angulos : aut duos quadrantes,
totidémque rectos angulos : aut nullum quadrantem vnúmque tantummodo
rectum angulum. Quando autem nullum habet quadrantem, tunc aut omnes
arcus habet quadrante minores, aut duos quadrante maiores, & reliquum minorem. Præterea fi habet omnes arcus quadrante min:res, tunc habet duos
angulos reliquos acutos. Si autem duos arcus quadrante maiores; tunc habet
angulorum reliquorum vnum acutum, & reliquum obtufum, quando rectus angulus vni dictorum arcuum opponitur. Nam quando rectus angulus arcuum quadrante minorem refpicit, habet duos reliquos angulos
obtufos.

Prop: XX.

✛ Omnis trianguli ex arcubus circulorum magnorum in fuperficie
fphæræ anguli tres coniuncti funt maius quàm duo recti, minus verò
quàm fex recti.

Prop. XXI.

Omnium duorum triangulorum ex arcubus circulorum magno-

rum in superficie sphæræ habentium duos angulos rectos: duósque
angulos.ex reliquis æquales non autem. rectos:Item duos arcus rectis
oppositos æquales: erunt & duo anguli reliqui æquales, & duo reliqui vnius arcus duobus reliquis alterius arcubus singuli singulis
æquales.

Prop. XXII.

Omnium duorum triangulorum ex arcubus circulorum magnorum in superficie sphæræ habentium inuicem duos angulos æquales,
quorum arcus,qui continent duos alios angulos, duo·duobus , vnusquisque suo relatiuo,fuerint æquales: reliqui autem.anguli, aut ambo acuti,aut ambo obtusi·: Erit & arcus reliquus vnius arcui reliquo
alterius æqualis : & duo anguli reliqui duobus angulis reliquis alterius singuli,singulis çquales.

Prop. XXIII.

Omnium· duorum triangulorum ex arcubus circulorum· magnorum super superficiem sphæræ ; si çquantur duo anguli vnius duobus
angulis alterius, vnusquisque suo relatiuo , & duo arcus super quos.
funt anguli,sint inuicem æquales duo.; tunc duo arcus reliqui vnius,
sunt æquales duobus arcubus reliquis alterius ,quisque suo relatiuo,
& reliquus angulus reliquo angulo æqualis..

Prop. XXIIII,

Omnium duorum triangulorum ex arcubus circulorum magnorum in superficie sphæræ , quorum vnius duo anguli duobus alterius
angulis singuli singulis sunt æquales, Et duo arcus qui continent
tertium angulum in vno,æquales duobus arcubus, qui continent tertium angulum in altero,, quisque suo relatiuo ; Et tertius angulus in.
neutro elt polus reliqui lateris , seu arcus : Erunt & reliqui arcus inter se æquales : & tertij.anguli æquales..

Prop. XXV..

Omnium· duorum triangulorum ex arcubus circulorum magnorum in superficie sphæræ,si æquales fuerint duo anguli vnius duobus·
angulis alterius,singuli singulis:& vnus arcuum subtensorum in vno·
æqualis arcui relatiuo·in altero : reliqui autem subtensi in vtroque
coniuncti minimè conficiant semicirculum ; erunt & hi arcus subtensi æquales:&reliqui arcus æquales:& reliqui anguli æquales.

Prop. XXVI..

Omnium duorum·triangulorum· ex arcubus circulorum magnorum in superficie sphæræ,si fuerint anguli vnius æquales angulis alterius,quisque scilicet angulus suo relatiuo : erunt & æquis angulis
subtensi arcus æquales;relatiuos relatiuis videlicet conferendo. :

Corollarium.

Manifeſtum eſt igitur ex quinta huius, & ex præſenti, quod omnia duo ſphæralia triangula, ſi fuerint ad inuicem æquilatera, erunt & inter ſe æquiangula : Contra, & ſi æquiangula ſupponantur ad inuicem, erunt & inter ſe æquilatera. Vnde patet quod multa proprietates inſunt ſphæricis triangulis, quæ non dantur planis.

Prop. XXVII.

Cum duorum triangulorum ex arcubus circulorum magnorum in ſuperficie ſphæræ duo anguli vnius æquātur duobus angulis alterius, ſinguli ſcilicet ſingulis : & angulus reliquus vnius maior angulo reliquo alterius : tunc arcus qui ſubtenditur angulo maiori, maior eſt eo; qui ſubtenditur angulo minori. Et ſi fuerit vnus duorum reliquorum arcuum vnius trianguli cum ſuo relatiuo trianguli alterius ſumptus æqualis ſemicirculo : tunc arcus reliquus vnius æqualis erit arcui reliquo alterius. Et ſi maior fuerit ſemicirculo, tunc arcus reliquus trianguli, cuius angulus eſt minor, eſt maior arcu reliquo alterius. Et ſi minor fuerit ſemicirculo, tunc iterum ipſe minor erit.

Prop. XXVIII.

Cum duorum triangulorum ex arcubus circulorum magnorum in ſuperficie ſphæræ arcus vnus vnius æquatur arcui alterius, anguli autem contermini tali arcui vnius collati ad angulos dicto alterius arcui conterminos fuerint, vnus maior & alter minor ſuo relatiuo, anguli verò reliqui arcubus æqualibus oppoſiti ſinguli nequaquam minores angulo recto : tunc arcus angulis maioribus ſubtenſi maiores erunt arcubus, qui minores angulos reſpiciunt.

Prop. XXIX

In omni triangulo ex arcubus circulorum magnorum in ſuperficie ſphæræ, cuius vnus angulorum æquatur duobus angulis reliquis ; pariter acceptis, cùm protrahitur ab angulo magno arcus circuli magni ſecans per æqualia oppoſitum arcum : tunc arcus protractus eſt æqualis dimidio arcus ſecti.

Prop. XXX.

Cuiuſque trianguli ex arcubus circulorum magnorum in ſuperficie ſphæræ vnus angulorum fuerit non minor angulo recto, & vnuſquiſque duorum arcuum ipſum continentium minor quadrante : erit & vterque reliquorum angulorum acutus.

Prop. XXXI.

Cuiuſque trianguli ex arcubus circulorum magnorum in ſuperficie ſphæræ vnus angulorum fuerit non minor angulo recto. Et quilibet duorum arcuum alium angulum continentium minor quadrante : Erit

& arcus reliquus minor quadrante, & quilibet reliquorum angulorum acutus.

Prop. XXXII.

Omnis trianguli ex arcubus circulorum magnorum in superficie sphæræ, si diuidantur duo ex arcubus singuli per æqualia : tunc arcus circuli magni interiectus diuisionum notis est maior dimidio reliqui arcus.

Prop. XXXIII.

Cuiusque trianguli ex arcubus circulorum magnorum in superficie sphæræ fuerit vnus angulorum non minor recto, si diuidatur arcus ei angulo subtensus per æqualia, & à puncto diuisionis protrahantur duo arcus circulorum magnorum ad puncta media duorum reliquorum arcuum :. quilibet factorum angulorum à protractis & ipsis reliquis extrinsecorum ad angulum, qui non minor. est recto, minor erit, quàm ipse angulus non minor recto.

Prop. XXXIV.

Cuiusque trianguli ex arcubus circulorum magnorum in superficie sphæræ fuerit vnus angulorum non minor recto, reliqui autem aut ambo obtusi, aut ambo recti, aut ambo acuti: Arcus circuli magni interiectus punctis per æqualia diuidentibus arcus, subtensos dictis, reliquis angulis faciet cum diuisis arcubus extrinsecos angulos prædictis, quemque suo opposito minorem.

Prop. XXXV.

Si trianguli ex arcubus circulorum magnorum in superficie sphæræ duo arcus simul sumpti fuerint æquales semicirculo, & angulum sub ipsis contentum per æqualia secuerit arcus circuli magni, secabit & per æqualia reliquum trianguli arcum. Contra si arcus circuli magni secuerit per æqualia reliquum, secabit & per æqualia oppositum angulum; Et secans arcus est circuli quadrans.

Prop. XXXVI.

Quod si duo arcus trianguli inæquales simul semicirculum faciant, angulumque sub illis contentum & arcum reliquum secans arcus circuli magni quadrans fuerit; tunc tam angulus, quàm arcus per æqualia secatur.

Prop. XXXVII.

Si trianguli ex arcubus circulorum magnorum in superficie sphæræ duo arcus simul fuerint æquales semicirculo, & ab angulo sub eis contento descenderint ad tertium latus complexi cum illis æquos angulos duo alij arcus, separabunt ex tertio latere duos arcus æquales. Contra, si arcus descendentes separauerint ex arcu tertio duos arcus æquales,comple&entur cum primis duos angulos æquales, & fimul fumpti femicirculo æquales erunt.

Prop. XXXVIII.

Quod fi trianguli duo arcus diuerfi & fimul æquales femicirculo fuerint,duoque alij ab eorum angulo defcendentes fimul femicirculum perfecerint,tunc defcendentes cum arcubus lateralibus continebunt angulos æquales; & feparabunt ex arcu reliquo trianguli arcus æquos.

Prop. XXXIX.

Si trianguli ex arcubus circulorum magnorum in fuperficie fphæræ duo arcus fimul fumpti fuerint minus femicirculo ,& angulum fub ipfis comprehenfum per æqua diuiferit arcus, fiue per medium fecuerit arcum angulo fubtenfum ,tunc diuidens fiue fecans arcus minor eft quadrante.

Prop. XL.

Si trianguli ex arcubus circulorum magnorum in fuperficie fphæræ duo arcus fuerint diuerfi,& fimul fumpti femicirculo minus : tunc fe-
&o per medium angulo fub illis comprehenfo: arcus fecans diuidet
reliquum trianguli arcum per inæqualia:nam maior portio erit , quæ
contermina arcui maiori ex arcubus primis. Contra verò fi fecans arcus per æqualia diuiferit arcum trianguli di&um : tunc fecabit angulum prædi&um inæqualiter : eritque maior portio anguli adhærens arcui minori ex arcubus primis,trianguli.

Prop. XLI.

Item fi, ftantibus cæteris, arcus di&us trianguli fphæralis per medium fecetur, tunc arcus reliqui trianguli fimul fumpti funt maius duplo arcus fecantis.

Prop XLII.

Item fi iifdem fubie&is,angulus prædi&us per æqualia fecetur ,adhuc & arcus angulum complexi coniun&i funt maius quàm duplum arcus fecantis.

Prop. XLIII.

Quod, fi iifdem fuppofitis, duo arcus angulum di&um complexi fint fimul iun&i æquales duplo arcus fecantis:tunc tam angulus di-
&us,quàm ei fubtenfus arcus per inæqualia fecabitur:& maior portio tam anguli,quàm arcus erit contermina minori ex arcubus angulum diuifum comple&entibus:minor verò maiori.

Prop. XLIV.

Iifdem fuppofitis:arcu que fecante per medium di&am bafim trian-

D d iij.

guli, & à quolibet puncto arcus fecantis ductis duobus arcubus ad
terminos bafis, Arcus ducti cum lateribus trianguli reliquis facient
angulos inæquales:eritque angulus maior cum latere,minori: minor
verò cum maiore.

Prop. XLV.

Si trianguli ex arcubus circulorum magnorum in fuperficie fphæræ
duo arcus fuerint inæquales:& eorum aggregatum minus femicircu-
lo:tunc,cùm feparabuntur à duabus extremitatibus arcus reliqui duæ
portiones æquales:duo arcus ducti à punctis diuifionum ad angulum
oppofitum, abfcindent ex eo angulos duos inæquales;Eritque arcus
maior apud arcum trianguli minorem : minor autem apud minorem:
Et duo arcus ducti coniuncti minus quàm aggregatum arcuum
trianguli prædictum.

Prop. XLVI.

Quod fi arcus ducti abfcindant angulos æquales:tunc ipfi feparabunt ex arcu subtenso arcus inæquales, quorum maior contiguus
erit arcui maiori trianguli : & minor minori :Et arcus ducti com-
pofiti minus item erunt aggregato arcuum trianguli conterminorum.

Prop. XLVII.

Iifdem fubiectis : fi duorum arcuum ductorum congeries æqualis
ponatur aggregato duorum arcuum trianguli conterminorum : tunc
arcus ducti facient cum arcubus trianguli angulos inæquales : & feparabunt ex arcu reliquo trianguli arcus inæquales : eritque portio
maior tam anguli quàm arcus apud arcum trianguli minorem: minor
verò apud maiorem.

MENELAI SPHÆRICORVM
EX TRADITIONE MAVROLYCI.
LIBER SECVNDVS.

Propofitio prima.

✠ IN omni triangulo ex arcubus circulorum magnorum in fuperficie fphære conftituto ; cuius duo arcus coniuncti funt minus
femicirculo : reliquus arcus habet polos extra trianguli ambitum.

Prop. I I.

Arcus autem circuli magni ab angulo, quem continent duo arcus minores semicirculo, ad reliquum latus descendens omnino minor est aut vtróque aut alterutro collateralium arcuum.

Prop. I I I.

Quod si duorum arcuum trianguli, quorum summa semicirculum non attingit, maior non excedat quadrantem, cum sunt inæquales: Tunc si à quolibet puncto reliqui arcus ducatur arcus circuli magni faciens cum ipso arcu angulum æqualem angulo trianguli vtrilibet super eundem arcum intrinsecus opposito: ductus arcus secabit arcum trianguli, qui prædicto angulo subtenditur.

Prop. I V.

Omnis trianguli ex arcubus circulorum magnorum in superficie sphæræ, cuius duo arcus coniuncti sunt minus semicirculo: arcus reliquus maior est quàm arcus sui circuli similis ei arcui circuli minoris sibi æquidistantis, qui inter primos trianguli arcus vbicunque intercipitur.

Prop. V.

Iisdem suppositis: possibile erit à quolibet puncto vnius arcuum, quorum summa minor est semicirculo: ducere arcum circuli magni ad arcum tertium trianguli, ita vt arcus ductus faciat cum arcu tertio angulum æqualem angulo sibi intrinseco, quem subtendit latus trianguli, in quo signatum fuit punctum.

Prop. V I.

Quod si arcuum, quorum summa minor est semicirculo, cum inæquales sunt, longior non excedat quadrantem, possibile erit à quolibet puncto intra triangulum signato ducere arcum circuli magni: qui cum arcu tertio faciat angulum æqualem angulo sibi intrinseco trianguli, secétque productus arcum tali angulo subtensum.

Prop. V I I.

Omnis trianguli ex arcubus circulorum magnorum in superficie sphæræ si fuerit vnus angulorum non maior angulo recto: & duo arcus ipsum continentes minus semicirculo: Et maior eorum (inæquales sunt) non maior quadrante: Tunc, cum signabitur punctum intra triangulum: & protrahentur ab eo ad arcum subtensum angulo, qui non est maior recto: duo arcus circulorum magnorum continentes cum eo duos angulos æquales duobus anguli trianguli reliquis extrinsecos intrinsecis: & producentur in diuersas partes, vt concurrat cancellatim arcubus reliquis, trianguli, facti quadrilateri vtrumque latus circa angulum non maiorem recto, minus est latere sibi opposito circa punctum signatum.

Prop. VIII.

Iifdem fubiectis, fi punctum fignatum ponatur in tertio arcu triaguli, ductis arcubus ab ipfo puncto vt prius, eadem fequentur.

Prop. IX.

Si trianguli ex arcubus circulorum maiorum in fuperficie fphæræ fuerint duo crura æqualia quadrantibus minora : & angulus fub eis contentus non maior recto : tunc cum feparabuntur ex vno duorum crurium duo arcus æquales non continui ; à quorum terminis ducantur ad bafim arcus circulorum magnorum facientes cum bafi angulos æquales angulo trianguli ad bafim eis intrinfeco, arcus ducti feparabunt ex bafi arcus diuerfos : quorum maior erit ille, qui vicinior erit cruri trianguli non diuifo, cuius cruris cum minimo ex ductis congeries æqualis erit aggregato duorum mediorum.

Prop. X.

Quod fi ponantur arcus de bafi per arcus ductos feparati æquales inuicem, tunc arcuum de crure feparatorum minor erit, qui continuatur cruri non diuifo. Et fumma extremorum minor, quàm fumma mediorum arcuum ductorum.

Verùm huius propofitionis prima pars poffet oftendi ex præcedenti, ex deftructione contrariorum aftruendo propofitum.

Prop. XI.

Item fi arcus de crure feparati ponantur æquales & continui : tunc arcuum de bafi ab eifdem arcubus ductis feparatorum maior erit, qui adhæret cruri non diuifo. Cuius cruris cum minore arcuum ductorum congeries æqualis erit duplo arcus ducti medij.

Prop. XII.

Rurfum fi ponantur arcus de bafi per arcus ductos feparati continui & æquales : tunc arcuum de crure feparatorum minor erit, qui contiguus eft cruri non diuifo : & congeries extremorum minor erit duplo arcus ducti medij.

Prop. XIII.

Adhuc, fi arcus de crure feparati fint dimidia totius cruris, arcu ducto medio vt dictum eft, ad bafim : tunc bafis portio, quæ cruri non diuifo adhæret, maior eft, quàm reliqua. Et arcus ductus eft dimidium cruris vtriuflibet.

Prop. XIV.

Demum fi bafis per medium fecetur, arcus per punctum diuifionis, vt dictum eft, ductus crus trianguli per inæqualia fecabit. Et minor portio indiuifo cruri contigua erit. Et arcus ductus maior erit dimidio cruris triangularis.

Prop. XV.

Prop. X V.

Item, si arcus de crure separati sint æquales, disiuncti, & ad terminos cruris finiti:arcus,vt dictū est, ducti per medios terminos arcuum
separatorum, separabunt ex basi portiones inæquales, quarum maior
erit, quæ adhæret cruri non diuiso. Et crus ipsum æquale erit aggregato duorum arcuum ductorum.

Prop. X V I.

Contra, si ponantur arcus de basi separati æquales, discreti, ac cæterum cum basi contermini : arcus ducti abscindent ex crure portiones diuersas; quarum minor erit apud crus indiuisum. Et crus ipsum
tunc minus aggregato arcuum ductorum.

Prop. X V I I.

Si trianguli ex arcubus circulorum maiorum in superficie sphæræ
vnus angulorum fuerit non maior recto : & duo crura ipsum continentia diuersa, & maius non excedat quadrantem: tunc, cùm separabuntur ex basi duo arcus æquales non continui : à quorum terminis
ducantur arcus circulorum magnorum facientes cum basi angulos
æquales angulo trianguli apud basim eis intrinseco sub basi & vno
crurum contento, arcus ducti separabunt ex reliquo crure trianguli
arcus diuersos: quorum minor erit, qui contiguus est cruri non diuiso. Cuius cruris cum remotissimo ex arcubus ductis aggregatio minor erit congerie mediorum.

Prop. X V I I I.

Quod si ponantur arcus de basi separati æquales & continui, tunc
portionum de crure trianguli per arcus ductos, vt dictum est, separatarum minor erit,quæ apud crus indiuisum. Cuius cruris cum minore
arcuum ductorum congeries minor erit duplo arcus medij.

Prop. X I X.

Item, secta per medium basi, arcus per punctum diuisionis ductus,
vt dictum est, inæqualiter secabit crus trianguli : minorque portio
apud crus indiuisum. Et ductus arcus maior dimidio eiusdem cruris.

Prop. X X.

Denique si arcus de basi separati sint æquales, disiuncti, & cùm
terminis basis finiti,arcus ducti separabunt ex crure arcus inæquales,
quorum minor apud crus indiuisum. Et crus ipsum minus composito
duorum arcuum ductorum.

Prop. X X I.

Si trianguli ex arcubus circulorum magnorum in superficie sphæræ vnus angulorum fuerit non maior recto: & duo crura ipsum côti-
nentia diuersa: & maius non excedat quadrantem: tunc cùm separa-

buntur ex vno crurum duo arcus æquales non continui, à quorum
terminis ducantur arcus circulorum magnorum facientes cum basi
angulos æquales angulo eis extrinseco, quem continet basis cum
reliquo crure, arcus ducti separabunt ex basi portiones diuersas, quarum maior erit apud crus indiuisum.

Prop. XXII.

Iisdem suppositis: arcubus, vt dictum est, dispositis a ductis: arcubus tamen æqualibus de crure maiori separatis, ostendendum est,
quod cruris reliqui, minimique ductorum arcuum congeries minor
est aggregato duorum arcuum mediorum.

Prop. XXIII.

Quod si in prædicto triangulo arcus æquales ex vtrolibet crure separati continui fuerint: arcus, vt dictum est, per illorum terminos
ducti separabunt ex basi portiones diuersas, quarum maior apud crus
indiuisum.

Prop. XXIV.

Et si arcus æquales continui de crure maiori separentur; tunc reliqui cruris cum maiore ductorum aggregatum minus est quàm duplum arcus medij.

Prop. XXV.

In eodem triangulo, si arcus separati fuerint vtriuslibet cruris dimidia: tunc arcus per diuisionis notam, vt diximus, ductus basim
per inæqualia secabit: & maior portio apud crus reliquum.

Prop. XXVI.

Et si crus maius sic dimidiatum ponatur; tunc arcus ductus maior
est dimidio cruris indiuisi.

Prop. XXVII.

Demum in tali triangulo, si arcus separati æquales ex vtrolibet
crure discreti quidem, sed eosdem limites vtrinque cum crure habuerint, tunc arcus, vt dictum est, per terminos medios ducti separabunt de basi diuersas portiones, quarum maior cruri non diuiso
contermina est.

Prop. XXVIII.

Et si arcus sic separati sint in crure maiori trianguli: tunc crus indiuisum minus est aggregato duorum arcuum ductorum.

Prop. XXIX.

Si trianguli ex arcubus circulorum maiorum in superficie sphæræ
vnus angulorum fuerit non maior recto: Et duo crura ipsum angulum
complexa inæqualia & maius non excedat quartam circuli: tunc, cùm
ab vno crurum ducentur ad basim tres arcus, qui faciant cum basi an-

gulos æquales angulo sibi intrinseco, quem continet basis cum reliquo crure: fueritque huius cruris cum extremo ductorum arcuum congeries æqualis aggregato duorum mediorum: arcus ducti separabunt ex basi arcus diuersos, quorum maior erit, qui adhæret cruri non diuiso.

Prop. XXX.

Quod si iisdem suppositis, arcus prædicto modo ab vno crurum ducti duo fuerint, ita vt cruris reliqui cum minore ductorum congeries æqualis sit duplo arcus medij: arcus ducti similiter diuersas de basi portiones separabunt: eritque maior earum apud crus indiuisum.

Prop. XXXI.

Item, si stantibus iisdem, arcus vnus ab vno crurum prædicto modo ducatur, qui cruris reliqui sit dimidius: Et ductus arcus totam basim in duas diuersas diuidet portiones: quarum maior apud crus indiuisum.

Prop. XXXII.

Demum in eodem triangulo, si arcus prædicto modo ab vno crure ducti duo fuerint, quorum aggregato æquale sit crus reliquum; arcus item ducti diuersas ex basi portiones separabunt; quarum maior apud crus indiuisum.

Prop. XXXIII.

Si trianguli ex arcubus circulorum magnorum in superficie sphæræ vnus angulus fuerit non maior recto: Et duo crura ipsum continentia diuersa, & longius non maius quadrante. Et ab ipso crure maiori ducantur ad basim tres arcus ita vt faciant cum basi angulos æquales angulo, quèm crus reliquum & basis continent, sibi intrinseco. Et huius cruris cum extremo arcuum ductorum summa fuerit æqualis summæ duorum mediorum: tunc portiones de crure maiori per arcus ductos separatæ inæquales erunt: & earum maior, quæ apud crus breuius.

Prop. XXXIV.

Quod si iisdem omnibus suppositis, arcus à crure maiori ad basim, vt dictum est, ducti duo fuerint, ita vt reliqui cruris cum minore ductorum aggregatum æquale sit duplo maioris ducti: tunc & portionum de crure longiori per arcus ductos separatarum maior erit apud crus breuius.

Prop. XXXV.

Adhuc iisdem subiectis, si arcus dumtaxat dicto modo ductus à crure magno ad basim dimidiù fuerit cruris reliqui, tunc portionù in crure longiori ab arcu ducto factatù maior erit contigua breuiori.

Prop. XXXVI.

Denique suppositis iisdem, si arcus à crure longiori ad basim eodem modo ducti duo fuerint, ita vt reliquum crus æquale sit aggregato arcuum ductorum : tunc & portionum in crure magno ab arcubus ductis segregatarum ad extrema cruris, maior est cum crure minori.

Prop. XXXVII.

Si trianguli ex arcubus circulorum maiorum in superficie sphæræ vnus ex angulis fuerit non maior recto: & duo crura ipsum complexa inæqualia: quorum maius non excedat quadrantem, tunc cùm separabuntur ex crure breuiori duo arcus æquales non continui, à quorum terminis ducantur arcus circulorum magnorum, qui faciant cum basi angulos æquales angulo eis intrinseco, quem continent basis cũ reliquo crure: Huius cruris & minimi arcuum ductorum aggregatum maius erit aggregato duorum arcuum mediorum. Quod si huiusmodi aggregata supponantur æqualia: tunc portiones de crure breui separatæ inæquales erunt: & earum minor, quæ contigua longiori cruri.

Prop. XXXVIII.

Iisdem suppositis, si arcus æquales de crure breui separati continui fuerint, ductis modo prædicto per eorum terminos duobus arcubus, tunc aggregatum cruris longi, & arcus ducti minoris maius erit duplo arcus medij. Quod si aggregatum ductum tali duplo æquale fuerit, tunc portionum de crure breui per arcus ductos separatarum minor erit apud crus longius.

Prop. XXXIX.

Et si in eodem triangulo, per cruris breuis per medium secti notam arcus, sicut dictum est, ducatur : Tunc arcus ductus minor erit dimidio cruris longi. Quod si arcus ductus prædicto dimidio æqualis ponatur, per inæqualia diuidet crus breue, & minor portio apud crus longum.

Prop. XL.

In memorato demum triangulo, si arcus de crure paruo separati æquales disiuncti terminentur ad extrema cruris, ductis iam per terminos eorum medios duobus, qualiter dictum est, arcubus: Tunc crus magnum maius erit aggregato duorum arcuum ductorũ. Quod si crus magnum tali aggregato æquale extiterit : Tunc portiones de crure paruo per arcus ductos separatæ inæquales erunt: Et earum minor erit, cruri magno contigua.

Prop. XLI.

Post hæc, demonstrandum est quod si in eo, æquale in præmissis sup-

pofitum eſt, triangulo arcus feparáti, quos diuerfos effe conſtitit, fup-
ponantur æquales: tunc talis æqualitas diuerfificabit aliquem angulorum ad baſim, qui omnes æquales antea fupponebantur.

Prop. XLII.

Cum ſe inuicem fecant duo circuli magni in fuperficie fphæræ &
feparantur ex vno eorum duo arcus æquales vtrinque à punĉto feĉtionis: & à polo vtriuſlibet eorum defcendunt per extremitates arcuum
feparatorum circuli magni:tunc hi feparant ex reliquo circulorum fe
fecantium arcus æquales, & eorum portiones fecantibus fe incluſæ
funt æquales.

Prop. XLIII.

Quod ſi circuli defcendentes non à polo quidem defcendant, fed
contingant parallelum quempiam circuli, de quo feparantur, arcus
æquales:tunc ijdem feparabunt etiam de reliquo fecantium hinc &
inde peripherias æquas. Et ipforum defcendentium portiones circulis fecantibus intercepte adhuc æquales erunt.

Prop. XLIIII.

Item ſi circuli defcendentes tangant parallelum non eius, de quo
feparantur arcus æquales, fed alterius fecantis:hac tamen conditione, vt portionum fecantibus incluſarum aut neutra; aut vtraque ſit
maior quadrante:Tunc non minus ipſi defcendentes de diĉto fecante peripherias æquas feparabunt: Et ipſæ defcendentium portiones
fecantibus incluſe adhuc æquales arguentur.

Prop. XLV.

..Si autem arcus ex vtrolibet fecantium feparati æquales & equaliter
hinc & inde à feĉtione fuerint remoti:Tunc quatuor arcus maiores
fiue à polo vtriuſlibet fe fecantium, fiue à contaĉtibus paralleli vnius
eorum cum prædiĉtis conditionibus defcendentes per arcuum feparatorum terminos: feparabunt & ex reliquo fecantium peripherias
æquales.

Prop. XLVI.

Si in fuperficie fphæræ circulus magnus fuerit inclinatus fuper circulum magnum ex numero equidiſtantium feu parallelorum tangens
vnum ex parallelis:per punĉta verò feĉtionum inclinati circuli & parallelorum defcendant circuli magni fiue à polo parallelorum, fiue à
contaĉtibus vnius eorum minoris prædiĉto, ad vnam inclinationem:
Tunc ſi arcus circuli inclinati fiue continui, fiue difiunĉti inter parallelos fuerint æquales, portionum cuiuſlibet circulorum defcendentium inter eofdem parallelos interceptarum maior erit, quæ propinquior circulo magno ex parallelis, portionum verò circuli magni

ex parallelis inter circulos descendentes per terminos dictorum arcuum æqualium inclusarum maior erit, quæ remotior à sectione circuli inclinati circulique magni ex parallelis.

Et notandum quod id, quod demonstratum est de portionibus vnius des-
cendentium circulorum, idem sequitur de portionibus cuiuslibet alterius ex
descendentibus: Nam talium descendentium duæ portiones iisdem parallelis
interiecta, per 14. vel 17. 1. sphæricorum Theodosii, sunt inæquales. Item
quod ostensum est de portionibus circuli magni ex parallelis: idem sequitur
de portionibus cuiuslibet ex iisdem parallelis: Nam per easdem Theod. pro-
posit. portiones parallelorum iisdem descendentibus, quales dicti sunt, cir-
culis interclusæ sunt similes.

Prop. XLVII.

Quod si vnius circulorum descendentium arcus parallelis inter-
positi ponantur æquales: Tunc portionum de circulo inclinato iisdem parallelis intercidentium maior erit, quæ à dicta sectione remotior: portionum quoque circuli maioris ex parallelis inter circulos
descendentes cadentium, maior indidem distantior.

Prop. XLVIII.

Item, si arcus circuli maioris ex parallelis circulis descendentibus
interiecti ponantur æquales: Tunc portionum de circulo inclinato
inter eosdem circulos descendentes cadentium maior erit, quæ dictæ
sectioni vicinior: portionum autem cuiuslibet descendentes inter parallelos, qui per terminos portionum inclinati ducuntur, acceptarum
maior erit, quæ propinquior circulo magno ex parallelis.

Quod si per puncta sectionum extremi circuli descendentis & parallelo-
rum descendant circuli magni tangentes eum parallelum, quem tangit cir-
culus inclinatus, & loco priorum descendentium sumantur, nihilominus ea-
dem omnia demonstrabuntur.

MENELAI SPHÆRICORVM

LIBER TERTIVS.

Propositio prima.

CVm fuerint in superficie sphæræ quatuor arcus circulorum singuli semicirculo minores: duo quidem ab angulo vno descentes
duoque à descendentium terminis se vicissim secantes, & alternatim
ad descendentes reflexi: tunc ratio sinus partis inferæ arcus vnius des-

scendentium ad sinum partis eiusdem supernæ componetur ex duabus: quarum vna est ratio sinus partis superæ eiusdem : altera est ratio sinus partis inferæ alterius descendentis ad sinum totius eiusdem descendentis.

Lemma I.

Si à terminis duarum linearum rectarum ab angulo vno descendentium duæ rectæ se vicissim secantes ad descendentes reflectantur : tunc ratio inferioris partis vnius descendentium ad partem eius superiorem componetur ex duabus: quarum vna est ratio partis inferioris reflexa à termino eiusdem descendentis ad partem eius superiorem : altera est ratio partis inferioris reliqua descendentis ad totam ipsam descendentem.

Lemma II.

Item iisdem lineis suppositis ratio vnius descendentis ad partem eius superiorem componetur ex duabus : quarum vna est ratio reflexa à termino dicta descendentis ad partem eius superiorem: altera est ratio partis inferioris reliqua reflexa ad totam ipsam reflexam.

Lemma III.

Si à centro circuli recta linea exiens arcum quempiam eiusque chordam vtcumque secet : chordæ segmenta erunt sinibus portionum arcus proportionalia.

Lemma IV.

✠ *Si à puncto quopiam extra circulum duæ rectæ lineæ ducantur circulum secantes, vna quidem per centrum; altera præter centrum : Ratio eius, quæ præter centrum ad partem sui extrinsecam est sicut ratio sinus arcus compositi ex arcu abscisso, ab ea quæ per centrum & ex arcu intercepto lineis ad sinum arcus intercepti.*

Propositio secunda ex Ptolomæi magna constructione liber I.

Iisdem suppositis, ratio sinus arcuum descendentium ad sinum partis supernæ eiusdem arcus componetur ex duabus; quarum vna est ratio sinus arcus reflexi à termino dicti descendentis ad sinum partis supernæ talis reflexi: altera est ratio sinus partis inferæ alterius reflexi ad sinum totius eiusdem reflexi.

Lemma I.

✠ *Duorum arcuum semicirculum perficientium eundem esse sinum.*

Lemma·II.

✠ *Si chorda cuiuspiam arcus æquidistet diametro, sinus inter diametrum & chordam intercepti æqualis erit sinui arcus ex prædictis arcubus compositi.*

Lemma III.

4. *Si fuerint tres rectæ, quarum bina qualibet sint in vno plano, quamuis non omnes in vno: Et ex ijsdem duæ tantum æquidistent: tunc & reliqua ijsdem æquidistans erit.*

Lemma IV. habens 18. modos.

I. *Si fuerint sex quantitates, quarum ratio prima ad secundam componitur ex rationibus tertiæ ad quartam, & quintæ ad sextam.*

II. *Tunc & ratio prima ad secundam componetur ex rationibus tertiæ ad sextam, & quintæ ad quartam.*

III. *Item ratio prima ad tertiam componetur ex rationibus secundæ ad quartam, & quintæ ad sextam.*

IV. *Item ratio primæ ad tertiam componetur ex rationibus secundæ ad sextam, & quintæ ad quartam.*

V. *Item ratio primæ ad quintam componetur ex rationibus secundæ ad sextam, & tertiæ ad quartam.*

VI. *Item ratio prima ad quintam componetur ex rationibus secundæ ad quartam, & tertiæ ad sextam.*

VII. *Item ratio secundæ ad quartam componetur ex rationibus primæ ad tertiam, & sextæ ad quintam.*

VIII. *Item ratio secundæ ad quartam componetur ex rationibus primæ ad quintam, & sextæ ad tertiam.*

IX. *Item ratio secundæ ad sextam componetur ex rationibus primæ ad tertiam, & quartæ ad quintam.*

X. *Item ratio secundæ ad sextam ex rationibus primæ ad quintam, & quartæ ad tertiam.*

XI. *Item ratio tertiæ ad quintam componetur ex rationibus primæ ad secundam, & sextæ ad quintam.*

XII. *Item ratio tertiæ ad quartam componetur ex rationibus primæ ad quintam, & sextæ ad secundam.*

XIII. *Item ratio tertiæ ad sextam componetur ex rationibus primæ ad secundam, & quartæ ad quintam.*

XIV. *Item ratio tertiæ ad sextam componetur ex rationibus primæ ad quintam, & quartæ ad secundam.*

XV. *Item ratio quartæ ad quintam componetur ex rationibus secundæ ad primam, & tertiæ ad sextam.*

XVI. *Item ratio quartæ ad quintam componetur ex rationibus secundæ ad sextam, & tertiæ ad primam.*

XVII. *Item ratio quintæ ad sextam componetur ex rationibus primæ ad*

secundam,

secundam, & quartæ ad tertiam.

XVIII. *Item ratio quintæ ad sextam componetur ex rationibus primæ ad tertiam, & quartæ ad secundam.*

Lemma Tebitij.

Si ab alterutro duorum circulorum maiorum se inuicem in superficie sphæræ secantium separentur duo arcus ab vtralibet sectionum incepti: à quorum terminis ducantur rectæ perpendiculares ad diametrum sphæræ, quæ communis diameter & sectio circulorum est: Itemque rectæ perpendiculares ad planum reliqui circuli: tunc illæ perpendiculares ad diametrum his perpendicularibus adplanum circuli proportionales erunt.

Si fuerint sex lineæ, in quibus ratio prima adsecundam componatur ex ratione tertiæ ad quartam, & ex ratione quintæ ad sextam, tunc solidum sub prima, quarta & sexta contentum æquale erit solido sub secunda, & tertia & quinta lineis comprehenso.

Contra, si solidum sub prima, quarta & sexta lineis contentum æquale fuerit solido, quod à secunda, & tertia & quinta lineis producitur, tunc ratio primæ ad secundam composita erit ex rationibus tertiæ ad quartam, & quintæ ad sextam.

Prop. III.

Si duo triangula ex arcubus circulorum maiorum in superficie sphæræ habeant duos angulos æquales, vel iunctim duobus rectis æquales. duosque angulos ex reliquis vel inter se æquales, vel simul aggregatos duobus rectis æquales: tunc sinus arcuum his angulis oppositorum erunt sinibus arcuum illis angulos subtendentium proportionales.

Prop. IV.

Quod si triangulorum ex arcubus circulorum maiorum in superficie sphæræ duo anguli fuerint æquales, vel iunctim duobus rectis æquales: atque arcuum circa duos angulos sinus sint proportionales: tunc tertij eorum anguli aut inuicem æquales erunt, aut simul sumpti duobus rectis æquales.

Prop. V.

Si duo triangula ex arcubus circulorum magnorum in superficie sphæræ habeant duos angulos rectos, duosque ex reliquis acutos æquales: tunc ratio sinus arcus in primo triangulo respicientis acutum angulum ad sinum arcus, qui cum eo rectum continet angulum, componetur ex duabus, quarum vna est ratio sinus arcus alterius trianguli acutum angulum subtendentis ad sinum arcus, qui cum eo

Ff

ad rectum concurrit angulum:altera est ratio sinus complementi arcus primi trianguli respicientis acutum ad sinum complementi arcus in altero triangulo acutum angulum subtendentis.

Prop. VI.

Si duo triangula ex arcubus circulorum magnorum in superficie sphæræ habuerint inter se duos angulos æquales, duosque alios inæquales, nullum tamen ex his rectum:ab angulis autem reliquis ceciderint arcus perpendiculares ad bases: tunc sinus portionum basis vnius trianguli erunt proportionales sinibus portionum basis alteius trianguli iuxta ordinem 'angulorum æqualium.

Prop. VII.

In omni triangulo ex arcubus circulorum magnorum in superficie sphæræ constituto,cuius vnus angulorum fuerit rectus ac cæteri acuti,sinus arcus compositi ex arcubus continentibus angulum vtrumlibet ex acutis.ad sinum arcus differentiæ eorumdem arcuum eam. habent rationem, quam seruat aggregatum ex sinu toto, sinuque complementi prædicti anguli acuti ad differentiam eorumdem sinuum.

Prop. VIII.

Si duo triangula ex arcubus circulorum magnorum in superficie sphærę habuerint inter se duos angulos rectos,duosque acutos æquales, & duos cæteros acutos : tunc sinus arcus aggregati ex arcubus. vnum acutorum æqualium continentibus ad sinum arcus differentiæ eorumdem arcuum est sicut sinus aggregati ex arcubus reliquum acutorum æqualium circumstantibus, ad sinum arcus excessus eorumdem.

Prop. X.

Contra, si in talibus triangulis sinus arcuum aggregatorum ex dictis arcubus proportionales fuerint sinibus differentiarum : tunc anguli acuti sub dictis arcubus contenti æquales erunt.

Lemma.

Si duæ quantitates duabus quantitatibus proportionales fuerint, erunt & aggregata diff:rentys proportionalia. Quod si aggregatis differentijs proportionalia fuerint, & duæ quantitates duabus quantitatibus proportionales erunt.

Prop. X.

Si ab vno angulorum trianguli sphæralis arcus descendat angulum illum per æqualia secans vsque ad basim., sinus arcuum, qui angulum continent, erunt sinibus portionum basis proportionales.

Prop. XI.

Quod si sinus arcuum angulum quempiam sphæralis trianguli concinentium sint proportionales sinibus portionum basis separatarum per arcuum ab angulo dicto descendentem, tunc arcus descendens arcum ipsum per æqualia diuidit.

Prop. XII.

Si fuerint duo triangula ex arcubus circulorum magnorum in superficie sphæræ: quorum vnius duo anguli ad basim æquales sint duobus alterius angulis ad basim, singuli singulis: siue bini coniuncti duobus rectis æquales: atque vnus ex reliquis arcubus vnius trianguli vni arcui ex reliquis alterius trianguli æqualis, sintque arcus ipsi non relatiuis angulis oppositi: Tunc quadratum quod ex sinu vnius dictorum arcuum æqualium, æquum est ei, quod ex sinibus reliquorum laterum describitur, rectangulo.

Prop. XIII.

Quod si triangulorum sphæralium vnius anguli ad basim angulis ad basim alterius singuli singulis fuerint æquales. Et quadratum, quod ex sinu vnius reliquorum arcuum vtriuslibet triangulorum æquale sit rectangulo, quod fit ex sinu reliqui arcus dicti trianguli in sinum arcus in altero triangulo non æqualem angulum subtendentis: Tunc & reliquus arcus huius trianguli æqualis erit arcui illius trianguli, cuius de sinu quadratum capiebatur.

Prop XIV.

Si trianguli sphæralis angulum quempiam arcus per æqualia secet: duóque arcus descendentes ex dicto angulo æquales hinc inde separent angulos, Tunc rectangula sub sinibus laterum trianguli angulum dictum complexorum, sinibusque collateralium arcuum descendentium contenta, sunt proportionalia rectangulis, quæ sub sinibus portionum basis ab arcu secante ad dicta latera & arcus receptarum continentur eodem ordine susceptis.

Prop. XV.

Quod si angulum trianguli sphæralis arcus quidam per æqualia secet: duóque arcus ab eodem angulo ita descendant, vt rectangula rectangulis quo dictum est ordine sint proportionalia, tunc & anguli ab arcubus descendentibus separati æquales erunt.

Prop. XVI.

Si ab angulo trianguli sphæralis ad basim descendant duo arcus complexi cum lateribus conterminis angulos æquales, hac tamen conditione, vt quos angulos faciunt arcus descendentes cum vno laterum trianguli eosdem, hoc est æquales, sed permutatim collatos suscipere possint deorsum producti cum arcubus ab extremo reliqui lateris venientibus. Tunc quadrata, quæ ex sinibus laterum, propor-

tionalia funt rectangulis, quæ fub finibus portionùm bafis ab ipfius
lateralibus ad arcus defcendentes receptarum continentur, eodem
ordine fumptis. *Prop.* XVII.

Quod fi quadrata prædicta memoratis rectangulis proportionalia
ponantur, cum præfata conditione, vt arcus defcendentes inferius
producti fufcipiant cum per extremum vnius laterum trianguli ductis
angulos æquales finguli fingulis ijs, quos continent fupernè cum reliquo latere trianguli, Tunc arcus defcendentes cum lateribus æquales complectuntur angulos.

Prop. XVIII.

Si ab angulo recto trianguli fphæralis rectanguli defcendant duo
arcus ad bafim, vnus intra triangulum, alter extra, facientes cum latere trianguli interpofito angulos æquales: Tunc ratio finus arcus
compofiti ex bafi & ex arcu fibi in continuum adiecto vfque ad defcendentem ad finum ipfius arcus adiecti eft ficut ratio finus portionis
bafis interceptæ à reliquo latere trianguli & arcu intrinfecus defcendente ad finum reliquæ portionis bafis.

Prop. XIX.

Quod fi ratio finus arcus compofiti ex bafi & arcu adiecto vfque
ad defcendentem exteriorem ad finum ipfius arcus adiecti fuerit, ficut
ratio finus portionis bafis interceptæ à reliquo latere trianguli, & defcendente inferiori ad finum reliquæ portionis bafis : tunc arcus defcendentes cum latere trianguli interpofito æquos faciunt angulos.

Prop. XX.

Quod fi anguli prædicti, quos faciunt arcus defcendentes cum latere trianguli interpofito ponantur æquales : fueritque ratio finus arcus compofiti ex bafi & arcu adiecto vfque ad defcendentem exteriorem ad finum ipfius adiecti, ficut ratio finus portionis bafi interceptæ à reliquo latere trianguli, & arcu intus defcendente ad finum reliquæ portionis bafis: tunc angulus trianguli, à quo defcendunt arcus,
rectus eft. *Prop.* XXI.

Si duos angulos trianguli fphæralis duo arcus finguli fingulos per
medium fecent : tunc, qui per reliquum angulum & fecantium concurfum producitur, arcus ipfum quoque reliquum angulum per
æqualia fecabit.

Prop. XXII.

Si à duobus angulis trianguli fphæralis duo arcus ad fubtenfa latera
perpendiculares progrediantur: tunc, qui à reliquo angulo per ipforum perpendicularium coincidentiam ducetur, arcus reliquo etiam
lateri perpendicularis erit.

Lemma I.

Quadrilaterum rectilineum, cuius duo anguli oppositi simul sumpti sunt duobus rectis æquales, est à circulo circumscriptibile.

Lemma II.

Si fuerint duos quadrilatera rectilinea circuli inscripta: quorum vnus angulus vnius fuerit æqualis vni angulo alterius : Et latera circum illos angulos proportionalia: itemque ipsi æquales anguli per quadrilaterorum diametros diuisi in portiones singulas singulis æquales : tunc similia ad inuicem erunt quadrilatera.

Lemma III.

Cum exeunt à duobus angulis trianguli rectilinei duæ rectæ perpendiculares ad subtensa, latera tunc quæ reliquo angulo per sectionem perpendicularium recta producitur, reliquo etiam lateri perpendicularis est.

Lemma IV.

Si per duas hypotenusas trianguli pyramidis duo plana ad oppositas singula bases perpendicularia deducantur, tunc productum per reliquam pyramidis hypotenusam, & communem sectionem perpendicularium planorum, est etiam ad oppositam basim pyramidis perpendiculare.

Prop. XXIII.

Si à trianguli sphæralis duobus angulis duo arcus exeuntes opposita singuli latera per medium diuidant: tunc arcus, qui ab angulo reliquo per diuidentium arcuum coincidentiam producitur, oppositum quoque latus per medium secabit.

Lemma I.

Si de duobus lateribus trianguli rectilinei sumantur duæ portiones ad angulum sub dictis lateribus contentum continuatæ, quarum vtraque sui lateris sit pars tertia : & per earum terminos agantur duæ rectæ lateribus ipsis vicissim æquidistantes sese intra triangulum secantes: tunc recta, quæ à quolibet trium angulorum trianguli per sectionem dictarum æquidistantium ad oppositum latus progreditur, latus ipsum per æqualia diuidit.

Lemma II.

Si à trianguli rectilinei duobus angulis duæ rectæ lineæ progressæ opposita latera singula per medium diuidant, tunc recta, quæ ab angulo reliqua per diuidentium coincidentiam producitur, oppositum quoque latus per æqualia dispescit.

Prop. XXIV.

Cum fuerint in superficie sphæræ duo circuli magni alter alteri inclinatus: in quorum vno signentur duo puncta, à quibus ad reliquum circulum duo arcus perpendiculares ducantur: tunc ratio sinus arcus cadentis inter casus perpendicularium ad sinum arcus, quem termi-

nant puncta fignata, eft ficut ratio rectanguli contenti fub diametro
fphæræ,& diametro circuli tangentis alterum inclinatorum,& æqui-
diftantis reliquo ad rectangulum contentum fub diametris circulorum tranfeuntium per puncta fignata in circulo inclinato,& ęquidiftantium reliquo ex circulis inclinatis.

MAVROLYCI SICVLI
SPHÆRICORVM.
LIBER PRIMVS.
PRÆFATIO.

POft Theodofium, qui fphærica elementa tribus libellis complexus eft,Menelaus fphæricorum totidem libris profequutus multa de finuum proportione in tertio acutiffime demonftrauit. Inde
fumpfiffe videtur Ptolomæus ea, quæ in principio magnæ conftru-
ctionis,poft chordarum doctrinam,de fphæricis tradidit. Quæ cùm
poftea Tebitius legiffet perfpicaciffimus,animaduertit eadem & me-
liori ordine,& facilius oftendi potuiffe. Quemadmodum in libello
apparet,in quo ipfe Ptolomęum carpit. Adiecit his nonnulla Geber,
qui nouem libros in magnam Ptolomæi conftructionem confcri-
pfit. Vnde multa fumpferunt Georgius Peurbachius, & Ioannes Regiomontanus,dum prædictum Ptolomaicum opus in epitomen or-
dinatiffimè redigunt. Tradidit & complura fuper his Ioannes prædictus in libellis triangulorum non fpernenda. Quæ omnia cum ego
proximis his annis vidiffem ac contuliffem,non paffus fum præcepta
tanti momenti, & Aftronomiæ,poft planorum triangulorum fcien-
tiam apprimè neceffaria fparfim legi. Ea itaque in hos duos libellos
congeffi adiiciens de ingenij mei riuulo demonftrationes nonnullas
Sic tamen vt poft elementa Theodofij ac Menelai demonftrata, detur his locus, vt hæc fint quafi illorum paralipomena. Vnde poffint
abfolui quęftiones,quæ circa fphæralia triangula fieri folent,quæque
ad primi mobilis circulos in Aftronomia pertinent. Igitur expofitis
definitionibus,quafi negotij fundamentis, veniemus ad demonftrationes, & à facilioribus exorfi ordinem quàm commodiffimum
feruabimus.

DEFINITIONES.

✢.I. SInus rectus arcus cuiuspiam est dimidium chordæ dupli talis arcus.

✢ II. Vnde, duorum arcuum qui coniuncti constant semicirculum idem est sinus, sicut duorum arcuum circulorum integrantium eadem est chorda.

III. Et quadrantis sinus est circuli semidiameter: qui sinus totus, siue sinus maximus vocatur. Sicut semicirculi chorda est tota diameter.

✢ IV. Sinus secundus arcus cuiuspiam est sinus complementi eius ad quadrantem, siue sinus excessus ipsius supra quadrantem.

✢ V. Sinus versus arcus cuiuspiam est portio diametri inter arcum ipsum sinumque rectum recepta: quæ & excessus est semidiametri super sinum secundum: siue congeries semidiametri & sinus secundi.

✢ VI. Sinus autem anguli cuiuspiam est ille, qui sinus est arcus, angulum ipsum subtendentis iuxta prædictas definitiones.

Propositio prima.

✢ Linea perpendicularis à puncto quopiam in periferia semicirculi ad diametrū est sinus rectus vtriusque arcuum ab ipso puncto ad diametrum receptorum. Portiones verò diametri à perpendiculari ad periferiam vtrinque susceptæ sunt sinus versi arcuum sibi singuli conterminorum. Quæ porrò cadit inter perpendicularem & centrum, est sinus secundus vtriusque dictorum arcuum.

Prop. II.

✢ Si in superficie sphæræ duo circuli maiores se viciffim ad rectos angulos secent: linea perpendicularis à puncto quolibet peripheriæ vnius eorum ad planum reliqui, est sinus rectus vtriusque arcuum ab ipso puncto ad circulorum sectiones receptorum.

Prop. III.

Trianguli ex arcubus circulorum magnorum in superficie sphæræ constituti; quorum duo sunt quadrantes: anguli quadrantibus oppositi sunt recti. Contra, si recti sint anguli, arcus illis oppositi sunt quadrātes. Polus autem tertij arcus est in ipsorum quadrantum cōcursu.

Prop. IV.

Trianglum ex arcubus circulorum maiorum in superficie sphæræ habens vnum quadrantem, & vnum ex angulis rectum, habebit & alterum quadrantem & alterum angulum rectum.

Prop. V.

Trianguli ex arcubus circulorum maiorum, quorum vnusquisque

minor est quadrante, in superficie sphæræ constituti, euius ex angulis vnus rectus, duo reliqui anguli acuti sunt. Contra, si rectus sit ex angulis vnus, duoque reliqui acuti ; vnusquisque arcuum minor erit quadrante.

Prop. VI.

In triangulo ex arcubus circulorum maiorum quadrante minoribus in superficie sphæræ rectangulo, est sicut sinus arcus rectum angulum subtendentis ad sinum arcus alterum ex acutis angulis respicientis, sic est sinus totus ad sinum dicti acuti anguli.

Prop. VII.

In duobus triangulis rectangulis ex arcubus circulorum maiorum in superficie sphæræ duos angulos acutos æquales inuicem habentibus, sinus arcuum rectos angulos subtendentium sunt sinibus arcuum acutis oppositorum proportionales.

Prop. VIII.

Si in duobus triangulis rectangulis ex arcubus circulorum maiorum in superficie sphæræ, sinus arcuum rectos respicientium proportionales fuerint sinibus arcuum acutos angulos subtendentium : ipsi acuti anguli æquales erunt.

Prop. IX.

Si in triangulo ex arcubus circulorum maiorum in superficie sphæræ sicut est sinus totus ad sinum anguli acuti, sic sit sinus arcus alium angulum subtendentis ad sinum arcus, qui acuto opponitur : angulus ille rectus erit.

Prop. X.

In triangulo ex arcubus circulorum maiorum in superficie sphæræ angulum rectum habente, sinus reliquorum angulorum sunt sinibus laterum, quibus opponuntur, proportionales.

Prop. XI.

Si duo anguli trianguli cuiuspiam ex arcubus circulorum maiorum in superficie sphæræ fuerint duobus angulis trianguli alterius ex arcubus circulorum maiorum in eadem superficie, singuli singulis æquales : tunc sinus arcuum æqualibus angulis oppositorum proportionales erunt.

Prop. XII.

In duobus triangulis rectangulis ex arcubus circulorum maiorum in superficie sphæræ, quorum arcus rectis oppositi sunt æquales, duorum ex reliquis arcuum vtcumque sumptorum sinus sunt sinibus oppositorum angulorum proportionales.

Prop. XIII.

Prop. XIII.

In duobus triangulis rectangulis ex arcubus circulorum maiorum in superficie sphæræ, ratio sinuum duorum arcuum acutis oppositorum componitur ex duabus, quarum vna est ratio sinuum arcubus rectos respicientibus debitorum, altera ratio sinuum dictorum acutorum angulorum.

Prop. XIV.

In duobus triangulis rectangulis ex arcubus circulorum maiorum in superficie sphæræ, ratio sinus arcus vni acutorum oppositi in vno triangulo, ad sinum arcus vni acutorum oppositi in altero triangulo est sicut ratio rectanguli contenti sub sinibus arcus rectum subtendentis, & anguli acuti in illo triangulo ad rectangulum contentum sub sinibus arcus recto oppositi & anguli acuti in hoc triangulo.

Prop. XV.

Si in duobus triangulis rectangulis ex arcubus circulorum maiorum in superficie sphæræ sinus arcuum rectis angulis oppositorum fuerint sinibus acutorum angulorum ordine permutato proportionales: æquales erunt arcus, qui acutos subtendunt. Quod si æquales sint arcus, acutis angulis subtensi, & sinus arcuum rectis oppositorum erunt sinibus acutorum ipsorum ordine permutato proportionales.

Prop. XVI.

In omni triangulo ex arcubus circulorum maiorum in superficie sphæræ sinus duorum vtcumque sumptorum arcuum sunt sinibus oppositorum angulorum proportionales.

Prop. XVII.

In triangulo rectangulo ex arcubus circulorum maiorum in superficie sphæræ sinus secundus alterius arcuum rectum angulum continentium ad sinum secundum arcus rectum subtendentis est, sicut sinus totus ad sinum secundum reliqui ex arcubus rectum comprehendentium.

Prop. XVIII.

Arcus bini & bini in circulo eodem, siue in circulis æqualibus sumpti, quorum excessus æquales, & chordæ siue sinus proportionales, sunt singuli singulis, hoc est, maior maiori & minor minori æquales.

Prop. XIX.

Si in triangulo ex arcubus circulorum maiorum quadrante minoribus in superficie sphæræ, sinus secundus primi arcus ad sinum secundum secundi arcus sit, sicut sinus totus ad sinum secundum tertij arcus tunc angulus secundo lateri oppositus rectus erit.

Gg

Prop. XX.

✠ Si in quolibet triangulo ex arcubus circuloru maiorum in fuperficie fphæræ ducatur ab angulo quouis ad bafim perpendicularis arcuûm à reliquis angulis ad perpendicularem receptorum, funt finibus fecundis conterminorum laterum proportionales.

● *Prop.* XXI.

In triangulo rectangulo ex arcubus circulorum maiorum in fuperficie fphæræ, finus vnius acutorum angulorum ad finum totum eft, ficut finus fecundus reliqui acuti ad finum fecundum arcus eum fubtendentis. *Prop.* XXII.

Si in triangulo quolibet ex arcubus circulorum maiorum in fuperficie fphæræ ducatur à quouis angulo perpendicularis arcus circuli maioris ad bafim: finus angulorum apud verticem fub perpendiculari & lateribus comprehenforum funt finibus fecundis angulorum ad bafim proportionales.

Prop. XXIII.

Duo triangula rectilinea inuicem æqualia, & æquiangula funt & inter fe æquilatera.

Prop. XXIV.

Duo triangula rectilinea inuicem æqualia eandem, fiue æquas bafes habentia, & bafibus oppofitos angulos æquales: habebunt & reliqua latera fingula fingulis æqualia.

Prop. XXV.

✠ Si trianguli rectanguli ex arcubus circulorum maiorum in fuperficie fphæræ & quadrantibus minorum finus fecundi vnius arcuum acutis oppofitorum fuerit medius proportionalis inter finum totum finúmque fecundum acuti anguli oppofiti: tunc reliqui arcus erunt alter complemento alterius æquales. Et finus fecundus prædicti arcus acutum fubtendentis æqualis erit finui reliqui acuti anguli.

Prop. XXVI.

✠ Iifdem fuppofitis, ipfi reliqui coniuncti quadrantem conficient.

Prop. XXVII.

Iifdem fuppofitis, fi alternæ quadrantum portiones fint æquales: vel fi arcus ipfius trianguli prædicti coniuncti quadrantem conficiãt; tunc finus fecundus arcus reliqui erit medius proportionalis inter finum totum, finúmque fecundum anguli oppofiti, & etiam æqualis finui reliqui anguli acuti.

Prop. XXIII.

Iifdem fuppofitis, fi finus fecundus arcus acuto angulo oppofiti pe-

aatur æqualis finui reliqui acuti tunc idem finus erit medius proportionalis inter finum totum finúmque fecundum anguli ipfi arcui oppofiti:& reliqui arcus æquales fingulis coalternis quadrantum complementis.

Prop. XXIX.

Iifdem fuppofitis, fi finus fecundus arcus acuto oppofiti fit medius proportionalis inter finum totum finumque fecundum eiufdem
acuti: tunc arcuum comprehendentium ipfum acutum differentia
erit maxima differentiarum, quibus differunt quilibet duo arcus
eundem angulum complectentes ab angulo ad quemlibet alium quadrantem recepti.

Prop. XXX.

Iifdem fuppofitis, fi arcuum acutum angulum complectentium differentia fit maxima earum, quibus differunt arcus eundem angulum
continentes ab ipfo angulo ad quoflibet quadrantes conterminos recepti: tunc fecundus finus arcus eidem acuto oppofiti erit medius
proportionalis inter finum totum, finumque fecundum ipfius acuti. Et
arcus maximè differentes quadrantem conflabunt.

Prop. XXXI.

Iifdem fuppofitis, fi arcuum acutum angulum continentium congeries fit quadrans, iidem arcus maximè differenv.

Prop. XXXII.

Iifdem fuppofitis, fi arcus acutum angulum continentes maximè
differant, finus fecundus reliqui arcus æqualis erit finu acuti
anguli.

Prop. XXXIII.

Si duo circuli maiores in fuperficie fphæræ angulum acutum contineant, & in vno eorum fignentur duo puncta, à quibus arcus circulorum maiorum perpendiculares ad reliquum ducantur: Ratio finus
arcus inter cafus perpendicularium ad finum arcus inter puncta fignata cadentis componetur ex duabus: quarum vna eft ratio finus
totius ad finum fecundum vnius arcus perpendicularium: altera eft
ratio finus fecundi acuto angulo prædicto debiti ad finum fecundum
reliqui arcus perpendicularis.

Prop. XXXIV.

Iifdem fuppofitis, finus arcus inter cafus perpendicularium ad finum arcus inter puncta fignata cadentis erit ficut quod ex finu toto,
finuque fecundo anguli acuti prædicti fit, rectangulum, ad id, quod
ex finibus fecundis arcuum perpendicularium producitur rectangulum.

Gg ij

Prop. XXXV.

Iifdem fuppofitis,fi finus totus ad finum fecundum alterius perpendicularium arcuum fuerit ficut finus fecundus reliqui perpendicularis ad finum fecundum anguli acuti prædicti:tunc arcus.inter cafus perpendicularium æqualis erit arcui inter puncta fignata cadenti: Reliquæ autem coalternæ quadrantum portiones æquales erunt : Et angulorum à perpendicularibus arcubus apud.fignata puncta factorum finus erunt æquales. abr. alterius, perpendicularis finui fecundo.

Prop. XXXVI..

Iifdem fuppofitis, fi arcus inter cafus perpendicularium æqualis. fuerit arcui inter puncta fignata cadenti:cætera omnia fequentur.

Prop. XXXVII.

Iifdem fuppofitis,fi duo coalterni arcus æquales ponantur, adhuc cætera omnia fequentur..

Prop. XXXVIII..

Iifdem fuppofitis, fi finus anguli ab vno perpendicularium arcuum apud fignatum punctum facti ponatur æqualis finui fecundo alterius. perpendicularis : fimiliter cætera.omnia fequentur..

Prop..XXXIX..

Quod fi in eodem lineamento,finus totus ad finum fecundum alterius perpendiculariū arcuum maior fit,quàm finus fecundus alterius: perpendicularis ad finum fecundum anguli acuti perpendicularibus oppofiti:tunc arcus inter cafus perpendicularium maior erit arcu inter fignata puncta cadente : & arcus ad angulum maiores erunt finguli fingulis coalternis.Et angulorum à perpendicularibus ad puncta fignata factorum finus maiores erunt, alter alterius. perpendicularis finu fecundo..

Prop. XL.

Si verò finus totus ad finum fecundum alterius arcus perpendicularis minor fuerit,quàm finus fecundus reliqui perpendicularis ad finum fecundum anguli acuti perpendicularibus oppofiti : tunc arcus inter cafus perpendicularium minor erit arcu inter fignata puncta cadente.Et arcus ad angulum minores erunt finguli fingulis coalternis. Et angulorum à perpendicularibus ad puncta fignata factorum finus minores erunt;alter alterius perpendicularis finu fecundo.

Prop. XLI.

Item fi arcus inter cafus perpendiculärium ponatur maior arcu inter puncta fignata cadente : tunc maior erit finus totus ad finum fecundum vnius arcuum perpendicularium; quàm finus fecundus alte..

nius perpendicularis ad finum fecundum anguli perpendicularibus
oppofiti.Et cçtera fequentur quæ in tricefima nona præcedenti.

Prop. XLII.

Item, fi duorum coalternorum arcuum, qui ad angulum,ponatur
maior:& cætera,quæ dicta funt fequentur.

Prop. XLIII.

Item, fi finus vnius angulorum à perpendicularibus apud fignata
puncta factorum ponatur maior finu fecundo reliqui perpendicularis:
& eadem reliqua fequentur.

Prop. XLIV.

Si verò arcus inter cafus perpendicularium ponatur minor arcu inter puncta fignata cadente., fequentur cætera deinceps quæ in.
quadragefima.

Prop. XLV.

Item,fi duorum coalternorum arcuum, qui ad angulum, ponatur
minor:& cætera fimiliter fequentur.

Prop. XLVI.

Item, fi anguli ab vno perpendicularium arcuum apud fignatum
punctum facti finus ponatur minor finu fecundo reliqui perpendicularis : non aliter,quàm priùs, cætera fequentur.

Prop. XLVII.

Si finus fecundi arcuum perpendicularium proportionem feruan-
tes in trigefima quinta prædictam fuerint proportionales permutato
ordine finibus fecundis aliorum duorum arcuum perpendicularium:
arcus coalterni inter perpendiculares æquales erunt.

Prop. XLVIII.

Quod fi finibus fecundis arcuum perpendicularium proportionem
in trigefima quinta prædictam feruantibus interfit medius proportionalis fecundus arcus medij proportionalis:Et coalterni arcus item
perpendiculari medio ad collaterales hinc inde recepti æquales
erunt.

Prop. XLIX.

Quod vigefima-nona huius propofuit, aliter oftendere.

Gg ij,

MAVROLYCI SICVLI,
SPHÆRICORVM.
LIBER SECVNDVS.

Præfatio.

DE proportione, quàm feruat finus aggregati ex arcubus acutum angulum comprehendentibus in rectangulo trigono fphærali ad finum differentię eorumdem arcuum, feruato acuto, deinceps nobis differendum eft. Qui locus quamuis à Menelao minimè fit prætermiffus, Nos tamen theorema illud nobiliffimum, quod ipfi quintum eft in ordine propofitionum tertij libelli, aliter atque aliter demonftrantes multum rem fpeculationibus, & quafi corollarijs illuftrauimus. Non enim parcimus opportunis præambulis ad demonftrationem fpectantibus, quo diftinctis commodiùs propofitionibus, omnia fint apertiora; fcitúque iucundiora.

Propofitio prima.

Cum fuerint in fuperficie fphæræ quatuor arcus circulorum maiorum, femicirculis minores : duo quidem ab vno angulo defcendentes: duoque à defcendentium terminis fe viciffim fecantes & alternatim ad defcendentes reflexi : tunc ratio finus vnius defcendentium ad finum partis eius fuperioris componetur ex duabus : Quarum vna eft ratio finus arcus reflexi à termino dicti defcendentis ad finum partis fuperioris eiufdem reflexi : altera eft ratio finus partis inferioris alterius reflexi ad finum totius eiufdem reflexi.

Prop. II.

Item ratio finus vnius arcus ex reflexis ad finum partis inferioris componetur ex duabus : quarum vna eft ratio finus partis fuperioris arcus contermini defcendentis ad finum ipfius defcendentis totius : altera eft ratio finus alterius totius reflexi ad finum partis eius fuperioris.

Prop. III.

Aliter idipfum demonftrare.

Prop. IV.

Suppofitis ijfdem, ratio finus vnius arcuum defcendentium ad finum partis eius inferioris componetur ex duabus : quarum vna eft ra-

tio finus partis superioris alterius descendentis ad sinum partis eiusdem inferioris: altera est ratio sinus partis inferæ arcus reflexi à termino huius descendentis ad sinum partis supernæ eiusdem reflexi.

Prop. V.

Idem & aliter demonstrare.

Prop. VI.

Si quadrilaterum rectilineum circulo inscriptum fuerit: Quod
sub duabus eius diametris continetur rectangulum, æquale est duobus ijs, quæ sub oppositis lateribus comprehenduntur, coniunctim
sumptis rectangulis.

Prop. VII.

Aggregatum eorum, quæ fiunt ex vtraque chordarum duorum arcuum inæqualium in chordam residui de semicirculo alterius rectangulorum ad differentiam eorumdem est sicut chorda aggregati ex
eisdem arcubus ad chordam arcus differentiæ eorumdem.

Prop. VIII.

Aggregatum eorum, quæ fiunt ex vtroque sinu duorum arcuum
inæqualium in sinum secundum alterius, rectangulorum, ad differentiam eorumdem est sicut sinus aggregati ex ijsdem arcubus ad sinum arcus differentiæ eorumdem.

Prop. IX.

Si duæ magnitudines duabus magnitudinibus sint proportionales; erunt & earum aggregata differentijs proportionalia, Contra,
si aggregata fuerint differentijs proportionalia, & duæ magnitudines
duabus magnitudinibus proportionales erunt.

Prop. X.

In triangulo rectangulo ex arcubus circulorum maiorum in superficie sphæræ sinus aggregati duorum arcuum angulum acutum comprehendentium ad sinum differentiæ eorundem est sicut aggregatum
ex sinu toto, sinúque secundo dicti anguli acuti, ad differentiam eorumdem sinuum.

Prop. XI.

Si fuerit triangulum rectangulum ex arcubus circulorum maiorum
ia superficie sphæræ, atque anguli ad centrum sphæræ constituti, quos
subtendunt duo arcus trianguli acutum angulum continétes, & fuerint æquales angulis, quos continent latera duo trianguli rectilinei
cum perpendiculari ad tertium latus; singuli singulis: Tunc sinus totus ad sinum secundum anguli acuti prædicti erit, sicut portio maior
tertij lateris trianguli rectilinei ad minorem.

tionalia funt rectangulis, quæ fub finibus portionum bafis ab ipfius lateralibus ad arcus defcendentes receptarum continentur, eodem ordine fumptis.   *Prop.* XVII.

Quod fi quadrata prædicta memoratis rectangulis proportionalia ponantur, cum præfata conditione, vt arcus defcendentes inferius producti fufcipiant cum per extremum vnius laterum trianguli ductis angulos æquales finguli fingulis ijs, quos continent fuperne cum reliquo latere trianguli, Tunc arcus defcendentes cum lateribus æquales complectuntur angulos.

Prop. XVIII.

Si ab angulo recto trianguli fphæralis rectanguli defcendant duo arcus ad bafim, vnus intra triangulum, alter extra, facientes cum latere trianguli interpofito angulos æquales : Tunc ratio finus arcus compofiti ex bafi & ex arcu fibi in continuum adiecto vfque ad defcendentem ad finum ipfius arcus adiecti eft ficut ratio finus portionis bafis interceptæ à reliquo latere trianguli & arcu intrinfecus defcendente ad finum reliquæ portionis bafis.

Prop. XIX.

Quod fi ratio finus arcus compofiti ex bafi & arcu adiecto vfque ad defcendentem exteriorem ad finum ipfius arcus adiecti fuerit, ficut ratio finus portionis bafis interceptæ à reliquo latere trianguli, & defcendente inferiori ad finum reliquæ portionis bafis : tunc arcus defcendentes cum latere trianguli interpofito æquos faciunt angulos.

Prop. XX.

Quod fi anguli prædicti, quos faciunt arcus defcendentes cum latere trianguli interpofito ponantur æquales : fueritque ratio finus arcus compofiti ex bafi & arcu adiecto vfque ad defcendentem exteriorem ad finum ipfius adiecti, ficut ratio finus portionis bafi interceptæ à reliquo latere trianguli, & arcu intus defcendente ad finum reliquæ portionis bafis: tunc angulus trianguli, à quo defcendunt arcus, rectus eft.   *Prop.* XXI.

Si duos angulos trianguli fphæralis duo arcus finguli fingulos per medium fecent : tunc, qui per reliquum angulum & fecantium concurfum producitur, arcus ipfum quoque reliquum angulum per æqualia fecabit.

Prop. XXII.

Si à duobus angulis trianguli fphæralis duo arcus ad fubtenfa latera perpendiculares progrediantur: tunc, qui à reliquo angulo per ipforum perpendicularium coincidentiam ducetur, arcus reliquo etiam lateri perpendicularis erit.

Lemma I.

Quadrilaterum rectilineum, cuius duo anguli oppositi simul sumpti sunt duobus rectis aquales, est à circulo circumscriptibile.

Lemma II.

Si fuerint duos quadrilatera rectilinea circuli inscripta: quorum vnus angulus vnius fuerit aqualis vni angulo alterius: Et latera circum illos angulos proportionalia: itemque ipsi aquales anguli per quadrilaterorum diametros diuisi in portiones singulas singulis aquales: tunc similia ad inuicem erunt quadrilatera.

Lemma III.

Cum exeunt à duobus angulis trianguli rectilinei dua recta perpendiculares ad subtensa, latera tunc qua reliquo angulo per sectionem perpendicularium recta producitur, reliquo etiam lateri perpendicularis est.

Lemma IV.

Si per duas hypotenusas triangula pyramidis duo plana ad oppositas singula bases perpendicularia deducantur, tunc productum per reliquam pyramidis hypotenusam, & communem sectionem perpendicularium planorum, est etiam ad oppositam basim pyramidis perpendiculare.

Prop. XXIII.

Si à trianguli sphæralis duobus angulis duo arcus exeuntes opposita singuli latera per medium diuidant: tunc arcus, qui ab angulo reliquo per diuidentium arcuum coincidentiam producitur, oppositum quoque latus per medium secabit.

Lemma I.

Si de duobus lateribus trianguli rectilinei sumantur dua portiones ad angulum sub dictis lateribus contentum continuata, quarum vtraque sui lateris sit pars tertia: & per earum terminos agantur dua recta lateribus ipsis vicissim aquidistantes sese intra triangulum secantes: tunc recta, qua à quolibet trium angulorum trianguli per sectionem dictarum aquidistantium ad oppositum latus progreditur, latus ipsum per aqualia diuidit.

Lemma II.

Si à trianguli rectilinei duobus angulis dua recta linea progressa opposita latera singula per medium diuidant, tunc recta, qua ab angulo reliqua per diuidentium coincidentiam producitur, oppositum quoque latus per aqualia dispescit.

Prop. XXIV.

Cum fuerint in superficie sphæræ duo circuli magni alter alteri inclinatus: in quorum vno signentur duo puncta, à quibus ad reliquum circulum duo arcus perpendiculares ducantur: tunc ratio sinus arcus cadentis inter casus perpendicularium ad sinum arcus, quem termi-

nant puncta signata, est sicut ratio rectanguli contenti sub diametro
sphæræ, & diametro circuli tangentis alterum inclinatorum, & æquidistantis reliquo ad rectangulum contentum sub diametris circulorum transeuntium per puncta signata in circulo inclinato, & equidi-
stantium reliquo ex circulis inclinatis.

MAVROLYCI SICVLI
SPHÆRICORVM.
LIBER PRIMVS.
PRÆFATIO.

POST Theodosium, qui sphærica elementa tribus libellis complexus est, Menelaus sphæricorum totidem libris prosequutus multa de sinuum proportione in tertio acutissime demonstrauit. Inde
sumpsisse videtur Ptolomæus ea, quæ in principio magnæ constru-
ctionis, post chordarum doctrinam, de sphæricis tradidit. Quæ cùm
postea Tebitius legisset perspicacissimus, animaduertit eadem & me-
liori ordine, & facilius ostendi potuisse. Quemadmodum in libello,
apparet, in quo ipse Ptolomeum carpit. Adiecit his nonnulla Geber,
qui nouem libros in magnam Ptolomæi constructionem conscri-
psit. Vnde multa sumpserunt Georgius Peurbachius, & Ioannes Regiomontanus, dum prædictum Ptolomaicum opus in epitomen or-
dinatissime redigunt. Tradidit & complura super his Ioannes prædictus in libellis triangulorum non spernenda. Quæ omnia cum ego
proximis his annis vidissem ac contulissem, non passus sum præcepta
tanti momenti, & Astronomiæ, post planorum triangulorum scientiam apprimè necessaria sparsim legi. Ea itaque in hos duos libellos
congessi adiiciens de ingenij mei riuulo demonstrationes nonnullas
Sic tamen vt post elementa Theodosij ac Menelai demonstrata, detur his locus, vt hæc sint quasi illorum paralipomena. Vnde possint
absolui quæstiones, quæ circa sphæralia triangula fieri solent, quæque
ad primi mobilis circulos in Astronomia pertinent. Igitur expositis
definitionibus, quasi negotij fundamentis, veniemus ad demonstrationes, & à facilioribus exorsi ordinem quàm commodissimum
seruabimus.

DEFINITIONES.

✷.I. SInus rectus arcus cuiuspiam est dimidium chordæ dupli-
talis arcus.

✷ II. Vnde, duorum arcuum qui coniuncti conflant semicirculum
idem est sinus, sicut duorum arcuum circulorum integrantium eadem est chorda.

III. Et quadrantis sinus est circuli semidiameter: qui sinus totus, siue
sinus maximus vocatur. Sicut semicirculi chorda est tota diameter.

✷ IV. Sinus secundus arcus cuiuspiam est sinus complementi eius
ad quadrantem, siue sinus excessus ipsius supra quadrantem.

✷ V. Sinus versus arcus cuiuspiam est portio diametri inter arcum
ipsum sinumque rectum recepta: quæ & excessus est semidiametri
super sinum secundum: sine congeries semidiametri & sinus secundi.

✷ VI. Sinus autem anguli cuiuspiam est ille, qui sinus est arcus,
angulum ipsum subtendentis iuxta prædictas definitiones.

Propositio prima.

✷ Linea perpendicularis à puncto quopiam in periferia semicirculi
ad diametrū est sinus rectus vtriusque arcuum ab ipso puncto ad diametrum receptorum. Portiones verò diametri à perpēdiculari ad periferiam vtrinque susceptæ sunt sinus versi arcuum sibi singuli conterminorum. Quæ porrò cadit inter perpendicularem & centrum, est
sinus secundus vtriusque dictorum arcuum.

Prop. II.

✷ Si in superficie sphæræ duo circuli maiores se viciffim ad rectos
angulos secent: linea perpendicularis à puncto quolibet peripheriæ
vnius eorum ad planum reliqui, est sinus rectus vtriusque arcuum ab
ipso puncto ad circulorum sectiones receptorum.

Prop. III.

Trianguli ex arcubus circulorum magnorum in superficie sphæræ
constituti; quorum duo sunt quadrantes: anguli quadrantibus oppositi sunt recti. Contra, si recti sint anguli, arcus illis oppositi sunt qua-
drates. Polus autem tertij arcus est in ipsorum quadrantum côcursu.

Prop. IV.

Trianglum ex arcubus circulorum maiorum in superficie sphæræ
habens vnum quadrantem, & vnum ex angulis rectum, habebit &
alterum quadrantem & alterum angulum rectum.

Prop. V.

Trianguli ex arcubus circulorum maiorum, quorum vnusquisque

minor eft quadrante, in fuperficie fphæræ conftituti, euius ex angulis
vnus rectus, duo reliqui anguli acuti funt. Contra, fi rectus fit ex angulis vnus, duoque reliqui aeuti ; vnufquifque arcuum minor erit
quadrante.

Prop. VI.

· In triangulo ex arcubus circulorum maiorum quadrante minoribus in fuperficie fphæræ rectangulo , eft ficut finus arcus rectum angulum fubtendentis ad finum arcus alterum ex acutis angulis refpi-
cientis, fic eft finus totus ad finum dicti acuti anguli.

Prop. VII.

In duobus triangulis rectangulis ex arcubus circulorum maiorum
in fuperficie fphæræ duos angulos acutos æquales inuicem habentibus, finus arcuum rectos angulos fubtendentium funt finibus arcuum
acutis oppofitorum proportionales.

Prop. VIII.

Si in duobus triangulis rectangulis ex arcubus circulorum maiorum in fuperficie fphæræ, finus arcuum rectos refpicientium proportionales fuerint finibus arcuum acutos angulos fubtendentium : ipfi
acuti anguli æquales erunt.

Prop. IX.

Si in triangulo ex arcubus circulorum maiorum in fuperficie fphæræ ficut eft finus totus ad finum anguli acuti, fic fit finus arcus alium
angulum fubtendentis ad finum arcus, qui acuto opponitur : angulus ille rectus erit.

Prop. X.

In triangulo ex arcubus circulorum maiorum in fuperficie fphæræ
angulum rectum habente, finus reliquorum angulorum funt finibus
laterum, quibus opponuntur, proportionales.

Prop. XI.

Si duo anguli trianguli cuiufpiam ex arcubus circulorum maiorum
in fuperficie fphæræ fuerint duobus angulis trianguli alterius ex arcubus circulorum maiorum in eadem fuperficie, finguli fingulis
æquales : tunc finus arcuum æqualibus angulis oppofitorum proportionales erunt.

Prop. XII.

In duobus triangulis rectangulis ex arcubus circulorum maiorum
in fuperficie fphæræ, quorum arcus rectis oppofiti funt æquales, duorum ex reliquis arcuum vtcumque fumptorum finus funt finibus oppofitorum angulorum proportionales.

Prop. XIII.

Prop. XIII.

In duobus triangulis rectangulis ex arcubus circulorum maiorum in superficie sphæræ, ratio sinuum duorum arcuum acutis oppositorum componitur ex duabus, quarum vna est ratio sinuum arcubus rectos respicientibus debitorum, altera ratio sinuum dictorum acutorum angulorum.

Prop. XIV.

In duobus triangulis rectangulis ex arcubus circulorum maiorum in superficie sphæræ, ratio sinus arcus vni acutorum oppositi in vno triangulo, ad sinum arcus vni acutorum oppositi in altero triangulo est sicut ratio rectanguli contenti sub sinibus arcus rectum subtendentis, & anguli acuti in illo triangulo ad rectangulum contentum sub sinibus arcus recto oppositi & anguli acuti in hoc triangulo.

Prop. XV.

Si in duobus triangulis rectangulis ex arcubus circulorum maiorum in superficie sphæræ sinus arcuum rectis angulis oppositorum fuerint sinibus acutorum angulorum ordine permutato proportionales: æquales erunt arcus, qui acutos subtendunt. Quod si æquales sint arcus, acutis angulis subtensi, & sinus arcuum rectis oppositorum erunt sinibus acutorum ipsorum ordine permutato proportionales.

Prop. XVI.

In omni triangulo ex arcubus circulorum maiorum in superficie sphæræ sinus duorum vtcumque sumptorum arcuum sunt sinibus oppositorum angulorum proportionales.

Prop. XVII.

In triangulo rectangulo ex arcubus circulorum maiorum in superficie sphæræ sinus secundus alterius arcuum rectum angulum continentium ad sinum secundum arcus rectum subtendentis est, sicut sinus totus ad sinum secundum reliqui ex arcubus rectum comprehendentium.

Prop. XVIII.

Arcus bini & bini in circulo eodem, siue in circulis æqualibus sumpti, quorum excessus æquales, & chordæ siue sinus proportionales, sunt singuli singulis, hoc est, maior maiori & minor minori æquales.

Prop. XIX.

Si in triangulo ex arcubus circulorum maiorum quadrante minoribus in superficie sphæræ, sinus secundus primi arcus ad sinum secundum secundi arcus sit, sicut sinus totus ad sinum secundum tertij arcus tunc angulus secundo lateri oppositus rectus erit.

Gg

Prop. XX.

✠ Si in quolibet triangulo ex arcubus circuloru maiorum in super-ficie sphæræ ducatur ab angulo quouis ad basim perpendicularis ar-cuûm à reliquis angulis ad perpendicularem receptorum, sunt sinibus secundis conterminorum laterum proportionales.

Prop. XXI.

In triangulo rectangulo ex arcubus circulorum maiorum in su-perficie sphæræ, sinus vnius acutorum angulorum ad sinum totum est, sicut sinus secundus reliqui acuti ad sinum secundum arcus eum subtendentis. *Prop.* XXII.

Si in triangulo quolibet ex arcubus circulorum maiorum in super-ficie sphæræ ducatur à quouis angulo perpendicularis arcus circuli maioris ad basim: sinus angulorum apud verticem sub perpendiculari & lateribus comprehensorum sunt sinibus secundis angulorum ad basim proportionales.

Prop. XXIII.

Duo triangula rectilinea inuicem æqualia, & æquiangula sunt & in-ter se æquilatera.

Prop. XXIV.

Duo triangula rectilinea inuicem æqualia eandem, siue æquas ba-ses habentia, & basibus oppositos angulos æquales: habebunt & re-liqua latera singula singulis æqualia.

Prop. XXV.

✠ Si trianguli rectanguli ex arcubus circulorum maiorum in su-perficie sphæræ & quadrantibus minorum sinus secundi vnius ar-cuum acutis oppositorum fuerit medius proportionalis inter sinum totum sinúmque secundum acuti anguli oppositi: tunc reliqui arcus erunt alter complemento alterius æquales. Et sinus secundus prædicti arcus acutum subtendentis æqualis erit sinui reliqui acuti anguli.

Prop. XXVI.

✠ Iisdem suppositis, ipsi reliqui coniuncti quadrantem con-ficient.

Prop. XXVII.

Iisdem suppositis, si alternæ quadrantum portiones sint æquales: vel si arcus ipsius trianguli prædicti coniuncti quadrantem conficiât, tunc sinus secundus arcus reliqui erit medius proportionalis inter si-num totum, sinúmque secundum anguli oppositi, & etiam æqualis si-nui reliqui anguli acuti.

Prop. XXIII.

Iisdem suppositis, si sinus secundus arcus acuto angulo oppositi pe-

ratur æqualis finui reliqui acuti tunc idem finus erit medius proportionalis inter finum totum finúmque fecundum anguli ipfi arcui oppofiti:& reliqui arcus æquales fingulis coalternis quadrantum complementis.

Prop. XXIX.

Iifdem fuppofitis, fi finus fecundus arcus acuto oppofiti fit medius proportionalis inter finum totum finumque fecundum eiufdem
acuti: tunc arcuum comprehendentium ipfum acutum differentia
erit maxima differentiarum, quibus differunt quilibet duo arcus
eundem angulum comple&entes ab angulo ad quemlibet alium quadrantem recepti.

Prop. XXX.

Iifdem fuppofitis, fi arcuum acutum angulum comple&entium differentia fit maxima earum, quibus differunt arcus eundem angulum
continentes ab ipfo angulo ad quoflibet quadrantes conterminos recepti: tunc fecundus finus arcus eidem acuto oppofiti erit medius
proportionalis inter finum totum, finumque fecundum ipfius acuti. Et
arcus maximè differentes quadrantem conflabunt.

Prop. XXXI.

Iifdem fuppofitis, fi arcuum acutum angulum continentium congeries fit quadrans, iidem arcus maximè differerent.

Prop. XXXII.

Iifdem fuppofitis, fi arcus acutum angulum continentes maximè
differant, finus fecundus reliqui arcus æqualis erit finui acuti
anguli.

Prop. XXXIII.

Si duo circuli maiores in fuperficie fphæræ angulum acutum contineant, & in vno eorum figneentur duo pun&a, à quibus arcus circulorum maiorum perpendiculares ad reliquum ducantur: Ratio finus
arcus inter cafus perpendicularium ad finum arcus inter pun&a fignata cadentis componetur ex duabus: quarum vna eft ratio finus
totius ad finum fecundum vnius arcus perpendicularium: altera eft
ratio finus fecundi acuto angulo prædi&o debiti ad finum fecundum
reliqui arcus perpendicularis.

Prop. XXXIV.

Iifdem fuppofitis, finus arcus inter cafus perpendicularium ad finum arcus inter pun&a fignata cadentis erit ficut quod ex finu toto,
finuque fecundo anguli acuti prædi&i fit, re&angulum, ad id, quod
ex finibus fecundis arcuum perpendicularium producitur re&an-
gulum.

nius perpendicularis ad finum fecundum anguli perpendicularibus
oppofiti.Et cętera fequentur quæ in tricefima nona præcedenti.

Prop. XLII.

Item, fi duorum coalternorum arcuum, qui ad angulum, ponatur
maior:& cætera,quæ dicta funt fequentur.

Prop. XLIII.

Item, fi finus vnius angulorum perpendicularibus apud fignata
puncta factorum ponatur maior finu fecundo reliqui perpendicularis:
& eadem reliqua fequentur.

Prop. XLIV.

Si verò arcus inter cafus perpendicularium ponatur minor arcu inter puncta fignata cadente , fequentur cætera deinceps quæ in
quadragefima.

Prop. XLV.

Item,fi duorum coalternorum arcuum , qui ad angulum, ponatur
minor:& cætera fimiliter fequentur.

Prop. XLVI.

Item, fi anguli ab vno perpendicularium arcuum apud fignatum
punctum facti finus ponatur minor finu fecundo reliqui perpendicularis : non aliter,quàm prius, cætera fequentur.

Prop. XLVII.

Si finus fecundi arcuum perpendicularium proportionem feruan-
tes in trigefima quinta prædictam fuerint proportionales permutato
ordine finibus fecundis aliorum duorum arcuum perpendicularium:
arcus coalterni inter perpendiculares æquales erunt.

Prop. XLVIII.

Quod fi finibus fecundis arcuum perpendicularium proportionem
in trigefima quinta prædictam feruantibus interfit medius proportionalis fecundus arcus medi; proportionalis:Et coalterni arcus item
perpendiculari medio ad collaterales hinc inde recepti æquales
erunt.

Prop. XLIX.

Quod vigefima-nona huius propofuit, aliter oftendere.

Gg ij

tio finus partis fuperioris alterius defcendentis ad finum partis eiufdem inferioris: altera eft ratio finus partis inferæ arcus reflexi à ter_
mino huius defcendentis ad finum partis fupernæ eiufdem reflexi.

Prop. V.

Idem & aliter demonftrare.

Prop. VI.

Si quadrilaterum rectilineum circulo infcriptum fuerit: Quod
fub duabus eius diametris continetur rectangulum, æquale eft duobus ijs, quæ fub oppofitis lateribus comprehenduntur, coniunctim
fumptis rectangulis.

Prop. VII.

Aggregatum eorum, quæ fiunt ex vtraque chordarum duorum arcuum inæqualium in chordam refidui de femicirculo alterius rectangulorum ad differentiam eorumdem eft ficut chorda aggregati ex
eifdem arcubus ad chordam arcus differentiæ eorumdem.

Prop. VIII.

Aggregatum eorum, quæ fiunt ex vtroque finu duorum arcuum
inæqualium in finum fecundum alterius, rectangulorum, ad differentiam eorumdem eft ficut finus aggregati ex ijfdem arcubus ad finum arcus differentiæ eorumdem.

Prop. IX.

Si duæ magnitudines duabus magnitudinibus fint proportionales; erunt & earum aggregata differentijs proportionalia, Contra,
fi aggregata fuerint differentijs proportionalia, & duæ magnitudines
duabus magnitudinibus proportionales erunt.

Prop. X.

In triangulo rectangulo ex arcubus circulorum maiorum in fuperficie fphæræ finus aggregati duorum arcuum angulum acutum com_
prehendentium ad finum differentiæ eorundem eft ficut aggregatum
ex finu toto, finúque fecundo dicti anguli acuti, ad differentiam eorumdem finuum.

Prop. XI.

Si fuerit triangulum rectangulum ex arcubus circulorum maiorum
in fuperficie fphæræ, atque anguli ad centrum fphæræ conftituti, quos
fubtendunt duo arcus trianguli acutum angulum continétes, & fuerint æquales angulis, quos continent latera duo trianguli rectilinei
cum perpendiculari ad tertium latus; finguli fingulis: Tunc finus totus ad finum fecundum anguli acuti prædicti erit, ficut portio maior
tertij lateris trianguli rectilinei ad minorem.

Prop. XII

Quod decima huius propofitione, aliter demonſtrare. *Videatur ſcho-lium Maurolyci.*

Prop. XIII.

Cum circuli ſemidiameter ſecat chordam arcúmque, chordæ por-tiones ſunt ſinibus portionum arcus proportionales.

Prop. XIV.

Quod decima, quódque duodecima huius demonſtrant, adhuc aliter demonſtrare.

Prop. XV.

In triangulo ex arcubus circulorum maiorum rectangulo in ſuper-ficie ſphæræ, aggregatum ex ſinu toto, ſinúque ſecundo anguli acuti ad differentiam eorumdem eſt ſicut quadratum, quod ex ſinu ſecun-do dimidij anguli acuti ad quadratum', quod ex ſinu eiuſdem di-midij.

Prop. XVI.

Item, ſinus aggregati arcuum acutum angulum comprehenden-tium ad ſinum differentiæ eorumdem arcuum eſt ſicut quadratum, quod ex ſinu ſecundo dimidij anguli acuti ad quadratum, quod ex ſi-nu eiuſdem dimidij.

Prop. XVII.

Item, ſinus aggregati arcuum angulum acutum comprehenden-tium ac ſinum differentiæ eorumdem arcuum eſt ſicut ſinus ver-ſus complementi ipſius anguli ad duos rectos ad ſinum verſum talis acuti.

Prop. XVIII.

Si fuerint duo triangula ex arcubus circulorum maiorum rectan-gula in ſuperficie ſphæræ, quorum vnius angulus acutus æqualis al-terius angulo acuto : tunc ſinus aggregati arcuum acutum angulum comprehendentium in vno triangulo ad ſinum arcus differentiæ eo-rum eſt, ſicut ſinus aggregati arcuum acutum angulum continen-tium in altero triangulo ad ſinum arcus differentiæ eorundem.

Prop. XIX.

Quod ſi id duobus triangulis rectangulis ex arcubus circulorum maiorum in ſuperficie ſphæræ, ſinus aggregati arcuum acutum angu-lum comprehendentium in vno triangulo ad ſinum arcus differen-tiæ eorum, fuerit ſicut ſinus aggregati arcuum angulum continen-tium in altero triangulo ad ſinum arcus differentiæ eorum, tunc ipſi acuti anguli æquales ad inuicem erunt

Prop. XX.

Prop. XX.

In triangulo ex arcubus circulorum maiorum rectangulo in superficie sphæræ, arcus acutum angulum continentes, dum quadrantem perficiunt, maximè differunt, quàm sub eodem angulo siue breuiati siue producti differre possint. Contra, si huiusmodi arcus maximè prædicto modo differant, & coniuncti quadrantem circuli constabunt.

Prop. XXI.

Aliter idipsum demonstrare.

Prop. XXII.

Si fuerint in superficie sphæræ duo triangula ex arcubus circulorum maiorum; quorum vnius angulus acutus æqualis alterius angulo acuto:& alius vnius angulus cum alio alterius angulo iunctus conficiat duos rectos, tunc sinus arcuum his angulis oppositorum erunt sinibus arcuum oppositorum acutis proportionales.

Prop. XXIII.

Si fuerint duo triangula in superficie sphæræ ex arcubus circulorum maiorum, quorum vnius acutus angulus æqualis alterius acuto angulo: Et sinus arcuum acutis oppositorum proportionales sinibus arcuum duos ex reliquis angulos respicientium: tunc hi anguli aut æquales erunt, aut coniuncti duos rectos conficient.

Prop. XXIV.

Si ab angulo trianguli ex arcubus singulorum maiorum in superficie sphæræ constituti descendat ad basim arcus circuli maioris angulum ipsum per æqua diuidens:tunc sinus arcuum angulum ipsum continentium erunt sinibus factarum basis portionum proportionales.

Prop. XXV.

Quod si sinus arcuum dictum angulum continentium proportionales fuerint sinibus factarum basis portionum: tunc arcus descendens angulum ipsum per æqualia secare probabitur.

Prop. XXVI.

Si bina triangula fuerint in superficie sphæræ ex arcubus circulorum maiorum, quorum vnius duo anguli fuerint, duobus alterius anguli singulis singulis æquales, & ab angulis reliquis perpendiculares arcus circulorum maiorum ad bases ducantur: tunc sinus factarum basis portionum in vno triangulo proportionales erunt sinibus factarum basis portionum in reliquo triangulo.

Prop. XXVII.

In triangulo rectangulo ex arcubus circulorum maiorum in super-

Hh

ficie fphæræ, finus vnius acutorum angulorum ad finum totum eſt
ficut finus fecundus reliqui ad finum fecundum lateris eum fubtendentis.

Prop. XXVIII.

Item finus fecundus vnius acutorum angulorum ad finum totum
eſt ſicut quod ſub finu fecundo arcus acutum angulum fubtendentis
& fub finu reliqui acuti continetur, rectangulum ad quod ex finu toto
quadratum.

Prop. XXIX.

In omni triangulo ex arcubus circulorum maiorum in ſuperficie
fphæræ conſtituto, finus verſus anguli cuiuſlibet ad differentiam duorum finuum verſorum, quorum vnus eſt lateris eum angulum fubtendentis; alter verò differentiæ duorum arcuum ipſum angulum continentium eſt ſicut quadratum finus totius ad id quod ſub finibus arcuum eorumdem continetur, rectangulum.

Prop. XXX.

Sinus arcus alicuius ad finum eius fecundum eſt ſicut gnomon ad
vmbram rectam eiuſdem arcus. Sicut autem finus fecundus ad
finum dicti arcus, fic eſt gnomon ad vmbram verſam eiuſdem
arcus.

Corollarium.

Vnde vmbra recta cuiuſuis arcus eſt & vmbra verſa complementi eiuſ-
dem arcus. Item dimidio quadrantis debita vmbra tam recta, quàm verſa
æqualis eſt ſuo gnomoni. Item gnomon ſemper eſt medius proportionalis
inter vmbras duorum arcuum quadrantem integrantium ſeu rectas, ſeu
verſas.

Prop. XXXI.

In triangulo rectangulo ex arcubus circulorum maiorum in ſuperficie fphæræ conſtituto, finus totus ad finum arcus vnum ex acutis
angulis fubtendentis eſt ſicut quadratum gnomonis ad rectangulum
comprehenſum ſub vmbris verſis, quarum vna complemento reliqui
acuti, altera verò arcui eundem acutum fubtendenti debetur.

Corollarium.

Hinc manifeſtum eſt, quod in duobus triangulis ſphæralibus orthogoniis,
duo latera, quæ circum rectos angulos æqualia fuerint: tunc rectangula, quæ
ex vmbris verſis reliquorum laterum, quæ circum rectos, in vmbra verſas
debitas complementis ſubtenſorum angulorum producuntur, erunt & in-
uicem æqualia. Et contrario.

Prop. XXXII.

In triangulo rectangulo ex arcubus magnis in ſuperficie fphæræ

constituto, sinus totus ad sinum arcus vnum ex acutis angulis subten.
dentis est sicut vmbra versa reliquo acuto angulo debita, ad vmbram
versam lacris dictum angulum respicientis.

Scholium.

*Ex his igitur demonstrationibus absolui possunt omnes quæstiones, quæ fieri
consueuerunt circa sphæralia triangula: quæque in Astronomia pertinent ad
arcus circulorum in primo cælo intellectorum, hoc est, in concaua superficie
prima mobilis descriptorum. Sed nemo harum speculationum scientiam
perfectam habens nesciet theoriam ad praxim atque demonstrationem ad
calculum deducere. Quæ res vt magis peruia fiat lectori, exempla nonnulla
sunt adducenda, vt circa declinationes, & ascensiones.*

AVTOLYCI DE SPHÆRA
MOBILI, EX TRADITIONE
MAVROLYCI LIBER.

ABSOLVTIS *Theodosij, Menelai atque Maurolyci sphæricis, subiun-*
gemus ea quæ ad sphæram mobilem, motumque primum pertinent,
quippe quæ sphæricorum demonstratis innituntur, & prima sunt syderalis
disciplinæ rudimenta: quibus addemus Theodosium de habitationibus, &
habitationum collatione. Aduerte autem ea esse Maurolyci, quæ literis Italicis
scribentur.

Sphæræ puncta æqualiter ferri dicuntur, quæcumque æquali tempore æquales ac similes transeunt periferias. At si in linea aliqua delatum aliquod punctum æqualiter, binas transierit lineas, eandem habebit rationem tempus ad tempus, quibus singulas transit lineas,
quàm linea ad lineam: *id est peracta spatia temporibus proportionalia sunt.*

Propositio prima.

Si æqualiter sphæra voluatur circa suum axem, cuncta quæ in superficie sunt sphæræ puncta, præter polos, circulos describunt parallel-
los, & ad axem rectos, & eosdem cum sphæra polos habentes.

Nam tales circuli describuntur per rectas à punctis ad axem super quo
sphæra versatur, perpendiculares: & ideò per 9. primi sphæric. Theod. ha-
bent dictum axem communem, & polos communes, & per 2. secundi, sunt
inuicem paralleli.

Prop. II.

Si sphæra voluatur æqualiter circa suum axem, cuncta, quæ in su-

perficie puncta funt fphæræ, fimiles periferias circulorum parallelorum, in quibus feruntur, in tempore eodem præteribunt.

Nam fi duo puncta fint in eodem parallelo, conftat propofitum per affum-
ptam in principio petitionem. Si autem in diuerfis parallelis, conftabit propo-
fitum per 15. fecundi fpharic. Theod.

Prop. III.

Si æqualiter fphæra voluatur circa fuum axem, quas in tempore eodem periferias tranfmittent puncta quædam in circulis parallelis, per
quos feruntur, eæ ipfæ fimiles erunt.

Hæc eft conuerfa præcedentis, & fimili modo demonftratur.

Prop. IV.

Si in fphæra maior circulus manens feparet id, quod apparet dé
fphæra, ab eo, quod non apparet, fitque ad rectos angulos axi fphæræ,
fuper quo mouetur: nullum punctum fuperficiei fphæræ oritur, nullum
occidit: fed quæ funt in hemifphærio apparenti, femper apparent: quæ
verò in latenti, femper occultantur.

Nam talis circulus manens eft communis limes talium hemifphæriorum,
& per 1. huius, puncta fingula fuos furfum parallelos femper in alterutro
hemifphæriorum defcribent.

Prop. V.

Si per polos fphæræ circulus manens definiat apparens & non apparens: cuncta in fuperficie fphæræ puncta ipfa euoluta, & occidunt
& oriuntur, & æquali tempore morantur fuper horizontem & fub
horizonte.

Nam talis circulus manens, per 20. primi fphær. Theod. fecat per æqualia.
fingulos parallelos, id eft femicirculos, Quare per 2. huius, per æquale tempus
punctorum vnum quodque feretur vtrinque à circulo fecante.

Prop. VI.

✚ Si in fphæra maior circulus manens definiat quod apparens eft
fphæræ, & quod non apparens, obliquus exiftens ad axem, attinget
binos circulos equales, & parallelos inuicem, & eorum vnus ad apparentem polum femper erit apparens: alter autem ad latentem, femper
latens, *quod conftat per 70. fecundi fpharic. Theod.*

Prop. VII.

✚ Si circulus in fphæra fixus apparens ab occulto diftinguat obliquus exiftens ad axem: circuli, qui ad angulos rectos axi, in eifdem
punctis femper horizontis ortus & occafus faciunt, & fimiliter inclinantur ad horizontem.

Nam cum circulus fixus conftet femper in eodem loco: & circuli fuper axe
fuo verfati femper in fuo finguli plano iaceant, fit vt neque periferiæ locum

aliquando commutent:& perinde fecent fixum in iifdem femper punctis. In-clinatio que eorum vna eft: fequitur enim inclinationem axis com-munis.

Prop. VIII.

Si circulus maior in fphæra fixus apparens ab occulto dirimat incli-natus ad axem : quicumque circulus maior contingit duos circulos parallelos æquales, femper videlicet apparentem femperque occul-tum, quos horizon contingit ; euoluta fphæra, congruit horizonti.

Nam dum verfatur fphæra, puncta contactuum feruntur femper in peri-ferijs dictorum parallelorum : & perinde contactus dicti circuli maioris conuiuntur contactibus horizontis : & circulus ipfe counitur ho-rizonti.

Prop. IX.

✠ Si in fphæra maior circulus obliquus ad axem definiat manife-ftum ab occulto; quod ex fimul orientibus punctis eft polo apparenti propinquus, pofterius occidi. Quod autem ex fimul occidentibus, dicto polo vicinius, priùs oritur.

Nam punctum polo manifefto vicinius habet, per 24. 2. Theod. maiorem arcuum fuper horizontem: & perinde fi fimul oritur, cum puncto remotiori à dicto polo: pofterius occidet. Et fi fimul occidat, iam priùs exortum eft per 2. huius.

Prop. X.

✠ Si in fphæra maximus orbis obliquus ad axem definiat apparens fphæræ & latens ; circulus, qui per polos fphæræ, bis rectus fit hori-zonti in vno. fphæræ ambitu.

✠ Patet, quia talis circulus bis tranfit in vno ambitu per polos *horizontis: quare per 20. 2. fpheric. Theod. bis eum orthogonaliter fe-cabit.*

Prop. XI.

✠ Si in fphæra maior circulus obliquus ad axem definiat apparens fphæræ & latens: alius verò maior circulus parallelos maiores attin-gat, aut quos horizon femper apparentem femperque occultum tan-git, per omnem horizontis periferiam parallelis, quos attingit, inter-pofitam ortus & occafus facit.

Patet, quoniam omnia puncta talibus parallelis interiecta oriuntur & occidunt apud periferias horizontis iifdem interiacentes. Quare & tota talis circuli maioris periferia in idem facit.

Prop. XII.

✠ Si in fphæra manens circulus delatum aliquem circulum eorum, qui in fphæra, femper per æqualia fecet: inter autem ipforum ad re-

&os fuerit angulos axi, neque per polos fphæræ: vterque ipforum erit maior.

Nam fi vterque fit circulus minor: manens non poteft femper bifariam fecare delatum, nifi manens ad rectos fit axi, fi manens fit maior, ac delatus minor: non poteft femper bifariam fecare delatum, nifi existentem ad rectos axi, quod eft contra hypothefim: Si manens fit minor, ac delatus maior: hoc effet contra 17. I. fpharic. Theod. fupereft ergo vt omnino fint ambo maiores.

THEODOSII DE HABITATIONIBVS

LIBER.

Propofitio prima.

✦ SVB Septentrionali polo habitantibus hemifphærium quidem mundi vfquequaque idem apertum eft vnum : alterum omnino idem occultum : nec aftrorum aliquod ipfis occidit aut oritur : fed quæ in aperto funt, prorfus funt in confpectu: at quæ in occulto vfquequaque nufquam comparent. *Quæ prop. eadem ferme eft cum 4. Autolyci.*

Prop. II.

✦ Sub æquinoctiali habitantibus omnia aftra oriuntur & occidunt, & æquali tempore fuper horizontem attollentur, horizontique fubuchentur. *Idem habetur in 5. Autolyci.*

Prop. III.

✦ Per omnem locum, qui fub media zona tropicis parallelis interclufa, fignifer quotidie rectus erigitur horizonti.

Nam circulus æquatoris parallelus per verticem loci ductus binis in locis fecat Zodiacum. Quando igitur punctum fectionis alterutra cognitur vertici, tunc zodiacus incedit per polos horizontis; & ideo per 20. I. Theod. fecat horizontem orthogonaliter: bis ergo fit hoc in vno ambitu. Habitantibus vero fub tropico femel, hoc eft in puncto folftiy, in quo zodiacus tangit ipfam tropicum.

Prop. IV.

· Quorum vertex à polo tantum abit, quantum tropicus diftat ab Æquinoctiali: illis fimul fex figna & occidunt, & oriuntur.

Hoc eft illis, quorum vertex eft in arctico, vel antarctico circulo. Nam cũ poli zodiaci ferantur in peripheriis talium circulorum iam in vno femel polus

counitur vertici , hoc est polus zodiaci polo horizontis. Quare &
zodiacus counitur horizonti, qua counio fit instanti, & post illud in in-
stans statim zodiacus dispescitur bifariam ab horizonte, & ideò in instanti
semicirculus eius oritur, & reliquus semicirculus occidit.

Prop. V.

Sub æquinoctiali habitantibus Meridianus bifariam secabit super horizontem signiferi semicirculum quando tactus tropicorum &
signiferi fuerint in horizonte, & tunc signifer rectus erit ad horizontem.

Tunc enim horizon incedens iam per polos tropici , & puncta contactuum
per 6.2 spher.Theod. ibit, & per polos zodiaci; & ideò per 20.1. orthogona-
liter eum secabit; & per 21.1. zodiacus vicissim ibit per polos horizontis, per
quos & meridianus, vnde arcus tam meridiani, quam zodiaci ab horizonte
ad horizontem recepti sunt quadrantes.

Prop. VI.

Sub æquinoctiali habitantibus signiferi semicirculi omnes in
tempore æquali oriuntur.Similiter etiam oppositæ periferiæ.

Ibi enim omnis semicirculus Zodiaci oritur cum arcu diurno sui principij:
omnes autem arcus diurni par.2.huius,sunt semicirculi.constat igitur prima
pars propositi.Reliqua verò,quoniam non solum oppositæ Zodiaci periferiæ,
sed etiam ab æquinoctij puncto æqualiter remotæ cum æqualibus æquinoctialis
periferijs ascendunt.

Prop. VII.

Habitantibus sub eodem parallelo stellæ neque simul oriuntur,
neque simul occidunt, sed quanto priùs oriuntur orientaliori loco,
tantò priùs occidunt.

Nam talium locorum horizontes propter æquas polorum altitudines, tan-
gunt eosdem æquatoris parallelos:quare per 18.2. spher.Theod. arcus ex pa-
rallelo quolibet , semicirculis horizontum tam Orientalibus quàm Occiden-
talibus interiecti,sunt similes.Omnis igitur stella in loco Orientali per eun-
dem arcum anticipat ortum, & inde occasum, & idcirco per idem temporis
interuallum.

Prop. VIII.

Sub eodem meridiano habitantibus stellæ quæcunque sunt inter
maximum semper apparentium parallelorum & æquinoctialem diutius super horizontem feruntur illis,qui ad Septentrionem habitant,
quàm illis qui ad Meridiem. Et quanto priùs oriuntur ad Septentrionem habitantibus, tanto posteriùs occidunt.Quæ verò astra inter
maximum semper occultorum, & æquinoctialem,diutiùs super horizontem apparent ad Meridiem habitantibus,quàm ad Septentrionē:

& quanto priùs oriuntur iis qui ad Meridiem, tanto posteriùs occidunt.

Nam eunti versus manifestum polum, arcus diurnus astri eodem versus ab æquatore declinantis crescit, & eunti versus occultum polum arcus diurnus astri eo declinantis etiam crescit. Collatis autem arcubus, vtrimque, hoc est ad ortum & ad occasum crescentibus, constat reliqua pars propositi.

Prop. IX.

✦ At si horizontes neque sub eodem parallelo, neque sub eodem Meridiano, sequetur tatum arcuum super horizontem peractorum prædicto modo inæqualitas: non autem ortuum & occasuum anticipatio. *Constat sicut præmissa, propter magis, aut minus inclinatum horizontem.*

Prop. X.

✦ Sub polo vtrolibet habitantibus sol semestri tempore super horizontem iugiter fertur, & tandem sub horizonte.

Patet hoc per 1. huius: quoniam zodiaci semicirculus semper extat, & semicirculus semper delitescit: qui semestri fermè spatio à Sole peragitur? Neque hic motus differentia, quem Solis ingerit eccentricus, consideranda venit: supponitur enim Solis motus æqualis, vbi de arcubus primi motus agitur.

Prop. XI.

✦ A polo versus arcticum vel antarcticum procedentibus, hæc iugis mora Solis super horizontem, aut sub horizonte minor fiet semestri tempore, minorque, donec ad spatium 24. horarum sub arctico vel antarctico redigatur.

Nam horizon harum habitationum tangit duos æquatoris parallelos tropicis maiores, qui de zodiaco vtrimque duas peripherias æquales abscindunt. Et peripheria, quam parallelus semper apparens abscindit, nunquam occidit; ea verò quam semper occultus, nunquam oritur. In illa ergo quandiu Sol fuerit, nunquam occidet: in hac nunquam orietur. Vnde in illa tantus erit iugis dies: dies in hac tanta iugis nox, pro magnitudine scilicet peripheriæ, tot scilicet mensium, quot signa comprehenderit peripheria, & tot dierum naturalium, quot insuper gradus habuerit.

Prop. XII.

✦ Sub arctico vel antarctico habitantibus dies maxima fiet 24. horarum, & instans pro nocte. Contra nox maxima 24. horarum, & instans pro die. Cæteri arcus crescent & decrescent vsque ad æqualitatem æquinoctij.

Nam ibi habitantium horum tangit duos tropicos, quos & Zodiacus contingit

tingit. Quare Sol in tropico super horizontem extantem constitutus, peragit pro die integrum ambitum: & pro nocte punctum ipsum contactus. Contra Sol in tropico totaliter latenti positus circulum totum pro nocte describit, & pro die, solum contactus punctum, inde decrescunt vtrique arcus vsque ad medium æqualitatis.

Et quoniam per 23. 2. sphæric. Theod. coalterni arcus diurnus & nocturnus vtrinque ab æquatore sumpti sunt æquales, & perinde tam duo diurni, quàm duo nocturni coniugatè recepti circulum integrãt: propterea sit vt in omni horizonte totum tempus diurnum in anno collectum simul sit semestre, hoc est anni dimidium: & nocturnum similiter tantumdem, sed sub polo continuum: cæteris verò habitatoribus interpolatum. His autem Euclidis Phænomena in eorum gratiam subiungemus, qui serio Geographiæ, & Astronomiæ operam dare voluerint: deinde breuissimum afferemus Cosmographiæ compendium, quod cœlos, & terram oculis velut in tabella subiiciet.

EVCLIDIS EX TRADITIONE
M A V R O L Y C I
Phænomena.

QVONIAM stellæ circumferuntur æquali semper à nobis remotione, propterea motum cœli circularem esse: easque per parallelos æquidistantes deferri. Et quoniam earum quædam perpetuò feruntur supra terram, quædam sub terra: quædam plus moræ trahunt super terram, quædam plus sub terra, & medio loco posita æqualiter. Hinc mundum non nisi sphæricæ figuræ esse: neç nisi circa axem, & æqualiter volui. Axem autem polorum vnum extare: alterum sub terra delitescere. Horizon autem circulus vocetur, qui definit spectatum hemisphærium. Meridianus, qui per sphæræ, horizontisque polos incedat. Æquinoctialis verò maximus inter parallelos communem cum sphæra axem habentes. Zodiacum, siue signiferum esse solis orbitam, à quo Æquinoctialis obliquè secatur. Tropici sunt duo paralleli æquales zodiacum tangentes. Ex quibus manifestum est, horizontem circulum esse maximum, quòd maximum quemque semper secet per medium.

PROPOSITIONES.

I.

TERRA *in medio mundo eſt, centríque fungitur officio.*

Quoniam ſcilicet eadem dioptra ſpectamus ſimul duo ſigna oppoſita, vnum oriens, alterum occidens: & rurſum alia duo ſigna oppoſita apud ortum & occaſum: fit vt linea viſualis in vtraque obſeruatione ſit diameter zodiaci, & firmamenti: terra igitur in ſectione talium diametrorum cum ſit, in centro zodiaci, & perinde mundi exiſtet.

II.

In vno ambitu, qui per polos ſphæræ circulus, bis rectus erit ad horizontem.

Quia ſcilicet bis couinitur in die cum meridiano, qui rectus eſt ad horizontem.

Zodiacus verò circulus ad meridianum bis erit rectus.

Quia ſcilicet plus zodiaci in parallelo arctico delatus bis in die ſiſtitur in meridiano.

Ad horizontem verò minimè rectus erit, quando polus horizontis fuerit extra tropicos.

Ibi enim zodiacus nunquam tranſit per polos horizontis, hoc eſt per verticem loci.

Si verò polus horizontis in tropico fuerit: zodiacus ſemel in die ad horizontem rectus erit.

Quando ſcilicet punctum ſolſtitiale zodiaci fuerit in polo horizontis, quod ſemel in die fit.

Quando demum polus horizontis inter tropicos fuerit: zodiacus circulus ad horizontem bis rectus erit.

Nam ibi parallelus æquatoris per polum horizontis incedens binis in punctis ſecat zodiacum: quæ puncta ſingula ſemel in die ſiſtentur in ipſo polo horizontis in dicto parallelo delata. Bis igitur in die zodiacus horizontem orthogonaliter ſecabit, per 20. 1. ſphæric. Theod.

III.

✠ *Aſtrorum non errantium ortus, occaſuſque officientium, vnumquodque apud eadem horizontis puncta oritur & occidit.*

Nam parallelus, in quo defertur aſtrum ſuper axem, in vno ſemper ſitu circunducitur, & in iiſdem ſemper punctis ſecat horizontem. *Additio 2. propoſitionum.*

IV.

✠ *Aſtra in circulo per polos mundi ducto exiſtentia ſimul oriuntur,*

& ſimul occidunt in horiʒonte recto.

Nam talis circulus bis in die counitur horizonti recto.

V.

*Aſtra exiſtentia in ſemicirculo orientali circuli tangentis maximum in-
tegrè apparentium parallelorum, quem tangit horiʒon obliquus,ſimul oriuntur in tali horizonte. Exiſtentia verò in ſemicirculo reliquo,ſimul occidunt in eodem.*

Sicut enim ille ſemicirculus ſemel in die counitur ſemicirculo
orientali horizontis:ita hic occidentali. Vnde denominantur.

VI.

*Aſtrorum in maximi circuli ambitu exiſtentium,maximumque integrè
apparentium non tangentis neque ſecantis, quæ priùs oriuntur,priùs occi-
dunt:Et quæ priùs occidunt,priùs oriuntur.*

Nam ex talibus aſtris occidentalibus priùs oritur, & priùs occidit.
Ducto enim ſemicirculo orientali tangente maximum parallelorum
integrè apparentium, per aſtrum occidentalius,relinquitur aſtrum
reliquum ad orientem,ſimiliter ducto ſemicirculo occidentali.Con-
ſtat ergo propoſitum : cùm tales ſemicirculi repræſentent ſemicirculos horizontis.

VII.

*Aſtrorum in maximi orbis ambitu,qui maximum integrè apparentium
ſecat, exiſtentium,quæ ſeptentrioni propiùs, priùs oriuntur, poſteriùs verò
occidunt.*

Ductis enim per aſtrum à ſeptentrione remotius circulis maioribus
maximum integrè apparentium vtrinque tangentibus : relinquetur
aſtrum reliquum in medio peripheriarum.Vnde palam ſit ipſum aſtrũ
reliquum priùs oriri,& priùs occidere.Sed Euclides loquitur reſpectu
ſitus noſtri. Nam apud noſtros Antœcos ,idem dicendum de aſtro,
quod illi polo propinquus eſt.   **VIII.**

*In ʒodiaco,ſiue æquinoctiali,ſiue quouis alio maiori circulo aſtra ex dia-
metro poſita coniugatè oriuntur, & occidunt.*

Nam quæuis diameter cuiuſlibet maioris circuli eſt,& mundi diameter: cuius extremorum altero ex oriente, reliquum occidit. Et è
contrario.

X.

*ʒodiacus circulus per omnem horiʒontis locum inter circulos tropicos
oritur, quando maximus integrè apparentium non minor fuerit circulo
tropico.*

Hoc eſt in illo horizonte,cuius vertex eſt in circulo arctico, vel inter ipſum & polum, ortus zodiaci fit per totum ſemicirculum horizontis orientalem:occaſus per totum ſemicirculum horizontis occidentalem: quandoquidem totus horizon iacet inter tropicos.

X.

✠ *Signa non apud æqualia horizontis ſegmenta oriuntur, & occidunt: in maximis enim quæ ad æquinoctialem: in minoribus autem quæ hæc ſequũtur: in minimis verò quæ ad tropicos: apud æqualia porro, quæ ab æquinoctiali circuli æqualiter diſtant.*

Ductis enim per limites ſignorum zodiaci parallelis hinc inde ab æquinoctiali:peripheriæ horizontis interceptæ tam ad ortum quàm ad occaſum, ab æquinoctiali verſus tropicos ordinatæ ſucceſſiuè decreſcunt, vt inſert propoſitio. Omnis enim arcus zodiaci apud peripherias horizontis ſuis parallelis interceptas oritur, & occidit. Hoc autem oſtendit Theodoſius in 3. 5. 7. & 9. prop. libri 3. ſphæric.& Menel. in 46. ſecundi. Quod intelligitur tam in horizonte recto quàm in obliquo ; quamuis in obliquo peripheriæ dictæ horizontis ſint maiores.

XI.

✠ *Zodiaci ſemicirculos non ab eodem parallelo exorſos, neque æquali tempore totos exoriri, ſed in plurimo, qui cum cancro, eoque minori, quo inde remptius exordium ſumpſerint: in minimo tandem, qui cum capricorno. Quicumque autem in eodem parallelo initium habuerint, æquis temporum interuallis exortum facere.*

Conſtat hæc prop. apertiſſimè, ſi conferantur arcus diurni ſemiculorum zodiaci principiis debiti. Cum talibus enim arcubus oriuntur ipſi ſemicirculi. Et pro occaſu ſemicirculorum conferantur arcus no(cturni, qui ſemicirculorum initiis reſpondent: quamuis de occaſu author non faciat mentionem. Sed vltra æquinoctialem pro ſignis in proportione expreſſis ſume ſigna oppoſita. Author autem reſpexit ad ſitum noſtrum.

XII.

✠ *Si in zodiaco bini ſemicirculi communem quandam circumferentiam habentes diuerſo tempore oriantur: relicti arcus diuerſo etiam tempore orientur, & in eodem exceſſu. Si autem in zodiaco bini ſemicirculi communem arcum habentes æquis temporibus æquis oriantur, relicti quoque peripheriæ temporibus æquis orientur.*

Nam ſubtracto arcu communi, ſubtrahitur etiam commune tempus: & ideo relicta tempora erunt aut in eodem exceſſu inæqualia, in quo ſcilicet tempora ſemicirculorum ſunt: aut æqualia, ſi tempo-

ſi ſemicirculorum fuerint æqualia.

XIII.

✤ *Zodiaci æqualium & ex oppoſito circumferentiarum in quo tempore altera oritur, reliqua occidit. Et in quo altera occidit, reliqua oritur.*

Nam, per octauam huius, talium arcuum limites excutes ex diame-tro, coniugatè oriuntur, & occidunt; hoc eſt, vno oriente, alter occi--dit, & è contrario. Et ideo quo tempore oritur interceptorum arcuum vnus: reliquus occidit; & è contrario. His autem rurſus tres propoſi-tiones adduntur.

XIV.

✤ *Similium horizontum ſemicirculi ſimiles, parallelorum peripherias includunt: Et ideo quodlibet aſtrum ad horizontem ex iis orientalem per vnum temporis interuallum anticipat tam ortum, quàm occaſum, ac cæli mediationem.*

Similes horizontes ſunt, qui aut recti ſunt aut eiuſdem latitudinis. Qui autem eiuſdem latitudinis ſunt, tangunt eoſdem parallelos, quorum alter maximus integrè apparentium eſt, alter maximus inte-grè occultorum. Hęc ergo propoſitio quoad rectos horizontes, oſten-ditur in 14. l. 2. Theod. quoad autem obliquos, in 8. eiuſdem. Vt ſi in-ter duos horizontum ſiue rectorum, ſiue vnius latitudinis obliquorum ſemicirculos orientales interſit arcus æquatoris 30. graduum: iam in-ter eoſdem ex quolibet parallelo totidem gradus intercipientur. Et perinde omne aſtrum magis orientale per duas horas præuertet tam ortum quàm occaſum, quàm & cœli mediationem. Quare conſtat apertè corollarium.

XV.

Similium horizontum ſemicirculi orientales vnà cum zodiaci peripherijs intercipiunt æquatoris arcus coorientes, occidentales autem cooccidentes ad quemlibet talium horizontum.

Manente enim fixo horizontum talium vno, ſphæra reuoluta, cæte-rorum ſimilium horizontum ſemicirculi coniunguntur ei: & proinde zodiaci peripheriæ ante motum interceptæ cooriuntur, aut coocci-dunt cum arcubus æquatoris ſimul interceptis.

✤ XVI.

Peripheriæ zodiaci æquales ad rectum horizontem non æquis temporibus oriuntur, neque occidunt: ſed in maximo, quæ ſunt ad tropicorum contactus: in minori autem, quæ has ſubſequuntur: in minimis verò; quæ ad æquine-ctialem: æqualibus porrò, quæ ab æquinoctij puncto æqualiter diſtant.

Exempli gratia, ſumantur in zodiaco 3. ſigna ♈, ♉, & ♊. Aio quod

I i iij

ex his in ſphæra reſta ♓ in maximo; ♉ in minori; ♈ in minimo tam
oritur, quàm occidit tempore. Ducantur enim à polo mundi tres ſemicirculi horizontum reſtorum per limites talium ſignorum: iam tales ſemicirculi, abſcindent de æquinoſtiali arcus inæquales: quorum maximus erit, qui remotiſſimus à ſeſtione zodiaci, & æquino-
ſtialis, ſcilicet qui cum ♓ intercipitur: minor, qui cum ♉ minimus, qui cum ♈, per 4, & 8, tertij ſphæric. Theod. & 46. ſecundi
Menel. Sed per præcedentem, tales æquatoris arcus cooriuntur, ſiue
cooccidunt cum ſignis ipſis interceptis. Igitur ex his ♓ in maximo
♉ in minori: ♈ in minimo oritur, & occidit tempore. Quod autem æquè ab æquinoſtio remota ſigna æquis temporibus oriuntur,
atque occidunt, conſtat, quoniam cum æquis arcubus æquatoris
oriuntur, & occidunt, & id propter æquilatera inuicem ſphæralia
triangula, per 23. primi ſphæric. Menel.

Corollarium. Hinc manifeſtum eſt quod in ſphæra reſta 4. ſigna ♓,
♋, ♒, & ♌ in maximis: 4. autem ♉, ♎, ♏, & ♒ in minoribus: 4. demum ♓, ♈, ♏, &, ♎, in minimis, & inuicem æqualibus oriuntur, &
occidunt temporibus.

XVII.

✠ *Semicirculi zodiaci, qui cum 6 9 æquales circumferentia non æquis tem-*
poribus occidunt, ſed in maxima, quæ ſunt ad tropicorum contaſtus: in mi-
nori autem quæ ad æquinoſtialem æqualibus porrò quæ has ſubſequuntur: in
minimis vero quæ ad æquinoſtialem: æqualibus porrò quæ ab æquinoſtij pun-
ſto æqualiter diſtant, oriuntur, & occidunt.

Per limites trium ſignorum ♋, ♌, & ♍ ducantur tres ſemicirculi
horizontum obliquorum eiuſdem latitudinis occidentales, & perinde tangentes eundem æquatoris parallelm. Nam tales ſemicirculi
abſcindent ex æquatore arcus inæquales, quorum maximus erit, qui
remotiſſimus à ſeſtione æquinoſtij, ſcilicet qui cum ♋ intercipitur:
minor, qui cum ♌: minimus, qui cum ♍, per 6, & 10 tertij ſphæric.
Theod. & 46 ſec. Menel. ſed per ante præmiſſam, talia ſigna coocci-
dunt cum arcubus æquatoris interceptis; igitur ex his ♋ in maximo: ♌ in minori; ♍ in minimo tempore occidit. Quod autem ſigna æqualiter ab æquinoſtio remota æquis temporibus oriuntur, &
occidunt, conſtat per 25 primi ſphæric. Menel. propter æquilatera
inuicem ſphæralia trianguli. Verùm in horizontibus vltra æquatorem pro ♋, ♌, & ♍, ſubſtitue ♑, ♒, & ♓.

Coroll. Hinc patet quod in horizonte noſtro obliquo, duo ſigna ♋,
& ♒ in minimis: ♌, & ♍ in minoribus: ♍, &♎, in minimis, &

inuicem æqualibus occidunt temporibus.
XVIII.

✢ *Semicirculi Zodiaci, qui cum ♏, æquales peripheriæ: nequaquam æquis*
oriuntur temporibus. In maximo quidem, qua ad tropicorum contactus: in
minori autem, qua has subsequuntur: in minimis verò, qua ad æquinoctia-
lem:æqualibus porrò, qua ab æquinoctij puncto æqualiter distant, oriuntur,
& occidunt.

Oftenfum eft in præcedenti, ♈ in maximo, in minori ♌ in minimo
♍ occidere. Igitur per 23 præcedentem, his oppofita figna, fcilicet
♏, in maximo : ♒, in minori : ♓ in minimo oriuntur ; quod eft propofitum. Vnde & æqualitas ortuum in fignis æquè ab æquinoctio remotis fequetur. Sed in regionibus vltra æquatorem, quoniam mutatur polus manifeftus, immutanda funt, & figna.

Coroll. Conftabit igitur hic fimiliter, quod in his obliquis horizontibus ♏, & ♓ in maximis : ♒, & ♉ in minoribus : ♑, & ♈ in minimis, & inuicem æqualibus oriuntur temporibus.

MONITVM.

QVI ferio Trigonometriæ fuam operam dare voluerit, adeat
Gellibrandi Britannicam Trigonometriam, cuius fundamentum confiftit in triangulorum planorum fimilitudine, ad quam
duntaxat requiritur æqualitas angulorum, vel proportio crurum.
quæ cùm numeris exprimi debeant, tam peripheriæ circulares, quibus angulos metimur, quàm rectæ circulis adfcriptæ in certas partes
diuidendæ funt, quæ numeris exprimantur.

Quapropter peripheriæ in 360 gradus diuifæ gradum quemlibet
primùm in 100 partes, Vietam imitatus pag. 2 9. Calendarij, parti-
tur, deinde quamlibet partem centefimam, ad calculi facilitatem
diidit. Radium verò facit vnius partis vel 1000, 000,000,000,000;
& in ijfdem partibus rectas circulo adfcriptas, putà finus arcuum, &
tangentes, atque fecantes diuidit, de quibus fufiffimè dictum eft
vili Præfatione ad Theodofij fphærica.

Cùm autem Gellibrandus, poft Neperum & Briggium, per Logarithmos progrediatur, quos ferè omnes iudicant longè faciliores
reliquis finuum & tangentium canonibus antea vfurpatis, hic autor
præ reliquis legatur, atque teratur, quippe fatisfacit abundè, tum

pro planis triangulis in 2. Britannicæ Trigonometriæ ; tum pro
ſphæricis in 2. artificialis trigonometriæ libris.

Vt autem ea quæ dicta ſunt hactenus de ſphæricis, ad coſmographiam breuiſſimè contrahamus, peculiarem tractatum, quem voca-
re poſſis Coſmographiam Aſtronomicam , quòd ex æquo vtrique
conueniat, Autolici, Theodoſij, & Euclidis Phænomenis , veluti Corollarium ſubiungemus, ex quibus valeant intelligi, quæ in
illo tractatu quiſpiam deſiderare poſſet.

COSMO-

COSMOGRAPHIA,
ASTRONOMICA.
AD REVERENDVM P.
FRANCISCVM
LANOVIVM:
F. M. MERSENNVS S. P.

VM à pluribus annuis, R. P. non solùm Patres Græ-
cos & Latinos , sed alios præterea libros plus minus
ICCXL euolueris, & euisceraueris, nouosque, vi
quà polles ingenij propemodum infinitâ , in lucem
edendos tanto numero scripseris, vt etiam æquare possint numerum illum Platonicum , vel illius ad minimum partes
aliquotas ad calcem Præfationis ad Hydraulica relatas. Iter illud, ad
quod accingeris, vt Te Summi Pontificis iussu, Collegam admodum Reuerendi Patris Laurentij à Spezzano, Ordinis nostri Dignis-
simi Generalis exhibeas, non debet fructus illos vberrimos sufflaminare,
minare, quos viri Docti à te propediem expectant: quosque, nullus dubito, quin superiores abs te vel precibus, vel iussu, statim
atque rescierint tuorum operum inscriptionem, pulchritudinem, &
vtilitatem, extorqueant.

Quid enim vtilius, aut pulchrius singulis totius Religionis Chri-
stianæ Formulis, & Ritibus, hucusque à Christo Domino, quaquà
patet; vsurpatis? Quodnam Calendarium cum Anno tuo Euchari-
stico conferendum? Quid tuæ Patriæ Annales, quid Theologum,
quid Angelica, quid omnia elegantissimo styplo à te parata, commemorem, quibus totam Ecclesiam XXX sequentibus annis illustra-
tam iri confido.

Gaudeat igitur minimus noster orbiculus, qui Tuorum operum
splendore, sapiétibusq; consilijs illuminatus maximas gratias, Diuino

Kk

primùm numini, deinde Summo Pontifici habere debeat, quorum prouidentiâ Generalem & Collegas accepit, qui non solùm parta tucantur, verùm etiam illius terminos promoueant.

Dum igitur, R. P. thesauros illos amplissimos abs Te collectos expectamus in literatorum, & Ecclesiæ Catholicæ vsum effundendos, hoc accipias Astronomicæ Cosmographicæ opusculum quod in amicitiæ nostræ antiquæ, & sinceræ testimonium, Tuo nomine inscriptum volui; quippe refert œconomiam, quâ in ipso itinere, siue terrestri, siue maritimo, recrees animum, & opera Dei circumspiciens maiore semper diuini amoris flammâ succendaris.

PRÆFATIO AD LECTOREM.

NIL interest, Beneuole, si mentem Ptolemaicorum, vel Tychonicorum sequaris; siue Philolai, Aristarchi (de quo in Plamnite) & aliorum Pythagoræorum anteponas sententiam: lectione sequentium propositionum veritatem assequêris. Vt verò supremum istius autorem scientiæ magis magisque suspicias, atque venereris, mecum, obsecro, pernicitatem siderum contemplare, quæ tanta est vt stella quælibet iuxta Æquinoctialem sita, minuto horario, motu raptus seu diurno, 15' percurrat, quæ in octauo cœlo leucis 70000, in terra verò 5 leucis respondent: suppono namque firmamenti ambitû 100800000 leucarum; diametrûque 32072727, quarum vnaquæque sit 3000 passuum, & passus 5 pedum Regiorum. Eædem stellæ durante 1" temporis, faciunt leucas in firmamento 1166 ½, in terra 250 passus.

At verò si de proprio stellarum motu loquamur, qui 28800 annorum spatio perficitur, conficiunt gradum spatio 80 annorum, qui respondet 280000 leucis firmamenti, 20 verò terræ leucis. Spatio mensium 16, minutum, leucis 4666 ½ firmamenti, terræ ½ leucæ, seu 1000 passibus respondens. Octo verò diebus, horis, 48', seu 11688', quot sunt dies in 32 annis, 1" conficiunt, quod in firmamento constat leucis 77 ½; in terra verò passibus 16 ½. Spatio 3 horarum, 14', 48", faciunt 3''', quod in firmamento constat vnâ leucâ, 888 passibus, pedibus 4, 5 digitis, & 4 lineis: in terra verò digitis 16 ½, seu 200 lineis. Spatio 3', 14', & 48', conficiunt 1', quod firmamenti passibus 64, pedibus 4; lineis 10 ½ 10 ½, terræ verò lineis 3 ½ respondet. Spatio annuo 45' faciunt, hoc est 3500 leucas firmamenti; terræ verò ½ leucæ.

Spatio diei conficiunt 7 $\frac{11}{17}$, id est firmamenti leucas 9, passus 1747, pedes 2 $\frac{11}{17}$: terræ verò passus 2 $\frac{11}{17}$.

Spatio horæ faciunt 18', & 28', 49, 46', 26', 51, 27'' $\frac{11}{17}$, hoc est passus firmamenti 1197. pedes 4, lineas 7; & terræ digitos 5 $\frac{1}{17}$.

Spatio 1', conficiunt in firmamento passus 20, digitos 2, lineas 2 $\frac{11}{17}$; in terra verò lineam 1 $\frac{11}{17}$.

Spatio 1'', in cœlo faciunt pedem 1, digitos 7, lineas 11 $\frac{111}{17}$: in terra autem lineæ $\frac{11}{17}$: vbi nota denominatorem esse 4 annorum diebus æqualem.

Denique spatio 1''' faciunt in cœlo lineas 4 $\frac{1}{5}$. si ludere volueris in proportionibus terræ, & firmamenti, scias, ambitum terræ esse 7200 leucarum: eius diametrum 2290 $\frac{11}{17}$: maximum illius circulum 4123636 $\frac{5}{17}$. totam superficiem 16494545 $\frac{5}{17}$. Conum, cuius altitudo, terræ radius; basis autem maximus terræ circulus, leucarum cubicarum 1574479338 $\frac{111}{17}$: terræ verò soliditatem, 6297927273 55 $\frac{5}{17}$. eiusdemmodi leucarum Gallicarum, 1500 constantium hexapedis. Quemadmodum enim maximus circulus est quarta pars totius superficiei, ita conus ille totius est soliditatis quadrans.

Cùm autem satis constet ex nostris tractatibus, me leucam Gallicam 15000 pedibus Regijs: pedem 144 lineis, lineam 10 minutioris arenæ granis definire, facilius fuerit multitudinem similium arenarum, quibus conflanda sit tota non solùm orbis nostri, sed etiam totius mundi soliditas, quaqua nobis patet, calculis subducere, quàm vt tuum animum grauioribus intentum, diutiùs ab his propositionibus percurrendis distrahere velim. Quibus si sphærica præcedentia coniunxeris, ausim Tibi subtiliorem totius Cosmographiæ, & Astronomiæ cognitionem polliceri.

Propositio prima.

CIrculus æquinoctialis cæleftem & terrenum globum in duas partes æquales diuidens distinguitur in 360. gradus, vt æquilibet alius circulus tam maior quàm minor, ob facilitatem diuisionis huiusce numeri, quippe qui habet partem mediam, tertiam, quartam, quintam, sextam, octauam, &c. cuius sexta pars est 60, qui plurimas etiam diuisiones absque fractionibus patitur: hæc autem sexta pars à circulo, seu radio describente circulum, generatur, quæ rursus in 60 minuta prima, quodlibet minutum primum in 60 secunda, & sic in infinitum, vel pro libito deinceps diuiditur.

II.

Qvodlibet gradus æquinoctialis, continet 20 leucas, quarum quælibet 3000 paſſuum eſt, paſſus autem 5 pedes regios habet: pes regius in lineas diuiditur; linea verò continet 10. grana arenæ minutiſſimæ: igitur circulus æquinoctialis, in terra 7200. leucas complectitur in cœlo ſolis apogæi totidem leucas 1181, perigæi 1101. in firmamento verò totidem 14000, id eſt 100800000 leucas: igitur vni gradui ſolari apogæo reſpondebunt leucæ 12620, quæ naſcuntur ex 20. ductis in 1181. Hinc deduces quot leucas contineat gradus firmamenti; & cui parti cœli ſolaris, vel firmamenti leuca vna terreſtris reſpondeat: reliquas menſuras, nempe milliare Helueticum, ſeu Germanicum maius, 5 milliarum: milliare 8 ſtadiorum: ſtadium 125. paſſuum: paſſum 5 pedum; pedem 4 palmorum: palmum 4 digitorum: digitum 4 granorum hordei lateraliter diſpoſitorum, vt potè iam apud nos inuſitatas non moror.

III.

Cum cuiuſlibet gradui æquinoctialis terreſtris 15. milliaria Germanica reſpondeant, ambitus terrenus erit 5400 milliariorum Germanicorum; & cùm circumferentia ſe habeat ad diametrum vt 22 ad 7. diameter terræ erit milliarium 1718 $\frac{2}{11}$, & ſemidiameter 859 $\frac{1}{11}$: ſumamus facilitatis ergo 860, dimidia circumferentia 2700 multiplicata per 860 dabit aream æquinoctialis milliariorum 2322000, qui per 4 multiplicati, dabunt totam ſuperficiem terrenam milliariorum 9288000: Denique ſi illa area ducatur in ſemidiametrum, efficiet cylindrum ſemidiametro ſphæræ æquè altum, milliariorū 1996920000: cuius tertia pars 665640000 quater collecta totius terræ ſoliditatem milliarior. Germanicor. 2662560000 tribuet: hinc facilè reperietur terræ ſoliditas in noſtris leucis.

I V.

Longitudo terræ ſumitur ab inſulis Fortunatis; vel Canariæ, numeraturque in æquinoctiali, vel circulo ei parallelo inter ſixum meridianum occidentalem Fortunatum, & meridianum verticalem cuiuſque loci intercepto: itaque meridiani diſtinguunt; æquinoctialis autem, & ei paralleli menſurant longitudinem.

V.

Æquinoctialis ſeu ισημερινὸς noctem diei æqualem efficit, cum ſol in eo verſatur, diuiditque ſphæram in partem ſeptentrionalem; & meridionalem: cuius poli, ſunt poli mundi, huius autem 15 gradus ex vna parte oriuntur, & ex alia occidunt ſingulis horis: igitur & gradus vnus.

oritur quibufque minutis horæ,& quarta pars gradus, feu,÷ vnoquoque horæ minuto: ideoque æquinoctialis menfura prim{ mobilis dicitur.

VI. ·

Æquinoctialis oftendit puncta æquinoctiorum, quæ bis In anno·
contingunt:diuidit Zodiacum in duas medietates,auftralem, & fep-
tentrionalem: hinc figna auftralia, & feptentrionalia: eft·menfura
temporis &·oftendit quam habeant declinationê feptr. aut meridion.
ftellæ,vel eclipticæ·partes.infuper & in hoc circulo afcenfiones, &.
defcenfioneslignorum zodiaci obferuantur..

VII..

Linea perpendicularis lineæ·meridianæ; repræfentat æquatorem, &
contra; quæ tamon abfque linea meridiana defcribetur,fi linea recta
ducatur per puncta apicis vmbræ à ftylo,die æquinoctij verni, vel au-
tumnalis productæ.Data autem poli altitudine datur æquinoctialis
altitudo,quippe quæ eftcomplementum quadrantis circuli; exempli
gratia altitudo poli Lutetiæ eft 48. graduum,45:igitur æquinoctialis,
ac proindefolis in primo gradu ♈, vel ♎ altitudo eft 41 graduum, 15'.
Et contra,data æquinoctij altitudine datur altitudo;fed & totius cœli,& terræ ftatus ex vnius ex iftis circulis data eleuatione fciri poteft,
dummodo longitudo loci cognita fit..

VIII.

Æquator in fphæra recta trâfit per verticem;feu polum horizontis:
in parallela, horizonti coincidit, eftque ipfe horizon: in obliquis autem fphæris facit angulos acutos cum horizonte, quos faciebat rectos in recta;in qua omnia cœli puncta quotidie oriuntur,&occidût,
exceptis tamen mundi polis : propterea huius fphæræ incolis perpetuum eft æquinoctium, duplex æftas ,duplex hyems; & 4 vmbræ,
nempe orientalis ,&occidentalis, feptentrionalis, & auftralis:hinc
Amphifcij, feu *Amphiumbræ* dicuntur : quod etiam obliquæ fphæræ
contingit, cuius vertex eft inter æquatorem ,& tropicorum alterum..

IX.

In fphæra obliqua, cuius vertex eft in vno tropicorum, æquator
66 ÷ ac proinde polus 13. ÷ gradus eleuatur; & circuli polares conftituunt femper apparentium, femperque latentium maximum cir-
culum:huius incolæ vnicam æftatem, &hyemem habent, & vmbra
feptentrionali carent:hinc*Heterofcij*, feu *alteriumbræ* vocantur: hæ
autem 3 fphæræ,nempe recta,& duæ pofteriores obliquæ;funt in zona 4.

torrida, quæ vtroque tropico terminatur, & quam æquator per medium fecundàm longitudinem, ficut ecliptica zodiacum, fecat.

X.

Æquator,& polus æquales habent 45 graduum altitudines in fphæra obliqua, cuius vertex eft medius inter tropicum, & polarem circulum: hinc tantus eft calor æftatis,quantum eft frigus hyemis : calor
eo maior eft, quo altior fuerit æquator; frigus intenfius , quo polus fublimior. In fphæra verò obliqua, cuius vertex eft in circulo polari,
æquator 23 ¼, polus 66 ⅓ gradibus eleuatur : dies autem maximus
eft 24 horarum : quo Zona temperata finitur verfus pofum, ficut tropico, verfus æquatorem.

XI.

Zona frigida incipit à circulo polari, in qua noctes, diéfque maximæ eò fiunt maiores, quò vertex incolarum magis ad polum accedit,
donec fphæra parallela fiat, in qua Septentrionales eo priuilegio gaudent, quòd dies eorum maxima fit 7, & ampliùs diebus longior quàm
maxima dies auftralium ; quòd illos fol in fignis feptentrionalibus
exiftens illuminet, in quibus tardiùs incedit ob locum apogæi in
♋ pofiti. Quibus fi crepufculum addamus, (quod fit à fole fub horizontem 18 gradibus depreffo)nec non refractiones, dies artificialis
9 menfium, & 12 dierum apud fphæræ parallelæ incolas effe poterit,
cùm 21.gradus ♍, & 9 ♒, grad. 18 ab æquatore declinent. Nox
verò è contrario, 7 diebus longior eft apud Auftrales, quàm apud
feptentrionales. Hi autem *Perifcy*, hoc eft, *circumumbra* vocantur,
quia vmbræ quaquauerfum in gyrum , ob folem circa horizontem
æquidiftanter gyrantem, proijciuntur. Vide, num ifta fphæra fit omnium ignobiliffima, recta verò omnium nobiliffima : & ferio contemplare, cur Deus fphæram terreftrem ita cælefti iunxerit, vt in fphæra,
cuius vertex eft intra polarem circulum, & polum, figna circa vernum
æquinoctium fita præpofterè oriantur, id eft ♉ ante ♈, & ♈ ante ♓ : &
figna circa æquinoctium autumnale pofita præpofterè occidant,
nempe ♓ ante ♏, & ♏ ante ♎.

XII.

Zodiacus, feu Σημεοφόρος, in punctis oppofitis æquatorem ad
angulos obliquos interfecat: cuius latitudo eft 12, vel 16 graduum ;
medium autem iftius circuli obtinet Ecliptica , fic dicta, quod
luna folem obfcuret, cùm fub ea directè ifta duo luminaria coniunguntur; cùm autem fub eadem ecliptica è diametro opponuntur,
fol lunam nobis occultat, & ita fiunt eclypfes.

XIII.

Ecliptica fecundùm latitudinem indiuifibilis, æquatorem interfecando, tropicum æftiuum Capricorni, & hybernum Cancri ftatuit: ob quem figna illa defcendentia dicuntur, quæ à ♋ ad ♑, afcendentia verò quæ à ♑, ad ♋ continentur: quia fol defcendit in illis, & afcédit in iftis. Præterea duo puncta æquinoctialia notat in æquatore.

XIV.

.· Aliæ funt fignorum diuifiones, iuxta varias interfectiones, & relationes circulorum inter fe : vt ex interfectione colurorum, & zodiaci, ♈, ♉, ♊ dicuntur *vernalia*, quia cùm fol verfatur in illis, Martem, Aprilem, & Maium efficit : ♋, ♌, ♍, *æftiua*, & fic de reliquis, iuxta 4 anni tempeftates. Quæ autem contingunt interfectiones, vt ♈, ♋, &c. dicuntur *cardinalia*: fequentia verò, *fixa*; reliqua funt *communia*. Omitto reliquas diuifiones, vt trigonorum ignei, aërei, & terrei, & dodecatemoriorum, in quæ totum cælum diuidi concipitur, penes 12. partes zodiaci.

XV.

Duodecim figna naturalia, in quæ Zodiacus diuiditur, incipiunt à communi fectione æquatoris, coluri æquinoctiorum, & eclipticæ, procedendo verfus orientem ; quorum primum eft ♈, ver incipiens, deinde ♉, &c. quem ordinem appellant fucceffionem, & confequentiam fignorum ; contrarium verò ordinem, præcedentiam. Zodiacus verò, & ecliptica motus fecundos planetarum, vt æquator, motum primum, menfurat : Deinde numeratur fiderum longitudo in ecliptica ab ♈ initio, fecundùm fequelam fignorum, vfque ad circulum maximum per polos eclipticæ, ftellæ locum tranfeuntis ; ficut longitudo terreftris in æquatore à primo meridiano occidentali vfque ad meridianum tranfeuntem per locum propofitum.

XVI.

. Ab ecliptica vfque ad polum numerantur fiderum latitudines : eft autem latitudo hæc, arcus circuli maximi per polos eclipticæ, & ftellam incedentis inter eclipt. & ftellam interiectus. Tales autem arcus, circuli latitudinem appellantur. Puncta verò inter æquatorem & eclipt. exiftentia, refpectu æquatoris funt borealia, & refpectu eclipticæ, auftralia, vel contra.

XVII.

Ecliptica continet omnium fiderum loca : nam ftella eft in eo gradu eclipticæ, per quem circulus latitudinis eiufdem ftellæ incedit: fic enim ftellæ exiftentes in coluro folftitiorum, funt in primo gradu ♋ vel ♑. Qua ratione omnes ftellæ firmamenti ad vfum ex 12 zodiaci signis referuntur. Omitto circulos quos ecliptica parallelos eodem modo statuere possemus, quo Astronomi 182 æquatori parallelos imaginantur, per quos sol toto anno incedit, quorum extremi sunt 2 tropici, medius verò æquator.

XVIII.

Coluri per polos mundi, & 4 puncta cardinalia zodiaci transeuntes sese mutuò ad angulos rectos sphærales in ipsis polis intersecant, & vnà cum sphæra voluuntur: ita vocati, quia mutili videntur in obliqua sphæra, cùm vna pars semper infra horizontem deprimatur, alia verò supra eleuetur: horum vnus dicitur æquinoctiorum, qui per pũcta intersectionis æquatoris, & ecliptica transiens duo puncta æquinoctialia, nempe ♈ & ♎ statuit: alter verò solstitiorum, quia æquatorem in illis punctis ad angulos rectos diuidit, in quibus sol æstatem & hyemem incipit, nempe in primo gradu 69, & ♑: qui proptereà colurus maximas solis declinationes metitur, zodiaci polos continens, eorum à polis mundi distantiam ostendit: Infiniti verò coluri ad singulas siderum ab æquatore declinationes ostendendas statui possunt.

XIX.

Meridianus, seu μεσημβρινός, in quocumque situ sphæræ meridiem, & mediam noctem efficit, continétque duo puncta Zenith, & Nadir sibi inuicem opposita: primus autem meridianus vulgò statuitur in insulis Fortunatis, ab alijs in insula *ferri*: sunt autem 36, vel potius 18 meridiani, cum iidem meridiani vnius hemisphærij alteri etiam hemisphærio seruiant: singuli quippe 10 inter se distant gradibus: quanquam geometricè loquendo, tot sint meridiani, quot puncta verticalia, quemadmodum tot horizontes, quot sunt diuersa puncta terræ: qui vnicuique gradui meridianum assignant, 180 statuunt.

XX.

Idem est meridianus progredientibus rectà à septentrione in meridiem secundùm latitudinem: solis autem, & stellarum maximam altitudinem, earum ab æquatore distantiam poli altitudinem, & totius terræ habitudinem ostendit: atque latitudinem terrenorum locorum metitur, de qua nunc agendum est.

XXI.

Latitudo numeratur in meridiano, ab æquatore versus alterum polorum & ostendit quanto punctum quodlibet ab æquatore distet; alter polorum mundi eleuetur, & alter deprimatur: est autem latitudo cuiuscumque loci, seu arcus meridiani interceptus inter Zenith, & æquatorem, æqualis eleuationi poli supra horizontem: hæc autem eleuatio

eleuatio est arcus meridiani ab horizonte ad polum mundi ductus.

XXII.

Quemadmodum latitudo terræ numeratur in meridiano insularum Fortunatarum, vel in alio orientaliori, ita declinatio siderum in iisdem meridianis numerari potest; qui tamen propterea *circuli declinationum* appellantur, quia ostendunt quantum stellæ, vel planetæ di-. stent ab æquatore, & ab eo versus polum declinent. Possunt etiã *verticales* appellari, quatenus per verticem cuiusque loci transeuntes, perque horizontis singula puncta perpendiculariter descendentes, siderum altitudinem supra horizontem, aut depressionem infra metiuntur: Arabicè verò *Azimuth* in astrolabiis vocari solent, quòd ostendant in qua parte mundi sidus oriatur, aut occidat.

XXIII.

.Meridianus incipit diem astronomicum; potest autem punctum meridianum diuersis modis reperiri, vt arborum abscissione, quarum trunci ostendunt circulos densiores, seu sibi viciniores esse ex parte septétrionis; acu in aqua, suberis auxilio, natante; ferro in aëre liberè suspenso, acu magnetica, dúmodo illius declinatio cognoscatur: quadrante astronomico, breuissimã diei vmbrã à stilo proiectã. Possumus etiam inuestigare quot gradibus sol eleuetur supra horizontem, siue. sit in meridie, siue extra meridiem; eius enim altitudinem dabit triãgulus, cuius latus vnum sit vmbra stili, aliud linea stilo æqualis, vmbiæ per pedem stili perpendiculariter acta; tertium verò latus coniûget duo prædicta latera: linea enim æqualis stilo, vel arcus ei respondens repræsentabit arcum verticalem, quo solis altitudo mensuratur.

XXIV.

. Horizon astronomicus, seu verus diuidit totam mundi sphæram in duas partes æquales, nempe in hemisphærium superum. seu visum, & inferum, seu occultum, cuius centrum idem est cum centro mundi, poli verò Zenith, & Nadir incolæ: Horizon physicus, seu sensibilis, & visualis, astronomico æquidistans est pars terræ quam oculis detegimus: cuius semidiameter in planitie est leucæ circiter, cû oculus 6 pedes altus est; qui si ad leucæ altitudinem eleuetur, semidiameter horizontis sensibilis erit 51 leucarum, vt l. 3 de Veritate scientiarum, c. 2. demonstratum est.

XXV.

Quilibet horizon vnicum habet incolam; in quo stantia ei ita perpendicularia esse debent, vt linea directionis transeat per duos polos, & centrum horizontis, & per puncta grauitatis stantium siue turriû, siue arborum, siue hominum: sed de linea directionis, & de his cen-

Ll

tris, in Mechanicis agendum erit.

XXVI.

Horizon ad omnes prædictas sphæras, nempe rectam, obliquam, & parallelam statuendam cócurrit:vnde rectus, obliquus, & parallelus appellatur·ortus & occasus siderum limbo suo determinat: latitudines ortiuas, & occiduas ab ortu,& occasu æquinoctiali incipientes ostendit,quantitatem diei,& noctis,quarum est terminus,& 4 púcta, nempe ortum, occasum, septentrionem, & meridiem, nec non quátitatem duorum circulorum æquatori, ac tropicis parallelorum, ex polis mundi vsque ad horizontem descriptorum, quorum descriptus ex polo conspicuo, dicitur maximus apparentiũ ,alter verò maximus occultorum determinat. *Ex quibus alia possunt intelligi quæ de horizonte dici solent.*

XXVII.

Circuli horizonti paralleli,qui altitudines,& depressiones siderum ostendunt,in Astrolabio vocantur *Almicantarath,*vel circuli progressionum, inter quos circulus crepusculi numeratur, qui parallelus est horizonti, & infra eum 18 gradibus deprimitur. *Hactenus de circulis maioribus ;sphæra mundanæ :sequuntur minores.*

XXVIII.

Tropici sunt circuli minores æquatori paralleli,à quo nunc 23 gradibus distant;sed hæc distantia diuersis sæculis diuersa est ; quæ tamē variatio 24' hactenus notata fuit; duo verò tropici ostendunt maximam solis & eclipticæ declinationem ab æquatore;tropicus ♋ septétrionalem:& tropicus ♑ australem : ille etiam maximam, hic minimã solis altitudinem meridianam : ille maximum diem , & breuissimam noctem in æstiuo solstitio,hic autem in brumali maximam noctem,& diem breuissimam complectitur : quæ tamen quantitates neque in recta sphæra,neque in obliqua vltra·altitudinem poli 66 ' graduum à tropicis ostenduntur:in illa enim arcus diurni ,& nocturni sunt semper æquales,in hac verò quantitates prædictæ ab ecliptica ostenduntur ; & in altitudine poli 66 ' graduum vnus tropicorum totus supra horizontem extat, eumque in puncto tangit ; alter verò totus latet infra horizontem.

XXIX.

Circuli polares sunt diurnæ conuersiones polorum eclipticæ circa polos æquatoris,à quibus 23 ' distant gradibus,totidem videlicet, quot puncta solstitialia,vel tropici ab æquatore.Ex quibus 5 zonæ facilè intelligi possunt,quippe quæ 4 circulis æquatori parallelis continentur ;torrida enim est inter 2 tropicos, duæ temperatæ inter tropicos, & circulos polares : & duæ polares inter ambitum circulorum olarium. XXX.

Paralleli funt circuli hinc inde æquatori paralleli tantùm inter fe diftantes quantum requiritur, vt maxima dies vnius horæ quadrante differat à maxima die alterius paralleli. Statuůtur autem 48 ab ᴇquatore vfque ad circulum polarem, feu eleuationem poli grad. 66 .

XXXI.

Climata funt etiam æquatori parallela ; continent autem tres parallelos : illorum enim tanta eft latitúdo, vt à termino auftrali ad borealem maxima dies per femihoram excrefcat : funt autem eo anguftiora climata quò magis ad feptentrionem accedunt. Si quis animi gratia Siderographiam in ftellis, atque planetis ftatuere velit, poterit parallelos, climata, polos, æquatorem, & alios circulos , cum maiores, tum minores; terrenis analogos ponere; fcimus enim quæ fit proportio terræ cum corporibus fiderum; quandoquidem femidiameter terræ eft ad femidiametrum ☽, vt 3.; ad 1, vel vt 17 ad 5. Ad femid. folis, vt 1 ad 5 ' , vel 5 ad 26. Ad femid. ☿, vt 2 ; ad 1, vel vt 8 ad 3: Ad femid. ♀, vt 1 ; ad 1, vel vt 11 ad 6 Ad femid. ♂, vt 2, ad 1, vel vt 12 ad 5 ad fem. ♃, vt 1 ad 2', vel vt 5 ad 12. Ad femid. ♄, vt 11 ad 31. Denique ad femid. ftellarum primæ magnitudinis, vt 3 ad 13. Vnde fequitur terram milliaria cubica 17003252160o continentem , quæ ad maris foliditatem effe dicitur, vt 2290 ad 1 : Ad aëris folid. vt 27. ad 13 & ad ætheris foliditatem, vt 1 ad 140608 : effe ad ☽ foliditatem, vt 40 ad 1: ad folis folid. vt 1 ad 140: ad ☿, vt 19 ad 1: ad ♀, vt 6 ad 1: ad ☿, vt 13 ad 1 : ad ♃, vt 1 ad 14 : ad ♄, vt 1 ad 22: ad ftellas verò primæ magn. vt 1. ad 70. Denique ad mundi fphæram vt 1 ad 2744000000000. Omitto diftantias omnium fiderum à terra, de quibus alibi dictum eft : tatùm aduertam ftellas 14000 femidiametris terrenis à centro terræ diftare.

Notandum eft autem climata denominari à ciuitatibus , & aliis locis, per quæ tranfeunt : primum igitur tranfit per Meroën; 2 per Alexandriam; 3 per Rhodum & Babylonem: 4. per Romam, Corficam, & Hellefpontum: 5. per Venetias: 6. per Podoliam: 7. per Vitebergam: 8 per Roftochium: 9 per Hyberniam: 10. per Bous caftrum Noruegiæ, 11. vt per Gothiam : 12. per Viburgum Finlandiæ : 13, per Arotiam Sueciæ : 14. per fluuij Dalecanlij oftia : 15. 16. 17. 18. 19. 20. 21. 22. & 23. per reliqua loca Noruegiæ, Sueciæ, Albæ-Ruffiæ , & Infularum vicinarum.

Porrò pauciora climata ab antiquis pofita funt, quia terræ partes, quæ iam detectæ funt, non illis innotuerant : verùm poterit quifpiã parallelos, & climata vfquè ad polum arcticum, & antarcticum pro

Para.	Climata.	Hora.	Min.	grad°	Min.	grad.	Min.
1	I.	12	15	4	18		
2	—	12	30	8	34		
3	II.	12	45	12	43	7	50
4	—	13	0	16	43		
5	III.	13	15	20	33	7	3
6	—	13	30	23	11		
7	IV.	13	45	27	36	6	9
8	—	14	0	30	47		
9	V.	14	15	33	45	5	17
10	—	14	30	36	30		
11	VI.	14	45	39	20	4	30
12	—	15	0	41	12		
13	VII.	15	15	43	32	3	48
14	—	15	30	44	29		
15	VIII.	15	45	47	20	3	13
16	—	16	0	49	1		
17	IX.	16	15	50	53	2	44
18	—	16	30	51	58		
19	X.	16	45	53	17	2	17
20	—	17	0	54	29		
21	XI.	17	15	55	34	2	0
22	—	17	30	56	37		
23	XII.	17	45	57	34	1	40
24	—	18	0	58	26		

ducere, quemadmodum meridiani per omnem terræ circumferentiam multiplicantur: qui 180. erunt, si 4. solùm horæ minutis, id
est vno gradu æquatoris; 12. verò, si hora, vel 15. gradibus æquatoris inter se distent. Quæcumque verò ad parallelos & climata pertinent, sequenti tabula comprehenduntur, in qua primus ordo numerorum parallelos 24; secundus 23 climata : tertius maximum
diem vnicuique parallelo conuenientem: 4. altitudines poli, siue
latitudinem regionis: 5 denique latitudines climatum ostendit.

Para.	Clima-ta.	Hora.	Min.	grad.	Min.	grad.	Min.
25	XIII.	18	15	59	14	1	16
26		18		59	59		
27	XIV.	18	30	60	40	1	13
28		19	0	61	18		
29	XV.	19	15	61	53	1	1
30		19		62	25		
31	XVI.	19	30	62	54	0	52
32		20	0	63	22		
33	XVII.	20	15	63	46	0	44
34		20	30	64	6		
35	XVIII.	20	45	64	30	0	36
36		21	0	64	49		
37	XIX.	21	15	65	9	0	29
38		21	30	65	21		
39		21	45	65	35	0	22
04	XX.	22	0	65	47		
41		22	15	65	57	0	16
42	XXI.	22	30	66	6		
43		22	45	66	14	0	11
44	XXII.	23	0	66	20		
45		23	15	66	25	0	6
46		23	30	66	28		
47	XXIII.	23	45	66	30	0	0
48		24	0	66	31		

Alia funt quæ ad Aftronomiam atque Geographiam pertinent, qualis eft doctrina de fecundis planetarum motibus, deque eorum magnitudinibus & diftantijs cum àterra, tum à fe inuicem, fed quæ longiora funt quàm vt hocce breui compendio contineri poffint. Quamobrem latitudinum & longitudinum tabulas omitto, quibus vrbium, & aliorum locorum fitus exhiberi folent. Quarumdem ta_men vrbium longitudinem &latitudinē à quibufdam obferuatas af-fero, quarum prima fit Lutetia, cuius longitudo, ab vna ex infula He-fperidum quæ *Ferri* dicitur, fumpta, eft 24 grad. 30′: latitudo 48.45′, in qua acus magnetica à polo verfus orientem 3 grad. declinat.

Longitudo Rothomagi eft 23 graduum, latitudo 49. 30.

Ll iij

Dieppæ longitudo eſt 22 30: latit. 50. 3.

Londini longitudo 20, latitudo 52 eſſe dicitur. Romæ long. 36. latit 41.56. Venetiarum long. 34. latit. 45. Omitto reliquias vrbes, vt Hieruſalem, cuius long. 66. latit. 31: 40. Babylonem, cuius long. 83. lat. 34. &c. quarum latitudines exactæ haberi poterunt, ſi Mathematici ſumpſerint altitudinem poli ſingularum ciuitatum; longitudinum verò differentiam, ſi earundem eclipſium lunarium initia in illis vrbibus obſeruarint.

Aduertendum eſt autem circulos parallelos eò minores eſſe, breuioráque climata, quò magis ab æquatore receſſerint, & acceſſerint ad polos; enimuero gradus æquatoris, qui 51. milliaria Germanica complectitur, 14 ſolum in 21 gradu latitudinis, 13 in 30 gradu: 12. in 37. gradu: 11 in 48 ½, vt Lutetiæ : 6 in 66 gradu, in quo ſunt circuli polares: 1 denique milliare in 86 gradu continet. Vnde facillimum erit computare quot leucis parallelus quiſpiam conſtet: numerus enim graduum paralleli, nempe 360, multiplicatus per leucas vno gradu comprehenſas, quæſitum leucarum numerum exhibebunt. Supereſt hic vt omnes terræ incolas inter ſe conferamus.

Habitationum collatio.

PERIOECI dicuntur ſub eodem parallelo habitantes, quaſi circumcolæ: his eadem eſt & eiuſdem poli celſitudo: æquales ſimul arcus tam diurni, quàm nocturni : eadem aſtrorum & ſignorum apparitio, occultatio, ortus & occaſus: ſimul habent æſtatem: ſimul hyemem: ſimul ver: ſimul autumnum : eaſdem meridianas vmbras: per idem interuallum anticipant tam ortum quàm occaſum.

Antœci ſunt, qui ſub æqualibus & oppoſitis parallelis habitant, quaſi contracolæ. His æqualis eſt, ſed diuerſorum polorum celſitudo. Æquales, ſed oppoſitorum punctorum arcus tam diurni, quàm nocturni. Eadem ſed oppoſitorum aſtrorum & ſignorum apparitio, occultatio, ortus & occaſus. Quando his fit æſtas; illis hyems. Quando his fit ver, illis autumnus. Æquales habent, ſed in oppoſitis ſolis locis & in diuerſum proiectas vmbras meridianas.

Antichthones, ſiue Antipodes ſunt, qui non ſolùm ſub æqualibus & oppoſitis parallelis habitant, ſed etiam in locis per diametrum oppoſitis, atque contrariis inuicem pedibus terram calcantes. Itaque omnia quæ Antœcis accidunt, etiam ad Antipodes omnino ſpectant. Sed Antipodum hoc eſt proprium, quod habent communē horizontem,& hemiſphæria diuerſa,ac vertices diuerſos,& quicquid his oritur,illis occidit:quidquid his extat, illis deliteſcit : quicquid his aſcendit,illis deſcendit.

Amphiſcij ſunt qui intra Tropicos habitant, his enim vmbra meridiana quandoque dextrorſum, quandoque ſiniſtrorſum ſoli orienti proiicitur:Qui etiam duas æſtates,&.totidem hyemes habent.

Periſcii ſunt, qui ſub polo: his enim vmbra per totum horizontis ambitum,ſole ſimiliter circumlato, circumfertur.

Antiſcii ſunt Periœci,quibus quidem æqualis & eodem verſus meridiana vmbra flectitur.

Heteroſcii ſunt qui & Antæci,quibus in diuerſum proiicitur vmbra meridiana. Poſſunt intelligi Heteroſcii, quibus altera vmbrarum tantùm, hoc eſt verſus vnum polorum in meridie proiicitur; vt potè extra tropicos habitantibus.

Omitto plurima quæ pertinent ad Aſtronomiæ,& Geographiæ terminos,qualia ſunt epicyclus,excentricus,concentricus, proſtaphæreſis; inſula, peninſula,iſthmus, &c. vel quia faciliora ſunt; quàm vt explicatione indigeant,vel quia alibi commodiùs explicabunt ur.

MONITVM.

De faciendis obſeruationibus.

QVÆ de Hydroſtatica, & Hyſtiodromica huic opuſculo ſubiiciēda paraueram, aliqui ſatius fore iudicarunt ſi iungerentur Hydraulicis: quibus morem gerens poſt ſphærica, ſublimes illos de Conicis tractatus accipe,qui magni Geometræ nomen dederunt Apollonio. Multa verò prædictis libris addi poſſunt, verbi gratiâ Theoria planetarum, quæ cùm plura diagrammata requirat, in aliud tempus differenda: deinde Geographia, quæ tam longitudinem, quàm latudinem cuiuſque ciuitatis, aut alterius loci doceat, ſed cùm nondum ſatis longitudines innotuerint, poſtera ſæcula varijs obſeruationibus futuris ſapientiora potiori iure illam exhibebunt. Eos interim monitos velim qui ad animi voluptatem peregrinantur, operæ pretium fore ad Geographiam ex omni parte perfectam,ſi naturæ varia miracula, rerúmque proprietates obſeruent quæ cernuntur in altiſſimis montibus, quales ſunt Pyrænei,Alpes,Vogeſus,Iura,Gebenna, vel etiam altiores. Deinde fluuiorum origines, verbi cauſa Nili, Rhodani, Garumnæ,Ligeris, Sequanæ: & quinam fluuij minores

in maiores ingrediantur, quáue inclinatione quífque currat; vt innotefcat quanto velociùs magna currant flumina, vel etiam tardiùs
ob nouorum fluuiorum additionem; verbi gratiâ, poftquam Rhoda-
num ingreffi funt fluuij Arar, Ifara, & Druentia: vel Garunnam Tar-
nus, Oldus, Duranius : vel in Ligerim Elauer Caris, Inder, Vigenna,
Claris, Meduana, Loira, Sartra: vel in Sequauam Matrona, Icanna,
Aifia, Eura. Quódque Galli præftiterint in fua Gallia, fuis in regnis
& Prouincijs fi fecerint alij, Geographiâ nihil præftantius fuerit, quot
enim naturæ miranda in origine Padi, Athefis, Anaffi, Arfiæ, Arni,
Vmbronis, Tiberis, & aliorum fluuiorum Italiam irrigantium Itali
obferuabunt? Quis enumeret vtilitates prouenturas ex accurata vel
vnius Padi obferuatione, qua notetur quid ei contingat tam in altitudine quàm in velocitate, pifciumque maiori, vel minori, hoc, aut illo
loco frequentia, vel etiam diuerfitate, ob aquarum nouos cumulos,
quos in illum profundût Duria, Seffites, Ticinum, Addua, Ollius, Mi-
nius, Tanarus, Trebia, Rhenus, & fi qui alij fluuij fe in eum exone-
rent. Idemque de Germanicis, & aliarum prouinciarium flumini-
bus efto iudicium; quot enim ex vnico Danubio, & fluuiis fe in
illud exonerantibus; quot ex magno Canadenfium fluuio, quot ex
Sinenfium obferuationibus, fi quando fideliter ad nos deferantur:
quot denique admiranda ex omnibus Indiæ, vel etiam Magellani-
carum terrarum, vbi quis eas inuenerit, hiftoriis fperanda funt,
quibus Geographia exornetur.

CLARISSIMO NOBILISSIMOQVE VIRO

RENATO DES CARTES

PERRONII TÆPARCHÆ.

F. M. MERSENNVS EYΠPATTEIN.

VM plurimi fynopfim noftram ad editionem reuocari
defiderarint, VIR NOBILISSIME, partem illam fub-
tiliorem de Conicis agentem, librifque doctiffimis
Clariffimi Viri Claudij. Mydorgij adauctam, Tuo nomine illuftratam patiaris, obfecro, in lucem prodire,
cùm nullus fit, cui iuftiùs quàm Tibi nuncupari debeat, qui neuas
fectiones adinuenifti, Tuæque Geometriâ, vtcunque breui, fcientiarum orbem adèo promouifti, vt hinc illam cooperis, vbi veloces
defijffe videbantur.

Quid verò commemorem Hyperbolas, Ellipfefque, quibus iam
poffimus Tuo lumine non minus quam pilâ ludere: lucifque radios
quocumque libuerit torquere, deducere, atque reducere: vt nunc
habeant, qui magnum aliquid in mechanicis cum Kepleo præfagie-
bant, fi vera Refractionum lex diceretur, quo plurimum gaudeant,
Tibique imprimis gratulentur.

Quibus omnibus cùm audiam Te Phyficam illam ab eruditis viris
adèo exoptatam propediem editurum, quæ longè perfectiùs cum
noftræ fidei myfteriis, Theologicifque dogmatibus, quàm Peripate-
ticâ conueniat, omnium Catholicorum nomine Tibi maximas quas
poffum gratias habeo, qui non folùm Philofophicis, fed etiam Theologiæ veritatibus tam fœliciter patrocinaris.

Perge, Vir incomparabilis, ad Dèi gloriam & bonorum omnium
vtilitatem, qui mecum venerantur Deum Opt. Max. fuâ vt luce di-
uinâ, menti tuæ magis, magifque affulgeat, donec lúmen illúd Æternum & immenfum, quo duce laboras, tandem in lumine Gloriæ
Beatiffimus contempleris.

Mm 1

IN APOLLONII PERGÆI
CONICA, AD LECTOREM.
PRÆFATIO.

CVm ex fequente ad Hædenum ex præfatione conftet , folummodo libros Apollonij hactenus à Commandino editos
fuiffe; trefque alios doctiffimus Golius Arabicè recuperarit, placet
hîc ea quæ dudum ad me fcripfit, hîc in lectoris gratiam apponere.
Itaque fexti libri hoc eft initium. Mitto ad te, Attale, fextum Conicorum, in quo propofitum nobis eft agere de fectionibus æqualibus & inæqualibus, fimilibus atque diffimilibus, earúmque diuifione. Plura verò de hifce diximus, quàm ij qui ante nos Geometræ
fuerunt: docuimufque quomodo in cono recto dato fectio inueniri
poffit æqualis datæ, & è contra. Sequuntur definitiones. Æquales
Coni fectiones funt, quando ynius partes alterius partibus applicatæ nullum exceffum , vel defectum habent. Similes autem fectiones funt, in quibus, cùm fegmenta axium inter ordinatas & yerti-
cem, eandem inter fe habent rationem, ipfæ etiam ordinatæ can-
dem inter fe rationem feruarint,&c.
Propofitio prima talis eft. Parabolæ habentes latera recta æqualia, funt æquales,& è contra. Vltima verò. Inuenire conum rectum,
dato cono recto fimilem, in quo fit ellipfis data.
Initium feptimi ita habet. Continet feptimus hic liber propofitiones multas infignes & admirandas ad determinationem, & multa
fequentis libri problemata vtiliffima , &c. Propofitio 1. Si axis
parabolæ producatur vltra verticem, donec æquetur lateri recto,
& à puncto quouis fectionis in axem ducatur perpendicularis,
recta, fectionis punctum illud in fectione cum vertice connectens,
poterit rectangulum contentum fub recta inter verticem & perpendicularis incidentiam interiectâ, & totâ ab hoc incidentiæ puncto
per verticalem continuata.
Quod verò ad numerum propofit. attinet, habet liber quintus
propofitiones 77. & feptimus 51. Ad calcem codicis Goliani habetur octauum librum non fuiffe tranflatum ab Arabibus , quòd

illorum exemplaria etiam illo libro caruerint: quanquam testatur doctissimus scriptor Aben Nedin, qui Philosophorum Arabum, operúmque ab illis editorum circa CCCC à Mahammede annum, elenchum descripsit, partem istius octaui libri versam fuisse, asseritque omnes Apollonij libros suâ extare linguâ, eosque plures quàm Pappus enumeret.

Suspiciatur tamen C. Mydorgius hos tres libros esse cuiusdam Arabis sub Apollonio latentis, quòd in V suo libro primam Prop. VI. Apollonij superiùs allatam, non solùm in cono recto, sed in quouis, etiam scaleno, & illorum portionibus quibuscumque datis possibilia quæque demonstret.

"Sunt autem qui conica breuiùs tradi posse contendant, cuius rei specimen G. Desargues, & post eum B.P. edidit, ex quo speres paucis propositionibus omnia præcipua comprehensum iri : vnicum addo problema quod 39, 40, & 41 l. 3. Myd. propositiones complectitur; nempe, dato cono exhibere in eius superficie omnes conicas sectiones, quæ datæ conicæ sectioni sint eædem : quod etiam problema ipse soluit, sed non vulgauit.

Omitto diuersa problemata, & theoremata generalissima, quæ iam à nostris analystis circa sectiones conicas inuenta sunt; vt tandem ad Apollonium redeamus.

Porrò videantur etiam quæ de harum sectionum proprietatibus libro Hydraulicæ, Prop. IX. quæque in harmoniæ Gallicæ Vtilitate & obseruationibus dicta sunt: imprimis verò quæ vir illustris habet in sua Dioptrica, & Geometria.

Legatur etiam Præfatio in Conica C L. Mydorgij, quippe supplet quæ huic deesse videantur: quemadmodum 4 illius libri multa docent quæ in 4 Apollonij libris miníme reperiuntur.

Mm

APOLLONII
PERGÆI
CONICORVM
LIBER PRIMVS.

Ad Eudemum Præfatio.

X octo libris quos Apollonius Pergę vrbi Pamphiliæ natus tempore Ptolomæi Euergetæ, teste Heraclio in Archimedis vita, composuerat, soli quatuor supersunt qui continent conicorum elementa, quorum primus complectitur generationes trium coni sectionum, & earum quæ oppositæ dicuntur: itéque principalia ipsarum accidentia, ab Apollonio & vberiùs & vniuersaliùs, quàm ab aliis, qui de ea re scripserunt, elaborata. Secundus liber tractat ea, quæ attinent ad diametros, & ad axes sectionum, & ad illas lineas, quæ cum sectione non conueniunt, quæ à Græcis ἀσύμπτωτοι appellantur: tum de aliis disserit, quæ & generalem, & necessariam vtilitatem ad determinationes afferunt: quas autem vocet diametros, & quos axes ex hoc libro cognosces. Tertius liber continet multa, & admirabilia theoremata, quæ vtilia erunt, & ad solidorum locorum compositiones, & ad determinationes : quorũ complura, & pulcherrima & noua sunt. Hæc nos perpendentes, inquit Apollonius, animaduertimus non positam esse ab Euclide rationem componendi loci ad tres, & quatuor lineas : verùm ipsius tantummodo particulam quandam, atque hanc non satis fœliciter. Non enim fieri poterat, vt ea compositio rectè perficeretur absque iis, quæ à nobis inuenta sunt. Quartus liber tradit, quot modis conorũ sectiones inter sese, & circuli circunferentiæ occurrere possint : & multa alia ad pleniorem doctrinam, quorum nihil ab iis, qui ante nos fuerunt memoriæ proditum est: coni sectio, & circuli circunferentia, & oppositæ sectiones ad quot puncta oppositis sectionibus occurrant: Reliqui autem libri abundantiorem doctrinam pertinent. Quintus enim de minimis, & maximis magna ex parte agit. Sextus de æqualibus, & similibus coni sectionibus. Septimus continet theoremata, quæ determinandi vim habent. Octauus problemata conica determinata. At verò omnibus his editis, licèt vnicuique, qui in ea legendo inciderit, ex animi fui sententia iudicare.

Ex ἐκλυμένα ἔκτω Apollonij.

Datis duabus rectis lineis in plano, punctisque datis, & data proportione inæqualium linearum, potest in plano circulus describi, ita vt lineæ à datis punctis ad circumferentiam circuli inclinatæ proportionem habeant eandem datæ proportioni.

DEFINITIONES PRIMÆ.

I. SI ab aliquo puncto ad circumferentiam circuli, qui non sit in eodem plano, in quo punctum, coniuncta recta linea in vtramque partem producatur; & manente puncto conuertatur circa circuli circumferentiam, quousque ad eum locum redeat, à quo cœpit moueri: superficiem à linea recta descriptam, constantémque ex duabus superficiebus, ad verticem inter se se aptatis, quarum vtraque in infinitum augetur, nimirum recta linea, quæ eam describit in infinitum producta, voco conicam superficiem.

II. Verticem ipsius, manens punctum.

III. Axem, rectam lineam, quæ per punctum, & centrum circuli ducitur.

IV. Conum autem voco, figuram contentam circulo, & conica superficie, quæ inter verticem, & circuli circumferentiam interiicitur.

V. Verticem coni, punctum, quod & superficiei conicæ vertex est.

VI. Axem, rectam lineam, quæ à vertice ad circuli centrum perducitur.

VII. Basim, circulum ipsum.

VIII. Conorum rectos quidem voco, qui axes habent ad rectos angulos ipsis basibus.

IX. Scalenos verò, qui non ad rectos angulos ipsis basibus axes habent.

X. Omnis curuæ lineæ, in vno plano existentis diametrum voco rectam lineam, quæ quidem ducta à linea curua: omnes lineas, quæ in ipsa ducuntur, cuidam lineæ æquidistantes bifariam diuidit.

IX. Verticem lineæ terminum rectæ, qui est in ipsa linea.

XII. Ordinatim ad diametrum applicari dicitur, vnaquæque linearum æquidistantium.

XIII. Similiter & duarum curuarum linearum in vno plano existentium, diametrum quidem transuersam voco rectam lineam, quæ

omnes in vtraque ipsarum ductas, lineæ cuidam æquidistantes bisariam diuidit.

XIV. Vertices linearum, diametri terminos, qui sunt in ipsis lineis.

XV. Rectam verò diametrum voco, quæ inter duas lineas positæ, lineas omnes ductas, rectæ cuidam æquidistantes, & inter ipsas interiectas bisariam secat.

XVI. Ordinatim ad diametrum applicari dicitur vnaquæque linearum æquidistantium.

XVII. Coniugatas diametros voco curuæ lineæ, & duarum curuarum rectas lineas, quarum vtraque diameter est, & lineas alteri æquidistantes bisariam diuidit.

XVIII. Axem verò curuæ lineæ, & duarū curuarum, rectā lineam,
quæ cum sit diameter curuæ lineæ, vel duarum curuarum, equidistan-
tes ad rectos secat.

XIX. Axes coniugatos curuæ lineæ, & duarum curuarum, rectas
lineas, quæ cum sint diametri coniugatæ, ipsis æquidistantes ad rectos angulos secant.

PROPOSITIONES LIBRI PRIMI

APOLLONII PERGÆI.

Theorema I. Propositio I.

REctæ lineæ, quæ à vertice superficiei conicæ ad puncta, quæ in
superficie sunt, ducuntur, in ipsa superficie erunt.

Ex quibus constat, si à vertice ad aliquod punctum eorum, quæ intra superficiem sunt, recta linea ducatur, intra; & si ad aliquod eorum quæ sunt extra, extra superficiem cadere.

Theor. II. Prop. II.

Si in alterutra superficierum, quæ sunt ad verticem, duo puncta sumantur: & quæ puncta coniungit recta linea ad verticem non pertineat, intra superficiem cadet: quæ verò est in directum ipsi, cadet
extra.

Theor. III. Prop. III.

Si conus plano per verticem secetur, sectio triangulum erit.

Theor. IV. Prop. IV.

Si alterutra superficierum, quæ sunt ad verticem, plano secetur,
æquidistante circulo, per quem fertur recta linea superficiem des-

cribens: planum, quod superficie concluditur, circulus erit, centrum in axe habens: figura verò contenta circulo, & ea parte superficiei conicæ, quæ intersecans planum & verticem interiicitur, conus erit.

Constat præterea figuram contentam circulo D E, & eâ parte superfi-
ciei conica, qua inter dictum circulum, & punctum A interijcitur, co-
num esse: simulque demonstratum est communem sectionem plani secan-
tis, & trianguli per axem diametrum esse ipsius circuli.

Theor. V. Prop. V.

Si conus scalenus plano per axem secetur ad rectos angulos ipsi
basi, seceturque altero plano ad triangulum per axem recto, quod ex
verticis parte triangulum abscindat simile ei, quod per axem, subcontrariè verò positum, sectio circulus erit. Vocetur autem huiusmodi sectio subcontraria.

Theor. VI. Prop. VI.

Si conus plano per axem secetur, sumatur autem aliquod punctum in superficie coni, quod non sit in latere trianguli per axem:
& ab ipso ducatur recta linea æquidistans cuidam rectæ, quæ perpendicularis est à circumferentia circuli ad trianguli basim, triangulo
per axem occurret, & vlterius producta vsque ad alteram superficiei
partem, bifariam ab ipso triangulo secabitur.

Theor. VII. Prop. VII.

Si conus plano per axem secetur: secetur autem & altero plano
secante planum basis coni secundùm rectam lineam, quæ sit perpendicularis, vel ad basim trianguli per axem, vel ad eam, quæ in
directum ipsi constituitur: lineæ quæ à sectione in superficie coni à
plano facta ducuntur æquidistantes ei, quæ est perpendicularis ad
trianguli basim, in communem sectionem plani secantis, & trianguli per axem cadent: & vlterius productæ ad alteram sectionis partem, ab ea bifariam secabuntur: & siquidem rectus sit conus, linea,
quæ est in basi, perpendicularis erit ad communem sectionem plani
secantis, & trianguli per axem: si verò scalenus, non semper,
nisi cum planum, quod per axem ducitur, ad basim coni rectum
fuerit.

Theor. VIII. Prop. VIII.

Si conus plano secetur per axem, & secetur altero plano secante
basim coni secundum rectam lineam, quæ ad basim trianguli per
axem sit perpendicularis: diameter autem sectionis factæ in superficie, vel æquidistet vni laterum trianguli, vel cum ipso extra coni
verticem conueniat: & producantur in infinitum, tum superficies

coni, tum planum fecans: fectio quoque ipfa in infinitum augebitur, & ex diametro fectionis ad verticem cuilibet lineæ datæ æqualem abfcindet linea, quæ quidem à coni fectione ei, quę eft in bafi, æquidiftans ducta fuerit.

Theor. IX. Prop. IX.

Si conus plano fecetur conueniente cum vtroque latere trianguli per axem, quod neque bafi ęquidifter, neque fub contrariè ponatur: fectio circulus non erit.

Theor. X. Prop. X.

Si in coni fectione duo puncta fumantur, recta linea; quę eiufmodi puncta coniungit, intra fectionem cadet: & quæ in directum ipfi conftituitur, cadet extra.

Theor. XI. Prop. XI.

Si conus plano per axem fecetur: fecetur autem & altero plano fecante bafim coni fecundum rectam lineam, quę ad bafim trianguli per axem fit perpendiculari: & fit diameter fectionis vni laterum trianguli per axem ęquidiftans: recta linea, quę à fectione coni ducitur ęquidiftans communi fectioni plani fecantis, & bafis coni vfque ad fectionis diametrum poterit fpatium æquale contento linea, quæ ex diametro abfciffa inter ipfam, & verticem fectionis interiicitur, & alia quædam, quæ ad lineam inter coni angulum, & verticem fectionis interiectam, eam proportionem habeat, quam quadratum bafis trianguli per axem, ad id quod reliquis duobus trianguli lateribus, continetur: dicatur autem huiufmodi fectio parabole.

Theor. XII. Prop. XII.

Si conus plano per axem fecetur: fecetur autem & altero plano fecante bafim coni fecundùm rectam lineam, quæ ad bafim trianguli per axem fit perpendicularis: & fectionis diameter producta cum vno latere trianguli per axem, extra verticem coni conueniat: recta linea, quæ à fectione ducitur æquidiftans communi fectioni plani fecantis; & bafis coni vfque ad fectionis diametrum, poterit fpatium adiacens lineæ, ad quam ea; quæ in directum conftituitur diametro fectionis; fubtenditúrque angulo extra triangulum; eandem proportionem habet; quam quadratum lineæ, quæ diametro æquidiftans à vertice fectionis vfque ad bafim trianguli ducitur; ad rectangulum bafis partibus, quæ ab ea fiunt; contentum: latitudinem habens lineam, quæ ex diametro abfcinditur, inter ipfam & verticem fectionis interiectâ; excedénfq; figurâ fimili, & fimiliter pofita ei, quæ côtinetur linea extra triangulû fubtéfa, & ea, angulo iuxta quam poffunt
quæ

quæ ad diametrum applicantur. Vocetur autem huiufmodi fectio hyperbole.

Theor. XIII. *Prop.* XIII.

¶ Si conus plano per axem fecetur, & fecetur altero plano conueniente cum vtroque latere trianguli per axem, quod neque bafi,coni æquidiftet, neque fub contrariè ponatur: planum autem, in quo eſt bafis coni, & fecans planum conueniant fecundùm rectam lineam, quæ fit perpendicularis, vel ad bafim trianguli per axem, vel ad eam quæ in directum ipfi conſtituitur: recta linea, quæ à fectione coni ducitur æquidiftans communi fectioni planorum vſque ad diametrum fectionis poterit fpatium adiacens lineæ, ad quam fectionis diameter eam proportionem habeat, quam quadratum lineæ diametro æquidiſtantis à vertice coni vſque ad trianguli bafim ductæ, habet ad rectangulum contentum bafis partibus, quæ inter ipfam & rectas trianguli lineas interiiciuntur: latitudinem habens lineam, quæ ex diametro ab ipfa abfcinditur ad verticem fectionis, deficienſque figura fimili, & fimiliter pofita ei, quæ diametro, & linea iuxta quam poſſunt, continetur. Dicatur autem huiufmodi fectio ellipfis.

Theor. XIV. *Prop.* XIV.

Si fuperficies, quæ ad verticem funt, plano non per verticem fecentur: erit in vtraque fuperficierum fectio, quæ vocatur hyperbole:& duarum fectionum eadem erit diameter, lineæ verò, iuxta quas poſſunt applicatæ ad diametrum æquidiſtanter ei, quæ eſt in bafi coni, inter fe æquales erunt:& figuræ tranfuerſu latus vtriſque cōmune: quod fcilicet inter fectionum vertices interiicitur. Vocentur autem huiuſmodi fectiones oppofitæ.

Theor. XV. *Prop.* XV.

Si in ellipfi à puncto, quod diametrum bifariam diuidit ordinatim ducta linea ex vtraque parte ad fectionem producatur; & fiat vt producta ad diametrum;ita diameter ad aliam lineam:recta linea, quæ à fectione ducitur ad productam, diametro æquidiſtans poterit fpatium adiacens tertiæ proportionali latitudinem habens lineam, quæ inter ipfam:& fectionem interiicitur, deficienſque figura fimili ei, quæ continetur linea, ad quam ducuntur, & ea iuxta quam poſſunt. Quod fi vlteriùs producatur ad alteram partem fectionis, bifariam fecabitur ab ea, ad quam applicata fuerit.

Theor. XVI. *Prop.* XVI.

Si per punctum, quod tranfuerfum latus oppofitarum fectionum bifariam diuidit, recta linea quædam ordinatim applicetur:ipfarum diameter erit, priori diametro coniugata.

Nn

DEFINITIONES
SECVNDÆ.

ɪ. PVNCTVM, quod hyperbole, & ellipsis diametrum bifariam diuidit, centrum sectionis dicatur.

II. Et quæ à centro ad sectionem perducitur, vocetur ex centro sectionis.

III. Similiter & punctum quod transuersum latus oppositarum sectionum bifariam diuidit, centrum vocetur.

IV. Quæ autem à centro ducitur æquidistans ei, quæ ordinatim applicata est, mediamque proportionem habet inter latera figuræ, & bifariam à centro, secunda diameter appelletur.

Theor. XVII. Prop. XVII.

Si in coni sectione à vertice ipsius ducatur recta linea æquidistans ei, quæ ordinatim applicata est, extra sectionem cadet.

Theor. XVIII. Prop. XVIII.

Si recta linea coni sectioni occurrens, productaque in vtramque partem extra sectionem cadat: sumatur autem aliquod punctum intra sectionem, & per ipsum ei, quæ sectioni occurrit æquidistans ducatur, ducta linea & producta ex vtraque parte sectioni occurret.

Theor. XIX. Prop. XIX.

In omni sectione coni recta linea, quæ à diametro ducitur ordinatim applicatæ æquidistans, cum sectione conueniet.

Theor. XX. Prop. XX.

Si in parabola duæ rectæ lineæ à sectione ad diametrum ordinatim applicentur, vt eorum quadrata inter sese, ita erunt & lineæ, quæ ab ipsis ex diametro, ad verticem abscinduntur.

Theor. XXI. Prop. XXI.

Si in hyperbola, vel ellipsi, vel circuli circumferentia rectæ lineæ ordinatim ad diametrum applicentur, erūt quadrata earum ad spatia contenta lineis, quæ inter ipsas, & vertices transuersi lateris figuræ interiiciuntur, vt figuræ rectum latus ad transuersum: inter sese verò, vt spatia, quæ interiectis, vt diximus, lineis continentur.

Theor. XXII. Prop. XXII.

Si parabolem, vel hyperbolem recta linea in duobus punctis secet, non conueniens cum diametro sectionis intra sectionem; producta cum eadem diametro extra sectionem conueniet.

Theor. XXIII. *Prop.* XXIII.

Si ellipſim reƈta linea ſecet inter duas diametros, produƈta cum vtraque earum extra ſeƈtionem conueniet.

Theor. XXIV. *Prop.* XXIV.

Si parabolæ vel hyperbolæ reƈta linea in vno punƈto occurrens, & produƈta ex vtraque parte.extra ſeƈtionem cadat, cum diametro conueniet..

Theor. XX.V. *Prop.* XXV.

Si ellipſi reƈta linea occurrens inter duas diametros,'& produƈta ex vtraque parte cadat extra ſeƈtionem, cum vtriſque diametris conueniet.

Theor. XXVI. *Prop.* XXVI.

Si in parabola, vel hyperbola reƈta linea ducatur diametro ſeƈtonis æquidiſtans, in vno tantùm punƈto cum ſeƈtione conueniet.

Theor. XXVII. *Prop.* XXVII.

Si parabolæ diametrum ſecet reƈta linea, produƈta in vtramque partem cum ſeƈtione conueniet.

Theor. XXVIII. *Prop.* XXVIII.

Si reƈta linea vnam oppoſitarum ſeƈtionum contingat, ſumatur autem punƈtum intra alteram ſeƈtionem; & per ipſum linea contingenti æquidiſtans ducatur, produƈta ad vtraſque partes cum ſeƈtione conueniet.

Theor. XXIX. *Prop.* XXIX.

Si in oppoſitis ſeƈtionibus reƈta linea per centrum duƈta occurrat vni ſeƈtioni, vlteriùs produƈta alteram quoque ſecabit.

Theor. XXX. *Prop* XXX.

Si in ellipſi, vel oppoſitis ſeƈtionibus reƈta linea ducatur, ad vtraſque centri partes ſeƈtioni occurrens, ad centrum bifariam ſecabitur.

Theor. XXXI. *Prop.* XXXI.

Si in tranſuerſo figuræ latere hyperboles ſumatur aliquod punƈtum, non minorem abſcindens ad verticem ſeƈtionis, quàm ſit dimidia lateris tranſuerſi figuræ; & ab ipſo reƈte linea ſeƈtioni occurrat, ſi producatur intra ſeƈtionem, ad ſequentes ipſius partes cadet.

Theor. XXXII. *Prop.* XXXII.

Si per verticem ſeƈtionis coni reƈta linea ordinatim applicatæ æquidiſtans ducatur, ſeƈtionem continget, & in locum, qui inter coni ſeƈtionem & reƈtam lineam interiicitur, altera reƈta linea non cadet.

Theor. XXXIII. *Prop.* XXXIII.

Si in parabola ſumatur aliquod punƈtum, à quo reƈta linea ad diametrum ordinatim applicetur, & ei quæ ab ipſa ex diametro abſciditur ad verticem, æqualis ponatur in direƈtum ab eius extremitate, recta linea, quæ à facto puncto ducitur ad illud quod sumptum fuerat sectionem continget.

Federicus Commandinus
Lemma.

Si recta linea in partes inæquales secetur, earum partium quadrata æqualia sunt rectangulo, quod bis dictis partibus continetur, & quadrato eius lineæ, qua maior pars superat minorem.

Th. XXXIV. Prop. XXXIV.

Si in hyperbola, vel ellipsi, vel circuli circumferentia sumatur aliquod punctum, ab eoque recta linea ad diametrum ordinatim applicetur: & quam proportionem habent lineæ interiectæ inter applicatam, & terminos transuersi lateris figuræ, eandem habeant inter se partes lateris transuersi, ita vt quæ sunt ad verticem partes sibi ipsis respondeant, recta linea coniungens punctum quod in transuerso latere sumitur, & punctum, quod est in sectione, sectionem ipsam continget. *Vide Lemmata 4 Eutocij & Commandini.*

Th. XXXV. Prop. XXXV.

Si parabolem recta linea contingat, conueniens cum diametro extra sectionē, quæ à tactu ad diametrum ordinatim applicetur, abscindet ex diametro ad verticem sectionis lineam æqualem ei, quæ inter ipsam & contingentem interiicitur: & in locum, qui est inter contingentem & sectionem alia linea recta non cadet.

Th. XXXVI. Prop. XXXVI.

Si hyperbolem, vel ellipsim, vel circuli circumferentiam contingat quædam recta linea conueniens cum transuerso figuræ latere, & à tactu recta linea ad diametrum ordinatim applicetur, erit, vt linea quæ interiicitur inter contingentem, & terminum transuersi lateris ad interiectam inter eandem, & alterum lateris terminum, ita linea, quæ est inter ordinatim applicatam, & terminum lateris ad eam, quæ est inter eandem & alterum terminum, adeo vt continuatæ inter se sint, quæ sibi ipsis respondent; & in locum, qui inter contingentem, & sectionem coni interiicitur, altera recta linea non cadet.

Th. XXXVII. Prop. XXXVII.

Si hyperbolem, vel ellipsim, vel circuli circumferentiam recta linea contingens cum diametro conueniat; & à tactu ad diametrum linea ordinatim applicetur, quæ interiicitur inter applicatam & centrum sectionis vnà cum interiecta inter contingentem, & sectionis centrum, continebit rectangulum æquale quadrato lineæ, quæ est ex centro sectionis: sed vnà cum ea, quæ inter applicatam & contingenrem interiicitur, continebit spatium, quod ad quadratum lineæ applicatæ eandem proportionem habet, quam transuersum figuræ latus ad rectum

Th. XXXVIII. Prop. XXXVIII.

Si hyperbolem, vel ellipsim, vel circuli circumferentiam recta linea contingens cum secunda diametro conueniat; & à tactu ad diametrum applicetur linea alteri diametro æquidistans: quæ interiicitur inter applicatam, & sectionis centrum, vnà cum interiecta inter contingentem, & centrum sectionis, continebit rectangulum æquale quadrato, quod fit ex dimidia secundæ diametri: sed vnà cum ea, quæ inter applicatam, & contingentem interiicitur, spatium continebit, quod ad quadratum applicatæ eam proportionem habeat, quam figuræ latus ad transuersum.

Iisdem positis ostendendum est, vt linea, quæ inter tangentem, & terminum secundæ diametri ad partes applicatæ interiicitur, ad eam, quæ inter tangentem, & alterum terminum secundæ diametri, ita esse lineam, quæ est inter alterum terminum, & applicatam ad eam quæ inter alterum terminum & applicatam.

Ex iam dictis manifestum est lineā EF contingere sectionem, siue rectangulum FGH æquale sit quadrato GC, siue FHG rectangulum ad quadratum HE, eam quam diximus, proportionem habeat: connersa enim modo illud facilè ostendetur. Vide Commandinum.

Th. XXXIX. Prop. XXXIX.

Si hyperbolem, vel ellipsim, vel circuli circumferentiam recta linea contingens cum diametro conueniat, & à tactu ad diametrum linea ordinatim applicetur: sumpta quauis linea ex duabus, quarum altera interiicitur inter applicatam, & centrū sectionis; altera inter applicatam, & contingentem: habebit ad eam applicata proportionem compositam ex proportione, quam habet altera dictarum linearum ad applicatam, & ex proportione, quam rectum figuræ latus habet ad transuersum.

Theor. XL. Prop. XL.

Si hyperbolem, vel ellipsim, vel circuli circumferentiam recta linea contingens cum secunda diametro conueniat: & à tactu eandem diametrum linea applicetur, diametro alteri æquidistans: sumpta qualibet ex duabus quarum vna inter applicatam, & sectionis centrum interiicitur, altera inter applicatam, & contingentem: habebit ad ipsam applicata proportionem compositam ex proportione, quam habet transuersum figuræ latus ad rectum, & ex ea, quam altera dictarum linearum habet ad applicatam.

Theor. XLI. Prop. XLI.

Si in hyperbola, vel ellipſi, vel circuli circumferentia recta linea ordinatim applicetur ad diametrum. & ab applicata, & ea, quæ ex centro parallelogramma æquiangula deſcribantur: habeat autem applicata ad reliquam parallelogrammi latus proportionem compoſitã ex proportione, quam habet ea, quæ ex centro ad reliquum latus ; & ex proportione, quam rectum figuræ ſectionis latus habet ad tranſuerſum, parallelogrammum factum à linea, quæ inter centrum & applicatam interiicitur, ſimile parallelogrammo, quod ſit ab ea, quæ ex centro, in hyperbola quidem maius eſt, quàm parallelogrammum ab applicata, parallelogrammo ab ea, quæ ex centro, in ellipſi verò, & circuli circumferentia vnà cum parallelogrammo, quod ſit ab applicatata æquale eſt parallelogrammo ab ea quæ ex centro.

Theor. XLII. Prop. XLII.

Si parabolem recta linea contingens cum diametro conueniat ; & à tactu ad diametrum linea ordinatim applicetur: ſumpto autem quouis puncto in ſectione, applicentur ad diametrum duæ lineæ, altera quidem contingenti æquidiſtans, altera verò æquidiſtans ei, quæ à tactu ordinatim applicata eſt: triangulum, quod ab ipſis conſtituitur, æquale erit parallelogrammo contento lineâ à tactu applicata, & ea, quæ interiicitur inter æquidiſtantem & verticem ſectionis.

Theor. XLIII. Prop. XLIII.

Si hyperbolem, vel ellipſim, vel circuli circumferentiam recta linea contingens conueniat cum diametro: & à tactu ad diametrum linea ordinatim applicetur : huic verò æquidiſtans ducatur per verticê ſectionis; quæ cum linea per tactum & centrum ducta conueniat, & ſumpto aliquo puncto in ſectione, ab eo ad diametrũ duæ lineæ ducatur, vnà quidem contingenti æquidiſtans; altera verò æquidiſtans ei, quæ à tactu applicata eſt; triangulum ab ipſis factum in hyperbola minus erit, quàm triangulum, quod abſcindit linea per centrum, & tactum ducta, triangulo ab ea, quæ ex centro, ſimili abſciſſo: in illipſi verò, & circuli circumferentia, vnà cum triangulo abſciſſo ad centrum æquale erit triangulo ſimili abſciſſo, quod ab ea quæ ex centro deſcribitur.

Theor. XLIV. Prop. XLIV.

Si vnam oppoſitarum ſectionum recta linea contingens cum diametro conueniat : à tactu verò ad diametrum linea ordinatim applicetur, atque huic æquidiſtans ducatur per verticem alterius ſectionis, vt conueniat cum linea per tactum, & centrum ducta : ſumpto autem in ſectione quauis puncto, applicentur ad diametrum duæ lineæ, qua-

rum altera contingenti æquidistet: altera æquidistet ei, quæ à tactu
ordinatim applicata est: triangulum ab ipsis factum minus est, quàm
triangulum, quod abscindit applicata ad centrum sectionis, triangulo
simili absciso ab ea, quæ ex centro.

Federicus Commandinus.

*Si vnam oppositarum sectionum recta linea contingat: & à tactu ducatur
diameter vsque ad alteram sectionem quæ ab eo puncto ducitur lineæ sectionem contingenti æquidistans, sectionem ipsam continget.*

Theor. XLV. Prop. XLV.

Si hyperbolem, vel ellipsim, vel circuli circumferentiam recta linea contingens cum secunda diametro conueniat; & à tactu ad eandem diametrum linea applicetur, diametro alteri æquidistans: & per
tactum & centrum ducta linea producatur: sumpto autem in sectione
quouis puncto, ad secundam diametrum ducantur duæ lineæ, quarū
vna contingenti, altera applicatæ æquidistet: triangulum, quod ab
ipsis constituitur, in hyperbola quidem maius est quàm triangulū ab-
scissum ab applicata ad centrum, triangulo, cuius basis est linea contingens, & vertex centrum sectionis: in ellipsi verò & circuli circumferentia vnà cum triangulo absciso, æquale est triangulo, cuius basis
linea contingens, & vertex sectionis centrum.

Theor. XLVI. Prop. XLVI.

Si parabolem recta linea contingens cum diametro coueniat: quæ
pertactum ducitur diametro æquidistans ad easdem partes sectioni,
lineas in sectione ductas, quæ contingenti æquidistant, bifariam
secabit.

Theor. XLVII. Prop. XLVII.

Si hyperbolem, vel ellipsim, vel circuli circumferentiam recta linea contingens cum diametro conueniat: per tactum, & centrum
ducta linea ad easdem partes sectioni, lineas, quæ in sectione ducuntur, contingenti æquidistantes bifariam secabit.

Theor. XLVIII. Prop. XLVIII.

Si vnam oppositarum sectionum recta linea contingens cum diametro conueniat: & per tactum & centrum linea producta secet alteram sectionem: quæ in altera sectione ducta fuerit, contingenti æquidistans à linea producta bifariam secabitur.

Theor. XLIX. Prop. XLIX.

Si parabolem recta linea contingens cum diametro conueniat: &
per tactum ducatur linea diametro æquidistans: à vertice verò ducatur æquidistans ei, quæ ordinatim applicata est, & fiat vt portio con-

tingentis inter applicatam & tactum interiecta ad portionem æquidistantis, quæ itidem inter tactum, & applicatam interiicitur : ita quædam recta linea ad duplam contingentis: quæ à sectione ducta fuerit,
æquidistans contingenti ad lineam, quæ per tactû ducitur diametro
æquidistans,poterit rectangulum contentum inuenta linea,&ea,quæ
inter ipsam & tactum interiicitur.

Theor. L. Prop. L.

Si hyperbolem, vel ellipsim, vel circuli circumferentiam recta linea contingens cum diametro conueniat : & per tactum, & centrum
linea producatur : à vertice autem ordinatim applicata conueniat cû
ea, quæ ducitur per tactum & centrum : fiatque vt portio contingentis inter tactum, & applicatam interiecta, ad portionem lineæ ductæ
per tactum & centrum, quæ itidem inter tactum & applicatam interiicitur, ita quædam recta linea ad duplam contingentis: quæ à sectio-
né ducitur contingenti æquidistans ad lineam per tactum & centrum
ductam poterit spatium rectangulum, quod adiacet inuentæ lineæ,la-
titudinem habens interiectam inter ipsam & tactû:in hyperbola quidem excedens figurâ simili contentæ lineâ dupla eius, quæ est inter
centrum, & tactum, & inuentâ linea : in ellipsi verò & circulo eadem
deficiens.

Theor. LI. Prop. LI.

Si quamlibet oppositarum sectionum recta linea contingens cum
diametro conueniat ; & per tactum & centrum linea producatur vsq;
ad alteram sectionem : à vertice verò ducatur linea æquidistâs ei,quæ
ordinatim applicata est:conueniensque cum linea per tactum,& centrum ducta : & fiat vt portio contingentis inter applicatam & tactum
ad portionem lineæ ductæ per tactum,& centrum, quæ inter tactum
& applicatam interiicitur, ita quædam recta linea ad duplam contin-
gentis:quæ in altera sectione ducitur æquidistans contingenti ad lineam per tactum & centrum ductam,poterit rectangulum, quod adiacet inuentæ lineæ,latitudinem habens, lineam,quæ est inter ipsam
& tactum : excedensque figura simili ei, quæ linea inter oppositas sectiones interiecta & inuenta continetur.

Itaque his demonstratis, perspicuum est in parabola vnamquamque re-
ctarum linearum, quæ diametro ex generatione ducuntur æquidistantes,dia-
metrum esse : in hyperbola verò, ellipsi,& oppositis sectionibus vnamquam-
que earum, quæ per centrum ducuntur. Et in parabola quidem applicatas ad
vnamquamque diametrum, æquidistantes contingentibus, posse rectangula
ipsi adiacentia : in hyperbola & oppositis. posse rectangula adiacentia ipsi,
quæ excedunt eadem figura : in ellipsi autem quæ eadem deficiunt. Postremò

quæ-

quacumque circa sectiones adhibitis principalibus diametris demonstrata
sunt, & aliis diametris assumptis eadem contingere.

·*Problema* I. *Prop.* LII.

Recta linea data in plano, ad vnum punctum terminata, inuenire
in plano coni sectionem, quæ parabole appellatur, ita vt eius diameter sit data linea: vertex lineæ terminus, quæ verò à sectione ad diametrum in dato angulo applicatur, possit rectangulū contentū linea;
quæ est inter ipsam & verticem sectionis, & altera quadā data linea.

Probl. II. *Prop.* LIII.

Datis duabus rectis lineis terminatis, quæ ad rectos inter se angulos constituantur: & altera producta ad easdem partes angulo recto,
inuenire in linea producta coni sectionem, quæ hyperbole dicitur, in
eodem plano, in quo sunt datæ lineæ: ita vt producta sit diameter sectionis, & vertex punctum, quod ad angulum consistit: quæ verò à sectione ad diametrum applicatur, angulum faciens æqualē dato, possit rectangulum, quod adiacet alteri lineæ, latitudinem habens lineā
interiectam inter applicatam & verticem sectionis: excedēnsque figura simili, & similiter posita. ei, quæ datis à principio lineis continetur.

Probl. IV. *Prop.* LIV.

Datis duabus rectis lineis terminatis, atque ad rectos inter se angulos, inuenire circa diametrum alteram ipsarum, coni sectionem, quæ
ellipsis appellatur, in eodem plano, in quo sunt datæ lineæ: ita vt vertex sit punctum ad rectum angulum: & à sectione ad diametrum applicatæ in angulo dato possint rectangula adiacētia alteri lineæ, quæ
latitudinem habeant, lineam inter ipsas & verticem sectionis interiectam, deficiantque figurā simili, & similiter posita ei, quæ datis rectis lineis continetur.

Probl. IV. *Prop.* LV.

Datis duabus rectis lineis terminatis, atque ad rectos inter se angulos; inuenire oppositas sectiones, quarum diameter sit vna datarum
linearum: & vertices lineæ termini: applicatæ verò ab vtraque sectione in dato angulo possint spatia adiacentia alteri lineæ, excedentia-
que figurā simili ei, quæ datis lineis continetur.

Probl. V. *Prop.* LVI.

Datis duabus rectis lineis se se bifariam secantibus, circa vtramque
ipsarum sectiones oppositas describere, ita vt rectæ lineæ sint coniugatæ diametri: & quarumlibet oppositarum sectionum diameter possit figuram aliarum oppositarum.

O o

APOLLONII

PERGÆI

CONICORVM
LIBER SECVNDVS.

Videantur 11. Lemmata Pappi.

Theorema I. Propositio I.

 I hyperbolem recta linea ad verticem contingat: & ab ipso ex vtraque parte diametri sumatur æqualis ej, quæ potest quartam figuræ partem; lineæ, quæ à sectionis centro ad sumptos terminos contingentis ducuntur, cum sectione non conuenient.

Theor. II. Prop. II.

Iisdem manentibus demonstrandum est non esse alteram asymptoton, quæ angulum DCE diuidet.

Theor. III. Prop. III.

Si hyperbolem contingat recta linea, cum vtraque asymptoton coueniet, & ad tactum bifariam secabitur; quadratum verò vtriusque eius portionis æquale erit quartæ parti figuræ, quæ ad diametrum per tactum ductam constituitur.

Probl. IV. Prop. IV.

Datis duabus rectis lineis angulum continentibus, & puncto intra angulum dato, describere per punctum coni sectionem, quæ hyperbole appellatur, ita vt datæ lineæ ipsius asymptoti sint. Vide Lemma Pappi.

Theor. V. Prop. V.

Si parabolæ, vel hyperbolæ diameter lineam quandam bifariam secet: quæ ad terminum diametri contingit sectionem æquidistans est lineæ bifariam sectæ.

Theor. V. Prop. VI.

Si ellipsis, vel circuli circumferentiæ diameter lineam quandā non per centrum transeuntem bifariam secet: quę ad terminum diametri contingit sectionem, æquidistāns erit bifariam sectæ lineæ.

Theor. VI. Prop. VII.

Si coni sectionem, vel circuli circumferentiam recta linea contingat: & huic æquidiſtans ducatur in ſectione: & biſariam diuidatur: quæ à tactu ad punctum lineam biſariam diuidens iungitur, ſectionis diameter erit.

Theor. VII. Prop. VIII.

Si hyperbolæ recta linea occurrat in duobus punctis, producta ex vtraque parte cum aſymptotis conueniet: & lineæ, quæ ex ipſa abſciſſæ inter ſectionem, & aſymptotos interiiciuntur, æquales erunt.

Theor. VIII. Prop. IX.

Si recta linea aſymptotis occurrens ab hyperbola biſariam ſecetur, in vno tantum puncto ſectionem contingit.

Theor. IX. Prop. X.

Si recta linea ſectionem ſecans cum vtraque aſymptoton conueniat: rectangulum contentum rectis lineis, quæ inter aſymptotos & ſectionem interiiciuntur, æquale eſt quartæ parti figuræ factæ ad diametrum, quæ æquidiſtantes ipſi ductæ lineæ biſariam diuidit.

Theor. X. Prop. XI.

Si vtramque linearum continentium angulum, qui deinceps eſt angulo hyperbolem continenti, ſecet recta linea: in vno tantùm puncto cum ſectione conueniet; & rectangulum conſtans ex iis, quæ interiiciuntur inter lineas angulum continentes, & ſectionem, æquale erit quartæ parti quadrati ex diametro, quæ ſecanti lineæ æquidiſtans ducitur.

Theor. XI. Prop. XII.

Si ab aliquo puncto eorū, quæ ſunt in ſectione ad aſymptotos duæ rectæ lineæ in quibuſlibet angulis ducantur: & ab altero puncto In ſectione ſumpto ducantur aliæ lineæ his ipſis æquidiſtantes: rectangulū ex æquidiſtantibus conſtans æquale eſt ei, quæ fit ex iis, quibus illæ æquidiſtantes ductæ fuerant.

Theor. XII. Prop. XIII.

Si in loco aſymptotis & ſectione terminato, quædam recta ducatur, alteri aſymptoton æquidiſtans: in vno puncto tantùm cum ſectione conueniet.

Theor. XIII. Prop. XIV.

Aſymptoti, & ſectio in infinitum productæ ad ſeipſas propiùs accedunt: & ad interuallum perueniunt minus quolibet dato interuallo.

Ex hoc manifeſtum eſt, lineas AB, AC, *ad ſectionem accedere propiùs, quàm omnes alia aſymptoti: & angulum* BAC *minorem eſſe quolibet angulo, qui aliis eiuſmodi lineis continetur.*

Theor. XV. Prop. XV.

Oppoſitarum ſectionum aſymptoti communes ſunt.

Theor. XV. Prop. XVI.

Si in oppofitis fectionibus quædam linea recta ducatur,fecans vtramque linearum continentium angulum, qui deinceps eft angulo fectiones continenti: cum vtraque oppofitarum in vno tantùm puncto conueniet: & lineæ, quæ ex ipfa abfciffæ inter afymptotos,& fectiones interiiciuntur, æquales erunt.

Theor. XVI. Prop. XVII.

Oppofitarum fectionum, quæ coniugatæ appellantur, afymptoti communes funt.

Theor. XXVII. Prop. XXVIII.

Si vni oppofitarum fectionum, quæ coniugatæ dicuntur, occurrat recta linea. & producta ad vtrafque partes extra fectionem cadat: cum vtraque fectionum, quæ deinceps funt, in vno tantùm puncto conueniet.

Theor. XVIII. Prop. XIX.

Si in oppofitis fectionibus, quæ coniugatæ appellantur, ducatur recta linea,quamuis ipfarum contingens:cum fectionibus,quæ deinceps funt,conueniet:& ad tactum bifariam fecabitur.

Theor. XIX. Prop. XX.

Si vnam oppofitarum fectionum, quæ coniugatæ appellantur,recta linea contingat: & per ipfarum centrum ducantur duæ lineæ, vna quidem per tactum, altera verò contingenti æquidiftans, quoufque occurrat vni earum fectionum,quæ deinceps funt, recta linea, quæ in occurfu fectionem contingit, æquidiftans erit lineæ pertactum, & centrum ductæ,quæ verò per tactus & centrum ducentur, oppofitarum fectionum diametri erunt.   ¶Theor. XX. Prop. XXI.

Iifdem pofitis oftendendum eft punctum, in quo contingentes lineæ conueniunt,ad vnam afymptotôn effe.

Theor. xxi. Prop. xxii.

Si in oppofitis fectionibus, quæ coniugatæ appellantur,ex centro ad quamuis fectionem ducatur recta linea; & huic æquidiftans altera ducatur,quæ cum vna ex fectionibus,quæ deinceps funt, & cũ afymptotis conueniat: rectangulum conftans ex portionibus lineæ ductæ inter,fectionem,& afymptotos interiectis,quadrato lineæ,quæ ex centro ducitur, æquale erit.

Theor. XXII. Prop. xxiii.

Si in oppofitis fectionibus, quæ coniugatæ appellantur, ex centro ducatur quædam recta linea ad quamuis fectionem: & huic æqui diftas ducatur,quæ cũ tribus,quæ deinceps funt,fectionibus eõueniat,

rectangulum conſtans ex portionibus lineæ ductæ inter tres ſectiones interiectis, duplū erit quadrati eius lineæ, quæ ex cétro ducitur.

Theor. XXIII. Prop. XXIV.

Si parabolæ duæ lineæ rectæ occurrant, vtraque in duobus punctis:
& nullius ipſarum occurſus alterius occurſibus contineatur: conuenient inter ſe ſe extra ſectionem.

Theor. XXIV. Prop. XXV.

Si hyperbolæ occurrant duæ rectæ lineæ, vtraque in duobus punctis: nullius autem ipſarum occurſus alterius occurſibus contineatur
conuenient quidem inter ſe ſe extra ſectionem, ſed tamen intra angulum, qui hyperbolem continet.

Theor. XXV. Prop. XXVI.

Si in ellipſi, vel circuli circumferentia duæ rectæ lineæ non tran-
ſeuntes per centrum ſe inuicem ſecent; bifariam ſe ſe non ſecabunt.

Theor. XXVI. Prop. XXVII.

Si ellipſim, vel circuli circumferentiam duæ rectæ lineæ contingant: & ſi quidem ea, quæ tactus cohtingit per centrum tranſeat ſectionis: contingentes lineæ ſibi ipſis æquidiſtabunt: ſin minus, conueniet inter ſe ſe ad eaſdem centri partes.

Theor. XXVII. Prop. XXVIII.

Si in coni ſectione, vel circuli circumferentia duas lineas æquidiſtantes recta linea bifariam ſecet, diameter erit ſectionis.

Theor. XXVIII. Prop. XXIX.

Si coni ſectione, vel circuli circūferentiā duæ rectæ lineæ contingentes in idem punctum conueniant: & ab eo ad punctum, quod
lineam tactus contingentem bifariam ſecat, alia linea ducatur: ſectionis diameter erit.

Theor. XXIX. Prop. XXX.

Si coni ſectionem, vel circuli circumferentiam duæ rectæ lineæ
contingentes in vnum punctum conueniant; diameter, quæ ab eo
puncto ducitur, lineam tactus contingentem bifariam ſecabit.

Th. XXX. Prop. XXXI.

Si vtramque oppoſitarum ſectionum duæ rectæ lineæ contingant!
& ſi quidem ea, quæ tactus coniungit, per centrum tranſeat, contingentes lineæ æquidiſtantes erunt: ſin minus. conuenient inter ſe ſe
ad eaſdem partes centri.

Theor. XXX. Prop. XXXI.

Si vtriuſque oppoſitarum ſectionum rectæ lineæ occurrant; ipſas vel
in puncto contingentes, vel in duobus ſecantes; & productæ inter ſe

conueniant:punctum,in quo conueniunt, erit in angulo, qui deinceps est angulo sectionem continenti.

Theor. XXXI. Prop. XXXIII.

Si vni oppositarum sectionum recta linea occurrens;& producta
ex vtraque parte extra sectionem cadat: cum altera sectione non
coueniet:sed transibit per tres locos;quorū vnus quidem est sub angulo sectionē cōtinente:duo verò sub iis angulis, qui deinceps sunt.

Theor. XXXII. Prop. XXXIV.

Si vnam oppositarum sectionum recta linea contingat : & huic
æquidistans ducatur in altera sectione: quæ à tactu ad medium lineæ
æquidistantis ducitur, oppositarum sectionum diameter erit.

Theor. XXXIV. Prop. XXXV.

Si diameter in vna oppositarum sectionum rectam lineam bisariam secet;quæ in termino diametri contingit alteram sectionem:li-
neæ bisariam sectæ erit æquidistans.

Theor. XXXV. Prop. XXXVI.

Si in vtraque oppositarum sectionum rectæ lineæ inter se æquidistantes ducantur : quæ ipsarum medium coniungit,oppositarum
sectionum diameter erit.

Theor. XXXVI. Prop. XXXVII.

Si oppositas sectiones linea recta secet,non transiens per centrum:
quæ à medio ipsius ad centrum ducitur, oppositarum sectionum diameter erit, quæ recta appellatur: transuersa verò diameter, ipsi coniugata est ea,quæ à centro ducitur æquidistans lineæ bisariam sectæ.

Theor. XXXVII. Prop. XXXVIII.

Si oppositas sectiones duæ rectæ lineæ contingant, in vnum punctum conuenientes :quæ ab eo puncto ad medium lineæ tactus coniungentis ducitur,oppositarum sectionum diameter erit, quæ recta
vocatur:transuersa verò,ipsi coniugata,quæ per centrum ducitur ,li-
neæ tactus coniungenti æquidistans.

Theor. XXXVIII. Prop. XXXIX.

Si oppositas sectiones contingant duæ rectæ lineæ in vnum punctum conuenientes: quæ per punctum illud,& per centrum ducitur,
lineam tactus coniungentem bisariam secabit.

Theor. XXXIX. Prop. XL.

Si oppositas sectiones duæ rectæ lineæ contingentes in vnum conueniant : & per punctum, in quo conueniunt, linea ducatur; tactus
coiungenti æquidistans,& sectionibus occurrēs : quæ ab occursibus
ad medium lineæ tactus coniungentes ducuntur, sectiones ipsas
contingunt.

Theor. XL. *Prop.* XLI.

Si in oppositis sectionibus duæ rectæ lineæ se inuicem secent, non transeuntes per centrum, se se bifariam non secabunt.

Theor. XLI. *Prop.* XLII.

Si in oppositis sectionibus, quæ coniugatæ appellantur, duæ rectæ lineæ se inuicem secent, non transeuntes per centrum: bifariam se se non secabunt. *Theor.* XLII. *Prop.* XLIII.

Si vnam oppositarum sectionum, quæ coniugatæ appellantur, recta linea in duobus punctis secet: & à centro duæ lineæ ducantur, vna quidem ad medium lineæ secantis, altera verò ipsi æquidistans: erunt hæ oppositarum sectionum cohiugatæ diametri.

Probl. II. *Prop.* XLIV.

Data coni sectione diametrum inuenire.

Probl. III. *Prop.* XLV.

Data ellipsi, vel hyperbola centrum inuenire.

Probl. IV. *Prop.* XLVI.

Data coni sectione axem inuenire.

Probl. V. *Prop.* XLVII.

Data hyperbola, vel ellipsi axem inuenire.

Theor. XLIII. *Prop.* XLVIII.

His ita demonstratis reliquum est, vt ostendamus non esse alios axes ipsarum sectionum.

Probl. VI. *Prop.* XLIX.

Data coni sectione, & puncto non intra sectionem dato, ab eo rectam lineam ducere, quæ sectionem contingat.

Probl. VII. *Prop.* L.

Data sectione coni, lineam contingentem ducere, quæ cum axe ad partes sectionis angulum faciat, dato angulo acuto æqualem.

Probl. VIII. *Prop.* LI.

Data sectione coni, lineam contingentem ducere, quæ cum diametro per tactum ducta faciet angulum dato angulo acuto æqualem.

Theor. XLIIII. *Prop.* LII.

Si ellipsim recta linea contingat, angulus, quem facit cum diametro per tactum ducta, non est minor angulo deinceps ei, qui lineis ad mediam sectionem inclinatis continetur.

Probl. IX. *Prop.* LIII.

Data ellipsi contingentem lineam ducere, quæ cum diametro per tactum ducta faciat angulum dato angulo acuto æqualem: oportet autem acutum angulum datum non esse minorem angulo deinceps ei, qui lineis ad mediam sectionem inclinatis continetur.

APOLLONII
PERGÆI CONICORVM
LIBER TERTIVS.

Ad Eudemum Pergamenum.

Theor. I. Prop. I.

SI coni fectioném, vel circuli circumferentiam rectæ lineæ contingentes inter se conueniant: & per tactus ducantur, diametri, quæ contingentibus occurrant: triangula ad verticem facta sibi ipsis æqualia erunt. *Videantur initio libri huius Lemmata 14. Pappi Alexandrini.*

Theor. II. Prop. II.

Iifdem pofitis, si in coni sectione, vel circuli circumferentia sumatur aliquod punctum: & per ipsum æquidistantes contingentibus vsque ad diametros ducantur: quadrilaterum factum ad vnam contingentium, & ad vnam diametrorum, æquale erit triangulo, quod ad eandem contingentem, & ad alteram diametrum constituitur.

Theor. III. Prop. III.

Iifdem pofitis, si in coni sectione, vel circuli circumferentia duo puncta fumantur; & per ipsa ducantur æquidistantes contingentibus vsque ad diametros: quadrilatera, quæ ab ipfis fiunt, in diametris, constituta, inter se æqualia erunt.

Theor. IV. Prop. IV.

Si oppositas sectiones duæ rectæ lineæ contingentes inter se conueniant: & per tactus ducantur diametri contingentibus occurrentes, triangula, quæ ad contingentes constituuntur, sibi ipsi æqualia erunt.

Theor. V. Prop. V.

Si oppositas sectiones duæ rectæ lineæ contingentes sibi ipsis occurrant: & in quauis sectionum aliquod punctum fumatur, à quo ducantur duæ lineæ, vna quidem contingenti æquidistans, altera vero æquidistans ei, quæ tactus coniungit: triangulum, quod ab ipsis constituitur ad diametrum per occursum ductam, à triangulo, quod est ad occursum contingentium, differt triangulo facto ad contingentem & ad diametrum, quæ per tactum ducta fuerit.

Constat

Conſtat igitur triangulum K F L quadrilatero M G K æquale eſſe.

Theor. VI. Prop. VI.

Iiſdem poſitis ſi in vna oppoſitarum ſectionum aliquod punctum ſumatur:&ab eo ducantur rectæ lineæ, contingentibus æquidiſtantes, quæ & contingentibus,& diametris occurrant:quadrilaterum ab ipſis factum ad vnam contingentium, & ad vnam diametrorum, æquale erit triangulo, quod ad eandem contingentem, & ad alteram diametrum conſtituitur.

Theor. VII. Prop. VII.

Iiſdem poſitis, ſi in vtraque ſectione aliqua puncta ſumantur: & ab ipſis ducantur lineæ contingentibus æquidiſtantes, quæ & contingentibus,& diametris occurrant : quadrilatera à lineis ductis conſtituta ad diametros, inter ſe æqualia erunt.

Theor. VIII. Prop. VIII.

Iiſdem poſitis pro punctis K L ſumantur C D, in quibus diametri cum ſectionibus conueniant: & per ipſa contingentibus æquidiſtantes ducantur. Dico D G quadrilaterum quadrilatero F C; & quadrilaterum X I quadrilatero T O æquale eſſe.

Theor. IX. Prop. IX.

Iiſdem poſitis,ſi alterum quidem punctum ſit inter diametros, vt X:alterum verò ſit idem, quod vnum punctorum C D, vt C:& æquidiſtantes ducantur. Dico triangulum C E O æquale eſſe quadrilatero K E: & quadrilaterum L O æquale ipſi L M.

Theor. X. Prop. X.

Iiſdem poſitis, ſumantur K L non tamen in punctis, in quibus diametri ſectionibus occurrent. Demonſtrandum eſt quadrilaterum L T R X quadrilatero O X K I æquale eſſe.

Theor. XI. Prop. XI.

Iiſdem poſitis, ſi in quauis ſectione punctum ſumatur: & ab ipſo lineæ æquidiſtantes ducantur , vna quidem contingenti æquidiſtans: altera verò æquidiſtans ei, quæ tactus coniungit, triangulū, quod ab ipſis fit ad diametrum per occurſum contingentium ductam, à triangulo contento linea contingente,& diametro per tactum, differt triangulo,quòd ad contingentium occurſum conſtituitur.

Theor. XII. Prop. XII.

Iiſdem poſitis ſi in vna ſectione ſumantur duo puncta : & ab vtriſque ſimiliter æquidiſtantes ducantur:quadrilatera ab ipſis conſtituta inter ſe æqualia erunt.

Theor. XIII. *Prop.* XIII.

Si in oppofitis fectionibus,quæ coniugatæ appellantur, rectæ lineæ contingentes fectiones, quæ deinceps funt, in vnum punctum conueniant, & per tactus diametri ducantur:triangula,quorum communis vertex eft fectionem centrum,inter fe æqualia erunt.

Theor. XIV. *Prop.* XIV.

Iifdem pofitis,fi in quauis fectione punctum fumatur, & ab ipfo ducantur lineæ æquidiftantes contingentibus vfque ad diametros : triangulum, quod ad centrum conftituitur, à triangulo circa eundem angulum differt triangulo bafim habente lineam contingentem, & verticem fectionum centrum.

Theor. XV. *Prop.* XV.

Si vnam oppofitarum fectionum,quæ coniugatæappellantur,rectæ lineæ contingentes conueniant: & per tactus diametri ducantur : fumatur autem punctum in quauis fectionum coniugatarum : & ab ipfo ducantur æquidiftantes contingentibus vfque ad diametros: triangulum,quod ab ipfis ad fectionem conftituitur, maius eft, quàm triangulum,quod ad centrum:,triangulo bafim habente lineam contingentem,& verticem centrum fectionum.

Theor. XVI. *Prop.* XVI.

Si coni fectionem, vel circuli circumferentiam duæ rectæ lineæ contingentes in vnum conueniant; & ab aliquo puncto eorum, quæ funt in fectione, ducatur linea vni contingentium æquidiftans,quæ & fectionem & alteram contingentium fecet, vt quadrata contingentium inter fe fe, ita erit rectangulum contentum lineis, qui interiiciuntur inter fectionem, & contingentem,ad quadratum lineæ inter æquidiftantem & tactum interiectæ.

Theor. XVII. *Prop.* XVII.

Si coni fectionem,vel circuli circumferentiam duæ rectæ lineæ contingentes in vnum conueniant: fumantur autem in fectione duo quæuis puncta : & ab iis ducantur lineæ contingentibus æquidiftantes, quæ & fibi ipfis & lineæ occurrant: vt quadrata contingentium inter fe fe,ita erit rectangulum contentum lineis,quæ interiiciuptur inter fectionem & linearum occursum ad rectangulum,quod lineis fimiliter fumptis continetur. *Vide Lemma Eutocij.*

Theor. XVIII. *Prop.* XVIII.

Si oppofitas fectiones duæ rectæ contingentes in vnum conueniant: fumatur autem in quauis fectione aliquod punctum:& ab eo ducatur linea vni contingentium æquidiftans, quæ & fectionem & alteram contingentium fecet: vt quadrata contingentium inter fe fe, ita erit rectangulum contentum lineis, quæ interiiciuntur inter fectionem & contingentem ad quadratum lineæ inter æquidistantem, & tactum interiectæ.

Theor. XIX. *Prop.* XIX.

Si oppositas fectiones duæ rectæ lineæ contingentes in vnum conueniant, & ducantur contingentibus æquidistantes, quæ & sibi ipsis, & fectioni occurrant: vt quadrata contingentium inter sese, ita erit rectangulum contentum lineis, quæ interiiciuntur inter fectionem, & linearum occursum, ad rectangulum, quod lineis similiter sumptis, continetur.

Theor. XX. *Prop.* XX.

Si oppositas fectiones duæ rectæ lineæ contingentes sibi ipsis occurrant:& per occursum ducatur linea tactus coniungenti æquidistans, quæ secet vtramque; fectionem, ducatur autem alia linea æquidistans eidem; fectionesque, & contingentes secans : erit vt rectangulum contentum lineis, quæ inter occursum contingentium & fectiones interiiciuntur ad quadratum lineæ contingentis, ita rectangulum, quod continetur lineis inter fectiones & contingentem interiectis, ad quadratum lineæ ad tactum abscissæ.

Theor. XXI. *Prop.* XXI.

Iisdem positis, si in fectione duo puncta sumantur: & per ipsa ducantur rectæ lineæ: vna quidem contingenti æquidistans, altera verò æquidistans lineæ tactus coniungenti: quæ & sibi ipsis, & fectionibus occurrant: erit rectangulum contentum lineis, quæ interiiciuntur inter occursum contingentium, & fectiones ad quadratum contingentis, ita rectangulum contentum lineis inter fectiones, & linearum occursum interiectis, ad rectangulum, quod lineis similiter sumptis continetur.

Probl. XXII. *Prop.* XXII.

Si oppositas fectiones contingant duæ rectæ lineæ inter se æquidistantes: ducantur autem aliæ lineæ, quæ & sibi ipsis & fectionibus occurrant : vna quidem contingenti æquidistans, altera verò æquidistans ei, quæ tactus coniungit: erit vt transuersum latus ad rectum figuræ, quæ ad lineam tactus coniungentem constituitur, ita rectangulum contentum lineis inter fectionem & linearum occursum interiectis ad rectangulum, quòd lineis similiter sumptis continetur.

Theor. XXIII. *Prop.* XXIII.

Si in oppositis fectionibus, quæ coniugatæ appellantur, duæ rectæ lineæ oppositas fectiones contingentes conueniant in quauis fectione : ducantur autem aliquæ lineæ contingentibus æquidistantes, quę & sibi ipsis, & aliis sectionibus oppositis occurrant : vt quadrata contingentium inter se se, ita erit rectangulum lineis, quæ inter sectiones, & occursum interiiciuntur, ad rectangulum, quod lineis similiter sumptis continetur. *Theor. XXIV. Prop. XXIV.*

Si in oppositis sectionibus, quas coniugatas appellamus, à centro ad sectiones ducantur duæ rectæ lineę, quarum vna quidem sit transuersa diameter, altera verò recta, & ducantur aliæ lineę his diametris ęquidistantes, quę & sibi ipsis & sectionibus occurrant, ita vt occursus sit in loco inter quatuor sectiones intermedio : rectangulum contentum portionibus lineę diametro transuersæ æquidistatis, vnà cum eo ad quod rectangulum ex portionibus lineæ ęquidistantis rectæ diametro proportionem habet eandem, quàm diametri rectę quadratum ad quadratum transuersæ : æquale erit duplo quadrati, quod à dimidia transuersę diametri constituitur.

Theor. XXV. Prop. XXV.

· Iisdem positis, sit linearum ipsis AC, BD æquidistantium occursus in vna sectionum DB, atque in puncto X, vt positum est. Dico rectangulum contentum portionibus lineę, que transuersę diametro ęquidistat, videlicet O X N, maius esse quàm illud, ad quod rectangulum ex portionibus lineę æquidistantis rectæ diametro, hoc est B X M, eandem proportionem habet, quàm rectæ diametri quadratum ad quadratum transuersæ, duplo quadrati eius, quod à dimidia transuersæ diametri constituitur. *Theor. XXVI. Prop. XXVI.*

Quod si æquidistantium occursus ad punctum X sit in vna sectionum AC, vt positum est, rectangulum, quod continetur portionibus lineæ æquidistantis transuersæ diametro, hoc est LXF minus erit, quam illud, ad quod rectan gulum portionibus alterius lineæ contentum hoc est RXG, eandem proportionem habet, quam rectę diametri quadratum ad quadratu transuersæ: duplo quadrati eius, quod à dimidia transuersæ diametri constituitur.

Theor. XXVII. *Prop.* XXVII.

Si in ellipsi, vel circuli circumferentia coniugatæ diametri ducantur, quarum altera quidem sit recta; altera verò transuersa; & ducantur duę rectę lineę diametris æquidistantes, quæ & sibi & sectioni occurrant; quadrata ex portionibus lineæ æquidistantis transuersæ dametro, quæ inter sectionem, & linearum occursum interiiciuntur, assumentia figuras ex portionibus lineę, quæ rectæ diametro ęquidistat, inter linearum occursum, & sectionem interiectis, similes & similiter descriptas ei, quæ ad rectam diametrum constituitur, quadrato transuersę diametri ęqualia erunt.

Th. xxviii. *Prop.* xxviii.

Si in oppositis sectionibus, quas coniugatas appellamus; coniugatæ diametri ducantur, vt earum altera recta sit, alter atransuersa: & ducitur duæ rectæ lineæ diametris æquidistantes, quæ & sibi ipsis & sectionibus occurrant: quadrata ex portionibus lineæ æquidistantis rectæ diametro, quæ inter linearum occursum, & sectiones interiiciuntur, ad quadrata ex portionibus alterius lineæ, quæ transuersæ diametros æquidistat, intersectionem & occursum linearum interiectis: eandem proportionem habent, quam rectæ diametri quadratum ad quadratum taansuersæ.

Th. xxix. *Prop.* xxix.

Iisdem positis, si linea rectæ diametro æquidistans secet asymptotos: quadrata ex portionibus ipsius, quæ inter linearum occursum, & asymptotos interiiciuntur, assumentia dimidium quadrati facti à rectæ diametro, ad quadrata ex portionibus lineæ quæ transuersæ diametro æquidistat, inter occursum linearum, & asymptotos interiectis eandem proportionem habent, quàm rectæ diametri quadratum ad quadratum transuersæ.

Th. xxx. *Prop.* xxx.

Si hyperbolem contingentes duæ rectæ lineæ sibi ipsis occurrant, & per tactus linea producatur; per occursum verò ducatur linea vni asymptoton æquidistans: sectionemque & lineam contingentem tactus secans: quæ interiicitur inter occursum, & lineam tactus coniungentem à sectione bifariam diuidetur.

Th. xxxi. *Prop.* xxxi.

Si oppositas sectiones duæ rectæ lineæ contingentes sibi ipsis occurrant: & per tactus linea producatur: per occursum verò ducatur linea asymptoto æquidistaus, quæ sectionem & lineam tactus coniungentem secet: linea inter occursum, & eam quæ tactus coniungit, interiecta à sectione bifariam diuidetur.

Theor. xxxii. *Prop.* xxxii.

Si hyperbolæ duæ rectæ lineæ contingentes sibi ipsis occurrant: & per tactus linea producatur: & per occursum verò contingentium ducatur linea, tactus coniungenti æquidistans; & per punctum quod coniungentes tactus bifariam secat ducatur linea æquidistans alteri asymptoton: quæ inter dictum punctum, & lineam æquidistantem interiicitur, à sectione bifariam diuidetur.

Theor. xxxiii. *Prop.* xxxiii.

Si oppositas sectiones duæ rectæ lineæ cõtingentes sibi ipsis occurrant; & per tactus linea producatur: per occursum verò contingêtiũ ducatur linea tactus contingenti æquidistans : & per punctum , quod coniungentem tactus bifariam secat,ducatur linea æquidistans alteri asymptoton, conueniensque cum sectione,& cum linea æquidistante per occursum ducta , quæ inter dictum punctum , & lineam æquidistantem interiicitur ; à sectione bifariam diuidetur.

Theor. XXXIV. Prop. XXXIV.

Si in vna asymptoton hyperbolæ aliquod punctum sumatur:ab eóque recta linea sectionem contingat : & per tactum ducatur æquidistans asymptote : quæ per dictum punctum transit, alteri asymptoton æquidistans, à sectione bifariam diuidetur.

Theor. XXXV. Prop. XXXV.

Iisdem positis, si à sumpto puncto recta linea ducatur, sectionem in duobus punctis secans : erit vt tota ad eam, quæ extra sumitur,ita inter se se portiones illius, quæ intra sectionem continetur.

Theor. XXXVI. Prop. XXXVI.

Iisdem positis, si à puncto ducta linea , neque sectionem in duobus punctis secet, neque æquidistans, sit asymptoto, sed cum opposita sectione conueniat : erit vt tota ad lineã,quæ inter sectionem, & asymptoton ad eam, quæ inter asymptoton & alteram sectionem.

Theor. XXXVII. Prop. XXXVII.

Si coni sectionem , vel circuli circumferentiam , vel sectiones oppositas,contingentes duæ rectæ lineæ sibi ipsis occurrant . & per tactus linea producatur : ab occursu verò contingentium ducatur linea: sectionem in duobus punctis secans:erit vt tota ad eam, quæ extra sumitur, ita portiones inter se se,quæ à linea tactus coniungente fiunt.

Theor. XXXVIII. Prop. XXXVIII.

Iisdem positis,si per contingentium occursum ducatur recta linea, tactus coniungenti æquidistans:& per punctum, quod coniũgentem tactus bifariam diuidit, ducatur linea secans , & sectionem ipsam in duobus punctis, & lineam æquidistantem per occursum ductam:erit vt tota ad eam, quæ extra sumitur inter sectionem,& lineam æquidistantem, ita portiones inter se se, quæ à linea tactus coniungente efficiuntur.

Theor. XXXIX. Prop. XXXIX.

Si oppositas sectiones duæ rectæ lineæ contingentes sibi ipsis occurrant:& per tactus linea producatur : ab occursu verò contingentium ducta linea, & vtramque sectionem, & lineam tactus coniũgentem secet:erit vt tota ad eam, quæ extra sumitur, inter sectionem & coniungentem tactus , ita portiones inter se se, quæ inter sectiones & contingentium occursum interiiciuntur.

Iifdem pofitis, fi per occurfum contingentium ducatur recta linea,
tactus coniungenti æquidiftans: & à puncto quod coniungentem tactus bifariam diuidit, ducatur linea fecans vtramque fectionem, & æ-
quidiftantem ei, quæ tactus coniungit: erit vt tota ad eam, quæ extra
fumitur inter æquidiftantem & fectioné, ita portiones inter fe fe, quæ
inter fectiones, & coniungentem tactus interiiciuntur.

Theor. XLI. *Prop.* XLI.

Si parabolem contingentes tres rectæ lineæ inter fe conueniant, in
eandem proportionem fecabuntur.

Theor. XLII. *Prop.* XLII.

Si in hyperbola, vel ellipfi, vel circuli circumferentia, vel oppofitis
fectionibus ab extremo diametri ducantur lineæ æquidiftantes ei,
quæ ordinatim applicata eft; & alia quæpiam linea quomodocumque
contingens ducatur: abfcindet ex ipfis lineas continentes rectangulum æquale quartæ parti figuræ, quæ ad eandem diametrum conftituitur.

Theor. XLIII. *Prop.* XLIII.

Si hyperbolem recta linea contingat, abfcindet ex afymptotis ad
fectionis centrum lineas continentes rectangulum æquale ei, quod
continetur lineis ab altera contingente abfciffis ad verticem fectionis, qui eft ad axem.

Theor. XLIV. *Prop.* XLIV.

Si hyperbolem, vel oppofitas fectiones contingentes duæ rectæ lineæ afymptotis occurrant: quæ ad occurfus ducuntur, lineæ tactus
coniungenti æquidiftantes erunt.

Theor. XLV. *Prop.* XLV.

Si in hyperbola, vel ellipfi, vel circuli circumferentia, vel oppofitis
fectionibus ab extremo axis lineæ ad rectos angulos ducatur, & quartæ parti figuræ æquale rectangulum comparetur ad axem ex vtraque
parte: quod in hyperbola quidem, & fectionibus oppofitis excedat figura quadrata: in ellipfi verò deficiat: & ducatur linea fectionem cò-
tingens, occurrénfque eis, quæ funt ad rectos angulos: lineæ, quæ ab
occurfibus ducuntur ad puncta, ex comparatione facta, angulos rectos ad ea efficient.

Theor. XLVI. *Prop.* XLVI.

Iifdem pofitis, lineæ coniunctæ æquales facient angulos ad contingentes.   *Theor.* XLVII. *Prop.* XLVII.

Iifdem pofitis, linea ab occurfu coniunctarum ad tactum ducta,
perpendicularis eft ad contingentem.

Theor. XLVIII. *Prop.* XLVIII.

Iifdem pofitis, oftendendum eft lineas, quæ à tactu ducũtur, ad pũcta ex comparatione facta, æquales cõtinere angulos ad contingentem. *Theor.* XLIX. *Prop.* XLIX.

Iifdem pofitis, fi ab aliquo punctorum ad contingentem perpendicularis agatur, quæ à facto puncto ducuntur ad axis extrema, rectos
angulos continebunt.

Theor. L. *Prop.* L.

Iifdem pofitis, fi à fectionis centro ducatur linea contingenti occurrens : æquidiftanfque lineæ per tactum , & per vnum punctorum
ductæ dimidio axis æqualis erit.

Theor. LI. *Prop.* LI.

Si in hyperbola, vel oppofitis fectionibus ad axem comparetur re-
ctãgulum æquale quartæ parti figuræ: excedenfque figura quadrata:
& à punctis ex comparatione factis ad quamlibet fectionem rectæ lineæ inclinentur: maior minorem quantitate axis fuperabit.

Theor. LII. *Prop.* LII.

Si in ellipfi ad maiorem axem ex vtraque parte comparetur rectã-
gulum æquale quartæ parti figure, defacienfque figura quadrata: & à
punctis ex comparatione factis ad fectionem rectç lineæ inclinentur:
ipfi axi æquales erunt.

Theor. LIII. *Prop.* LIII.

Si in hyperbola, vel ellipfi, vel circuli circumferentia, vel fectionibus oppofitis ab extremo diametri ducatur lineæ ordinatim applicatis æquidiftantes : & à dictis terminis ad idem fectionis punctum lineæ ductç fecent equidiftantes : rectangulum ex abfciffis factum
æquale erit figuræ, quæ ad eandem diametrum conftituitur.

Theor. LIV. *Prop.* LIV.

Si coni fectionem, vel circuli circumferentiam contingentes duæ
rectæ lineæ fibi ipfis occurrant: & per tactus ducantur contingentibus æquidiftantes: à tactibus verò ad idem fectionis punctum ductæ
lineæ æquidiftantes fecent rectangulum ex abfciffis cõftans ad quadratum lineæ tactus coniungentis, proportionem habebit compofitam ex proportione , quam habet quadratum portionis lineæ ab occurfu contingentium ad punctum medium coniungentis tactus ductæ , quæ eft intra fectionem, ad reliquæ portionis quadratum : & ex
proportione, quam habet rectangulum ex contingentibus factum ad
quartam partem quadrati lineæ tactus coniungentis.

Theor.

Theor. LV. Prop. LV.

Si oppofitas fectiones duæ rectæ lineæ contingentes fibi ipfis occurrant : & per occurfum ducantur linea coniungenti tactus æquidiftans : per tactus verò ducantur æquidiftantes contingentibus : & à tactibus ad idem alterius fectionis punctum ducantur lineę, quæ ęqui-
diftantes fecent : rectangulum ex abfciffis conftans ad quadratum lineæ tactus coniungentis eâdem proportionem habebit, quam rectâ-
gulum ex contingentibus factum ad quadratum lineæ ab occurfu ad
fectionem ductæ, quæ quidem coniungenti tactus æquidiftet.

Theor. LVI. Prop. LVI.

Si vnam oppofitarum fectionum duæ rectæ lineæ côtingentes fibi
ipfis occurrant : & per tactus ducantur contingentibus æquidiftâtes :
à tactibus verò ad idem alterius fectionis punctum ducantur lineæ,
æquidiftantes fecent : rectangulum ex abfciffis conftâs ad quadratû
lineæ tactus coniungêtis proportionem habebit compofitam ex proportione, quam habet quadratum portionis lineæ ad punctum medium coniungentis tactus ductæ, quæ eft inter dictum punctum, &
alteram fectionem, ad quadratum eius, quæ inter fectionem, & occurfum interiicitur; & ex proportione, quam habet rectangulum ex contingentibus factum ad quartam partem quadrati lineæ tactus coniungentis.

APOLLONII
PERGÆI
CONICORVM
LIBER QVARTVS.

Ad Attalum Præfatio.

VDEMO Pergameno ad quê 3. priores libros miferat mor-
tuo, 4. mittit Attalo, quem docet hoc libro côtineri ad quot
puncta plurima conorum fectiones inter fe fe, & circuli circumferentiæ occurrere poffint, nîfi totæ totis congruant.
Præterea coni fectio, & circuli circumferentia; & oppofitæ fectiones
oppofitis fectionibus ad quot puncta plurima occurrant : ad hæc non
pauca his fimilia. Ex his quod primo loco dictum eft, Conòn Samius.

Q q

ad Traſidem ſcribens explicauit, non rectè in demonſtrationibus ver-
ſatus. Itaque Nicoteles Cyrenæus eum leniter reprehendit. De ſecũ-
do Nicoteles in libro contra Cononem mẽtionem ſic fecit, tanquam
quod facilè demonſtrari poſſet. Sed tamen nos, inquit Apollonius,
neque ab ipſo, neque ab alio quopiam demõſtratum inuenimus: Tertium verò, & eiuſdem generis alia, ne in mẽtem quidem alicui vnquam veniſſe comperimus. At quæ diximus ab alijs demonſtrata non
fuiſſe, omnia multis, ac varijs, nouiſque theorematibus indigent, quorum plurima in tribus primis libris, reliqua in hoc expoſuimus. Horũ
igitur contemplatio non paruam vtilitatem affert, & ad compoſitiõ-
nes problematum, & ad determinationes. Nicoteles quidem ob diſ-
ſenſionem, quæ illi cum Conone erat, ſcribit nihil eorum, quæ à Conone inuenta ſunt, ad determinationes pertinere. Quod ille falſo af-
firmat, nam & ſi omnino abſque his determinationes reddere poſſimus, tamen ex his ipſis nonnulla faciliùs percipiuntur: vel hoc, quòd
aliquid multipliciter fiat, vel quotupliciter, vel rurſus quod nullo modo fiat: quæ quidem cognitio ſi anteceſſerit, ad quæſtiones magnam
præſtat facultatem. Præterea ad definitionũ reſolutiones theoremata
hæc valde vtilia ſunt: quæ etiam ſi abſit vtilitas propter ipſas demonſtrationes digna ſunt vt recipiantur: multa enim alia in mathematicis diſciplinis ob hoc ipſum & non ob aliquod aliud recipere conſue-
uimus.

Theor. I. Prop. I.

Si in coni ſectione, vel circuli circumferentiã aliquod pũctum extra ſumatur: atque ab eo ad ſectionem ducatur duæ rectæ lineæ, vna
quidẽ contingens, altera verò in duobus pũctis ſecans: & quam proportionem habet tota linea ſecãs ad partem ſui ipſius, quæ extra ſumitur inter pũctum & ſectionẽ interiecta in eandem diuidatur, quæ eſt
intra, ita vt rectæ lineæ eiuſdẽ rationis ad vnum punctum conueniãt:
quæ à tactu ad diuiſionem ducitur, occurret ſectioni: & quæ ab occurſu ducitur ad punctum extra ſumptum ſectionem continget.

Theor. II. Prop. II.

Hæc quidem communiter in omnibus ſectionibus demonſtrata
ſunt, at in ſola hyperbola, ſi linea DB ſectionem contingat; & DC in
punctis E C ſecet: punctã verò E C contineant tactum ad B: &
punctum D ſit intra angulum aſymptotis comprehenſum: ſimiliter
fiet demonſtratio: poſſumus enim à puncto D aliam ducere contingentem D A, & quæ reliqua ſunt ad demonſtrationem perficere.

Theor. III. Prop. III.

Iisdem exiſtentibus, puncta E C tactum ad B non contineant : ſitque punctum D intra angulum aſymptotis comprehenſum, poterimus à puncto D alteram contingentem ducere, quæ ſit D A, & reliqua ſimiliter demonſtrare.

Theor. LV. Prop. IV.

.. Iisdem poſitis, ſi occurſus E C contineant tactum ad B : & punctum
D ſit in angulo, qui deinceps angulo aſymptotis comprehenſo: linea
quæ à tactu ad diuiſionem ducitur, occurret oppoſitæ ſectioni: & quæ
ab occurſu ducitur, eandem ſectionem continget.

Theor. V. Prop. V.

Iisdem poſitis, ſi punctum D ſit in vna aſymptoton:quæ à puncto B
ad F ducitur, eidem aſymptoto æquidiſtabit.

Theor. VI. Prrop. VI.

Si in hyperbola aliquod punctum extra ſumatur, à quo ad ſectionem ducantur duæ rectæ lineæ: altera quidem contingens, altera verò æquidiſtas vni aſymptoton: & portio æquidiſtatis inter ſectionē, &
punctum interiecta, æqualis ſit ei, quæ intra ſectionem continetur:li-
nea, quæ à tactu ad factum punctum ducitur, occurrit ſectioni : & quæ
ab occurſu ducitur ad punctum extra ſumptum ſectionem continget.

Theor. VII. Prop. VII.

Iisdem poſitis, ſit punctum D in angulo deinceps ei, qui aſymptotis
continetur. Dico etiam ſic caſum euenire.

Theor. VIII. Prop. VIII.

Iisdem poſitis, ſit punctum D in vna aſymptoton : & reliqua eadem
fiant. Dico lineam, quæ à tactu ad externam partem ſumptæ ducitur,
æquidiſtantem eſſe aſymptoto, in qua eſt punctum D.

Theor. IX. Prop. IX.

Si ab eodem puncto duæ rectæ lineæ ducantur, quarum vtraque
coni ſectionem, vel circuli circumferentiam in duobus punctis ſecet:
& quam proportionem habent totæ lineæ ad portiones, quæ extra
ſumuntur, in eam diuidantur, quæ ſunt intra, ita vt partes eiuſdem rationis ad idem punctum conueniant: quæ per diuiſiones ducitur linea, ſectioni in duobus punctis occurret : & quæ ab occurſu ad punctum extra ſumptum ducuntur, ſectionem contingent.

Theor. X. Prop. X.

Hæc quidem communiter in omnibus, at in ſola hyperbola ; ſi alia
quidem eadem ſint, vnius autem rectę lineæ occurſus contineat occurſus alterius : & punctum D ſit intra angulum aſymptotis comprehenſum : eadem prorſus euenient, quæ dicta ſunt, vt in ſecundo theoremate tradidimus.

Theor. XI. *Prop.* XI.

Iisdem positis, si vnius lineæ occursus alterius non contineant, & punctum D sit intra angulum asymptotis comprehensum: & figura, & demonstratio eadem erit, quæ in tertio theoremate.

Theor. XII. *Prop.* XII.

Iisdem positis, si occursus vnius lineæ, alterius occursus contineât: & punctum sumptum sit in angulo deinceps ei, qui asymptotis comprehenditur: linea per diuisiones ducta, si producatur, occurret oppositæ sectioni: & quæ ab occursibus ducuntur ad punctum D, oppositas sectiones continget.

Theor. XIII. *Prop.* XIII.

Iisdem positis, si punctum D sit in vna asymptoton, & reliqua eadem existant: quæ per diuisiones transit linea asymptoto, in qua est punctum, æquidistabit: & producta occurret sectioni: quæ verò ab occursu ad punctum ducitur, sectionem continget.

Theor. XIV. *Prop.* XIV.

Iisdem positis, si punctum D sit in vna asymptoton: & linea quidem DE sectionem in duobus punctis secet: D G verò alteri asymptoto æquidistans secet in vno tantùm; quod sit G; fiatque, vt E D ad DH, ita EK ad KH: & ipsi D G ponatur æqualis G L; quæ per puncta KL transit linea, asymptoto æquidistabit, & sectioni occurret: quæ verò ab occursu ducitur ad D, sectionem continget.

Theor. XV. *Prop.* XV.

Si in sectionibus oppositis inter duas sectiones sumatur aliquod punctum, & ab ipso duæ lineæ ducantur; altera quidem contingens vnam oppositarum: altera verò vtramque secans: & quam proportionem habet linea inter sectionem, quam non contingit, & punctum interiecta ad lineam; quæ est inter punctum, & alteram sectionem, eandem habeat; linea quædam maior ea, quæ inter sectiones interiicitur ad excessum ipsius in eadem recta, & ad eundem terminum cum linea ciuisdem rationis: quæ à termino maioris lineæ ad tactum ducitur, occurret sectioni, & quæ ab occursu ducitur ad sumptum punctum, sectionem continget.

Theor. XVI. *Prop.* XVI.

Iisdem positis, sit punctum D in angulo deinceps ei, qui asymptotis continetur: & reliqua eadem fiant. Dico lineam à puncto F ad C productam occurrere oppositæ sectioni: & quæ ab occursu ducitur ad D, eandem sectionem contingere. *Theor.* XVII. *Prop.* XVII.

Iisdem positis, sit punctum D in vna asymptoton. Dico lineam, quæ ab F ad C ducitur, asymptoto, in qua est punctum, æquidistare.

Theor. XVIII. Prop. XVIII.

Si in fectionibus oppofitis aliquod punctum fumatur inter duas fectiones: & ab ipfo duæ lineæ ducantur, vtrâmque fectionem fe_cantes : & quam proportionem habent interiectæ inter vnam fe_ctionem & punctum ad eas, quæ inter idem punctum, & alteram fe_ctionem interiiciuntur, eandem habeant lineæ maiores iis, quæ funt inter fectiones oppofitas ad exceffus ipfarum: quæ per terminos ma_iorum linearum tranfeunt, occurrent fectionibus: & quæ ab occurfi_bus ad fumptum punctum ducuntur, fectiones contingent.

Theor. XIX. Prop. XIX.

Sumatur punctum D in angulo deinceps ei, qui afymptotis con_tinetur: ducanturque rectæ lineæ fectiones fecantes: & vt dictum eft, diuidantur. Dico eam, quæ per KG producitur, occurrere vtrique fectionum: & quæ ab occurfibus ducuntur ad D fectiones côtingere.

Theor. XX. Prop. XX.

Si fumptum punctum fit in vna afymptoton, & reliqua eadem fiant: linea, quæ tranfit per terminos exceffuum, afymptoto, in qua eft pun_ctum, æquidiftabit: & quæ à puncto ducitur ad occurfum fectionis, & lineæ per terminos tranfeuntis fectionem continget.

Theor. XXI. Prop. XXI.

Sint rurfus oppofitæ fectiones AB: fitque punctum D in vna afym_ptoton: & linea quidem DBK in vno tantùm puncto occurrat fectio_ni B, alteri afymptoto æquidiftans: linea verò CDHG vtrique fectio_ni occurrat: & vt CD ad D H, ita CG ad GH. & ipfi DB æqualis fit BK. Dico lineam, quæ per puncta KG tranfit, occurrere fectioni: afymptotóque, in qua eft punctum D. æquidiftare: & quæ ab occur_fu ad punctum D ducitur fectionem contingere.

Theor. XXII. Prop. XXII.

Sint fimiliter oppofitæ fectiones, afymptotíque: & punctum D fumatur in angulo deinceps ei, qui afymptotis continetur: linea verò CDH fecet vtráfque fectiones : & DB alteri afymptoto æquidiftet: fitque vt CD ad DH, ita CG ad GH: & ipfi D B æqualis ponatur BK. Dico lineam, quæ per puncta KG tranfit, occurrere vtrique oppofita_rum fectionum : & quæ ab occurfibus ducuntur ad D fectiones eaf_dem contingere.

Theor. XXIII. Prop. XXIII.

Sint itidem oppofitæ fectiones AB : punctúmque D fit in angulo deinceps ei, qui afymptotis continetur : & linea quidem BD fectio_nê B in vno puncto tantùm fecet, alteri afymptoto æquidiftans: linea verò DA fimiliter fectionem A: fitque DB ipfi BG æqualis : & DA

Q iij

ipsi AK. Dico lineam, quæ transit per KG, occurrere sectionibus, & quæ ab occursibus ad D ducuntur, sectiones contingere.

Theor. XXI.v. *Prop.* XXIV.

Coni sectio coni sectioni, vel circuli circumferentiæ non occurrit ita vt pars quidem eadem sit: pars verò non sit communis.

Theor. XXV. *Prop.* XXV.

Coni sectio coni sectionem vel circuli circumferentiam in pluribus punctis, quàm quatuor non secat.

Theor. XXVI. *Prop.* XXVI.

Si dictarum linearum aliquæ in vno puncto sese contingant, non occurrent sibi ipsis ad alia puncta plura quàm duo.

Th. XXVII. *Prop.* XXVII.

Si prædictarum linearum aliquæ in duobus punctis sese contingant, in alio puncto sibi ipsis non occurrent.

Theor. XXVIII. *Prop.* XXVIII.

Parabole parabolem non contingit, præterquàm in vno puncto.

Theor. XXIX. *Prop.* XXIX.

Parabole hyperbolem non contingit in duobus punctis extra ipsam cadens.

Theor. XXX. *Prop.* XXX.

Parabole ellipsim, vel circuli circumferentiam non contingit in duobus punctis intra ipsam cadens.

Theor. XXXI. *Prop.* XXXI.

Hyperbole hyperbolem idem centrum habens in duobus punctis non continget.

Theor. XXXII. *Prop.* XXXII.

Si ellipsis ellipsim, vel circuli circumferentiam, idem centrum habens in duobus punctis contingat: linea coniungens tactus per centrum transibit.

Theor. XXXIII. *Prop.* XXXIII.

Coni sectio, vel circuli circumferentia, coni sectioni, vel circuli circumferentiæ, quæ non ad easdem partes conuexa habeat, ad plura puncta, quàm duo non occurret.

Theor. XXXIV. *Prop.* XXXIV.

Si coni sectio, vel circuli circumferentia occurrat vni oppositarum sectionum in duobus punctis: & lineæ, quæ inter occursus interiiciuntur, ad easdem partes concaua habeant: producta linea ad occursus alteri oppositarum sectionum non occurret.

Theor. XXXV. *Prop.* XXXV.

Si coni sectio, vel circuli circumferentia vni oppositarum sectionum òccurrat: reliquæ ipsarum non occurret ad plura punẽa, quàm duo.

Theor. xxxvi. Prop. xxxvi.

. Coni sectio, vel circuli circumferentia oppositis sectionibus ad plura puncta, quàm quatuor non occurret.

Theor. xxxvii. Prop. xxxvii.

Si coni sectio, vel circuli circumferentia vtramque oppositarum sectionum concaua sui parte contingat, alteri oppositarum non occurret.

Theor. xxxviii. Prop. xxxviii.

Si coni sectio, vel circuli circumferentia vtramque oppositarum sectionum contingat in vno puncto; oppositis sectionibus in alio puncto non occurret.

Theor. xxxix. Prop. xxxix.

Si hyperbole vni oppositarum sectionum in duobus punctis occurrat, conuexa habens è regione sita: quæ sibi opponitur sectio, alteri oppositarum non occurret.

Theor. xl. Prop. xl.

Si hyperbole occurrat vtrique oppositarum sectionum: quæ ipsi opponitur sectio, nulli oppositarum in duobus punctis occurret.

Theor. xli. Prop. xli.

Si hyperbole vtramque oppositarum sectionum in duobus punctis secet, conuexa habens è regione sita: quæ ipsi opponitur sectio, nulli oppositarum occurret.

Theor. xlii. Prop. xlii.

Si hyperbole vnam oppositarum sectionum in quatuor punctis secet, quæ ipsi opponitur sectio, non occurret alteri oppositarum.

Theor. xliii. Prop. xliii.

Si hyperbole alteri oppositarum in duobus punctis occurrat, concaua habens ad easdem partes: quæ ipsi opponitur sectio nulli oppositarum occurret.

Theor. xliv. Prop. xliv.

Si hyperbole vni oppositarū sectionum occurrat in tribus punctis, quæ ipsi opponitur alteri oppositarum, præterquam in vno puncto, non occurret.

Theor. xlv. Prop. xlv.

Si hyperbole vnam oppositarum sectionum contingat, alteram verò secet in duobus punctis: quæ ipsi opponitur sectio, nulli oppositarum occurret.

Theor. XLVI. *Prop.* XLVI.

Si hyperbole vnam oppofitarum fectionum in vno puncto contingat ; & fecet in duobus punctis : quæ ipfi opponitur fectio., alteri oppofitarum non occurret.

Theor. XLVII. *Prop.* XLVII.

Si hyperbole vnam oppofitarum fectionum contingens in alio puncto fecet : quæ ipfi opponitur fectio alteri oppofitarum non occurret, præterquam in vno puncto.

Theor. XLVIII. *Prop.* XLVIII.

Si hyperbole vnam oppofitarum fectionum in vno puncto contingat ; quæ ipfi opponitur fectio , alteri oppofitarum non occurret ad plura puncta, quam duo.

Theor. XLIX. *Prop.* XLIX.

Si hyperbole contingat vtramque oppofitarum fectionum:quæ ipfi opponitur fectio nulli oppofitarum occurret.

Theor. L. *Prop.* L.

Si vtraquè oppofitarum fectionum in vno puncto contingat, ad eafdem partes concaua habens : in alio puncto non occurret.

Theor. LI. *Prop.* LI.

Si hyperbole vnam oppofitarum fectionum contingat in duobus punctis:quæ ipfi opponitur fectio,alteri oppofitarum non occurret.

Theor. LII. *Prop.* LII.

Si hyperbole vnam oppofitarum fectionum contingat, conuexà habens è regione fita:quæ ipfi opponitur fectio, alteri oppofitarum non occurret.

Theor. LIII. *Prop.* LIII.

Oppofitæ fectiones oppofitas non fecant in pluribus punctis, quàm quatuor.

Theor. LIIII. *Prop.* LIIII.

Si oppofitæ fectiones oppofitas in vno puncto contingant:non occurrent fibi ipfis ad alia puncta plura, quàm duo.

Theor. LV. *Prop.* LV.

Si fectiones oppofitæ oppofitas contingant in duobus punctis : in alio puncto fibi ipfis non occurrent.

PRÆFA-

PRÆFATIO SEREI

ANTISNENSIS

PHILOSOPHI,

in librum de sectione cylindri.

Serenus Cyro S. D.

CVm videam quam plurimos (amice Cyre) eorum qui in Geometria versantur, arbitrari transuersam cylindri sectionem longè diuersam esse ab ea sectione coni, quæ ellipsis appellatur: non com-
mittendum putaui, vt ab errore non auerterè tum eos ipsos, qui ita arbitrantur, tum eos, qui ab his illud ita esse persuaderi possent. Quamquam absurdum omnino videatur, Geometras ipsos de problemate
geometrico sine demonstratione quicquam affirmare : oratio enim
probabilis, & sine vllo artificio à Geometria alienissima, est. Itaque
quoniam ita sentiunt, nos autem non assentimur, libuit geometricè
demonstrare vnam, atque eandem specie sectionem necessariò fieri
in vtrisque figuris, in cono, inquam, & cylindro, si modò ratione quadam & non simpliciter secentur. Quemadmodum autem veteres, qui
conica tractarunt, non contenti communi intelligentia coni, nempe
quod à triangulo rectangulo constitueretur: vniuersalius, & artificio-
sius de ipso conscripserunt, non tantùm rectos, sed etiam scalenos conos statuentes: ita & nobis faciendum erit, Nam cùm cylindri sectionem nobis tractandam proposuerimus, non solùm rectum cylindrum,
sed etiam scalenum ponentes, quæ ad hanc contemplationem pertinent, latiùs, fusiùsque explicabimus. Et quamquam certò sciam neminem fore, qui facilè admittat non omnem conum rectum esse,
communi notione id suadente: tamen contemplationis gratià melius
esse iudicaui vniuersaliori definitione ipsum comprehendere: etenim
cylindri recti sectio eadem est, quæ ellipsis recti coni: sed cylindro vniuersalius accepto, sectionem eius omni pariter ellipsi eandem esse necessariò continget: id quod nos in hoc libro probare instituimus. At-
tendenda autem prius hæc sunt, quæ ad propositam materiam definire oportet.

DEFINITIONES.

I. SI igitur duorum circulorum æqualium , & æquidiſtantium diametri ſemper inter ſe æquidiſtantes, & ipſæ in circulorum planis circa manens centrum circumferantur: & vna circumferatur recta linea diametrorum terminos ex eadem parteconiungens, quovſque rurſus in eum locum reſtituatur, à quo moueri cœpit; ſuperficies, quæ à circumlata linea deſcribitur, cylindrica ſuperficies vocetur: quæ quidem & in infinitum augeri poteſt: lineâ ipſa deſcribente in infinitum producta.

II. Cylindrus, figurâ, quæ circulis æquidiſtantibus, & cylindrica ſuperficie inter ipſos interiecta continetur.

III. Cylindri baſis, circuli ipſi.

IV. Axis, recta linea, que per circulorum centra ducitur.

V. Latus autem cylindri linea, quæ cum recta ſit, & in ſuperficie ipſius cylindri:baſes vtráſque contingit:quam & circumlatam cylindri ſuperficiem deſcribere antea diximus.

VI. Cylindrorum, recti quidem dicantur, qui axem habent ad rectos angulos exiſtentem ipſis baſibus.

VII. Scaleni autem, qui non ad rectos angulos exiſtentem ipſis baſibus axem habent. Sed & hæc ex Apollonio ſcire oportet.

VIII. Omnis lineæ curuæ in vno plano exiſtentis diameter vocetur recta linea , quæ quidem ducta à linea curua, omnes, que in ipſa ducuntur,rectæ cuipiam æquidiſtantes biſariam diuidit.

IX. Vertex lineæ,terminus ipſius rectæ, qui eſt ad lineam.

X. Ordinatim ad diametrum applicari dicitur vnaquæque linearũ æquidiſtantium.

XI. Coniugatæ diametri dicantur, quæ quidem à linea ordinatim ductæ ad coniugatas diametros,ipſas ſimiliter diuidunt.

XII. His igitur poſitis,& tranſuerſis ſectionibus cylindri punctum quod diametrum biſariam diuidit,centrum ſectionis vocetur.

XIII. Quæ à centro ad lineam perducitur,dicatur ea,quæ ex centro.

XIV. Quæ verò per centrum ſectionis tranſit, equidiſtans ei,quæ ordinatim applicata eſt,& terminatur ab ipſa linea,ſecunda diameter dicatur.Demonſtrabitur enim lineas omnes in ſectione ductas,quæ quem diametro equidiſtant , biſariam ſecare.

XV. Illud etiam determinandum eſt,ſimiles ellipſes eſſe,quarũ cõ-

iugatæ diametri se se ad angulos æquales secantes eandem habent
proportionem.

Theorema I. Propositio I.

SI duæ rectæ lineæ se se tangentes, duabus rectis lineis se se tangentibus æquidistent, & sint vtræque vtrisque æquales: quę terminos earũ coniungũt rectæ lineæ, & ipsæ æquales, & æquidistantes erunt.

Theorema II. Propositio II.

Si cylindrus plano secetur per axem, sectio parallelogrammum erit.

Theor. III. Prop. III.

Si cylindrus plano secetur æquidistante ei parallelogrammo, quod fit per axem, sectio parallelogrammum erit, æquales ipsi angulos habens.

Theor. IV. Prop. IV.

Si curuæ lineæ recta subtendatur: & quæ ad lineam ad subtensam perpendiculares ducuntur, possint æquale, ei quod ipsius subtensæ partibus continetur: dicta linea circuli circumferentia erit.

Theor. V. Prop. V.

Si cylindrus plano basibus æquidistante secetur, sectio circulus erit, centrum habens in axe.

Theor. VI. Prop. VI.

✱ Si cylindrus scalenus plano per axem secetur, ad rectos angulos ipsi basi: secetur autem & altero plano, recto ad parallelogrammum per axem, quod faciat communem sectionem in parallelogrammo rectam lineam, æquales angulos continentem iis, qui sunt parallelogrammi, non autem ipsius basibus æquidistantem: sectio circulus erit. Vocetur autem talis sectio subcontrariæ.

Theor. VII. Prop. VII.

Cylindro dato, & puncto in superficie eius: per dictum punctum latus cylindri ducere.

Theor. VIII. Prop. VIII.

Si in superficie cylindri duo puncta sumantur non existentia in latere parallelogrammi per axem: quæ dicta puncta coniungit recta linea intra cylindri superficiem cadet.

Theor. IX. Prop. IX.

Si cylindrus plano secetur, neque basibus æquidistante, neque subcontrarie posito, neque per axem, neque æquidistante ei, quod per axem fit parallelogrammo: sectio neque circulus, neque parallelogrammum erit.

Simul verò & illud demonstratum est rectam lineam, qua in sectione ipsi FG æquidistans ducta bifariam diuidit CD, diametro basis æqualem esse.

Theor. X. Prop. X.

Si cylindrus plano per axem secetur: sumatur autem aliquod punctum in eius superficie, quod non sit in latere parallelogrammi per axem: & ab ipso ducatur recta linea æquidistans rectæ cuipiam, quæ in eodem plano existit, in quo cylindri basis, & ad rectos incidit basi parallelogrammi per axem: cadet ea inter parallelogrammū, & producta vsque ad alteram partem superficiei ab ipso parallelogramme bifariam secabitur.

Theor. XI. Prop. XI.

Si cylindrus secetur plano, basis planum extra circulum secante: communis autem sectio perpendicularis sit ad basim parallelogrāmi per axem; vel ad eam, quæ in rectum ipsi cōstituitur: rectæ lineæ, quæ à sectione in superficie cylindri à secante plano facta ducuntur; æ quidistantes lineę perpendiculari ad basim parallelogrammi per axem, vel ad eam, quę in rectum ipsi constituitur, in communem sectionem planorum cadent: & productæ vsque ad alteram sectionis partem, à communi planorum superficie bifariam diuidentur: quæ verò perpendicularis est ad basim parallelogrammi per axem, vel ad eam, quæ ipsi in rectum constituitur, cylindro recto existente, etiam ad communem planorum sectionem, parallelogrammi scilicet per axem, & secantis plani perpendicularis erit: scaleno autem existente cylindro non item, præterquam cum parallelogrammum per axem ad ipsam basim cylindri rectum fuerit.

Theor. XII. Prop. XII.

✚ Si duæ rectæ lineæ similiter secentur, erit vt quadratum primæ ad quadratum secundæ: ita quod fit ex primæ partibus rectangulum ad rectangulum ex partibus secundæ.

Theor. XIII. Prop. XIII.

✚ Si cylindrus plano secetur per axem, & secetur altero plano basis planum secante, ita vt communis sectio basis, & secantis plani perpendicularis sit ad basim parallelogrammi per axem, vel ad eam, quæ in rectum ipsi constituitur: à sectione autem ad diametrum ducatur linea communi planorum sectioni æquidistans: poterit dicta linea spatium quoddam, ad quod rectangulum diametri sectionis partibus contentum eam proportionem habet, quam diametri sectionis quadratum ad quadratum diametri basis.

Theor. XIV. *Prop.* XIV.

Recta linea, quæ punctum, quod diametrum sectionis bifariam diuidit ordinatim in sectione applicatur, secunda diameter erit.

Theor. XV. *Prop.* XV.

Si cylindrus plano secetur basis planum secante : communis autem sectio plani basis, & secantis plani perpendicularis sit ad basim parallelogrammi per axem, vel ad eam quæ ipsi in rectum constituitur: quæ à sectione ad diametrum ducitur linea, æquidistans communi planorum sectioni iam dictæ, poterit spatium quoddam, ad quod rectangulum diametri partibus contentum eam proportionem habet, quam diametri sectionis quadratum ad quadratum secundæ diametri : quæ verò à sectione ad secundam diametrum ducitur, æquidistans diametro, poterit spatium, ad quod rectangulum ex secundæ diametri partibus eam habet proportionem, quam quadratum secundæ diametri ad ipsum diametri quadratum.

Theor. XVI. *Prop.* XVI.

Si in cylindri sectione coniugatæ diametri sint, & fiat, vt diameter sectionis ad secundam diametrum, ita secunda diameter aliam quampiam : quæ à sectione ad diametrum ordinatim applicata est, poterit spatium, quod adiacet tertiæ proportionali, latitudinem habens eam, quæ inter ordinatim applicatam, & sectionem interiicitur: & deficiens figura simili ei, quæ diametro ipsa & tertia proportionali continetur

Th. XVII. *Prop.* XVII.

Si in cylindri sectione coniugatæ diametri sint : & fiat vt secunda diameter ad diametrū, ita diameter ad aliam lineam:quæ à sectione ad secundam diametrum ordinatim applicatur, poterit spatium, quod adiacet tertiæ proportionali, latitudinem habens eam, quæ inter ordinatim applicatam, & sectionem interiicitur : & deficiens figura simili ei, quæ secunda diametro, & tertia proportonali inuenta continetur.

Th. XVIII. *Prop.* XVIII.

Si in sectione cylindri rectæ lineæ ad diametrum ordinatim applicentur, erunt quadrata earum ad spatia contenta lineis, quæ inter ipsas, & terminos transuersi lateris figuræ interiiciuntur vt rectum figuræ latus ad transuersum : inter sese verò, vt spatia, quæ lineis similiter sumptis continentur.

Th. XIX. *Prop.* XIX.

Itaque dico fieri posse, vt conum simul & cylindrum vna eademque ellipsi sectos ostendamus.

Probl. I. *Prop.* XX.

Cono dato & ellipsi, in eo cylindrum eadem ellipsi coni sectum inuenire.

Probl. II. *Prop.* XXI.

Cylindro dato & ellipsi, in eo conum eadem ellipsi cylindri sectum inuenire.

Probl. III. *Prop.* XXII.

Cono dato inuenire cylindrum, & vtrosque eodem plano secare, quod sectiones in vtrisque similes ellipses efficiat.

Probl. IIII. *Prop.* XXIII.

Cylindro dato inuenire conum, & vtrosque secare eodem plano, quod sectiones faciat in vtrisque ellipses similes.

Theor. XX. *Prop.* XXIV.

Sit recta linea A B, quæ secetur in punctis C D, & non sit AC maior quam D B. Dico si ad A C comparetur spatium æquale quadrato C B, excedens figura quadrata: latus excessus maius quidem esse, quam C D: minus verò, quàm C B.

Probl. V. *Prop.* XXV.

Dato cylindro ellipsi secto, conum constituere in eadem basi cylindri, eadémque altitudine: & sectum eodem plano, quod sectionem faciat ellipsim cylindri ellipsi similem.

Probl. VI. *Prop.* XXVI.

Datum cylindrum, vel conum scalenum possumus ex eadem parte infinitè secare duobus planis, non æquidistanter positis, quæ ellipses similes efficiant.

Probl. VII. *Prop.* XXVII.

Datum cylindrum scalenum, vel conum possumus ex oppositis partibus infinitè secare duobus planis, quæ ellipses similes efficiant.

Theor. XXI. *Prop.* XXVIII.

Ex his manifestum est coniungationi similium ellipsium, quæ ex eadem parte sit, similem esse coniungationem quandam similium ellipsium ex oppositis partibus; quippe quæ diametros habet ex contraria parte diametris respondentes.

Theor. XXII. *Prop.* XXIX.

Rectæ lineæ, quæ ab eodem puncto cylindricam superficiem contingunt ex vtraque parte: omnes in vnius parallelogrammi lateribus tactiones fiunt.

Theor. XXIII. *Prop.* XXX.

Hoc demonstrato. Sit parallelogrammum A B C D: & eius basi A D æquidistantes ducantur E F, G H: sumpto autem aliquo puncto k, nõ exiſtente in plano parallelogrammi, iungantur, k E, k F, k G, k H : quæ productæ occurrant plano cuipiam æquidiſtanti ipſi A B C D in punctis L M N X : & iungantur L N M X. Dico lineam M X ipſi L N æquidiſtantem eſſe.

Theor. XXIV. Prop. XXXI.

Si extra triangulum punctum ſumatur : & ab eo ducatur quædam recta linea triangulum ſecans : à vertice autem ad baſim alia agatur, quæ ſecet lineam ductam, ita vt quam proportionē habet tota ad partem extra triangulum aſſumptam, eãdem habeat eius, quæ intra triãgulum continetur, maior portio ad minorē quælibet recta linea, quæ ex eodem puncto ducta triangulum ſecat, ab ea, quæ à vertice ad baſim ducitur, in eandem proportionem ſecatur. Quod ſi lineæ ab eo puncto in triangulum ductæ ſecentur in eandem proportionem : recta linea, quæ ipſas ſecat in triangulo, per trianguli verticem neceſſariò tranſibit.

Theor. XXV. Prop. XXXII.

Rectæ lineæ, quæ ab eodem puncto conicam ſuperficiem contingunt ex vtraque parte : omnes in vnius trianguli lateribus tractiones faciunt.

Theor. XXVI. Prop. XXXIII.

Hoc demonſtrato, ſit triangulum ABC, cuius baſi DC æquidiſtãtes ducantur DEFG, & ſumpto aliquo pũcto H, quod non ſit in triãguli plano, iungantur HD, HE, HG, HE ; & productæ occurrãt plano alicui, quod plano ABC æquidiſtet, in punctis KLMN : planum igitur per lineas DEKH ductum ſecabit etiam planum KLMN : & in eo communem ſectionem faciet rectam lineam KN, ipſi DE æquidiſtãtem. Eodem modo & planum ductum per lineas FG, LH faciet rectã lineam LM æquidiſtantem ipſi FG. Quoniam igitur planum k H L æquidiſtantibus planis ABC, k L M N ſecatur, communes ipſorum ſectiones K L, D F æquidiſtantes ſunt, & eadem ratione æquidiſtantes MN, GE, ergo productæ KL, MM conueniant inter ſe ſe, conueniant in X : & cum duæ lineæ K X, X N duabus D A, A B æquidiſtent, angulus ad X, angulo ad A æqualis erit. Rurſum cum duæ XX, X N æquidiſtent duabus AD, D E, erit angulus XKN angulo A D E æqualis : triangula igitur XKN, ABC inter ſe ſe ſimilia erunt.

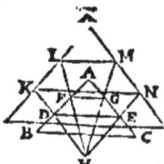

Quod fi punctum *H* fingamus effe corpus illuminãs,
& triangulum ABC eius radiis oppofitum,fiue per fefe,fiue in cono,continget radios,qui ab ipfo *H* emittuntur, per triangulum ABC facere triangulum
vmbræ *XKN* ipfi ABC fimile; & quamquam hæc
ad opticam contemplationem pertineant, & ob id à
propofita tractatione aliena videantur, tamen per-
fpicuè conftat fine iis, quæ hoc loco de coni & cylindri fectione,hoc
eft de elipfi, & rectis lineis cum contingentibus demonftrata funt,
problema eiufmodi abfolui non poffe : quare non temerè, fed necef-
fario de his fermonem inftituimus.

SERENI LIBER SECVNDVS

DE SECTIONE CONI.

Serenus Cyro S. D.

VM fectio conorum, optime Cyre, quæ per verticem
efficitur, triangula quidem in conis conftituat, variam
autem, & perpulchram habeat contemplationem: &
à nullo eorum, qui ante nos fuerunt, quod fciam, per-
tractata fit: optimè me facturum exiftimauit, fi locum
hunc non inexplicatum relinquere̅, perfcriberemque de his, quæcumque mihi in mentem venerunt : maiorem autem ferè partem eo-
rûm, quæ profundiore geometria indigere videntur, arbitror me hoc
libro complexum effe : neque enim mirum videri debet, fi aliquid
quod fcribi oporteret, prætermifcrim , vtpote qui primus hanc
contemplationem aggreffus: quamobrem par eft, vel te, cum in horum ftudium incubueris, vel pofteriorum aliquem, qui in hæc inciderit, à me impulfûm, ea, quæ prætermiffa funt, fupplere : funt tamen
nonnulla, quæ confultò prætierierim, vel quòd manifefta effent, vel
quod ab aliis tractata : fiquidem in omni cono fectionem triangulum
effe, quando per verticem fecatur, cum aliis demonftratum fit nos
omifimus,ne aliena noftris inuentis infererentur. Quæ autem in prõ-
ptu effent, & quæ vnufquifque per fe nullo negotio intelligere poffet,
non exiftimaui me fcribere oportere,ne legentium animos parum at-
tentos facerem. Sed iam ad id quod propofitum eft accedamus.

Theor.

Thearema I. *Propositio* I.

SI quatuor rectarum linearum prima ad secundam maiorem proportionem habeat, quàm tertia ad quartam: rectangulum contentum prima & quarta maius est eo, quod secunda & tertia continetur.   *Theor.* II. *Prop.* II.

Si in triangulo orthogonio ab altero angulorum ad vnum latus, quod est circa rectum angulum linea ducatur: habebit ducta linea ad eam, quæ inter ipsam & perpendicularem interiicitur, maiorem proportionem, quàm quæ à principio subtenditur recto angulo ad iam dictum latus. ..

Theor. III. *Prop.* III.

Si conus rectus planis per verticem secetur, eorum, quæ in sectionibus fiunt tranguloru, æquales habentia bases inter se æqualia eiūt.

Theor. IV. *Prop.* IV.

In coni₅ rectis similia triangula inter se æqualia erunt.

Theor. V. *Prop.* V.

Si conus rectus planus per verticem secetur, & per axem, & extra axem : sitque axis non minor semidiametro basis : eorum, quæ fiunt, triangulorum maximum est illud, quod per axem constituitur.

Theor. VI. *Prop.* VI.

Licet idem & aliter vniuersaliùs demonstrare, ex omnibus simpliciter triangulis, quod maiorem basim habet, illud maius esse.

Theor. VII. *Prop.* VII.

Si in cono recto triangulum per axem maximum sit triangulorum omnium, quæ extra axem constituuntur : axis coni minor erit semidiametro basis.

Probl. I. *Prop.* VIII.

Conum rectum, cuius axis non sit minor semidiametro basis, plano per verticem ducto ita secare, vt faciat triangulum, quod ad triangulum per axem proportionem habeat datam. Oportet autem datam proportionem esse minoris ad maius.

Theor. VIII. *Prop.* IX.

Si planis conus rectus per verticem secetur, & per axem, & extra axem; trianguloru autem, quæ fiunt extra axem vnum aliquod æquale sit triangulo per axem: axis coni semidiametro basis minor erit.

Theor. IX. *Prop.* X.

Iisdem manentibus demonstrandum est, si rursus planum ducatur

S f

per verticem conum secans, faciénsque in basi rectam lineam, cuius magnitudo inter bases æqualium triangulorum contineatur: triangulum illud vtrifque triangulis æqualibus maius eſſe.

Probl. II. Prop. XI.

Datum conum rectum, cuius axis sit minor semidiametro basis, plano per verticem ita secare, vt faciat triangulum æquale ei, quod per axem conſtituitur.

Theor. X. Prop. XII.

Si conus rectus planis per verticem secetur: & in vno eorum triangulorum, quæ fiunt, linea à vertice ad basim perpendicularis ducta æqualis sit dimidiæ basis: erit illud triangulum maius omnibus triangulis diſſimilibus, quæ in cono conſtituuntur.

Probl. III. Prop. XIII.

Datum conum rectū, cuius axis sit minor semidiametro basis, plano per verticem ita secare, vt faciat triangulum maius omnibus triāgulis diſſimilibus, quæ in cono conſtituuntur.

Probl. IV. Prop. XIV.

Datum conum plano per axem ad rectos angulos ipfi basi secare.

Theor. XI. Prop. XV.

Si conus scalenus plano per axem secetur ad rectos angulos ipfi basi, triangulum in cono factum scalenum erit, cuius maius latus maxima erit linearum omnium, quæ à vertice coni ad basis circumferentiam ducuntur: & minus latus linearum omnium similiter dictarum minima erit: aliarum verò, quæ maximè propinquior eſt, maior erit, quàm quæ ab ipfa magis diſtat.

Theor. XII. Prop. XVI.

Si in triangulo à vertice ad punctum, quod basim bifariam diuidit, recta linea ducatur: quadrata ex lateribus facta æqualia erunt quadratis, quæ fiunt ex basis partibus, & duplo quadrati eius lineæ, quæ à vertice ad basim ducta fuerit.

Theor. XIII. Prop. XVII.

Si quatuor linearum prima ad secundam maiorem proportionem habeat, quàm tertia ad quartam: & quadratum primæ ad quadratū secundæ maiorem habebit proportionem, quàm tertiæ quadratū ad quadratum quartæ. Quod si quadratum primæ ad quadratum secundæ maiorem proportionem habeat, quàm tertiæ quadratum ad quadratum quartæ : & prima ad secundam maiorem proportionem habebit, quàm tertia ad quartam.

Theor. XIV. Prop. XVIII.

Si duæ magnitudines æquales inæqualiter diuidantur: & alterius

partium maior ad minorem proportionē maiorem habeat,quàm par
tium alterius maior ad minorē, vel æqualis ad æqualem: prædictarū
partium maior omniū maxima, minor verò omnium minima erit.

Theor. xv. Prop. xix.

' Si duo triangula & bases æquales habeant, & lineas, quæ à vertice
ad punctū, quod basim bifariam secat ducuntur: alterius autē maius
latus ad minus maiorē proportionem habeat, quàm reliqui maius latus ad minus, vel æquale ad æquale:triangulū illud,cuius maius latus
ad minus maiorem habet proportionem, altero minus erit

Theor. xvi. Prop. xx.

Si duo triangula inæqualium laterum & bases æquales habeant,&
lineas,quæ à vertice ad punctum basim bifariam secans ducuntur:mi-
noris trianguli maius latus ad minus maiorem proportionem habebit
quàm maioris maius latus ad minus.

Probl. V. Prop. XXI.

Datum conum scalenum plano per verticem ita secare,.vt in cono
triangulum æquicrure efficiat.

Theor. XVII. Prop. XXII.

Triangulorum, quæ in cono scaleno per axem constituuntur, maximum est æquicrure : & minimum, quod est ad rectos angulos basi
coni : reliquorum verò maximo propinquius maius est eo,quod plus
distat.   Probl. VI. Prop. XXIII.

In dato cono scaleno à vertice ad circumferentiam basis lineā ducere, ad quam maxima proportionem datā habeat:oportet autem datam proportionem esse maioris ad minus , & minorem esse ea quā habet maxima linearum,quæ in cono ducuntur, ad minimam.

Probl. VII. Prop. XXIV.

Sit datum triangulum scalenum ABC,cuius latus BA maius sit latere AC , & basis BC bifariam in D secetur,ducatúrque AD : sit autē ED perpendicularis ad BC : & æqualis ipsi DA: & sit AF ad eandem BC perpendicularis : oporteátque aliud triangulum constituere
maius triangulo ABC,quod habeat lineā ductam à vertice ad punctū
basim bi ariā secans, vtrique ipsaru DE, DA æqualem:& ad triangulum ABC proportionem eandem habeat, quàm H maior ad G minorem : habeat autem H ad G non maiorem proportionem, quàm DE
ad AF.

Probl. VIII. Prop. XXV.

Datum conum scalenum secare per axem plano faciente in eo
triangulum, quod ad minimum triangulorum per axem proportionem datàm habeat : oportet autem datam proportionē esse maioris

ad minus, neque maiorem ea, quam maximum triangulorum per axem habet ad minimum.

Theor. XVIII. Prop. XXVI.

Si conus scalenus plano per axem secetur ad rectos angulos ipsi basi, & linea, quę à vertice facti trianguli ad basim perpendicularis ducitur, non minor sit basis semidiametro: erit triangulum ad rectos angulos basi maximum omnium, quæ extra axem in cono constituuntur, & bases habent dicti trianguli basi æquidistantes.

Th. XIX. Prop. XXVII.

At si à puncto A ad CD perpendicularis ducta minor sit semidiametro basis: non erit triangulum ACD maximum omnium, quæ bases ipsi CD æquidistantes habent: demonstratio autem & figura eadem est.

Theor. XX. Prop. XXVIII.

Si cono scaleno planis per verticem secto, in basibus æquidistantibus triangula æqui crura fiant: sitque axis coni non minor semidiametro basis triangulum æquicrure per axem transiens maximum erit omnium ęquicrurium, quæ ex ea parte, ad quam axis inclinat, constituuntur.

Theor. XXI. Prop. XXIX.

Si in triangulo orthogonio ab angulo recto ad subtensam quædam linea ducatur: habebit ducta ad partem, quę inter ipsam, & vnam continentium angulum rectum interiicitur, maiorem proportioné, quàm reliqua rectum angulum continens ad lineam subtensam.

Theor. XXII. Prop. XXX.

Si cono scaleno planis per verticem secto, in basibus ęquidistantibus æquicruria triangula constituantur ex ea parte, ad quam axis inclinat: & dictorum triangulorum vnum aliquod ęquale sit triangulo æquicruri per axem: recta linea, quæ à vertice ad basim trianguli perpendicularis ducitur, ipso axe minor erit.

Theor. XXIII. Prop. XXXI.

Si cono scaleno per verticem planis secto in basibus æquidistantibus æquicruria triangula constituantur ex ea parte, ad quam axis inclinat: & dictorum triangulorum vnum aliquod æquale sit triangulo æquicruri per axem: axis coni semidiametro minor erit.

Theor. XXIIII. Prop XXXII.

Si cono scaleno planis per verticem secto, in basibus æquidistantibus triangula æquicruria constituantur ex ea parte, à qua axis declinat: triangulum æquicrure per axem transiens non erit omnium eiusmodi triangulorum minimum.

Theor. **xxv.** *Prop.* **xxxiii.**

Sí ín eadem baſi duo triangula conſtituátur:& alterius quidem latus ſit ad rectos angulos baſi:alterius verò ad angulos obtuſos: ſítque ambligonij triangulí altitudo non minor altitudíne orthogonij : angulus, qui ad orthogonij verticem angulo, qui ad verticem ambligonij maior erit.

Theor. **xxvi.** *Prop.* **xxxiv.**

Iiſdem poſitis,ſi trianguli orthogonij angulus ad verticem non maiór ſit eo,qui continetur línea vertices triangulorum coniungente, & latere ambligonij, quod obtuſum angulum cum baſi efficit: línea in triangulo orthogonio ſubtenſa angulo recto ad eam,quæ eſt ad rectos angulos baſi,minorem habet proportionem, quàm ſubtenſa angulo obtuſo in ambligonio ad eam,quæ eſt ad angulos obtuſos.

Theor. **xxvii.** *Prop.* **xxxv.**

Iiſdem poſitis, ſi in triangulo orthogonio ſubtenſa angulo recto ad eam, quæ eſt ad rectos angulos baſi maiorem proportionem habeat,quàm angulo obtuſo ſubtenſa in ambligonio ad eam,quæ eſt ad angulos obtuſos: angulus ad verticem orthogonij maior eſt angulo,qui linea vertices triangulorum coniungente, & ea, quæ eſt ad angulos obtuſos baſi continetur.

Theor. **xxviii.** *Prop.* **xxxvi.**

Si cono ſcaleno per verticem plahis ſecto, in baſibus æquidiſtantibus triangula æquicruria conſtituantur ex ea parte, à qua axis declinat:angulum æquicrure per axem tranſiens omnium eiuſmodi triangulorum neque maximum, neque minimum erit.

Theor. **xxix.** *Prop.* **xxxvii.**

In omni cono ſcaleno, cum triangula per axem poteſtate infinita ſint: lineæ, quæ à vertice coni ad baſes dictorum triangulorum perpendiculares ducuntur, omnes in vnius circuli circumferentiam cadunt: quiquidē eſt in eodē plano,in quo baſis coni,& circa diametrū interiectam inter centrum baſis, & perpendicularem, quæ à vertice coni ad dictum planum ducitur.

Quare conſtat dictas perpendiculares à puncto ſublimi ad circuli circumferentiam cadentes in coni ſuperficie ferri:cuius quidem baſis eſt circulus à caſu perpendicularium deſcriptus, & vertex idem, qui eſt primi coni vertex.

Probl. **ix.** *Prop.* **xxxviii.**

In cono ſcaleno dato aliquo triangulo per axem quod neque maximum ſit,neque minimum:inuenire aliud triangulum per axem,quod vnà cum dato, vtriſque maximo & minimo per axem ſit æquale.

Sſ iij

Theor. xxx. *Prop.* xxxix.

Si duorum triangulorum per axem bafes abfcindant æquales circumferentias ad diametrum, quæ per lineam perpendicularem ducitur: triangula inter fe æqualia erunt. Vocentur autem eiufdē ordinis.

Theor. xxxi. *Prop.* xl.

Triangulorum per axem, quæ eiufdem funt ordinis, & æqualia & inter fe fimilia erunt.

Theor. xxxii. *Prop.* xli.

Si coni fcaleni axis æqualis fit bafis diametro: erit vt maximum triangulorum, quæ per axem conftituuntur ad minimum, ita minimum ad æquicrure, quod eft ad rectos angulos bafi.

Theor. xxxiii. *Prop.* xlii.

Rurfus fit vt triangulum EAE ad CAD, ita CAD ad HAK. Dico axem BA femidiametro bafis æqualem effe.

Theor. xxxiv. *Prop.* xliii.

Si circulus circulum fecet per centrum ipfius defcriptus: & ab altera eorum fectione ducantur lineæ fecantes circumferentiam, quæ per centrum trafit, & ad alterius circuli circumferentiam protrahantur: recta linea inter conuexam alterius circuli circumferentiam, & inter concauam alterius interiecta æqualis eft lineæ, quæ à communi fectione lineæ ductæ, & circumferentiæ per centrum, ad alteram communem circulorum fectionem perducitur.

Theor. xxxv. *Prop.* xliv.

Si in porttone circuli inflectantur rectæ lineæ: maxima quidem erit, quæ ad punctum medium inflectitur: aliarum verò femper ipfi propinquior remotiore maior erit.

Theor. xxxvi. *Prop.* xlv.

Si quatuor rectis lineis inæqualibus exiftentibus quadrata maximæ, & minimæ æqualia fint quadratis reliquorum: recta linea conftans ex maxima & minima minor erit ea, quæ ex reliquis conftat.

Theor. xxxvii. *Prop.* xlvi.

Si duæ rectæ inæquales diuidantur: & partium minoris quadrata æqualia fint quadratis partium maioris: earum omnium maxima quidem erit maior maioris pars, minor verò minima.

Theor. xxxviii. *Prop.* xlvii.

Si duæ rectæ lineæ æquales ita diuidantur, vt rectangulum contentum partibus vnius æquale fit ei, quod alteriùs partibus continetur: erunt vnius partes partibus alterius æquales.

Theor. xxxix. *Prop.* xlviii.

Si conus fcalenus per axem fecetur: eorum, quæ fiunt triangulorum quod maius eſt maiorem perimetrum habet:& cuius trianguli maior perimeter,illud maius eſt.

Ex quibus perſpicuum eſt in conis ſcalenis,maximi quidem triangulorum, quæ fiunt per axem, hoc eſt æquicruris perimetrum eſſe maximam, minimi verò hoc eſt eius, quod eſt ad rectos angulos baſi coni, perimetrum minimam eſſe; & aliorum ſemper quod maius eſt maiorem perimetrum habere, quàm quod minus.

Theor. XL. Prop. XLIX.

Rectorum conorum æqualium,& diſſimilium triangula per axem ex contraria parte reſpondent ſuis baſibus.

Theor. XLI. Prop. L.

Quorum conorum rectorum triangula per axem ex contraria parte reſpondent ſuis baſibus,ij inter ſe ſunt æquales.

Theor. XLII. Prop. LI.

Si conorum baſis ad baſim duplam proportionem habeat eius, quam conus ad conum: triangula per axem inter ſe æqualia erunt.

Th. XLIII. Prop. LII.

Si triangula per axem inter ſe æqualia ſint:& baſis ad baſim duplam proportionem habebit eius,quam conus habet ad conum.

Theor. XLIV. Prop. LIII.

Recti coni æquealti duplam inter ſe proportionem habent eius, quàm triangula per axem.

Theor. XLV. Prop. LIV.

Si coni inter ſe ſe duplam proportionem habeant eius,quam triangula per axem: ipſi æquealti erunt.

Theor. XLVI. Prop. LV.

Si recti coni ex contraria parte reſpondeant ſuis axibus: triangula per axem inter ſe æqualia erunt.

Theor. XLVII. Prop. LVI.

Si triangula per axem inter ſe æqualia ſint:& coni ex contraria parte ſuis axibus reſpondebunt.

Theor. XLVIII. Prop. LVII.

Si coni recti ex contraria parte ſuis baſibus reſpondeant : triangula per axem inter ſe triplam proportionem habebunt eius quam baſis habet ad baſim ex contraria parte.

Theor. XLIX. Prop. LVIII.

Quorum conorum rectorum triangula per axem inter ſe triplam: proportionem habent eius,quam baſis ad baſim ex contraria parte coni ſuis baſibus ex contraria parte reſpondebunt.

Theor. L. Prop. LIX.

✛ Si rectus conus ad conum rectū duplam proportionem habeat eius, quam basis ad basim : triangulum per axem ad triangulum per axem triplam proportionem habebit, quàm trianguli basis ad basim.

Theor. LI. Prop. LX.

Si triangulum per axem ad triangulum per axem triplam proportionem habeat eius, quam trianguli basis ad basim; conus ad conum duplam proportionem habebit, quam coni basis ad basim.

IN CLARISSIMI VIRI

CLAVDII MYDORGII

.CONICA:

PRÆFATIO.

ELEMENTA Conica quæ fequuntur non pendent à præcedentibus Apollonianis, quibus fimpliciòra funt, fontéfque detegunt ex quibus occultè hauſit. Primus liber directè probat, quæ Pergæus folùm indirectè, & ex abfurdo demonftratat: neque folùm ad folidorum problematum determinationes, & compofitiones, vt libri Apolloniani, fed etiam ad experimenta Phyfica collineat; vt hoece primo libro 4. Pergæi libros habeas.

Secundus agit de Conicarum linearum defcriptione Geometrica in plano, per puncta; dum ad totius operis calcem methodi mechanicæ & organicæ reijciuntur. Tertius & quartus de eiufdem nominis coni fectionum inuicem comparatione: quos hactenus editos legimus; reliquos fruftra fperaturi; nifi precibus ab autore poffit eos aliquis extorquere.

Quintus igitur de coni fectionum portionibus, & de coni portionum fectionibus: Sextus de datis Conicis, fiue problematibus coni: fectiones determinantibus: Septimus de adfcriptis, & infcriptis conicis, fiue de maximis & minimis ad fpecularia, & dioptricem fpectantibus. Octauus denique lineas conicas, & conoideas fuperficies è propria cuiufque naturæ, & habitudine ad radium fiue in opaco, fiue in diaphano ad inuicem comparat: tandémque præcipua circa reflexum, & refractum myfteria non vulgo cognita deteget; quorum nouâ luce conftanter ad cuiufuis propofiti fpeculi, aut optatæ lentis diaphanæ fabricam accingaris.

TI:

Dè nominibus autem sectionum, vndè ortæ sint, facilè iudicès
ex 11, 12 & 13 prop. l. 1. Apollonij, vbi rectas à singulis sectionibus
ad principales diametros ordinatim applicatas expendens, demonstrauit in parabola quidem, ipsarum quadratis æqualia rectangula,
latitudines habentia contiguis interceptis diametri portionibus
æquales, ad aliquam rectam (quam vocat rectā sectionis diametrū,
vel rectum latus, Mydorgius verò parametrum) applicata nec eam
excedit, nec ab ea deficit, sed ei conuenit; quod sequente 10 prop.
l. 1. demonstratur: ille itaque propter istam applicationem conuenientem, ei parabolæ, vel applicationis nomen indidit.

　　Cumque vidisset in aliis duabus sectionibus, ordinatim applicatarum quadratis æqualia istiusmodi rectangula ad sectionis parametrum applicata, in hyperbola quidem ipsam excedere; in ellipsi verò
ab eadem deficere figura simili, similiterque posita ei quæ à transuersa diametro, & contigua parametro continetur; quæ est 13. prop.
l. seq. illis excessus, & defectus nomina fecit. Sed poterat etiam
circulo, vt pote coni sectioni, nomen ellipsis vniformis tribuere,
cù n suas transuersas diametros, & parametros, & figuras ab ipsis
constantes habeat ; & instar ellipseos , ordinatarum quadratis
æqualia rectangula, latitudines habentia interceptis diametri portionibus æquales, ad contiguas parametros applicata, semper defi-
ciant figura simili, similiterque posita ei quæ à transuersa diametro,
& eadem parametro constituitur : de quibus vid. 4. & 5. prop. l. p.
A 1. & 2, 3 & 13 Myd. qui tamen à proprijs coni sectionibus circulum reijcit, in quibus si cum triangulo numeretur, futuræ sint 9
sectiones : neque Eutocij rationem de sectionum nominibus ad-
probat.

　　Sunt & alia plurima in illis sectionibus consideranda, verbi gratiâ, in parabola diametros omnes principali diametro, siue ex generatione, & idcirco inuicem æquidistare; in hyperbola, ellipsi, &
circuli circumferentia ad inuicem inclinari, & coire, pérque commune sectionis centrum transire : quamobrem in parabola quamcunque rectam diametro æquidistantem, eiusdem parabolæ diametrum esse : in aliis tribus prædictis, quamcùnque rectam per sectionis centrum ductam, aut ei occurrentem, & intra sectionem per-
ductam, eiusdem etiam sectionis esse diametrum, vt ad prop. 27.
Myd. monet.

　. Porrò Vietex analysis praxis nostros Geometras eò perduxit, vt

iam oſtendant nullum eſſe problema quod non ſoluant; quale, verbi
causâ fuerit iſtud à Girardo des Argues propoſitum, & à viro illuſtri,
cuius nomine hi Conicorum libri gaudent, vt etiam à noſtro Geometra, & ab alijs ſolutum.

Datâ in plano ſectione coni, non circulo, datoque extra idem
planum puncto, per quod tranſiens recta linea infinitè producta circumducatur circa coni ſectionem datã, donec eò reſtituatur vnde
moueri cœpit; deſcribatque hoc motu ſuperficiem quandam. Quæritur an ſuperficies illa ſit conica, & vtrum planum eam ita ſecare
poſſit, vt ſectio ſit circuli circumferentia. Quòd ſi ita ſit, quæritur
ipſius plani ſecantis poſitio.

Operæ verò fuerit pretium, ſi quiſque propriâ manu diagrammata è cuiuſlibet propoſitionis regione pingat, præſertim verò ad
2. librum, in quo plurimæ propoſitiones capitalibus litteris ſigni-
ficant ad illarum intellectum requiri figuras.

Nota verò ſequentes conicorum libros ita conceptos & editos,
vt nullâ ratione Conicis Apollonianis egeant, ſoloſque ſex primos
Euclidis libros ſupponant: hinc ſit vt ab iſtorum poſſis incipere lectione, eóſque poſtea cum præcedentibus Apollonij comparare.

CLAVDII MYDORGII

PATRICII PARISINI,

CONICORVM,

.LIBER PRIMVS.

De Elementis Conicis, siue de Coni sectionum ortu & genera-
tione, ac propria cuiusque natura.

DEFINITIONES.

I. **S**VPERFICIES Conica dicitur, ea quàm ducta à
manente sublimi puncto per circuli circumferentiam in eodem non existentem plano recta linea interminata, & circa eandem circumferentiam circumducta donec ad idem eiusdem punctum redeat
à quo cœpit moueri, describit.

2. Vertex superficiei Conicæ dicitur, manens punctum à quo
educta recta linea superficiem conicam describit.

3. Axis superficiei conicæ dicitur, recta linea à vertice conicæ superficiei ad centrum circuli, circa cuius circumferentiam circumducta recta linea eandem superficiem descripsit perducta.

4. Conicæ superficies oppositæ, siue ad verticem existentes, dicuntur, quæ simul eadem recta linea vltra verticem producta, & circa eandem circuli circumferentiam circumducta describit. Ideóque
& communem verticem, & axes in directum habent.

5. Conus autem dicitur, solida figura contenta circulo, & conicâ
superficie à vertice ad eiusdem circuli circumferentiam interceptâ.

6. Vertex coni idem est qui & superficiei conicæ ipsum conum
continentis.

7. Basis coni dicitur, circulus ad cuius circumferentiam educta, &
circumducta recta linea superficiem conicam descripsit.

8. Axis coni dicitur idem, qui superficiei conicæ, conum continentis. Recta nempe à vertice coni ad centrum circuli, qui eiusdem
est basis, perducta.

9. Oppositi coni, siue ad verticem existentes, dicuntur, qui oppositis superficiebus conicis continentur, ideóque & verticem communem, & axes in directum habet.

10. Conus rectus dicitur, cuius axis ad rectos ipsius basi angulos insistit.

11. Conus scalenus dicitur, cuius axis non ad rectos ipsius basi angulos insistit. .

12. Coni sectionem cum Apollonio intelligimus, lineam in coni superficie, quæ est communis plani cuiuspiam conum diuidentis & eiuldem superficiei sectio interminata, aut vbique sibi ipsi continua. Ideóque & in eodem etiam plano existit.

13. Conicam lineam intelligimus, cuiuscunque coni sectionis portionem.

14. Rectas lineas in sectione, aut portione, ductas dicimus, quæ vtrinque in ipsa sectione, aut portione terminatur.

15. Diametrum cuiuscunque coni sectionis, aut portionis, dicimus, quamcunque rectam lineam intra sectionē ductam, quæ binas quascunque rectas lineas in ipsa sectione, aut portione ductas inuicem æquidistantes bifariam diuidit. Quæ & intercepta diameter etiam dicitur.

16. Ordinatam autem ad diametrum, siue ordinatim applicatam intelligimus, vnamquamque linearum in coni sectione, aut portione, ductarum ab eadem diametro bifariam sectarum, aut cuipiam bifariam sectæ æquidistantium.

17. Axem cuiuscunque coni sectionis, aut portionis dicimus, diametrum quæ ordinatim ad ipsam applicatas bifariam, & ad angulos rectos, diuidit. Qui & intra sectionem interceptus axis etiam dicetur.

18. Verticem coni sectionis, aut portionis, dicimus, terminum cuiuscunque diametri qui in ipsa est sectione, aut portione, dicetúrque in axe vertex supremus.

19. Parametrum coni sectionis dicimus, rectam lineam à cuiuslibet coni sectionis, aut portionis, vertice eductam ordinatim ad contiguam diametrum applicatis æquidistantem: cui comparantur, & secundum quam æstimantur, & possunt omnes quæcunque à coni sectione, aut portione, ad eandem diametrum ordinatim applicantur. Quæ & recta iuxta quam possunt ad diametrum à coni sectione, aut portione, ordinatim ductæ dicetur. Quæ, si ab axis termino sit educta, recta parameter: sin autem, parameter simpliciter dicetur.

PROPOSITIONES 59.

1: SI conus plano per verticem fecetur, fectio erit triangulũ, *idem-*
que contingit si per axem fecetur, cùm axis coni per eius verticem tran-
feat.

2. Si conus plano fecetur æquidistante bafi, erit facta in fuperficie coni fectio circuli circumferentia.

DEFINITIONES SECVNDÆ.

1. SVbcontrariam pofitionem dicimus, quando bina triangula
fimilia ad communem verticem angulum pofita bafes habent non parallelas. Ideoque & ipfa triangula dicentur fubcontrariè
pofita. Ideoque etiam bafes fubcontrariè inuicem pofitæ.

2. Subcontrariam coni fectionem dicimus, fiue conus fecetur duobus planis ad idem per axem triangulum rectis, & ab ipfo ad verticem
abfcindentibus bina triangula fimilia, fed fubcontrariè pofita, fiue
conus per axem iam fectus plano ad bafim recto, rurfus fecetur plano ad triangulum per axem recto, & ab ipfo ad verticem abfcinden-
te triangulum fimile, fed fubcontrariè pofitum.

PROPOSITIO III.

SI conus fcalenus plano fecetur fubcontrariè bafi, erit facta in fuperficie coni fectio circuli circumferentia.

DEFINITIONES TERTIÆ.

1. PArabolam dicimus, quamcunque coni fectionem, cuius diameter alterutri crurum trianguli per axem fecti coni æquidiftat.

2. Hyperbolam dicimus, quamcunque coni fectionem euius diameter producta alterutri crurum trianguli per axem fecti coni infra
verticem occurrit.

3. Ellipfim dicimus, quamcunque coni fectionem, cuius diameter
vtrique crurum trianguli per axem fecti coni infra verticem occurrit,
eiufdem bafi neque æquidiftans, neque fubcontrariè pofita.

4. Oppofitas fectiones dicimus, binas hyperbolas in oppofitis fuperficiebus ab vno eodémque plano non per verticem fectis factas.

5. Transuersam diametrum dicimus, rectam lineam quæ in hyperbola interceptæ cuilibet diametro in directū est posita, vel in ellipsi ipsa est intercepta diameter continuata, & vtrobique vtroque trianguli per axem secti coni crure intercipitur. Quæ & in oppositis sectionibus, vel ellipsi, veluti & in circuli circumferentia, cùm sit diameter, vtrinque etiam à sectione terminatur. Quæ si intercepto axi sit in directum, aut sit ipse axis continuatur, transuersus etiam axis dicetur.

6. Centrum coni sectionis dicimus, pūctum in quod diametri omnes concurrunt. Quodque transuersam quamcunque diametrum bifariam diuidit.

7. Figurás hyperbolarū, vel ellipsium, veluti & circuli circunferentia-rum, dicimus, parallelogramma sub earumdem sectionum transuersis diametris, & contiguis parametris contenta. Quarum illæ transuersa dicentur latera, hæ coefficientia.

8. Secundam diametrum dicimus, rectam lineam quæ in ellipsi, vel in oppositis sectionibus, veluti & in circuli circumferentia, ordinatim ad aliquam diametrum applicatis æquidistans per centrum ducta, & ab ipso bifariam secta, media proportionalis est inter latera figuræ ad eandem diametrum factæ.

9. Coniugatas diametros dicimus, binas rectas lineas in ellipsi, vel in oppositis sectionibus, veluti & in circuli circumferentia, per centrum ductas, quarū vtraque diameter est, & rectas lineas alteri æquidistantes vtrinque sectione terminatas bifariam diuidit. Quare si etiam ad angulos rectos, coniugati axes dicentur : & in ellipsi, etiam extremæ diametri.

10. Principalem coni sectionis diametrum, siue diametrum ex generatione, aut ex coni sectione, dicimus, rectam lineam quæ plani trianguli per axem secti cuiuslibet coni & plani secantis, ipsámque in superficie coni sectionem generantis, communis est sectio ipso cono facta. Vnde & ipsi respondens, siue contigua', parameter etiam principalis : & ex ipsis constantes figuræ etiam principales; & coniugatæ diametri principales.

11. Assumptas coni sectionum diametros, aut parametros, dicimus diametros omnes & parametros quæcūque ad principales primò positas, aut ad axes sectionum comparantur. Idcoque & assumptæ figuræ etiam, & assumpta eorundem latera, & assumptæ coniugatæ diametri nonnunquam occurrent.

12. Vmbilicum parabolæ dicimus, punctum in eiusdem axe intectionem signatum', à supremo vertice distans spatio quadrantis rectæ parametri.

13. Vmbilicos hyperbolarum & ellipsium dicimus, puncta inearumdem vniuscuiusque axe signata, ab vnoquoque transuersi axis termino distantia spatio rectæ, cuius quadrato rectangulum æquale quartæ parti figuræ, sub eodem axe transuerso & recta parametro factæ, ipso transuerso axi applicatum in hyperbola quidem excedit, &. in ellipsi deficit.

PROPOSITIONES.

4. SI conus plano per axem secetur, secetúrque & alter plano quod basim coni secet secundum rectam lineam quæ ad basin trianguli per axem sit perpendicularis:communis autem plani secantis,& trianguli per axem sectio sit alterutri crurum eiusdem trianguli æquidistans,erit facta in superficie coni sectio parabola: eiusque diameter communis·plani secantis & trianguli per axem sectio.

5. Si conus plano per axem secetur,secetúrque & altero plano quod basim coni secet secundum lineam rectam quæ sit ad basim trianguli per axem perpendicularis:communis autem placio secantis,& trianguli per axem sectio alterutri crurum eiusdem trianguli vltra verticé producto occurrat, erit facta in superficie coni sectio hyperbola, cuius erit diameter communis plani secantis & trianguli per axem. sectio.

6. Si conus plano per axem secetur,secetúrque & altero plano quod basim coni, aut eius planum productum,secet secundum rectam lineam quæ ad basim trianguli per axem, aut ad eam quæ ipsi in directum est, sit perpendicularis: communis autem plani secantis, & trianguli per axem sectio vtrique crurum eiusdem trianguli infra verticem occurrat, basi non æquidistans, neque subcontrariè posita: conusque, si opus est, produci intelligatur; erit facta in superficie coni sectio ellipsis, cuius erit diameter communis plani secantis & trianguli per axem sectio.

7. In omni parabola, si à sectione ad diametrum binæ rectæ lineæ sint ordinatim applicatæ,erunt quadrata ipsarum ad inuicem,vt contiguæ ab ipsis interceptæ ad verticem diametri portiones.

8. In omni hyperbola, vel ellipsi, vt &.in circuli circumferentia, si à sectione ad interceptam diametrum binæ rectæ lineæ ordinatim sint applicatæ;erunt quadrata ipsarum ad inuicem, vt rectangula sub contiguis diametri portionibus ab vtroque transuersæ termino sumptis ad inuicem.

Lemma.

Lemma I. 9. Si fit quadratum quodlibet, & rhombus quadrato æquilaterus, atque etiàm rectangulum quodcumque, & parallelogrāmum ipſi æquilaterum, rhombóque æquiangulum; vt quadratum ad rectangulum, ita erit rhombus ad parallelogrammum, & conuerſim.

10. In omni parabola, ſi à vertice ſectionis recta ſit ordinatim ad diametrum applicatis ducta æquidiſtans, quæ ſe habeat ad quamlibet interceptam eiuſdem diametri portionem, vt quadratum contiguæ ordinatim applicatæ ad eiuſdem interceptę diametri portionis quadratum, erunt ſingularum omnium ab eadem ſectione ad eandem diametrum ordinatam applicatarum quadratis, vel rhombis, æqualia ſingula rectangula, vel parallelogramma, eidem rectæ à vertice ductæ adiacentia, latitudinéſque aut latera habentia interceptas diametri portiones à vertice.

11. Si in coni ſectione diametet quampiam rectam lineam bifariam ſecet, & omnes ipſi æquidiſtantes in eadem ſectione ductas bifariam quoque ſecabit. *Bifariam autem ſectæ erit ad diametrum ordinatim applicata.*

12. Si conus plano per axem ſectus, rurſus alio plano ſecetur ſecundum lineam quæ ad baſim trianguli per axem ſit perpendicularis: & ſit formata in ſuperficie coni ſectio parabola: quæ erit ratio rectanguli ſub trianguli per axem cruribus ad baſis eiuſdem quadratum, eadem erit & rectæ vtroque ſectionis & coni vertice interceptæ ad contiguam ſectionis parametrum.

13. In omni hyperbola, vel ellipſi, veluti & in circuli circumferentia, ſi à vertice ſectionis recta ſit ordinatim ad diametrum applicatis ducta æquidiſtans, quæ ſe habeat ad tranſuerſam diametrum, vt cuiuſlibet ordinatim applicatæ quadratum ad rectangulum ſub contiguis diametri portionibus ab vtroque trāſuerſæ termino ſūptis, erūt ſingularum omniū ab eadē ſectione ad eādem diametrū ordinatim ductarū quadratis vel rhombis æqualia ſingula rectangula vel parallelogramma eidem rectæ à vertice ductæ adiacentia, latitudinéſque aut latera habentia interceptas à vertice diametri portiones, & in hyperbola quidem excedentia, in ellipſi autem, veluti & in circuli circumferentia, deficientia figuris ſimilibus ſimilitérque poſitis ei quæ à tranſuerſa diametro, & eadem recta à vertice ducta formatur. *Vide 2. Corollaria.*

15. Si conus plano per axem ſectus rurſus alio plano ſecetur ſecundum lineam quæ ad baſim trianguli per axem, aut ipſi æquidiſtātem, ſit perpendicularis: & ſit formata in ſuperficie coni ſectio hyperbola, ſiue ellipſis, cuius diametro parallela acta ſit à vertice coni ad baſim

V. u.

eiufdem, vbi opus, produĉtam : quæ erit ratio quadrati duĉtæ parallelæ ad reĉtangulum fub contiguis bafis partibus ab vtroqne eiufdem termino fumptis, eadem erit & tranfuerfæ feĉtionis diametri ad eiuf. dem contiguam parametrum.

15. Si circulum qui bafis eft coni reĉta contingat linea in eodem exi. ftens plano, & à vertice coni per contaĉtum reĉta agatur; planum per vtramque produĉtum fuperficiem coni continget : eritque contaĉtus in eadem lineaà vertice coni duĉta.

16. Si conus plano per axem feĉtus rurfus plano quod neque bafi æ- quidiftet, aut fubcontrariè fit, pofitum, neque per verticem tranfeat, fecetur fecundum lineam quæ ad bafim trianguli per axem, aut ipfi æquidiftantem, fit perpendicularis, faciátque in fuperficie feĉtionem quamcunque; & fumpto quolibet in faĉta feĉtione punĉto, per ipfum reĉta agatur, circuli, qui bafis eft coni, aut ipfi æquidiftat; circumfe- rentiam contingens, & in eodem exiftens plano, fiquidem duĉta cō- tingens bafi trianguli per axem æquidiftat: quæ à vertice trianguli ducetur contingenti æquidiftans produĉtæ feĉtionis diametro occur- ret in punĉto, à quo ad affumptum in eadem feĉtione punĉtum duĉta reĉta linea ipfam feĉtionem in eodem præaffumpto punĉto con- tinget.

17. Si à vertice cuiufcunque coni feĉtionis reĉta ducatur ordina- tim ad diametrum applicatis æquidiftans ; ipfa feĉtionem in eodem verticis punĉto continget. Quare cuiufcunque feĉtionis parameter feĉtionem in vertice contingit, cùm ordinatis æquidiftet.

18. Si parabolem reĉta contingat linea produĉtæ diametro occur- rens, & à taĉtu ad diametrum reĉta fit ordinatim applicata, erunt in- terceptæ vtrinque à vertice diametri portiones æquales.

19. Si hyperbolem, aut ellipfim, vt & circuli circumferentiam re- ĉta contingat produĉtæ diametro occurrens, & à contaĉtu ad diame- trum reĉta fit ordinatim applicata : erunt diametri portiones ab vtro- que tranfuerfæ termino ad contingentem fumptæ inuicem, vt eiuf- dem diametri portiones vtroque eodem refpondente termino & ordi- natim duĉta interceptæ inuicem.

20. Si in parabola à fumpto quolibet in feĉtione punĉto reĉta ad dia- metrum ordinatim fit applicata; & interceptæ diametri portioni à vertice æqualis in direĉtum apponatur, reĉta quæ à faĉto in produĉta diametro termino ad affumptum in feĉtione punĉtum ducetur ; fe- ĉtionem in eodem affumpto punĉto continget.

21. Si parabolem reĉta contingat produĉtæ diametro occurrens,

quæ à vertice ad ipfam recta ducetur ordinaris æquidiftans poterit
quadrato, vel rhombo fpatium æquale quadranti rectanguli, vel parallelogrammi, fub producta diametro, & contigua parametro.

21. Si in hyperbole, aut ellipfi, vt & in circuli circumferentia à
fumpto quolibet in fectione puncto recta ad diametrum ordinatim
fit applicata; & quæ fuerit diametri portionum applicata, & vtroque
tranfuerfæ termino interceptarum ratio inuicem, eadem fit eiufdem
diametri partium ab eodem vtroque refpondente termino ad punctum in ea fignatum fumptarum inuicem, recta quæ à fignato in diametro puncto ad affumptum in fectione punctum ducetur, fectionem
in eodem præaffumpto puncto continget.

23. Si hyperbolem, aut ellipfim, vt & circuli circumferentiam recta contingat cum diametro conueniens, & à tactu ad diametrum recta ordinetur: erit quadrato dimidiæ tranfuerfæ diametri æquale rectangulum fub interceptis ordinatim ducta & contingente diametri
portionibus à centro fumptis, vel fubinterceptis, tum ordinatim ducta, & contingente diametri portionibus.

24. Iifdem pofitis; erit, in dictis fectionibus, rectangulo fub diametri partibus vtroque tranfuerfæ termino & contingente interceptis æquale rectangulum fub eiufdem diametri partibus contingenti
contiguis à centro & ordinatim applicata fumptis.

25. Iifdem adhuc pofitis; erit, in dictis fectionibus, rectangulo
fub diametri partibus vtroque tranfuerfæ termino & ordinatim applicata interceptis æquale rectangulum fub eiufdem diametri partibus applicatæ contiguis à centro & contingente fumptis.

26. Si hyperbolem, aut ellipfim, veluti & circuli circumferentiam, recta contingat linea & ab vtroque tranfuerfæ diametri termino rectæ ordinatim applicatis æquidiftantes eidem occurrant:
quæ ex ipfis à contingente abfcindentur portiones, quadranti figuræ
ad diametrum factæ æquale continebunt rectangulum, aut parallelogrammum figuræ æquiangulum.

27. Si hyperbolem, aut ellipfim, velut & circuli circumferentiam,
recta contingat occurrens ei quæ per centrum fectionis ordinatim
applicatis ducetur æquidiftans, & à tactu recta diametro parallela eidem per centrum ductæ occurrat: erit quadranti figuræ ad diametrũ factæ æquale rectang. aut parallelogr. figuræ æquiangulum, fub interceptis per centrum ductæ partibus à diametro factis contentum. *Vide
monitum vtiliffimum ad fequentium propofitionum intellectum.*

28. Si parabolam recta contingat, quæ per tactum diametro, aut

axı, æquidiſtans intra ſectionem ducetur, rectas omnes in ſectione ductas contingenti æquidiſtantes bifariam ſecabit. *Vide Coroll.*

29. Si hyperbolem, vel ellipſim, vt & circuli circumferentiam recta contingat; quæ per tactum & centrum recta intra ſectionem ducetur, rectas omnes in eadem ſectione ductas contingenti æquidiſtantes bifariam ſecabit. *Vide Coroll.*

30. Si in parabola binæ quælibet rectæ à ſectione ad aſſumptam quamcunque rectam diametro, aut axi parallelam ducantur æquidiſtantes ei quæ ſectionem in eiuſdem aſſumptæ termino contingit, erunt æquidiſtantium quadrata inuicem, vt contiguæ eiuſdem aſſumptæ portiones, à contactu ad inuicem.

Iiſdem poſitis, ſi in contingente ſumatur recta quæ ſe habeat ad interceptam à contactu quamcunque rectæ diametro, aut axi, æquidiſtantis portionem, vt quadratum contiguæ contingenti æquidiſtantis à ſectione ductæ ad ipſius interceptæ quadratum: erunt ſingulis contingenti æquidiſtantium rhombis æqualia ſingula ipſis æquiangula parallelogramma eidem contingenti adiacentia, lateráque habentia interceptas à contactu contiguas æquidiſtantis diametro portiones. *Vide Coroll.*

32. Si in hyperbola, aut ellipſi, binæ quælibet rectæ à ſectione ad aſſumptam quamcunque rectam per centrum ductam agantur æquidiſtantes ei quæ ſectionem in communi aſſumptæ rectæ termino contingat: erunt æquidiſtantium quadrata inuicem, vt rectangula ſub contiguis eiuſdem aſſumptæ partibus à dicto termino, & ab altero æqualiter à centro diſtante ſumptis inuicem.

33. Iiſdem poſitis, ſi vt DI quadratum ad rectangulum ZIE, ita ſit ſumpta in contingente recta GE ad rectam EZ, erunt contingenti æquidiſtantium à ſectione ad aſſumptam rectam per centrum ductam applicatarum rhombis ſingulis æqualia ſingula æquiangula parallelogramma eidem contingenti adiacentia, lateráque habentia contiguas interceptas à contactu eiuſdem aſſumptæ portiones, & in hyperbola quidem excedentia, at in ellipſi deficientia figuris ſimilibus ſimiliterque poſitis ei quæ ab aſſumpta per centrum ducta & contingente formatur. *Vide Coroll.*

34. Si in ellipſi recta diametrum quampiam bifariam diuidens, eiuſque contiguæ parametro æquidiſtans ducatur vtrinque ſectione terminata; ſectionis erit diameter media inter præaſſumptas proportione. Et quæ in ipſius alterutro termino contiguæ ſectionis parameter ſumetur, in continua omnium erit proportione. *Vide Coroll.*

Lemma II. 35. Si communes binorum planorum se inuicem secantium cum aliquo plano sectiones æquidistantes fuerint inuicem; erit & ijsdem æquidistans communis amborum eorumdem planorum sectio.

36. Si circulum qui basis est coni recta contingat in eodem existens plano, & per tactum & coni verticem bina agantur plana, quorum alterum coni superficiem secet secundum lineam à tactu ad basis diametrum perpendicularem, alterum eandem contingat : & sit à quocumque alio secanti æquidistantes plano facta quæcumque in eiusdem coni superficie hyperbola; contingens planum productū eiusdem hyperbolæ diametro trāsuersæ occurret in sectionis centro.

37. Si circulum qui basis est coni recta cōtingat linea in eodem existens plano : & à tactu ad basis diametrum recta ducatur perpendicularis, per quam & coni verticem planum producatur : & à quolibet alio ipsi æquidistante plano sit' facta quæcumque in eiusdem coni superficie hyperbola : communisque æquidistantis plani & basis coni sectio ad rectam contingentem producatur, quæ à centro hyperbolæ per communem earundem occursum recta quantumcunque producitur linea cum sectione, etiam quantumlibet producta, non coincidet. Vocabiturque sectionis asymptotos.

38. Iisdem positis; quæ à vertice sectionis ad vtramlibet asymptoton recta ducetur linea communi plani secantis & basis coni sectioni æquidistans poterit quadrato, vel rhombo, spatium æquale quadranti figuræ sectionis ad transuersam diametrum factæ. *Vide Corollarium.*

39. Si in hyperbola ducta recta linea bifariam secetur, & vtrinque producta cum vtraque asymptoto conueniat; erit quadranti figuræ ad diametrum per bifariæ sectionis punctum ductam factæ æquale vnumquodque rectangulum, aut parallelogrammum figuræ æquiangulum, sub partibus sectæ vtrinque à sectione factis contentum. *Vide duo Coroll.*

40. Hyperbola & asymptoti propiùs semper ad seipsas accedent quo longiùs producentur, & ad interuallum tandem peruenient dato quolibet interuallo minus.

41. Si angulum asymptotis contentum quæpiam diuidat linea; producta interceptæ sectioni tandem occurret. *Vide Corollarium & Monitum.*

42. Si coni ad verticem existentes plano per axem secentur; erunt facta triangula ad verticem posita similia, & eorum bases æquidistantes inuicem. *Vide Coroll.*

43. Si coni ad verticem existentes plano secentur nonper verticem; erunt factæ in oppositis superficiebus oppositæ sectiones hyperbolæ, quarum communis erit transuersa diameter: & vnius parameter alterius parametro æqualis erit & æquidistans. *Vide duo Coroll.*

44. Si ellipsim, aut oppositas sectiones binæ rectæ contingant inuicem occurrentes; quæ ab occursu ad medium lineæ tactus coniungentis recta ducetur linea sectionum erit diameter, diametro, quæ rectæ tactus coniungenti æquidistat, coniugata. *Vide duo Coroll.*

45. Si oppositarum sectionum alteram recta contingat linea; quæ per centrum eidem æquidistans ducetur, sectionum communis erit diameter communi per tactum ductæ diametro coniugata.

46. Si oppositarum sectionum alteram recta contingat linea vtrinque asymptotis terminata; quæ eidem æqualis & æquidistans per centrum ducetur ab ipso bifariam secta, sectionum communis erit secunda diameter.

47. Si parabolem recta contingat linea cum axe producto conueniens; quæ à tactu ad sectionis vmbilicum recta ducetur, æqualis erit axis portioni vmbilico & recta sectionem in eodem præassumpto puncto contingente interceptæ. *Vide duo Coroll.*

48. In omni parabola, recta linea quæ ab vmbilico ad sectionem educetur ordinatim ad axem applicata, interceptæ axis portionis erit dupla. Et quæ ab eodem vmbilico ad sectionem aliter educetur, æqualis erit eidem axis portioni vertice & vmbilico interceptæ, vnà cum eiusdem axis portione inter verticem & ordinatim ab eductæ termino applicatam interceptæ.

49. Si hyperbolem, aut ellipsim, recta contingat linea, quæ à tactu ad vtrumque sectionis vmbilicum rectæ ducentur lineæ æquales ad contingentem angulos facient.

50. Si hyperbolem, aut ellipsim recta contingat linea: & ab vtroque vmbilico ad tactum binæ inclinentur lineæ; quæ à centro ad contingentem ducetur alteiutri æquidistans, dimidio transuersi axis æqualis erit.

51. Si in hyperbola aut ellipsi ab vtroque vmbilico ad idem sectionis punctum binæ inclinentur rectæ lineæ, in hyperbola maior minorem quantitate transuersi axis superabit: & in ellipsi erunt simul transuerso axi æquales.

52. Data coni sectione; eiusdem diametrum inuenire. *Vide Coroll.*

53. Data quacumque hyperbola, aut ellipsi; eiusdem centrum inuenire.

54. Data coni fectione, eiufdem axem inuenire:

55. Data quacumque coni fectione, & puncto non intra fectionem dato, ab eodé rectam lineã ducere quæ fectionē côtingat. *Vide Coroll.*

56. Data cuiufcumque coni fectionis diametro: contiguam eiuf-dem parametrum exhibere.

57. Datæ cuiufcumque hyperbolæ afymptotos inuenire.

58. Propofitarum coni fectionum vmbilicos inuenire.

59. Cuiufcumque in cono exhibitæ fectionis parametrum ex-hibere.

Primi Libri Finis.

LIBER SECVNDVS

DE GEOMETRICA CONICARVM

LINEARVM IN PLANO PER PVNCTA descriptione.

PROPOSITIO I.

SI fit quodlibet triangulum BAC, cuius bafis BC bifariam fecta fit in D: à quolibet autem ductæ, &, vbi opus, productæ A D pun-cto E facta EF parallela DC quæ occurrat AC in F, rectangulo CD, EF æquale fiat quadratum EG: dico punctum G effe in eadem parabola quæ per puncta B, A, C tranfit.

2. Si fit triangulum quodlibet BAC, cuius bafis BC fecta fit bifariam in D: ducta autem AD vtrunque fecta in E, à fumpto in ED, etiam quantolibet producta, quolibet puncto F, ducatur FG parallela DC quæ occurrat AC in G, fiatque rectangulo EFG æquale quadratum FH: dico punctum H effe in eadem recta hyper-bola, cuius fit vertex E.

3. Si fit triangulum quodlibet BAC, cuius bafis BC fecta fit bi-fariam in D: à quolibet autem in AD puncto E ducta EF parallela DC, quæ occurrat AC in F, rectangulo, DEF æquale pona-tur quadratum EG: dico puncta A, G, D, effe in eadem certa ellipfi.

4. Circa datam quamcunque diametrum & ordinatam, parabo

ram in plano per puncta quotlibet describere.

5. Circa datam quamcunque diametrum & ordinatam, hyperbolam specie notam per puncta in plano describere.

6. Circa datam diametrum & ordinatam, ellipsim specie notam per puncta in plano describere.

7. Si sit triangulum quodlibet B A C linea D E basi B C æquidistante sectum, quod rursus linea F G ad basim quomodocumque inclinata, siue etiam perpendiculari, parallelamque D E secante in H, diuidatur: rectæque F G à puncto sectionis F quomodocumque applicetur H I, cuius quadratum sit rectangulo D H E æquale: dico punctum I esse in coni sectione, cuius sit diameter G F, & vertex G.

8. Circa datum diametrum & basim, figuram parabola contentam in plano per puncta describere.

9. Circa datum diametrum & basim, figuram hyperbola specie nota contentam in plano per puncta describere.

10. Circa datam diametrum & basim figuram ellipsi specie nota contentam per puncta in plano describere.

11. Si sit triangulum quodcumque B A C cuius basis B C secta sit bifariam in D: ductæque A D æquidistans & æqualis ab alterutro B, aut C, termino ducatur C E: & sumpto in A D quolibet puncto F, ducatur ipsi B C parallela F G H secans A C in G, & occurrens E C in H: rectanguloque GFH æquale ponatur quadratum F I: dico puncta B, A, I, C, in eadem esse parabola.

12. Si sit triangulum quodcumque BAC cuius basis BC bifariam sit secta in D: iunctaque A D & producta versus A quantumlibet in E, ducatur E C: & sumpto in A D quolibet puncto F, ducatur F G parallela D C occurrens E C in H: rectanguloque GFH æquale ponatur quadratum F I: dico puncta B, A, I, C, in eadem esse hyperbola specie nota.

13. Si sit triangulum quodcumque B A C, cuius basis B C secta sit bifariam in D: ductaque AD & producta quantumlibet in E, iungatur EC, & producatur: sumptoque in AE quolibet alio puncto F, ducatur FG parallela DC, occurrens AC, vbi opus productæ, in G, & ipsi EC in H: rectanguloque G F H æquale ponatur quadratum F I: dico puncta B, A I, C E, esse in eadem ellipsi specie nota.

14. Circa datum quodcunque triangulum parabolam in plano per puncta describere.

15. Circa datum quodcunque triangulum hyperbolam specie notam
tam

tam in plano puncta defcribere.

16. Circa datum quodcunque triangulum ellipfim fpecie notam in plano per puncta defcribere. *Vide monitum.*

17. Si fit triangulum quodcunque. A B C rectangulum ad B : fectæque A C bifariam in D perpendicularis exitetur D E, cui à puncto C ducta C E ipfi A B parallela occurrat in E : feceturque A B bifariam in F : dico punctum E effe in eadem parabola cuius vertex fit E, & vmbilicus A.

18. Si fit triangulum quodcumque A B C non rectangulum ad C: factaque B G æquali B C, fecetur G A bifariam in H : & fectæ AC bifariam in E erigatur perpendicularis E F, quæ occurrat lateri BC in E, dico punctum F effe in hyperbola, aut ellipfi, cuius fint vmbilici A, B, & vertex H.

19. Datis, pofitione, paraboles vmbilico, & vertice; parabolem in eodem plano per puncta defcribere.

20. Datis, pofitione, hyperboles vmbilicis, & vertice, hyperbolem in eodem plano per puncta defcribere.

21. Datis, pofitione, ellipfeos vmbilicis, & alterutro vertice, ellipfim in eodem plano per puncta defcribere.

22 Si fit data quæcunque recta linea A B bifariam diuifa in F: & fumpto in F A, vel in ipfa producta, quolibet alio puncto I, excitetur perpendicularis I E eiufmodi, vt ducta A E fit æqualis B I: erit punctum E in eadem parabola cuius fit vmbilicus A, & vertex F.

23. Si fit data quæcunque recta linea A B fecta non bifariam in H: fitque A H minor quam H B, & ipfi æqualis ponatur H G: fumpto autem in H A, vel in ipfa producta, quolibet puncto E, defcriptum centro B, interuallo BE, circuli arcum E F fecet in F defcriptus centro A, interuallo E G, arcus: erit punctum F in eadem hyperbola cuius fint vmbilici A B, & vertex H.

24. Si fit data recta linea quæcunque A B producta in H: & ipfi A H æqualis in directum apponatur H G: fumptóque quolibet interuallo BE, maiori quidem quàm A H, minori verò quàm B H, defcribatur circuli arcus E F, quem centro A, interuallo E G, defcriptus arcus fecet in F: erit punctum E in eadem ellipfi cuius fint vmbilici A B, & vertex H.

25. Datis, pofitione, paraboles vmbilico, & vertice; parabolem per puncta quotlibet in eodem plano promptè defcribere.

26. Datis, pofitione, hyperboles vmbilicis, & vertice; hyperbolem in eodem plano per puncta quotlibet promptè defcribere.

27. Datis,positione, ellipseos vmbilicis, & vertice alterutro; ellipsim in eodem plano per puncta quotlibet describere.

28. Si fit triangulum quodcumque BAC, eiusque basis BC secta fit bifariam in D: atque in BD, aut DC, vel etiam in ipsis productis, sumatur quodcunque punctum E, à quo ductæ AD parallela educatur EF secans AB, aut AC, si opus est productas, in puncto G: & vt BD ad DE, ita fiat EG ad G-F: erit punctum F in eadem parabola quæ per puncta A,B,C, transit.

29. Circa datum quodcunque triangulum parabolam in plano per puncta describere.

30. Circa datum triangulum parabolam in eodem plano per puncta describere.

31. Parabolæ portionem per puncta quotlibet vlterius producere.

32. Data Parabolæ mutilæ hiatum per quotlibet intermedia puncta resarcire.

33. Si fit triangulum quodcunque BAC rectangulum ad B: & à quolibet in AB sumpto puncto D erigatur perpendicularis DE occurrens AC in E, atque à puncto A erigatur perpendicularis AF æqualis AD,& producatur in G, vt sit FG æqualis DE: sumptoque in DB, vel etiam in ipsa producta, quolibet puncto H, erigatur perpendicularis HI occurrens AC in I: & centro A, interuallo AH, descripta circumferentia parallelam ipsi AB à puncto F ductam secet in L: erigatúrque perpendicularis LM,quæ ponatur æqualis HI; erit punctum M in hyperbola, cuius vertex erit G, & dupla FG axis transuersu,sad quem recta parameter se habebit, vt AB quadratum ad BC quadratum.

34. Datis hyperboles axe transuerso, & eiusdem ad rectam parametrum ratione; hyperbolem per puncta quotlibet in plano delineare. Vide monit.

35. Si fit triangulum quodcunque ABC rectangulum ad B: sumptoque in AB producta quolibet puncto D, ponatur in BC,si opus est, producta, ipsi BD æqualis DE & iunctæ AE æqualis ponatur AF, cui perpendicularis sit FG occurrens productæ AC in G: & à puncto D erigatur perpendicularis DH æqualis FG; erit punctum H in hyperbola cuius sit dupla BC axis transuersus, ad quem se recta parameter habeat vt AB quadratum ad BC quadratum.

36. Datis hyperboles axe transuerso,& ratione eiusdem ad rectam parametrum; hyperbolem in plano per puncta quotlibet describere.

37. Si fit triangulum quodcunque *A B C* rectangulum ad *B* : & à quolibet in A C puncto D ducatur D E parallela *A B*, occurrensque *B C* in E : productaque *A B* in *F*, fiat *A F* aequalis *A C* ; erit punctum E in ellipfi, cuius dupla AF erit axis maior, minorque duplae A D aequalis.

38. Datis ellipfeos extremis diamettis ; eandem in plano per puncta quotlibet defcribere.

39. Iifdemmet datis, ellipfim defcribere.

40. Si fit triangulum quodcunque *A B C*, cuius bafis *B C* fecta fit bifariam in D : ductaeque A D aequidiftans ab alterutro bafis termino, vt C, educatur CE occurrens productae *B A* in E : fumptoque in DC, vel etiam in ipfa producta quolibet puncto F, vt DC ad C F, ita fiat EC ad CG : iunctaeque *B G*, productae vbi opus, occurrat in H ducta à puncto F ipfi AD aequidiftans F H ; erit punctum H in eadem parabola quae per puncta *B*, *A*, *C* tranfit.

41. Circa datum quodcunque triangulum parabolam per puncta defcribere.

42. Datae parabolae mutilae defectum per intermedia puncta refarcire.

43. Parabolae portionem defcriptam vlterius per puncta producere.

44. Si fit triangulum quotcunque *A B C* : productifque *A B*, *A C* quantumlibet fumatur in *A B* producta punctum quodlibet D, per quod agatur D E parallela *B C* : fumaturque in D E recta *D F*, cuius quadrato plus poffit D E quàm *B C* : erit punctum F in hyperbola, cuius fit vertex B, & dupla *A B* tranfuerfa diameter ad contiguam parametrum fe habens vt *A B* quadratum ad *B C* quadratum.

45. Datis hyperboles tranfuerfa diametro ; & eiufdem ratione ad contiguam parametrum, in dato angulo ; hyperbolem in plano per puncta quotlibet defcribere. *Vide Monitum.*

46. Datis, pofitione hyperboles afymptotis, & puncto in fectione, circa afymptotos hyperbolem per puncta defcribere.

47. Datis pofitione, afymptotis, & puncto in fectione ; hyperbolem per puncta defcribere.

48. Si fint binae quaelibet inaequales rectae lineae *A B* maior, CD minor, bifariam fe fe & ad rectos in E fecantes angulos, in quas cadat recta *F G* aequalis dimidiae inter vtramque differentiae, quae producta in H faciat *F H* aequalem A E, erit punctum H in eadem ellipfi quae per puncta *B*, *C*, *A*, *D* tranfit.

49. Datis ellipseos extremis diametris; ellipsim per puncta quotlibet in plano describere.

50. Si sit recta quæpiam linea *A B* vtcunque secta in *C* : & eductæ
quomodocunque *G D* quadratum fiat rectangulo *A C B* æquale;erit
punctum D in parabola, cuius erit A vertex, A C diameter, & C B
ea iuxta quam poterunt à sectione ad A C diametrum ordinatim ductæ, siue sectionis parameter.

51. Datis, positione, diametro, & contigua parametro, paraboles
portionem per puncta quotlibet in plano describere.

52. Si sit triangulum quodcunque A B C : & à quolibet angulo A
opposito·B C lateri parallela agatur quæcunque A D : sumptoque in
A B, etiam quantolibet producta, quolibet puncto E, ducatur eidem
B C parallela E F, quæ secet A C in G, & possit quadrato bina A D,
E G quadrata : erit punctum F in hyperbola cuius vertex erit D, &
dupla A D transuersa diameter, ad quem se habeat contigua parameter vt A B quadratum ad B C quadratum.

53. Datis hyperboles transuersa diametro, & ratione eiusdem ad
contiguam parametrum, in angulo dato hyperbolem per puncta quotlibet in plano describere.

54. Datis, positione, asymptotis, & puncto in sectione, hyperbolem per puncta quotlibet in plano describere.

55. Si sit triangulum quodcunque A B C, cuius latus AB bifariam
sectum sit in D. iunctæque CD æquidistans & æqualis à quolibet in
A D, aut DB, puncto E ducatur E F secans C B, aut eidem occurrens,
in G : & quadratorum E F, F G differentiæ æquale sumatur quadratum E H : si quidem ACB angulus est rectus, erit punctum H in circuli circumferentia, cuius erit diameter A B: sin autem, erit idem punctum H in ellipsi quæ per puncta A, C, B transit, cuiusque transuersa erit diameter *A B*.

56. Circa positione datas diametrum & vnam ex ordinatim ad ipsam ductis ellipsim per puncta quotlibet describere.

57. Si sit triangulum quodcunque ACB, cuius basis secta sit bifariam in D: ductaque AD ducatur AE æquidistans & æqualis DC, &
in quotlibet partes æquales diuidatur : perque numerum quadrato-
numeri partium in AE factarum æqualem diuidatur A D : sumpta
autem A F quotlibet partium ex AE, sumatur in A D, recta AG quadrato partium A F respondens : ductæque F H æquidistanti AD occurrat in H ducta GH æquidistans AE, erit punctum H in parabola
quæ per B, A, C transit.

58. Circa positione datas diametrum & basim, figuram parabola contentam per puncta quotlibet in plano describere.

59. Paraboles mutilæ hiatum per puncta quotlibet inter media resarcire.

60. Parabolæ portionem vlterius per puncta quotlibet producere.

61. Si sit recta linea A B bifariam diuisa in C : eductaque quomodocunque recta C D, diuidatur vtraque A C, C B in quotlibet partes æquales: sumptáque A E earumdem quotlibet, educatur E F æquidistans C D : & qualium C D æstimabitur numero quadrato partium in A C, aut C B, factarum, Earumdem sumatur prò recta E F numerus planus sub partibus A E, E B factus ; erit punctum F in eadem parabola, quæ per A, D, B puncta transit.

62. Circa positione datas diametrum & basim, portionem parabola contentam per puncta quotlibet describere. *Vide Monitum*.

63. Si sit triangulum quodcunque A B C, in cuius alterutro latere, vt B C, bifariam secto in D bina E & F puncta æqualiter à media D sectione remota sumantur, erit vtrumque E & F punctum in eadem hyperbola specie data.

64. Datis, positione, asymptotis, & puncto in sectione; hyperbolem per quotlibet alia puncta describere.

65. Si sit triangulum quodcunque A B C : & in producto vtrolibet eiusdem latere, vt A B; sumatur punctum quodlibet D, à quo ipsi B G parallela agatur D E : sit autem rectangulo A B C æquale rectangulum A D E : erunt puncta E, C in eadem hyperbola specie data.

66. Datis hyperboles transuersa diametro, & eiusdem ad contiguam in dato angulo parametrum ratione, hyperbolem per puncta in plano describere.

67. Datis, positione, asymptotis, & puncto in sectione: hyperbolem per puncta in eodem plano describere. *Vide Monitum*.

68. Si sit data quæcunque coni sectio A E cuius diameter sit A B, & vertex A : producta autem B quantumlibet in G, & sumpto in A B puncto quolibet C, educatur quomodocunque recta C D sectioni occurrens in E, faciensque rationem C E ad C D eandem ei quæ est C A ad C G : dico punctum D fore in eiusdem nominis sectione cuius sit vertex G, & diameter G B. *Vide Monitum*.

69. Data quacunque in plano coni sectione, quotlibet alias eiusdem nominis sectiones in eodem plano per puncta exhibere. *Vide Monitum*.

Secundi libri finis.

LIBER TERTIVS,

DE EIVSDEM NOMINIS CONI SECTIO-NVM INVICEM COMPARATIONE. PRIOR.

fiue,

DE IISDEM CONI-SECTIONIBVS.

DEFINITIONES.

1. ſIMILES Coni-ſectionum diametros dicimus, cum vnius anguli ab ordinatim ad ipſam ductis facti, æquales ſunt alterius anguli qui ab ordinatim ad ipſam ductis fiunt.

2. Coni-ſectionem Coni-ſectioni aptè ſuperponi dicimus, cum binæ quælibet ipſarum ſimiles diametri ita ſuperponuntur & conueniunt, vt vertices congruant inuicem.

3. Eaſdem Coni-ſectiones dicimus, quæ congruunt omnino & conueniunt altera alteri aptè ſuperpoſita.

4. Similes conos dicimus, quorum per axem ſectorum ad rectos baſi angulos triangula ſunt ſimilia.

5. Diſſimiles dicimus, aut ſpecie differentes, conos, quorum triangula per axem ad baſim recta non ſunt ſimilia.

PROPOSITIO I.

ſI ſint binæ parabolæ; veluti & binæ circulorum circumferentiæ, circa communem diametrum poſitæ, quas in communi vertice eadem recta contingat linea: & non ſit altera alteri eadem; non erit illarum aliud inſuper commune punctum.

2. Si ſint binæ hyperbolæ; aut binæ ellipſes; non eædem inuicem, quas circa communem diametrum poſitas in communi vertice eadem recta contingat linea: & altera alteri occurrat; erunt illarum

bina occursus puncta : sed in nullo alio communi puncto rursus conuenient.

3. Coni sectio sectioni vel circuli, circumferentiæ non conueniet, ita, vt pars tantum altera eadem sit. *Vide Coroll.*

4. Si binæ parabolæ, vel binæ hyperbolæ, aut binæ ellipses, veluti & binæ circulorum circumferentiæ, circa communem diametrum positæ, & eandem rectam lineam communi vertice contingentes, innicem rursus conueniant · parabolæ quidem, veluti & circulorum circumferentiæ, in vno præter verticem communi puncto : at hyperbolæ, vel ellipses, etiam in tribus; erit altera alteri parabola, vel hyperbola, aut ellipsis, veluti & circuli circumferentia, eadem.

5. Si sint binæ parabolæ, veluti & binæ circulorum circumferentiæ, & vtrobique à sectione ad diametrum, recta ordinatim ducta, fuerint tam ductæ vtriusque quam interceptæ ab ipsis diametrorum portiones ad verticem æquales : atque in binis parabolis æqualis etiam vtrobique angulus applicata, & diametro contentus; erit altera alteri parabola, vt & circuli circumferentia, eadem.

6. Si sint binæ hyperbolæ, vel binæ ellipses : & binis vtrobique rectis à sectione ad diametrum ordinatim applicatis, fuerint vnius applicatæ, & interceptæ ab ipsis diametri portiones ad verticem, alterius applicatis & interceptis, singulæ singulis, æquales, & sub æqualibus etiam vtrobique angulis coniunctæ; erit altera alteri hyperbola, vel ellipsis, eadem.

7. Si binæ hyperbolæ, vel binæ ellipses, æquales habeant diametros transuersas, & vtrobique à sectione easdem recta ordinatim applicata, fuerint tam applicatæ inuicem, quam interceptæ ab ipsis diametrorum portiones ad verticem etiam inuicem æquales : atque æqualis angulus vtrobique applicata & diametro contentus; erit altera alteri hyperbola, aut ellipsis, eadem.

8. Si binæ Parabola, vt & binæ circulorum circumferentiæ, parametros æquales habeant, & in æqualibus angulis ad contiguas diametros applicatas; erit altera alteri parabola, vt & circuli circumferentia, eadem. *Vide Coroll.*

9. Si binæ hyperbolæ, vel binæ ellipses, æquales habeant diametros transuersas, & ad ipsas in æqualibus vtrobique angulis applicatas parametros etiam æquales, erit altera alteri hyperbola, siue ellipsis, eadem.

10. Si binæ Coni fectiones eædem fint inuicem ; quæ fub æqualibus vtrobique angulis applicabuntur Parametri , æquales erunt inuicem, & tranfuerfæ item diametri inuicem.

11. Si propofiti cuiuflibet trianguli internum verticis angulum, aut producto alterutro vltra verticem crure, externum binæ rectę fubtendant, itavt ad communem verticalem angulum bina conftituant fimilia triangula : & rectis eiufmodi communi angulo fubtenfis parallelæ à trianguli vertice ad bafim cadant; erunt fub interceptis fectæ, aut productæ bafis partibus à dictis parallelis facta rectangula inuicem, vt parallelarum quadrata inuicem.

12. Si Conus iam plano per axem fectus ad rectos bafi angulos, rurfus fecetur duobus planis ad triangulum per axem rectis, formantibúfque in fuperficie binas hyperbolas, quarum productæ diametri conftituant ad externum eiufdem per axem trianguli verticalem angulum bina triangula fimilia & æqualia ; erit factarum huiufmodi binarum hyperbolarum altera alteri eadem. *Vide Coroll.& Monitum.*

13. Si Conus iam plano fectus per axem ad rectos bafi angulos, rurfus fecetur duobus planis ad triangulum per axem rectis, formantibúfque in fuperficiei binas Ellipfes, quarum tranfuerfæ diametri conftituant ad internum eiufdem per axem trianguli verticalem angulu bina triangula fimilia , & æqualia , erit factarum huiufmodi binarum ellipfium altera alteri, eadem. *Vide Coroll.*

14. Si oppofiti Coni plano fecentur non per verticem ; erit factarum in vtraque fuperficie oppofitarum hyperbolarum altera alteri eadem.

15. Si propofiti cuiuflibet triaguli bafis bis fecta, aut vtrinque producta, eadem fit vtrobique quadrati rectæ à vertice ductæ ratio ad triangulum fub conterminis fectæ aut productæ bafis partibus, erunt ad verticem fiue internè vtrinque refecti, fiue externè additi vtrinque anguli inuicem æquales.

16. Si Conus plano iam fectus per axem ad rectos bafi angulos, rurfus duobus planis fecetur ad triangulum per axem rectis, formantibúfque in fuperficie Coni binas eafdem inuicem fiue hyperbolas, fine ellipfes, erunt factarum huiufmodi fectionum tranfuerfæ diametri ad angulum verticis eiufdem trianguli, fiue externum , fiue internum, fubcontrariè inuicem pofitę. *Vide Coroll.*

17. Si Conus iam plano per axem fectus ad rectos bafi angulos, fecetur rurfus alio plano ad triangulum per axem recto, formante in fuperficie fectionem quæ fit hyperbola vel ellipfis : diameter autem e-

ctionis

ctionis bisecanti angulum verticis eiusdem trianguli non sit æquidistans, neque perpendicularis, erit facta in superficie sectioni altera in eadem superficie sectio eadem & subcontrarie posita.

18. Si Conus iam plano sectus per axe ad rectos basi angulos, rursus secetur alio plano ad triangulum per axem recto, formante in superficie sectionem quæ sit hyperbole: diameter autem sectionis bisecanti angulum verticis eiusdem trianguli sit æquidistans; erit facta eiusmodi hyperbola singularis sectio: nec alteri hyperbolæ in eadem superficie subcontrarie erit posita. *Vide Coroll.*

19. Cuicunque in cuiuslibet Conirecti superficie sectæ ellipsi, altera in eadem superficie ellipsis eadem est, & subcontrarie posita.

20. Si Conus scalenus plano iam sectus per axe ad rectos basi angulos, rursus secetur plano ad triangulum per axem recto, formante in superficie sectionem quæ sit ellipsis: diameter autem sectionis bisecanti angulum verticis eiusdem trianguli sit perpendicularis; erit facta huiusmodi ellipsis singularis sectio: nec alteri in eadem superficie subcontrarie erit posita. *Vide duo Coroll.*

21. Si Conus binis æquidistantibus planis ad easdem verticis partes secetur, non erit factarum in superficie binarum sectionum altera alteri eadem. *Vide Corollarium.*

22. Si sint bina triangula isoscelia, quorum bases sint in eade ratione sectæ & vtrobique à sectionis puncto ad crus alterutrum recta alteri ducta parallelâ, eadem sit vtrobique rectanguli sub basis partibus ad quadratum parallelæ ratio, erit alterum alteri triangulum simile.

23. Si sint bina triangula isoscelia, quorum bases sint ita sectæ, vt ducta vtrobique à sectionis puncto ad crus alterutrum alteri parallela, eadem sit vtrobique ratio rectanguli sub basis partibus ad quadratum parallelæ: non sit autem basis partium similiter sumptarum inuicem eadem vtrobique ratio; non erit alterum alteri triangulu simile.

24. Si sint bina triangula isoscelia, quorum bases sint similiter sectæ, aut productæ: & sit vtrobique eadem ratio rectanguli sub segmentis basis, aut sub base producta & eius exteriori parte, ad quadratum ductæ à vertice ad sectionis punctum, aut productæ terminum; erit alterum alteri triangulum simile.

25. Si sint bina triangula Isoscelia, quorum bases sint aut vtraque secta, aut vtraque producta, ira vt sit eadem vtrobique rectanguli sub segmentis basis, aut sub base producta & eius exteriori parte, ad quadratum ductæ à vertice ad sectionis punctum, aut productæ terminum ratio: non sit autem eadem vtrobique basis partium inuicem ratio;

non erit alterum alteri triangulum simile.

26. Cuilibet cuiufcunque Coni fectioni alterius cuiufpiam diffimilis coni fectio aliqua eadem eft. *Vide Coroll.*

27. Si à vertice cuiufcunque trianguli rectæ lineæ quotlibet ad bafim ducantur ; minor erit ratio quadrati eius quæ angulum bifariam diuidet ad rectangulum fub fegmentis bafis ab ipfa factis, quàm quadrati cuiufuis aliæ ad rectangulum fub fibi conterminis bafis fegmentis.

28 Non cuilibet cuiufcunque Coni hyperbolæ, alterius cuiuflibet coni hyperbola aliqua eadem eft. *Vide Coroll.*

29. Datam rectam bifariam fectam iterum fecare, vt rectangulum fub inæqualibus totius fegmentis ad quadratum inter fegmenti datam teneat rationem.

30. Data hyperbola ; conum exhibere cuius fit fectio fingularis.

31. Data hyperbola ; conum exhibere cuius fit è binis iifdem & fub contrarijs fectionibus vna.

32. Si recta linea AB, & ad ipfam perpendicularis *C D*: fitque maior C D ad C B ratio, quàm A C ad C D; iunctis A D, B D, dico angulum A D B effe acutum. *Vide Coroll. & Monitum.*

33. Si Conus plano fecetur quod vtrique crurū trianguli per axem infra eiufdem verticem occurrat, bafi neque æquidiftans, neque fubcontrariè pofitum, fectio circuli circumferentia non erit. *Vide duo Corollaria.*

34. Data ellipfi ; Conum exhibere cuius fit fectio fingularis.

35. Data ellipfi ; Conum exhibere cuius fit è binis ijfdem & fubcontrariis fectionibus vna,

36. A vertice Trianguli cuiuflibet ad eiufdem bafim ducere rectam cuius quadratum ad rectangulum fub fegmentis bafis ab ipfa factis contentum datam teneat rationem.

37. A dati cuiuflibet trianguli vertice ad bafim productam ducere rectam cuius quadratum ad rectangulum fub bafe producta, & eius exteriori parte comprehenfum datam teneat rationem.

38. Si à vertice cuiufcunque trianguli ad bafim productam recta agatur quæ poffit rectangulum fub conterminis bafi partibus contentum ; fiet exterior verticalis angulus interiori oppofito ab bafim æqualis : at verò fi rectæ à vertice ductæ quadratum prædicto rectangulo fit maius ; erit verticalis exterior angulus oppofito ab bafim interno angulo minor : & recta cuius quadratum minus erit maiorem femper externum verticalem conftituet angulum. *Vide duo Corollaria.*

39. Dato cono; exhibere in eius superficie parabolem datæ eandem.

40. Dato cono, exhibere in eius superficie hyperbolam datæ eandem.

41. Dato cono, exhibere in eius superficie datæ ellipsi eandem.

42. Dato cono, exhibere in eius superficie datæ circuli circumferentiæ eandem circumferentiam.

43. Si recta linea parabolem altero contingens termino, altero cum axe conueniens, bifariam secetur, quæ per sectionis punctum ipsi perpendicularis ducetur, paraboles vmbilico occurret.

44. Si parabolem recta contingat linea, quæ per sectionis vmbilicum eidem ducetur æquidistans, abscindet à diametro per contactum ducta rectam intra sectionem æqualem quadranti contiguæ parametri.

45. Datis, positione, duabus rectis lineis in dato quocunque angulo inuicem iunctis, quarum altera sit terminata, conum exhibere, & in eius superficie sectionem quæ sit parabole, cuius datarum altera sit diameter, altera terminata parameter, & vertex connexionis punctum, cuiusque ordinatæ ad eandem diametrum in eodem dato angulo applicentur.

46. Datis positione duabus rectis lineis in dato angulo non recto inuicem iunctis, quarum altera sit terminata, in eadem producta punctum inuenire, à quo ad circumferentiam semicirculi super ipsa descripti recta ducatur linea, alteri datarum parallela, cuius quadratum ad rectangulum sub productæ partibus puncto inuento & eodem circumferentia interceptis datam teneat rationem.

47. Si angulum ab hyperboles asymptotis contentum recta quæpiam subtendens linea bifariam secetur, ordinatim ad diametrum per bifariæ sectionis punctum ductam applicatis erit æquidistans.

48. Datis positione duabus rectis lineis terminatis in dato quocunque angulo inuicem iunctis, quarum altera sit vltra connexionê producta, Conum exhibere, & in eius superficie sectionem quæ sit hyperbole, cuius datæ primùm lineæ sint altera transuersa diameter, altera terminata parameter, & vertex connexionis punctum, atque producta diameter ad quam ordinatæ in eodem dato angulo applicentur.

49. Datis positione duabus rectis lineis in dato quocunque angulo non recto inuicem iunctis, quarum altera terminata circuli sit diameter, inuenire in eiusdem circuli circumferentia punctum à quo ad

eandem diametrum actu recta ducatur alteri datarum parallela, cuius quadratum ad rectangulum sub diametri partibus ab ipsa factis datam teneat rationem.

50. Datis positione duabus rectis lineis terminatis in dato quocunque angulo inuicem iunctis: conum exhibere, & in eius superficie sectionem quæ sit ellipsis, cuius vertex sit punctum ad angulum, & datarum linearum altera parameter, altera contigua transuersa diameter, ad quam ordinatæ in eodem dato angulo applicentur. *Vide Monitum.*

51. Dato cono: datisque positione duabus rectis lineis in dato angulo inuicem coniunctis quarum altera sit terminata : exhibere conum dato similem, & in eius superficie parabolam, cuius datarum altera sit diameter, altera terminata parameter, & vertex punctum quod est ad angulum, itavt ordinatæ ad eandem diametrum in eodem dato angulo applicentur.

52. Dato cono datisque positione duabus rectis lineis terminatis in dato quocunque angulo inuicem iunctis, quarum altera sit ad partes anguli producta, exhibere conum dato similem, & in eius superficie hyperbolam cuius datæ primum lineæ sint altera transuersa diameter, altera contigua parameter, vertexque punctum quod est ad angulum, & producta diameter ad quam ordinatæ in eodem dato angulo applicentur.

53. Dato cono : datisque positione duabus rectis lineis terminatis in dato quocunque angulo inuicem iunctis : exhibere conum dato similem, & in eius superficie ellipsim cuius vertex sit punctum ad angulum, & datarum linearum altera parameter, altera transuersa diameter contigua, ad quam ordinatæ in dato eodem angulo applicentur.

54. Si binæ parabolæ æquales habeant axis portiones vertice & vmbilico interceptas, erit altera alteri eadem.

55. Si in binis parabolis vtrobique recta à sectione ad vmbilicum inclinentur sub æqualibus cum axe angulis, & ad easdem sectionis partes : sitque vnius inclinata alteri inclinatæ æqualis, erit altera alteri parabola eadem.

56. Si binæ hyperbolæ æqualibus asymptoton angulis contineantur : & recta à centro vnius ad sectionem ducta æqualis sit rectæ à centro alterius ad sectionem ductæ asymptoton angulum similiter diuidenti, erit altera alteri hyperbola eadem. *Vide Monitum.*

57. In omni parabola, cuicunque diametro contigua parameter

rectam parametrum superat quadrupla axis portione intercepta eiusdem vertice & ordinatim ab assumptæ diametri vertice applicata.

.58. In omni parabola, binarum inæqualium parametrorum maior semper remotiori ab axe diametro contigua est, minoremque superat quadrupla propioris diametri portione intercepta eiusdem vertice & perpendiculari ad ipsam à remotioris vertice ducta. *Vide Coroll.*

59. Si sint binæ parabolæ, & vtrobique recta sectionem contingat æqualis ei iuxta quam possunt à sectione ad diametrum per contactum ductam ordinatim applicatæ: sintque tam contingentes inuicem, quam anguli ab ipsis cum contiguis diametris facti etiam innuicem inæquales: quadranti autem excessus quo maior contingens minorem superat æquali sumptâ diametri minori contingenti contiguæ portione à vertice, indidem educta perpendicularis sectioni occurrat in puncto à quo ducta contingens cum contigua diametro æqualem faciat angulum ei qui in altera sectione à diametro, & contingente continetur; erit altera alteri parabola eadem.

60. In omni hyperbola, aut ellipsi, si ad expositam quamcunque diametrum à supremo vertice recta ordinatim applicetur, à cuius termino vsque ad axem eidem diametro perpendicularis excitetur; quæ erit ratio rectanguli sub eiusdem diametri partibus vtroque transuersæ termino & ordinatim ductâ interceptis ad eductæ perpendicularis quadratum, eadem erit & transuersi axis ad rectam sectionis parametrum.

61. Si sint binæ hyperbolæ, aut binæ ellipses, & vtrobique rectâ à supremo vertice ad expositam quamcunque diametrum ordinatim ductâ, eadem sit vtrobique ratio rectanguli sub diametri partibus vtroque transuersæ termino & applicatâ interceptis ad contiguæ vsque ad axem eductæ eidem diametro perpendicularis quadratum: sitque etiam recta huius parameter alterius rectæ parametro æqualis; erit altera alteri hyperbola, aut ellipsis, eadem.

62. In omni parabola, si ab eodem sectionis puncto ad quamlibet diametrum binæ rectæ quomodocunque inclinentur; vt erunt ipsarum quadrata inuicem, ita erunt diametrorum quæ ipsis æquidistantes bifariam diuidunt contiguæ parametri inuicem.

53. Si sint binæ parabolæ, & vtrobique ad expositam quamcunque diametrum recta ducatur ordinatim applicata: atque ab alterutrius ductæ puncto quolibet ad diametrum recta ducatur æqualem

faciens angulum ei qui in altera fectione ducta, & diametro continetur: sit autem quadratum rectæ ordinatim applicatæ ad quadratum conterminæ ductæ, vt contigua eidem diametro parameter ad contiguam alteri diametro parametrum; erit altera alteri parabola eadem.

64. Si sint binæ parabolæ, & vtrobique à sectione ad expositam quamcunque diametrum recta sit ordinatim applicata, itavt sint interceptæ diametrorum portiones à vertice æquales inuicem: & ab vtruslibet applicatæ termino in sectione recta alteri æqualis ad diametrum aptata æqualem faciat angulum ei qui in altera sectione ordinatim ducta & diametro continetur : erit altera alteri parabola eadem.

65. In omni hyperbola aut ellipsi, si ab axis puncto quolibet ad expositam quamcumque diametrum binæ rectæ ducantur, altera ordinatim applicata, altera axi perpendicularis: atque ab ordinatim applicatæ termino recta ad axem educatur eidem diametro perpendicularis; quæ erit ratio rectanguli sub diametri partibus ordinatim applicatæ contiguis à centro, & perpendiculari ab axe educta sumptis ad conterminæ perpendicularis quadratum, eadem erit & transuersi sectionis axis ad rectam parametrum.

66. Si sint binæ hyperbolæ, aut binæ ellipses, æquales habentes rectas parametros, & vtrobique à quolibet in axe puncto ad assumptam quamcumque diametrum binæ rectæ agantur, altera ad eamdem ordinatim applicata, altera axi perpendicularis: atque etiam vtrobique ordinatim applicatæ contermina ad axem educatur assumptæ diametro perpendicularis: sit autem eadem rectanguli sub vnius diametri partibus ordinatim applicatæ contiguis à centro & perpendiculari ab axe educta sumptis ad conterminæ perpendicularis quadratum ratio, quæ rectanguli sub alterius diametri partibus, similiter sumptis ad conterminæ eductæ perpendicularis quadratum; erit altera alteri hyperbola, vel ellipsis eadem.

67. Data coni sectione, inuenire eiusdem diametrum ad quam ordinatim ductæ in dato angulo applicentur.

68. Si binarum parabolarum parametri sint inuicem æquales, non sint autem sub æqualibus vtrobique angulis ad contiguas diametros applicatæ ; non erit altera alteri parabola eadem,

69. Si binæ hyperbolæ, vel binæ ellipses, transuersas diametros inuicem æquales habeant, & contiguas parametros etiam inuicem æquales: non sint autem æquales anguli qui vtrobique transuersa

diametro & contigua parametro continentur; non erit altera alteri
hyperbola, aut ellipsis, eadem.

70. Si bina plana se inuicem non ad rectos secent angulos; quæ
ab aliquo in eorum alterutro puncto ad communem amborum sectionem recta ducetur linea, cum contermina recta in altero plano,
educta ad eandem communem sectionem perpendiculari rectos non
constituit angulos.

71. Iisdem manentibus, si ab eodem præassumpto puncto ad eandem communem planorum sectionem plures rectæ agantur; quæ
ipsarum maior erit, maiorem cum contermina in altero plano ducta
perpendiculari efficiet angulum: & binæ inuicem æquales, æquales
constituent angulos.

72. Si conus Scalenus plano sectus per axem non ad rectos basi
angulos, rursus secetur duobus non æquidistantibus planis forman-
tibus in superficie binas parabolas: sintque communes cum base
coni sectiones ad basim trianguli per axem perpendiculares: atque
etiam rectæ vtriusque sectionis & eiusdem trianguli vertice interceptæ æquales inuicem; si quidem triangulum isosceles est, erit binarum eiusmodi parabolarum altera alteri eadem: at si Scalenum
est, non erit altera alteri sectio eadem.

73. Si conus scalenus plano per axem sectus non ad rectos basi
angulos rursus duobus planis secetur quæ faciant communes cum
base, aut ipsi æquidistante plano, sectiones ad trianguli per axem
facti basim, aut ad ipsi æquidistantem, perpendiculares: & transuersæ sectionum in superficie factarum diametri æquales sint, & subcontrarie inuicem positæ, siue ad externum verticalem trianguli per
axem angulum, si sint hyperbolæ, siue ad internum, si sint ellipses,
si quidem triangulum per axem isosceles est, erit factarum eiusmodi
binarum hyperbolarum, aut ellipsium, altera alteri eadem: at si
triangulum per axem isosceles non est, neque dictarum sectionum
altera alteri eadem erit. *Vide Monitum.*

74. Si conus scalenus plano per axem quomodocunque sectus
rursus secetur secundum binas in eiusdem base rectas ad basim trianguli per axem perpendiculares, duobus æquidistantibus planis for-
mantibus in superficie binas hyperbolas, quarum transuersæ diametri sint æquales inuicem; erit factarum huiusmodi hyperbolarum
altera alteri eadem.

Tertij libri Finis.

LIBER QVARTVS.

DE EIVSDEM NOMINIS CONI·SECTIO·NVM INVICEM COMPARATIONE

POSTERIOR.

siue,

DE SIMILIBVS CONI·SECTIONIBVS.

DEFINITIONES.

I. Imiles diametrorum portiones dicimus, quæ vtrobique à vertice sumptæ; & eodem ordine, in iisdem rationibus sunt ad inuicem.

2. Similes Coni-Sectiones dicimus, in quibus similes omnes similium diametrorum portiones vtrobique in iisdem sunt rationibus ad conterminas rectas à sectione ordinatim applicatas. *Vide Monitum.*

PROPOSITIO I.

OMnes parabolæ inuicem, veluti & circulorum circumferentiæ omnes inuicem, similes sunt.

2. Si sint binæ hyperbolæ, vel binæ ellipses, & vtrobique à sectione ad expositam diametrum binæ rectæ ordinatim sint applicatæ: fit autem ordinatim applicatarum ad inuicem, & ad conterminas diametri portiones à vertice abscissas eadem vtrobique ratio: atque etiã anguli vnius applicatis & diametro contentis sint æquales; erit altera alteri hyperbola, vel ellipsis, similis.

3. Si binæ hyperbolæ, vel binæ ellipses, similes sint; habebunt figurarum ad similes diametros factarum latera inuicem in eadem ratione.

4. Si in binis hyperbolis, vel binis ellipsibus, ad expositas similes transuersas diametros contiguæ parametri eandem vtrobique teneant rationem, erit altera alteri hyperbola, vel ellipsis similis. *Vide tria Coroll.*

5. Si sint binæ hyperbolæ, vel binæ ellipses, & recta vtrobique à
sectione

sectione ad expositam diametrum ordinatim applicata, eadem sit vtrobique ratio applicatæ ad transuersam diametrum, & ad abscissam eiusdem portionem à vertice : atque etiam angulus vnius applicata, & diametro contentus æqualis sit angulo alterius similiter contento, erit altera alteri hyperbola, vel ellipsis, similis.

6. Si sint binæ hyperbolæ, vel binæ ellipses, & vtrobique recta sectionem contingens expositæ diametro occurrat, atque à contactus puncta recta ad eandem diametrum ordinatim applicatâ, eadē vtrobique sit ratio applicatæ ad diametri portiones ab ipsa & contingente ad verticem abscissas : atque etiam angulus vnius ordinatim ductâ & diametro contentus æqualis alterius angulo similiter contento, erit altera alteri hyperbola, vel ellipsis similis. *Vide Monitum.*

7. In omni Parabola, vel ellipsi, maior erit semper transuersi axis ratio ad rectam parametrum ipso minorem, quàm assumptæ cuiuslibet transuersæ diametri ad suam contiguam parametrum. Et contra, minor erit semper ratio transuersi axis ad rectam parametrum ipso maiorum, quam transuersæ cuiuslibet diametri ad sibi contiguam parametrum.

8. Si recta linea terminata producatur, aut secetur itavt sectæ partes fiant inuicem inæquales, & à productæ termino, aut sectionis puncto, eidem perpendicularis erigatur, à cuius sumptis binis punctis ad primò positæ lineæ vtrumque terminum rectæ agantur lineæ ; maior erit à citimo puncto ductarum quadrati maioris ad quadratum minoris ratio, quàm ductarum à remotiore puncto similiter sumptarum quadrati ad quadratum ratio.

9. Si, vt cuiuslibet trianguli ad verticem non rectanguli crurum quadrata ad inuicem, ita sunt respondentes basis partes à perpendiculari à vertice ducta factæ, erunt basis partes inuicem æquales, sin autem ; erunt & basis partes inæquales inuicem. *Vide Corollar.*

10. In omni parabola, aut ellipsi, transuersam axem habente recta parametro maiorem, maior semper erit transuersæ cuiuslibet diametri eidem axi propioris ad suam contiguam parametrum ratio, quàm remotioris cuiuslibet ad suam. Et si transuersus axis minor sit recta parametro, etiam & transuersæ diametri eidem axi propioris ad suam contiguam parametrum ratio minor erit quàm remotioris ad suam.

11. In omni parabola, aut ellipsi, maior est ratio transuersæ diametri axi propioris ad suam minorem contiguam parametrum, quàm remotioris cuiuslibet ad suam. Et contra, minor est transuersæ diametri axi propioris ad suam maiorem parametrū contiguam ratio, quàm remotioris ad suam. *Vide Monitum.*

Zz

12. In omni hyperbola transuersum axem habente rectæ parametro æqualem, erunt & omnes transuersæ diametri suis contiguis parametris æquales.

13. Si in hyperbola, assumpta quælibet transuersa diameter contiguæ sibi parametro sit æqualis, erunt & eiusdem transuersæ omnes diametri contiguis suis parametris æquales.

14. In omni hyperbola, veluti & in omni parabola, binarum diametrorum illa axi propior erit ad quam ordinatæ sub maiore acuto angulo applicabuntur. Vide Coroll.

15. In omni ellipsi, quæ à maioris axis terminis ad idem sectionis punctum binæ ducentur rectæ lineæ, angulum continebût recto maiorem: maximúsque omnium is erit qui ad mediam sectionem fiet: eique propior semper remotiore maior erit, quæ autem à minoris axis terminis ducentur, minorem recto facient angulum: minimúsque omnium ad mediam fiet sectionem: & ei propior remotiore semper minor erit. Vide Coroll.

16. In omni ellipsi, binarum diametrorum illa maior axi propior erit, ad quam ordinatæ sub minore obtuso angulo applicabuntur: & minori axi illa erit propior, ad quam ordinatæ sub maiore acuto angulo ducentur. Vide Coroll.

17. Si sint binæ hyperbolæ, & vtrobique assumptæ cuilibet transuersæ diametro contigua parameter sit æqualis, erit altera alteri hyperbola similis. Vide Coroll.

18. Si binæ hyperbolæ, vel binæ ellipses, figurarum latera in eadem ad inuicem ratione habeant vtrobique, sed non æqualiter vtrobique inuicem inclinata, neque si sint hyperbolæ, inuicem æqualia, non erit altera alteri hyperbola, vel ellipsis, similis. Vide Coroll. & Monitum

19. Si sint bina triangula ad verticem æquiangula, & rectâ vtrobique à vertice ad mediam basim ductâ, sint vnius anguli ad mediam basim facti singuli singulis alterius triãguli angulis ad mediam basim factis æquales, erit alterum alteri triangulum simile.

20. Si binæ hyperbolæ æqualibus asymptoton angulis contineantur: erit altera alteri hyperbola similis.

21. Si binæ hyperbolæ, aut binæ ellipses, interceptas vtrobique axis po: tiones vtroque vmbilico & vertice in eadem inuicem ratione habuerint, erit altera alteri hyperbola, aut ellipsis similis.

22. Si binorum similium triangulorum bina homologa latera ponantur hyperbolarũ aut ellipsium axes vtrisque vmbilicis intercepti, & vtrobique angulus parassumpto lateri oppositus à sectionis lineâ

vel diuidi illigatur, vel tangi; erit binarum huiufmodi hyperbolarum, vel ellipfium, altera alteri fimilis.

23. Si in binis hyperbolis, aut binis ellipfibus, eadem fuerit vtroque rectæ parametri ad axis partem vertice & homologo vmbilico interceptam ratio, erit altera alteri hyperbola, vel ellipfis, fimilis. *Vide Monitum.*

24. Si coni fectionem, vel circuli circumferentiam, binæ contingant lineæ inuicem occurrentes, & à quolibet in fectione puncto rectæ contingentibus æquidiftantes ducantur donec diametris per tactus ductis occurrant; erunt vtrobique triangula à diametris & contingentibus facta inuicem æqualia; atque etiam quadrilatera vtrobique inter fectionem & diametrum conftituta triangulis reciprocè ab æquidiftantibus factis æqualia.

25. Si coni fectionem, vel circuli circumferentiam, binæ contingant lineæ inuicem occurentes, & à binis quibuflibet in fectione punctis ad vtrafque diametros per tactus ductas rectæ contingentibus æquidiftantes vtrobique ducantur, erunt vtrobique ab æquidiftantibus ad diametrum conftituta quadrilatera inuicem æqualia.

26. Si in coni fectione, vel circuli circumferentia, binæ rectæ inuicem fe fe fecantes ducantur, vt erunt contingentium ipfis æquidiftantium, vtrobique à tactu ad commune occurfum fumptarum, quadrata inuicem : ita erunt fub refpondentium intra fectionem ductarum fegmentis rectangula inuicem.

27. Si in coni fectione, veluti & in circuli circumferentia, binæ rectæ æquidiftantes inuicem ducantur, quas fecet recta aliqua etiam in fectione ducta, erunt fub æquidiftantium fegmentis facta rectangula inuicem, vt refpondentia fub fecantis fegmentis rectangula inuicem. *Vide Coroll. & Monit.*

28. Si in parabola binæ æquidiftates rectæ ducantur quas fecet ducta ab aliquo in fectione puncto recta diametro æquidiftans, erunt fub æquidiftantium fegmentis facta rectangula inuicem, veluti portiones rectæ ad ipfas ductæ à fectione fimiliter fumptæ inuicem. *Vide Cor.*

29. Si in parabola recta quæpiam ducatur ad quam à duobus in fectione punctis binæ rectæ ducantur diametro æquidiftates; erunt fub fegmentis in primùm ducta factis rectangula inuicem, velupti ipfæ æquidiftantes fimiliter fumptæ inuicem.

30. Si in parabola binæ æquidiftantes rectæ ducantur ad quas fingulas à binis quibuflibet in fectione punctis fingulæ ducantur lineæ diametro æquidiftantes, erunt fub fegmentis æquidiftantium facta rectangula inuicem, veluti rectæ à fectione ad ipfas ductæ inuicem.

31. Si in parabola binæ rectæ æquidistantes inuicem ducantur quas secet recta aliqua etiam intra sectionem ducta, erunt sub æquidistantium segmentis facta rectangula inuicem, vt respondentia sub secantis segmentis rectangula inuicem.

31. Si in hyperbola, velut & in ellipsi, atque in circuli circumferentia binæ rectæ æquidistantes inuicem ducantur, quas secet ducta ab aliquo in sectione puncto recta diametro easdem bifariam diuidéti æquidistans, & ad oppositam sectionem perducta, vt erunt rectangula sub æquidistantium segmentis facta inuicem, ita erunt rectangula subæquidistantis diametro partibus vtráque sectarum æquidistantiū, & vtroque in sectione termino interceptis, similiter sumpta inuicem. *Vide tria Coroll.*

33. Si sint binæ coni sectiones, & vtrobique quina in sectione puncta notata : sint autem vnius puncta ad inuicem similiter posita alterius punctis ad inuicem; erit altera alteri sectio similis. *Vide Coroll.*

34. Datis in plano quinque punctis, quæ totidé notatis in plano aliquo vmbræ diurnæ terminis sint similiter posita; per eadé conuenientem coni sectionem describere, quæ diurnum solis parallelum represéntet: ideoque & lineatæ super eodem plano ab vmbræ acumine coni sectionis similis sit. *Vide Monit.*

35. Si in hyperbola recta quæpiā ducatur alterutri asymptoto æquidistans, binasque rectas quascunque æquidistantes in sectione ductas diuidens; erunt rectangula sub æquidistantium partibus vtrinque sectione terminatis inuicem, veluti rectæ asymptoto æquidistantis partes à sectione sumptæ inuicem.

36. Si in hyperbola recta quæpiam ducatur binas rectas æquidistātes in sectione ductas ita diuidens, vt eadem sit rectangulorum sub æquidistantium partibus vtrinque sectione terminatis ad inuicem ratio, quæ respondentium ductæ rectæ partium à sectione sumptarum ad inuicem; erit recta eiusmodi ducta alterutri sectionis asymptoto æquidistans.

37. Si sint binæ hyperbolæ, & à sumpto quolibet in vtraque sectione puncto binæ rectæ ducantur quæ binas quascunque rectas æquidistantes in sectione ductas ita diuidant, vt eadem sit vtrobique binorū quorumlibet rectangulorum sub æquidistantium segmentis ad easdé partes factis ad inuicem ratio, quæ intersegmétorum ad inuicem: atque etiam angulus abs ductis vnius contétus æqualis angulo alterius ductis contento; erit altera alteri hyperbola similis.

38. Si conus binis æquidistantibus, aut inuicem subcontrariè positis planis secetur non per verticem, erit factarum in superficie coni

fectionum altera alteri fimilis. *Vide Coroll. & Monitum.*

39. Dato cono; in eiufdem fuperficie datæ hyperbolæ, aut ellipfi, fimilem in data diametrorum ratione hyperbolam, aut ellipfim, exhibere.

40. Data hyperbola, aut ellipfi; conum exhibere, & in eiufdem fuperficie fectionem eidem datæ hyperbolæ, aut ellipfi fimilem in data diametrorum ratione.

Quarti libri finis.

CONTRACTA PAPPI
COLLATIO,

Libri tertij Propofitiones 58.

NON omnia quidem hic habes quæ demonftrauit Pappus, fed ea folùm quæ faciliùs poffint abfque diagrammatibus intelligi; cuius duo primi libri cùm hactenus minimè prodierint, tertio, quo Cratiftam appellat, problema definit, in quo aliquid faciendum & conftruendum proponitur : & difcutit quod aliquis propofuerat, nempe datis duabus rectis lineis duas medias proportionales in continua analogia per planorum contemplationem inuenire. Quibus difcuffis, prop.4. notat problematum tria genera, πλανα, ςιρεα, γεαμμικα, plana, folida, linearia : quorum prima per rectas lineas, & circuli circumferentiam, in plano genitas, foluuntur; fecunda requirunt vnam, aut plures coni fectiones, atque adeo folidarum figurarum fuperficiem fupponunt: tertia denique lineas quafdam mixtas requirunt, putà helices, quadratrices, conchoides, ciffoides, & id genus alias.

Porrò varios modos explicat, quibus problemata folida inftrumentorum ope perficiantur, quale eft Eratofthenis Mefolabum, & Nicomedis, atque Heronis, cuius catapultica, mechanicaque laudat, methodus, ipféque poftea modum inueniendi cubum alterius cubi non folùm duplum, fed in quacumque proportione tradit.

Deinde tres in femicirculo medietates reperit, & definit medietatem arithmeticam, geometricam, & harmonicam, hifque pofitis tres fimul medietates in minimis rectis lineis quinque, vfque ad prop.18. demonftrat.

Poftea decem analogias à veteribus propofitas defcribit, & vfque ad prop. 27. demonstrat, in qua per numeros, tabellâ propositâ, idem fere repetit: cúmque nonnullis medietatibus in futurum egeamus; operæpretium fuerit hic illas explicare.

1. Medietas Arithmetica dicitur, quando tribus existentibus terminis, medius vnum extremorum pari excessu superat, & ab alio superatur, vt fit in his tribus numeris 3, 6, 9; vel his 1, 2, 3.

2. Geometrica, quæ propriè dicitur analogia, cùm vt medius terminus ad vnum extremorum, ita reliquus ad medium, vt patet in 3, 6, 11, vel 1, 2, 4.

3. Harmonica, cùm medius terminus eadem parte superat vnum extremorum, & à reliquo superatur, vt contingit his numeris, 2, 3, 6.

4. Harmonicæ contraria, cùm tertius terminus ad primum, ita primi excessus ad excessum secundi, vt fit in his, 6. 5. 2.

5. Cùm vt tertius terminus ad secundum, ita primi excessus ad secundi excessum, quæ dicitur geometricæ contraria, vt in his numeris 5. 4. 2.

6. Cùm vt secundus terminus ad primum, ita primi excessus ad excessum secundi, vt in 6. 4. 1. cernitur, quæ & alio modo geometricæ dicitur contraria.

7. Cùm tertius excessus ad primum, ita secundus terminus ad tertium. 7. 4. 3.

8. Cùm tertius excessus ad primum, vt primus terminus ad secundum. 6. 4. 3.

9. Cùm tertius excessus ad primum, ita primus terminus ad tertium. 4. 3. 2.

10. Cùm tertius excessus ad secundum, ita secundus terminus ad tertium. 3. 2. 1.

Quædam propositiones l. 3. Pappi.

29. IN omni triangulo, præterquam in æquilatero, & æquicruri basim latere minorem habente, fieri potest, vt in basi intra constituantur duæ rectæ lineæ æquales ijs, quæ sunt extra, simul sumptæ.

30. Quod si triangulum æquilaterum sit, vel æquicrure, quod basim habeat latere minorē, dico fieri non posse, vt intra ipsum constituantur rectæ lineæ æquales ijs quæ sunt extra; sed intra minores erunt.

31. In quibus triangulis intra constituuntur rectæ lineæ æquales iis quæ sunt extra, in his & maiores intra constitui possunt simul sumptę.

32. Et cùm hoc admirabile videatur iis qui geometricę ignari sunt, admirabilius erit non solùm vtramque vtrique ęqualem esse, vel ma-

iorem,fed etiam fingulas earum quæ intra conftituuntur, fingulis earum quæ extra, & æquales & maiores effe poffe, quod oftenditur.

34. Multò autem admirabilius videbitur, fi rectæ lineæ, quæ in bafi intra triangulum conftituuntur, non folùm æquales, vel maiores fint lateribus continentibus, fed etiam ad ea datam habeant proportionem.

35. Non folùm autem in trianguli bafi rectæ lineæ intra conftituuntur, vtræque fimul maiores iis quæ funt extra, fed etiam in quadrilatero duæ tribus maiores, & tres item maiores iis tribus,& fimiliter in alijs, quæ plura habeat latera,poffunt quotquot intra conftitui maiores quotquot ijs quæ funt extra.

36. Fieri autem poteft, vt & quæ intra continentur, quotquot iis quæ extra funt, fimul fumptæ omnes fint æquales. Ex quibus etiam fequitur dato fpatio parallelogrammæ fieri poffe, vt alterum parallelogrammum inueniatur, quod fit propofita pars dati parallelogrammi; vnumquodque autem latus vniufcuiufque lateris fit multiplex fecundum datos numeros.

41. Triangulo dato minus triangulum inuenitur habens vnumquodque latere maiores.

42. Quodque admirabilius, triangulum datur quod fit pars dati trianguli, & vnumquodque latus vniufcuiufque lateris multiplex fit fecundum datos numeros, vt priùs in parallelogrammo dictum eft. *Has autem duas propofitiones diagrammatibus l. 4. Veritatis fcientiarum cap.10.explicaui.* Cæterùm in data fphæra deinceps polizedra defcribit, nempè pyramidem, cubum,octaedrum, icofaedrum & dodecaedrum, de quibus in elementis.

Libri quarti Propofitiones 43.

HOcce libro multa de triangulo,& de circulis intra duas circumferentias infcriptis demonftrat,& prop.18.meminit theorematis de helice, feu linea fpirali in plano defcribenda Cononis Hannii Geometræ, quam Archimedes demonftrauit: Pappus verò prop.21. probat figuram contentam linea fpirali, & recta quæ eft in principio circulationis effe tertiam partem circuli ipfam comprehendentis; vide fis etiam prop.22. in qua cubos eandem inter fe rationem, quam duo fpolia, feruare demonftratur.

Prop.23.conchoidem Nicomedis; prop.25. & fequentibus Dinoftrati & Nicomi quadratricem perfequitur,& 30.rurfus de triplici problematū gehere plano,folido & lineari agit,affirmatque à Demetrio

Alexandriño multa reperta, quæ linearia loca fpectant,vt & à Philo-
ne Tyaceo circa implicationes ᾰλᾰλτεκλῖ,vbi & mirabilem Menelai lineam commemorat,& peccare Geometrã ait qui problema planum
per conica vel linearia, hoc eft ex improprio genere foluit, quale notat in 5 conicorum Apollonij, & libro de fpiralibus Archimedis, vbi
aſſumpta folida inclinatio in circulo,quod abſque vllo folido fieri poterat quodque iam factum à Vitellione l. 1. prop.128.

Ex prop. 31. Datum angulum rectilineum prop.32.&33. tripartitò
fecat.& 34. pr. datæ circumferentiæ tertiam partem abſcindit, fine
inclinatione per folidum. Prop.35. Datum angùlum, vel datam circumferentiam in data proportione fecare demonſtrat non eſſe problema folidum, vt præcedens, fed lineare : vnde concludit prop. 36.
à duobus circulis inæqualibus æquales circumferétias abſcindi poſſe.
Prop.37. triangulum æquicrure conſtruit, cuius vterque angulorum
qui ad baſim, habeat ad reliquum proportionem datam: vnde infert
Prop.38.in circulo defcribi poſſe polygonum æquilaterum & æquiã-
gulum quotuis laterum. Prop. 39. facilè cognofci quâ ratione circulus inueniatur, cuius circumferentia rectæ lineæ datæ fit æqualis, fed
quadraticis ope : idque in ratione data Prop. 40.41. angulos incom-
menfurabiles inueniri poſſe.

Prop. 42.refolutionem ordinat inclinationis, quam Archimedes
lib.16.aſſumpſit, & 43. feu vltimâ deprehendit quando punctum poſitione contingit parabolam.

Libri quinti Propofitiones 57.

A Pum induſtriam in melle côficiendo fuſpicit,& explicat,quarũ
faui feu χήεμ funt hexagona, quare figuras inter fe cohæren-
tes,lateráque communia habêtes ad tres rectilineas & ordinatas, hoc
eft æquilateras, & æquiangulas, redigit; quippe fola triangula æquilatera, quadrata, & hexagona abſque alijs figuris diſſimilibus, poſ-
funt appofita fibi ipfis latera habere communia, & locum circa idem
punctum replere,vt conſtat ex fex triangulis æquilateris,quæ 6 angulos habêt,quorum vnufquifque eſt duarum tertiarum recti; ex 4 quadratis per 4 angulos rectos,& ex ttibus hexagonis,&eorum tribus angulis, quorum vnufquifque rectum, & tertiam recti partem continet.
Ex his autem tribus apes hexagonum vti capaciorem, elegerunt,
quippe æquali materiâ in conſtructionem vniufcuiufque inſumpta,
hexagonum mellis capit amplius.

Figurarum enim planarum, quæ cùm æquilateræ, & æquiangulæ
fint,

fint, ambitum æqualem habent, ea femper, & maior eft quæ ex pluribus conftat angulis, & circulus æquali ipfis ambitu comprehenfus,
eft omnium maximus. De niue hexagona tractatum peculiarem
Keplerus edidit.

Prima prop. demonftrat polygonorum ordinatorum angulos numero inæquales, ambitum verò æqualem habentium, illud quod ex
pluribus angulis conftat, femper etiam maius effe.

2. Circulum quóuis polygono maiorem, cùm etiam æqualium
funt ambituum.

3. Rectangulum, quód circuli ambitu, & ea quæ ex cétro continetur, circuli duplum effe, idque independenter ab Archimede. Deinceps verò demonftrat ifoperimetrarum figurarum multos angulos, &
latera numero æqualia habentium, æquilateram & æquiangulam effe
maximam.

5. Ifoper.triangulorum & eandem bafim habentiũ æquicrure maximum effe, & quod ad æquicrure magis accedit, femper maius effe:
maximam etiam ait circuli portionem, inter eas quę habuerint æqualem circumferentiam, effe femicirculum, quod 17 prop. demonftrat.

14. Circulorum circumferentias inter fe effe vt diametros. 13. fimiles circulorum proportiones ad inuicem effe vt bafium quadrata, &
circumferentias ipfarum inter fe, vt bafes.

17. Prop. multa de mundi figura fphærica legas, vt omnium figurarum folidarum æqualem fuperficiem habentium, fphæram effe maximam: poftea confert alia folida ordinata cum fphæra, præfertim verò quinque figuras æqualibus & fimilibus planis contentas, quæ folæ
angulos folidos æquales habent, videlicet tetraëdrum, hexaëdrum,
octoedrum, duodecaedrũ, & icofaedrum : licet etiã Archimedes alia
numero tredecim inuenerit æquilateris, & æquiangulateris polygonis, non tamen fimilibus, contenta. Omitto præclaras propofitiones,
quę nequeũt abfque figuris intelligi, vfque ad 28, quę docet, omnis
portionis fphærę curuam fuperficiem æqualem effe circulo, cuius femidiameter eft æqualis ei, quæ ex polo ipfius portionis.

35. Omnis fphæra æqualis eft cono, cuius bafis quidem eft fuperficies fphæræ, altitudo verò eiufdem femidiameter.

36. Sphærâ datâ, & data proportione, fuperficiem fphæræ plano ita
fecare, vt portionum fuperficies inter fe proportionem habeant can-
dem datæ proportioni : *Vnde concludit*

37. Cylindrum, cuius bafis æqualis fit maximo in fphæra circulo,
& altitudo æqualis diametro fphæræ, ipfius fphærę fefquialteram effe;
& eius fuperficiem fuperficiei itidem fphæræ fefquialteram.

AA a

38 In omni triangulo æquilatero, quadratum quod ab vno latere fit, maius eiufdem eft, quàm duplum dicti trianguli, minus verò quàm quadruplum.

39. Quæ à centro fphæræ ad planum octaedri perpendicularis ducitur, poteftate tertia pars eft femidiametri fphæræ.

42. Si recta proportionaliter fecetur, quod fit à tota ad id quod quinquies fit à minori portione maiorem proportionem habet, quàm quatuor ad tria : multáque perfequitur ad hanc diuifionem attinentia vfque ad 47. prop. quâ demonftrat hexagoni latere proportionaliter fecto, maiorem portionem effe decagoni latus; & 49. duodecim pêtagona maióra 20. triangulis in eodem circulo defcriptis.

Prop.52. & deinceps oftendit icofaedrum maximum effe, & pyramidem omnium minimam; & tandem vltima 57. concludit nullum aliud polyedrum inueniri præter quinque prædicta, quod æqualibus, & fimilibus æquilateris polygonis contineatur.

Libri fexti Propofitiones 61.

LOcum aftronomicum aggreditur hocce libro, quod non fit femper verum theorema fecundum l.3. fphæric. Theodofij, videlicet oportere vnumquemque duorum maximorum circulorum ab eo, qui per polos fphæræ tranfit ad rectos angulos fecari. Itemque prætermiffum effe in 2. Theorem. Phænom. Euclidis, quoties Zodiacus circulus bis ad horizontem fit rectus : & in 4. Theor. lib. de diebus & noctibus Theodofium falsò exponi; & alia quæ poftmodum explicat. 1. Propofitio. Si in fphæræ fuperficie tres maximorum circuloru circumferentiæ fe mutuo fecent, quarum vnaquæque fit circulo minor, duæ reliquæ maiores erunt, quomodocumque fumptæ.

2. Si in vno latere trianguli fphærici duæ circulorum maximoru circumferentiæ intra conftituantur, hæ reliquis duobus trianguli lateribus minores erunt. Quibus, & nonnullis alijs præmiffis quintu theorema l.3. fphæric. Theodofij aliter demonftrat. Sed & prop. 27. maximè laudat Autolycū; & duas integras paginas Theorematibus plurimis characteribus conftantes legendas proponit. Porro 28. & 29. pr. omiffa àTheodofio fupplet, & 31. oftendit, ex ijs quæ infinitè augetur, & infinitè minuuntur, effe quafdam magnitudines, quæ omni propofitâ magnitudine maiores fiant, & rurfus minores, quæ videlicet in problematibus indeterminatis efficiuntur. Prop. 32. de iis quæ infinitè augentur, fed non infinitè minuuntur : 33. de ijs quæ folùm infinitè minuuntur, & 34. de ijs agit, quibus neutrum conuenit. Quibus pofi-

tis demonſtrat 35. prop. zodiaci velocitatem diminutam, nunquam
velocitate ſolis minorem eſſe ; ſed quamcunque circumferentiam
zodiaci ſolem in maiori tempore pertranſire, quàm ipſa oriatur, vel
rurſus occidat.

Ad 38.prop.oſtendit ſex quæ Ariſtarchus ſtatuit lib.de magnitudinibus & diſtantijs ſolis, & lunæ. Vbi.etiam iuxta Ptolomæum, &
Hipparchum magnitudines diametrorum ſolis & lunæ, & illorum à
terra diſtantias refert. Cæterùm omnes prop. vt pote diagrammatibus egentes omitto, vt ſequentem admirabilem peruideas.

54. Prop. Circulo poſitione dato & dato puncto, in plano circuli
intra circumferentiam ipſius, viſui locum inuenire, à quo circulus
ellipſis videatur, centrum habens intra circumferentiam datum.

- 55. Notat in 2. Theor. Phænomenon Euclid. prætermitti demonſtrationem huius. Si polus horizontis ſit intra tropicos, vel in aliquo
· ipſorum, quoties zodiacus rectus fiat ad horizontem in vna conuerſione: Nempe ſi fuerit in aliquo tropicorum ſemel zodiacum rectum
eſſe ad horizontem in vna conuerſione, bis autem, ſi fuerit inter tropicos, prop.56.in qua etiam 12. Euclidis theorema diſcutit, & Hipparchum, ac Menelaum laudat.

57. & 58. Prop.agit de ortu & occaſu cancri, & capricorni, leonis &
virginis, & 12. ſignorū; & prop. 59. inuenit horizontes habitationum.
Denique quod eſt prætermiſſum in 12. & 13.theoremate ſic explicat.

61. Prop. Circumferentiarum quæ ſunt in ſemicirculo poſt can-
crum, quælibet in maiori tempore oritur quàm occidit. Earum verò
quæ in reliquo ſemicirculo poſt capricornum quælibet in maiori
tempore occidit quàm oritur.   ;

Libri ſeptimi Propoſitiones 238.

D E loco reſoluto filium Hermodorum alloquitur, quem vocat
ἀναλυόμον, qui ſit vtilis ad inuenienda propoſita problemata.
Reſolutio dicitur via à quæſito tanquam conceſſo, per ea quæ deinceps conſequuntur ad aliquod conceſſum in compoſitione: quod
enim quæritur, vt iam factum ſupponentes, quod ex hoc contingat,
confideramus, & rurſus illius antecedens, donec ita progredientes
incidamus in aliquod iam cognitum, vel quod ſit è numero princi-
piorum: eſt igitur hæc ἀνάλυσις, vt σύνθεσις, ſeu compoſitio, quæ per con-
uerſionem illud factum ponit, quod poſtremum in reſolutione ſumitur, ordinando ea antecedentia, quæ illic erant conſequentia, quorum
mutuâ compoſitione factâ ad quæſiti finem peruenitur.

Libros autem loco refoluto feruientes enumerat : datorum Euclidis librum vnum ; Apollonij duos de proportionis fectione: duos de fpatij fectione; duos tactionum, tres porifmatum Euclidis : duos inclinationum ; duofque locorum planorum Apollonij, vt & conicorū octo. Quinque locorum folidorum Ariftei : duos locorum ad fuperficiem Euclidis : duos Eratofthenis de medietatibus', adeout fint libri 31. Cum autem ifti libri fere reftituti fint, vel habeantur , illorum propofitiones accipe, eafque primùm quæ ad data pertinent.

Data Euclidis.

EVCLIDIS DATA,
E' GRÆCO A CLARISSIMO, ET
VNDEQVAQVE DOCTISSIMO VIRO
CLAVDIO HARDY conuersa.

DEFINITIONES 11.

1. **D**ATA magnitudine dicuntur spatia, lineæ, angulíque, quibus æqualia possumus inuenire. Datum, hypothesi, ordinatum, porimum, poriston, effabile, cognitū idem ferè significant. Datum est, cui æquale possumus inuenire. Hypothesis est, quod à proponente conceditur. Ordinatum siue determinatum quod pluribus modis esse nequit. Porimum, quod construi potest. Aporon, cuius factio nondum inuenta. Poristicon, factibile, quod fieri posse non dubitamus, licet eius factio ignoretur. Effabile, quod numero rationali potest exprimi. Cognitum, quod numero rationali possumus exprimere.

2. Ratio dari dicitur, cui possumus eandem inuenire.

3. Rectilineæ figuræ specie dari dicuntur, quarum & singuli anguli dati sunt, & laterum rationes ad inuicem datæ sunt. *Quare figurarum specie datarum dantur quoque anguli, laterúmque rationes.*

4. Positione dari dicuntur puncta, lineæ & anguli, quæ eundē semper situm obtinent. Puncta non aliter dantur quàm positione: *sed anguli positione dati, dantur etiam magnitudine, quamuis linea recta positione data, non ideo dentur magnitudine.*

5. Circulus magnitudine dari dicitur, cuius ea quæ ex centro datur magnitudine.

6. Positione & magnitudine dari dicitur circulus, cuius datur centrum positione, & ea quæ ex centro magnitudine, omnis circulus positione datus, datur quoque magnitudine, sed non contrà.

7. Circuli segmenta magnitudine dari dicitur, in quibus dati sunt anguli magnitudine, atque segmentorùm bases.

8. Pofitione & magnitudine dari dicuntur circuli fegmēta, in quibus anguli magnitudine dati funt, & fegmentorum bafes pofitione & magnitudine.

9. Magnitudo magnitudine maior eft, datâ, quando ablata data, reliqua eidem æqualis eft.

10. Magnitudo magnitudine minor eft, datâ, quando adiunĉta data, tota eidem æqualis eft.

11. Magnitudo magnitudine maior eft, datâ, quàm in ratione quãdo ablatâ datâ reliqua ad eandem habet rationem datam.

12. Magnitudo magnitudine minor eft datâ, quàm in ratione, quãdo adiunĉtâ datâ, tota ad eandem rationem habet datam.

PROPOSITIONES 95.

1. **D**Atarum magnitudinum, ad inuicem ratio data eft.

2. Si data magnitudo, ad aliam aliquam magnitudinem habeat rationem datam, datur etiam hæc alia magnitudine.

3. Si quotlibet datæ magnitudines componantur, etiam ea dabitur quæ ex his componitur magnitudo.

4. Si à data magnitudine data magnitudo auferatur, etiam eà dabitur quæ reliqua eft magnitudo.

5. Si magnitudo ad fui ipfius aliquam partem habeat rationem datam, etiam ad reliquam habebit rationem datam.

6. Si componantur duæ magnitudines habentes ad inuicem rationem datam, & quæ ex his componitur magnitudo, habebit ad vtrámque rationem datam.

7. Si data magnitudo datâ ratione fecetur, vtrúmque fegmentorum datum eft.

8. Quæ ad idem rationem habet datam, habebunt ad inuicem rationem datam.

9. Si duæ plurefve magnitudines ad inuicem habeant rationem datam, habeant autem illæ magnitudines ad alias quafdam magnitudine rationes datas, & fi non eafdem, illæ aliæ magnitudines etiam ad inuicem habebunt rationes datas.

10. Si magnitudo magnitudine maior fuerit, datâ, quàm in ratione, & fimul vtráque, illâ eâdem A magnitudine maior eft, data, quàm in ratione; fin autem fimul vtráque magnitudo, eadem magnitudine A maior fuerit, datâ, quàm in ratione, & reliqua illa eadem A maior fit, datâ, quàm in ratione, aut reliqua B data eft, cum confequente C, ad quam habet altera magnitudo A rationem datam. Per diĉtiones il-

li eâdem A, quæ & altera magnitudo dicitur, intelligitur confequens rationis propofitæ, B reliqua, eft exceffus quo antecedens vnà cum data excedit confequens rationis propofitæ. *C cum confequente,*&c. eft exceffus quo confequens rationis propofitæ fuperat antecedens eiufdem rationis propofitæ.

11. Si magnitudo magnitudine maior fit, datâ, quàm in ratione, eadem fimul vtráque maior erit, datâ, quàm in ratione. Et fi eadem fimul vtraque maior fit, data, quàm in ratione, eadem reliquâ magnitudine maior erit, datâ, quàm in ratione.

12. Si fuerint tres magnitudines, & prima quidem cum fecunda data fit, fecunda quoque cum tertia data fit, aut prima tertiæ æqualis eft, aut altera alterâ maior datâ.

13. Si fuerint tres magnitudines, & earum primæ ad fecundum habeat rationem datam, fecunda autem tertiâ maior fit, datâ, quàm in ratione, prima quoque maior erit tèrtiâ, datâ, quàm in ratione.

14. Si duæ magnitudines ad inuicem habeant rationem datam, vtrique autem illarum adiiciatur data magnitudo; totæ ad inuicem aut habebant rationem datam, aut altera alterâ maior erit, datâ, quàm in ratione.

15. Si duæ magnitudines habeant ad inuicem rationem datam, & ab vtraque earum auferatur magnitudo; reliquæ magnitudines ad inuicem habebunt aut rationem datam, aut altera alterâ maior erit, datâ, quàm in ratione.

16. Si duæ magnitudines ad inuicem habeant rationem datam, & ab vna quidem illarum auferatur data magnitudo, alteri autem ipfarum adiiciatur data magnitudo, tota refidua magnitudine maior erit, datâ, quàm in ratione.

17. Si fuerint tres magnitudines, & prima quidem fecundâ maior fit, datâ, quàm in ratione, tertia quoque eadem fecunda maior fit, datâ, quàm in ratione, prima ad tertiam, aut rationem habebit datam, alterâ maior erit, data, quàm in ratione.

18. Si fuerint tres magnitudines, atque ex his vna vtráque reliquarum maior fit, data, quam in ratione, reliquæ duæ aut datam rationem habebunt ad inuicem, aut alterâ altera maior erit, data, quàm in ratione.

19. Si fuerint tres magnitudines, & prima quidem magnitudo fecunda magnitudine maior fit, data, quàm in ratione, fit quoque fecunda maior tertia, data, quàm in ratione; prima magnitudo, tertia magnitudine, maior erit, data, quam in ratione.

20. Si datæ fuerint duæ magnitudines,& auferantur ab ipsis magnitudines habentes ad inuicem rationem datam,residuæ magnitudines
aut habebunt ad inuicem rationem datam, aut altera altera maior
erit, data, quam in ratione.

21. Si fuerint duæ magnitudines datæ ,& adiiciantur ipsis aliæ magnitudines,habentes ad inuicem rationem datam,totæ aut habebunt
ad inuicem rationem datam, aut altera altera minor erit, data,quàm
in ratione.

22. Si duæ magnitudines,ad aliam aliquam magnitudinē habeant
rationem datam,& simul vtraque ad eandem habebit rationē datam.

23. Si totum ad totum habeat rationem datam, habeant autem &
partes ad partes rationes datas, modò non easdem,habebunt omnia
ad omnia rationes datas.

24. Si tres rectæ lineæ proportionales fuerint, prima autem ad tertiam habeat rationem datam,& ad secundam habebit rationē datā.

25. Si duæ rectæ positione datæ,se mutuò inuicem secuerint,pun-
ctum in quo se inuicem secant,positione datum est.

26. Si lineæ rectæ extremitate positione datæ sint, recta positione,
& magnitudine data est.

27. Si datæ rectæ lineæ positione & magnitudine data fuerit vna
extremitas, & altera extremitas data erit.

28. Si per datum punctum contra datam positione rectam agatur
recta linea,acta recta positione data est.

29. Si ad positione datam rectam, datúmque in ea punctum agatur recta linea,quæ facit angulum datū,acta linea positione data est.

30. Si à dato puncto, in datam positione rectam agatur recta linea,
quæ facit angulum datum, acta linea positione data est.

31. Si à dato puncto in datam positione rectam data magnitudine
recta ducatur; positione quoque data erit.

32. Si in datas positione parallelas rectas agatur recta linea quæ faciat angulos datos, alia recta magnitudine data est.

33. Si in datas positione parallelas rectas agatur magnitudine data recta , faciet angulos datos.

34. Si in datas positione parallelas rectas à dato puncto agatur linea recta, secabitur data ratione.

35. Si à dato puncto in datam positione rectam agatur recta linea,
secetúrque datâ ratione, agatur autem per punctum sectionis, contra
datam positione rectam, recta linea,acta linea positione data est.

36. Si à dato puncto in datam positione rectam lineam agatur recta
linea, adijciatur autem ipsi aliqua recta quæ ad illam habeat rationē
datam,

datam , per extremitatem adiectæ lineæ agatur contra datam pofitione rectam linea recta : acta linca pofitione data eft.

37. Si in datas pofitione parallelas rectas agatur recta , quæ fecetur ratione datâ, agatur autem per fectionis punctũ contra datas pofitione rectas linea recta : acta recta pofitione data eft.

38. Si in datas pofitione parallelas rectas agatur recta,quę ad illam
quæ acta eft habeat ratione datũ , per extremitatem autem adiectæ
agatur contra datas pofitione parallelas recta ; recta eft data pofitione.

39. Si trianguli fingula latera magnitudine data fint, triangulum
fpecie datum eft.

40. Si trianguli finguli anguli magnitudine dati fint, triangulum
fpecie datum eft.

41. Si triangulus vnum angulum datum habeat,circa datum autem
angulum duo latera ad inuicem habeant rationem datam triangulus
fpecie datus eft.

42. Si trianguli latera ad inuicem habeant rationem datam,trian-
gulum fpecie datum eft.

43. Si trianguli rectanguli circa vnum acutorum angulorum latera ad inuicem habeant rationem datam , triangulum fpecie datũ eft.

44. Si triangulus habeat vnum angulum datum , circa alium autem angulum latera ad inuicem habeant rationem datam; & pateat
fpecies tertij anguli, triangulus fpecie datus eft.

45. Si triangulus datus vnum angulum habeat, circa datum autem
angulum latera fimul vtraque , tanquam vnum ad reliquum latus rationem habeant datam,triangulus fpecie datus eft.

46. Si triangulus datus vnum angulum habeat, circa alium autẽ
angulum latera, fimul vtraque tanquam vnum, habeant ad reliquum
rationem datam, triangulus fpecie datus eft.

47 Data rectilinea fpecie, in data fpecie triangula diuiduntur.

48. Si ab eadem recta deferibantur trianguli dati fpecie, habebũt
ad inuicem rationem datam.

49. Si ab eadem recta duo rectilinea quælibet data fpecie deferibantur, habebunt ad inuicem rationem datam.

50. Si duæ rectæ ad inuicem habeant rationem datam,& ab illis fimilia, fimilitérque defcripta rectilinea, habebunt ad inuicem rationem datam.

51. Si duæ rectæ habeant ad inuicem rationem datam,& ab illis rectilinea quæcunque fpecie data defcribantur, habebunt ad inuicem
rationem datam.

52. Si à data magnitudine recta, data figura specie describatur, descripta figura magnitudine data est.

53. Si duæ figuræ specie datæ fuerint, & vnum latus vnius ad vnum latus alterius habuerit rationem datam, reliqua quoque latera ad reliqua latera habebunt rationes datas.

54. Si duæ figuræ datæ specie, ad inuicem habuerint rationem datam, etiam eorum latera ad inuicem habebunt rationem datam.

55. Si spatium magnitudine, & specie datum fuerit, eius latera magnitudine data erunt.

56. Si duo æquiangula parallelogramma habuerint ad inuicem rationem datam, est vt primi latus ad secundi latus, ita reliquum secundi latus ad eam, ad quam alterum primi latus habet rationem datam, quam habet parallelogrammum ad parallelogrammum.

57. Si datum spatium ad datam rectam applicatum fuerit in angulo dato, datur altitudo applicationis.

58. Si datum ad datam rectam applicetur, deficiens data specie figura, latitudines defectus datæ sunt.

59. Si datum ad datam rectam applicetur, excedens data specie figura, latitudines excessus datæ sunt.

60. Si datum specie & magnitudine parallelogrammum dato gnomone augeatur vel minuatur, latitudines gnominis datæ sunt.

61. Si ad datæ specie figuræ vnum latus applicetur parallelogrammum spatium, in angulo dato, habeat autem data figura ad parallelogr. rationem datam, parallelogr. specie datum est.

62. Si duæ rectæ ad inuicem habeant rationem datam, & ab vna quidem data specie figura descripta sit, ab altera autem spatium parallelogr. in angulo dato, habeat autem figura ad parallelogr. rationem datam, parallelogrammum specie datum est.

63. Si triangulum specie datum sit, quod ab vnoquoque laterum describitur quadratum, ad triangulum habebit rationem datam.

•64. Si triangulus angulum obtusum datum habeat; illud spatium quo latus obtusum angulum subtendens, magis potest quàm latera obtusum angulum ambientia, ad triangulum habebit rationem datam.

65. Si triangulum angulum acutum datum habeat, illud spatium quo latus angulum acutum subtédens, minus potest quàm latera angulum acutum ambientia, habebit ad triangulum rationem datam.

66. Si triangulus habuerit angulum datum, quod sub rectis datum angulum comprehendentibus, continetur rectangulum, habebit ad triangulum rationem datam.

67. Si triangulus habuerit datum angulum, illud spatium quo duo

datum angulum comprehendentia latera, tanquã vna recta, plus poffunt quàm quadratum à reliquo latere, ad triangulum habebit rationem datam.

68. Si duo parallelogramma æquiangula habeãt ad inuicem rationem datam, & vnum latus ad vnum latus habeat rationem datam, &
reliquum latus ad reliquum latus rationem datam habebit.

69. Si duo parallelogramma datos angulos habeant, & ad inuicem
rationem datam, habeat autem & vnum latus ad vnum latus ratione
datam, & reliquum latus ad reliquum latus habebit rationem datam.

70. Si duorum parallelogrammorum circa æquales angulos, aut
circa inæquales quidem, datos tamen, latera ad inuicem habeant rationem datam, & ipsa parallelogramma habebunt ad inuicem rationem datam.

71. Si duorum triangulorũ circa æquales angulos, aut circa inæq.
quidem, datos tamen, latera ad inuicem habeant rationem datam, &
ipsa triangula habebunt ad inuicem rationem datam.

72. Si duorum triangulorũ & bases fuerint in ratione data, & actæ
ab angulis ad bases quæ faciant angulos æquales, aut inæquales quidem, sed datos habeant, ad inuicem rationem datam, & ipsa triangula
ad inuicem habebunt rationem datam.

73. Si duorum parallelogr. circa angulos æquales, aut circa inæq.
sed datos, latera ad inuicem ita se habeat, vt sit quemadmodum primi latus ad secundi latus, ita reliquum secundi latus ad aliam aliquã
rectam, habeat autem & reliquum primi latus ad eandem rectam rationem datam, & ipsa parallelogr. habebunt ad inuicem ratione datã.

74. Si duo parallelogr. datam rat. habeant, aut in æqual. angulis,
aut in inæq. quidem, sed datis, erit vt primi latus ad secundi latus, ita
alterum secundi latus ad eam ad quam reliquum primi latus rationem habet datam.

75. Si duo triangula ad inuicem habeant rat. dat. aut in ang. æqual.
aut inæq. sed datis, erit vt primi latus, ad secundi latus, ita alterum secundi latus ad eam rectam ad quam reliquum primi latus habet rat.
datam.

76. Si trianguli dati specie vertice, linea perpendicularis agatur
ad basim, acta linea ad basim habebit rationem datam.

77. Si datæ duæ figuræ specie ad inu. habeant rat. dat. & quodlibet
latus vnius harũ figurarũ ad quodlibet latus alterius habebit rat. dat.

78. Si data figura specie habeat ad aliquod rectangulum rationem
datam, habeat autem & vnum latus ad vnum latus rat. dat. rectangulum specie datum est.

79. Si duo triang. vnum angulum vni angulo æqualem habeant, ab æqual. autem angulis ad bafes perpendiculares agantur, fitque vt primi triang.bafis ad perpendicularem,ita & alterius trianguli bafis ad perpend. illa triangula æquiangula funt.

80. Si triangulus datus vnum angulum habuerit, quod autem fub lateribus datum angulum comprehendentibus continetur rectangulum habeat ad quadratum reliqui lateris rationem datam ,triangulum fpecie datum eft.

81. Si tres rectæ proportionales, tribus rectis proportionalibus,ex-tremas habuerint in ratione data, medias quoque habebunt in ratio-ne data. Et fi extrema ad extremam, & media ad mediā habeat ratio-nem datam,& reliqua ad reliquam habebit rationem datam.

82. Si 4. rectæ proport. fuerint, erit vt prima ad eā ad quam fecun-da rationem habet datam, ita tertia ad eam ad quam quarta ratio-nem habet datam.

83. Si 4. rectæ ita ad inuicem fe habeant,vt tribus ex ijs quibufcum-que fumptis, & quarta ipfis proportionali accepta, ad quàm reliquæ, è 4. rectis rat. habeant datam,erit vt quarta ad tertiam, ita fecunda ad eam ad quam habet prima rationem datam.

84. Si 2. rectæ dātum fpatium comprehendunt in angulo dato, fit au-tem altera, altera maior data; etiam vna quæque ipfarum data erit.

85. Si 2. rectæ d. fi comp. in an. d. fit autem fimul vtraque data, & earum quoque vnaquæque data erit.

86. Si 2. rect.d.5.comp.in an.d.quadratum autem vnius quadrato al-terius maius fit dato, quàm in ratione, & vtraque ipfarum dat.erit.

87. Si 2. rect.d 5.c.in 2.d.poffit autem altera altera maius dato, ea-rum vtraque data erit.

88. Si in circulum mag. datum acta fit recta quæ fegmentum au-ferat, quod datum angulum comprehendat, acta recta mag.data eft.

89. Si in circulum mag.datum , data magnitudine recta acta fue-rint, auferet fegmentum,quod angulum datum comprehendet.

90. Si in circuli pofitione dati circumferentia datum fuerit pun-ctum , ab eo autem puncto ad circumferentiam circuli inflexa fuerit recta, quæ datum angulum efficiat, inflexæ rectæ altera extremitas data eft.

91. Si à dato puncto acta recta fuerit, quæ datum pofitione circulū contingat, acta linea pofitione,& magnitudine data eft.

92. Si extra circulum pofit.d.accipiatur aliquod punctū,á dato au-tem puncto in circulū producatur quædā recta,d. eft id quod fub acta linea,& ea quæ inter punctū & conuexā peripheriā cōprehēditur rect.

·93. Si intra datum positione circulum sumatur aliquod datum punctum, per punctum autem agatur in circulum aliqua recta, quod sub segmentis actæ rectæ comprehenditur rectangulum datum est.

94. Si in circulum magnit. datum acta recta quæ segmentum auferat quod datum angulum comprehendat, angulus autem qui in segmento consistit bifariam secetur, simul vtraque rectarum quæ angulum datum comprehendunt, ad lineam quæ angulum bifariam secat, habebit rationem datam: & quod sub simul vtrisque quæ datum angulum comprehendunt rectis, & infernè absciffá ab ea quæ angulum in circumferentia datum bifariam secat, rectangulum datum erit.

95· Si in circuli positione dati diametro sumatur punctum, à puncto autem in circulum producatur quædam recta, & agatur à sectione ad rectos angulos in productam rectam linea, per punctum autem in quo linea quæ ad rectos angulos consistit occurrit circumferentiæ circuli, agatur parallela productæ rectæ, datum est illud punctum, in quo parallela occurrit ipsi diametro, & quod sub parallelis lineis comprehenditur rectangulum datum est.

PAPPVS DE DATIS EVCLIDIS.

PRimus liber Datorum theoremata 90 continet, quorum primum vniuersè in magnitudinibus diagramma esse 23.24 verò est in rectilineis proportionalibus sine positione; & quæ deinceps sequuntur 14, sunt in rectis lineis positione datis. Quæ sequuntur, decem in triangulis specie datis sine positione. Sequentia sex in parallelogrammis, & applicationibus spatiorum specie datorum. Quæ deinceps, quinque primum quidem in lineis; 4 verò in spatiis triangulis, quòd differentiæ quadratorum laterum ad ipsa triangula spatia proportionem habeant datam. Sequentia 7 vsque ad 73, in duobus parallelogrammis, quòd ob positiones in angulis proportionem inter se datam habeant; quorum aliqua similes habent epilogos in duabus triangulis.

In sequentibus 6 diagrammatibus vsque ad 79, duo quidem sunt in triangulis; quattuor verò in pluribus rectis lineis proportionalibus. Quæ deinceps tria, in duabus rectis lineis proportionalibus, quæ datum spatium continent. At quæ in omnibus octo, vsque ad 90, in circulis ostenduntur, vel magnitudine tantùm datis, vel etiam positione, nimirum rectis lineis per datum punctum ductis.

Bb iij

P·APPI

DE PROPORTIONIS SECTIONE

Vam vnica propositione subdiuisa complectitur; quem tracta-
rum tribus problematibus complexus est Snellius.

1. Datis duabus rectis annuentibus per datum extra ipsas punctum
rectam educere, quæ ad earum concursum intercipiat segmenta in
ratione imperata.

2. Per datum extra punctum rectam ducere, quæ ad duos terminos in rectis parallelis datos intercipiat segmenta in ratione data.

3. Datis duabus rectis annuentibus per datum extra ipsas punctum
rectam ducere, quæ ab expositis ad duos datos in iisdem terminis
intercipiat segmenta in ratione imperata.

DE SPATII SECTIONE

Ggreditur postea spatij sectionem, quam similiter Snellius 4.
Problem. ita restituit.

1. Datis duabus rectis per datum in alterutra punctum rectam educere, quæ ad datos in expositis terminos absumat segmenta datum
spatium comprehendentia

2. Datis duabus rectis per datum punctum educere rectam, quæ ad
earum concursum intercipiat segmenta datum spatium comprehendentia. Vnde concluditur quî triangulum per rectam, à puncto extra, vel intra triangulum dato, eductam diuidatur in data ratione.

3. A datis duabus parallelis recta per punctum quod in neutra earum sit acta, ad datos in ipsis terminos absumere segmenta datum
spatium comprehendentia.

4. Datis duabus rectis annuentibus per punctum extra ipsas datum rectam ducere, quæ ad datos in ipsis terminos absumat segmenta datum spatium comprehendentia.

DE DETERMINATA SECTIONE

Vnc præterea tractatum idem Snellius 4 problematibus sequentibus complectitur.

1. Datam rectam infinitam vnico puncto secare, vt è rectis ad data
duo puncta absumptis, vnius quadratum; ad rectangulum sub reliqua,
& data externa comprehensum rationem habeat datam.

2. Datam rectam infinitam vnico puncto secare, vt è rectis ad data

tria puncta abſumptis quod ſub vna ipſarum, & data externa, ad id quod ſub duabus reliquis comprehenditur rationem habeat datam.

3. Datam rectam infinitam vnico puncto ſecare, vt è rectis ad data in ipſa tria puncta abſumptis, rectangulum ſub duabus comprehenſum, ad reliquæ quadratum rationem habeat datam.

4. Datam rectam infinitam vno puncto ſecare, vt è rectis ad data in ipſa 4 puncta abſumptis, rectangulum ſub duabus optatis comprehenſum, ad rectangulum ſub reliquis rationem habeat datam.

DE TACTIONIBVS, ſeu περὶ ἐπαφῶν.

SExdecim Problematibus tractatum hunc Vieta comprehendit in Apollonio Gallo, ſed cùm in planis ſubſtiterit, illum ad Sphærica Problemata Clariſſimus Fermatius 15 Problematibus extendit, quæ Vietæis ſubiungemus.

Problema 1. Per data duo puncta circulum magnitudine datum deſcribere.

2. Datis 2 rectis, circulum magnitudice datum deſcribere, qui datas rectas contingat.

3. Datis 2 circulis, tertium magnitudine datum deſcribere, qui datos circulos contingat.

4. Dato puncto, & recta circulum magnitudine datum deſcribere, qui per datum punctum tranſiens datam rectam contingat.

5. Dato puncto & circulo, alterum circulum magnitudine datum deſcribere, qui per datum punctum tranſiens circulum datum contingat.

6. Datis poſitione recta & circulo, alterum circulum magnitudine datum deſcribere, qui datam rectam, ac datum circulum contingat.

7. Datis 3 punctis in eadem recta non exiſtentibus per eadem circulum deſcribere.

8. Datis 2 punctis & recta, per data puncta circulum deſcribere, quem data recta contingat.

9. Datis 3 rectis, non parallelis, deſcribere circulum, quem harum vnaquæque contingat. Sequitur Lemma, per datum punctum ducere rectam ſecantem duas datas ad angulos æquales.

10. Datis 2 rectis, & puncto, per datum punctum circulum deſcribere, quem datæ 2 rectæ contingant.

11. Dato circulo, & duabus rectis deſcribere circulum, quem datus circulus, & datæ 2 rectæ contingant. Ante duodecimum Problema, tria Lemmata præmittit. Primum: Si duo circuli ſe mutuò ſe-

cent, à puncto autem fectionis ducatur per centrum vnius circulorum recta, ea non tranfibit per circuli centrum. 2. Si 2 circuli fe mutuò fecent, à puncto autem fectionis ducatur recta vtrumque circulum
fecans, erunt diffimilia circulorum fegmenta. 3. Si per crura trianguli
agatur recta bafi parallela, itaut duo conftituantur fub eodem vertice
fimilia triangula, qui circa triangulum vnum defcribetur circulus,
tangetur in vertice communi à circulo qui circa triangulum alterum
defcribetur.

12. Datis puncto, recta, & circulo, per datum punctum defcribere
circulum, quem data recta, & datus circulus contingant.

13. Datis 2 circulis, & recta, defcribere tertium circulum, quem
duo dati, & data recta contingant.

14. Datis 2 punctis, & circulo, per data 2 puncta circulum defcribere, qui datum circulum contingant.

15. Datis 2 circulis, & puncto, per datum punctum circulum defcribere, quem duo dati circuli contingant.

16. Datis tribus circulis, defcribere quartum, quem illi contingant.

DE TACTIONIBVS SPHÆRICIS. PROBLEM. 15.

1. DAtis 4 punctis, fphæram inuenire, quæ per data puncta
transeat.

2. Datis 3 punctis, & plano, inuenire fphæram, quæ per data puncta transeat, & planum datum contingat.

3. Datis 3 punctis, & fphæra, inuenire fphæram, quæ per data puncta transeat, & fphæram datam contingat.

4. Datis 4 planis, inuenire fphæram, quæ data plana contingat.

5 Datis 3 planis, & puncto, inuenire fphæram, quæ per datum punctum transeat, & plana data contingat.

6. Datis 3 planis, & fphæra inuenire fphæram, quæ datam fphæram, & data plana contingat.

7. Datis 2 punctis, & 2 planis, inuenire fphæram, quæ per data puncti transeat, & data plana contingat.

Ante 8. Prop. 5 Lemmata præmittuntur, lectione digna.

8. Datis 2 punctis, plano, & fphæra, inuenire fphæram, quæ per data
puncta transeat, & fphæram ac planum datum contingat.

9. Datis 2 punctis, & 2 fphæris, inuenire fphæram, quæ per data 2
puncta transeat, & fphæras datas contingat.

10. Dato puncto, 2 planis, & fphæra, inuenire fphæram, quæ per datum punctum transeat, & fphæram, ac data plana contingat.

11. Dato

11. Dato puncto, plano, & 2 sphæris, inuenire sphæram, quæ per datum punctum transeat, & planum, ac sphæras datas contingat.

12. Dato puncto, & 3. sphæris, inuenire sphæram, quæ per datum punctum transeat, & sphæras datas contingat.

13. Datis 2 planis, & 2 sphæris, inuenire sphæram, quæ data plana, & sphæras contingat.

14. Datis 3 sphæris, & plano, inuenire sphæram, quæ sphæras, & datum planum contingat.

15. Datis 4 sphæris, inuenire sphæram, quæ datas contingat.

DE PORISMATIBVS EVCLIDIS.

PRædictis libris ordine subiicit Pappus Euclidis Porismata, 3 inquit, voluminibus contenta, quod vocat opus artificiosissimum, & perutile ad resolutionem obscuriorum problematum. Porisma verò facit medium inter theorema & problema, quòd proponatur ad inuentionem propositi.

Porrò testatur tribus illis libris contineri Lemmata 38, & 101 Theoremata, quæ nullus (quòd sciam) hactenus restituisse videatur variè tractatus istius prop. apud Pappū pagina 161. Huius autem tractatus Restitutio Clarissimi Domini Fermatij postulat opem, qui 2 sequentes de locis planis libros adeò fœliciter redintegrauit.

DE LOCIS PLANIS.

DIuidit Pappus locos in τόφικταντ, qui in seipsis consistunt, quo sensu locus puncti, lineæ, superficiei, & solidi, est punctum, linea, superficies & solidum. Alij sunt μεξιδικοι se extra se extendentes vt cum locus puncti est linea, lineæ superficies, &c. Qui verò sunt in resoluto loco, alij positione dati, τόφικται alij plani dicti & solidi, & lineares: μεξιδικοι sunt punctorū, & ad superficies: ντατερφικοι punctorum; μεξιδικοι linearum; lineares ex ijs qui sunt ad superficies demonstrantur.

Porrò dicuntur plani loci, quicunque sunt rectæ lineæ, vel circuli. Solidi, qui conorum sectiones lineares, qui ad reliquas pertinent lineas, quales sunt cissoïdes, &c. Supersunt loci ab Eratosthene inscripti, ad medietates. Vnde constat quæ nobis desint, & quantum ope Geometricâ lineares, & alios locos suscitante egeamus : quod enim ad planos attinet, Cl. Fermatius illos restituit, & Pappi sequētem propositionem in pluribus obscuram & corruptam ita emendauit, vt eam in plures propositiones digesserit; sic igitur Pappus.

Ccc

. Si duæ lineæ agantur, vel ab vno dato puncto, vel à duobus, & vel in rectam, vel parallelæ, vel datum continentes angulum, vel inter se datam proportionem habentes, vel datum comprehedentes spatium; contingat autem terminus vnius locum planum positione datum, & alterius terminus locum planum positione datum continget: interdum quidem eiusd. generis, interdum verò diuersum, & interdum similiter positum ad rectam lineam, interdum contrario modo.

LIBRI PRIMI. PROPOSITIONES 15.

1 SI à dato puncto in rectam lineam duæ lineæ agantur datam habentes proportionem, & terminus vnius contingat locum positione datum, hoc est aut rectam, aut circumferentiam circuli posit. datam, alterius terminus continget rectam, aut circuli circumferen. positione datam.

2. Si à dato puncto ducantur in directum duæ rectæ, datum continentes spatium, contingat autem terminus vnius locum planum positione datum, tanget pariter & terminus alterius.

3. Si à dato puncto ducantur 2 lineæ datum angulum continentes, & datam habentes proportionem, contingat autem terminus vnius locum planum positione datum, continget & terminus alterius.

4. Si à dato puncto ducantur 2 lineæ datum angul. conting. & datum comprehendentes spatium, contingat autem terminus vnius locum planum positione datum, continget & terminus alterius.

5. Si à 2 punctis datis 2 lineæ parallelæ agantur, rationem habentes datam, contingat autem terminus vnius locum planum positione datum, continget & terminus alterius.

6. Si à 2 punctis datis 2 parallelæ agantur, datum comprehendentes spatium, contingat autem terminus vnius locum planum positione datum continget & terminus alterius.

7. Si 2 lineæ agantur à datis 2 punctis, datum continentes angulum, & datam habente proportionem, contingat autem terminus vnius locum pl. p. d. conting. & terminus alterius.

8. Si à 2 punctis datis ducantur 2 lineæ, datum angulum, & datum spatium, continentes contingat autem term. vn. l. posi. d. cont. & term. alt. *Hic quidem nonus ordo propos. incipit, sed malim numeros per sequi: sit igitur.*

9. Si rectæ lineæ positione datæ vnius terminus datus sit, & alter circumferentiam concauam positione datam continget.

10 Si à 2 punctis datis inflectantur rectæ datum angulum continentes, commune ipsorum punctum continget circumferentiam concauam positione datam.

11. Si trianguli spatij magnitudine dati basis positione & magnitudine data sit, vertex ipsius rectam positione datam continget.

12. Si rectæ magnit. datæ, & cuipiam positioni datæ æquidistantis vnus terminus contingat rectam positione datam, & alius terminus rectam positione datam continget.

13. Si à puncto quodam ad posit. datas 2 rectas parall. vel inter se conuenientes ducatur rectæ in dato angulo, vel datam habentes propor. vel quarum vna simul cum ea ad quam altera propor. habet datâ, data fuerit, continget punctum rectam pos. datam.

14. Si sint quotcunque rectæ pos. datæ, atque ad ipsas à quodam puncto ducantur rectæ in datis angulis, sit autem quod datâ lineâ, & ductâ continetur, vnâ cum contento datâ lineâ, & alterâ ductâ æquale ei, quod datâ & aliâ ductâ, & reliquâ continetur, punctum rectam pos. datam continget.

15. Si ab aliquo puncto ad pos. datas parallelas ducantur rectæ in datis angulis; quæ ad puncta in ipsis datâ abscindet rectam propor. habentes datam, punctum continget positione datam rectam.

LIBRI 2. PROPOSITIONES 8.

1. SI à datis punctis rectæ inflectantur, & sint quæ ab ipsis fiunt dato spatio differentia, punctum rectas positione datas continget.

2. Si à 2. p. inflectantur rectæ, & sint in proportione data, punctum continget rectam, vel circunferentiam.

3. Si sit positione data recta, & in ipsa datum punctum, à quo ducatur quædam recta terminata, à termino autem ipsius ducatur & ad positionem, & sit quod sit à ductâ, æquale ei quod à data & abscissâ, vel & ad datum punctum, vel ad alterum datum in linea data positione, terminus ipsius circumferentiam positione datam continget.

4. Si à 2. punctis datis rectæ inflectantur, & sit quod ab vna efficitur, eo quod ab altera dato maior quàm in proportione, punctum posit. datum circumferentiam continget.

5. Si à quotcunque datis punctis ad vnum punctum inflectantu rectæ, & sint species quæ ab omnibus fiunt, dato spatio æquale

punctum continget positione datam circumferentiam. Vbi 2 lem-
mâtibus præmissis propositiones generalissimas bipartitur & demonstrat.

6. Si à 2 punctis datis inflectantur rectæ, & à puncto ad positione ductam lineam abscissa à recta positione data ad datum punctum,
& sint species ab inflexis æquales ei, quod à data & abscissa continetur, punctum ad inflexionem positione datam circumferentiam continget.

7. Si in circulo positione dato sit datum punctum, perque ipsum
agatur quædam recta, & in ipsa punctum extrà sumatur, sit autem
quod sit à linea ducta vsque ad punctum intra datum æquale ei quod
à tota & extra sumpta vel soli, vel vnà cum eo quod duabus quæ intra
circulum portionibus continetur punctum extra sumptum positione datam rectam continget.

8. Et si hoc quidem punctum contingat positione datam rectam
lineam, circulus autem non ponatur, quæ sunt ad vtrasque partes
dati puncti, contingent positione eandem datam circumferentiam.
Omitto locos ad superficiem, cuius Isagogem vir idem Cl. amicis
communem fecit, & alia quæ vtinam ab eo tandem impetre-
mus.

INCLINATIONVM PERGÆI

A GHETALDO RESTITVTARVM

PROPOSITIONES 4.

1. IN dato circulo aptare rectam magnitudine datam, quæ ad
datum punctum pertingat.

2. Dato semicirculo & recta sit ipsius basi perpendicularis, inter
ipsam perpendicularem, & circumferentiam semicirculi ponere rectam magnitudine datam, quæ ad semicirculi angulum pertingat.

3. Rhombo dato, & vno latere producto, aptare sub angulo exteriori rectam magnitudine datam, quæ ad oppositum angulum
pertingat.

4. Rhombo dato, & duebus lateribus productis, aptare sub angulo

nteriori, rectam magnitudine datam, quæ ad oppositum angulum pertingat.

His autem omnibus non ægrè feret Lector, si verbo librum acutum de sectionibus angularium subiunxerimus.

ANGVLARIVM SECTIONVM DOCTRINÆ
PROPOSITIONES XI.

1. SI fuerint triangula rectangula, quorum primi angulus acutus differat ab acuto secundi per acutum tertij, & sit excessus penes primum, latera tertij recipiunt hanc similitudinem.

Hypothenusa, fit similis rectangulo sub hypothenusis primi & secundi.

Perpendiculum, simile rectangulo sub perpendiculo secundi & base primi.

Basis rectangulo sub basibus primi & secundi, plus rectangulo sub perpendiculis eorundem. *Est autem perpendiculum, latus cui acutus angulus subtenditur, basis verò quæ reliquum è recto subtendit.*

2. Si fuerint tria triangula rectangula, quorum primi angulus acutus adiunctus acuto secundi, æquet acutum tertij, latera tertij recipiunt hanc similitudinem.

Hypothenusa, fit similis rectangulo sub hypothenusis primi & secundi.

Perpendiculum, simile rectangulo sub perpendiculo, & base secundi, plus rectangulo sub perpendiculo primi, & base primi.

Basis, rectangulo sub basibus primi & secundi, minus rectangulo sub perpendiculis eorundem.

3. Si fuerint triangula rectangula quotcunque, & horum secundi angulus acutus sit duplus ad acutum primi, tertij triplus, quarti quadruplus, & eo continuò naturali progressu; primi autem trianguli perpendiculum statuatur prima proportionalium, basis eiusdem secunda, eaque series continuetur.

In secundo erit basis ad perpendiculum, vt tertia minus prima, ad secundam bis.

In tertio, vt quarta minus secunda ter, ad tertiam ter, minus prima.

In quarto, vt quinta minus tertia sexies, plus prima, ad quartam quater, minus secunda quater.

In quinto, vt sexta minus quarta decies, plus secunda quinquies, ad quintam quinquies, minus tertia decies plus prima.

Et ita in infinitum, distributis successiuè in duas partes proportionalibus, secundum earum seriem, vtrobique primum adfirmatis, deinde negatis, & sumptis multiplicibus, vt ordo graduum in artificiosa genesi potestatum, quibus ea addicuntur, exigit. *Vide duas tabellas, quibus Theorema potest in infinitum continuari.*

4. Si à termino diametri sumaptur in circulo circumferentiæ quotcunque æquales, & ab altera extremitate educantur rectæ ad sumptarum circumferentiarum æqualium terminos, erit, vt semidiameter ad rectam à iam dicta extremitate eductam diametro proximam, ita quælibet intermedia, ad summam duarum in eadem semiperipheria sibi vtrinque proximarum. At si educta sit minor subtensa vnius æqualium partium, erit in prædicta ratione ad differentiam duarum sibi vtrinque proximarum.

5. Si in circumferentia circuli sumantur duo arcus continui inter se æquales, recta ab extremitate diametri ad communem illorum terminum ducta, erit ad aggregatum vel differentiam rectarum ab eadem extremitate diametri ad reliquos æqualium arcuum terminos ductarum, vt semidiameter ad subtensam complementi ad semicirculum vnius æqualium arcuum.

6. Si à termino diametri sumantur in circulo circumferentiæ quotcunque æquales, & ab altera extremitate educantur rectæ ad sumptarum circumferentiarum æqualium terminos, eductæ fiunt bases triangulorum, quorum communis hypothenusa est diameter; ac basis quidem diametro proximior intelligitur basis anguli simpli, succedens dupli, & eo continuo ordine: constituatur autem series linearum rectarum continuè proportionalium, quarum prima sit æqualis semidiametro, secunda basi anguli simpli, is reliquarum basium ordine succedentium erit progressus.

Tertia, continuè proportionalium, minùs prima bis, erit æqualis basi anguli dupli.

Quarta, minus secunda ter, basi anguli tripli.

Quinta, minus tertia quater, plus prima bis, basi anguli quadrupli.

Et ita in infinitum, vt per loca proportionalium imparia noua affectio succedat affirmatæ negata, negatæ affirmata, & proportiona-

les illæ fint femper alternæ, & multiplices quidem, in prima adfe-
ctione, per vnitatis crementum: in fecunda per numeros triangulos,
in tertia per numeros pyramidales; in quarta per numeros triangu-
lo-triangulos; in quinta per numeros triangulo-pyramidales : non
quidem ab vnitate vt in poteftatum genefi, fed à binario fuum ducen-
tes incrementum.

7. Si à termino diametri fumantur in peripheria circuli partes
quotcunque æquales, & ab eiufdem diametri extremitate educantur rectæ ad fingula fectionum puncta : erit vt femidiameter ad fub-
tenfam partium æqualium vni, ita reliquarum quælibet ab alterutro
diametri termino educta, præter diametrum, aut diametro proximam, ad differentiam duarum à reliquo eiufdem termino eductarum ad fectiones fibi vtrinque proximas. At ita diameter ipfa cùm
in fectionem æqualem incidit, vel cùm non incidit, ei proxima in
fectionem incidens, ad fummam duarum ab altero diametri termino,
ad proximas vtrinque fectiones eductarum.

8. Si fuerint triangula rectangula æqualia hypothenufæ, quorum
primi angulus acutus fit in fubmultipla ratione ad angulos acutos
fuccedentium ordine triangulorum, ad acutum videlicet fecundi
fubduplus, tertij fubtriplus, quarti fubquadruplus, & eo continuò
ordine: conftituatur autem feries rectarum continuè proportionalium, quarum prima fit æqualis femihypothenufæ, fecunda perpendiculo anguli primi, inter fuccedentes continuè proportionales &
fuccedentium triangulorum bafes, ac perpendicula, hæc erit æqualitas.

Prima bis, minus tertiâ continuè proportionalium, erit æqualis
bafi trianguli fecundi.

Secunda ter minus quarta, perpendiculo trianguli tertij.

Prima bis minus tertiâ quater, plus quinta bafi trianguli quarti.

Secunda quinquies, minus quarta quinquies, plus fextâ, perpendiculo trianguli quinti.

Et ita in infinitum, inuerfo eo qui in quinto Theoremate expofitus
eft ordine.

9. Si à puncto in peripheria circuli, fumantur fegmenta quotcunque æqualia, & ab eodem ad fingula fectionum puncta rectæ educantur; erit vt minima ad fibi proximam, ita reliquarum quævis à
minima deinceps, ad fummam duarum fibi vtrinque proximarum.

10. Si à puncto in circuli circumferentia fumantur partes quotcumque æquales, & ab eodem educantur rectæ fumptarum circum-

ferentiarum æqualium terminos: conſtituatur autem ſeries rectarum
continuè proportionalium, quarum prima ſit æqualis minimæ ductæ, ſecunda à minima ſecundæ, is reliquarum eductarum ordine ſuc-
cedentium erit progreſſus.

Tertia continuè proportionalium, minus primâ, erit æqualis tertiæ.

Quarta, minus ſecundâ bis, quartæ.

Quinta, minus tertiâ ter, plus primâ, quintæ. Et ita in infinitum,
ſecundum numeros in quinto Theoremate expreſſos. Vide tabulam.

11. Si ſecetur ſemicircumferentia in partes quotcunque æquales,
& ab altero diametri termino educantur rectæ ad quælibet ſectionum puncta; eſt vt minima educta ad diametrum, ita compoſita ex
diametro, minima & maxima, ad compoſitam ex omnibus eductis
duplam.

IN HOC AVTEM LIBRO SEPTIMO
Pappi ſunt Propoſitiones 238.

POſt tractatus omnes præcedentes quædam circa Propoſitiones
238. quas Pappus hocce libro tradit aduertenda ſunt, nempe
primâ Propoſitione ſecari rectam in data ratione; alias verò Propoſitiones non poſſe abſque diagrammatibus facilè intelligi, niſi quis
magna verborum ambage vtatur. A 22. Prop. agit de ſectione determinata, de qua ſusè loquitur Propoſ. 64. à qua librum inclinationum incipit, vt librum tactionum à Prop. 96. A Propoſ. 129. de
poriſmatibus agit. Dehinc vſque ad Prop. 235. multa circa 8 conicorum libros aduertit: & à 235. Prop. de loco ad ſuperficiem agit. Vide
præclaram parabolæ proprietatem Prop. 238.

LIBRI OCTAVI PROPOSITIONES 22.

POſt 24. Propoſitiones agit de quinque viribus, huncque librum
ad filium Hermodorum mittit, in cuius Præfatione notat ex He-
rone mechanico duas eſſe partes mechanicæ, rationalem ex Geometria, Arithmetica, Aſtronomia, Phyſiciſque rationibus conſtantem, & manuariam mannû opera egentem, atque adeo ex æraria,
tectonica, pictura conſtantem. Artémque manganorum, pondera
machinis in altum tollentem, & ſagittas catapultis emittentem
ærenſes permittit.

Omitto

Omitto πνευματικὲ, & hydraulica, de quibus fusè, dictum est, vt ad-
uertas Carpo teste librum de Sphæropœia, seu sphæræ constructione ab
Archimede scriptum. Porrò tractatum de graui & leui Pappus omittit,
quod de iis egerit Ptolomæus in mechanicis, sed non extant. Hanc autem imprimis affert definitionem.

Centrum grauitatis vniuscuiusque corporis est punctum quoddam
intra positum, à quo si graue dependens mente concipiatur, dum fertur quiescit, & seruat eam, quam in principio habebat, positionem,
neque in ipsa latione circumuertitur. Vbi Commandinus obseruat non
sufficere si corpus graue bis plano imponatur, sed tertio imponendum,
vt grauitatis centrum appareat. Cùm autem sequentes propositiones
diagrammata supponant, eas minimè refero, quarum sexta docet qui
recta ita secetur, vt minor pars sit minoris potestate tripla. Octauâ,
quomodo planum inclinetur, vt ipsius inclinatio vergat in vnum punctum plani non inclinati, seu horizonti æquidistantis, in parallelogrammo, & inclinatio sit in angulo dato.

Nonâ, dato pondere à data potentia dato in plano horizonti parallelo, & altero plano inclinato, quod ad subiectum planum datum angulum efficiat, quomodo inueniatur potentia, à qua pondus in plano inclinato ducatur. Vbi eum errasse dictum est libr. Mechan. Prop. 13.
Coroll. 5. Decima, datum pondus data potentia moueri ad quod refertur Archimedeum, da mihi vbi consistam, & terram commouebo: huius
propositionis factam ait constructionem libro Ἀχ(ριάλωι, sumpto lemmate quod demonstrauit in mechanicis, in quibus etiam de quinque
viribus differit, nempe cuneo vecte, cochlea, polyspasto, & axe; nam
libro περὶ ζυγῶν de rotulis datâ potentiâ mouentibus; libro inscripto Ἀ-
χριάλωι de tympanis dentatis, quorum diametri ad axis diametrum existentes vt 5 ad 1, moueant pondus mille talentorum, cum potentia 5
talentorum fuerit, sed de Glossocomo dictum est 11 mechan. prop. &
de trochleis, & polyspastis 9 & 10.

Prop. 15 Pappus dato circulo sublimi, non tamen in plano ad subiectum planum recto, inuenit communem sectionem vtrorumque planorum, & eorundem inclinationem.

Decimasextâ, tribuit minimam lineam inter sphæræ superficiem, &
subiectum planum interiectam.

Decimaseptima, sphærâ posita, & puncto extra ipsam dato, inuenit punctum, in quo recta à dato puncto ad centrum sphæræ ducta circumferentiam secat.

Decima octauâ 2 punctis extra superficiem sphæræ datis, dat puncta,
in quibus recta, data puncta contingens, sphæræ superficiem secat.

19. In dato circulo 7. hexagona defcribit, vnum circa idem, quod eft circuli centrum; reliqua 6 à medij lateribus, quæ oppofita latera habent ad circuli circumferentiam aptata.

21. Vt velocitas tympani A, ad velocitatem tympani B, ita dentium B multitudo ad multitudinem dentium A.

22. Circulorum circumferentiæ funt vt eorum diametri.

23. Docet quomodo tympano dato tympanum aliud adhibeatur, & tympani diameter inueniatur.

24. Conftruit cochleam, helicem habens obliquam dentibus tympani dati congruentem. Vbi de quinque viribus agit, & de iis quæ in folo ducuntur, vel in altum trahuntur: de quibus cum partim tract. præcedente mechan. tum poftea fecuturo, fufe fatis dixerimus, 8 Pappi libris finem apponamus.

MECHANICORVM
LIBRI.

PRÆFATIO.

ECHANICE eſt ars, ſeu facultas quæ naturali materia, & demonſtrationibus vtitur, conſulitque hominum neceſſitati, & vtilitati, ac ipſam naturam imitatur, vt pictura; vel iuuat, vt medicina: vel ſuperat, vel decipit, quæ quidem effectus mirabiles producit, vt conſtat ex cochlea, de qua Guido Vbaldus 4. libros conſcripſit, per quam aqua non ob aliam rationem aſcendit, niſi quia deſcendit; & ex machinis vi quarum ſultus Archimedes dicebat, δός μοι ποῦ ςῶ ᾗ κοινῶ τῇ γῆ; ſiue βαςυλκᾷ vteretur, quod Heroni tribuunt: ſiue ἰλκτικὸν illud inſtrumentum, quod vocamus cochleam, aut helicem infinitam, inuenerit; ſiue triſpaſtò, & polyſpaſto illa miranda præſtiterit, quæ paſſim de eo circumferuntur, ſiue quinque vires ſimul iunxerit, vt refert Iambographus Piſida, vectem nempe, trochleam, axem in peritrochio, cuneum, & cochleam, quibus Archimedis problema, τῶ ἀθλίων δυνάμει ἀθρόῖς βάρεϛ κινῆσαι. Quod non minus mirabile cuipiam videatur, quàm illud Geometricum, mixtum angulum acuto quolibet maiorem, & minorem, non tamen æqualem dari poſſe; vel lineas in infinitum productas, propiuſque inuicem ſemper accedentes nunquam poſſe concurrere, vt conſtat ex aſymptotis cum hyperbole, & linea connoide cum recta linea, &c. Hos igitur Mechanicorum libros accipe, (mi THEOTIME) qui omnia ferè theoremata ad rotundam machinam reducentes, hoc axiomate nituntur: *Rotunda machina eſt mouentiſſima, & quo maior, eo mouentior;* quo ad illam diuinam ſphæram ſpe erigamur, cuius centrum vbique, circumferentia nullibi eſſe dicitur; & quæ tempus ab æuo.

Ire iubet, ſtabiliſque manens dat cuncta moueri.

Ddd ij.

DE GRAVITATIS
ET VNIVERSI CENTRO.
LIBER PRIM·VS.

Q Vemadmodum præcedentes rerum Geometricarum tractatus, (mi
Theotima) à materia sensibili, vt methaphysica ab omni,; &
physica à singulari, abstraxerunt, ita libri mechanici genus omne materiæ inuoluunt, & artefacta tam in genere, quàm in specie, & in particulari considerant, quæ cum maximè à centro grauitatis, magnitudinis, &c. pendeant, de eo priùs agamus; iuxta ea quæ à Commandino, Guid.Vbaldo, Valerio, & alijs tradita sunt.

PRIMA PARS CONTINENS
DEFINITIONES, ET EA QVÆ
spectant ad centrum vniuersi.

DEFINITIONES.

I. GRauitas est virtus corporis grauis, qua deorsum nititur & mouetur; quæ videtur oriri ex appetitu, quem habet graue ad sui
conseruationem: nisi quis malit descensum corporum grauium fieri à
qualitate attractiua terræ siue magneticâ, siue qualibet alia.

II. Leuitas est virtus corporis leuis, qua sursum nititur & tendit; si tamen aliqua leuitas, & non potiùs minor solùm grauitas detur in rerum
natura.

III. Centrum grauitatis vniuscuiusque corporis est punctum illud intrà, extráve positum, circa quod vndique partes æqualium momentorum consistunt, ita vt si per tale centrum ducatur planum figuram quomodocumque secans; semper in partes æquiponderantes ipsum diuidat. Aliter. Est punctum illud, à quo si corpus suspendatur,quiescit,&
eam pòotionem seruat, quam in principio habuit, quantumcumque
moueatur, & circumferatur. Centrum verò grauitatis est vel linearum,

vel figurarum, vel solidorum.

IV. Centrum leuitatis est punctum, secundùm quod leuia rectà à centro sursum feruntur. Vtrumque verò tam grauitatis, quàm leuitatis centrum, dicitur naturæ, quando corpora naturali impetu feruntur; violentiæ verò, quando impetu impresso mouentur, hoc est qualitate, seu virtute aduentitia, qua in aliquam partem proiiciuntur.

✴·V. Centrum magnitudinis est punctum ab omnibus extremitatibus corporis distans æqualiter, quale est centrum circuli, & sphæræ; quod etiam est centrum magnitudinis omnium figurarum regularium circulo inscriptarum, vel circumscriptarum. At in magnitudinibus irregularibus est punctum, per quod diuisa magnitudo relinquit duas partes æquales magnitudinis.

✴ VI. Centrum figuræ est punctum, à quo semidiametri excunt: vel per quod transeunt diametri, vt circuli centrum, & ellipsis.

✴ VII. Centrum vniuersi est punctum illud, ad quod omnia grauia rectis lineis feruntur: estque centrum omnium grauium: quod quidem vulgò assumitur, sed demonstrari nequit; cum probabile sit esse peculiare centrum grauitatis in quolibet systemate particulari vniuersi, seu in omnibus maioribus corporibus: nihil igitur temerè asserendum de centro vniuersi; quo tamen supposito, vtpote nostris experientiis arridente, sit.

VIII. Linea directionis, seu diameter grauitatis pendula, hoc est horizonti perpendicularis, est linea ducta à centro proprio vniuscuiusque grauis ad centrum vniuersi, quæ totuplex est, quotuplex est corpus graue extra centrum, & per quam vt motus directricem graue descendit, nisi impediatur: in quolibet autem illius puncto graue æquiponderare supponitur.

IX. Grauitatis corporeæ diameter, est recta infinita per grauitatis centrum acta, sicut diameter magnitudinis est linea recta ducta per centrum magnitudinis.

X. Grauitatis planum diametrale est quæcumque recta superficies per grauitatis centrum transiens: Quibus addi poterunt definitiones Commandini, quas affert libro de centro grauitatis solidorum, quem sequentibus propositionibus subiungemus.

DE CENTRO VNIVERSI.

PROPOSITIONES.

I.

✱ SVpponamus omnia grauia mundi medium appetere, & rectis lineis ad illud ferri naturaliter, id enim ab omnibus ferè conceditur, quod tamen nondum demonstratum est: quis enim nouit, num siderum partes auulsæ grauitent, & ad suum astrum, velut lapides in altum sublati ad terram, redeant; & an lapides, lunæ, verbi gratiâ, quàm terræ propinquiores, ad terram, aut ad lunam descensuri sint.

II.

Si centrum terræ est centrum vniuersi, distamus à centro mundi 1145 leucas, quarum vnaquæque 15000 pedes regios habet: quandoquidem diameter globi terreni est 2290 leucarum, maximúsque propterea illius circulus 7200 leucarum, iuxta ea quæ demonstrauit Archimedes, nempe diametrum sphæræ esse ad eius circumferentiam vt 7 ad 22 proximè.

III.

✚ Si solis centrum sit centrum vniuersi, statim plus, statim minus à medio mundi distamus; semidiametris nempe terrenis 1101. hyeme, cùm sol sit perigæus; æstate verò 1182, quandó est apogæus: itaque nobis hyeme vicinior erit 81 semidiametris terrenis: *De quibus in sphæricis dictum est:* deinceps verò quædam proponentur, quæ ex centro terreni globi pendent.

IV.

Tametsi lineæ ductæ à centro terræ ad eius circumferentiam magis semper à se ipsis recedant, quo magis distant à centro, attamen illarum partes inter pedem & altitudinem montium quantumuis sublimium interceptæ pro parallelis sumi possunt: ideóque non plures domus ædificari, arbores plantari, aut homines stare possunt supra montem, quàm super planam superficiem, cui mons innititur, quamuis montis superficies plani superficie quadruplo fuerit amplior.

V.

Ob maiorem capitis hominis 6 pedes alti, quàm pedum à centro terræ distantiam, caput hominis terram circumies 4 ferè leucis superaret spatium à pedibus confectum; *vt pagina* 873 *libri de veritate scientiarum.*

aſtenſum eſt. Quæ tamen maioris ſpatij differentia non eſt ſenſibilis in itinere vnius leucæ.

VI.

Vas in pede montis poſitum, vel in alio inferiori loco, plus aquæ, vel alterius humidi continet, quam in vertice montis, vel in alio ſuperiori loco, idque ob maiorem portionem circuli à centro terræ per labra vaſis inferioris, quàm vaſis ſuperioris ducti: verùm illud quo inferius excedit ſuperius, ſenſibile non eſt.

VII.

✝ Nullus ſtare poteſt, niſi linea perpendicularis, ſeu directionis per illius pedes tranſeat: hinc fit vt homo ſedens, cuius quietem, vel leſſionem Ariſtoteles qu. 30. mechanicorum in rectum angulum refert, non poſſit ſurgere, donec acutum angulum caput, vel corpus cum cruribus efficiat, & caput cum pedibus in eadem directionis linea ſtatuatur.

VIII.

Si centrum terræ ſit centrum vniuerſi, hoc centrum pluribus modis reperiri poteſt, duobus verò præſertim; primo, ſi duo longiſſima fila à ſe diſtantia à vertice turris vſque ad centrum deſcenderint, hæc enim eo magis ad ſe inuicem accedent, quo propiùs acceſſerint ad centrum: tot autem erunt partes à centro terræ vſque ad verticem turris æquales vni filo, quot erunt partes æquales exceſſui maioris diſtantiæ filorum ſupra minorem eorundem diſtantiam. Secundo, ab eleuatione data poli procedendo ad aliam maiorem, aut minorem vno gradu eleuationem; enimuero differentia vnius gradus dabit 20 leucas, quæ per 360 gradus multiplicatæ exhibent 7200 leucas pro circunferentia, ex qua nota ſemidiameter, atque adeò centrum terræ, ſeu vniuerſi facilè concluditur: hic autem modus eſt primo præferendus, cum in primo exceſſus prædictus ſit inſenſibilis: vt pag. 875. libri de veritate ſcientiarum demonſtratum eſt.

IX.

Si centrum terræ eſt centrum vniuerſi, & terra ingenti pondere, qualis eſt exercitus, in vna parte poſito, mutet locum deſcendendo, vel aſcendendo, centrum vniuerſi mobile eſt. Viderint aſtronomi vtrum motus liberationis, ſiue trepidationis, qui in cœlis obſeruatus eſt in motum terræ referri poſſit. An verò definire quantü pondus ſit neceſſarium vt terra locum mutet, videtur difficile, quod tamen facile erit, ſi bilancium, vel librarum rationes ſequamur.

X.

Si grauitas corporum oritur ex maiori denſitate partium, an centrum terræ corporum denſiſſimum? quam denſitatem ſoli tribuunt, qui statuunt illum pro centro vniuersi, huic enim tantumdem materiæ, quantum reliquis mundi corporibus tribuunt: quæ penitus incerta sunt.

SECVNDA PARS.

DE CENTRO GRAVITATIS SOLIDORVM.

CVm animaduertisset Commandinus Archimedem de centro planorum, libro ϰίντρα βάροι ἐπιπέδων, quem supra dedimus, copiosissime, & acutissime scripsisse, nullum autem egisse de centro grauitatis solidorum, nec enim extat Maurolyci liber quem de hac materia composuisse dicitur; librum verò de iis quæ vehuntur in aqua, quem Latine reddiderat, huius centri cognitione indigere, tractatum sequentem edidit, cui tres Lucæ Valerij de eadem materia libros ob rationes suo loco explicandas subiungemus: sint igitur

DEFINITIONES.

I. PRima definitio docet quid sit centrum grauitatis, quæ nobis suit inferiùs tertia.

✛ II. Prismatis, cylindri, & portionis cylindri axis est recta linea, quæ oppositorum planorum centra grauitatis coniungit.

✛ III. Pyramidis, coni & portionis coni axis est linea, quæ à vertice ad centrum grauitatis basis perducitur.

✛ IV. Si pyramis conus, portio coni, vel conoidis secetur plano basi æquidistante, pars, quæ est ad basin, frustum pyramidis, coni, portionis coni, vel conoidis dicetur: quorum plana æquidistantia, quæ opponuntur, similia sunt, & inæqualia: axes verò sunt axium figurarum partes, quæ in ipsis comprehenduntur.

Postulata.

✛ I. Solidarum figurarum similium centra grauitatis similiter sunt posita.

✛ II. Solidis figuris similibus, & æqualibus, inter se aptatis, centra quoque grauitatis inter se aptata erunt.

Propositiones

Propositiones & Theoremata.

I.

✦ OMnis figuræ rectilineæ in circulo descriptæ, quæ æqualibus lateribus, & angulis continetur, centrum grauitatis est idem, quod circuli centrum.

II.

Omnis figuræ rectilineæ in ellipsi descriptæ, centrum grauitatis est idem quod ellipsis centrum.

III.

✦ Cuiuslibet portionis circuli, & ellipsis, quæ dimidia non sit maior, centrum grauitatis in portionis diametro consistit.

IV.

In circulo & ellipsi idem est figuræ, & grauitatis centrum. *Vnde sequitur portionis circuli, vel ellipsis, quæ dimidia maior sit, centrum grauitatis in diametro quoque ipsius consistere.*

V.

✦ Si prisma secetur plano oppositis planis æquidistante, sectio erit figura æqualis & similis ei, quæ est oppositorum planorum, centrum grauitatis in axe habens. *Hinc constat cuiuslibet prismatis axem, parallelogrammorum lateribus, quæ ab oppositis planis ducuntur, æquidistare.*

VI.

✦ Cuiuslibet prismatis centrum grauitatis est in plano, quod oppositis planis æquidistans reliquorum planorum latera bifariam diuidit.

VII.

✦ Cuiuslibet cylindri, & cylindri portionis centrum grauitatis est in plano, quod basibus æquidistans, parallelogrammi per axem latera bifariam secat.

VIII.

✦ Cuiuslibet prismatis, & cylindri, vel cylindri portionis grauitatis centrum in medio ipsius axis consistit.

IX.

✦ Si pyramis secetur plano basi æquidistante, sectio erit figura similis ei, quæ est basis, centrum grauitatis in axe habens.

X. *Problema I.*

Data qualibet pyramide, fieri potest, vt figura solida in ipsa inscribatur, & altera circumscribatur ex prismatibus æqualem altitudinem habentibus, ita vt circumscripta inscriptam excedat magnitudine, quæ minor sit quacumque solida magnitudine proposita.

EEe

XI. *Problema 2.*

Dato cono, fieri poteſt, vt figura ſolida inſcribatur, & altera circumſcribatur ex cylindris æqualem habentibus altitudinem, ita vt circumſcripta ſuperet inſcriptam, magnitudine, quæ ſolida magnitudine propoſita ſit minor.

XII. *Problema 3.*

Data coni portione, poteſt ſolida quædam figura inſcribi, & altera circumſcribi ex cylindri portionibus æqualem altitudinem habentibus, itavt circumſcripta inſcriptam exupèret, magnitudine quæ minor ſit ſolida magnitudine propoſita.

XIII. *Probl. 4.*

Data ſphæræ portione, quæ dimidia ſphæra maior non ſit, poteſt ſolida quædam portio inſcribi, & altera circumſcribi ex cylindris æqualem altitudinem habentibus, ita vt circumſcripta inſcriptam excedat, magnitudine, quæ ſolida propoſita magnitudine ſit minor.

XIV.

Cuiuslibet pyramidis, & coni, vel coni portionis, centrum grauitatis in axe conſiſtit.

XV.

Cuiuslibet portionis ſphæræ, vel ſphæroidis, quæ dimidia maior non ſit: itemque cuiuslibet portionis conoidis, vel abſciſſæ plano ad axem recto, vel non recto, centrum grauitatis in axe conſiſtit.

XVI.

In ſphæra, & ſphæroide, idem eſt grauitatis, & figuræ centrum: *& per conſeqnens portionis ſphæra, vel ſpharoidis centrum grauitatis in axe conſiſtit.*

XVII.

Cuiuslibet pyramidis triangularem baſim habentis grauitatis centrum eſt in puncto, in quo ipſius axes conueniunt.

XVIII.

Si ſolidum parallelepipedum ſecetur plano baſibus æquidiſtante: erit ſolidum ad ſolidum, ſicut altitudo ad altitudinem, vel ſicut axis ad axem.

XIX.

Solida parallelepipeda in eadem baſi, vel in æqualibus baſibus cpnſtituta eaminter ſe proportionem habent, quam altitudines: & ſi axes ipſorum cum baſibus æquales angulos contineant, eam quoque quam axes proportionem habebunt.

Ex quibus patet priſmata omnia, & pyramides, quæ triangulares baſes

habent, ſiue in eiſdem, ſiue in æqualibus baſibus conſtituantur, eandem pro-
portionem habere quam altitudines: & ſi axes cum baſibus æquales angulos
contineant, ſimiliter eandem quam axes, habere proportionem : ſunt enim
ſolida parallelepipeda priſmatum triangulares baſes habentium dupla: &
pyramidum ſextupla.

XX.

Priſmata omnia, & pyramides quæ in eiſdem, vel æqualibus baſibus
conſtituuntur, eam inter ſe proportionem habent quam altitudines:
& ſi axes cum baſibus faciunt angulos æquales, eam etiam, quam axes
habent proportionem.

XXI.

Priſmata omnia, & pyramides inter ſe proportionem habent compoſitam ex proportione baſium, & proportione altitudinum.

Hinc conſtat priſmata omnia, & pyramides, in quibus axes cum baſibus
æquales angulos continent, proportionem habet compoſitam ex baſium pro-
portione, & proportione axium; demonſtratum eſt enim axes inter ſe eandem
proportionem habere, quam ipſa altitudines.

XXII.

Cuiuslibet pyramidis, & cuiuslibet coni, vel coni portionis axis à
centro grauitatis ita diuiditur, vt pars, quæ terminatur ad verticem
reliquæ partis, quæ ad baſim ſit tripla.

XXIII. Probl. 5.

Quodlibet fruſtum à pyramide, quæ triangularem baſim habeat,
abſciſſum, diuiditur in tres pyramides proportionales, in ea proportione, quæ eſt lateris maioris baſis ad latus minoris ipſi reſpondens.

XXIV.

Quodlibet fruſtum pyramidis, vel coni, vel coni portionis, plano
baſi æquidiſtanti ita ſecare, vt ſectio ſit proportionalis inter maiorem,
& minorem baſim.

XXV.

Quodlibet fruſtum pyramidis, vel coni, vel coni portionis ad pyramidem, vel conum, vel coni portionem, cuius baſis eadem eſt, &
æqualis altitudo, eandem proportionem habet, quàm vtræque baſes,
maior & minor ſimul ſumptæ vnà cum ea, quæ inter ipſas ſit proportionalis, ad baſim maiorem.

XXVI.

Cuiuslibet fruſti à pyramide, vel cono, vel coni portione abſciſſi,
centrũ grauitatis eſt in axe, ita vt eo primùm in duas portiones diuiſo,
portio ſuperior, quæ minorem baſim attingit, ad portionem reliquam
eam habeat proportionem, quam duplum lateris, vel diametri maioris

basis vnà cum latere,vel diametro minoris ,ipsi respondente, habet ad
duplum lateris, vel diametri minoris basis vnà cum latere, vel diametro maioris: deinde à puncto diuisionis quarta parte superioris portionis in ipsa sumpta: & rursus ab inferioris portionis termino, qui est
ad basim maiorem , sumpta quarta parte totius axis: centrum sit in
linea, quæ his finibus continetur, atque in eo lineæ puncto , quo sic
diuiditur, vt tota linea ad partem propinquiorem minori basi, eandem
proportionem habeat , quam frustum ad pyramidem , vel conum,
vel coni portionem , cuius basis sit eadem, quæ basis maior, & altitudo frusti altitudini æqualis.

XXVII. Probl. 6.

Omnium solidorum in sphæra descriptorum, quæ æqualibus, & similibus basibus continentur, centrum grauitatis est idem, quod sphç-
ræ centrum.

XXVIII. Probl. 7.

Data qualibet portione conoidis rectanguli , abscissa plano ad
axem recto, vel non recto, fieri potest, vt portio solida inscribatur ,
vel circumscribatur ex cylindris,vel cylindri portionibus, æqualem
habentibus altitudinem, ita vt recta linea,quæ inter centrum grauitatis
portionis, & figuræ inscriptæ, vel circumscriptæ interiicitur, sit minor qualibet recta linea proposita.

*Vnde patet centrum grauitatis figura inscripta & circumscripta eo magis
accedere ad portionis centrum,quo pluribus cylindris , vel cylindri portionibus constet: fiatque figura inscripta maior, & circumscripta minor! & quanquam continenter ad portionis centrum propius admoueatur, nunquam tamen ad ipsum perueniet : sequeretur enim figuram inscriptam non solùm
portioni , sed etiam circumscripta figura aqualem esse , quod est absurdum.*

XXIX.

Cuiuslibet portionis conoidis rectanguli axis à centro grauitatis
ita diuiditur, vt pars quæ terminatur ad verticem , reliquæ partis, quæ
ad basim sit dupla.

XXX.

Si à portione conoidis rectanguli alia portio abscindatur, plano
basi æquidistante, habebit portio tota ad eam, quæ abscissa est, duplam proportionem eius, quæ est basis maioris portionis ad basim minoris, vel quæ axis maioris ad axem minoris.

XXXI.

Cuislibet frusti à portione rectanguli conoidis abscissi, centrum
grauitatis est in axe, ita vt demptis primùm à quadrato, quod sit ex

diametro maioris bafis, tertia ipfius parte, & duabus tertiis quadrati,
quod fit ex diametro bafis minoris : deinde à tertia parte quadrati maioris bafis rurfus dempta portione, ad quam reliquum quadrati bafis
maioris vnà cum dicta portione, duplam proportionem habeat eius,
quæ eft quadrati maioris bafis ad quadratum minoris : centrum fit in
eo axis puncto, quo ita diuiditur, vt pars quæ minorem bafim attingit, ad alteram partem eandem proportionem habeat, quam dempto
quadrato minoris bafis à duabus tertiis quadrati maioris, habet id,
quod reliquum eft vnà cum portione à tertia quadrati maioris parte
dempta, ad reliquam eiufdem tertiæ portionem.

TERTIA PARS

CONTINENS TRES LIBROS

Lucæ Valerii de centro grauitatis folidorum.

CVm Lucas Valerius animaduertiffet corporum planis terminis
definitorum, nec non cylindri, & coni, & frufti conici, & fphæræ, & fphæroidis centrum grauitatis à Commandino oftenfum fuiffe;
aliorum autem, quæ fuperficie mixta continentur, vno conoide parabolico tentato, centrum grauitatis ab eo inueniri non potuiffe; tribus
libris oftendit centrum grauitatis non folùm conoidis parabolici, fed
etiàm hyperbolici, & frufti vtriufque, & portionis vtriufque conoidis,
& portionis frufti, & hemifphærij, & hemifphæroidis, & cuiuslibet portionis fphæræ, & fphæroidis vno & duobus parallelis abfciffæ. Tametfi
autem quibufdam Archimedis, & Commandini propofitionibus vtatur,
vtpote Archimedis 14. 17. & fecunda parte vigefimæ, in primo libro,
& vna, in fecundo libro: Commandini verò, in primo libro 23. 25. 32.
33. 34. 37. 39. 41. & 42. omnes tamen referemus, vt aliæ propofitiones
facilius intelligantur.

LIBER PRIMVS.

DEFINITIONES.

‡ I. FIguræ aliquæ planæ multilateræ centrum habere dicuntur punctum illud, in quo omnes rectæ lineæ vel angulos oppo-litos iungentes bifariam secantur, vel ab angulis ductæ ad laterum oppositorum bipartitas sectiones in easdem rationes.

II. Circa diametrum est figura plana, in qua recta quædam, quæ diameter figuræ dicitur, omnes rectas alicui parallelas, à figura terminatas bifariam diuidit.

III. Octaedron communiter dictum, est figura solida octo triangulis binis parallelis, æqualibus & similibus comprehensa.

IV. Polyedri regularis centrum dicitur punctum, in quo omnes rectæ lineæ, quæ ad angulos oppositos pertinent, bifariam diuiduntur.

V. Cuiuslibet figuræ grauis centrum grauitatis est punctum illud, à quo suspensum graue per se manet, partibus quomodocumque circa constitutis.

VI. Axis prismatis, & pyramidis eius frusti dicitur recta linea, quæ in pyramide à vertice ad basis centrum figuræ vel grauitatis pertinet: in reliquis autem, quæ basium oppositarum figuræ vel grauitatis pertinet: in reliquis autem, quæ basium oppositarum figuræ vel grauitatis centra coniungit.

VII. Si qua figura solida planis parallelis ita secari possit, vt quæcumque sectiones centrum habeant, & sint inter se similes: aliquæ autem recta linea, siue ad centra basium oppositarum prædictis sectionibus parallelarum, & similium, vt in cylindro: siue ad verticem, & centrum basis terminata, vt in cono, hemisphærio, & conoide, transeat per contra omnium prædictarum sectionum, ea talis figuræ axis nominetur: ipsa autem figura, solidum circa axim. Quæ si vel vnam tantùm habeat basim, vel duas inæquales, & parallelas: duarum autem quarumlibet prædictarum sectionum vertici, vel minoris basi propinquior sit minor remotiori: solidum circa axem in alteram partem deficiens nominetur: quo nomine significari etiam volumus ea solida, quorum quælibet sectiones basi parallelæ, quamuis non sint basi omnino similes, tamen iis figuris deficiunt, quæ sunt similes basi, ac totis iis, à quibus ipsæ ablatæ intelliguntur, ita vt tota figura &

ablata habeant commune centrum in vna recta linea ad centrum basis terminata, quæ & ipsa talis solidi axis nominetur.

POSTVLATA.

I. OMnis figuræ grauis vnum esse centrum grauitatis.
II. Omnium figurarum sibi mutuò congruentium centra grauitatis mutuò sibi congruere.

III. Omnis figuræ, cuius termini omnis cauitas est interior, intra
terminum esse centrum grauitatis.

IV. Similium triangulorum similiter posita esse centra grauitatis. In
triangulis autem similibus similiter posita puncta esse dicuntur, à
quibus rectæ ad angulos æquales ductæ cum lateribus homologis angulos æquales faciunt.

V. Æqualia grauia ab æqualibus longitudinibus secundum centrum grauitatis suspensa æquiponderare.

VI. A quibus longitudinibus duo grauia æquiponderant, ab iisdem
alia duo quælibet illis æqualia æquiponderare.

PROPOSITIONES.

I.

SI sint quotcumque magnitudines inæquales deinceps proportionales: excessu, quibus differunt, deinceps ab angulis proportionales erunt, in proportione totarum magnitudinum.

II.

In omni triangulo vnum dumtaxat punctum est, in quo rectæ ad latera incidentes secant sese in easdem rationes & segmenta, quæ ad angulos, sunt reliquorum dupla: & prædictæ incidentes, secant trianguli
latera bifariam.

III.

In similibus triangulis rectæ lineæ, quæ inter centra, & alia in iis
similiter posita puncta interiiciuntur, proportionales sunt in proportione laterum homologorum.

IV.

Datis duobus triangulis scalenis similibus, & dato puncto in altero
eorum, vnum dumtaxat punctum in reliquo triangulo prædicto puncto
similiter positum potest inueniri.

V.

Cuiuſlibet figuræ planæ rectangulum æquale poteſt eſſe.

V I.

Omni figuræ circa diametrum in alteram partem deficienti figura quædam ex parallelogrammis æqualium altitudinum inſcribi poteſt, & altera circumſcribi, ita vt circumſcripta ſuperet inſcriptam minori ſpatio quantacumque magnitudine propoſita. Semper autem in ſimilibus intellige, eiuſdem generis.

V I I.

Pyramides ſimilibus, & æqualibus triangulis comprehenſæ inter ſe ſunt æquales.

Corollar. nm. Hinc facilè colligitur omnia ſolida, quæ in pyramides æqualibus, & ſimilibus triangulis comprehenſas multitudine æquales diuidi poſſunt, eſſe inter ſe æqualia. Quocirca omnia priſmata, & pyramides, & octoedra, omnia denique corpora regularia æqualibus, & ſimilibus planis comprehenſa inter ſe æqualia erunt.

VIII.

✝ Omnis pyramidis triangulam baſim habentis quatuor axes ſecant ſe in vno puncto in eaſdem rationes, ita vt ſegmenta quæ ad angulos, eorum quæ ad oppoſita triangula ſint tripla : ex quo puncto tota pyramis diuiditur in quatuor pyramides æquales. Et in nullo alio puncto quatuor rectæ lineæ ductæ ab angulis ad triangula oppoſita pyramidis ſecant ſeſe in eaſdem rationes. Vocetur autem punctum hoc centrum dictæ pyramidis.

IX.

Omnis pyramis baſim habens triangulam diuiditur in quatuor pyramides æquales, & ſimiles inter ſe, & toti, & vnum octaedrum totius pyramidis dimidium, ipſique concentricum.

X.

✝ Omne fruſtum pyramidis triangulam baſim habentis, ſiue coni, ad pyramidem, vel conum, cuius baſis eſt eadem, quæ maior baſis fruſti, & eadem altitudo, eam habet proportionem, quam duo latera homologa, vel duæ diametri baſium ipſius fruſti, vnà cum tertia minori proportionali ad prædicta duo latera, vel diametros : ad maioris baſis latus, vel diametrum. Ad priſma autem, vel cylindrum, cuius eadem eſt baſis, quæ maior baſis fruſti, & eadem altitudo : vt tres prædictæ deinceps proportionales ſimul, ad triplum lateris, vel diametri maioris baſis.

X I.

Omni ſolido circa axem in alteram partem deficienti, cuius baſis ſit fit circulus, vel ellipfis, figura quædam ex cylindris, vel cylindri portionibus, æqualium altitudinum infcribi poteft, & altera circumfcribi, ita vt circumfcripta fuperet infcriptam minori exceffu quacumque magnitudine propo fita.

XII.

Dato parellelepipedo erecto circa datam rectam lineam tanquam axim, erectum parallelepipedum æquale conftituere.

XIII.

Cuilibet figuræ folidæ parallelepipedum æquale poteft effe.

XIV.

* Omnis parallelogrammi centrum grauitatis diametrum bifariam diuidit.

* Corollarium. Hinc manifeftum eft omnis parallelogrammi centrum grauitatis effe in medio rectæ, quæ oppofitorum bipartitorum laterum fectiones iungit.

XV.

* Si quodlibet parallelogrammum in duo parallelogramma diuidatur, & eorum centra grauitatis iungantur recta linea : totius diuifi parallelogrammi centrum grauitatis prædictam lineam ita diuidit, vt eius fegmenta è contrario refpondeant prædictis partibus parallelogrammis.

XVI.

* Plana grauia æquiponderant, à longitudinibus ex contraria parte refpondentibus.

Coroll. Hinc manifeftum eft fi cuiuslibet figuræ planæ vtcumque fectæ centra grauitatis partium iungantur recta linea, talem lineam à centro grauitatis totius prædicti plani ita fecari, vt fegmenta ex contrario refpondeant prædictis partibus.

XVII.

* Si totum quoduis planum, & pars aliqua non habeant idem centrum grauitatis, & eorum centra iungantur recta linea: in ea producta ad partes centri grauitatis totius, erit reliquæ partis centrum grauitatis.

XVIII.

Si totum quoduis planum fit vni parti concentricum fecundùm centrum grauitatis, & reliquæ erit concentricum. Et fi partes inter fe fint concentricæ, & toti erunt concentricæ.

XIX.

Omnis trianguli rectilinei idem eft centrum grauitatis, & figuræ.

Propofitio. Datis duobus triangulis ifofcelijs fimilibus, & in altero eorum dato puncto extra rectam quæ à vertice ad medium bafis cadit,

duo puncta in reliquo triangulo prædicto puncto similiter posita inuenire.

XX.

Omnes trapezij habentis duo latera parallela centrum grauitatis est
in illa recta, quæ prædictorum bipartitorum laterum sectiones iungit. Atque in eo puncto, in quo tertia pars eius media sic diuiditur,
vt segmentum propinquius minori parallelarum ad reliquum eam
proportionem habeat, quam maior parallelarum ad minorem. Talis
autem rectæ lineæ sic diuisæ segmentum minorem parallelarum
attingens est ad reliquum, vt dupla maioris parallelarum vnà cum
minori, ad duplam minoris vnà cum maiori.

XXI.

✦ Omnis polygoni æquilateri, & æquianguli Idem est centrum
grauitatis, & figuræ.

XXII.

✦ Omnis figuræ circa diametrum in alteram partem deficientis, in
diametro est centrum grauitatis.

Coroll. Ex huius theorematis demonstratione constat omnis figuræ
planæ, siue solidæ, cuius termini omnis cauitas sit interior, atque ideo
intra terminum centrum grauitatis: & cuius pars aliqua esse possit,
quæ à tota figura deficiens minori defectu quacumque magnitudine
proposita habeat centrum grauitatis in aliqua certa linea rectà intra
terminum figuræ constituta, esse in ea recta linea totius figuræ centrum
grauitatis. Ac proinde, cùm per 11, huius, omni solido circa axim
in alteram partem deficienti, & Basim habenti circulum, vel ellipsim
figura inscribi possit, ex cylindris, vel cylindri portionibus, à prædicto solido deficiens minori spatio quacumque magnitudine proposita: talis autem figuræ inscriptæ, quemadmodum & circumscriptæ
centrum grauitatis sit in axe, vt ex sequentibus patebit, & nunc cogi-
tanti facile patere potest: manifestum est omnis solidi circa axim in
alteram partem deficientis centrum grauitatis esse in axe.

XXIII.

Circuli, & ellipsis idem est centrum grauitatis & figuræ.

XXIV.

Si duarum pyramidum triangulas bases habentium æqualium, & similium inter se, tria latera tribus lateribus homologis fuerint in directum constituta, in vertice communi erit vtriusque simul centrum
grauitatis.

XXV.

✦ Omnis parallelepipedi centrum grauitatis est in medio axis.

XXVI.

Si parallelepipedum in duo parallelepipeda secetur, segmenta axis à centris grauitatis totius parallelepipedi, & partium terminata ex contrario. parallelepipedi partibus respondent.

XXVII.

✛ Solida grauia æquiponderant à longitudinibus ex contraria parte respondentibus.

XXVIII.

✛ Quarumlibet trium magnitudinum eiusdem generis, centra grauitatis cum centro magnitudinis ex iis compositæ sunt in eodem plano.

XXIX.

✛ Si à cuiuslibet trianguli centro, & tribus angulis quatuor rectæ inter se parallelæ plano trianguli insistant : tres autem magnitudines æquales habeant, centra grauitatis in iis tribus, quæ ad angulos istum magnitudinum simul centrum grauitatis erit in ea, quæ ad trianguli centrum terminatur.

XXX.

✛ Omnis octaedri idem est centrum grauitatis, & figuræ.

XXXI.

Omnis pyramidis triangulam basim habentis idem est centrum grauitatis & figuræ.

Coroll. Hinc manifestum est centrum grauitatis pyramidis triangulam basim habentis esse in eo puncto, in quo sic axis diuiditur, vt pars quæ ad verticem, sit reliquæ tripla.

XXXII.

✛ Omnis pyramidis basim plusquam trilateram habentis centrum grauitatis axim ita diuidit, vt pars, quæ est ad verticem, sit tripla reliquæ.

XXXIII.

✛ Omnis prismatis triangulam basim habentis centrum grauitatis est in medio axis.

XXXIV.

Omnis prismatis basim plusquam trilateram habentis centrum grauitatis est in medio axis.

XXXV.

✛ Omnis frusti pyramidis triangulam basim habentis centrum grauitatis est in axe, primùm ita diuiso, vt segmentum attingens minorem basim sit ad reliquum, vt duplum vnius lateris maioris basis vnà cum latere homologo minoris, ad duplum prædicti lateris minoris basis, vnà cum latere homologo maioris. Deinde à puncto sectionis

abſciſſa quarta parte ſegmenti, quod maiorem baſim attingit, & à
puncto, in quo ad minorem baſim axis terminatur ſumpta item quarta
parte totius axis : in eo puncto, in quo ſegmentum axis duabus poſte-
rioribus ſectionibus finitum ſiç diuiditur, vt ſegmentum eius maiori
baſi propinquius ſit ad totum prædictum interiectum ſegmentum, vt
tertia proportionalis minor ad duo latera homologa baſium oppoſitarum, ad compoſitam ex his tribus deinceps proportionalibus.

XXXVI.

✤ Omnis fruſti pyramidis baſim pluſquam trilateram habentis centrum grauitatis eſt punctum illud, in quo axis ſic diuiditur, vt axis fruſti
pyramidis triangulam baſim habentis diuidatur ab ipſius centro grauitatis.

XXXVII.

✤ Dodecaëdri, & icoſaëdri idem eſt centrum grauitatis & figuræ.

XXXVIII.

Data qualibet figura, cuius termini omnis cauitas ſit interior, ſi certum in ea punctum talis eius partis centrum grauitatis eſſe poſſit, quæ
ab ea deficiat minori ſpatio quantacumque magnitudine propoſita :
illud erit totius figuræ centrum grauitatis.

XXXIX.

✤ Omnis coni centrum grauitatis axim ita diuidit, vt ſegmentum ad
verticem ſit reliqui triplum.

XL.

✤ Omnis fruſti conici centrum grauitatis idem eſt in axe centro gra-
nitatis fruſti pyramidis baſim habentis æquilateram, & æquiangulam
inſcriptæ cono, abſciſſi eodem plano, quo coni fruſtum.

XLI.

✤ Omnis cylindri centrum grauitatis axim bifariam diuidit.

XLII.

✤ Sphæræ, & ſphæroidis idem eſt centrum grauitatis, & figuræ.

LIBER SECVNDVS.

PROPOSITIONES.

I.

SI duæ magnitudines vnà maiores, vel minores prima , & tertià minori excessu, vel defectu quantaeumque magnitudine proposita eiufdem generis cum illa, ad quam refertur , eandem proportionem habuerint , maior vel minor prima ad fecundam, & vnà maior vel minor tertia ad quartam: erit vt prima ad fecundam, ita tertia ad quartam.

II.

Si maior, vel minor prima ad vnà maiorem, vel minorem fecunda, minori vtriufque excessu, vel defectu quantacumque magnitudine proposita fuerit vt tertia ad quartam: erit vt prima ad fecundam, ita tertia ad quartam.

III.

Si maior, vel minor prima ad vnà maiorem, vel minorem fecunda, minori excessu, vel defectu quantacumque magnitudine proposita , nominatam habuerit proportionem : prima ad fecundam eandem nominatam habebit proportionem.

IV.

Si fint tres magnitudines fefe æqualiter excedentes, minor erit proportio minimæ ad mediam quàm mediæ ad maximam.

V.

Si fit minor proportio primæ ad fecundam, quàm fecundæ ad tertiam, ab ipfis autem æquales auferantur : erit minor proportio reliquæ primæ ad reliquam fecundæ, quàm reliquæ fecundæ ad reliquam tertiæ.

VI.

Si fint tres magnitudines inæquales, & aliæ illis multitudine æquales, binæque in duplicata primarum proportione : fit autem minor proportio primæ ad fecundam, quàm fecundæ ad tertiam in primis: erit minor portio primæ ad fecundà, quàm fecundæ ad tertiam in fecundis.

VII.

Si fint 8 magnitudines quaternæ proportionales : tertiæ autem vtriufque ordinis inter fe fint vt primæ: erit vt compofita ex primis ad compofitam ex fecundis, ita compofita ex tertiis ad compofitam ex quartis.

VIII.

Si fint tres magnitudines fefe æqualiter excedentes: & aliæ eiufdem generis illis multitudine æquales, binæque fumptæ in duplicata primarum proportione: erit vtriufque ordinis minor proportio compofitæ ex primis ad compofitam ex fecundis, quàm compofitæ ex fecundis ad compofitam ex tertiis.

IX.

Si recta linea vtcumque fecta fuerit, cubus qui fit à tota, æqualis eft duobus folidis rectangulis, quæ ex partibus, & totius quadrato fiunt.

X.

Si recta linea vtcumque fecta fuerit, cubus qui fit à tota, æqualis eft cubis partium, & duobus folidis rectangulis, quæ partium triplis, & earundem quadratis reciprocè continentur.

XI.

Si linea recta vtcumque fecta fuerit, cubus qui fit à tota, æqualis eft cubis partium, vnà cum folido rectangulo, quod totius tripla, & partibus continetur.

XII.

✚ Hemifphærium duplum eft coni, cylindri autem fubfefquialterum eandem ipfi bafim, & eandem altitudinem habentium.

XIII.

✚ Omnis minor fphæræ portio, ad cylindrum, cuius bafis æqualis eft circulo maximo, altitudo. autem eadem portioni, eam habet proportionem, quam exceffus, quo tripla femidiametri fphæræ excedit tres deinceps proportionales, vt quarum maxima eft fphæræ femidiameter, media verò quę inter centra fphærę & bafis portionis interiicitur : ad femidiametri fphęrę triplam.

XIV.

✚ Omnis portio fphæræ abfciffa duobus planis parallelis altero per centrum acto ad cylindrum, cuius bafis eft eadem bafi portionis, fiue circulo maximo, & eadem altitudo, eam habet proportionem, quam exceffus. quo maior extrema ad fphęrę femidiametrum, & axim portionis excedit tertiam partem axis portionis: ad maiorem extremam ante dictam.

XV.

✚ Omnis portio fphęrę abfciffa duobus planis parallelis neutro per centrum, nec centrum intercipientibus ad cylindrum, cuius bafis ęqualis eft circulo maximo, altitudo autem eadem portioni, eam proportionem habet, quam exceffus, quo maior extrema ad triplas femidiametri fphæræ; & eius quæ inter centrum fphæræ, & minoris bafis portionis interiicitur, fuperat tres deinceps proportionales, quę

rum maxima eſt quæ inter centra ſphæræ, & minoris baſis, media autem, quæ inter centra ſphæræ, & maioris baſis portionis interiicitur,
ad maiorem extremam. antedictam.

X. VI.

✠ Omnis maior ſphæræ portio ad cylindrum, cuius baſis æqualis eſt
circulo maximo, altitudo autem eadem portioni, eam habet proportionem, quam ad axim portionis habet exceſſus, quo ſegmentum axis
portionis inter ſphæræ centrum, & baſim portionis interiectum ſuperat tertiam partem minoris extremæ maiori poſita prædicto axis ſegmento. in proportione ſemidiametri ſphæræ ad prædictum ſegmentum, vnà cum ſubſeſquialtera reliqui axis ſegmenti.

XVII.

Omnis portio ſphæræ abſciſſa duobus planis parallelis centrum intercipientibus ad cylindrum eiuſdem altitudinis, cuius baſis æqualis
eſt circulo maximo, eam habet proportionem, quam ad axim portionis habet exceſſus, quo axis portionis ſuperat tertiam partem
compoſitæ ex duabus minoribus extremis, maioribus poſitis duobus
axis ſegmentis, quæ fiunt à centro ſphæræ in rationibus ſemidiametri ſphæræ ad prædicta ſegmenta.

XVIII.

Omne conoides parabolicum dimidium eſt cylindri, coni autem ſeſquialterum eandem ipſi baſim, & eandem altitudinem habentium.

XIX.

Omnis priſmatis triangulam baſim habentis centrum grauitatis rectam lineam, quæ cuiuſlibet trium laterum bipartiti ſectionem, & oppoſiti parallelogrammi centrum iungit, ita diuidit, vt pars, quæ attingit latus, ſit dupla reliquæ.

X X.

Omnis priſmatis baſim habentis trapezium, cuius duo latera inter ſe
ſint parallela, centrum grauitatis rectam lineam, quæ æquè inter ſe diſtantium parallelogrammorum centra iungit, ita diuidit, vt pars, quæ
dictorum parallelogrammorum minus attingit, ſit ad reliquam, vt duorum baſis laterum parallelorum dupla maioris, vnà cum minori ad duplam minoris vnà cum maiori.

XXI.

Si à quolibet prædicto priſmate duo priſmata baſes habentia triangulas ſint ita abſciſſa, vt parallelepipedum relinquant baſim habens
minus parallelogrammorum inter ſe parallelorum prædicti priſmatis,
maioris autem partes æqualia parallelogramma ipſum parallelepipedum relinquat, centrum grauitatis vtriuſque abſciſſi priſmatis tanquam

vnius magnitudinis rectam lineam, quæ prædicti prismatis parallelorum parallelogrammorum centra iungit, ita diuidit, vt pars quæ minus parallelogrammum attingit fit dupla reliquæ.

XXII.

✦ Si fint duæ pyramides æquales, & æquè altæ, bafes habentes in eodem plano, quarum vertices recta linea connectens cum ea, quæ bafium centra grauitatis iungit, fit in eodem plano : earum centrum grauitatis tanquam vnius magnitudinis rectam lineam, quæ inter vertices,
& centra bafium interiectas bifariam fecat, ita diuidit, vt pars fuperior
fit inferioris tripla.

XXIII.

✦ Omnis frufti pyramidis bafim habentis parallelogrammum centrum grauitatis maiori bafi eft propinquius, quàm punctum illud, in
quo axis fic diuiditur, vt pars minorem bafim attingens, fit ad reliquam, vt dupla cuiufuis laterum maioris bafis vnà cum latere minoris fibi refpondente, ad duplam dicti lateris minoris bafis vnà cum maioris fibi refpondente.

XXIV.

Omnis frufti conici centrum grauitatis propinquius eft maiori bafi,
quàm punctum illud, in quo axis fic diuiditur, vt pars minorem bafim
attingens fit ad reliquam, vt dupla diametri maioris bafis vnà cum minoris diametro ad duplam diametri minoris bafis, vnà cum diametro
maioris.

XXV.

Si fint quotcumque magnitudines, & aliæ illis multitudine æquales,
binæque fumptæ in eadem proportione, quæ commune habeant centrum grauitatis, centra autem grauitatis omnium fint in eadem recta
linea : primæ & fecundæ tanquam duæ magnitudines commune habebunt centrum grauitatis.

XXVI.

✦ Si fint quotcumque magnitudines, & aliæ ipfis multitudine æquales primarum, ex quibus centra grauitatis in eadem recta lineæ difpofita fint alternatim ad centra grauitatis fecundarum, quarum magnitudinum binæ eodem ordine, qui fumitur ab eodem prædictæ lineæ termino vna in primis, & altera in fecundis inter fe fint æquales : omnium primarum fimul, ex quibus primæ centrum grauitatis propinquius eft prædicto lineæ termino, quàm primæ fecundarum, propinquius erit prędicto lineæ termino, quàm omnium fecundarum fimul
centrum grauitatis.

XXVII.

XXVII.

Si fint quotcumque magnitudines, & aliæ illis multitudine æquales, quæ binæ commune habeant in eadem recta centrum grauitatis: fumpto autem ordine ab vno eius lineæ termino, maior fit proportio primæ ad fecundam in primis, quàm primæ ad fecundam in fecundis:& fecundæ ad tertiam in primis maior quàm fecundæ ad tertiam in fecundis, & fic deinceps vfque ad vltimas: erit omnium primarum fimul centrum grauitatis propinquius prædicto lineæ termnio, à quo fumitur ordo, quàm omnium fecundarum.

XXVIII.

Si fint quotcumque magnitudines, & aliæ ipfis multitudine æquales, quarum omnium centra grauitatis fint in eadem recta linea, & centra primarum ad centra fecundarum difpofita fint alternatim : fit autem maior proportio primæ ad fecundam in primis, quàm primæ ad fecundam in fecundis : & fecundæ ad tertiam in primis , maior quàm fecundę ad tertiam in fecundis , & fic deinceps vfque ad vltimas: erit omnium primarum fimul centrum grauitatis propinquius prędictæ lineæ termino, à quo fumitur ordo omnium fecundarum centrum grauitatis.

XXIX.

Datæ figuræ circa diametrum , vel axim in alteram partem deficienti, fuper bafim rectam lineam vel circulum, vel ellipfim : cuius figuræ bafis, & fectiones omnes parallelæ fegmenta æqualia diametri vel axis intercipientes ita fe habeant, vt quarumlibet trium proximarum minor proportio fit minimæ ad mediam, quàm mediæ ad maximam: figura quædam ex cylindris, vel cylindri portionibus, vel parallelogrammis æqualium altitudinum circumfcribi poteft, cuius centrum grauitatis fit propinquius bafi quàm cuiuflibet datæ figuræ , qualem diximus, quæ prædictæ figuræ circa diametrum, vel axim circumfcripta fit.

XXX.

Omnis prædictæ figuræ centrum grauitatis eft propinquius bafi, quàm cuiuflibet figuræ ex cylindris, vel cylindri portionibus, vel parallelogrammis æqualium altitudinum ipfi circumfcriptæ.

XXXI.

Omni prædictæ figuræ figura quædam ex cylindris, vel cylindri portionibus, vel parallelogrammis æqualium altitudinum circumfcribi poteft, cuius centri grauitatis diftantia à prædictæ figuræ centro grauitatis fit minor quantacumque longitudine propofita.

XXXII.

Si duarum prædictarum figurarum circa communem axim, vel dia-

GGg

metrum, vel alterius diametrum alterius axim, bases & quotcumque
sectiones quales diximus, binæ in eodem plano fuerint proportionales : idem punctum in diametro, vel axe erit vtriufque centrum
grauitatis.

Corollarium. Manifestum est autem omnia proximis quatuor propositionibus ostensa de figura circa axim, vel diametrum in alteram
partem deficienti, eadem iisdem rationibus ostensa remanere de composito ex duabus figuris circa communem axim vel diametrum in alteram partem deficientibus, tam per se considerato, quàm ad alteram
figuram circa eundem axim, vel diametrum cum prædicto composito,
in alteram partem deficiens, ac si essent duæ tantummodo dictæ figuræ, quales in præcedenti proxima inter se comparauimus: manente
semper illa conditione, quam de sectionibus in 20. huius diximus.
Tantùm aduertendum est, vt pro sectionibus, dicamus composita ex
binis sectionibus (quæ scilicet fiunt ab eodem plano, vel eadem recta
linea) cum de prædicto composito sit sermo : & in demonstratione
pro cylindris, vel cylindri portionibus, vel parallelogrammis, composita ex binis cylindris, vel cylindri portionibus, vel parallelogrammis
(quæ scilicet sunt inter eadem plana parallela, vel lineas parallelas, &
circa eundem axim, vel diametrum totius vel diametri, vel axis partem) sicut & pro figura composita ex duabus dictis figuris: pro residuo, compositum ex residuis. Nam cùm vtriufque residui figurarum
duobus prædictis figuris vnum quid componentibus, & circa eundem
axim, vel diametrum existentibus, qua ratione diximus circumscriptarum, centra grauitatis siut in diametro, vel axe : etiam compositi
ex iis duobus residuis (vt in priori libro generaliter demonstrauimus)
centrum grauitatis erit in eadem diametro vel axe : vnde vim habent
quatuor proximæ antecedentes demonstrationes, exemplum erit in
demonstratione trigefimæ quartæ huius.

XXXIII.

✢ Hemisphærij centrum grauitatis est punctum illud, in quo axis
sic diuiditur, vt pars, quæ ad verticem, sit ad reliquam vt 5 ad 3.

XXXIV.

✢ Omnis minoris portionis sphæræ centrum grauitatis est in axe
primùm bifariam secto: deinde secundum centrum grauitatis frusti
circa eundem axim, abscissi à cono verticem habente centrum sphæræ, in eo puncto, in quo dimidius axis portionis basim attingens sic
diuiditur, vt pars duabus prædictis sectionibus intercepta sit ad eam,
quæ inter secundam & tertiam sectionem interiicitur, vt excessus, quo
tripla semidiametri sphæræ, cuius est prædicta portio, superat res de-

inceps proportionales, quarum maxima est sphæræ semidiameter, media autem, quæ inter centra sphæræ, & basis portionis interiicitur, ad semidiametri sphæræ triplam.

Omnis portionis sphæræ abscissæ duobus planis parallelis, altero per centrum acto, centrum grauitatis est in axe primum bifariam secto: deinde sumpta ad minorem basim quarta parte axis portionis: & eo puncto, in quo dimidius axis minorem basim attingens sic diuiditur, vt pars duabus prædictis sectionibus intercepta sit ad eam, quæ inter secundam, & vltimam sectionem interiicitur, excessus, quo maior extrema ad sphæræ semidiametrum, & axim portionis superat tertiam partem axis portionis: ad maiorem extremam antedictam.

XXXVI

✚ Omnis portionis sphæræ abscissæ duobus planis parallelis neutro per centrum acto, nec centrum intercipientibus, centrum grauitatis est in axe primum bifariam secto: deinde secundum centrum grauitatis frusti circa eundem axim abscissi à cono verticem habente centrum sphæræ: in eo puncto in quo dimidius axis maiorem basim attingens sic diuiditur, vt pars duabus prædictis sectionibus finita sit ad eam, quæ inter secundam & vltimam sectionem interiicitur, vt excessus, quo maior extrema ad triplas, & semidiametri sphæræ, & eius quæ inter centra sphæræ, & minorem basim portionis interiicitur, superat tres deinceps proportionales, quarum maxima est quæ inter centra sphæræ, & maioris basis, media autem, quæ inter centra sphæræ, & maioris basis portionis interiicitur, ad maiorem extremam antedictam. *Videatur lemma.*

Si datæ maiori sphæræ portioni cylindrus circumscribatur circa eundem axim portionis, centrum grauitatis reliquæ figuræ, ex cylindro circumscripto ablata portione, propinquius erit vertici portionis, quàm centrum grauitatis portionis.

Coroll. Manifestum est autem ex demonstratione theorematis, omnis residui ex cylindro datæ maiori sphæræ portionis circumscripto circa eundem axim portionis, cuius basis sit æqualis circulo maximo, centrum grauitatis esse in axe, abscissa primùm quarta parte ad verticem portionis terminata segmenti axis portionis, quod centro sphæræ, & vertice portionis, & quarta parte eius, quod centro sphæræ, & basi portionis terminatur: ad basim terminata in eo puncto, in quo segmentum axis portionis duabus prædictis sectionibus finitum sic diuiditur, vt segmentum propinquius basi sit ad reliquum, vt cubus

segmenti axis portionis centro sphæræ, & vertice portionis terminati
ad cubum reliqui quod basim portionis tangit, si quidem cubi triplicatam inter se habent laterum proportionem : simul illud manifestum
est, hoc idem eadem ratione posse demonstrari de centro grauitatis
reliqui ex cylindro dempta sphæræ portione abscissa duobus planis parallelis centrum sphæræ intercipientibus, ita vt axis portionis à centro sphæræ in partes inæquales diuidatur, cuius cylindri circumscripti sit idem axis, qui & portionis, basis autem æqualis circulo maximo.
Similiter enim descriptis duobus conis rectangulis verticem habentibus communem centrum sphæræ, bases autem minores basibus oppositis cylindri circumscripti : æqualibus circulo maximo, sumentes pro
vertice minorem basim, pro basi, maiòrem basim portionis, immotis
reliquis propositum demonstramus.

XXXVIII.

✠ Omnis maioris portionis sphæræ centrum grauitatis est in axe primùm bifariam secto : Deinde sumpta ad verticem quarta parte segmenti axis, quod centro sphæræ, & portionis vertice finitur : itemque
ad basim quarta parte reliqui segmenti inter centrum sphæræ, & basim portionis interiecti. Deinde segmento axis, inter eas quartas partes
interiecto, ita diuiso, vt pars propinquior basi sit ad reliquam vt cubus
segmenti axis, quod centro sphæræ, & vertice portionis, ad cubum
eius quod centris sphæræ, & basis portionis terminatur in eo puncto,
in quo segmentum axis centro sphæræ, & sectione penultima finitum
sic diuiditur, vt pars prima, & penultima sectione terminata sit ad totam vltimâ & penultimâ sectione terminatam, vt excessus, quo segmentum axis portionis inter centrum, & basim portionis interiectum
superat tertiam partem minoris extremæ maiori posita dicto axis
segmento in proportione semidiametri sphæræ ad prædictum segmentum, vnà cum subsesquialtera reliqui segmenti, ad axim portionis.

XXXIX.

✠ Omnis portionis sphæræ abscissæ duobus planis parallelis centrum
intercipientibus, & à centro æqualiter distantibus, centrum grauitatis est in medio axis, vel idem, quod centrum sphæræ.

XL.

Omnis portionis sphæræ abscissæ duobus planis parallelis centrum
intercipientibus, & à centro non æqualiter distantibus centrum grauitatis est in axe primùm bifariam secto : Deinde sumpta ad minorem
basim portionis quarta parte segmenti axis, quod minorem basim attingit: & ad maiorem basim quarta parte reliqui segmenti axis eorum,
quæ à centro sphæræ fiunt : Deinde recta inter has quartas partes inter-

iecta ita diuifa, vt pars maiori bafi propinquior fit ad reliquam vt cubus fegmenti axis inter fphæræ centrum minorem bafim, & ad cubum eius, quo inter fphæræ centrum, & maiorem bafim portionis interijcitur: in eo puncto in quo fegmentum axis centro fphæræ, & penultimâ fectione terminatam, vt ad axim portionis eft exceffus, quo idem axis portionibus fuperat tertiam partem compofitæ ex duabus minoribus extremis, maioribus pofitis duobus axis fegmentis, quæ fiunt à centro fphæræ in rationibus femidiametri fphæræ ad prædicta fegmenta.

XLI.

✱ Omnis conoidis parabolici centrum grauitatis eft punctum illud in quo axis fic diuiditur vt pars quæ eft ad verticem fit dupla reliquæ.

XLII.

Omnis frufti conoidis parabolici centrum grauitatis axim ita diuidit, vt pars, quæ minorem bafim attingit, fit ad reliquam, vt duplum maioris bafis vnà cum minori, ad duplum minoris, vnà cum maiori.

XLIII.

✱ Omnis conoidis hyperbolici centrum grauitatis eft punctum illud, in quo duodecima pars axis ordine quarta ab ea, quæ bafim attingit, fic diuiditur, vt pars bafi propinquior fit ad reliquam, vt fefquialtera tranfuerfi lateris hyperboles, quæ conoides defcribit, ad axim conoidis.

Corollarium. Eadem demonftratione conftat, fi prædicta tria folida ita vt diximus difpofita fecentur plano bafibus parallelo: fruftum conoidis hyperbolici, & compofitum ex fruftis coni, & conoidis parabolici, commune habere in communi axe centrum grauitatis.

XLIV.

Si conus & conoides parabolicum circa eundem axim fecentur plano bafi parallelo: frufti conici abfciffi maiori bafi propinquius erit quàm parabolici centrum grauitatis.

XLV.

✱ Omnis frufti conoidis hyperbolici centrum grauitatis eft in axe primùm fecto fecundum centrum grauitatis cuiufuis frufti conici, circa axem conoidis communi vertice abciffi vnà cum frufto conoidis: deinde vt pars minorem bafim attingens fit ad reliquam, vt dupla axis conoidis vnà cum axe conoidis: deinde pofitis 4. rectis lineis binis proportionalibus, potentia primis fecundis longitudine, in proportione, quæ eft inter axem conoidis, & reliquam dempto axe frufti: ita vt maior primarum fit media proportionalis inter axem conoidis, & tranfuerfum latus hyperboles, quæ figuram defcribit, minoris autem potentia fefquialtera minor fecundarum: in eo puncto, in quo fegmentum axis frufti dictis duabus fectionibus termina tum fic diuiditur, vt pars minori bafi propinquior fit ad reliquam vt cubus, qui fit ab axé frufti vnà cum folido rectangulo quod axe conoidis & reliqua dempto axe frufti, & tripla axis conoidis continetur, ad folidum rectangulum ex eadem reliqua parte conoidis, & eo, quo plus poteft quadrato maior quàm minor dictarum fecundarum.

Coroll. Ex omnibus demonftrationibus eorum, quæ in hoc 2 libro propofuimus, manifeftum eft omnium fupradictorum corporum centra grauitatis inuenire: quæcumque enim in modum theorematis propofuimus, eadem tanquam problemata proponi, & iifdem demonftrationibus abfolui poffunt.

LIBRI TERTII

PROPOSITIONES.

I.

SI recta linea fecta fuerit bifariam, & non bifariam: rectangulum partibus inæqualibus contentum æquale eft rectangulo, quod bis fit ex dimidiæ fectæ fegmentis, vnà cum quadrato non intermedij eorumdem fegmentorum.

II.

Si circulum vel ellipfim duæ rectæ lineæ tangentes in terminis coniugatarum diametrorum, conueniant: & punctum in quo conueniunt, & centrum figuræ iungantur recta linea: quæcumque hanc vnà cum prædictæ figuræ termino alterutri diametrorum parallela fecuerit recta linea, ita ipfa fecabitur; vt rectangulum bis contentum fegmentis, quorum alterum inter diametrum, & terminum figuræ, alterum inter figuræ terminum & contingentem interiicitur, vnà cum huius quadrato fit æquale quadrato reliqui fegmenti inter diametrum, & eam quæ tangentium concurfum, & centrum figuræ iungit interiecta.

III.

✦ Per data duo puncta in duabus rectis lineis datum angulum continentibus, in earum plano parabola tranfibit cuius vertex fit affignatum prædictorum punctorum, in qua altera linea parabolam contingat, altera in altero fecet, diametro æquidiftans.

IV.

✦ Si recta linea parabolam contingat, omnes rectæ lineæ ex fectione ad contingentem applicatæ diametro fectionis parallelæ inter fe funt longitudine, vt inter applicatas & contactum, vel verticem interiectæ inter se potentia : Productis autem dictis applicatis, erunt inter sectionem & basim interiectæ inter se longitudine, vt in circulo, vel ellipsi ad diametrum ordinatim applicatæ, secantesque illam in easdem rationes, in quas aliæ prædictæ applicatæ secant basim parabolæ, inter se potentia.

V.

Omnis figuræ circa axim in alteram partem deficientis, cuius superficies excepta base sit tota interius concaua basim habentis circulum, vel ellipsim : quælibet tres sectiones basi parallelæ æqualia axis segmenta intercipientes, ita se habent, vt minor sit proportio minimæ ad mediam, quàm mediæ ad maximam.

VI.

Si sphæroides secetur plano vtcumque præterquàm ad axem, circa quem sphæroides describitur erecto, nam tunc circulus sit, sectio ellipsis erit: similis autem ipsi alia quæcumque sectio sphæroidis eidem parallela : earumque omnes diametri quæ eiusdem sunt rationis erunt in eodem plano per axem. *Vide Archimedem l. de sphæroid. & conoid.*

VII.

Si conoides parabolicum, vel hyperbolicum secetur plano vtcumque ad axim inclinato, sectio ellipsis erit: similis autem ipsi alia quecumque sectio conoidis eidem parallela : eruntque earum omnes diametri, quæ eiusdem sunt rationis in eodem plano per axem.

VIII.

Super datam ellipsim, circa datam rectam lineam ab eius centro eleuatam tanquam axem, coni, & cylindri portionem inuenire. Datoque sphæroidi, & conoidi, vel conoidis, sphæroidisque portioni circa datum axem sphæroidis, vel cuiuslibet dictarum portionum, cylindrus, vel cylindri portio circumscripta esse potest: vel comprehendere inter eadem plana parallela, ita vt eius basis sit similis basi, vel basibus comprehensæ portionis, uel frusti, si de conoidibus sit sermo : & diametri, quæ eiusdem sunt rationis sectæ à centro bifariam sint in eadem recta linea.

IX.

Omnis frusti pyramidis triangulam basim habentis ad prisma, cuius basis est maior basis frusti, & eadem altitudo, eam habet proportionem, quàm rectangulum contentum duobus lateribus homologis basium oppositarū, vnà cum tertia parte quadrati differentiæ dictorum laterum, ad maioris lateris quadratum. Ad pyramidem autem, cuius hasis est maior basis frusti, & eadem altitudo, vt prædictum rectangulum, vnà cum prædicti quadrati tertia parte, ad tertiam partem quadrati maioris lateris.

Coroll. Hinc manifeſtum eſt eadem demonſtratione, qua vtimur ad prop. 36. lib. 1. fruſtum cuiuſlibet pyramidis baſim habentis pluribus, quàm tribus lateribus contentam, ad priſma, ſeu pyramidem, cuius baſis eſt eadem quæ maior baſis fruſti, & eadem altitudo: & reliquum ipſius priſmatis dempto fruſto, ad ipſum priſma, eas habere rationes, quæ à baſium fruſti oppoſitarum homologis lateribus, eorumque differentia deriuantur eo modo, quo in præcedenti theoremate dicehamus.

X.

+ Omne fruſtum coni, vel portionis conicæ, ad cylindrum, vel cylindri portionem, cuius baſis eſt eadem, quæ maior baſis fruſti, & eadem altitudo, eam habet proportionem, quam rectangulum contentum baſium diametris eiuſdem rationis, vnà cum tertia parte quadrati differentiæ earumdem diametrorum ad maioris baſis quadratum. Ad conum autem, vel coni portionem, cuius baſis eſt eadem, quæ maior baſis fruſti, & eadem altitudo: vt prædictum rectangulum, vnà cum prædicti quadrati tertia parte, ad tertiam partem quadrati ex diametro maioris baſis. Prædicti autem cylindri, vel portionis cylindricæ reſiduum dempto fruſto, ad totum cylindrum, vel cylindri portionem: vt rectangulum contentum diametro minoris baſis fruſti, & differentia diametri maioris, vnà cum duabus tertiis quadrati differentiæ ad quadratum diametri maioris baſis.

XI.

Si ſphæra, vel ſphæroides ſecetur duobus planis parallelis vtcunque, neutro per centrum ducto; quædam autem ex centro recta linea tranſeat per centrum alterutrius ſectionum: per centrum reliquæ tranſibit.

Corollar. Hinc manifeſtum eſt, ſi ſphæra, vel ſphæroides ſecetur plano non per centrum: & recta linea ſphæræ, vel ſphæroidis, & factæ ſectionis centra iungens ad ſuperficiem vtrinque producatur: talis axis ſegmenta eſſe axes portionum, earumque vertices extrema dicti axis.

XII.

Si hemiſphærium, vel hemiſphæroides vtcunque abſciſſum: & cylindrus, vel cylindri portio illi circumſcripta: & conus, vel coni portio, cuius baſis eſt eadem ſolido circumſcripto, hemiſphærium, vel hemiſphæroides ad verticem contingens, & communis axis: ſecentur vno plano, baſi hemiſphærii, vel hemiſphæroidis parallelo: ſuper ſectiones autem prædicti coni, vel portionis conicæ, & hemiſphærij, vel hemiſphæroidis, circa huius abſciſſæ portionis axem duo cylindri,

dri,

dri, vel portiones cylindricæ conſtiterint, reliquum cylindri, vel portionis cylindricæ prædicto plano abciſſæ, dempto eo cylindro duorum
prædictorum, vel portione cylindrica, cuius baſis eſt ſectio hemiſphærij, vel hemiſphęroidis, æquale erit reliquo cylindro, vel portioni
cylindricæ, cuius baſis eſt ſectio prædicti coni, vel portionis conicæ.

XIII.

✠ Cylindri, vel portionis cylindridricæ hemiſpherio, vel hemiſphæroidi circumſcriptæ reliquum dempto hemiſphærio, vel hemiſphæroi-
de, æquale eſt cono, vel portioni conicæ eandem baſim hemiſphærio,
vel hemiſphæroidi, & eandem altitudinem habenti.

XIV.

Si hemiſphærium, vel hemiſphæroides, & cylindrus, vel portio cylindrica ipſi circumſcripta, & conus, vel coni portio, cuius idem eſt
axis portioni, baſis autem quæ opponitur communi baſi duorum prædictorum ſolidorum, vnâ ſecentur duobus planis baſi parallelis : portiones reliquæ figuræ ex cylindro, vel cylindri portione hemiſphærio,
vel hemiſphæroidi circumſcripta dempto hemiſphærio, vel hemiſ-
phæroide, quæ à duobus prædictis planis ſecantibus fiunt, æquales ſunt
ſingulæ ſingulis prædicti coni vel conicæ portionis partibus ſiue fruſtis
inter eadem plana parallela reſpondentibus.

XV.

✠ Hemiſphærium, vel hemiſphæroides ſubſeſquialterum eſt cylindri,
vel portionis cylindricæ ipſi circumſcriptæ.

XVI.

✠ Omnis minor portio ſphæræ, vel ſphæroidis ad cylindrum, vel cylindri portionem, cuius baſis æqualis eſt circulo maximo, vel æqualis &
ſimilis ellipſi per centrum baſi portionis parallelæ, & eadē altitudo portioni eam habet proportionem, quam rectangulum contentum ſphæræ,
vel ſphæroidis dimidij axis axi portionis congruentis ijs, quæ à centro
baſis portionis fiunt ſegmentis, vnâ cum duobus' tertijs quadrati axis
portionis : ad ſphæræ vel ſphæroidis dimidij axis quadratum.

XVII.

Omnis portio ſphæræ, vel ſphæroidis abſciſſa duobus planis parallelis, altero per centrum ducto ad cylindrum, vel cylindri portionem,
cuius baſis eſt eadem, quæ maior baſis portionis, & eadem altitudo : eam
habet proportionem, quam rectangulum contentum ijs, quæ à centro minoris baſis fiunt axis ſphæræ, vel ſphæroidis ſegmentis vnâ cum
duabus tertijs quadrati axis portionis: ad ſphęræ, vel ſphęroidis dimidij
quadratum.

HHh

XVIII.

* Omnis portio fphęræ, vel fphęroidis abfciſſa duobus planis paralle-lis, néutro per centrum ductá, nec centrum intercipientibus, ad cy-lindrum, vel cylindri portionem, cuius baſis æqualis eſt circulo ma-ximo, vel ellipſi per centrum baſibus portionis parallelæ ſimilis, & æqualis, eam habet proportionem, quam duo rectangula : & quod ſphæræ vel ſphæroidis axis axi-portionis congruentis ijs, quæ à cen- • tro minoris baſis portionis fiunt ſegmentis, & quod ea , quæ maioris baſis portionis, & ſphæræ, vel ſphæroidis centra iungit, & axe portio-nis continetur, vnà cum duabus tertijs quadrati axi portionis: ad ſphæ-ræ , vel ſphæroidis dimidii axis quadratum.

XIX.

Omnis maior portio ſphæræ, vel ſphæroidis, ad cylindrum, vel por-tionem cylindricam, cuius baſis æqualis eſt circulo maximo, vel æqua-lis, & ſimilis ellipſi per centrum portionis parallelæ , altitudo autem eadem portioni , eam habet portionem, quam ſolidum rectangulum contentum axe portionis, & reliquo axis ſphæræ, vel ſphæroidis ſeg-mento, & eo, quod baſis portionis, & ſphæræ , vel ſphæroidis centra iungit, vnà cum binis tertiis partibus duorum cuborum : & eius qui à ſphæræ, vel ſphæroidis axis dimidio, & eius qui ab eo, quod ſphæ-ræ, vel ſphæroidis, & baſis portionis centra iungit fit ſegmento: ad ſolidum rectangulum , quod axe portionis , & duobus ſphæræ, vel ſpæroidis axis fit dimidiis.

XX.

* Omnis portio ſphęræ, vel ſphęroidis abfciſſa duobus planis paralle-lis centrum intercipientibus, ad cylindrum vel cylindri portionem, cuius haſis æqualis eſt circulo maximo, vel ſimilis, & æqualis ellipſi per centrum baſibus portionis parallelæ, & eadem altitudo portioni, eam habet proportionem , quam duo ſolida rectangula externorum ſphæræ, vel ſphæroidis axis ſegmentorum eundem terminum haben-tium alterutrius baſium portionis centrum , binis ſphæræ , vel ſphæroi-dis axem complentibus, & ſingulis axis portionis itidem à centro ſphæ-ræ vel ſphæroidis factis, vt à cum binis tertiis partibus duorum cuborum ex ſegmentis axis portionis à centro ſphæræ, vel ſphæroidis factis: ad ſolidum rectangulum, quod duobus ſphæræ, vel ſphæroidis axis dimi-dijs & axe portionis continetur.

XXI.

Omnis trianguli comprehenſi ſectione parabola , & duabus rectis lineis, quarum altera ſectionem tangat, altera in eam incidat diame-
* tro ſectionis ex contactu æquidiſtans, centrum grauitatis eſt punctum

illud, in quo recta linea ex contactu diuidens incidentem ita vt pars, quæ sectionem attingit, sit sesquialtera reliquæ, sic diuiditur, vt pars quæ est ad contactum sit tripla reliquæ.

XXII.

Si duo triangula mixta prædicti generis verticem communem habeant, qui est contactus, & bases æquales in eadem recta linea, vel continuas, vel segmento interiecto, tota extra figuram versa cauitate: centrum grauitatis compositi ex vtroque est punctum illud, in quo recta linea à vertice ad bipartitæ rectæ prædictis sectionibus interceptæ, in qua sunt bases dictorum triangulorum sectionis punctum pertinens sic diuiditur, vt pars, quæ est ad verticem sit tripla reliquæ.

XXIII.

Si duæ parabolæ in eodem plano circa æquales diametros in directum inter se constitutas, ita vt vertices sint extrema ex diametris compositæ, communem habuerint aliquam ordinatim ad diametrum applicatarum, & vertices cum puncto conuenientiæ iungantur rectis lineis: centrum grauitatis vtriusque portionis iis rectis lineis abscissæ, rectam lineam quæ terminum communem diametrorum, & concursum parabolarum iungit, bifariam diuidit.

XX.V.

Omnis figuræ circa axim in alteram partem deficientis, cuius basis est circulus, vel ellipsis, siue bases sint circuli, vel ellipses, reliqua autem superficies tota interius concaua, centrum grauitatis est in dimidio axis segmento, quod basim, vel maiorem basim attingit.

XXV.

Omnis frusti, coni, vel portionis conicæ centrum grauitatis est punctum illud, in quo eius axis sic diuiditur, vt pars quæ minorem basim attingit assumens quartam partem axis ablati coni, vel portionis conicæ, sit ad eam, quæ inter postremam sectionem & quartæ partis abscissæ ad basim totius coni terminum interijcitur, vt cubus qui sit ab axe totius, ad cubum qui sit ab axe ablati coni.

XXVI.

✠ Residui solidi ex cylindro, vel portione cylindrica hemisphæric, vel hemisphæroide circumscripta, centrum grauitatis est punctum illud, in quo axis sic diuiditur, vt pars basim attingens hemisphærij, vel hemisphæroidis sit tripla reliquæ.

XXVII.

Si hemisphærium, vel hemisphæroides vnà cum cylindro, vel cylin-

cylindri portione ipfi circumfcripta fecetur plano bafi parallelo: reliqui ex cylindro, vel portione cylindrica abfciffa ad partes verticis,
dempta illa quæ abfciffa eft fimul minori, & fphæræ, vel fphæroidis
portione, centrum grauitatis eft punctum illud in quo eius axis fic
diuiditur, vt quæ inter hanc poftremam fectionem, & centrum bafis
vnà abfciffæ portionis interiicitûr, affumens quartam partem fegmenti,
quod dictæ bafis, & fphæræ, vel fphæroidis centra iungit, fit ad fui
fegmentum, quod inter poftremam fectionem, & quartæ partis axis
hemifphærij, vel hemifphæroidis ad verticem abfciffæ terminum interiicitur, vt cubus axis hemifphærij, vel hemifphæroidis ad cubum
eius, quæ bafis portionis & hemifphærij, vel hemifphæroidis centra
iungit. Reliqui autem ex cylindro, vel portione cylindrica vnà abfciffa
cum reliquo hemifphærij, vel hemifphæroidis portione, quæ eft ad
bafim, dempta hac portione centrum grauitatis eft punctum illud,
quod quartam partem abfcindit axis portionis ad eius minorem bafim terminatam.

XXVIII.

Iifdem pofitis folitis, vt in antecedenti, fectifque per duo quælibet
puncta axis duplici plano bafi parallelo, reliqui ex cylindro, vel
portione cylindrica dictis duobus planis intercepta, dempta fphæræ,
vel fphæroidis portione ipfi inter eadem plana refpondente, centrum
grauitatis eft punctum illud, in quo eius axis fic diuiditur, vt quæ inter hanc poftremam fectionem, & centrum maioris bafis vnà abfciffæ
portionis interijcitur, affumens quartam partem fegmenti, quod prædictæ bafis, & fphæræ, vel fphæroidis centra iungit, fit ad fui fegmentum, quod inter poftremam fectionem, & quartæ partis eius, quę
fphæræ vel hemifphærij, & minoris bafis portionis centra iungit ad
minorem bafim abfciffæ terminum interijcitur, yt cubus eius, quę minoris bafis, & fphęrę, vel fphęroidis, ad cubum eius, quę fphæræ, vel
fphæroidis, & maioris bafis portionis centra iungit.

XXIX.

Si fphæra, vel fphæroides vnà cum cylindro, vel portione cylindrica ipfi circumfcripta fecetur plano, haud per centrum, bafibus folidi
circumfcripti parallelo: reliqui ex cylindro, vel portione cylindrica
ad maioris portionis fphæræ, vel fphæroidis partes abfciffa, dempta
fphæræ vel fphæroidis maiori portione, centrum grauitatis eft punctum
illud, in quo dicti reliqui folidi axis fegmentum inter duas quartas partes extremas fegmentorum eiufdem axis, quæ à centro fphæræ, vel
fphæroidis fiunt interiectum, fic diuiditur, vt pars propinquior bafi fit
ad reliquam, vt prædictorum, quæ à centro fiunt axis fegmentorum

maioris cubus ad cubum minoris.

XXX.

Si ſphæra vel ſphæroides vnà cum cylindro, vel portione cylindrica ipſi circumſcripta, ſecetur duobus planis baſi ſolidi circumſcripti parallelis, centrum intercipientibus, & ab eo non æqualiter diſtantibus: reliqui ex cylindro, vel portione cylindrica dictis planis intercepta, dempta portione ſphæræ, vel ſphæroidis ipſi reſpondente, centrum grauitatis eſt punctum illud, in quo prædicti reliqui ſolidi axis ſegmentum inter quartas partes extremas eiuſdem axis ſegmentorum quæ à centro ſphæræ, vel ſphæroidis fiunt interiectum ſic diuiditur, vt pars maiori baſi propinquior ſit ad reliquam, vt prædictorum axis ſegmentorum cubus maioris ad cubum minoris.

XXXI.

✚ Hemiſphærij, vel hemiſphæroidis centrum grauitatis, eſt punctum illud, in quo axis ſic diuiditur, vt pars ad verticem ſit ad reliquam, vt 5 ad 3.

XXXII.

Omnis minoris portionis ſphæræ, vel ſphæroidis centrum grauitatis eſt in axe primùm bifariam ſecto; Deinde ſecundum centrum grauitatis reliqui ſolidi, dempta portione ex cylindro, vel portione cylindrica abſciſſo, vel abſciſſa vnà cum portione ex cylindro, vel portione cylindrica, ſphæræ, vel ſphæroidis circa axim axi portionis congruentem circumſcripta: in eo puncto, in quo dimidius axis portionis baſim attingens ſic diuiditur, vt pars prima, & ſecunda ſectione terminata, ſit ad totam ſecunda, & poſtrema ſectione terminatam, vt rectangulum contentum axe portionis, & reliquo ſphæræ, vel ſphæroidis dimidij axis axi portionis congruentis quadratum.

XXXIII.

Omnis portionis ſphæræ, vel ſphæroidis abſciſſæ duobus planis parallelis, altero per centrum acto, centrum grauitatis eſt in axe primùm bifariam ſecto: deinde ſumpta eius quarta parte ad minorem baſim: in eo puncto, in quo dimidius axis ad maiorem baſim attingens ſic diuiditur, vt pars axis prima, & ſecunda ſectione terminata, ſit ad eam, quæ prima, & poſtrema ſectione terminatur, vt rectangulum contentum ſphæræ, vel ſphæroidis axis axi portionis congruentis ijs ſegmentis, quæ fiunt à centro minoris baſis portionis, vnà cum duabus tertijs quadrati axis portionis: ad ſphæræ, vel ſphæroidis dimidij axis quadratum.

XXXIV.

Omnis portionis ſphæræ, vel ſphæroidis abſciſſæ duobus planis parallelis, neutro per centrum acto, nec centrum intercipientibus, centrum grauitatis est in axe primùm bifariam secto : deinde secundùm centrum grauitatis reliqui dempta portione ex cylindro, vel portione cylindrica, abscisso, vel abscissa vnà cum portione à cylindro, vel cylindrica portione sphæræ, vel sphæroidi circa eius axem axi portionis congruentem circumscripta : in eo puncto, in quo dimidius axis portionis maiorem basim attingens, sic diuiditur, vt pars prima & secunda sectione terminata sit ad eam, quæ prima & postrema sectione terminatur, vt duo rectangula, alterum contentum duobus sphæræ, vel sphæroidis axis axi portionis congruentis ijs segmentis, quæ fiunt à centro minoris basis portionis : alterum axe portionis, & segmento, quod sphæræ, vel sphæroidis, & maioris basis portionis centra iungit, vnà cum duabus tertijs quadrati axis portionis, ad sphæræ vel sphæroidis dimidij axis quadratum.

XXXV.

Omnis maioris portionis sphæræ, vel sphæroidis centrum grauitatis est in axe, & primùm bifariam secto : deinde secundùm centrum grauitatis reliqui dempta portione ex cylindro, vel portione cylindrica, abscisso, vel abscissa vnà cum portione à cylindro, vel portione cylindrica sphæræ, vel sphæroidi circa eius axim axi portionis congruentem circumscripta : in eo puncto, in quo axis portionis sic diuiditur, vt pars prima, & secunda sectione terminata sit ad eam, quæ prima, & postrema sectione terminatur, vt solidum rectangulum ex axe portionis, & reliquo segmento axis sphæræ, vel sphæroidis axi portionis congruentis, & eo, quod sphæræ, vel sphæroidis, & basis portionis contra iungit, vnà cum binis tertijs duorum cuborum : & eius, qui à sphæræ, vel sphæroidis axis fit dimidio, & eius, qui ab ea, quæ sphæræ, vel sphæroidis, & basis portionis centra iungit ; ad solidum rectangulum, quod duobus sphæræ, vel sphæroidis prædicti axis dimidijs, & axe portionis continetur.

XXXVI.

Omnis portionis sphæræ, vel sphæroidis abscissæ duabus planis parallelis centrum intercipientibus, & ab eo non æqualiter distantibus, centrum grauitatis est in axe, primùm bifariam secto : deinde secundùm centrum grauitatis reliqui dempta portione ex cylindro, vel portione cylindrica, abscisso, vel abscissa, vnà cum portione, à cylindro, vel portione cylindrica sphæræ, vel sphæroidis, circa eius axim axi portionis congruentem circumscripta in eo puncto, in quo maius segmentum axis portionis eorum, quæ à centro fiunt, sic diuiditur, vt pars prima, & secunda sectione terminata sit ad eam, quæ prima,

& postrema sectione terminatur, vt duo solida rectangula, & quod fit ex duobus sphæræ, vel sphæroidis axis axi portionis congruentis ijs segmentis, quæ fiunt à centro maioris basis portionis, & ea quæ maioris hasis, & sphæræ, vel sphæroidis centra iungit : & quod ex sphæræ, vel sphæroidis eiusdem axis segmentis à centro minoris basis factis, & ea quæ minoris basis, & sphæræ, vel sphæroidis centra iungit, vnà cum binis tertijs partibus duorum cuborum ex ijs segmentis axis portionis, quæ à centro sphæræ, vel sphæroidis fiunt ad solidum rectangulum quod duobus sphæræ, vel sphæroidis prædicti axis dimidijs, & axe portionis continetur.

XXXVII.

Omnis portionis conoidis parabolici centrum grauitatis est punctum illud, in quo axis sic diuiditur, vt pars quæ ad verticem sit eius, quæ ab basim dupla.

XXXVIII.

Omnis frusti portionis conoidis parabolici centrum grauitatis est punctum illud, in quo axis sic diuiditur, vt pars minorem basim attingens sit ad reliquam, vt duplum maioris hasis vnà cum minori, ad duplum minoris, vnà cum maiori.

XXXIX.

Omnis conoidis hyperbolici, vel portionis hyperbolici conoidis centrum grauitatis est punctum illud, in quo duodecima pars axis ordine quarta ab ea, quæ basim attingit, sic diuiditur, vt pars propinquior basi sit ad reliquam vt sesquiáltera transfuersi lateris, hyperboles per axem, ad axem conoidis.

Appendicis Propositiones.

I.

SI sint octo magnitudines quaternæ totæ, & ablatæ proportionales, fuerint autem, & primarum vtriusque ordinis ablatæ ad reliquas proportionales : erunt vtriusque ordinis reliquæ proportionales.

II.

Si circa datæ hyperboles communem diametrum parabola descripta illius basim ita diuidat, vt quadratum dimidiæ basis hyperbola ad reliquum quadrati dimidiæ basis hyperboles eam babeat proportionem, quam transfuersum latus ad diametrum hyperboles : omnes in hyperbole ad diametrum ordinatim applicatas ita fecabit, vt excessus, quibus quadrata in hyperbola applicatarum fuperant quadrata in parabola ex fectione applicatarum, inter fe fint vt quadrata diametri partium inter applicatas, & verticem interiectarum.

III.

Omne conoides hyperbolicum diuiditur in conoides parabolicum circa eumdem axim, & reliquam figuram quandam, ad quam conoides parabolicum eam habet proportionem, quam fefquialtera tranfuerfi lateris hyperboles, quæ conoides defcribit, ad axem conoidis.

Corollarium. Vnde manifeftum eft, ijfdem pofitis cylindros deficientes, ex quibus conftat exceffus, quo figura conoidi hyperbolico circumfcripta fuperat circumfcriptam conoidi parabolico, ita fe habere, vt quorumlibet trium inter fe proximorum, minor proportio fit minimi ad medium, quàm medij ad maximnm: æquales enim funt finguli fingulis cylindris, ex quibus conftat figura cono circumfcripta, qui funt inter eadem plana parallela. Quod fi ita eft, fimul illud manifeftum erit, & ex hoc, & ex iis, quæ 2. libro demonftrata funt; prædictum exceffum ex tot cylindris deficientibus eiufdem altitudinis, quos diximus componi poffe, vt ipfius centrum grauitatis in axe diftet à centro grauitatis coni, hoc eft à puncto, in quo fic axis diuiditur, vt pars, quæ ad verticem fit reliquæ tripla, eâ diftantiâ, quæ minor fit quantacumque longitudine propofita.

IV.

Si conoidi parabolico figura circumfcribatur, & altera infcribatur ex cylindris æqualium altitudinum, binis circa communes axes fegmenta axis conodis, & inter eadem plana parallela, minimo circumfcriptorum ad nullum relato, omnia refidua cylindrorum figuræ circumfcriptæ, demptis infcriptæ figuræ cylindris, & inter fe, & minimo cylindro æqualia erunt.

V.

Dato conoide hyperbolico, & ipfius conoide parabolico circa eundem axim, quod ad reliquum hyperbolici conoidis eam proportionem habeat quam fefquialtera tranfuerfi lateris hyperboles, quæ conoides defcribit, ad axim conoidis: fieri poteft vt conoidi parabolico figura quædam infcribatur, & altera circumfcribatur, vt fupra factum eft, & hyperbolico alia circumfcribatur, omnes ex cylindris æqualium altitudinum multitudine æqualibus exiftentibus iis, ex quibus conftant figuræ conoidibus circumfcriptæ, ita vt exceffus, quo figura conoidi parabolico circumfcripta infcriptam fuperat, quem breuitatis caufa voco exceffum primum, ad exceffum, quo figura conoidi

noidi hyperbolico circumscripta superat circumscriptam parabolico, quem voco excessum secundum, minorem habeat proportionem quacumque proposita.

VI.

Omnis residui conoidis hyperbolici dempto conoide parabolico, vt supra diximus, centrum grauitatis est punctum illud, in quo axis sic diuiditur, vt pars propinquior vertici sit tripla reliquæ.

VII.

Omnis conoidis hyperbolici centrum grauitatis est punctum illud, in quo duodecima pars axis quarta ab ea quæ basim attingit, sic diuiditur, vt pars propinquior basi sit ad reliquam, vt sesquialtera transuersi lateris hyperboles, quæ conoides describit, ad axem conoidis.

QVARTA PARS.

DE LINEA DIRECTIONIS,

& reliquis ad centrum grauitatis pertinentibus.

L Inea directionis illa dicitur, quæ motus grauium dirigit; quæque ducta intelligitur à mundi centro ad verticem grauis; hinc fit vt horizontis axis dici possit, cùm horizon describatur à vertice, tanquam à polo. Possumus autem supponere cum Villalpando, & aliis, omnes lineas directionis parallelarum instar respectu nostri habendas esse; quemadmodum Architecti supponunt muros ad perpendiculum erectos, & Catoptrici radios solis in speculum incidentes parallelos esse, quamuis id non sit verum iuxta præcisionem Geometricam, quia sensus experientiâ deprehendere nequit, quantò magis duæ lineæ directionis inter se distent in vertice grauis, quàm prope teram. Iam verò satis fuerit si Villalpandi propositiones, & quasdam alias cùm ad hanc lineam, tum ad centrum grauitatis pertinentes afferamus.

PROPOSITIONES.

I.

A D motum hominis progressiuum, & cuiuscumque alterius grauis motum, directionis lineam moueri necesse est: vnde & Zenith, ac

III i

horizon neceſſarò mutantur:cùm ex diuerſis ad eandem ſphæræ partem
polis diuerſos circulos maximos deſcribi neceſſe ſit.

II.

Cuiuſcumque ſolidi centrum grauitatis loco ſuo in figura dimoueri
poteſt, cùm aliquid additur, vel minuitur; vel cùm partes alia ratione
diſponuntur.

III.

In ſphæra ex æqualiter ponderantibus conflata idem eſt centrum grauitatis, & magnitudinis : ſi verò ex diſſimilibus conſtet, & idem poteſt eſſe, & longè diuerſum.

IV.

Omnia grauia non impedita ita deſcendunt, vt centrum grauitatis
non diſcedat à linea directionis.

V.

Omne corpus puncto inſiſtens tunc ſtabit, cùm linea directonis per-
punctum, cui innititur tranſiens, per centrum quoque grauitatis eiuſdem tranſierit:cadet autem ſi tranſierit extra centrum grauitatis :ni tamen impetus graui impreſſus caſam impedierit, vt conſtat in funam-
bulis, & ioculatoribus corpus in omnem partem verſantibus. Huc reuocari poſſunt ingentia pondera, quæ acus acumine ſuſtinentur.

VI.

Perfectè ſphæricum ſi graue ſit,& perfecto plano inſiſtat, nec impediatur, ſemper mouebitur, donec ad plani punctum perueniat, in quo
tantùm quieſcere poteſt.

VII.

Grauia quæ quantitati inſiſtunt, tunc ſtabunt; cum directionis linea
per medium quantitatis, cui inſiſtit graue, ducta, per centrum grauitatis tranſibit : vel cùm ducta linea directionis per dictæ quantitatis extremum tranſierit per centrum grauitatis, vel ſaltem dimiſerit:illud ex
parte quantitatis,cui inſiſtit graue : quod ſi ex altera parte dimittet illud
graue, dubio procul cadet. Hinc ſit,vt lancea, vel ſariſſa, vel baculus,
vel quæpiam alia , quæ infrà fulcimentum habent , erecta ſtare nequeant, quia grauitatis centrum ita perfectè ſiſti nequit, vt in neutram
partem à perpendiculari declinet: extremo tamen digiti baculum ſuſti-
nemus , quia in ipſo motu digitum aſſiduè centro grauitatis baculi
ſupponimus.

VIII.

Si homo pedibus ita inſiſtat, vt linea directionis per extremum pedis, cui innititur, tranſiens, tranſeat etiam per centrum grauitatis, ſi
brachium extendat ex ea parte qua pendet; dubio procul cadet; bra-

chium enim extensum maioris vectis, vel æquipondij rationem habet, quod plus grauitat quo magis à trutina remouetur.

IX.

Nullus homo poterit se inclinare, aut in anteriorem, aut in posteriorem partem, aut ad latera, quin linea directionis transiens per extremam partem quantitatis, cui innititur ex ea parte, in quam se inclinat, transeat etiam per centrum grauitatis corporis, aut hoc immineat quantitati, cui innititur: nam si extra illam maneat, cadet.

X.

Quotiescumque homo sedet, vt se erigat, necessarium est vt pedes sedi quàm maximè habeat propinquos, caputque in anteriora educat.

XI.

Nullus homo, qui totus extensus supinus iaceat, se eriget ita vt erat extensus, quin cadat: sed necessarium est ei, vt corpus complicet, & superiorem partem corporis priùs erigat, ac pedes corpori submittat, & sic se eriget. Quod si iaceat pronus, manibus primùm innitetur simul ac pedibus, mox genua in anteriorem partem complicabit, atque ita se eriget.

XII.

Quadrupedia tunc stabunt, cùm linea directionis per extremum superficiei, quam inter extremos pedum terminos operiunt, transiens pertransierit, etiam per centrum grauitatis eorum, vel dimiserit illud ex parte superficiei, cui insistunt: ideoque cùm progrediuntur, si vtrumque dextrum pedem simul erigunt, cadent, nisi linea directionis transiens per extremum reliquorum, transierit per centrum grauitatis, aut reliquerit illud ex parte pedum. At cùm sua corpora posterioribus tantummodo pedibus innixa erigunt: & poplites & magnam corporis partem à pedibus in posteriora retrahant necesse est, vt centrum grauitatis ad lineam directionis pedibus superimponant. Hinc constat cur equitantes variis equi motibus concutiamur, nempe vt sua pondera libret equus, & linea directionis per centrum grauitatis continuò circumferatur.

XIII.

Auium, cùm pedibus insistunt, eadē quæ de bipedibus ratio habenda est. Quod si volent, quoniam alis suspenduntur, necessarium est vt linea directionis per alarum medium transiens, transeat etiam per grauitatis centrum. Hinc cùm supra volatum dirigunt, in anteriores partes: cùm infra in posteriores partes, alas extendunt.

XIV.

Arbores, plantæ & herbæ, nisi impediantur, ad angulos rectos se erigunt, non quidem pauimenti, cui insistunt, sed horizonti, nempe secundùm directionis lineā, per trunci ima ad centrū grauitatis deductā.

XV.

Centrum grauitatis cuiufcumq; corporis nunquam afcédit naturaliter,fed tátùm violenter ; alioqui media,vel plufquam media pars grauitatis afcenderet, quod fieri nequit ; nec enim vnquam vna pars afcen-
dit. nifi defcendens præualeat; ficut nec in bilance vna pars aliam attollere poteft , nifi grauior fuerit. Huius theorematis veritas clara eft
in circumuolutione globi defcendentis,cuius aliquæ partes afcendunt,
dum centrum grauitatis femper defcendit : & in enfibus, vel cultris,
aut aliis inftrum.entis baculo obliquè infixis, quæ pendula ftant, quia
totum pondus fimul cadere nequit, cùm ex vna parte fuftineatur, neque pars grauior, aut æquè grauis afcendere poteft. Huc etiam refertur fitula aquâ, vel alio liquore plena, quæ ftat fine cafu, fi anfa baculo fuftineatur, cuius extremitas ex alia parte fuftineatur, dummodo
alter baculus inter fundum & oppofitam baculi partem ftatuatur, alioqui enim centrum grauitatis afcenderet,fi caderet fitula, aut vas aliud.

XVI.

Si Deus tolleret hemifphærium terræ quod noftrum horizontem
Aftronomicum definit, vnicus homo poffet habitare in rectâ pla-
nicie, quæ fubdupla effet fuperficiei hemifphærij ablati : reliqui caderent, ruerentque verfus centrum : fi tamen vniuerfi centrum per hanc
fectionem nufquam immutatum iri fupponamus. Hinc côcluditur nos
non poffe ambulare fuper terram, fi rectâ foret illius fuperficies, alioqui centrum grauitatis naturaliter afcenderet: omnes igitur ad idem
punctum fuperficiei ruerent, à quo breuiffima ad centrum terræ, vel
vniuerfi linea duceretur : nifi tamen ita inclinarentur, ac talem fitum
haberent, vt linea directionis per centrum grauitatis tranfiret; quod
notant in turri Bononiæ Garifenda: quæ ftat immota, licet à 500.
annis admodum inclinetur.

XVII.

Si aër eft æqualis vbique refiftentiæ, femper corpus æquipondcrabit
fiue à centro fuæ grauitatis, fiue à punctis fuperioribus, vel inferioribus lineæ directionis fufpendatur, cùm eadem fit facilitas trahendi, &
mouendi celeritas, atque refiftentia in quopiam ex illis tribus punctis : at verò corpus in fupremo, vel infimo tantùm loco quiefcere poteft, dum à punctis fuperioribus, vel inferioribus detinetur.

XVIII.

Quæ à fuperioribus lineæ directionis punctis detinentur, ad prifti-
nium ftatum redeunt, cùm ex eo educuntur; cùm autem ab inferioribus, recedunt à priftino ftatu, fi ex eo extrahuntur: at verò cùm à centro grauitatis, vbicumque pofita manent, quia linea directionis diui-

dit corpus per punctum retentionis in duas partes æquè grauitantes; quod in aliis cafibus diuidit in partes inæquales, dum corpus fuspensum extra statum quietis positum fuerit. Hinc fit, vt libræ in quocumque statu, seu situ maneant, cùm punctum retentionis habent in centro grauitatis; ad æquilibrium redeant, quando punctum retentionis est superius; vel integrum circulum absoluant, quando est inferius.

XIX.

Corpus liberè pendere dicitur à puncto retentionis, quando in omnem partem ita circumuolui potest, vt omnia illius puncta à prædicto puncto remota circa illud circulum describant; quod quidem semper in linea directionis reperitur. At verò si corpus à duobus punctis liberè pondeat, concursus linearum illis punctis affixarum, erit semper in linea directionis.

XX.

Si mathematicè loquamur, nullum est corpus in rerum natura, præter globum, quod ex suæ grauitatis centro cogitatione, vel reapse suspensum quemlibet datum situm retineat, vel quod per planum in partes situ æquipondias diuidatur; nec grauius pondus eam rationem habet ad leuius, quam habet longior radius ad breuiorem, sed vbium altero ponderosius erit ex situ, penes angulum eius maiorem, & recto propiorem. Verùm illud sensibile non est, nisi concipiamus iugum libræ per vnam, aut plures leucas extendi: quod cùm à nobis fieri nequeat, rectè statuimus omnes lineas directionis respectu nostri perpendiculares esse, vt in præfatione partis istius dictum est. *Reliqua ad grauitatis centrum, vel lineam directionis spectantia ex dictis, vel ex infra dicendis intelligi poterunt: quapropter ad secundum librum accedo.*

MECHANICORVM
LIBER SECVNDVS.

PRÆFATIO.

Ic liber explicabit quæ fit ratio ponderum à diuerſis à centro libræ, vectis & aliarum machinarum diftantiis pendentium; & quid aqua, & aër mechanicis conferant: quod ita Deo iuuante præftabimus, vt neque libri longitudo faftidium, neque breuitas obfcuritatem paritura fit: quod more folito quibufdam propofitionibus exequemur, quæ partim à Guido Vbaldo, & Steuino, partim ab aliis demonftratæ funt, & facili experientia comprobantur. Hunc autem librum in quafdam partes, vt priorem diuidemus; quarum prima fequitur.

PRIMA PARS.
DE IIS QVÆ AD LIBRAM,
& vectem pertinent, & de modo reperiendi centrum grauitatis columnarum, & aliorum corporum.

PROPOSITIONES.

I.

Varum grauitatum fitu æquilibrium ponderofior illam rationem habet ad leuiorem, quam longior radius ad breuiorem. Vbi aduerte æquilibratem efficere, vt grauiora pondera leuioribus æquiponderare videantur; quod fpecie tantùm ob fitum videlicet, & non propriè verum eft: aliud igitur eft æquipondium, aliud æquilibre Hinc fit vt fi pondus duplo leuius duplo magis à centro libra diftet quàm pondus duplo grauius, vel pondus millies leuius, millies diftet amplius quàm pondus millies grauius, iforropa futura fint. Huius autem propofitionis varias demouftrationes Steuinus adducit.

I I.

✱ Diftantiæ in libræ longitudine fumuntur à puncto, à quo libra liberè pendet, & circa quod liberè voluitur:& à puncto, à quo pondus liberè pendet, quod refpondet centro grauitatis corporis appenfi.

I I I.

✱ In æquilibrio vt fe habet pondus ad pondus, ita fe habet longitudo brachij dextri libræ ad longitudinem brachij finiftri, & vt fe habet hæc longitudo ad illam, ita celeritas ad celeritatem, quia quo puncta à centro remotiora funt, eo maiores circulos, & quo viciniora, eo minores in dicta proportione defcribunt : adeout fi pondus à centro libræ 8 pedibus diftet, duplo maiorem circulum defcribat, duplóque moueatur celerius, quàm aliud pondus 4 folùm ab eodem centro pedibus remotum. Igitur maior celeritas ponderis grauitatem compenfat? hinc fortè deduci poteft quanto ponderi iaculorum, & aliorum corporum vi proiectorum vis, & celeritas refpondeat.

IV.

Tria prædicta, nempe pondera, longitudo, & celeritas extra æquilibrium non eandem femper habent proportionem; maior enim eft vnius proportio, quàm alterius, atque adeò non eft talis minoris inæqualitatis inter celeritates ratio, qualis eft maioris inæqualitatis inter duo pondera oppofita. Huc autem reuocari poffunt quæ de libra, & vecte fequuntur.

V.

Potentia fuftinens pondus vecti appenfum, eandem ad ipfum pondus proportionem habebit, quam vectis diftantia inter fulcimentum, ac ponderis fufpenfionem: ad diftantiam à fulcimento, ad potentiam interiectam. Vnde fequitur quò fulcimentum ponderi fuerit proprius, minorem ad idem pondus fuftinendum requiri potentiam.

V I.

Si potentia pondus in vecte appenfum moueat, erit fpatium potentiæ motæ, ad fpatium moti ponderis, vt diftantia à fulcimento ad potentiam: ad diftantiam ab eodem ad ponderis fufpenfionem. Hinc fit fpatium potentiæ mouentis ad fpatium ponderis moti maiorem habere proportionem, quàm pondus ad eandem potentiam fuftinentem, cùm hæc potentia minor fit potentia mouente.

VII.

Potentia quomodocumque veĉte pondus ſuſtinens ad ipſum pondus eandem habebit proportionem, quam diſtantia à fulcimento ad punĉtum, vbi à centro grauitatis ponderis horizonti duĉta perpendicularis veĉtem ſecat, intercepta, ad diſtantiam inter fulcimentum, & potentiam.

VIII.

✚ Potentia pondus ſuſtinens centrum grauitatis ſupra veĉtem horizonti æquidiſtantem habens, quò magis pondus ab hoc ſitu veĉte eleuabitur; minori ſemper, vt ſuſtineatur, egebit potentia : ſi verò deprimetur, maiori.

IX.

✚ Potentia pondus ſuſtinens infra veĉtem horizonti æquidiſtantem ipſius centrum grauitatis habens, quò magis ab hoc ſitu veĉte pondus eleuabitur, maiori ſemper potentia, vt ſuſtineatur, egebit; ſi verò deprimetur, minori : vnde conſtat, ſi potentia veĉte ſurſum moueat pondus, cuius grauitatis centrum ſit infra veĉtem : quò magis pondus eleuabitur, ſemper maiorem requiri potentiam, vt pondus moueatur, cùm potentia ſuſtinens maior eſſe debeat.

X.

✚ Potentia pondus ſuſtinens in ipſo veĉte centrum grauitatis habens, quomodocumque veĉte transferatur pondus, eadem ſemper, vt ſuſtineatur, potentiâ opus erit.

XI.

✚ Si veĉtis diſtantia inter fulcimentum, & potentiam ad diſtantiam fulcimento, punĉtóque, vbi à centro grauitatis ponderis horizonti duĉta perpendicularis veĉtem ſecat, interieĉtam, maiorem habuerit proportionem, quàm pondus ad potentiam, pondus vtique à potentia mouebitur.

XII.

Hinc fieri poteſt vt datum pondus à data potentia dato veĉte moueatur : & potentia reperiatur, quæ in dato punĉto data pondera ſuſtineat, atque moueat, quotcumque datis in veĉte ponderibus vbicumque appenſis, cuius fulcimentum ſit etiam datum, & grauitas veĉtis data. *Iam verò ad libram redeo, in cuius gratiam addo ſequentes propoſitiones.*

XIII.

✚ Si pondus in eius centro grauitatis à reĉta ſuſtineatur linea, nunquam manebit, niſi eadem linea horizonti fuerit perpendicularis.

XIV.

✚ Libra horizonti æquidiſtans, cuius centrum ſit ſupra libram, æqua-
la

æqualia in extremitatibus æqualiterque à perpēdiculo diſtantia habens pondera, ſi ab eiuſmodi moueatur ſitu, in eumdem rurſus relicta, redibit, ibique manebit.

XV·

✚ Libra horizonti æquidiſtans æqualia in extremitatibus, æqualitérque à perpendiculo diſtantia habens pondera, centro infernè collocato, in hoc ſitu manebit: ſi verò inde moueatur, deorſum relicta, ſecundum decliuiorem partem mouebitur.

XVI.

✚ Libra horizonti æquidiſtans, æqualia in extremitatibus, æqualiterque à centro in ipſa libra collocato; diſtantia habens pondera, ſiue inde moueatur, ſiue minus, vbicumque relicta manebit. *Contra Cardanum & Iordanum, vt Guidē Vbaldus prop. 4. de libra fuſiſſimè demonſtrauit.*

XVII.

✚ Duo pondera in libra appenſa, ſi libra inter hæc ita diuidatur, vt partes ponderibus permutatim reſpondeant: tam in punctis appenſis ponderabunt, quàm ſi vtroque ex diuiſionis puncto ſuſpendantur.

XVIII.

✚ Pondera æqualia in libra appenſa eam in grauitate proportionem habent, quam diſtantiæ, ex quibus appenduntur: *vnde & ſtatera rationes oſtendi poſſunt.*

XIX.

✚ Duobus vel pluribus datis in libra ponderibus vbicumque appenſis, centrum libræ inueniri poteſt, ex quo ſi ſuſpendatur libra, data pondera maneant in æqualibrio: quod fiet, ſi priùs partes ponderum ſimul addantur; deinde ſpatium lineæ datæ, quod eſt inter puncta ſuſpenſionis, in totidem partes diuidatur, quot fuerint vnitates in ſumma addita. Denique ſi ponantur ex parte vnius ponderis tot partes longitudinis, quot oppoſitum pondus habet partes grauitatis, punctum enim quod terminabit huiuſmodi partes, erit punctum æquilibrij: exempli gratiâ, ſi pondus maius habet partes 12; minus verò duas, addiæ faciunt 14, quas ſi numeres in prædicta libræ longitudine, incipiendo à centro maioris ponderis, centrum grauitatis libræ erit in fine ſecundæ partis; hoc eſt in fine 12. ſi incipias à minori pondere. Quod autem de duobus ponderibus dictum eſt, pluribus conueniet: ſemper enim duorum ponderum centra ad vnum reuocabuntur, donec æquilibrium quæſitum inuentum fuerit: quod fiet ſi, vt maius ſegmentum, quod ſe tenet ex parte minoris ponderis, eſt ad minus, quod ſe tenet ex parte maioris ponderis, ita maius pondus fuerit ad minus pondus: *quod Steuinus 2. prop. de ſtatica elementis fuse demonſtrat: ex quo ſequentes prop in columnarum gratiam.*

KKĸ

XX.

✢ Pendula columnâ per grauitatis centrum à plano ad bafim paralléi-lo fectâ, firmitudinis autem, ideft *retentionis*, puncto fupra grauitatis centrum fixo ; axis eft horizonti parallelus.

XXI.

✢ Si punctum retentionis centrum grauitatis fit pendentis columnæ, quemcumque ei fitum dederis, feruat.

XXII.

✢ Si columna per grauitatis punctum fit fecta à plano bafi parallelo, fuerítque retentionis punctum in fecante plano, infra grauitatis cen-trum : columna, naturæ ductu, fefe inuertit, donec grauitatis centrum fit in pendula grauitatis diametro. Eft autem grauitatis diametoe recta infinita per grauitatis centrum acta, quæ cùm horizonti perpen-dicularis fuerit , *pendula* vocatur. Grauitatis autem centrum pen-dentis corporis eft in pendula grauitatis diametro. Ratio iftius pro-pofitionis eft, quia columna prædicta nequit iacere in puncto , fed' tantùm in folo. XXIII.

Anfa infinitum continuata binorum ponderum iugum quoduis in fuos radios fecat. Eft autem anfa, duorum ponderum pendula graui-tatis diameter ; quale eft filum quo duo corpora in extremitate baculi pofita fufpenduntur ita vt filum è medio baculi puncto fufpendatur; qualis eft etiam trutina in bilancibus. Iugum vero, fiue trabs eft recta duabus pendulis diametris terminata. Sicut anfæ punctum in iugo fi-xum , dicitur firmum feu retentionis, ac firmitudinis.

XXIV.

Datis retentionis puncto notæ columnæ , notifque ponderibus fitu æquipondijs inde pendentibus , inueniri poteft an axis horizonti parallelus futurus fit ; an quem dederis fitum feruaturus : an verò fe inuerfurus, donec grauitatis centrum fuerit in pendula grauitatis dia-metro. Notâ etiam columnâ , notifque ponderibus inde fufpenfis, re-tentionis punctum inuenitur, in quo quemlibet datum fitum feruabit. Denique notâ columnâ cum retentionis puncto, notis item ponde-ribus inde fufpenfis , quæ axem horizonti parallelum feruant ; pondus reperiri poteft, quod optato columnæ loco fufpenfum axem in dato fitu feruabit : *vt Steuinus prop. 10. 11. & 12. libri prædicti demonftrat.*

XXV.

Æqualia pondera , vnum eleuans, aliud deprimens æqualibus & an-gulis, & radiis æquales potentias habent. Pondus autem eleuans de qua-libet potentia pondus eleuante dicitur , quod eft rectum, vel obliquum, prout horizonti perpendiculare, vel obliquum fuerit.

XXVI.

Datis columna, & in eius axe duobus punctis, vno fixo, altero in longiore segmento mobili, inuenire pondus recte attollens ex puncto mobili, quod datam columnam in dato situ retineat. *Quod Steuinus prop. 14. demonstrat.*

XXVII.

Duorum punctorum in axe columnæ altero fixo, altero mobili: pondus recte attollens ex mobili cum columna situ æquipondium, illam habet rationem ad columnam, quæ est segmenti axis, quod inter centrum grauitatis,& punctum fixum est, ad segmentum eiusdem quod inter fixum, & mobile intercipitur. Quod punctum si seruet columnam in vno aliquo situ, in quouis alio seruare poterit.

XXVIII.

Columnâ super duobus in axe punctis quiescente, quemadmodum axis segmentum inter grauitatis centrum, punctumque sinistrum, ad eiusdem segmentum inter grauitatis centrum, punctumque dextrum : ita columnæ pondus super puncto dextro quiescens, ad reliquum ponderis super sinistro quiescentis.

XXIX.

Columnâ duobus in punctis quiescente, erit vt segmentum axis inter grauitatis centrum, & perpendicularem per punctum sinistrum, ad eiusdem segmentum inter grauitatis centrum & perpendicularem punctum dextrum : ita sustentatum pondus columnæ dextro puncto, ad pondus quod sustinetur sinistro.

XXX.

Centrum grauitatis cuiuscumque, & quantumcumque difformis, & irregularis figuræ reperitur, si ab aliqua sui parte liberè suspendatur, & ab eadem parte, à qua pendet, demittatur perpendiculum, ita vt in corpore linea, quam fecerit perpendiculi filum, notetur : deinde ab alia parte corpus idem liberè suspendatur, vt prius, notetúrque iterum linea perpendiculi ab hac parte super corpus demissi, concursus enim duorum filorum perpendiculi in illis duobus suspensionis punctis demissi, erit centrum quæsitum.

XXXI.

Præter ea quæ primo libro de centro grauitatis dicta sunt, Steuinus libro de centro grauitatis videri potest, in quo demonstrat centrum grauitatis cuiusque trianguli rectam ab angulo in oppositum latus medium ita secare, vt segmentum inter ipsum & angulum duplum sit reliqui. Deinde trianguli duorum laterum vnoquoque in tria æqualia segmenta diuiso, recta per sectionum puncta tertio lateri proxima, per

grauitatis centrum ductam esse. Tertiò, securiculæ grauitatis centrum
esse in recta laterum parallelorum bisectionem connectente : cuius securiculæ grauitatis centrum rectam parallelorum laterum bisectricem
ita secare demonstrat, vt segmentum bisectricis minori lateri conter-
minum ad reliquum sit, vt maioris paralleli lateris duplum minore
auctum, ad duplum minoris cum maiore. Quartò, parabolarum grauitatis centrum, quod est in earum diametris, hasce diametros in homologa segmenta dirimere : quod de figuris planis intellige, quarum
omnium centrum figuræ idem esse, cum centro grauitatis ostendit prima propositio, quemadmodum 2. trianguli cuiusque grauitatis centrum esse in recta ab angulo in oppositum latus medium ducta.

XXXII.

Præterea demonstrat in centrobaricis solidorum, solidi cuiuslibet,
figuræ & grauitatis idem esse centrum. Deinde prismatis centrum grauitatis esse in axis medio ; pyramidis verò in axe, quem à centro grauitatis ita secari docet, vt segmentum vertici vicinius reliqui sit triplum : at verò de centro grauitatis lib. 1. fusius actum est, quàm vt hîc
plura subiungere debeamus. *Cum autem (mi* THEOTIME *) hac in parte
de ponderibus rectà descendentibus egerimus, sequenti de obliquè descendentibus, déque vi motus libra, vectis, &c. dicendum est.*

SECVNDA PARS.

DE PONDERIBVS OBLIQVIS,
& de viribus vectis, & libræ & aliarum machinarum
ad ea reductarum, vbi & de nauigatione, & de quæs-
tionibus mechanicis Aristotelis.

Obliqua pondera dicuntur quæ impediuntur quominus rectè per-
gant ad centrum, vt cùm globulus à vertice montis descendit, tar-
diúsque ad planum montis peruenit, quàm cùm absque vllo impedi-
mento perpendiculariter descendit : quò verò planum per quod descendit graue, magis inclinatur, seu magis à perpendiculari recedit, &
ad horizontem accedit, eò tardius, ac difficilius graue descendit, eòque minus grauitatis suæ vires exerit Hinc fit vt eò minor vis requiratur
ad pondus in plano obliquo retinendum, vel ad illud per idem planum
eleuandum, quò planum magis inclinatum fuerit : cùm enim ex parte
sustineatur à plano obliquo, linea directionis, hoc est centri terræ,

transiens per punctum contactus ponderis cum plano obliquo, pondus
non diuidit in partes æquiponderantes, vt contingit in ponderibus
liberè per aërem descendentibus. Vix autem aliquid hactenus de ponderibus obliquè descendentibus, vel ascendentibus demonstratum est.
Nunc igitur solùm ea afferemus, quæ à multis conceduntur.

PROPOSITIONES.

I.

VT fiat æquilibrium duorum ponderum super planis inclinatis po-
sitorum, debet vnum pondus se habere ad aliud, vt latus vnum
trianguli, in quo pondus vnum consistit, ad aliud latus super quo pondus aliud fuerit : *quod Steuinus ita concipit.* Si triangulum planum horizonti perpendiculare fuerit, basis parallela, reliquis autem lateribus
globi singuli addantur æquilibres, erit quemadmodum trianguli latus
dextrum ad sinistrum, ita sacoma globi sinistri ad antisacoma globi
dextri. *Quod probat, quia sequeretur alioqui motus perpetuus, quòd absur-*
dum esse putat, quem tamen in eo quidam aiunt deceptum fuisse, vt & Pap-
pum, lib. 8. coll. Mathem. prop. 9. quippe existimant tam huius propositionis
falsitatem, quam Pappi errorem manifestißimè demonstrari.

II.

Si axis columnæ puncta habeat, firmum, & mobile, & ex isto depen-
dentia pondera, vnum rectè, alterum obliquè eleuans, in dato situ
columnam conseruant : vt se habet linea rectè eleuans ad lineam obliquè extollentem, ita illius pondus ad pondus huius. Si verò prædictæ
lineæ deprimant, erit pondus rectum ad pondus obliquum, vt linea
rectè deprimens ad lineam obliquè deprimentem.

III.

Æqualia pondera suspensa è ductariis lineis, quæ ex eodem axis
puncto in contrarias partes ductæ æquales cum axe angulos faciunt:
in columnam æqualem potentiam exercent. Potentia verò ponderis,
cuius ductaria linea axi perpendicularis est, in columnam dati situs
est omnium maxima. Hinc fit, vt quò anguli ductariarum linearũ, è quibus pondera suspenduntur, angulo recto viciniores sunt, eo ponderum
potentias esse maiores: eóque minores, quo longiùs ab angulo recto
diffident.

IV.

Duæ annuentes, siue non parallelæ lineæ, è quibus columna depen-

det, in infinitum productæ, in columnæ pendula grauitatis diametro
sese interfecant: si verò vna sit horizonti perpendicularis, erit & reliqua: sin obliqua, obliqua: si illa huic annuit, annuet & hæc illi Sin
abnuit, abnuet.

V.

Si columna, & duo pondera obliquè extollentia situ æquilibria sunt,
vt linea obliquè extollens ad lineam rectè extollentem, ita ponderum
quodque obliquum ad suum pondus rectum.

V I.

Quæcumque proportiones sunt columnæ ad pondera inde suspensa, ponderumque lineas: easdem cuiusuis etiam corporis esse ad sua
pondera consimiliter inde pendentia, ponderumque lineas. Hæc autem omnia hoc axiomate niti videntur, quod supra tetigi, nempe vt
se habet latus ad latus, ita celeritas descensus vnius ponderis ad celeritatem descensus alterius: quoties enim, verbi gratia, sit æqualis
descensus, æqualis ad centrum sit accessus: quò autem latus trianguli, seu planum est obliquius, eò longius est: igitur & descensus corporis grauis super eo factus, tardior erit, atque adeo tardius ad centrum
vniuersi accedet.

V I I.

Hoc concesso principio si fiat triangulum, cuius latus vnum sit perpendiculare horizonti, aliud verò sit ita inclinatum, vt præcedentis
centuplum existat, pondus subcentuplum in illo appensum sustinebit
pondus centuplum in illo positum, erunt enim æquilibria. Vnde pondere dato dari potest vis, & inclinatio, & è contra.

V I I I.

Pondus circulo, vel globo insistens in diuersis partibus varie ponderat, ob varias globi ad horizontem inclinationes: quod & de aliis
figuris sphæroidalibus, & conicis intelligendum est.

I X.

Si eadem sit proportio vis proiectorum obliquorum, & rectorum,
quæ ponderum rectorum & obliquorum eleuantium, & deprimentium, pilæ, iacula, globi è bombardis emissi, & alia quæcumque vi
proiecta tantum de actiuitate sua, quantum de rectitudine, deperdunt;
eòque ictus illorum debiliores sunt, quo in parietes, vel alia corpora
obliquius incidunt: quæ si redeunt, postquam illisa fuerint, eo tardius,
minusque longe redibunt, quo ad corpus reflectens obliquius allisa
fuerint. Quibus positis globus per lineam obliquam emissus, quæ dupla sit lineæ muro percusso perpendicularis, subduplam tantummodo
illius vim habebit, qui per lineam perpendicularem æquali puluetis
pyrij virtute mitteretur.

X.

Hinc etiam cognofci poffet, quanto minus vela nauium ab obliquis, quàm à rectis ventis impellantur; datifque leucis, quas naues à vento perpendiculari adiutæ faciunt, leucæ dari poffent, quas conficerent impulfæ à vento æqualis virtutis, iuxta quamcumque obliquitatem confideratis. *At verò de nautica alibi dicendum est: Iam enim ad vim motus accedo, quæ mirabilis effe videtur.*

XI.

Tanta est vis motus ponderibus afcendentibus, defcendentibus, aut in tranfuerfum actis impreffus, vt quodlibet minimum pondus, maximum quodlibet fuperare poffit, modò celeritas motus illius compenfet, & fuperet grauitatem istius. Hinc fit vt pondus decidens eò maiorem vim habeat, magifque ponderare videatur quò ex altiori loco decidit: quamuis non fit eadem ratio fpatiorum à quibus cadit, & virium : neque res motæ impedimentis fuis, (qualis est aër, & fuperficies contactus corporis per aërem defcendentis) fint proportionales; fimilia enim folida fuperficiebus fuis non funt proportionalia, nam cubi in ratione octupla habent fuperficies in ratione quadrupla. Hinc fit vt minora corpora maius impedimentum patiantur, & propterea tardiùs defcendunt quàm maiora: Steuinus tamen afferit fe expertum fuiffe æquale 30. pedum fpatium pari velocitate à duobus globis plumbeis pertranfitum fuiffe, tametfi effent in ratione decupla.

XII.

Probabile est vim illam ingentem, quam pondera per motum acquirunt, ex eo proficifci, quod aër inter corpus motum, & corpus percuffum condenfetur, qui cum horum corporum neutrum penetrare, neque huc illuc effugere poffit, maximam potentiam exerit. Quod manifestum est in malleo in cuneum celeriter incidente, & impacto, qui longè potentior est, quàm mille mallei eidem cuneo fuperimpofiti, qui pari celeritate, qua cuneus, moueri debent, vt lignum ingrediatur, ac proinde uim habere maiorem quàm lignum in fui diuifione refiftentiæ habeat: at verò malleus decidens cuneo ingrediente celeriùs mouetur eumque adigit eo fortiùs, quò magis condenfat aërem.

XIII.

Hinc concludere poffumus malleum, globum è bombardis emiffum, lapidem funda proiectum, &c. eo maiorem vim habere, magifque in corpus, in quod emittuntur, agere, quo magis aërem interpofitum condenfant; aërem verò eo magis condenfari, quò celeriùs mouentur: igitur fi duplo, vel centies celeriùs mouentur, duplo, vel centies magis aërem condenfabunt, ac duplo, vel centies fortiùs ferient.

X I V.

Magnum quid is in mechanicis reperiet, qui rationem virium corporis decidentis, & spatiorum à quibus decidit, reperiet, & demonstrabit quanto, verbi gratia, globus ex altitudine 20. pedum decidens. vim maiorem habeat, quàm si ex 10. solummodo pedibus cadat : & quanto maior esse debeat globus ex altitudine 10. pedum cadens, globo ex altitudine 20. pedum decidente, vt vim æqualem habeat, ac corpus subiectum æqualiter feriat; quod pluribus impossibile videtur. *Deinceps verò de singulis instrumentis ad mouenda pondera destinatis agendum.*

. X V.

Libræ maiores minoribus exactiores sunt, quia brachia libræ maioris maiorem circulum describunt, cùm eorum extremitates magis à sparto, seu trutina, hoc est centro, distent: hinc fit vt velocius moueantur, quia minus à centro ad motum sibi non naturalem, id est, circularem retrahuntur, & à motu recto sibi naturali minus impediuntur, per quem descenderent, nisi à centro retraherentur, & in gyrum inflecterentur. Itaque quo semidiametri, vel radij extremitas magis à centro, vel sparto recedit, eò liberior fit, minusque cogitur; quo circumferentiæ sunt maiores, eo magis vergunt ad rectam lineam : vide igitur (mi THIOTIMI) num circumferentia infinita cum linea recta infinita, & contrà coincidat. Quod autem lances plurimorum artificum, quamuis maiores, minus exactæ sint quàm minores Gemmariorum, vel Aurificum, id oritur ex eo quod illæ sint rudes, & materiæ pertinaciæ obnoixiores; hæ verò exquisitius elaboratæ. *Hinc constat rationem mobilitatum esse vt diametrorum : & circulos eadem vi motos hanc analogiam seruare, vt quæ est ratio motus in maiore circulo secundùm naturam ad suum motum præter naturam, eadem sit motus in minore circulo secundùm naturam ad suum motum præter naturam. Denique ab eodem pondere extremum librilis eò celerius ferri, quo plus ab agina distiterit.*

X V I.

Quamuis libræ ponderibus vacuæ æquilibrent, non ideò tamen omni fraude carent: si enim spartum non sit in medio, & lanx radij breuioris facta fuerit ex ligno nodoso, vel radici vicino, vel ei plumbum infusum fuerit; adhuc lances æquilibres erunt; sit enim breuior radius in 10. partes diuisus, longior in 15. huius lanx ponderet 10. illius verò lanx 15. certe ob permutatam proportionem libra suspensa in sparto æquilibrabit : nec ab æquilibrio discedet, si lanci breuioris radij sacoma vnciarum 6. & alteri lanci sacoma se habens ad 6. vncias, vt 10. ad 15. Propterea quæst. 1. lib. Mechan. purpurarios reprehendit

Arist.

Aristot. cum enim vt 10 ad 15, ita 4 ad 6, pro 4 vnciis purpuræ, 6 vnciarum pretium sumet, sed fraudem deteges, si alternatim sacoma
modò huic, modò illi lanci apposueris.

XVII.

Cùm libra spartum, seu aginam, hoc est centrum habet in superiori
parte, & imposito pondere vna pars scapi, seu librilis sursum tollitur,
ablato pondere, redit ad pristinum statum, quia in librili sublato plus
libræ fiebat extra perpendiclum : si verò fulcimentum, seu centrum
est in parte inferiori, librilis pars per pondus depressa, ablato pondere
non redit, quia pars inferior librilis maior est, statim atque à paralle-
lismo cum horizonte discessit, ac proinde grauior est, sirumque
decliuem retinet ; alioqui centrum grauitatis ascenderet. Deniquè
cùm spartum est exquisitè medium, librilis partes in quolibet situ re-
manent, cùm libræ brachia semper æqualia sint, & centrum grauitatis sit in perpendiculari horizontis : quod iam in parte prop. 11. & 12
dictum fuerat. Hoc autem vltimum libræ genus exactissimum est, cùm
vel minimo pondere altrinsecus posito declinet. Videatur apud Bal-
dum cur turbo, seu conus, ac trochus puerorum in orbem actus non
cadat donec cesset motus; quomodo funambuli in neutram partem
cadant; & vnde machinarum demolitoriarum, vt arietum, & testu-
dinum, uires pendeant.

XVIII.

Tametsi de vecte, sicut & de libra in prima parte egerimus, hic tamen alia subiungemus, quibus omnes ferè quæstiones solui possint,
quas Arist. In Mechanicis proposuit. Itaque vectis est palus oblongus,
cuius extremum acutius, lingula: obtusius verò, caput appellari potest:
quod autem vecti subditur, vel quod ei superponitur, vt onera faciliùs
eleuentur, dicitur hypomochlion; quod si prismation fuerit, id est in
formam ptismatis factum, & vni laterum vectis supponatur, optimum
erit. Musculos autem corporis Galenus vectibus lib. 1. de placit. Hip-
poer. & Platon. comparauit, quibus singula corporis membra vt totidem onera variè flectuntur, sursum intenduntur, contorquentur, &c.

XIX.

Vectis ad libram reducitur, imò est libra deorsum habens aginam,
seu hypomochlion pro centro, siue onus sit inter fulcimentum, & potentiam, siue sultura sit inter onus & potentiam, quod sæpius contingit,
siue potentia sit inter vectem & onus. Ita verò se habet motum pondus ad
potentiam mouentem, vt brachij longitudo ad brachij longitudinem ;
& quo brachium lōgius fuerit, eò celeriùs, ac minori vi mouebitur, ma-
que pondus leuabit : hic vectis, & libra ad circulum reuocantur, cuius

LLI

centrum ab agina; seu fulcro, radij vero, seu diametri à brachiis repræsentantur. *Videatur Archim. lib. 1. de æquipond. prop. 6. & nostra prima pars.* Hinc fit vt potentia sit ad pondus sustentum, vt pars vectis ab hypomochlio versus linguam, ad partem ab eodem hypomochlio versus caput.

XX.

Remi, quibus naues impelluntur, ad vectem reduci debent, ita vt scalmus cùm naui sit pondus, mare hypomochlion, & remex, potentia mouens, qui manubrium remi tenens mare diuidit, quo palmula remi fulcitur vt nauim antrorsùm impellat. Ex tribus autem remigum ordinibus Thalamires, qui sedet ad proram, & Thranites, qui versus puppim, vna impulsione plus scalmum, seu nauem mouent, quàm Zygites, seu meloneus, hoc est qui versus mediam nauis spondam, quæ est ἐξιρρόποδος. Plus autem illi nauim promouent, quorum remi ita disponuntur, vt remi pars à scalmo ad manubrium maior sit, & pars à scalmo ad palmulam plurimum maris diuidat. Tunc autem mare pondus erit, & scalmus agina, si nauis immobilis esse supponatur. Tametsi vero minus zygites, facilius tamen nauim promouet: hinc triremium præfecti robustiores remiges ad proram, & puppim, imbecilliores circa mediam triremem ponunt: quod est contra Aristot. q. 4.

XXI.

Temo, seu gubernaculum nauis ad vectem reducitur, nam mare est hypomochlion, vt antea; cardines verò, scalmus seu pondus mouendum; gubernator, potentia, quæ nauim dextrorsum obliquat mouendo mare sinistrorsum, & contra. Est autem gubernaculum in puppi, cuius paruus motus est causa motus longè maioris qui sit in prora. Maximè verò nauis currens motu pterygij mouetur, non ita quiescens. Videatur Baldus, qui carinam ait vectis instar in conuersione nauis se habere: pars mota, & mouens potentia ad puppim; fulcimentum circa proram; potentia mouens mare, quod alias temonis obliquè ferit.

XXII.

Ad gubernaculum reduci debent caudæ piscium, & auium, quarum nempe motu ad dextram, sinistramque conuertuntur. Omitto vela molendinorum, & verticillorum, quæ à vento, quemadmodum alæ pterygis ab aqua, mouentur: de quibus agetur vbi de'ventis vela nauium impellentibus *Sequuntur quinque propositiones Nonnij, quas duabus sequentibus complectemur.*

XXIII.

Remigibus nauim mouere potentibus caput remi plus antrorsum

mouetur quàm nauis. Capite vero remi motu próprio , & naui æqualiter motis, palmula immota veluti centrum manet : & palmulà immotâ , caput remi , & nauis æqualiter mota funt : nam fi remi palmula dimota non fuerit à loco fuo , ibique tandiu perfiftat, donec remus fitum rectitudinis obtineat, tantum fpatium conficiet caput remi motu proprio , quantum nauis.

XXIV.

Capite remi proprio motu conficiente fpatium duplum fpatij nauis; tunc nauis tantùm promouebitur, quantùm palmula retrocedet : igitur fi nauis æquè prouehitur ac palmula retroceffit , motus capitis remi proprius duplus eft motus nauis. Naui autê celeriùs motâ quàm capite remi,palmula anttorfum mouebitur, nec quicquam retrocedet, idquó fpatij decurret, quo nauis motus motum capitis remi fuperat.

XXV.

✣ Quò antenna fublimior fuerit, iifdem velis, & vento eodem celeriùs feruntur nauigia : eft autem antenna lignum per tranfuerfum in malo pofitum ; & malus , feu ἱϛ eft lignum inftar trunci arboris circa medium nauis perpendiculariter infixum , cuius partem inferiorem; pternam ; mediam ; πϞχωΝ fummam denique , carchefium appellant : vtraque verò latera veli in antenna fufpenfi dicuntur, cornua: fed & tria velorum genera numerantur , nempe artemo, & acatium; quod maius eft , dolo, quod minus : & Ϟϗλμϗ, quod à tergo ponitur: lonem vulgo trjnchetum appellant.

XXVI.

✣ Malus & vela expanfa reducuntur ad vectem , vis enim mouens eft ventus, qui eo maiorem vim acquirit, quanto fuerit pars longior vectis inter hypómochlion, & vim mouentem ; pterna, feu calx mali eft fulcimentum , carchefium eft caput vectis , pondus eft locus mediæ fpondæ , in qua malus carinam deferit , vel tota nauis. Baldus tamen antennam reducit ad nouum genus ipfius vectis , cuius brachia in angulum definunt, qualia funt brachia mallei , quo clauos reuellimus; & forcipum, quæ morfu clauorum capita violenter è tabulis extrahunt : pondus fiquidem eft clauus euellendus.

XXVII.

Tametfi ventus fecundus non fuerit , poffumus tamen cornua antennarum ventis obiecto nauigare ; quod Ariftoteles dixit pedem facere , hoc eft ita partem veli difponere , vt obliquo , vel etiam contrario vento vtamur ; ad quod rudentes μϗϗϗ quibus dettrahitur velum , & ϗϗϗϗ quibus intenduntur ad proram , Bo ϗϗϗϗ quibus ad angulos conuertuntur , & laxantur, neceffariæ funt. *Videatur Plin. l. 2. c. 47. & Galenus 1. de vsu part. c. 19. vbi de motu nauis mixto ex ventis, & remigantium robore.* Hinc fit vt naues eodem vento in partes contrarias agantur: vento enim exempli gratia, dextrorfum nauim pellente gubernaculum cum nautis illam finiftrorfum rapit: ita tamen ventus præualere poteft, vt inutilis fit remigum renixus, & induftria, ideoque anchora iacienda eft. *Sed poftea de nauigatione pluribus agendum erit, itaque redeo ad libram & vectem.*

XXVIII.

Statera, feu trutina reducitur ad libram & vectem: & quæ Ariftoteli φάλαγξ dicitur; illius autem partes funt fcapus; anfa fulcimento hærens: harpago, vel lanx: & æquipondium, quod appendiculum, & ϛαθμίον vocant, quod omnia pondera diftinctione punctorum in fcapo notatorum fupplet, ac vi mouenti refpondet. Appendiculum autem paruilicet ponderis, æquilibre fit magnis ponderibus in lance appenfis, eoque maioribus, quò longiùs à fulcimento fiftitur, quod in extremo anfæ reperitur: feruata enim permutatim ponderum, & brachiorum proportione fit æquilibrium vt in vecte vel libra, ideoque proportiones brachiorum, feu fpatiorum porportionibus ponderum, & contra, æquari debent: enimvero in æquilibri ftatera pondus lancis ita fe habet ad pondus appendiculi, vt fpatium inter fulcimentum & appendiculum ad fpatium inter fulcimentum, & punctum, à quo lanx feu pondus dependet.

XXIX.

Cum ftatera duplex fulcimentum habet, illo graniora appendimus pondera, quod propius eft puncto in quo lanx appenditur, tunc enim vectis eft maior. Poffumus etiam vti ftatera, quæ ftabile appendiculum, mobile autem fulcimentum habeat, quod cum erit in centro grauitatis, ftatera ftabit, & ita diuifa erit, vt fiat brachiorum, & ponderum eadem ratio, ordine permutato; hæc tamen ftatera vt minus commoda, non eft in vfu: quæ actu, & poteftate libræ eft totuplex, quotuplex eft locus anfæ.

XXX.

Cum fcapus integer ad pondus appenfum eam rationem habet, quam duplum partis, quæ eft ab anfa verfus lancem, ad reliquum; tunc pondus fcapum vniformem, & omnibus fuis partibus æqualem in æquilibrio conftituit: vt fi fcapus eft 12 vnciarum, & pars à lance ad anfam 13 huius partis duplum eft 4, reliquum 8, vt igitur 4 ad 8, ita fcapus; ideft 12, ad pondus nempe 24 vnciarum. Si verò pars ab anfa ad lancem fit 1, duplum erit 2, reliquum 10; vt igitur 2 ad 10, ita 12, hoc eft totus scapus, ad pondus nempe 60, vnciarum, quod per regulam trium reperitur. Cognoscitur autem ponderatiomis æquilibrium, cùm in appendendo scapus stateræ cum ansa rectos angulos constituit, & plano horizontis parallelus est.

XXXI.

Si stateram prouecte sumas, trutina erit fulcimentum, seu hypomochlion, pondus leuandum, merx lanci imposita: potentia verò perpendiculum, seu appendiculum, ita vt quanto productior fuerit pars vectis, hoc est scapi, ab hypomoclio ad potentiam, tanto facilius potentia moueat. Statera autem de qua Arist. 20. quæst. plures trutinas actu distinctas habuisse videtur, itaut hasta statim in vna, statim in alia trutina suspenderetur pro varie pondere determinando, quod fiebat eam proportionem inter pondus mercis, & æquipondij obseruando, quæ erat permutatim inter distantias vtrinque ab assumpta trutina, quæ in trutinando vicem hypomochij gerit: tunc autem merx est potentia mouens, pondus vero æquipondium, quod æquiponderabat nudæ lanci, vt tota statera per se æquilibrabilis esset. Hinc igitur constat stateram esse simul libram, & vectem; libram, quia quodlibet spartorum, seu trutinarum sit centrum libræ, cuius duæ lances sunt harpago, & æquipondium, quod tantumdem ponderis trahit, quantum est in harpagine: vectem autem, quamuis inuersum, ob rationes prædictas. Æquipondij vero grauitas in vno scapi puncto ad grauitatem eiusdem æquipondij in altero puncto se habet vt remotio ad remotionem, hoc est, vt longitudo scapi à fulcimento ad vnum punctum æquipondij, ad longitudinem scapi à fulcimento ad aliud punctum æquipondij.

XXXII.

Odontagra, seu dentiduco medici faciliùs quàm digitis dentes euellunt, quia odontagogum, hoc est dentiforceps habet rationem duplicis vectis oppositi; commissura enim, seu decussa connexio est hypomochlion, dens est pondus commouendum, qui eo faciliùs è gingiuæ suæ gynglimo eximitur, quo brachia forcipum longiora fuerint. Mauult tamen Vbaldus dentem, & forcipem vectium officio fungi; ita vt dens habeat fulcimentum in eo loco, in quo à breuiori dentiduci brachio tangitur, longius brachium sit potentia mouens, dentis vero resistentia ponderis vices referat. Quo vero maior fuerit proportio latitudinis dentis à fulcimento ad potentiam ad eam quæ est à fulcimento ad pondus, eo faciliùs auelletur.

XXXIII.

Nucifrangibulum certiùs quàm ictus frangit nuces: nisi enim mal-

lcus ita incidat in nucem vt punctum quo planum mallei attingit nucem incidat in rectam lineam cum puncto plani, cui nux infiftit, facilè
elabitur, & ictum ob fui rotunditatem eludit. Quò verò manubria,
feu brachia forcipis nucem frangentis longiora fuerint, & quò maior
erit proportio fpatii à vertebra, hoc eft hypomochlio, ad extremitatem
brachiorum feu ad potentiam mouentem, ad partem brachii quæ eft à
fulcimento ad nucem, eo validiùs nux frangetur; quò nux fulcimento
propior fuerit, maior fiet vectium eleuatio, feu maior brachiorum aper-
tio.

xxxiv.

Magnum quid is in mechanicis reperiet, qui proportionem inter vim
dati nuciftangibuli, & cuiufcumque alterius forcipis, & vim ictus vel
motus impreffi dati affignauerit ; hac enim ratione dici poterit quæ
fit proportio ponderis, vel potentiæ pugni hominis ferientis, cum
ipfo pugno non feriente: quod aliqui aiunt conftare poffe ex percuffio-
ne lancis vacuæ collatæ cum plena: fi enim ictus pugni, vel mallei de-
primat lancem vacuam, præponderabit ponderi alterius lancis; alioqui
lanx onerata grauior, vel fortior erit ictu dato: quod etiam in vecte, &
ftateris experiri poffumus. Expertus fum quidem pondus vnius libræ
cadens ex altitudine dimidii pedis vim æqualem habere 6 libris abfque vllo motu-chordæ æneæ infiftenti: eundémque effectum præftare
femilibram ex altitudine fefquipedali, & quadrantem libræ ex quadru-
pedali altitudine decidentem: fed vlterius inquirendum, antequam
certam vllam inter prædicta proportionem ftatuamus.

xxxv.

Longa ligna manu, vel humero geftata longè difficiliùs ab extremo,
quàm à medio fui geftantur, quia quò longiora funt, eo magis flectuntur, & vibrantur, atque nutant, quapropter per lationem quæ fit furfum
& deorfum centrum grauitatis mutant, & lationem anteriorem impe-
diunt, latorem quodammodo retrahendo. Ratio verò mechanica eft,
quia lignum geftatum eft vectis, potentia fuftinens eft manus; pondus, extremitas ligni remotior; humerus, fulcimentum; vel fi manus
eft fulcimentum, humerus, aut quidpiam fimile dicetur potentia
fuftinens. Itaque manus, vel humerus, hoc eft potentia fuftinens
pondus debet effe ad pondus, vt totum lignum, id eft totus vectis, ad
partem eius quæ à potentia ad fulcimentum. Verbi gratiâ, fi minima
pars inter manum & humerum intercepta fit fextupla maximæ partis inter humerum, & extremum vectis in quo pendet pondus 6 librarum, interceptæ, humerus 36. libras feret; qui tamen in medio ligni
conftitutus 12 folùm libras geftaret; tunc enim extrema fe inuicem

fufpendunt, librant, & fubleuant; vt fiat æquilibrium. *Hinc habetur ratio cur hafta folo iacens manu ad alteram extremitatum appenfa difficillime ex-tollatur.*

XXXVI.

Baculus, vel lancea digito faciliùs fuftinentur, fi fuerint horizonti perpendiculares, quia tunc partes inferiores fuftinent fuperiores: cùm autem baculus inclinatur, omnes partes fine fulcimiento tendunt deor-fum: & hypomochlion non longè abeft à vi mouente, à quo tamen longiùs diftat alterum extremum inclinatum.

XXXVII.

Cùm idem pondus valde procerum eft, difficiliùs ab humero fer-tur, quam cùm breuiùs eft, quia quo magis extrema ligni ab eius cen-tro recedunt, eo debiliora fiunt, ac proinde fuopte pondere faciliùs nutant, ac fuccuffantur, & duplici preffione grauant humerum: dum enim deorfum vergunt, impetu ex ipfa violentia acquifito trahunt centrum humero fuprapofitum: quia tamen poft depreffionem extre-ma vibrata attolluntur, fecúmque centrum ad fuperiora trahere co-nantur, humerus alleuiatur. Vbi aduertendum dextrum humerum non adeo aptum effe ad onus ferendum ac finiftrum, quia huius eft fuftinere, illius vero, vt & cruris dextri, mouere, impellere, & trahere.

XXXVIII.

Ex duobus hominibus phalangâ, feu perticâ pondus ferentibus, ponderi vicinior magis premitur, atque laborat, quia phalangarius, feu baiulus ponderi, hoc eft hypomochlio vicinior, habet rationem ponderis moti, baiulus vero remotior eft potentia mouens, ex cuius parte fe tenet longior pars perticæ, quæ vectis eft. Vterque tamen ba-iulus fulcimentum, & potentia dici poteft, eft autem mobile quod inter vtrumque appendet. Quapropter potentia vnius ad alterius potentiam erit vt interualla inter potentias, & pondus reciprocè. Vtrifque autem vectis cum appenfo pondere innititur. *De reliquis viri-bus & machinis, & circuli mirabilibus fequenti parte dicturi fumus.*

TERTIA PARS.

DE VTILITATIBVS, ET

mirabilibus circuli in mechanicis.

PROPOSITIONES.

I.

CIrculus, quem Aristoteles initio Mechanicæ, quantitatis ponde-rum, & potentiarum examinatricis, ἰσομετρικὸν appellat, pluri-ma complectitur, quæ mirabilia esse videntur. Primò, fit ex quodam-modo contrariis, mouente, & immoto, quia dum vnum extremum diametri circulum describentis mouetur, alterum quiescit. 2. tamet-si omnia puncta diametri, quæ sunt infinita, simul moueantur, inæ-qualiter tamen mouentur. 3. extremum diametri motum duobus mo-tibus contrariis eodem tempore mouetur, vno naturali ad periphe-riam, altero violento retrahente versus centrum. 4. terminus circuli, qui est vnica linea, latitudinis expers, est simul conuexus, & con-cauus, quæ duo contraria videntur. 5. eodem tempore ad contra-rias loci differentias, nempe ante, & retro, sursum, & deorsum mouetur.

II.

Vbaldus negat primum mirabile circuli, quia quælibet pars diame-tri circulum describens mouetur, punctum autem immotum non est pars circuli: deinde, si diameter proportione cresceret & decresceret & stante altero extremo moueretur, describeretur ellipsis. Tertiò, spiralis linea altero semidiametri extremo manente, altero moto pro-ducitur: concluditque illud conuenire circulo, non quod vna semi-diametri extremitas moueatur, alia stet, sed quia sua circulatione semper eandem seruat longitudinem. Præterea monet quartum θαυ-μαςὸν superficiei, ellipsi, hyperbolæ, parabolæ, spiræ, cyssoidi, con-choidi, & aliis infinitis curuis lineis conuenire. Denique negat quin-tum:qui enim per circuli circumferentiam ambularet,centrum semper haberet ad dextram,vel ad sinistram.

III.

His tamen nonobstantibus prædicta potiori aliquo iure circulo conueniunt; præter quæ vult Arist. radij circulum describentis duas lationes, nempe secundùm, & præter naturam, nullam habere rationem inter se, quæ vel numeris, vel lineis explicari queat; alioqui futurum esse, vt rectam describerent; sed eum Vbaldus arguit, cùm mixtus motus, qui nunquam proportione seruatâ sit, etiam ellipsim, & quamcumque aliam lineam, cuius nulla pars sit recta, describere possit: imò demonstrat circulum ex mixto motu produci posse, qui aliquam proportionem, sed non eandem seruet.

I. V.

Quæcumque ferè in mechanicis mirabilia contingunt, oriuntur ex secunda proprietate circuli, quia quod mouetur in puncto à centro remotiori, velociùs illo mouetur quod ab eo distat minus, ita vt velocitas, & facilitas motus se habeat ad velocitatem, vt circumferentia ad circumferentiam, & diameter ad diametrum. Quâ proprietate, quóve principio libra, vectis, & aliæ machinæ nituntur.

V.

Præter dicta, multæ proprietates admirandæ circulo conueniunt; primum enim vnica linea simplici, vniformi, carente fine & principio, finitâ tamen, constat: licet illa linea non faciat angulum, ad eum tamen proximè accedit, imò dici potest ταγκωνος, & ἀγωνος. Hinc Benedictus vocat circulum, & sphæram figuras infinitorum angulorum rectorum; quem tamen numerum angulorum in circulo ait minorem esse duplo infinito per duo infinita angulorum contingentiæ, quæ duo infinita sunt minora quouis angulo acuto rectilineo: numerum autem angulorum rectorum solidorum sphæræ minorem esse quadruplo infinito per quatuor infinita angulorum solidorum contingentiæ: quæ quatuor infinita, minora sunt quouis angulo solido acuto terminato à tribus planis: negat autem circulum esse primam figuram, id enim triangulo conuenire ait, sicut pyramidi quadrilateræ, vt sit prima inter corpora, inter quæ sphæra est vltima, quemadmodum circulus est vltimus inter figuras. *Omitto alias circuli passiones, de quibus dictum est in Geometria.*

VI.

Rotundæ figuræ sunt reliquis mobiliores, quia planum quouis modo circumuolutæ in vno tantùm puncto tangunt, ideoque minus atteruntur, & impediuntur, quia faciunt angulos contingentiæ omni acuto rectilineo minores; hinc ad motum procliuiores sunt, parum enim absunt à plano propter angustiam anguli: & vnica linea plano perpendiculari folo bæret ; vnde quodlibet eo difficiliùs mouetur, quo pluribus punctis planum tangit, tot enim lineæ perpendiculares per mobile tranfeuntes illud cum plano vniunt, atque fulciunt, ne deiiciatur : quapropter figurarum planum pro vertice habentium ſtabiliſſima cubus dicitur, quamuis prochuior ſit ad volutationem quàm retraëdrum, aut pentaëdrum, quia cùm pluribus planis claudatur, magis ad ſphæram accedit : nam quo plura latera, plurefve angulos figuræ regulares habuerint, eo viciniores circulo, vel ſphæræ, ac proinde mouentiores erunt: quò verò mobilis latus contingens planum latius fuerit, eò difficiliùs mouebitur, imò ſi planum mobilis, & planum quod tangit, eſſent perfectè plana, mobile fuperiùs apprehenfum à plano fubiecto vix diſiungi poſſet : hinc aiunt multi, aut parietem perfectè planum non poſſe tangi à cubo æneo ita emiſſo è bombarda, vt aliqua cubi fuperficies rectà verfus parietem tendat, quantumlus bombarda parieti vicina, & quantacumque violentia explofa fuerit : neque enim aër intermedius cedet : verùm ea de repoſta.

Aliæ funt rationes, ob quas figura circularis mobilior eſt : 1. quia in omni poſitu dimidia fui parte quoquouerfum ad planum acclinat; ideoque fphæricum ad latus quacumque vi mouebitur, quæ aërem impulfu, vel tractu diuidere poterit : cùm vnicus aër circumſtans motum impediat. Hinc perpetua eſt circuli propenfio ad motum: quò verò circulus maior fuerit, tanto nutus eius, feu propenfio ad motum maior erit, quia extremitas diametri maioris remotior eſt à loco fuo naturali, ad quem propterea magis conatur. eſt autem nutus, feu vis à Deo vnicuique rei impreſſa, qua in loco fuo naturali quieſcit, & volenti ab eo difpellere, refiſtit; quæ refiſtentia dicitur ἀντιτύπος. Cùm autem omnis circulus infinitos concentricos intra ſe contineat, omnis peripheria nutum habet infinitum, ac proinde perpetuum ad motum.

Linea recta ab extremo femidiametri in diametrum perpendiculariter acta demonſtrat qualis fit nutus; nam quo maior eſt femidiameter, eo maior eſt prædicta linea, prædictúfque nutus; linea enim recta ducta à termino, à quo mobile mouetur, vfque ad terminum, in quo quieſcit, dicitur *linea nutus*; eademque in terminis contrariis, *linea renixus*: illas verò fecans linea ad angulos inæquales, dicitur *linea obliqui nutus*, vel *renixus*: fecans autem ad rectos, nec eſt ad nutum nec ad renixum. Angulus autem ad angulum nutare dicitur, cùm in angu-

lorum æqualitate erurum eft inæqualitas. Ex illo autem perpetuo
nutu fit vt cùm globum voluimus, eum iam veluti proprio nutu fe
mouentem moueamus; nam poft motum ad centrum vniuerfi, maxi_
mè circularem defiderat: & linea perpendicularis ducta à puncto contactus ad diametrum globi demonftrat eum effe in æquilibrio; quælibet autem vis duo pondera æquilibria ab hoc ftatu æquilibri dimouere
poteft.

I X.

Quo circuli maiores, eo mouentiores ob rationes prædictas; &
quia eorum anguli contingentiæ minores funt: vnde quò rotæ curruum funt maiores, eò ad celeritatem, & motus facilitatem commo-
diores: Quò etiam farcina eft altior, faciliùs trahitur ab equo, quàm
vbi depreffior eft, quia tunc non nihil ferenda & non folùm trahenda:
modo tamen non adeò fit alta, vt iugum ex collo præ pondere pofte-
riore trahat: cum autem onus fimul trahendum, & fuftinendum eft,
vt in bellicis tormentis, vnus equus iugum fuftinere, alij loris trahere
debent. Hinc explicari poteft cur binæ rotæ quaternis faciliores fint:
cur prioribus pofteriores rotas maiores effe oporteat; quare farcina in
anteriore plauftri parte poni debeat, &c quæ ex dictis, vel ex dicendis
concludi poffunt.

x.

Quando duo vel plures circuli ita firmiter eidem axi iunguntur,
& circa eum conuoluuntur, vt minores tantùm ad maioris motum,
vel maior ad minorum motum moueantur, minor motu maioris lineam eiufdem longitudinis fuâ circumferentia defcribit, cuius eft linea à circumferentia maioris defcripta, etiamfi maioris circuli diameter millecupfa effet diametri minoris: fi verò maior circulus ad
motum minoris feratur circa axem, linea defcripta à maiori ad breuitatem lineæ defcriptæ à minori redigetur. Quod quidem mirabile
effe videtur, cùm vtrique planum fubiectum in toto motu tangant, neque vllam partem plani pars vlla circumferentiæ bis tangat, aut tran-
filiat. Vnde fequi videtur circulum quemlibet maximum æqualem
videri circulo quantumlibet minimo, & contra, cùm vterque maior,
& minor fint æquales vni tertio, nempe lineæ rectæ ab vtroque defcriptæ.

XI.

Ratio cur circuli adeò inæquales eandem lineam defcribant, ex eo
fumenda eft, quod minor, aut maior, non proprio motu, fed violento alterius moueatur: circulus enim ab alio motus extenditur, & applicatur fecundùm extenfionem mouentis, adeò vt motus minoris, ra-

factioni; maioris verò, condensationi comparari possit: maioris autem condensationem cum luce in vnicum à speculo parabolico punctum coacta conferunt. Itaque cessabit admiratio si consideremus minorem non exercere motum suum, cùm transfertur à maiori; hinc fit vt aliqui negent centrum maioris esse centrum minoris, quod nempe feratur, cùm tamen centrum maioris agat, & moueatur.

XII.

Cùm minor circulus motu maioris circumuolutus spatio maioris æquále spatium conficit, tarditas minoris raritati, maiorísque velocitas densitati comparatur, adeò vt quod est in tempore successiuo tarditas, in loco permanente raritas, & quod in illo celeritas, in isto densitas esse videatur: quemadmodum enim densitas partes quantitatis permanentis, ita celeritas partes quantitatis successiuæ comprimit: & sicut celeritas, aut tarditas motus, ita densitas & raritas corporis semper maior fieri potest; motus enim qui fit à digito spatio vnius minuti horæ, ita tardus esse potest, vt tot annorum duret milliones, quot arenas firmamentum continere potest: hinc motus firmamenti, qui factus est à principio mundi vsque ad annum 1644. ab Oriente in Occidentem, totus fieri potest durante vnico horæ minuto: Granum etiam sinapis ita rarefieri, vt totum firmamentum compleat, & totus mundus ita condensari, vt in grano sinapis concludatur.

XIII.

Rotundorum motus sex species assignantur; nam sphæricum per se, vel ab alio mouetur; *per se*, vt cœlum, cuius nulla pars primò moueri dicitur: *ab alio*, cùm pars aliqua primò mouetur, idque vel progrediente axe, vel manente: *progrediente*, cùm motus incipit à circumferentia, vt in rota super planum volutata: vel cùm incipit ab axe, vt in rota per axem currus circumducta. *Manente* verò, vel axe moto in suo loco, vel immoto: *moto*, vel cum motus incipit à circumferentia, vt in succula per collopes versa; vel cum incipit ab axe, vt in mola, quâ acuuntur gladij. *Immoto*, vt in trochlea, cuius vertentis per funes motus incipit à circumferentia, sed axe penitus immoto. Deinceps verò de trochleis, succulis, & aliis machinis agendum est.

QVARTA PARS.

DE TROCHLEIS.

PROPOSITIONES.

I.

TRochlea est instrumentum tractorium ex rotula circa axiculum fixum alicubi appensum per funem ductarium in eius circumferentia circumuoluta, quæ pro libito multiplicatur, vt fiat trispaston, pentespaston, polyspaston, &c. in quibus rotulæ sibi inuicem seruientes onus attrahendum ita diuidunt, vt facillimè attrahatur. Simplex autem trochlea, qualis est ea, qua haurimus aquam ex puteis, nullam vim mouenti addit, sed tantùm impedimenta tollit.

II.

Trochlea reduci potest ad vectem, cuius fulcimentum, seu hypomochlion est in medio, à quo cùm pondus, & potentia in extremitatibus funis circumducti æquidistant, sunt in æquilibrio, cùm sit eadem proportio ponderis ad potentiam, quæ distantiæ ad distantiam: diameter autem rotulæ motæ vectis euadit. Id autem ita Guid. Vbaldus concepit. Si funis trochleæ supernè appensæ orbiculo circumducatur, alterúmque eius extremum ponderi alligetur, altero interim à potentia pondus sustinente apprehenso; erit potentia ponderi æqualis. Vnde constat iterum idem pondus ab eadem potentia absque trochleæ auxilio sustineri posse.

III.

Si funis orbiculo trochleæ ponderi alligatæ circumducatur, altero eius extremo alicubi religato, altero verò à potentia pondus sustinente apprehenso; erit potentia ponderis subdupla. Vnde sequitur pondus hoc modo à minori in subdupla proportione potentiâ sustineri, quàm sine vllo huiusmodi trochleæ auxilio.

IV.

Si vtrisque duarum trochlearum singulis orbiculis, quarum altera supernè, altera verò infernè constituta, ponderíque alligata fuerit, circumducatur funis, altero eius extremo alicubi religato, altero verò à potentia pondus sustinente detento; erit potentia ponderis subdupla.

Si funis circa plures reuoluatur orbiculos, altero eius extremo alicubi religato, altero autem à potentia pondus mouente detento : potentia vectibus horizonti semper æquidistantibus mouebit. Iisdem
positis, spatium potentiæ duplum est spatij ponderis. Præterea potentia idem pondus in æquali tempore per dimidium spatium mouebit fune circa duos orbiculos reuoluto, quorum vnus sit trochleæ
superioris, alter verò sit trochleæ ponderi alligatæ; quàm sine trochleis,
dummodo ipsius potentiæ lationes sint æqualiter veloces.

X I.

Fune circa singulos duarum trochlearum orbiculos, quarum altera supernè, altera verò infernè, ponderique alligata fuerit, reuoluto: altero etiam eius extremo inferiori trochleæ religato, altero autem à mouente potentia detento : erit decursum trahentis potentiæ
spatium, moti ponderis spatij triplum. Vnde tempus istius motus
cognoscitur, eadem enim potentia in æquali tempore, spatio secundùm triplum ampliori sine huiusmodi trochleis idem pondus mouebit, quàm cum eisdem hoc modo accommodatis. Spatium ponderis
sine trochleis moti æquale est spatio potentiæ : qua ratione in omnibus
tempus inueniemus.

X I I.

Fune circa tres duarum trochlearum orbiculos, quarum altera supernè vnico dumtaxat, altera infernè, duobus autem insignita orbiculis, ponderique alligata fuerit, reuoluto : altero eius extremo alicubi religato, altero autem à potentia pondus mouente detento : erit decursum trahentis potentiæ spatium moti ponderis spatij quadruplum.
Hinc patet ita se habere pondus ad potentiam ipsum sustinentem,
vt spatium potentiæ mouentis ad spatium ponderis moti. Deinde
orbiculos trochleæ ponderi alligatæ efficere, vt à moto pondere
minus, quàm à trahente potentia describatur spatium : maiorique
tempore datum æquale spatium describi, quam sine illis. Quod quidem orbiculi trochleæ superioris non efficiunt.

X I I I.

Si funis orbiculo trochleæ à potentia sursum detentæ fuerit circumuolutus: altero eius extremo alicubi religato, alteri verò pondere appenso, dupla erit ponderis potentia. Quibus positis mouchie
hæc eadem vecte horizonti semper æquidistante, per 14 prop. Guid.
Vbaldi : & spatium ponderis moti duplum erit spatij potentiæ mouentis. Vnde sequitur, idem pondus trahi ab eadem potentia in æ-
quali tempore per duplum spatium trochleâ hoc modo accommodatâ,
quàm sine trochlea : dummodo ipsius potentiæ lationes in velocitate

fint æquales. Spatium enim ponderis moti fine trochlea æquale eſt
ſpatio potentiæ.

XIV.

Si vtriuſque duarum trochlearum ſingulis orbiculis, quarum vna
ſupernè à potentia ſuſtineatur, altera vero infernè, ibique affixa, conſtituta fuerit, funis circumducatur: altero eius extremo ſuperiori
trochleæ religato, alteri vero pondere appenſo:tripla erit ponderis potentia. Et ſpatium ponderis moti triplum erit ſpatij potentiæ motæ.

XV.

Si vtriuſque duarum trochlearum binis orbiculis, quarum alterna ſupernè à potentia ſuſtineatur, altera vero infernè, ibique annexa,
collocata fuerit, funis circumducatur: altero eius extremo alicubi,
non autem ſuperiori trochleæ religato, alteri vero pondere appenſo:
quadrupla erit ponderis potentia: & ſpatium ponderis moti quadruplum erit ſpatij potentiæ: & ſic in infinitum omnis potentiæ ad pondus multiplex proportio inueniri poterit, oſtendeturque ſemper ita
eſſe pondus ad potentiam ipſum ſuſtinentem, ſicuti ſpatium potentiæ,
pondus mouentis, ad ſpatium ponderis moti.

XVI.

Vectium ipſorum orbiculorum motus ita fit, vt vectes orbiculorum
trochleæ ſuperioris moueantur, id eſt, habeant fulcimentum in extremitate, potentiam in medio; & pondus in altera extremitate appenſum: vectes verò trochleæ inferioris habent fulcimentum in medio,
pondus, & potentiam in extremitatibus. Hinc conſtat orbiculos trochleæ ſuperioris efficere, vt pondus moueatur maiori potentia, quàm
ſit ipſum pondus, & per maius ſpatium potentiæ ſpatio, & per æquale
tempore minori: quod quidem orbiculi trochleæ inferioris non efficiunt.

XVII.

Si vtriuſque duarum trochlearum ſingulis orbiculis, quarum altera
ſupernè appenſa, altera verò infernè, à ſuſtinente potentia retenta
fuerit, funis circumuoluatur: altero eius extremo alicubi religato, alteri autem pondere appenſo; dupla erit ponderis potentia. Vnde patet
orbiculos trochleæ inferioris in his efficere vt pondus maiori potentia
moueatur, quàm ſit ipſum pondus, & per maius ſpatium ſpatio potentiæ, & minori tempore per æquale: quod quidem orbiculi ſuperioris
trochleæ non efficiunt.

XVIII.

Si vtriuſque duarum trochlearum ſingulis orbiculis, quarum altera
ſupernè

. ſupernè à potentia ſuſtineatur, altera verò inferne, ponderique alligata, conſtituta fuerit, funis reuoluatur: altero verò inferiori trochleæ
religato: pondus potentiæ, ſicut & ſpatium potentiæ ſpatij ponderis,
ſeſquialterum erit.

X I X.

Si tribus duarum trochlearum orbiculis, quarum altera vnius tantùm orbiculi ſuperne potentia ſuſtineatur, altera verò duorum inferne,
ponderique alligata, collocata fuerit, funis circumuoluatur: altero
eius extremo alicubi, altero autem ſuperiori trochleæ religato. pondus
potentiæ ſeſquitertium erit, ſicut & ſpatij ponderis.

X X.

Si vtriuſque duarum trochlearum ſingulis orbiculis quarum altera
ſupernè à potentia ſuſtineatur, altera verò inferne, ponderique alligata collocata fuerit, circumducatur funis: altero eius extremo alicubi, altero autem ſuperiori trochleæ religato, erit potentia ponderis ſeſquialtera, ſicut & ſpatium ponderis ſpatij potentiæ ſeſquialterum: & ſic procedendo in infinitum ſemper oſtendemus potentiam
pondus ſuſtinentem ita eſſe ad pondus, vt ſpatium ponderis ad ſpatium
potentiæ pondus mouentis.

X X I.

Si vtriuſque duarum trochlearum ſingulis orbiculis, quarum altera
ſuperne à potentia ſuſtineatur, altera vero inferne, ponderique alligata, conſtituta fuerit, circumferatur funis, vtroque eius extremo alicubi, non autem trochleis religato: æqualis erit ponderi potentia.

X X I I.

Si tribus duarum trochlearum orbiculis, quarum altera vniùs dumtaxat orbiculi ſuperne à potentia ſuſtineatur, altera verò duorum inferne, ponderique alligata fuerit conſtituta, circumdetur funis: vtroque eius extremo alicubi, ſed non ſuperiori trochleæ religato: duplum erit pondus potentiæ: ſpatiumque potentiæ duplum erit ſpatiis
ponderis.

X X I I I.

Si tribus duarum trochlearum orbiculis quarum altera binis inſi-
gnita rotulis à potentia ſuperne detineatur: altera vero vnius tantum
rotulæ inferne conſtituta, ac ponderi alligata fuerit, circumuoluatur funis: vtroque eius extremo alicubi, non autem inferiori trochleæ
religato: dupla erit ponderis potentia. Videatur Vbaldus, qui prop.
26. problematicâ modum oſtendit, quo reperiatur proportio ſuperpartiens, multiplex ſuperparticularis, & multiplex ſuperpartiens,
quam habet pondus ad potentiam pondus ſuſtinentem, ita vt pluribus

funibus, & trochleis fuperioribus tantùm, vel fuperioribus vti poffimus. Sed & quæcunque alia proportio infinitis modis inueniri poteft,
cum omnis ex infinitis proportionibus componi poffit, vt oftendit
Eutocius in 4. prop. lib. 2. Archim. de fphæra, & cylindro. In his
autem maiorem femper proportionem habehit fpatium potentiæ mouentis ad fpatium ponderis moti, quàm pondus ad eandem potentiam.

XXIV.

Ex his omnibus fequitur datum pondus à data potentia trochleis, ficut & vectibus moueri poffe, idque per data fpatia fibi inuicem longitudine commenfurabilia: & quamlibet datam in numeris proportionem inter pondus, & potentiam: ac inter fpatium ponderis moti, &
fpatium potentiæ motæ, infinitis modis trochleis inueniri poffe. Denique quò pondus facilius mouetur, eo quoque tempus maius effe: quò
verò difficilius, eo minus effe: & è conuerfo.

XXV.

Non eft fimpliciter verum quod ait Ariftoteles q. 9. nempe ea celerius, & facilius moueri, quæ maioribus trochleis, & fcytalis mouentur; nam quando funis vni trochleæ fiue maiori fiue minori circum-
ducitur, fi in duobus extremis chordæ æqualia pondera fufpendantur,
erunt in æquilibrio, quod æquali fuperaddito pondere æque tolletur in
minori, ac in maiori trochlea: brachia enim bifariam diuiduntur, &
in vtrifque eadem eft brachiorum proportio, & eadem ponderum
ratio. Verum autem erit dictum Ariftotelis, quando trochlea maior
maiorem habet rationem ad fuum axem, quam minor ad fuum. Vnde
patet trochleam illam facillimè pondus trahere, quæ cum maxima fit,
minimum axem habet, eumque axungiá perfufum.

XXVI.

Quò longitudo manubrij rotæ maiorem habet proportionem ad
axis femidiametrũ, eo facilius mouet. Reducitur autem ad illud vectis
genus, in quo fulcimentum eft inter pondus, & potentiam: nihil autem refert vtrum rotæ lateri vel axi manubrium affigatur, vel rectis,
aut curuis partibus conftet. Quamuis autem rota grauior ob maiorem
refiftentiam difficilius moueatur, licet æquahs fit magnitudinis, tardius tamen ceffat à motu, quia impetum impreffum diutius retinet;
vt contingit in proiecto lapide cum palea comparato. Alia vero quæ
ad fcytalas, & alias machinas attinent, in fequentibus explicabuntur.

QVINTA PARS.

DE SCYTALIS, ERGATIS, AXE
in peritrochio , tollenone , cochlea ,
pancratio , &c.

PArum differunt scytalæ, ergatæ, & axis in peritrochio, cum
circa illorum axem funis ductarius voluatur ; ergata tamen, seu
ꞇογὸν axem horizonti perpendicularem habere, vel duabus trabibus
perpendiculariter erectis fulciri dicitur ; succula verò, Græcis ὄνος
supinum axem habet, vel quatuor tignis ex vtraque parte binis suften-
tatur : de qua loquitur Hippocrates lib. 3. de fracturis. Cæterum hæc
omnia ad vectem reduci conftat ex fequentibus propofitionibus.
Aduertendum eft autem fucculas pro collopibus à quibufdam fumi,
quibus ergatæ, vel axes mouentur, fed nos vitandæ confufionis gratiâ illa duo nomina femper diftinguemus.

PROPOSITIONES.

I.

RAtio cur maiores collopes circa eandem ergatam facilius moueantur, vel faltem maiora pondera moueant, ex eo petenda,
quod maiores lineæ ex centro celerius moueantur ab eadem vi , collopes autem, quibus ergatæ, & fucculæ voluuntur, linearum &
vectium rationem habent; centrum vero eft in medio axis. Vnde fit
etiam vt fucculæ graciliores facilius moueantur, quia collopes funt
tanto maiores, quanto fuccula gracilior fuerit.

II.

Omifsâ fcytalâ Laconicâ apud Lacedæmonios in litteris fcriben-
dis vfurpàta, quæ fuit lignum teres oblongum, inftar cylindri, circa
quod chartam exaratam fpiratim circumuoluebant , ad fcytalas
vectorias accedo , quibus onera facilius quam curribus portantur,
quamuis illæ minores rotas habeant, hæ fiquidem rotæ fcytalis
coniunguntur, atque adeo fimul conuertuntur : hinc in fcytalis nulla
eft offenfatio, neque huc illuc nutant, vt rotæ curruum quæ ab axe

NNn ij

sciunctæ sunt : & ab ipso onere iam commoto, supra, & simul à potentia mouentur. His autem succulis siue rotatis, siue non, architecti,
lapicidæ, & alij artifices sæpissimè vtuntur, cum lapides, naues, tra-
bes, aut alia quæpiam grauissima pondera per horizontis planum
transferunt; cùm enim centra scytalarum ab horizontis planò æqualiter distant, pondus æquidistanter horizonti mouetur, & ideo
centrum grauitatis illius nusquam in motu qui sit, eleuatur. In his vero
tarditatem motus, qui in eo tardior, quo vectes, vel collopes longiores, mouendi facilitas abundo compensat.

III.

Potentia pondus sustinens axe in peritrochio ad pondus eandem
habet proportionem ; quam semidiameter axis ad semidiametrum
tympani, vnà cum collope. Hinc sit vt potentia semper minor sit pondere, cum semidiameter axis semper minor sit semidiametro tympani:
& potentia eo minor sit pondere, quo semidiameter axis minor est
semidiametro tympani vnà cum collope. Inde vero concluditur ita esse
pondus ad potentiam pondus sustinentem, vt spatium potentiæ mouentis ad spatium ponderis moti ; maiorémque semper habere proportionem spatium potentiæ mouentis ad spatium ponderis moti, quàm
pondus ad eandem potentiam. At quo facilius pondus mouetur, eo
quoque tempus maius est ; & quo difficilius, eo minus: & è con-
uerso. IV.

Paruo cuneo valida sit impressio, magnæque finduntur moles : qui
reducitur ad vectes, quorum hypomochlion est in extremo apice cunei, pondus vero intra vectem, ea videlicet ligni pars, quæ à cuneo
vrgetur, ac diuellitur, cuneo autem valida mallei percussio vires addit;
hinc sit vt cunei virtus partim ex duplici vecte, partim ex mallei per-
cussione constet: quanquam illum ita considerare possimus, vt dum in-
greditur, id quod scinditur, nihil aliud sit quàm pondus supra planum horizonti inclinatum mouere: ideoque ad libram reduci potest; eadem est enim ratio, siue manente cuneo, vt pondus super cunei latus moueatur, siue eodem etiam moto, pondus adhuc super
ipsius latus moueatur, tanquam super planum horizonti inclinatum.

V.

Quò minor est cunei angulus ad verticem, hoc est, quo cuneus acu-
tior est, quò malleus est grauior, & durior : quò maius est manubrium mallei, quo vtimur, vt cuneum percutiamus, eo maior est
effectus ; & quidem tantus vt à nullo alio vecte, aut vllâ cochleâ sup-
pleri possit. Húcque enses, gladij, mucrones, secures, serra, cuius
dentes instar cunei percutiunt, dolabra, & lima, quorum tot cunei,

quæ denticuli: necnon venenatorum, & aliorum animalium mordentium, & omnium inftrumentorum vulnera inferentium dentes, ftimuli, & acumina referri poffunt. *Quanquam id alij de ferra, & lima negant, quod alibi forte difcutiemus.*

V I.

· Duplicem cuneorum fpeciem, linearem & fuperficialem Baldus ftatuit; linearis comple&itur acus, fubulas, clauos, enfes, aculeatam culicis probofcidem; apum, vefparum, fcorpionum culeos, &c. quæ quanto magis ad imaginariæ lineæ fubtilitatem accedunt, tanto magis, & faciliùs penetrant. Hæc autem cuneorum fpecies, fiue angularis, fiue rotunda fuerit, adeo fubtilis effe, & tanta celeritate cutem, imo forte totum corpus penetrare poteft, vix vt fentiatur.

V I I.

Superficialis cuneorum fpecies acie in lineam fuperficiei terminum definens continet cultra, enfes, fecures, fcalpra lata, &c. quorum illa validiffime fcindunt, quæ maxime ad fuperficiei naturam accedunt: hinc dentes anteriores fuperficiem magis imitantur, quia fcindere debent; cum dentes canini ad linearem cuneum magis accidere videantur, vt meliùs perforent: molares enim contundunt.

V I I I.

In a&u fciffionis cuneo fa&æ, rei fciffæ partes vt ve&es confiderari poffunt, quorum fulcimenta erunt in fuperficie partium externarum, fere è dire&o verticis cunei: potentiæ erunt in extremitatibus partium fiffarum cuneum contingentibus: pondus vero materiæ refiftentia in loco feparationis: in ipfa vero fciffione fulcimentum, ac portio affidue mutatur, ita tamen vt progrediente fciffione pofterior priori femper facilior euadat, quod non folùm materiarij in primis, & fequentibus i&ibus fecuriculæ, fed etiam in baculorum fiffione, quæ fit didu&is manibus, finguli experiuntur: quia ve&is inter pondus, & potentiam femper maior efficitur.

I X.

Celonium, feu tolleno, quo aqua hauritur, pondere in alteram partem prægrauante, ad ve&em reducitur, trabis enim feu tigni ere&i axiculus eft hypomochlion; hafta tranfuerfa, ve&is: pondus, hydria, fitula, vel aliud vas, quo hauritur aqua, vnà cum fune fuftinente: denique potentia eft onus, quod in altera parte haftæ pofitum vnà cum manu ve&em ita premit, vt fitulam prius immerfam eleuet.

X.

Quemadmodum cuneus eft ve&is multiplicatus, ita cochlea eft ve&is continuatus cylindro circumuolutus helicis inftar, percuffionis quidem expers, sed per vectem cylindri axi annexum versus faciens motionem magnorum ponderum, siue impellendo, siue attrahendo, siue attollendo, prout cylindrus cochleæ positus erit ad planum horizontis cum, vel absque sua matrice. Helices autem cochleæ sunt latus, cunei reuolutum circa cylindrum.

XI.

Illa cochlea dicitur infinita, quæ tympanum iunctum habet, cuius dentes cochleæ helicibus ita accommodantur, vt dum circumuertuntur, semper eodem modo sese habeant; quæ tametsi duo incommoda habere dicatur; nempe quod oblique trabat, & quod in ea pro ponderis varia ratione non possit diminui mora temporis, duo tamen habet maxima commoda, tantum enim vnica lineâ spirali potest, quantum alia instrumenta cum pluribus rotis coniunctis: deinde absque vllo fulcro, seu retinaculo in quacumque parte quiescere potest absque eo quod pondus recidat.

XII.

Quo plures sunt helices, & quo obliquiores, quoque longiora fuerint manubria, eo pondus facilius, quamuis tardius mouebitur. Quò verò plures erunt matricis cochleæ helices, eo minus in pondere mouendo cochlea patietur: nam cùm vnicam habet helicem, totum pondus à sola cochleæ sustinebitur helice: cum verò plures habet, in totidem cochleæ helices ponderis grauitas distribuetur; vt si 20 helices fuerint, vnaquæque helix vigesimam totius ponderis portionem sustinebit.

XIII.

Ex dictis omnium instrumentorum vim determinare possumus: exempli gratiâ detur prælum vinarium, cuius cochlea suas helices habeat à se inuicem latitudine pollicis distantes; vectis autem à centro cochleæ, seu cylindri helicibus circumdati ad manum prementis septem pedes habeat, ita vt integra vectis circumuolutio 22. pedibus, seu 264. pollicibus constet; dico vim præli tantam esse, quanta ponderis 13200 librarum, quibus racemi, oleæ, vel alia prælo subdita perpendiculariter prementur, dummodo hominis vectem circumducentis potentia 50 librarum fuerit, idque eodem tempore quo cochlea vnius pollicis latitudine deprimetur: nam vectis circumuolutio per vim hominis multiplicata, prædictum 13200 librarum pondus tribuit. Idem verò continget, si portio vectis inter hypomochlion & pondus vnicam partem, portio verò inter hypomochlion, & potentiam 50 libris æquiualentem 264 partes prædictæ æquales habeat: potentia enim pondus 13200 librarum attollet; vel in æquilibrio sustinebit. Hinc etiam reliquorum prælorum, nec non forcipum helices haben-

tium, quibus fabri ferrarij, typographi, & alij artifices vtuntur, vis
concludi poteſt, dummodo detur potentia, in quibus videlicet, vt in
prælo, & in vecte progrediendum eſt.

XIV.

Audax illa Archimedis propoſitio, δὸς μοι πᾶ ςῶ, ϗ κινῶ τὴν γῆν,
& alia ſimilis, τῇ δὴ ἴσῃ δυνάμει ὃ δὴ ἧν βάρος κινῆσαι, pluribus inſtrumenti; ſoluitur, maximè tamen Chariſtio, & Pancratio, quod 30 orbiculis, axiculiſq; conflatum, cuius maximus aſteriſcus minimi ſit decu-
plus; manubrij vero flexura maximi aſteriſci ſemidiametro, & ſuccula
minimo aſteriſco æqualis; pondus enim ab hac ſuccula ad alterum ſibi
æquilibre è manubrio ſuppenſum erit in ratione 1000000000000000-
00000000000000 ad 1. Hinc poſitâ perimetro minimi aſteriſci pedis vnius, tympani perimeter per cuius centrum inductus eſt axis perimetri pedalis, manubrio æquepotens totidem eſſet pedum quot
vnitates præcedens numerus complectitur.

XV.

Si quis puſio paulo efficacius quam ſit vnius libræ pondus Pancratij
manubrium infimo aſteriſco affixum verſauerit, ſummo axe, qui ne
quidem ſemel in die circumducetur, funem abſoluet 1000000000000-
0000000000000000000 libras ducentem, quæ vniuerſæ terræ molem quater millies ſuo pondere ſuperant. Iam verò pondus terræ iuſto
maius, nempe 2400000000000000000000000 librarum eſſe ſupponamus, nec non hominem ſingulis manubrij verſuris centum libras
tres pedes ſublimè attollere, horiſque ſingulis 4000 verſationes confice-
re, idque iugi decem annorum motu, annis ſingulis 365 diebus defi-
nitis, terra, iſto temporis ſpatio ¹⁄₁₀₀₀₀₀₀₀₀₀₀₀₀₀ vnius pedis è ſua ſede
mouebitur. Quæ tametſi non poſſint à nobis in praxim redigi, oſten-
dunt tamen quanta ſit Mechanicæ potentia. Hinc concludi poteſt qua
ratione ita rotæ diſponi poſſint, vt ſuopte veluti nutu ſpatium ambitu
terreno millies maius conficiant.

XVI.

In prædictis, & aliis quibuſcumque machinis maior eſt mouendi
difficultas, quàm abſque illis: licet enim augeant potentiam, moram
temporis ita producunt, vt quod vnus homo ſpatio centum dierum,
vel annorum beneficio machinæ facit, idem abſque machina centum homines vno die, vel anno facturi ſint: quibus præter æqualitatem virium, inſtrumentorum pondus, & mouendi difficultas ad-
denda ſunt. Exempli gratiâ, ſi fiant ſex rotæ, quarum vnaquæque no-
naginta ſex dentes habeat, eiſque ſex axiculi, quos Galli vocant *pi-*

guens, accommodentur, quorum vnuſquiſque octo denticulos habeat, primus primæ rotæ denticulus duodecies voluetur, quandiu rota hæc vnicum circuitum efficiet: ſecundus vero axiculus duodecies duodecim hoc eſt 144 ; tertius duodecies 144, & ſic deinceps vſque ad ſextum, qui durante vnico primæ rotæ circuitu, voluetur 2985984. Quapropter ſi quis quotidie ſpatio 298; dierum manubrium mille decies circumagat, prima rota vnicum circuitum peraget: pondus verò libræ vnius in axe manubrii ſuſpenſum æqueponderabit 2985984 libris ab axe primæ rotæ ſuſpenſis. Quot autē nouæ rotæ cum axiculis addentur, toties vis, mora temporis, & manubrij celeritas ex æquo, hoc eſt duodecies multiplicabuntur, quarum proinde vnaquæque centuplo, vel millecuplo vim, & celeritatem multiplicatura eſt, ſi axiculus centies, millies circumagitur, vt prima rota vnicum circuitum conficiat.

XVII.

Facile eſt definire quid aëris, & aquæ ratefactione, quidve metu vacui in machinis pneumaticis, & hydraulicis fieri poſſit, ſi ſupponamus quamlibet aëris, aquæ, & alterius liquoris partem in infinitum augeri poſſe per rarefactionem, & minui per condenſationem. Hinc enim ea ſoluentur quæ vi puluetis pyrij in tormentis bellicis, in cucurbitis, lagenis, & doliis liquore plenis, & in aliis inſtrumētis fiūt, vt thermoſcopiis, &c. de quibus fuſè ſatis in Hydraulico Pneumaticis, quibus puto me ſpei quam ad huius 2. Libri Mechanicorum calcem primâ editione ſynopſeos inieceram, vtcumque ſatisfeciſſe: & quibus Hydroſtaticam ſubieci, ne quis hic illam quærat, vt in editione prima, in qua fecerat tertium librum Mechanicorum.

MONITVM.

L Ectoribus innoteſcet duos prædictos mechanicorum libros plurima complecti quæ deſunt noſtris Phænomenis mechanicis, hoſque tractatus ſibi inuicem ſuccenturiare, vt quod vni deſit, in altero reperiatur, vel quod in vno fuerit breuius, vel obſcurius, in altero fuſius & clariùs habeatur. Sequuntur vero qui præceſſerant in prima editione Opticorum libri, vt ex luce corporeâ, quâ nil gratius eſſe videtur, ad mentis lumen, æternæque gloriæ ſplendorem transferamur, iuxta Pſaltis deſiderium, Pſal. 35. *In lumine tuo videbimus lumen.*

IN LIBROS
OPTICORVM,
PRÆFATIO
AD LECTOREM.

VM Opticæ scientiæ hoc sæculo magnos progressus
fecisse videatur ob peculiare conicorum studium, & lucis
varias obseruationes & meditationes, quædam ante sequentium librorum lectionem obseruanda sunt.

I. Legendam esse 24 propos. Ballisticæ, quæ nouas
lucis, & luminis ideas præbet; & illustris viri Dioptricam, in qua fusè
de lumine.

II. Nonnulla ex iis quæ dicta sunt à nobis in Genesim, à columna
497. emendanda esse; nempe cùm dicitur, *Sphæricum speculum esse*
partem, segmentum, aut arcum alicuius circuli, rectiùs scribi esse sphæræ
partem, vel segmentum, cuius (plano per axem secto) communis
sectio circulus est, quales sunt adscripti eo loco circuli. Deinde non
benè dicitur, speculum, speculo maius, minusue esse, si maioris, mi-
norisue circuli (scribe sphæræ) portio fuerit; cùm speculum dici maius debeat, cuius amplior species reflexiua: minor vero, cuius arctior,
licet hoc maioris, illud minoris sphæræ portione constet, non enim
hîc diametri quantitas, sed chordæ arcum circuli communis vtriusque
superficiei sectionis subtendentis attenditur. Tertio, pro verbis sequentibus, *duplici modo centrum speculorum sumi posse, tum quo centrum*
sphæræ notatur, tum quo centrum superficiei, seu media superficies, aut me-
dium in ea punctum sumitur, meliùs centrum speculi centro sphæræ,
cuius pars extet speculum: illud autem mediæ superficiei speculi
punctum, non centrum, sed speculi verticem appellabis. Quarto,
quæ dicitur ibidem speculi diameter, rectiùs circuli communis sectionis vtriusque superficiei chorda vocabitur; cùm ea quæ non est centro

OOo

biſecta, diameter appellanda ſit. Quinto, columna 500. pro *huiuſmodi ſpeculi diametrum*, ſcribe, ſpeculorum baſis diametrum. Pro *diametri partem*, lege, *axis partem*, & *ab eadem axis parte*, deinde *ſpeculi baſis diametrum*, & *diametralem ſpeculi baſis longitudinem*, & *propoſita qualibet baſis diameter*, legendum eſt.

Col. 501. l. 22. pro hemiſphærium integrum vix ſeſquiunciali in idolis multiplicandis profuturum, ſcribe præſtaturum ; neque illud ſimpliciter intelligas, cùm maior ſphæræ portio minori in multiplicandis ſimpliciter idolis præſtet, quoniam à pluribus punctis fit tam directa, & immediata, quàm ſecundaria reflexio, à paucis hactenus in ſpeculis concauis notata : quæ plurium imaginum repræſentatio ſimplex magis lúdicra videtur, quàm ſeria ; quemadmodum maior imaginum numerus ab hemiſphærio, non tam imagines, quàm imaginationes ; idque tantùm ab exiguis obiectis : quare minor maioris ſphæræ portio maiori minoris ſphæræ portioni datæ futuri ſpeculi præferenda.

Colum. 516. l. 7. dele quæ poſt dictionem, *afferemus*, ſequuntur vſque ad dictionem *quia*. quod non egerim de dioptrica in prolegomenis, vti decreueram ad oſtendendum omnes ſcientias ad Scripturam ſacram intelligendam vtiles ; quod poſtea ſatis, l. 2. de Veritate Scientiarum Gallicè factum eſt.

III. Quod ad tertium librum optices, ſeu dioptricem attinet, notandum eſt CL. V. Renatum Carteſium ſuam edidiſſe Dioptricam, qua veram refractionum legem, rationem & regulam adeo luculenter explicauit, vt iam radios lucis in quamuis figuram mutare, vel à quibuſlibet punctis ad alia quæuis puncta tranſmittere poſsis : quod fatebere ſtatim atque librum illius attente perlegeris : ex quo varios perſpiciliorum fabricandorum modos addiſces, quamuis hactenus hyperbola nulli fauerit nulliuſque votis illa conſtructio ſatisfecerit : forte quod nonnulla ex oculi parte ſupplenda ſint quæ negligi ſoleant.

IV. Placet eadem addere quæ ſequuntur ex Cl. V. Hobs circa quartam Dioptricæ partem, in qua de tubis Batauicis, qui melius intelligentur ex iis quæ profert.

Sit igitur vitrum conuexum A C B, à cuius tanta diſtantia conſtituatur aliquod obiectuin, vt rectæ A B magnitudo ad magnitudinem diſtantiæ obiecti non habeat rationem ſenſibilem. Ductæ autem duæ rectæ à duabus obiecti extremitatibus ad ſingula puncta vitri A B, faciant angulos D A E, D C E, D B E, & ſimiliter fieri ſupponatur ad cætera omnia puncta quæ ſumi poſſunt inter A & B. Producantur iam *d* A, *e* A, quæ se mutuo secant in A, & *d* C, *e* C, quæ se mutuo intersecat in C, & *d* B, *e* B, quæ se mutuo secant in B; producantur, inquam, omnes vsq; ad vitrum parallela, vel non valde obliqua : quo facto manifestum est productas omnes esse refractas, & binas binis propius accedere, prout propius accedunt ad vitrum concauum. Lineæ autem refractæ transeuntes per A notatæ sunt punctulis : quæ vero transeunt per B, notatæ sunt linearum fragmentis; & quæ transeunt per C, lineis continuis.

Sit iam oculus F G, & supponamus talem esse figuram vitri concaui, & talem eius esse situm, tam respectu vitri conuexi, quàm oculi, vt omnes lineæ venientes ab *e*, ab ipso ita refringantur ad superficiem oculi, vt refractæ rursus ab ipso oculo, prout naturæ oculi postulat, concurrant omnes in fundo oculi ad vnum & idem punctum H.

Item omnes lineæ venientes à *d*, ita refringantur, vt concurrant omnes in fundo oculi ad punctum I. Quod si fiat, videbitur *d* in linea recta, quæ ducitur ab I parallela parti lineæ *d* A I, vel *d* C I, vel *d* B I, quæ intercipitur inter vitrum concauum, & oculi superficiem ; videbitur autem *e* in linea recta quæ producitur ab H parallela parti lineæ *e* A H, vel *e* C H, vel *e* B H, quæ intercipitur inter vitrum concauum, & superficiem oculi ; itavt lineæ visuales extremorum punctorum obiecti sint rectæ H L, & I M, atque ita fiet vt toties multiplicata sit visio extremitatum obiecti per vim in H I, quot sunt puncta in lente conuexa A B:

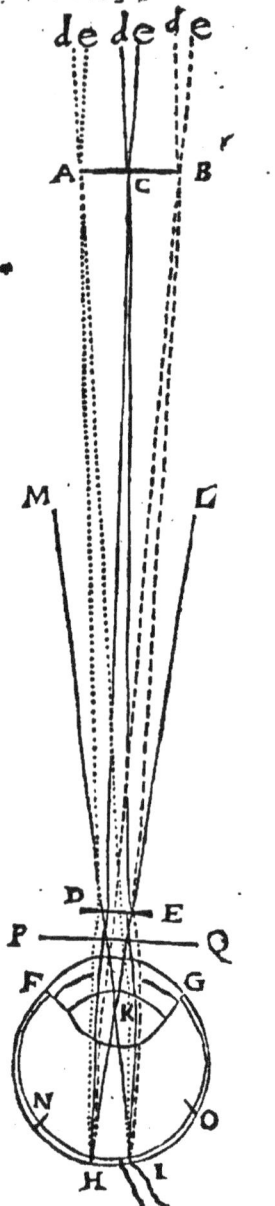

& per eandem rationem puncta quæ fumi poffunt inter *d* & *e*, toties multiplicabuntur per vim quæ est in punctis inter H & I mediis. Fiet etiam vt diftantia extremitatum obiecti inter fe fit maior quàm fi fpectaretur nudo oculo. Nam propter refractionem linearum irradiationis exeuntium à vitro concauo, quo magis coguntur diuergere inter fe, eò lineæ vifuales (quæ ipfis parallelæ funt) in maiori angulo fe mutuò fecabunt , quàm eft angulus *d* A *e* , vel *d* C B, vel *d* B *e*, in quo fe quidem angulo mutuò fecarent fine tubo optico.

Quæ ita fe habere ex ipfo phænomeno conftat ; fi enim partem quamcunque, vel partes quafcunque vitri conuexi A B obtexeris quis, relictà qualibet particula tantum eius detectà, idque fiue in medio, fiue verfus extrema vitri, femper tamen totum obiectum videbitur diftincte, fed minus illuminatum.

Vnde colligitur primò videri obiectum per radios tranfeuntes per quodlibet vnum punctum vitri conuexi. 2. totum obiectum videri per radios venientes à quolibet vno puncto vitri conuexi A B : ideò que fi duæ rectæ punctuatæ veniant ab A ad H & I, erunt H & I in lineis vifualibus, quibus videntur extremitates obiecti per A : & præterea fi duæ rectæ venientes à B incidant in fundum oculi ad alia duo puncta, quàm H & I, putà ad N & O, erunt N & O in vifualibus, quibus videntur extremitates obiecti per B.

Itaque fi N & O non coincidant , videbitur vtraque extremitas obiecti per diuerfas vifuales ; atque ita obiectum non vnum, fed duo viderentur, quod eft contra Phænomenon ipfum quod apparet vnum & diftinctum.

Omnes itaque radij venientes à *d* , definunt in I ; & omnes ab *e* venientes definunt in H, & ita de cæteris mediis obiecti punctis dicendum eft, nempe quod videantur in fingulis punctis fibi in fundo oculi correfpondentibus. Vnde fequitur quod linearum irradiationis ab eodem puncto obiecti venientium partes illæ quæ intercipiuntur inter vitrum concauum, & oculi fuperficiem fint inter fe parallelæ. Nam alioqui punctum, quod repræfentant, non poffet videri vt vnum : fi enim videretur punctum obiecti in ipfa linea irradiationis, quæ intercipitur inter vitrum & oculum, videretur plures, quia videretur per plures irradiationes, & fi videretur in vna ducta aliqua à fundo oculi, vni linearum interceptarum parallela, videretur etiam in iis lineis quæ ducerentur parallelæ cæteris interceptis, & ita rurfus videretur vnum obiectum.

Reftat igitur vt lineæ irradiationis procedentes ab eodem puncto obiecti habeant partes fuas, quæ intercipiuntur inter vitrum concauum

& oculum, parallelas inter se, & vera visualis illa sit quæ ducitur à puncto concurrentiæ in fundo oculi illis omnibus parallela.

Locus autem imaginis visæ per tubum opticum, vnaque magnitudo diametri apparentis comparata cum magnitudine diametri apparentis sine tubo, hoc modo determinari potest.

Sit obiectum quodlibet Luna spectata sine tubo optico, cuius diametrum apparentè, & cuius distantiã ab oculo sensu solo æstimamus: supponamus lineam rectam prope oculum ductam, itavt secet axem opticum ad angulos rectos, qualis linea est P Q. Sitque P Q æqualis veræ diametro Lunæ. Huic parallela statuatur alia recta æqualis diametro lunæ apparentis, (quæ est quasi semipedalis) sit autem distantia inter has parallelas tanta, quanta est distantia apparens inter oculum & lunæ imaginem (quæ mensurari quidem non potest, sed æstimari sensu, tanquam longitudinis 200 passuum) si iam intelligantur ductæ duæ rectæ per extremitates dictarum duarum parallelarum concurrentes intra lunæ imaginem: rectæ autem H L, L M producantur donec illis occurrant, determinabunt illæ lunæ distantiam, & diametrum per tubum opticum apparentem.

Exempli causâ, sit obiectum aliquod A B, quod tantum distet ab oculo in C vt appareat sub magnitudine D E, videaturque sub angulo D C E; si atque F G æqualis A B; ducanturque F D H, & G E H per extremitates imaginis D E. Iam si idem obiectum A B H spectetur per angulum I C K maiorem angulo D C E, dico quòd diameter eius apparens erit I K, & maior quàm D E; &distantia apparens erit recta à puncto C ad rectam I K perpendicularis.

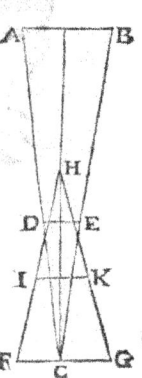

Quò enim obiectum recedit longiùs ab oculo, eò sub minore angulo videtur, donec euanescat angulus, putà in puncto H; & vt est distantia H K, vel H I, ad distantiam H E, vel H D, ita est diameter imaginis I K ad diametrum imaginis D E.

Si igitur A B esset luna vera, D E luna apparens sine tubo optico, modò angulus I C K ille esset quem faciunt radij visuales per tubum opticum, esset I K, Luna apparens per tubum opticum.

V. post 3 Opticæ, Catoptricæ & Dioptricæ libros, sequitur liber 4 de paralloxibus, de quibus post primam synopseos istius editionem vir Clar. Ioannes Baptista Morinus; Profeſſor regius parte 8, vt parte 9 de refractionibus multa docuit, Liber quintus agit de arte Perſpectiuæ, quam nuper R. P. Niceronus, curioſa parte adornaui à quo poſſis perfectum opus Opticum expectare.

OPTICÆ
LIBER I.
PARS PRIMA.

De luce, corpore luminoso, & vmbra.

DEFINITIONES.

I. COrpus luminosum dicitur, quod sui luminis diffusiuum est.
II. Diaphanum, per quod lumini patet aditus.

III. Vmbrosum vel opacum, quod est imperuium lumini.

IV. Lux prima est, quæ secundam efficit.

V. Lux minima, quæ si diuidatur, non habet amplius actum lucis.

VI. Radius est linea luminosa, vel motus lucis.

VII. Linea radiosa, est per quam species visuales diffunduntur.

VIII. Linea refracta, cuius partes angulum faciunt.

IX. Pyramis radiosa, cuius basis est in superficie corporis radiantis, vertex verò in puncto cuiuscumque alterius corporis.

X. Pyramis illuminationis, cuius vertex est in puncto corporis luminosi, & basis in superficie rei illuminatæ.

Postulata.

I. Lucem compressam, & condensatam fortiorem esse luce disgregata, & rarefacta, atque adeò vehementius illuminare.

II. In absentia luminis vmbram fieri, in eius præsentia desinere.

III. Vmbram aliquam in sui termino acui, & ad punctum terminari.

IV. Quodlibet punctum lucis, *sicut coloris, & aliarum qualitatum actiuarum*, in orbem irradiare, & infinitis numero lineis diffundi.

V. Lucem res coloratas pertranseuntem earum coloribus, & quorumcumque corporum superficiebus affici.

VI. Naturam nihil frustra agere, nec deficere in necessariis. Hæc serè ex Vitellione, vt & sequentia.

Theorema primum.

Radij cuiuscumque luminis, & qualitatis actiuæ secundum rectas lineas, vtpotè breuissimas omnium potenduntur.

II.

Lumen non impeditum per totam sphæram actiuitatis suæ in instanti necessariò defertur.

III.

Luci cum discessu à centro accidit aliqua attenuatio in latum, nam radij ad centrum magis vniti, & densiores sunt, cum sint totidem in angusto loco, quot in spatio maiori: quibus si nulla attenuatio in longum accidit, æqualis est fortitudo radij quantumcumque à puncto luminoso recedentis, tuncque fortitudo, seu densitas radiorum in angustiori loco ita se habet ad densitatem radiorum in ampliori superficie, vt se habent sphæricæ superficies, quarum centrum est lucis origo, seu punctum lucens, amplior ad angustiorem, & conuersim.

IV.

Radius quo peruenit lux à corpore luminoso ad corpus oppositum est linea naturalis sensibilem habens latitudinem; in qua linea mathematica radians imaginatione sumenda est.

V.

Luces & colores in corporibus diaphanis distincti penetrant, vt constat ex pictura referente obiecta exteriora in cubiculo clauso, radiis visibilium per foramen ingredientibus: radij enim visibilium impermixtè medium illustrant.

VI.

Totum luminosum, vel illuminatum pyramidem sui luminis in quolibet puncto medij terminat.

VII.

Æqualiter inclinati radij, æqualiter: erectiores, magis: perpendiculares verò maximè illuminant: vnde æquè remota puncta lucida æqualiter; propiora magis illuminant, magisque proinde calefaciunt: possibile tamen est puncta illa inæqualiter distantia spatium aliquod æqualiter, imò & viciniora minus illuminare.

VIII.

In circuli centro, vel peripheria punctum lucidum existens singulas ipsius peripheriæ partes æqualiter illustrat.

IX.

Lucis & cuiuslibet visibilis radiatio fit secundum opticam figuram, seu conum opticum, itavt innumerabiles coni oppositi ducantur à radiante in radiatum, & à radiato in radians.

X.

X.

Radius perpendicularis fortissimus est ; obliquus verò tanto sortior, aut debilior, quanto magis aut minus obliquus, seu recedens à perpendiculari.

XI.

Lux per angustum foramen, vel fenestram incidens, quò longior, eò latior, & ad figuram rotundam magis accedens, cuiuscumque figuræ fenestra fuerit . At si lucens, & fenestra circuli formam induunt, radius in pariete perfectum circulum describit : radius autem per orbiculare foramen traiectus coni recti, scaleni, orthogonij, vel amblygonij figuram imitatur. XII.

Si fenestra totidem suis diametris à pariete distet , quot superficies lucens suis, confunduntur figuræ: alioqui quo superficies prædicta pluribus , aut paucioribus suis diametris abest à fenestra, eò magis, aut minus fenestræ figuram refert.

XIII.

Lumen à puncto per multilaterum foramen transfusum pyramis est.
XIV.

Radij transeuntes ab extremitatibus corporis lucidi per extremitates foraminis , inter foramen & corpus lucidum se mutuò secant: qui si, cum per foramen traiecti sunt, magis à foramine distent, quàm à corpore luminoso , lumen plano exceptum, corpore luminoso maius erit.

XV.

Perfectum lumen in obiectum planum per idem foramen traiectum ab æquali corpore luminoso æquale est ; à maiore minus : à minori maius. XVI.

Si planum foramini parallelum fuerit, lumen puncti luminosi plano excepti , foraminis seruabit figuram. at si planum obliquum fuerit, figura luminis erit obliqua sectio coni, vel pyramidis : si denique foramen & corpus luminosum diuersæ fuerint figuræ , lumen foraminis ac corporis figuram imitabitur ; eritque figura mixta : quod similiter contingat si diuersum habeant situm, licet ciusdem figuræ fuerint.

XVII.

Lumen quod à quolibet puncto superficiei lucidi corporis emicat, radios luminosos triplicis generis, nempe æquidistantes ; sese intersecantes, & in diuersa abscedentes emittit in quodlibet spatium illuminatum. XVIII.

Si quo longius discedit radius à puncto radiante, debilior & languidior efficitur, decrescit, & crescit vniformiter, difformiter, idque in spatiis proportionalibus proportionaliter : hic enim modus maxi-

mam relinquit fphæram actiuitatis lumini, fi modum in tertio theoremate allatum excipias.

XIX.

Lumen fublato luminofo ne quidem per momentum in medio per-
feuerat: vbi lapis Bononienfis lumen feruans confiderandus.

XX.

Omnia lumina funt eiufdem fpeciei, funtque corporum lucentium,
velut imagines, aut potiùs motus.

XXI.

Lumen lumini non obfiftit, quamuis maius offufcet minus: vnde lu-
minum actiones neque fegniores, neque vegetiores funt ex mutuo occurfu, quia dum concurrunt in eadem parte medii non maiorem, neque
minorem edunt effectum, quàm vnumquodque per fe fcorfum.

XXII.

A caua fuperficie fphæræ luminofæ, quod minimè illuftratur, eft centrum, contra autorem Perfpectiuæ, qui l.1.prop.21.contrarium afferit.

XXIII.

Lumen exactè medium inter æqualia luminaria, eft omnium minimum eorum, quæ conflantur ex luminarium occurfu: fi verò hæc inæqualia fint, minimum lumen minori luminari propinquius erit.

XXIV.

A puncto fphæræ luminofæ media dumtaxat actiuitatis fphæra illuftratur.
XXV.

A fphæra luminofa ad punctum remotius plures radij, quàm ad propinquius proiiciuntur.

XXVI.

Luminofum externum maiorem partem fphæræ remotioris irradiat,
quàm propinquioris: vnde luminofum fphæricum maiori fuo fegmento illuminat punctum longinquius: & contra.

XXVII.

Si fphæricum luminofum illuminat fphæricum opacum, extremus,
longiffimufque radius vtrumque fphæricorum tangit: ergo fi tangit,
longiffimus.

XXVIII.

Luminofum fphæricum illuminat fphærici æqualis dimidium: minoris plus dimidio: maioris minus.

XXIX.

Sphæra luminofa opacæ æqualis mediam huius partem illuftrat, fi
illa maior, hæc magis quàm per mediam partem illuminatur, quod fit
in terra à Sole colluftrata: capropter Solem ante ortum, & poft occubi-

tum fpectabilis eft : cùm tamen Luna oriens non videatur, & ante oc-
cubitum difpareat.

xxx.

Si fphæra luminofa maior fuerit opacâ,à minore parte luminofæ maior pars opacæ illuftratur ; fi verò illa minor fuerit, à maiore parte luminofæ ad minorem opacæ lumen proueniet.

xxxi.

Sphæroides luminofum maius è propinquo partem ampliorem opaci irradiat,quàm è remoto : eapropter Luna numquam illuftratur minus quàm cùm plena eft.

xxxiι.

Sphæroides luminofum minus opaco propinquius minorem huius
portionem illuftrat, quàm cùm eft remotius.

xxxiιι.

Si pars fphæræ illuminata, & pars vifa bafes habuerint parallelas,
lumen vifum circulare erit,& apparebit.

xxxiv.

Si pars fphæræ illuminatæ non fuerit parallela parti vifæ,nec fe mutuò fecent : fitque quod videtur, minus : pars luminis vifa circulo continebitur,& vt circulus apparebit : at fi pars vifa fit maior,ambitus fpe-
ctati luminis erit quidem circularis,fed ellipfis videbitur.

xxxv.

Si hemifphærii illuftrati, partifque vifæ bafes fe mutuò perpendiculariter fecent,quod de lucido hemifphærio cernitur, fector eft fuper
ficiei fphæricæ, at femicirculus apparebit. Quibus ftantibus, fi pars illuftrata hemifphærio minor eft , fulgidum fegmentum vifum μηνοειδης
fchema mixtum ex arcu circulari, & arcu ellipfeos intus curuato refe-
ret.At fi pars illuftrata fit parte vifa maior,fegmentum vifum apparebit
inftar figuræ mixtæ ex circulari ambitu,&ellipfeos figurá intus curuata,
qualis ferè eft Luna in quadrato afpectu , cum femicirculo maior eft,
quanquam ob ingentem diftantiam femicircularis appareat.

xxxvi.

In fphæra fi bafes partis illuftratæ, partifque vifæ fe mutuò fecent
obliquè , portio luminis, quæ fub afpectum cadit, mixta è circulo , &
ellipfi apparebit. *Quibus addi poffunt alia plurima theoremata qualia funt
fequentia.* ### xxxvii.

Quo plura funt luminofa fimul agentia , eò etiam longius lumen
vel fortius producunt.

xxxviii.

Lumen in medio productum indiuifibiliter pendet à luminofo.

XXXIX.

Radii ab eodem luminosi puncto longiùs continuati apparent paralleli, &c. *sed duo præcedentia non adeo certa sunt, & de vltimo deque aliis lucis proprietatibus in Catoptrica dicendum erit.* Ad vmbram accedamus, reliqua ad lucem pertinentia in fundamentis catoptrices,& dioptrices allaturi: vmbra autem est diminutio lucis,cuius tenebræ funt priuatio.

DE VMBRA.

Theorema primum.

Radius vmbrosus, cum radio luminoso, à quo procedit, in directum extenditur.
II.
Vmbra finita partim opaco corpore, partim lumine circumfuso, vt extinseco termino, definitur.
III.
Opacum tot proiicit vmbras quot luminaribus opponitur, quas in aduersam luminibus partem proiicit.
IV.
Opacum quò plures radios luminosi intercipit, eò ampliorem vmbram producit,& maius opacum maiorem vmbram proiicit.
V.
Vmbra quemadmodum lumen, intendi,ac remitti potest: quæ cùm multiplicatur,, obscurior redditur.
VI.
Vmbra secunda obscurior est quàm prima, & tertia quàm secunda, & sic in infinitum.
VII.
Vmbra corpori opaco propinquior, obscurior est: & longè etiam quàm re ipsa sit, obscurior apparet.
VIII.
Puncti vmbra semper est linea infinita.
IX.
Si linea opaca lucenti corpori ita obiecta fuerit, vt producta ipsum secet, erit vmbra eius linea interminata: si verò illud non secet produeta vmbra eius erit plana superficies.
X.
Si opaca superficies producta corpus luminosum secet, erit vmbra eius plana superficies ; si verò non illud secet, erit vmbra eius quoddam solidæ figuræ genus.

XI.

Vt puncti vmbra semper est linea, ita corporis vmbra semper est corpus.
XII.

Si sphæra luminosa sphæræ opacæ æqualis fuerit, vmbra illlius erit cylindrus interminatus: si maior, vmbra erit conus basim habens circulum ex radiorum contactu descriptum, verticem autem in radiorum concursu: denique si minor fuerit, vmbra continuò aucta, tum longitudine, tum latitudine Infinitum abibit: prima autem vulgò κυλινδροειδης, secunda κωνοειδης, tertia καλαθοειδης appellatur.

XIII.

Si maior fuerit luminosi, quàm opaci corporis altitudo, erunt extremitatum radii altitudinibus proportionales: si verò vtriusque altitudo æqualis fuerit, vmbra proiecta interminata erit.

XIV.

Quò altitudo corporis luminosi ad opaci corporis altitudinem minorem proportionem habuerit, eò maior vmbra producetur: hinc vmbræ maiores sunt in ortu, & occasu Solis quàm in meridie; & maiores in meridie brumali, quàm æstiua: sed & vmbræ lunares longiores sunt, cùm vtrumque astrum eandem altitudinem horizontalem habuerit.

XV.

Ex multis corporibus opacis æquè altis, quod est propinquius lucido copori altiori, breuiorem vmbram facit: & in æqualibus altitudinibus corporum opacorum distantiæ eam inter se proportionem habent quam proiectæ in planum vmbrarum longitudines.

XVI.

Si idem luminis radius è sublimi delapsus, per plurimum inæqualium altitudinum vertices transeat erunt vmbræ altitudinibus proportionales.
XVII.

Si luminosi radii per summitates inæqualium altitudinum porrecti paralleli fuerint, vmbræ item erunt altitudinibus proportionales : & ideo ex vmbra notæ altitudinis incognita altitudo reperitur.

XVIII.

Triplex est vmbra; nempe Recta, quæ vmbra opaci perperpendicularis plano terrestri, in eodem plano extensa: qualis est vmbra hominis incedentis, gnomonis terræ perpendicularis, turrium, &c. Versa, quæ est vmbra opaci paralleli plano terrestri in planum ipsi plano terrestri perpendiculare proiecta, qualis est claui, vel styli horarij muro terræ perpendiculari infixi, & brachiorum extensorum hominis erecti: tertia vmbra vocatur Media; quæ fit à Sole 45. gradus super horizontem eleuato: quæ tres vmbræ notantur in scalis altimetris planisphæriorum, & mensuris deseruiunt.

X I X.

Cum vmbra recta minuitur, vt ante meridiem, verfa crefcit, & contra : vnde in meridie illa breuiffima, hæc longiffima : hinc vnâ data, alia colligitur; verbi gratia, quot partium eft vmbra recta, cùm Sol 20° gradibus eleuatur, tanta erit verfa, dum 70. gradibus Sol eleuabitur: & contra.

X X.

. Altitudine luminofi , & ftyli data, datur vmbra verfa; & contra, ex vmbra verfa, & ftylo datis , datur luminofi fupra terram altitudo.

X X I.

Vt eft finus rectus altitudinis luminofi ad fignum rectum complementi, fic eft gnomon ad vmbram rectam : & ficut vmbra recta ad fuum gnomonem fub eadem altitudine luminofi, ita gnomon quilibet ad fuam vmbram verfam : denique vt finus rectus complementi ad finum rectum altitudinis luminofi, ita ftylus ad vmbram fuam verfam.

X X I I.

Diaphanum perfectum, vt aër, nullam facit vmbram , & corporum magis diaphanorum rariores, & tenuiores funt vmbræ, ficut magis opacorum denfiores; hinc vmbra terræ opaciffimæ noctem facit.

X X I I I.

Vmbra figuram & motum opaci imitatur, quanquam ad folius luminofi motum moueri poffit : quod fi circa opacum moueatur, vmbra contrariis motibus ciebitur, idque pari velocitate.

· X X I V.

Vmbra lucis propioris eft denfior, remotioris tenuior : eftque tantò minor, quantò fublimius eft lumen: æquatur autem fuo opaco, cum Sol 45. gradibus fuper horizontem eleuatur.

X X V.

Poffibile eft trianguli non æquilateri vmbram æquilateram, circuli ad planum obliqui, fectionis item conicæ circularem vmbram, & circuli vmbram effe ellipfim, parabolam, vel hyperbolam.

X X V I.

Vmbra lunæ folari longior eft, cum vtrumque aftrum eandem habet altitudinem horizontalem, quod tamen vix fenfibile.

X X V I I.

Si Sol per ambitum circuli maximi fphæræ incedat, vt contingit in æquinoctialibus, vmbra centri eundem percurret circulum : fi vero per circulum non maximum incedat, duæ conicæ fuperficies ad communem verticem in centro fphæræ conuenient, vna luminofa ex radio circumacto, altera opaca ex vmbra, quam centrum proiicit.

XXVIII.

Sol incedens per circulum æquatori parallelum, in horariis vmbra centri proiecta erit circulus, quando planum horologij eidem æquatori parallelum erit : parabola, cum horologij planum circulo maximo parallelum erit, qui vtramque basim conicarum superficierum contingit : hyperbole vero, si planum horologij parallelum fuerit maximo circulo, qui conum vtrumque secat : denique ellipsis erit, si planum horologij æquidistet maximo circulo, qui neque basibus conorum parallelus sit, neque eas tangat, neque secet.

XXIX.

Si horologij planum axi parallelum fuerit, vmbræ proiectæ inter se parallelæ erunt, sicut & parallelorum vmbræ, nisi in eandem rectam lineam incidant.

XXX.

Axis vmbra erit recta linea in eodem cum circulo existens plano, si Sol horarium aliquem circulum ex iis attingat, qui horas à meridiano incipiunt : quod si fuerit in horario, in quo horæ ab horizonte incipiunt, centri vmbra punctum erit in eodem cum circulo existens plano. *Omitto plurima quæ ad vmbrarum proiectiones pertinent, de quibus in perspectiua agendum est.*

OPTICÆ
PARS SECVNDA.

De coloribus, & aliis obiectis potentiæ visiuæ, de speciebus intentionalibus, quarum ope obiecta videmus, & de oculi fabrica.

NOn hic quæro an color sit aliquid à lumine distinctum, quod Plato colorem appellauit : an verò sit tantummodo lumen vario modo affectum : sufficit enim ad Opticam statuendam, si supponamus ex Philosophia colorem, sicut & lumen esse qualitatem corpoream, quæ mouet actu perspicuum, quæ duo sunt obiectum primarium visus : vel si mauis lumen erit motus, & color lumen modificatum.

Theorema primum.

Obiectum visus præcipuum est lux, & color vel lux colorata, aut color lucidus.

II.

Obiectum secundarium est noncuplex ; 1. quantitas, sub qua magnum, paruum, crassum, tenue, longum, latum, maius, minus, &c. 2. figura ; sub qua curuum, conuexum, concauum, obtusum, acutum; asperum, læue, &c. 3. locus; sub quo superna, inferna, dextra, sinistra, anterius, posterius. 4. situs, sub quo sessio, statio, & quælibet partium corporis dispositio. 5. distantia, sub qua longinquum, propinquum, altum, profundum. 6. continuitas, sub qua vnum. 7. discretio, sub qua numerus, multitudo, paucitas, 9. quies.

III.

Illa nouem visibilia per accidens ad duo capita, nempe ad magnitudinem & locum reuocari possunt, sicut & 20. obiecta communia Vitellionis; nam sub magnitudine continetur figura, corporeitas, pulchritudo, deformitas, lenitas, asperitas, similitudo, diuersitas, distantia : sub loco, situs, continuitas, separatio, numerus, motus, & quies : sub luce, & vmbra, diaphaneitas, densitas, obscuritas, & tenebræ : quæ duo postrema sunt priuatiua.

IV.

Extensio requiritur in obiecto visus, sicut & in obiectis aliorum sensuum, quæ alioqui minime perciperentur.

V.

Colores singuli ad tres reuocari possunt, nempe ad album, rubeum, & nigrum, ex quibus alij fiant : flauus quidem ex rubro, & albo : cœruleus vero ex rubro, & nigro.

VI.

Color albus ob maiorem cum luce similitudinem est nobilissimus, niger imperfectissimus, viridis respectu oculi gratissimus : niger nullos alios colores recipit, forte quia omnes continet, albus omnes recipit; hic lucis, ille tenebrarum imago est.

VII.

Colores variantur pro varietate lucis, medij, distantiæ, & dispositionis oculi.

VIII.

Colores, & alia obiecta prædicta visus eodem modo quo lumen in medio diffunduntur, quapropter illis applicari possunt quæcumque de lumine diximus.

IX.

Species, quæ vulgò intentionales, & virtuales appellantur, & quibus obiectum repræsentatur, sunt inuisibiles in medio diaphano : visibiles verò, cùm terminantur in opaco ; vt constat ex speciebus per foramen
traiectis

traiectis in cubiculo clauso, & in alba charta terminatis.

X.

Species eodem modo quo lumen, & color in medio propagantur, & ad oculum perueniunt : his igitur lucis proprietates conueniunt, à qua forte non distinguuntur.

OPTICÆ

PARS TERTIA

De oculi fabrica , & de visione.

Theorema primum.

TRes humores, & septem tunicæ, continentes tres illos humores, constituunt oculum : humores sunt aqueus, chrystallinus , & vitreus: tunicæ sunt adnata, cornea; sclerotica, quæ cum cornea consolidatiuam componit : vuea, quæ foramen habet rotundum, quod PVPILLA dicitur: choroides, quæ diuersicolor est pro varia cerebri temperie, & vocatur IRIS: aranea quæ chrystallinum humorem complectitur; & retina, quæ vitreum humorem continet.

II.

Humor aqueus est in anteriori parte oculi: vitreus obscurior in posteriore : chrystallinus in media, cuius figura est lenticularis, anteriùs tamen minus curua, posterius forte hyperbolica, vel circuli minoris portio maior.

III.

Oculum nerui plures mouent; 1. attollit : 2. deprimit : 3. adducit: 4. abducit, 5. & 6. coagitant: 7. tonicè firmat, nisi à 6. præcedentibus simul agentibus illud fiat.

IV.

Pupillæ ambitus constringitur vt nimiam lucem minuat, & dilatatur, vt modicam multiplicet : quod fit constrictione & dilatatione vueæ tunicæ, quæ aqueo humori alterationibus obnoxio innatat.

V.

Iris in felibus, & noctiuagis animalibus lumen continere videtur non chrystallinus humor, cum pupilla nocte illuminata non videatur; alioqui obiecta distincte cernere nequirent.

VI.

Præcipua, & vltima pars oculi in qua repræsentantur obiecta, & fit visio, est retina tunica: est enim oculus instar patui cubiculi clausi, cuius foramen pupilla, vitrum conuexum, chryftallinus humor: charta post vitrum exposita, retina, quæ recipit species eo intensiores, quo chryftallinus humor conuexus maior, & magis detectus est.

VII.

Retina plena est spiritibus visoriis, oritur à medulla cerebri, & distincté, ordinatéque species obiectorum recipit, ac repræsentat, quæ in tunica cornea, & chryftallino, ve in conuexo foraminis vitro, confusæ sunt.

VIII.

Omnes tunicæ, præter sclerodem, vueam, & choroidem diaphanæ sunt, cornea tamen retinâ magis diaphana est; hæc enim plus opaci habet quàm diaphani, cúm per eám neque cornea; neque humor chryftallinus, & vitreus videantur.

IX.

Choroides opaca semper in sua superficie concaua læui colorata est, vt patet ex colore pupillæ, cuius fundus in diuersis hominibus varius est, in tauro cœrpuleus, in fele flauus, &c.

X.

Vuea opaca est, vt luci, & speciebus ingressum nimium interdicat, & sinum oculi tenebrosum reddat.

XI.

Choroides & sclerodes opacitate suâ cameram oculi speciebus recipiendis adaptant, eam obumbrando.

XII.

Humores omnes pellucidi sunt, maximé verò chryftallinus, nec aranea, & hyaloides multum à perspicuitate suorum humorum differunt.

XIII.

Diameter circuli corneam tunicam basis instar terminantis, vel arcum illius maximum subtendentis vix hexagoni latere minor, vixque tetragoni latere maior: cuius quantitas explorabitur globulo vitreo obiectum eadem magnitudine referente.

XIV.

Axis opticus transit per centra omnium humorum, & tunicarum, quamuis tunicæ sint excentricæ: neruus autem opticus non iacet in axe optico, sed sinistrorsum vergit in oculo dextro, & dextrorsum in sinistro.

XV.

Perfecta visio non minorem distantiam postulat, quàm quæ axibus continentur, cum quibus nerui optici rectos angulos efficiunt.

XVI.

Inter visum & visile necesse est medium diaphanum intercedere: quod visile debet esse imperuium, satis magnum, oppositum, & illustratum, alioqui non videbitur.

XVII.

Oculus optimè videt è tenebris; cuius visio non fit irradiatione Galenica; non solâ obiecti præsentiâ; non solâ compassione, vel sympathia; non emissitijs radijs; nec περ συναγωγην, sed per species, seu imagines rerum in retina susceptas, quæ in chrystallino humore sæpius decussantur.

XVIII.

Visio est actio elicita ab interno vitæ principio, quæ per simplex medium fit rectis lineis, quæque nihil suapte vi exterius operatur.

XIX.

Visio ab vtroque oculo simul in vnam rem conspirante fortior est quam ab altero tantùm. **XX.**

Oculorum acies in vnum duntaxat punctum quod distinctè conspiciatur, figi potest: nequit autem fieri vt plura simul æquè perspicuè videantur. **XXI.**

Visio fit vel simplici aspectu, vel intuitu, seu obtutu ex prænotione, seu anticipata notione: aspectus autem simplex fit per quemlibet pyramidis opticæ radium, obtutus verò per solum axem: ille fit in instanti; hic in tempore, cùm primo aspectu formæ rerum non perfectè comprehendantur, & absoluta rei comprehensio fiat diligenti intuitu, vel syllogismo, vel anticipata notione: quapropter visus nequit perfectam visionem producere sine ope sensus communis.

XXII.

Visus ab obiecti præsentia pendet, quamuis rés absens vt præsens videri possit; specie diuinitus in oculo seruata: qui substantias rerum solummodo videt per accidens.

XXIII.

Visio confusa naturâ distinctam antecedit; qua primo post simplicem aspectum, lux & color distinguuntur: sed proprietas vnica è visibilibus per se sola nequit à visu apprehendi: non enim color, aut lumen absque magnitudine, &c. quamuis ex proprietatibus istis aliæ alijs citiùs comprehendantur: nam generica ratio obiectorum priùs, & minori tempore quàm specifica percipitur.

XXIV.

Id solum videtur, à quo ad oculum radius opticus extendi potest:

eſt autem radius opticus illa recta linea, per quam forma rei aſpecta-
bilis ad obtutum porrigitur, quique per totius oculi centra tranſit:
qui cum ſit viuaciſſimus dicitur acies oculi, & à reliquis radiis, regis
inſtar, ſouetur.

XXV.

Species eiuſdem rei poteſt ſimul directo, reflexo, & refracto radio
ad centrum oculi peruenire.

XXVI.

Optica pyramis eſt ſpecies per medium diaphanum ab obiecto ad
oculum perueniens, habens verticem in centro viſus, baſim autem in
ipſa re: quæ maxima dicitur, cum omnia complectitur, quæ oculus
vnico aſpectu cernere poteſt.

XXVII.

Axis pyramidis opticæ eſt recta linea, quæ per verticem, & centrum
rectæ baſis tranſit.

XXVIII

Præter axes prædictos, 5. lineæ ſpectari poſſunt in oculis, quarum
prima duci concipitur ab vnius oculi centro ad alterius centrum, diciturque connectens centra viſuum : 2. dicitur connectens extrema
neruorum opticorum, quæ ad terminos applicatur, ex quibus pendent orbes oculorum. 3. educitur ab axium opticorum concurſu, &
connectentem centra viſuum bifariam ſecat; diciturque radius communis. 4. vocatur axis communis, quæ à neruo communi in connectentem extrema neruorum opticorum orthogonaliter incidit. 5. Denique vocatur horopter, quæ parallela eſt ei, quæ centra viſuum connectit, & tranſit per axium opticorum congreſſionem.

XXIX.

Horopteris planum eſt, quod axes ſecat ad rectos angulos, eſtque inſtar tabulæ in viſus termino collocatæ, ac directè oculis obuerſæ, in
quo rei viſæ locus apparens ſtatuitur, qui nihil eſt aliud quàm huius
plani, & radii optici per rem viſam producti communis interſectio.

XXX.

Optici radij axi viciniores minoribus angulis franguntur, remotiores manoribus, æquidiſtantes æqualibus, cùm tranſeunt per albugineum
humorem: refringunturque ad perpendiculum.

XXXI.

Radij ab vno puncto viſibili obiecti in oculum emiſſi non ſunt plures quàm ſex, nec pauciores quàm vnus: ſex quidem ſi radius refringatur in cornea tunica, aqueo humore, vitreo, chryſtallino, & retina: vnus
autem cum punctum viſibile in axe optico iacet.

XXXII.

Radij ex cornea in aqueum ſi refringuntur, iſque ſit corneá rarior, franguntur à perpendiculo; ex aqueo in arcaneam,& humorem chryſtallinum ad perendiculum, iterumque ex chryſtallino ad concauam vitrei humoris ſuperficiem, ſeu hyaloidem; denique ex humore vitreo ad retinam, quæ retina radium vltimum primo ſimilem ita reddit, vt viſibile in proprio ſuo loco videatur.

XXXIII.

Radij viſorij portio ſub qua viſio fit, non eſt puuctum indiuiſibile, ſed habet lõgitudinem ſenſibilem: iacet autem locus apparens rei viſæ in linea formaliter viſoria, quæ vltimò appellit ad retinam ex optici nerui meditullio, & medulla cerebri procedentem, ſpiritibuſque vitalibus, & viſoriis pleniſſimam.

XXXIV.

Perfecta viſio non minorem diſtantiam poſtulat quàm quæ axibus continetur, cum quibus nerui optici angulos rectos efficiunt.

XXXV.

Axes optici debent eſſe in eodem plano cum linea connectente centra viſuum, & coniungente extrema neruorum opticorum.

XXXVI.

Optici nerui ſunt in eodem plano cum linea, quæ illorum extrema connectit. **XXXVII.**

Motis oculis axes optici loco mouentur, qui ſunt in eodem plano cum linea connectente extrema neruorum opticorum, & duabus à neruo communi eidem connectenti conterminis, ſi cum axe communi conueniant. **XXXVIII.**

Radij omnes, qui à propoſita quauis recta linea ad centrum viſus extenduntur, ſunt in eodem plano.

XXXIX.

Axis communis per ſe immutabilis eſt: communis autem radius pro quolibet motu oculorum ſemper variat, præterquam in dilatatione, & conſtrictione.

XL.

Oculi nequeunt ita dilatari, vt axes firmentur paralleli: qui propiùs terimnari nequeunt quàm vbi cum neruis opticis rectos angulos efficiunt: verùm inter ſe ad normam concurrere non poſſunt.

XLI.

Cum radius communis connectenti centra viſuum eſt normalis, axes optici ſunt inter ſe æquales; & cum axes optici ſunt inter ſe æquales, radius communis connectenti centra viſuum normalis eſt.

QQq iij

XLII.

Cum axes optici ad punctum aliquod communis axis congrediuntur, sunt inter se æquales, & cum connectente extrema neruorum opticorum, seu basi isosceles efficiunt, cuius angulum comprehensum axibus coincidentibus axis communis bifariam secat.

XLIII.

Cum axis communis cum duobus opticis concurrit, connectens centra visuum est parallela connectenti extrema neruorum opticorum.

XLIV.

Ab vna re duobus oculis obiecta duæ formantur pyramides, quarum communis basis est res ipsa, quæ spectatur, vertices autem sunt in oculis, quæ quidem mouentur motis obiectis, vel oculis, tametsi per se dicantur immobiles: harum verò axes mouentur mota pyramide, sed in ea situm nonmutàt, licet axis opticus extra pyramidem excurrere possit.

XLV.

Si corpus opacum interiectum inter rem visibilem & aspectum axibus comprehenditur, nullam visibilis partem obteget, aliqua tamen obiecti pars obscurius apparebit: si verò axes opticos excedat, aliqua pars visilis non videbitur, alia ab vno tantùm oculo, reliquum ab vtroque conspicietur: quod si eosdem axes non attingit, pars media, & extrema rei visilis ab vtroque oculo videntur, sed partes inter extremas & mediam positæ ab vno tantùm oculo cernuntur.

XLVI.

Horopter est in eodem plano cum axibus opticis, & connectente centra visuum: in quem cum radius communis orthogonaliter incidit, anguli quos facit horopter cum axibus sunt inæquales: quicquid autem in eodem cum axibus existens plano videtur, in horoptere verum, vel apparentem locum habet, quandoquidem horopter est imaginaria linea transiens per concursum axium, in qua videntur quæcumque videntur: cuius planum est instar tabulæ perspicuæ, & directò oculis obuersæ, in qua rerum omnium visarum species, seu imagines opticè, ac veluti proiectione quadam descriptæ esse videntur: hoc autem planum Guido Vbaldus sectionem, alij parietem, vel tabulam, alij vitrum appellant.

OPTICÆ
PARS QVARTA.

De modo quo obiecta communia per-
cipiuntur.

Theorema primum.

QVamuis distantiam vnus oculus per se definire nequeat, ex acci-
denti tamen per vicina corpora intercedentia distantiam cognoscit : sicut & ex axium opticorum latitudine, sed non ex axium
coniunctorum angulis.

II.

Æqualibus magnitudinibus ex inæquali distantia visis maior est ratio distantiarum quàm angulorum, sub quibus illæ magnitudines cernuntur, si maior minori comparetur.

III.

Apparentes magnitudines ex quantitate anguli verticalis pyramidis opticæ comprehenduntur, sunt etiam minores ke magnitudines, vt anguli pyramidum opticarum qui sunt sensibiles, si res visa sensibilis est.

IV.

Veræ magnitudines colliguntur ex collatione anguli pyramidis
opticæ, & distantia rei; quæ cum inæquales sunt, non ita se habent vt
anguli optici quibus cernuntur; cum sit maior magnitudinum quàm
angulorum ratio; & maior verarum quàm apparentium proportio, si
maior maiori comparetur.

V.

Rerum magnitudines sunt semper maiores quàm apparentes: nec
ita sunt apparentes magnitudines, vt distantiæ; illarum enim quàm
harum minor est ratio: si vero mensura.

VI.

Oculus communis sensus adiutus, præsidio magnum & paruum,
crassum & tenue, longum & solutum, æquale & inæquale cognoscit.

VII.

Rectum ac planum, vniforme, difforme, irregularem curuitatem ex difformiter difformi partium à visu distantia ; conuexum ex præcipiti partium extremarum recessu ; concauum ex minore partium extremarum elongatione quàm in rectis accidat lineis , visus agnoscit. VIII.

Corporum eminentias , & profunditates exiguas ex vmbris præsertim ; asperum & læue ex luminis , specierumque receptione: acutum & obtusum ex eo quod eorum partes à summo fastigio celeri tardove motu prolabi videntur , aspectus discernit.

I X.

Circulum oculus deprehendit, quia eius peripheria à centro visus paribus vndique distat radiis : rectilineam figuram ob laterum rectitudinem : polygonam ex maiore angulorum , quàm laterum à visu distantia , solidam verò ex laterum dispositione , vel syllogismo dignoscimus. X.

Locus rei certus vno oculo designari nequit , qui tamen cognoscitur ex rei distantia, & respectu partium vniuersi; sed præsertim in axium opticorum congressu locus dignoscitur : positionum autem differentiæ ex comparatione medij prospectus intelliguntur, qui ex radio communi ad horizontem librato , eique quæ centra visuum connectit normali, cognoscitur. X I.

Situs eodem modo cognoscitur, quo distantia , figura , & locus, cum ex iis omnibus componatur.

X I I.

Continuum ex non interrupta, discretum ex interrupta partium coniunctione ; identitas ex identitate ; distinctio ex distinctione specierum in oculos incurrentium ; vnitas verò ex continuatione, vel identitate, & numerus ex discretione , vel distinctione cognoscuntur.

X I I I.

Motus ex oculi motione , vel ex diuerso corporis situ distinctis, temporibus sensibilibus , vel ex loci ipsius mutatione ; & aliis quibus distantia , seu spatium, deprehenditur.

x i v.

Velocitas tarditasque motus ex inæqualitate temporis cognoscuntur , quo mobile æqualia percurrit spatia ; vel ex inæqualitate spatiorum æquali tempore confectorum : si verò motus tardus est , ex comparatione vicini corporis quiescentis deprehenditur ; quanquam ea quæ tardè mouentur, non moueri, sed meta esse cognoscuntur: at quies percipitur , visibili locum , ac situm eundem tempore sensibili obtinente.

x v.

Transparentia syllogismo è rebus post trans corpus interiectum visis:

opacitas

opacitas ex aspectus prohibitione ; umbra ex vicinia maioris lucis : tenebræ ex totius luminis absentia colliguntur.

XVI.

Similitudo ex conuenientia ; dissimilitudo ex diuersitate visibilium formarum ; pulchritudo ex visibilium proprietatum symmetria ; turpitudo ex earumdem asymmetria comprehenduntur.

OPTICÆ
PARS QVINTA.

De fallaciis aspectus, & reliquis ad Opticam pertinentibus.

Theorema primum.

ÆQualium , & similiter oppositarum magnitudinum propinquior sub maiore, remotior sub minore angulo cernitur ; hinc viciniora euidentiùs cernuntur. Vt autem visus deceptiones corrigere possis, quæ ex circumstantiarum ad perfectam visionem necessariarum asymmetria oriri solent, nempe ex illustratione, & distantia maioribus vel minoribus, &c. *Sequentia theoremata accipe.*

II.

Distantiæ minores semper, quàm re ipsa sint, conspiciuntur : & quo remotiores eo semper minores : hinc superiores ædificiorum ordines resupinari videntur, quia radius illos attingens longior est, res enim apparent iuxta modum quo species in oculo recipiuntur.

III.

In rerum distantiis visus maximè decipitur, cùm visile longiùs distat, aut cùm inter hoc & visum nullum visibile corpus intercedit : hinc arborum , & columnarum anteriorem in partem longo ordine dispositarum, quæ longissimè distant, coniunctæ videntur ; & qui procul ab amne distant, res vlteriores à citerioribus non distinguunt.

IV.

Visus non deprehendit quantum astra distent à nobis ; & cœlum terræ in ambitu horizontis cohærere putat : res enim vt plurimùm propinquiores existimantur, quarum intermedium spatium non percipi-

tur : hinc cœlum prope horizontem longiùs quàm iuxta verticem à nobis diſtare videtur : hinc etiam ignis noctu procul conſpectus vicinior
apparet, & quæ circa crepuſculum prope ſunt, remota creduntur, quod
& turribus ac montibus per nebulam viſis contingit.

V.

Ob temporis breuitatem aſpectus veram rei diſtantiam explorare nequit.

VI.

Eodem conſpecta angulo quorum diſtantiæ non perpenduntur,
æqualia exiſtimantur, & quantus eſt angulus, tanta res apparet : quod
autem remotiore loco apparet, maius, quòd propinquiori, minus eſſe
iudicatur : hinc res eadem maior vel minor apparet ob diuerſas diſtantias.

VII.

Recta linea perpendiculariter viſui obiecta ſpectatur vt punctum,
directè verò, aut obliquè, vt linea : plana verò ſuperficies perpendiculariter obiecta viſui vt linea, directè vel obliquè, vt ſuperficies apparet.

VIII.

Omne viſile minus videtur obliquè, quàm directè ſpectatum ; &
quo directiùs opponitur, eò perfectiùs videtur.

IX.

Oculo ad id quòd videtur accedente, viſile augeri putatur, & auctum
viſile accedere videtur.

X.

Si radij optici per extremitates duarum parallelarum incedant, radiorum longitudines ſunt magnitudinibus proportionales : quo totius
Geodeſiæ fundamentum ſtatuitur, radio enim, altitudo, profunditas,
longitudo, & latitudo ignotæ explorantur.

XI.

Fieri poteſt vt immoto viſu, mutatum obiectum æquale ſemper appareat, moto etiam oculo immutatum obiectum æquale ſemper videri poteſt, quod in pluribus caſibus Aguilonius l. 4. explicat.

XII.

Eſt locus, è quo inæquales magnitudines aſpectu æquales videntur,
& ex quo data magnitudo appareat alterius pars aut multiplex in poſtu-
lata ratione, quà angulum ſecare, vel augere conceditur : denique loca
dantur, è quibus eadem magnitudo ſub ipſius pars, aut multiplex in data
proportione cernatur.

XIII.

Res eodem modo apparent quo ſpecies, ſeu imagines illarum oculum ingrediuntur, non autem quo ex obiecto egrediuntur : hinc quæ

ſublimioribus radijs, ſublimiora; quæ humilioribus humiliora; quæ
dextris vel ſiniſtris, dextra vel ſiniſtra cernuntur. Hoc autem theorema
eſt artis perſpectiuæ fundamentum: eapropter enim templorum paui-
menta ingredientibus, faſtigiata; horizon ſublimior quàm ſit; mare
gibboſum, plana iacentia ſub oculo remotiora à viſu in altum elata,
ſuper oculum incumbentia, ad ima prolabi, porticus, & arborum ſeries
in anguſtum ſtringi, æqualium magnitudinum ſub viſu erectarum remotiores, altiùs euectæ: ſupra viſum autem erectæ, depreſſæ videntur.

X I V.

Quemadmodum parallelæ lineæ propiùs coire videntur, quo longiùs à viſu recedunt, ita non parallelæ lineæ ita videri poſſunt vt parallelæ appareant, poſſunt etiam duæ lineæ ſubiecto plano inſcribi,
quarum intercapedo viſui in ſublimi poſito æqualis vbique appareat:
harum autem vna recta erit, alia hyperbolica.

X V.

Si in altera linearum angulum continentium punctum quodpiam
aſſumatur, à quo perpendicularis excitetur ipſius anguli plano, è quouis perpendicularis puncto angulus rectus, acutus, aut obtuſus videbitur, ſi rectus vel acutus, vel obtuſus fuerit: quod etiam continget in
quolibet puncto perpendicularis, ſi in altera linearum angulum continentium exteriùs producatur. Item angulus ſemper æqualis apparebit
in quouis puncto rectæ à vertice anguli per oculi centrum infinitè
productæ.

X V I.

Angulares formæ ex interuallo ſpectatæ circulares apparent: circuli verò in eodem cum oculo plano ſitu ambitus è longinquo recta linea
apparebit.

X V I I.

Viſus in caua circulari ſuperficie conſtitutus vniuerſum ambitum, in
conuexa nullam ambitus partem contuetur: extra circuli ambitum in
eodem cum circulo plano poſitus partem hemicyclo minorem in-
tuetur.

X V I I I.

Viſu exiſtente in linea circuli centro perpendiculariter inſiſtente,
omnes diametros æquales videt.

X I X.

Circulus obliquè conſpectus vt ellipſis, & ellipſis, quodam oculi ſitu
vt circulus apparet.

X X.

Pars viſa ſphæræ circulo, & radijs contingentibus definitur: quæ ſi
vno ſpectetur oculo, hemiſphærio minor eſt: quæ ſit eò minor quò propinquior oculus fuerit, tametſi tunc hæc minor ſphæræ portio maior
appareat.

XXI.

Vifus in fuperficie fphæræ pofitus totam fuperficiem concauam, folum autem conuexæ pǔ ctum videt: qui fi intra fphæram appropinquet, minor portio videbitur, fed apparebit æqualis: eminus autem fpectatæ concauæ, vel conuexæ fuperficies fphærarum planæ videntur.

XXII.

In cylindro, vt fe habet circuli portio quæ videtur, ad eam quæ latet, fic vifa fuperficies cylindri ad non vifam: pars autem cylindri vifa parallelis circumfcribitur, cuius medietas videtur, fi diftantia oculorum æqualis fuerit cylindri diametro: quæ fi maior, aut minor eft, maior, aut minor pars cylindri fpectabitur.

XXIII.

Radij oculorum coni fuperficiem tangentes omnes, vtrimque in rectis lineis tactiones faciunt, funtque in eo fimiles omnium circulorum portiones, quas oculus vno afpectu contuetur: in quo cono vt fe habet circuli portio vifa ad occultam, ita coni vifa fuperficies ad reliquam latentem.

XXIV.

Si axis coni furfum productus centrum vifus attingat, vniuerfa fuperficies coni, exceptâ bafi, fpectabitur: fed apparebit circulus: videbitur autem ellipfis, fi latus coni fupernè productum in centrum vifus incurrat, totaque coni fuperficies fub afpectum cadet.

XXV.

Res quælibet in ea horopteris parte confpicitur, vbi ipfum radius per centrum ductus attingit.

XXVI.

Quemadmodum res vna vno fpectata oculo in vnico loco, & plura vno fpectata radio in eodem loco apparent, ita res vna vtroque vifu duobus in locis, duæ res in tribus, & 4. locis apparere poffunt.

XXVII.

Cum quid apparet pluribus in locis, nullus illorum proprius eft locus, & minus perfpicue cernitur: fieri verò nequit vt quod vno tantùm videtur oculo, geminum appareat.

XXVIII.

Quæ celerrime mouentur, totum per quod feruntur fpacium complere videntur, vel videri nequeunt: quæ verò perniciofiffimo motu agitantur, quiefcere videntur: & fi motus circularis eft, eminus fpectatus rectus apparet.

XXIX.

Eorum quæ pari velocitate mouentur, remotiora poftera fieri, & tardius moueri videntur; quod etiam verum effe poteft, quando remotiora velocius agitantur.

X X X.

Si per eandem lineam rectam mobile, & oculus pari velocitate incedant, quiescere videbitur mobile; accedere, si oculus fuerit concitatior; abscedere, si segnior.

Cætera quæ de fallacijs visus, hîc afferri possent, ex sequentibus libris intelligentur: illa verò quæ spectant ad Sciagraphiam, vel Scenographicem, Ichnographiam, Orthographiam, & ad omnia proiectionum genera, peti debent ex arte Perspectiuæ; de qua fusè Vitruuius, Albertus Durerus, Daniel Balbarus, Guido Vbaldus, Steuinus, Aguilonius, & alij tractarunt: nosque postea dicturi sumus.

OPTICÆ

LIBER II.

SEV CATOPTRICA.

Pars prima de ijs quæ pertinent ad specula in communi,
& de speculis planis in particulari.

DEFINITIONES.

I.

Olitio corporum est continuitas partium superficiei politi corporis sine sensibilitate pororum.

II.

Speculum dicitur omne corpus politum operá artis vel naturæ; est autem multiplex, nempe rectum; concauum; & conuexum sphæricum; concauum & conuexum cylindricum, concauum & conuexum ellipticum, parabolicum, hyperbolicum, pyramidale, conchoideum, hederaceum: estque totuplex, quotuplex esse potest linea, vel superficies concaua, aut conuexa politi corporis; qualis est superficies facta à linea quadratrice, & ab illis lineis, quæ radios parallelos diuergentes, & conuergentes in punctum; & à dato puncto parallelos, diuergentes, & conuergentes per refractionem efficiunt; *de quibus in Dioptrica*

III.

Linea incidentiæ dicitur illa secundùm quam imago obiecti cadit in superficiem speculi.

IV.

Linea reflexionis dicitur illa secundùm quam imago reflexa, propter soliditatem speculi, quam penetrare nequit, reflectitur ad oculum.

V.

Punctus incidentiæ dicitur is, in quo linea incidentiæ cadit in superficiem speculi: idemque est punctus reflexionis, quia radiorum, vel specierum reflexio ad visum fit semper à puncto incidentiæ.

VI.

Perpendicularis super superficiem speculi, à quo fit reflexio, dicitur

linea orthogonaliter erecta à puncto incidentiæ super superficiem
speculi illius, à quo fit reflexio, si illa superficies sit plana: si verò
concaua, vel conuexa fuerit, tunc illa linea dicitur perpendicularis
super ipsam, quæ est perpendicularis super superficiem planam, illam
superficiem concauam, vel conuexam in puncto incidentiæ contingentem. **VII.**

Superficies reflexionis illa dicitur, quæ continet lineam incidentiæ
& reflexionis, & perpendicularem à puncto contingentiæ productam
super ipsam speculi superficiem, vel super superficiem illam contingentem. **VIII.**

Cathetus incidentiæ est linea perpendiculariter erecta super superficiem planam speculi, aut super lineam rectam contingentem communem sectionem superficiei reflexionis, & superficiei speculi conuexi vel concaui, ducta à puncto, à quo incipit incidentia, vt à centro
visus, vel ab alio puncto, ad quem reflexio terminatur. **IX.**

Cathetus reflexionis est linea erecta super illam eandem superficiem vel lineam à puncto, ad quem terminatur ipsa linea reflexionis, vt
à centro visus, vel ab alio puncto, ad quem reflexio terminatur. **X.**

Superficies incidentiæ illa dicitur quæ continetur à linea, seu imagine rei visæ, & à cathetis incidentiæ terminorum illius lineæ. **XI.**

Angulus incidentiæ dicitur quem in superficie reflexionis continet linea incidentiæ cum linea, quæ est communis sectio superficiei
reflexionis, & superficiei ipsius speculi, vel superficiei speculum in
puncto reflectionis contingentis. **XII.**

Angulus reflexionis est, quem in superficie reflectionis continet
linea reflectionis cum dicta communi sectione. **XIII.**

Imago dicitur forma in speculo comprehensa : & facit basim coni
optici, vt visibile in visione simplici. **XIV.**

Locus imaginis est locus visionis illius formæ, seu locus, in quo illa
videtur. *Theorema primum.*

Superficies corporum tersorum politorum, cuiuscumque figuræ sint,
quolibet suo puncto reflectunt lucem, colorem, & figuram rerum oppositarum secundùm lineam rectam, quia natura agit in om̄ bus secundùm lineas breuiores.

II.

Omnis reflexio luminis & coloris, siue lucem & colorem debilitet, siue non, fit secundum lineas sensibilem latitudinem habentes.

III.

In speculis planis radij oblique incidentes semper ad angulos æquales reflectuntur: perpendicularis vero radius in seipsum redit; idemque dicendum de reliquis speculis regularibus, nempe sphæricis, conicis, & cylindricis tam conuexis quàm concauis, in quibus angulus incidentiæ semper æqualis est angulo reflexionis; vt constat ex obiecto, quod per eandem omnino viam immittit species in oculum videntis, per quam oculus immittit species in obiectum visum.

IV.

Visibile per speculum comprehenditur à visu sub lineis breuissimis: quanquam id non sit semper verum in speculis concauis, vt Benedictus in epistolis demonstrauit.

V.

In quolibet speculo, vel corpore cuiuscúmque curuitatis anguli incidentiæ, & reflexionis sunt æquales respectu lineæ tangentis punctum superficiei sphęricæ, in quod radius incidit: debet autem illa linea tangens vlterius producta secare cathetum ab obiecto deriuatum.

VI.

Radius incidentiæ, & reflexus & 4. puncta, nempe visibilis, incidentiæ, imaginis, & oculi, sunt in eodem plano.

VII.

Impossibile est simul duo puncta ciusdem rei visæ ab eodem puncto cuiuscúmque speculi reflecti ad idem centrum visus, vel à duobus punctis speculorum planorum vel conuexorum formam vnius puncti, quamuis ab vno puncto speculi cuiuscumque ad diuersos visus plurium punctorum imagines, & à diuersis vna imago reflecti possit.

VIII.

Specula plana omnium optime repræsentant obiectum. præsertim si ex chalybe facta fuerint; quæ si perfecte recta, & polita, vix oculo deprehendi possunt. eóque minus videntur quò melius repræsentant, quia natura speculi in repræsentandi virtute sita est.

IX.

Obiectum in speculis planis videtur in concursu radiorum cum catheto ducto à quolibet obiecti puncto per speculum in quod incidit perpendiculariter vsque ad concursum radii visualis vlterius producti; quia radii reflexi eodem modo post factam à plano speculo reflexionem propagantur, quo emitterentur directi ab eodem obiecto, si per foramen recta transirent.

X.

X.

Specula plana faciunt radios reflexos eiusdem generis cuius esfent, si radij illi fuissent continuati; parallelos, si paralleli fuissent, concurrentes, si concurrissent, & recedentes, si recessissent.

X I.

Locus imaginis, seu puncti visi in planis speculis est in concursu radiorum cum catheto: quod Euclides de quibuscumque speculis concludit; sed aliter Keplerus, & alij recentiores sentiunt.

X I I.

In omni reflexione à speculis planis facta, lineæ incidentiæ & reflexionis proportionales sunt cathetis à punctis suorum terminorum demissis, & ipsis basibus in speculorum superficie interiectis.

X I I I.

Eadem est distantia loci imaginis à superficie speculi plani sub speculo, quæ est puncti visi ab eadem superficie supra speculum planum existentis.

X I V.

In omni reflexione à speculis planis facta, linea à centro visus ad locum imaginis producta æqualis est lineæ incidentiæ, & reflexionis simul iunctis: ambobus autem oculis vnica imago apparet.

X V.

Altitudines & profunditates tam in conuexis quàm in planis speculis euersæ; dextra sinistra, & contra, nobis apparent: obliquæ verò longitudines videntur quemadmodum se habent.

X V I.

Specula ita disponi possunt, vt intuens, propria imagine non visa, videat imaginem alterius rei non visæ, & in cubiculo discernat, quæ geruntur in aliena domo, vel in plateis.

X V I I.

Speculum ex multis planis construi potest, in quo solius aspicientis plures imagines ad modum chorearum appareant, & in quo aspiciens suam imaginem volantem videat, docente Ptolomæo 2. catopt. theor. 6.

X V I I I.

Imago eiusdem puncti per duo vel tria specula plana orthogonaliter ad inuicem disposita videri potest: hinc specula quæ dicuntur infinita, desumuntur: quot autem erunt in quocumque polygono æquiangulo & æquilatero specula ad inuicem disposita, toties imago eiusdem puncti videri poterit.

X I X.

A pluribus speculis planis potest imago rei per se visæ, vel non visæ reflecti ad oculum; ab imparibus autem dextra sinistra, & contra: & à paribus dextra apparent dextra; & distantia imaginis à visu constat ex quantitatè omnium linearum incidentiæ, & reflexionis.

XX.

· Duo fpecula plana rectangula, & æqualia ita collocari poffunt, vt intuens in vno fpeculorum fuam imaginem videat venientem , & in altero recedentem: docente Prolo. theor. 4.

XXI.

· Si vertex montis, aut turris, incidens in fpeculum planum reflectatur ad oculum ; erit vt reflexio ad fuam perpendicularem, fic incidentia ad montis altitudinem. Aliter; vt fe-habet diftantia pedis à puncto reflectente fpeculi, ita fe habet diftantia fpeculi, & turris, vel montis, ad eiufdem montis vel turris altitudinem: hinc oritur Geometria Catoptrica, feu ars menfurandi per fpecula.

XXII.

· Ab vno fpeculo plano ignis accendi nequit, poteft à pluribus: vnicum tamen planum ignèm ab-alijs fpeculis productum continuare poteft.

XXIII.

Optima materia fpeculorum chalybea: vel cuprea ftanno, ftibio, auripigmento, tartaro, & halinitro mixta.

XXIV.

Inter puncta imaginis fuperficiei cuiufcumque fpeculi incidentis, & fpeculi oppofiti fuperficiem neceffe eft infinitas pyramides figurari, conos, & bafes hinc inde mutuas habentes.

XXV.

Neceffe eft fuperficiem reflexionis erectam effe fuper fpeculi fuperficiem, vel fuper fuperficiem fpeculum illud in puncto reflexionis contingentem: in illa verò fuperficie centrum vifus, punctum vifibile, punctum reflexionis, terminufque perpendicularis, & catheti vtriufque reperiuntur.

CATOPTRICÆ

PARS SECVNDA.

De fpeculis fphæricis , dèque cylindricis, & pyramidalibus tam convexis quàm concauis.

DEFINITIONES,

I.

MAius fpeculum fiue fphæricum, fiue columnare & pyramidale, tam convexum quàm concauum à Vitellione lib. 6. & 7. dicitur, cuius fphæræ diameter est maior, vel quod est pars maioris columnæ, vel pyramidis,& minus è contrario.

II.

Diameter,& centrum speculi sphærici, diameter & centrum sphæræ dicitur,cuius portio est speculum : *Videantur quæ in Præfatione dicta sunt.*

III.

Diameter visualis dicitur linea à centro visus per centrum speculi sphærici transiens, quæ similiter cathetus reflexionis appellatur.

IV.

Linea recta speculo sphærico conuexo æquidistare dicitur, quæ secundùm punctum medium æquidistat lineæ aliquem arcum circuli magni illius speculi secundùm medium eius punctum contingenti.

V.

Finis contingentiæ est punctus vbi altera cathetorum secat lineam in puncto reflexionis speculum contingentem.

VI.

Meta locorum imaginis est punctum, vel linea, vltra quam imago non videtur.

Theorema primum.

In conuexis speculis sinistra apparent dextra & contra : & imago propiùs abest à speculo quàm aspectabile, eoque minor est ; tantoque minor quanto minus est speculum ; tanto verò maior, quanto visibile est propinquius. **II.**

In iisdem speculis aspectabilium imagines conuexæ apparent,eoque conuexiores quo specula conuexiora fuerint.

III.

Specula sphærica, vel alio modo inflexa, composita dici possunt ex pluribus, vel infinitis planis speculis; ideoque se habent in repræsentando ,illuminando, &.calefaciendo, vt specula plana multiplicata,& tangentia singulas speculorum curuorum partes.

IV.

Anguli incidentiæ & reflexionis cuiuslibet puncti iudicantur penes lineam rectam tangentem punctum in quo definit radius incidentiæ, & incipit radius reflexionis.

V.

Locus imaginis visæ in speculis sphæricis conuexis ponitur ab antiquis in concursu lineæ reflexionis cum catheto incidentiæ:in concauis in recta linea ducta ab aspectabili ad centrum sphæræ, cuius portio est ipsum speculum. A Steuino 7. prop. Catoptr. in occursu lineæ ad oculum reflexæ cum linea recta perpendiculari à visibili ducta, super lineam contingentem speculi superficiem in puncto reflexionis, quæ perpendicularis non pergit ad centrum sphæræ, cuius portio speculum exiftit. A Keplero ftatuitur in perpendiculari ex re vifa in superficiem siue refringentem, siue repercutientem, quatenus diftantia punctorum rei visæ per binos oculos, seu per vnius oculi diametrum latitudinis capitur: nisi cum vtriusque oculi eadem fuerit superficies; tunc enim in conuexis speculis, & mediis densioribus imaginem è perpendiculari excedere, ad visum accedere putat.

VI.

Si ab aspectabili puncto per globosi speculi centrum recta infinita ducta sit, imago in recta infinita, & aspectabile punctum æqualiter à speculo diftant, apud Steuinum: at minor eft diftantia imaginis à speculi conuexi sphærici superficie apud Vitell. prop. 37. l. 6. & Euclid. 20. quàm ipsius rei extra. de variis autem locis, & figuris imaginis, pro vario rei visæ situ fusissimè agit Vitellio ab 11. prop. 6. vsque ad 61.

VII.

A superficie speculi sphærici conuexi ex diuersis superficiebus sphærarum composita imagines monftruosæ videntur: tametsi vero ab vnius superficie ignis accendi nequeat, poteft à pluribus.

VIII.

Superficies sphæricæ aptissimæ funt ad rerum plurimarum perspectiuam, seu picturam in parua quantitate repræsentandam: quæ si columnares, seu cylindricæ fuerint, extensas picturas ignotas colligent, & notas facient: at de his speculis Vitellio fuse tractat lib 7. per 60. propositiones: quarum duas vltimas solùm affero.

IX.

In speculis columnaribus vel pyramidalibus conuexis maioribus maiora videntur idola: reique visæ propinquioris imago videtur maior. Quod si perpendiculare fuerit horizonti cylindricum speculum, tantum imaginem producet in longum, quantum deducet in latum, si eidem horizonti parallelum ftatuatur.

X.

Possibile eft speculum cylindricum, vel pyramidale conuexum ita collocari, vt intuens videat in aëre extra speculum imaginem rei alterius non visæ. Deinceps verò de speculis sphæricis concauis agamus.

XI.

Radij ab obiecto lucido vel colorato procedentes à conuexis speculis disgregantur: sed à concauis colliguntur.

XII.

Centro visus, vel puncto rei visæ in centro speculi sphærici concaui existente, à quolibet puncto fiet reflexio in ipsum visum: ideoque nihil præter seipsum videbit oculus.

XIII.

Posito visu extra centrum speculi eiusdem, à quolibet puncto speculi fieri potest imaginis alterius reflexio ad visum, præterquam à puncto, cui incidit diameter visualis.

XIV.

Locus imaginis rerum ab eodem speculo reflexarum quandoque est in ipso puncto reflexionis; quandoque vltra speculum; quando que inter visum & speculum; quandoque in superficie ipsius visus; quandoque retro visum: docentibus Alhazeno, Vitellione & experientia, atque ratione, ex quibus & sequens theorema.

XV.

In eodem speculo eadem est proportio catheti incidentiæ ad rectam à centro speculi ad locum imaginis productam, quæ lineæ à puncto rei visæ ad finem contingentiæ ductæ, ad lineam à siue contingentiæ ad locum imaginis productam.

XVI.

Quilibet punctus diametri circuli magni eiusdem speculi potest esse locus imaginis, quantumcumque producatur.

XVII

Oculus positus in circumferentia, aut extra circumferentiam non apparet: potest autem visum punctum in speculo concauo seu sphærico à pluribus locis reflexum vnicam imaginem habere: potest etiam duas, & fortè 3. aut 4.

XVIII.

In speculis istis concauis intra centrum speculi eiusque superficiem res in proprio situ, extra verò centrum euersæ apparent: illic maior, hic minor esse videtur imago.

XIX.

In speculis istis, radij paralleli ita circa quartam partem diametri reflectuntur, vt maximè illuminent, & comburant; itaque focum speculi concaui reperies, si noueris diametrum sphæræ cuius speculum portio fuerit.

XX.

Si speculi concaui sphærici diameter duorum pedum regiorum fuerit, non solum in foco circa medietatem semidiametri, sed citra & vltra per spatium 3. aut 4. digitorum comburet ob radiorum multitudinem, & condensationem in toto illo spatio existentem.

SSf iii

XXI.

Difficile est assignare quanta radiorum multitudo necessaria sit, vt ignis generetur ab eis per reflexionem : videat quispiam si possit illud definire dato minimo speculo , quod comburere queat ; quale forsitan erit , si pollicis vnius solummodo diametrum habuerit.

XXII.

Illuminatio foci speculi concaui non est sita in indiuisibili, sed vnius saltem lineæ diametrum habet : sunt qui definiant istius foci latitudinem per arcum subtendentem angulum 30. minutorum, à radiis ex quolibet puncto reflexis productum; quia solis diameter apparens est tot minutorum : quod si verum est, hyeme quàm æstate focus latior erit, cùm Sol in Capricono existens, sit etiam in perigæo, in quo solas 1100. terræ semidiametros à nobis distat; cùm in apogæo 1181. dum versatur in Cancro, à terræ superficie recedat, hinc sit vt 92745. leucis; quarum quælibet 15000. pedes regios complectitur , hyeme quàm æstate Soli sumus viciniores : est enim terræ semidiameter 1145. leucarum. ,

XXIII.

Fieri possunt concaua specula sphærica quæ ad magnam distantiam comburant , & illuminent , si dentur artifices, & materia ; quæ tamen ab hominibus tanta fieri non posse credidero , vt ad spatium dimidiæ leucæ comburant : quot enim obsecro requirerentur homines ad mouendum illud speculum; quanta materia ad illud conficiendum?

XXIV.

Specula prædicta radios candelæ in foco, vel circa focum positæ ad magnam distantiam veluti parallelos , & columnares ita remittunt, vt per 500. pedes remotus solo paruulæ candelæ lumine minutissimæ litteræ cognosci, atque legi possint : posset verò tantum esse speculum, & tam perfectè politum, vt per vnam aut alteram leucam litteræ superficiei adhærentes, vel etiam in loco pera. leucas remoto positæ legi possent : sed industria humana fieri nequit, vt litteræ speculo adhærentes, vel alio modo dispositæ in Luna videantur , quapropter mentitur Agrippa cùm secretum illud sibi vendicat.

XXV.

Si densitas seu fortitudo radiorum in angustiori loco se habeat ad fortitudinem eorumdem in latiore superficie contentorum, vt se habent sphæricæ superficies, quibus origo lucis pro centro est, amplior ad angustiorem , & contra : radij solares directi absque vlla reflexione, 7½. terræ propè Solem semidiametris, æquè ac radij Solis à speculo concauo pedali in focum latitudinis vnius lineæ reflexi, comburent. An verò non sit aliud ignis elementum præter illum ignem Solis æthe-

renū,) Philofophiæ difcutiendum permitto: fuppono autem Solem
effe in media diftantia, id eft 1141. femidiametros terrenas à nobis
diftantem.

XXVI.

Speculorum concauorum ope, luna, & alia fydera in data magnitudine videri, ac proinde homines ab ingenti fpatio cognofci, & litteræ
tametfi minutæ ab eodem fpatio, vt à 2. leucis, difcerni poffunt: non poteft tamen obiectum ita multiplicari, feu crefcere, vt quis litteras in
luna pofitas legat: Opticus tamen determinare poteft quale & quantum fpeculum ab Angelis confici debeat, vt litteræ, & alia minutiffima in luna, vel etiam in ftellis pofita videri poffint ab oculo in terra circa fpeculi centrum collocato.

XXVII.

Speculorum concauorum foci quoad vim illuminandi, calefaciendi, & comburendi, fe habent vt ipforum fpeculorum concauæ fuperficies, ideoque in duplicata ratione, quemadmodum à diametris quadrata: igitur data fpeculi fuperficie vis foci dabitur; fi tamen priùs alicuius foci vim fupponamus. Cùm igitur 14000. vicibus diameter fpeculi è portione terrenæ fphæræ confecti minor fit diametro fpeculi è
portione fphæræ ftellatæ abfciffi, & fpeculi è portione fphæræ diametrum, vel axem pedalem habentis facti diameter terrenâ diametro
38320000. vicibus minor fit, & tamen fpeculum è portione fphæræ
pedalem axem habentis foco fuo plumbum celerrimè liquefaciat,
cogita, quanta vis duorum prædictorum fpeculorum futura fit.

XXVIII.

Si firmamentum effet fpeculum, nihil in eo præter fuum oculum intuens videre poffet, qui eiufdem cum dimidio firmamenti magnitudinis appareret: quo pofito fpeculo, viderint Chymici quid paffurus
fit globus terrenus, & in quæ principia reducendus.

XXIX.

Si firmamenti concaua fuperficies effet fpeculum, candelæ 7000.
terrenis diametris à terra diftantis luce finguli homines legere poffent.

XXX.

Si firmamenti fuperficies concaua fpeculum ponatur, folo candelæ
paruulæ lumine vbicumque intra firmamentum pofitæ legere quifpiam poterit in circulo 7000. terrenis diametris à terra diftante, id
eft in quarta parte diametri fphæræ ftellatæ.

XXXI.

Quo fpeculum eft portio minoris fphæræ, eo aptius eft vt calefaciat, vel illuminet, & inflammet vi lucidi propinqui: *Plura de loco imaginis, & de omnibus apparentiis imaginum, sicut & de aliis ad concaua specula sphærica pertinentibus Vitellio, 68. propositionibus 8. libri tradidit; pluráque nos 1. tomo in Genesim ex Magino attulimus: solùm addo theorema sequens.*

XXXII.

Imaginum, seu idolorum varij situs, & diuersa loca, quæ in speculis conuexis, & concauis apparent, ita vt aliquando citra superficiem concaui, aliquando intra conspici videantur, vt patet ex manibus, ensibus, & aljis rebus speculo obiectis,& ex eo velut egredientibus, explicari possunt per angulos maiores, aut minores, sub quibus idola, vel potiùs ipsa obiecta cernuntur: nam quæ sub maiori angulo conspiciuntur, accedere, quæ sub minori, recedere videntur, vt primo libro dictum est.

XXXIII.

Lumen, & ignis, beneficio speculorum planorum, & concauorum facilè transferri possunt in antra, & alia loca subterranea, ad quæ radij directi solis, vel alterius lucidi peruenire nequeunt: potestqué lumen ter aut quater à tribus aut 4. planis speculis reflexum ignem producere, si in vltima reflexione colligantur radij cum speculo concauo. At verò determinare reflexionem vltimam, vltra quam nulla alia vim comburendi habitura sit, est so ius in Catoptrica peritissimi: tamesi magnitudo speculorum, & distantiæ reflexionum datæ sint: *Hinc reliquæ proprietates speculi sphæri s concaui concludi possunt: idcoque ad concaua cylindrica progredior.*

XXXIV.

Centro visus existente intra speculum columnare vel pyramidale concauum, à quolibet puncto speculi fiet reflexio ad visum: existente verò extra idem speculum non integrum, à maiore parte superficiei speculi fiet reflexio ad oculum.

XXXV.

A quocumque puncto eiusdem speculi non potest nisi forma vnius puncti ad visum reflecti, idcóque vnica imago videtur: at verò locus imaginis erit aliquando vltra, quandoque citra speculum & visum, quandoque in centro visus, vel in superficie speculi, vel inter visum & speculum, vt in sphæris concauis accidit.

XXXVI.

Communi sectione superficiei reflexionis, & speculi columnaris concaui existente oxygonia, vel circulo, poterunt esse vnum, duo, tria, vel quatuor puncta reflexionis, non autem plura: iuxta quæ, loca imaginum numerabuntur.

XXXVII.

XXXVII.

Omissis reliquis quæ Vitellio de his speculis 9. libro per 38. propositiones docet, addo speculis istis ignem accendi : his autem & conuexis cylindricis, & pyramidalibus siue seorsim sumptis, siue mixtis, faciem, & alia obiecta monstruosa repræsentari, vel monstruosa, & penitus incognita ad iustam forma n, & pulchritudinem quæsitam renocari posse. *Iam superest vt de speculis, è sectione conigenitis agamus.*

CATOPTRICÆ
PARS TERTIA.

De speculis ellipticis, hyperbolicis & parabolicis.

EX sectionibus coni duas omittamus, eam nempe quæ fit plano per axem, & plano basi parallelo, cùm illá speculum planum, hac autem sphæricum concauum vel conuexum tantummodò generari possit : si verò vnius lateris sectio sit alteri lateri parrallela, parabolica; si non sit paralella, sed occurrat alteri lateri producto supra verticem, hyperbolica ; si denique latus vtrumque ita secetur, vt sectio concurrat cum vno latere vltra basim producto, elliptica sectio nascetur. Quibus ab Appolonio demonstratis, sit.

Theorema primum.

Si sectionem parabolicam linea recta contingat, à puncto contactus ducatur recta perpendicularis diametro sectionis productæ ad concursum cum contingente, erit pars diametri interiacens perpendicularem, & peripheriam sectionis, æqualis parti interiacenti sectionem & contingentem.

II.

Omne quadratum lineæ perpendicularis ductæ ab aliquo puncto sectionis parabolæ super diametrum sectionis est, æquale rectangulo contento sub parte diametri interiacente illam perpendicularem & peripheriam sectionis, & sub latere recto ipsius sectionis.

III.

Si in sectione parabolica ab extremitate diametri ex parte peripheriæ sectionis resecetur æqualé parti lateris recti ipsius sectionis,

T T t

peruenissent, istius speculi occursu coëunt. Vide Lemma Propos. XIX. Hydraulicorum, vbi plura de his sectionibus.

IX.

Si fiat ellipticum speculum, cuius vnus focus sit in centro Solis, alter verò focus in superficie terræ, nullus intra tropicos viuere poterit: imo neque fortassis in vlla parte terræ, quippe quæ calore in hoc foco concepto fortè tota in cineres verti posset.

X.

Duo specula parabolica ita disponi possunt, (si materia nulli igni cedens dari possit) vt radios in punctum, vel saltem in comburentem densitatem collectos, in linea, vel paruula columna in longum producta semper vrentes conseruet: quod vt fiat, minus speculum parabolicum in foco maioris in vertice foramen eiusdem magnitudinis, cum minori speculo habentis, statui debet, quod radios Solis in punctum à maiori coactos, parallelos per prædictum foramen in magnam distantiam remittat, quos postea plano speculo in punctum datum reflectere possis.

XI.

Annulus parabolicus comburere potest; quantæ vero magnitudinis esse debeat ad vim vrendi habendam Catoptricus absque experientia determinare nequit.

XII.

Dato puncto in quo generandum incendium proponitur, facile est assignare speculum parabolicum, quo illud producat: & ellipticum quod punctum lucidum ad punctum datum reflectat.

XIII

Si fornix alicuius aulæ formam ellipsis concauæ seruet, & quispiam demissè loquatur in alia extremitate, quamuis per centrum, vel etiam plures passus distet, audietur solum in alia extremitate, & in toto spatio intermedio non audietur: similiterque candela in vna extremitate posita, plus in alia extremitate illuminabit quàm in vlla alia parte totius aulæ.

Omitto plurima quæ speculorum regularium, & irregularium opefieri possunt, quales sunt variæ dictionis alicuius repræsentationes, quæ tametsi vnica sit, verbi gratia, Latina Hebraica, & Græca legi poterit: deinde variæ picturæ, & confectio horologiorum quorumcumque, & alia ludicra propemodum infinita, partim ex sequenti Diaclastica, partim ex Perspectiua poterunt intelligi: eapropter nihil amplius de speculis subiiciam, vt animum Dioptricis applices, de quibus sequenti libro dicturi sumus.

OPTICÆ.
LIBER TERTIVS,
SEV DIOPTRICA.

PRIMA PARS

Dioptricæ principia complectitur.

DEFINITIONES.

I.

Linea incidentiæ dicitur, iuxta quam radius recte diffunditur per medium vnius dinphani, qualis est radius candelæ vsque ad vitrum perueniens.

II.

Refractio est incuruatio eiusdem lineæ ad angulum continendum, vt cum radius Solis peruenit ad vitrum conuexum, quippe qui frangitur in superficie istius vitri.

III.

Punctus refractionis est is, in quo lineæ incidentiæ fit refractio; estque in superficie secundi diaphani à primo diuersi.

IIII.

Linea refractionis est, quæ à puncto refractionis ad centrum oculi extenditur.

V.

Linea perpendicularis hîc dicitur, quæ à puncto refractionis erigitur perpendiculariter super superficiem corporis, à qua fit refractio perpendiculariter producta.

VI.

Cathetus incidentiæ est linea à puncto rei visæ super superficiem corporis, in quo est res visa, & à qua fit refractio, perpendiculariter producta.

VII.

Superficies refractionis est, in qua continentur lineæ incidentiæ, & refractionis.

VIII.

Angulus incidentiæ dicitur minor angulus, quàm continet linea incidentiæ cum linea perpendiculari, ducta à puncto refractionis super superficiem corporis, à qua fit illa refractio.

IX.

Angulus refractus dicitur angulus minor, quem continet linea refracta cum dicta perpendiculari.

X.

Angulus refractionis est, quem continet linea refractionis cum line-
nea incidentiæ trans corpus diaphanum, à cuius superficie fit refractio,
in continuum producta.

XI.

Directa visio dicitur, cum imago rei visæ sine refractione peruenit
ad visum. XII.

Obliqua verò, cùm ad visum refractè peruenit.

XIII.

Imago refracta est forma rei visæ obliquè perueniens ad visum.

XIV.

Locus imaginis refractæ est, in quo imago refracta visibus occurrit.

Theorema primum.

In omni superficie refractionis necessariò sunt punctum, cuius forma
refringitur; punctum refractionis: centrum ipsius visus: & perpendicularis ducta puncto refractionis super superficiem, à qua fit
refractio: quæ postrema superficies primæ subiicitur.

II.

Refractio rei visæ, vel radij cadentis à medio diaphano rariore in
superficiem densioris, fit ad perpendicularem, quæ ducitur à puncto
refractionis super superficiem, à qua fit refractio: si verò cadat à densiori diaphano in rarius, refractio fit à perpendiculari.

III.

Centro visus, & puncto rei visæ per refractionem in diuersis diaphanis loca propria permutantibus, eædem lineæ incidentiæ, & refractionis nomina permutant.

IV.

Imago refracta rei visibilis nunquam occurit visui in loco rei visæ,
sed semper extra suum locum.

V.

Omnis forma puncti per refractionem visi comprehenditur in
rectitudine lineæ, per quam à puncto refractionis species ad oculum
extenditur: idque in linea perpendiculari ducta à puncto rei visæ super superficiem corporis, à qua fit refractio, iuxta doctrinam anti-
quorum: sed ambobus oculis in eadem refractionis superficie versan-
tibus, & valde ex obliquo intuentibus imaginem à perpendiculari excedere, & oculis appropinquare Keplerus animaduertit.

VI.

Quo res visæ, vel radij magis distant à perpendiculari ductâ à centro visus super superficiem refringentem corporis diaphani, eo maior est refractio. *Aliter.* Quò lux obliquiùs incidit, eo maiori angulo refringitur: attamen refractionum anguli crescunt maioribus, rationum incrementis, quàm obliquitas incidentiæ; nam refractiones syderum crescunt circa horizontem præcipitatis incrementorum proportionibus.

VII.

Lucis tenuis, & densioris nulla est differentia refractionis, cæteris paribus; sicut & nulla vtriusque differentia in reflexionibus; *quantum videlicet ad angulos attinet.*

VIII.

Si diuersa visibilia æquidistent ab oculo in diuerso medio, refringentur ad puncta æquidistantia, & æquales refractionis angulos facient: remotius autem refringetur ad punctum remotius, & maiorem refractionis angulum faciet.

IX.

Refractio reddit aliquando colorem, & lucem, vel colorem lucidum, aut lucem coloratam obiecti, non imaginem, vt patet in coronis, virgis, iride, & aliis meteoris: aliàs reddit imaginem, quamuis illa lux colorata, imperfecta imago dici possit.

X.

Imago videtur in medio rariori remotior, & minor: in densiori verò propinquior, & maior: vt constat ex demersis in aquam: & obiecta eò minora videntur in aëre, cum ab oculo posito in aqua cernuntur, quò maiora videntur in aqua ab oculo in aëre constituto: quanto verò rarius est medium, tanto minora & remotiora? quanto densius, tanto maiora, & propinquiora apparent; vnde Cleomedes concludit solem longè maiorem visum iri, si lynceis oculis per solidos parietes spectaretur.

XI.

Locus imaginis tam in speculis reflexione, quàm in perspiciliis, & dioptricis instrumentis refractione mutatur ad rei visæ, vel oculi mutationem: *vt fusius posteà dicturi sumus.*

XII.

S superficies refringens recta est, linea, & oculus sit in perpendiculari exeunte à medio puncto rei visæ super illam superficiem corporis diaphani, vel si punctus rei visæ existat in perpendiculari ductâ à centro visus super superficiem diaphani, imo & sphærici, puncti visi nulla est refractio, & vnica imago videtur: si verò punctus rei visæ iaceat ex tra perpendicularem ductam à centro visus, in vno tantùm puncto fiet refractio, siue communis sectio superficiei refractionis, & superficiei corporis diaphani refringentis sit plana, siue sphærica.

XIII.

Rei visæ superficies non æquidistans superficiei refringenti visa in medio densiore maior videtur quàm si æquidistaret: ac proinde pars quælibet imaginis videbitur maior re visa sibi proportionali : quod vltimum peræquè verum est de superficie rei æquidistante.

XIV.

Re visa trans corpus diaphanum columnare densius aëre, itaut centrum visus, & centrum alicuius circuli corporis æquidistantis basibus columnæ & res visa sint in eadem linea recta, imago duplicata videbitur.

XV.

Locus imaginis rei visæ refractionem, existentis in medio secundi diaphani, quandoque est in ipso secundo corpore diaphano, quandoque in ipso puncto refractionis, quandoque inter visum & illud corpus diaphanum, quandoque retro visum : quandoque in ipsa superficie visus, docente Vitellione theor. 16. l. 10.

XVI.

Imago formæ cuiuslibet rei visæ figuratur diuersimodè secundùm figuram superficiei corporis, à qua fit refractio ad visum.

XVII.

Diaphanum aëre densius radios solis ita condensare potest, vt ignis excitetur, quod euidens est in lagenis aqua plenis, & in lentibus crystallinis ex vna, vel ex vtraque parte conuexis, vt in 2. parte dicentus.

XVIII.

Sol, & alia sydera maiora videntur prope horizontem ob refractionem: vnde sæpissimè Sol ellipticus apparet, ob vapores atmosphæræ interpositæ, & obliquitatem incidentiæ radiorum, quippe qui in sphæram atmosphæræ terræ concentricam obliquè incidunt ; & ideò Solis altitudo coarctatur, & non latitudo; eoque magè coarctatur, quo vapores minus alti fuerint, cùm solarem conum ad axem opticum magis obliquent: eaque de causa prope horizontem sydera magis à se distare videntur latitudine, quàm altitudine.

XIX.

Refractiones faciunt vt maculas solares statim maiores, & viciniores, statim minores, & magis distantes helioscopus intueatur, Hinc pro varietate refractionum atmosphæræ, altitudo varia esse iudicatur.

XX.

Ob illas refractiones, qui sunt in sphæra parallela sub polis mundi

conſtituti, Solem totum æquinoctij tempore videntoblŏgum ob cŏn-
tractionem: ſed & eiuſdem meridiani, & paralleli incolis eodem tempore ellipticus,& ſphæroides apparere poteſt, ob varias diſpoſitiones
atmoſphæræ. XXI.

Ob eaſdem, ambo luminaria diametraliter oppoſita, & eclipſis Lunæ, vnaque Sol conſpici poſſunt: *Verùm quæ ſpectant ad aſtrorum refra-*
ctiones, in optica aſtronomica afferentur, vbi de dioptricis inſtrumentis actum
fuerit. Videatur illuſtris viri Dioptrica, ex qua poſſint emendari quæ
forſan hocce libro minus certa videri poſſent. Leganturque duo tru-
ctatus qui huic volumini colophonem imponunt.

DIOPTRICÆ,
PARS SECVNDA.

De dioptricis inſtrumentis, & de aliis principiis Anaclaſticæ.

QVemadmodum opacitas in corporibus reflectentibus requiritur,
ita diaphaneitas, ſeu perſpicuitas in refringentibus: quæ ſi regularia ſint,ſpeculorum inſtar polita,atque læuigata eſſe debent: alio-
quin ſi eorum ſuperficies difformes ſint, & perturbatæ, obiectum fideliter repræſentare non poterunt. Debent præterea inſtrumenta dioptrica coloris & lucis expertia eſſe, ne imago obiecti illo colore inficia-
tur,vel nulla ratione videatur. quibus poſitis, reliqua more ſolito theorematibus exponemus.

Theorema primum.

Idem corpus poteſt eſſe inſtrumentum dioptricum & catoptricum;
eum nullum adeo ſit opacum, quin aliquid perſpicuitatis habeat, vt
conſtat ex cornubus nigerrimis, & aliis corporibus opaciſſimis in te-
nues laminas extenſis:& contra. II.

Quidquid ſit inſtrumentis catoptricis, fieri poteſt dioptricis; quibus videlicet vtimur ad obiecta repræſentanda,lucem colligendam, vt
faciliùs tam lunæ quàm ſtellarum luce legere poſſimus, & ad calorem,
& ignem excitandum. III.

Tot ſunt ſuperficies ſiue regulares, ſiue irregulares anaclaſticorum
inſtrumentorum, quot ſunt catoptricorum. IV.

Quo denſius fuerit inſtrumentum dioptricum, & quò plus opacitatis immixtæ habuerit, radius in illud difficilius ingredietur, cum opacitas ad vim illuminaticam ita se habere videatur, quo medium densius, & fortius ad virtutem motiuam : Secus tamen dicendum, si radij eó faciliùs in diaphanum ingrediantur, quo densius fuerit, vt nobilis Mathematicus existimat.

V.

Dari possunt diaphana, quæ radios à puncto dato diuergentes ad datum punctum refringant ; vel parallelos efficiant : & quæ parallelos quoscumque in dato puncto colligant, iterumque ex dato puncto parallelos reddant.

VI.

Crystalli, vel alia diaphana, æquè ac specula, ita fabricari possunt, vt ex quolibet quodlibet repræsentetur ; nempe ex grano sinapis elephas : ex pulcherrimo vultu maximè deformis, & contra : & quæ toties obiectum multiplicent, quoties volueris: vel quæ multiplicatum, vt vnum quidpiam referant.

VII.

Eadem est refractio radiorum siue ingredentium , siue egredientium : quorum refractiones in crystallo, & vitro sunt proximè æquales, & vsque ad tricesimum inclinationis gradum sunt ferè proportionales inclinationibus : est autem angulus refractionis in crystallo vsque ad prædictum terminum quàm proximè tertia pars inclinationis in aëre, quæ sumitur ex angulo inter perpendicularem superficiei , & quemcumque radium prædictam perpendicularem in puncto superficiei secantem.

MONITVM.

Ita sentiebat Keplerus cum aliis, donec Vir Illustris in sua Dioptrica nos docuisset veram refractionis proportionem; quam prop. 24. Ballisticæ, pag. 79. explicauimus, rursusque in duobus tractatibus Dioptricis ad calcem librorum istorum Opticorum explicatam habes: iuxta quam omnia, (si quæ contraria reperiantur in hisce libris) emendenda sunt.

VIII.

Maxima crystalli refractio est circiter 48. graduum, quæ à maxima inclinatione radij incidentis oritur : nam quo maior ; aut minor est hæc inclinatio, eò maior aut minor est refractio : licet refractiones exquisitè pensitatæ non sint proportionales inclinationibus in aëre.

IX.

Radij à diuersis punctis in idem superficiei densioris refringentis punctum incidentes, ita se mutuò secant, vt situm mutent, ac si sectio fieret sine refractione.

X.

Si radij plus 42. gradibus intra corpus cryftalli fuper vnam eius fuperficiem inclinati eam penetrare nequeant, poffint tamen reflecti,
vmbræ contra Solem proiici poterunt.

XI.

Radij penetrando linearem angulum prifmatis ex triangulo æquilatero vitreo, vel cryftallino formati iucundiffimos colores iridis pro-
ducent: fi verò vitrei corporis angulus inter oculum, & vifibile pofitus
rectus fuerit, non tranfmittet radios vifiles ad oculum.

XII.

Prifmatis angulo fupino quæ funt, videntur fupra, prono infra,
dextro dextra, finiftro finiftra.

XIII.

Licet punctum quodlibet lucidum vel coloratum radiet in orbem,
cùm tamen diameter inftrumenti dioptrici nullam habet fenfibilem
proportionem cum prædicti puncti diftantia, radij extrema dioptrici
contingentes paralleli cenfentur: quorum vnicus occurrenti fuperficiei curuæ perpendicularis effe poteft.

XIV.

Radij puncti vifibilis propinqui diuergentes; plurium verò punctorum conuergunt ad centrum oculi, vel lentis vitreæ, fiue cryftallinæ;
quæ vel conuexa eft, vel concaua, vel mixta: & quæ duplicem habet
magnitudinem, nempe corporis, & figuræ: iuxta quam dicitur effe
parua, vel magna pars circuli, vel fphæræ: quo verò minor eft circulus, eo conuexitas, & concauitas maior eft, & contra.

XV.

Radij paralleli incidentes in lentem conuexam portionis minoris
quàm 30. graduum, perpendiculariter obiectam, concurrunt cum radio perpendiculariter incidente poft fefquidiametrum fphæræ circiter:
qui fi paralleli, & perpendiculares penetrent planam bafim prædictæ
lentis inuerfæ, infra fuperficiem conuexam concurrent cum perpendiculari radio, ferè diametro conuexitatis.

XVI.

Si radij intra prædictum corpus non fint paralleli, fed verfus denfum conuexi terminum conuergant, in breuiori diftantia à conuexo,
quàm eft diameter conuexitatis, ad punctum concurrent: at fi punctum
radians propius fuerit conuexo, diametro conuexitatis, radij puncti
illius refracti diuergent in corpore denfo.

XVII.

Radij ex vno radiante puncto paralleli in lentem vitream vtrimque

conuexam perpendiculariter obiectam incidentes propiùs poſt lentem
concurrunt ad vnum punctum quàm ſit diameter circuli, qui format
auerſam ſuperficiem: & propiùs quàm ſeſquidiameter obuerſæ Quod ſi
conuexitas vtraque ex eadem circulo fuerint, concurſus poſt lentem
fiet in puncto, quod abeſt ſemidiametro obuerſi conuexi ſciê, hoc eſt
in centro eius. X V I I I.

Si fuerint inæquales conuexitates, concurſus poſt lentem in illa diſ-
ſtantia continget, quæ inter vtriuſque conuexitatis ſemidiametros verſatur: quæ erit maior ſemidiametro minoris, quia altera ſuperficies
eſt de maiori circulo; quæ ſi de æquali fuiſſet, ſemidiametri menſura
in hoc interuallo fuiſſet: minor autem erit diametro minoris; quia
ſuperficies minoris non eſt ſola: denique minor erit ſemidiametro maioris, quia ſi ſuperficiei minoris circulus æqualis fuiſſet, in hoc interuallo fuiſſet; nunc autem non æqualis, ſed minor eſt.

  X I X.

Longinqui puncti de re viſibili radij proximè lentem concurrunt:
propinquioris puncti radiorum concurſus poſt lentem eſt remotior: cuius ope viſibilium externorum pictura in pariete, vel charta in cubiculo clauſo ad punctum concurſus ſpecierum poſita, licet inuerſa, bellè
repræſentatur, ſed quæ alterius lentis, vel plani ſpeculi beneficio poſſit
erigi: diſtinctiſſima verò pictura ſemidiametrum, vel diametrum lentium oſtendet. X X.

Vt ſe habet diameter picturæ ad eius diſtantiam à lente, ſic ferè ſe habet diameter rei viſæ ad eius etiam diſtantiam à lente: cùm radij viſibilis ſe mutuò ſecent penè in vno puncto proximè centrum lentis:
cùm igitur anguli ad verticem ſint æquales, habent etiam baſes cruribus vtrinque proportionales: eapropter rei viſibilis diſtantia lente conuexa poſſumus vnica ſtatione metiri.

  X X I.

Quæcumque lens, vel quodlibet perſpicilium facit radios de directis certi generis refractos eiuſdem, vel alterius generis, toties idem
facit radios de directis iſtius poſterioris generis refractos prioris generis: ſic enim tam per ſpecula quàm per dioptras radij ſolis fiunt de parallelis concurrentes, & de concurrentibus paralleli: hinc conclude
diopticorum inſtrumentorum ope de nocte litteras ad ſtellarum radios legi; & candelæ lumen longiſſimè proijci poſſe.

  X X I I.

Lens illa ad ignem excitandum aptiſſima eſt, quæ obiectum maximè diſtans, vt ſolem, lunam & ſtellas diſtinctiſſimè repræſentat, cum
vtrobique radij omnes tam viſibilis quàm calefacientis in vnum pun-

&um confluant: verùm deinceps agendum est de lentibus, quatenus
vt perfpicilia vifioni fuccurrunt.

DIOPTRICÆ

P A R S   T E R T I A.

De perfpiciliis vifionem iuuantibus.

SVppone.idum eft axes viforios per centra pupillæ, & humorum tranfeuntes in naturali motu, vel quiete parallelos effe; voluntariè autem ad propinquiora videnda contorqueri. Secundò vifionem illam
effe diftinctam, qua partes rei fubtiliffimæ in confpectum veniunt:
confufam, in qua partibus maioribus apparentibus minores confufis
inter fe terminis oblitterantur: claram, cum res in multo lumine; ob-
fcuram denique, cum in tenui lumine videtur. Tertiò cryftallinum
humorem effe lentem vtrinque conuexam hyperbolicâ fere conuexi-
tate, & tunicam retiformem effe concauam papyri vice poft cryftallinum, quæ picturam obiecti excipit, eáque afficitur: an verò in huius picturæ fenfione vifio formaliter confiftat, vlteriùs inquirendum:
quidquid fit, cum vtraque retina fimiliter afficitur, vnica res percipitur, du.x verò, fi diffimiliter pingantur. Reliqua theorematibus profequamur.　　　　　*Theorema primum.*

Retiformis eundem fitum retinens non poteft tam à propinquis
quàm à remotis pingi; debet igitur accedere ad cryftallinum humorem vt remota, & ab ea recedere vt propinqua diftinctè videamus, nifi
hunc acceffum & receffum in ipfo cryftallino ftatuamus. Hic autem
motus conftrictione proceffuum ciliarium pectinatim diftinctorum,
veluti quodam diaphragmate latera oculorum contrahente, & figuram oculi in ellipfoidem vertente fieri poteft, vt retiformis à cryftallino
recedat: ficque eorumdem proceffuum dilatatione latera oculi am-
pliante, & oculum in lenticularem figuram conuertente fundus retiformis ad cryftallinum accedere poteft: ideóque forte humores flu-
xiles funt, & excepto cryftallino dilatari poffunt.

II.

Senes & alii propinqua confusè, & remota diftinctè vident, quorum
retina magis ad cryftallinum accedit: myopes contrarià de caufa propinqua diftinctè, & remota confusè; iuuenes verò qui mouent retinam, prout neceffarium eft, vtráque diftinctè vident.

III.

Conuergentibus vnius puncti radiofi radiis verfus oculum distincta vifio fieri nequit, fed tantùm parallelis, aut diuergentibus.

IV.

Interualla inter oculum & rem minutam funt in euerfa proportione angulorum viforiorum; id est, quo longiùs vifibile recedit, hoc minori angulo cernitur; & ideò minus, remotius apparet: maius autem & propinquiùs, cùm fub maiori videtur angulo, cùm rei diftania cognofcitur, & ignota est eiufdem magnitudo; vel cùm ignotâ diftantiâ magnitudo cognofcitur.

V.

Per lentes conuexas, oculo pofito intra propinquitatem puncti concurfus radiorum ab vno vifibilis puncto fluentium, vifibile repræfentatur in fuo fitu, id est erectum, fi fit erectum, & contra.

VI.

Quælibet per conuexas lentes erecta repræfentatio vifibilium erectorum remotorum est neceffariò confufa; & tanto confufior, quantò lens conuexa ab oculo remotior: erecta tamen propinquorum repræfentatio fenibus diftincta est; & oculus in puncto concurfus parallelorum collocatus videt propinqua adhuc erecta: quamuis in puncto concurfus radiorum à puncto rei defluentium, punctum illud per lentem diftinctè non videat, fed omnium confufiffimè.

VII.

Punctum euerfionis, in quo fe fecant binæ lineæ binis punctis rei vifibilis in centrum oculi confluentes, est inter vifibile & lentem, non autem inter lentem & oculum, qui conftitutus extra punctum ad quod concurrunt vnius vifibilis puncti radij, vifibilis puncta per lentem conuexam euerfo fitu videt.

VIII.

Oculus presbytæ nil penè euerfarum rerum per lentem conuexam diftinctè videt; videt autem oculus myopis in certa remotione oculi à concurfu radiorum vnius puncti rei vifibilis: quia illius oculi affuefacti funt ad radiationem parallelam puncti remoti: huius verò oculi ad radios fenfibiliter ab vno puncto diuergentes.

IX.

Vnica fuperficies conuexa paruo circulo, in cogendis radiis ad punctum æquipollet duabus lentis fuperficiebus conuexis ex vno circulo duplo maiore defumptis.

X.

Omnis per conuexam lentem erecta imago vifibilis rei, est neceffariò maior iufto.

X I.

Oculus quo fuerit remotior à conuexa lente verfus punctum concurfus eò videt anguftiorem ,hemifphærij partem per lentem, eamque
partem eo minorem æftimat. . XII.

Oculus vifibile longinquum refpiciens propè lentem., vbi receffe-
rit eminus, verfus concurfus punctum , maius quàm prope videbit.

X I I I.

Oculus idem vifibile confpicatus per duas lentes conuexas, fingulas.
feorfim , fi fuerit diftantia ab oculo in eadem proportione ad fuæ conuexitatis diametrum ; per vtramque lentem feorfim videbitur eadem
magnitudine.: fin variata erit proportio, maius videbit per lentem,
cuius diftantia in proportione fuerit maior.

X I V.

Oculus, quo longiùs extra punctum concurfus abierit, hoc euerfa.
minora videt ; fed duobus conuexis maiora, & diftincta , fed euerfa videntur; quamuis erigi, & erecta fuper papyrum depingi poffint: tribus autem conuexis non folum erigi, fed maiora, diftinctaque videri
poffunt. - X V...

Si radii ab vno puncto radiante paralleli, vel diuergentes, ingreffi
fuerint in cauam denfioris fuperficiem , & punctum illud extra centrum fuperficiei fuerit, diuergunt magis per corpus denfi. fi vero propius fuerit lenti centro cauitatis , diuergentes, refractione factâ, minus diuergent intra. corpus denfum.

X V I.

Diuergentes intra corpus denfius verfus cauum eius terminum , eo
pertranfito diuergunt amplius : quod fimiliter contingit radiis per
corpus denfum parallelis , & radiis diuergentibus verfus lentem, quocumque ad lentem fitu puncti radiantis, fi lens vel vtrimque caua vtramque, vel alterinfecus etiam plana fuerit : ftatim enim atque lentem
pertranfierunt., magis diuergunt.

X V I I.

Vifibilia longinqua lente fatis caua in vno puncto ab. oculo myopis
collocata, diftincta, fed minora repræfentantur.; quod filongius recef-
ferit ab oculo caua lens, pauciora vifibilia per cauam ad oculum veniét,
& minora repræfentabuntur., quantifper lens non propinquior fiet rei
vifibili quàm oculo. X V I I I.

Si caua lens proximè oculum applicanda fit, vt cùm nafo perfpicilia feruntur, tum cuique fua propria eft ad vifionem efficiendam : quod
fi propter nimiam cauitatem lens aliqua proximè oculum , vifibilia.
confufa reddit., ex aliquo interuallo diftincta reddit , & contra.

DIOPTRICÆ
PARS QVARTA.

De tubis, qui vulgò Batauici, vel Hollandici, aut Galilæi vocantur : seu de iunctis lentibus cauis, & conuexis.

SVpponendum est tubum, de quo hîc , esse cylindricum opacum cauum, cuius bina ostia vitris perspicuis clauduntur, estque instrumentum oculare ad res longinquas cominus aspiciendas, cuius vitrum vnum visibile, aliud oculum respicit. Lineâ verò per vtriusque vitri centra conuexitatem , & cauitatum transiens vna, & eadem esse debet, vt vitra parallela sint : his positis sit

Theorema primum.

Si caua lens radiationes vnius puncti quæ traiecta lente conuexâ refractionem passæ conuergunt, intercipiat antequam illæ veniant ad punctum sui concursus : aut punctum concursus prorogabitur in longinquum, aut radiationes incedent pòrro parallelæ, aut denique rursum diuergent.   I I.

Visibilia lente caua & conuexa maiori quantitate super papyro depingi possunt, quàm per solam conuexam, sed euersa.

III.

Quemadmodum duplici speculo parabolico comburi posset in infinitum, data materiâ igni resistente, idem fieri posset duplici lente, quarum vna conuexa parallelos radios in punctum cogeret, & caua proximè focum posita radios de concurrentibus parallelos efficeret : quod similiter continget cum vnico speculo parabolico, & vnica lente caua.

I V.

Cauâ lente proximè oculum posita, quæ solitaria confusa præstaret visibilia ; quæcumque lens maiori circulo conuexa in vna certa remotione à caua distinguit, & auget visibilia.

V.

Conuexo posito in quacumque distantia ab oculo, quodcumque cauum, quod solitariè applicatum oculo, confusa præstet visibilia,

quodque fit minori circulo cauum quàm quo vtitur conuexum, in certa diftantia,fitu inter oculum & conuexum diftincta exhiberet vifibilia.

v I.

In inftrumentis maiora & diftincta exhibentibus vifibilia, nulla caua lens valde longè abeft à punctis concurfus, poft lentem conuexam
exiftentibus.   v I.

Propofita lente conuexa, cauarum lentium oculo proximè applicatarum, quæ minori circulo caua eft, ea longius à conuexo diftat, &
propius ad punctum concurfus applicanda eft.

v I I I.

Cauum vnum & idem proximè applicatum, vt cum conuexis diuerfis diftincta exhibeat, ab omnium illorum concurfibus æquali interuallo debet abeffe.

I X.

Propofita lente caua prope oculum lentes magno circulo conuexæ
longam requirunt diftantiam à caua, & oculo, paruo breuem: & quo
maiori vel minori, eo longiorem, aut breuiorem.

x.

Propofito conuexo caua minoris circuli repræfentant vifibilia maiora, maioris minora.

x I.

Lens caua breuiffimo interuallo longius digreffa à conuexa, multum auget vifibilia.

x I I.

Propofita lente caua proximè oculum, conuexarum lentium, quæ
minori circulo conuexa eft, minora repræfentat vifibilia, quæ maiori,
maiora: igitur vifibilia pro libito magna repræfentari poffunt, cùm
aucta proportione circulorum cauitatis, & conuexitatis, augeantur
vifibilia.   x I I I.

Inæquali lentium diftantia, repræfentantur vifibilia æquali au-
gmento magnitudinis; breuiori tamen inftrumento maiora repræfentabuntur, fi conuexo minori exiftente, maior fit proportio inter conuexitatem & cauitatem, quàm in longiori inftrumento.

x I v.

Pofito concauo, clarius maiori, feu latiori conuexo, quàm minori,
fimiliterque pofito conuexo, per cauum maioris circuli, quàm per
minoris cauum, vifibilia repræfentantur.

x v.

Portionis de hemifphærio, per lentes vifæ pars media & perpendiculari proxima fortius, feu clarius videtur, quàm limbus circumcirca:

&

& angustâ lentis conuexæ portione, cæteris paribus, distinctiora repræsentantur visibilia, lata verò, confusiora.

XVI.

Visibile in sublimi, in profundo, à dextra, vel finiſtra, & vbicunque
volueris, cerni poteſt: quód fit cùm lentis cauæ diameter pupilla latior eſt, & fatis lata, vt oculus à centro eius iuſto ſpatio ad latera mi-
grare poſſit.

XVII.

Poſito cauo, duo conuexa ſimilia applicáta inuicem proximè, pro
vno, ferè dimidiant longitudinem inſtrumenti, quod eorum conuexorum vnum folùm habet : & ſimul quantitatem ſpeciei minuunt,
quæ per aliquod artificium menſurari poteſt.

XVIII.

Vnica ſuperficies concauo paruo circulo in diſgregandis rádiis
ferè æquipollét duabus ſuperficiebns concauis ex circulo duplo maiore deſumptis.

XIX.

In lente, quæ æqualibus circulis hinc conuexa eſt, inde caua, omnes radij qui perpendiculari intra corpus paralleli incedunt, æqualibus angulis in vtraque ſuperficie refringuntur, & refracti retinent
diuergentiam, aut parallelitatem eandem.

XX.

Radij vnius puncti in lentem ſimul conuexam & cauam eodem
circulo incidentes, ſi punctum longinquum fuerit, tranſita lente conuergunt: ſi propinquus diametro circuli, diuergunt ampliùs quàm
ab origine.

XXI.

Si cauitas ex maiori circulo fuerit, quàm conuexitas, radij puncti
longinqui traiecta lente conuergunt; plus quidem (ſeu pòſt breuius
interuallum quàm ſi folùm conuexum eſſet) ſi cauitatis circulus maior fuerit triplo circuli conuexitatis: minus verò (& pòſt maius interuallum) ſi minor triplo fuerit. *Aliter.* Cauitas maioris circuli derogans conuexitati minoris, præſtat effectum conuexitatis circuli
valdè magni ; dicatur *meniſcus*: æquipollet lenti purè conuexæ: punctum autem meniſci reperietur, ſi tàntùm elongetur concurſus, quantum lens attenuátur.

XXII.

Si cauitas ex minori circulo fuerit quàm conuexitas, radij vnius
puncti diametro pòſt conuexum collocati diuergunt ampliùs tranſita
lente. *Aliter.* Conuexitas maioris circuli derogans cauitati minoris,

Xxx

præftat effectum cauitatis circuli valdè magni.

XXIII.

Si cauitas lentis vnâ fuperficie conuexæ centrum fuum habuerit interius centro conuexi ; radij puncti etiam longinqui per lentem efficiuntur diuergentes. Illa verò æquipollet lenti purè cauæ circulo valdè magno.

XXIV.

Diuerfi generis lentes puræ , affociatæ, inuicémque contiguæ, æquipollent lenti mixti generis,& tandem lenti puræ: Inftrumétum autem fieri poteft magni circuli conuexo, quod breuius fit vulgaribus, vno videlicet conuexo intus latente: ficut & inftrumentum magni circuli cauo, ita vt etiam fuperet circulum conuexi, quod vifibilia maiora folitis inftrumentis referat, intus nempe cauo, vt priùs conuexo, geminato.

XXV.

Conuexo parui circuli, etiam minoris circulo concaui apud oculum, parari poteft inftrumentum longiffimum, quod præftet ingentia vifibilia.

XXVI.

Manente eadém diftantia lentis ab oculo, & linea ex oculo in fentis vmbilicum per centra conuexitatum, vel cauitatum tranfeunte, refractiones contingunt proximè eçdem, vtram velis diffimilium fuperficierum lentis oculos obuertas: effectus autem fequi poteft, tametfi vitrum vtrumque tam quod ad oculum, quàm quod ad vifibile vergit, cauum, vel conuexum, vel vitrum ad oculum conuexum, ad vifibilia cauum fuerit.

XXVII.

Tota perfectio quartæ iftius partis, & totius ferè Dioptricæ fita eft in lentibus,& alijs medijs affignandis, & exhibendis, quæ radios à puncto dato recedentes,feu diuergentes ad punctum datum refractione colligant, vel parallelos, aut magis diuergentes reddant: radios etiam data inclinatione, feu conuergentia ad fe inuicem accedentes ad punctum datum refringant, vel parallelos, aut quomodocumque diuergentes, vel etiam magis aut minus conuergentes efficiant: parallelos denique in punctum datum conftrigant, vel conuergentes, aut diuergentes pro libito reddant.

XXVIII.

Lentibus, & alijs inftrumentis dioptricis quodlibet à quolibet repræfentari poteft, elephas, aut domus à grono milij, & granum milij à domo,&c. cum pro varia vitrorum, & cryftallorum præparatio-

ne & figura, radij, & species cuiuslibet obiecti quocumque modo in
quemlibet locum mitti, & sub quolibet angulo visu ingredi possint.

XXIX.

Quemadmodum specula conuexa radios eo magis disgregant, &
calorem, ac imagines obiectorum minuunt, quo conuexiora sunt : &
vt concaua radios congregant, & calorem, ac imagines augent; ita
lentes crystallinæ, & alia diaphana densiora magis concaua lumen,
calorem, ac species magis disgregant, & minuunt; lentes verò conuexæ radios congregant, & calorem, ac imagines amplificant.

XXX.

Si refractiones sint inclinationibus quibuscumque proportionales,
vt vult Maurolycus, qui maximo inclinationis angulo, quem rectum
putat, angulum refractionis tribuit ÷ vnius recti continentem, refractiones erunt vniformiter difformes, hoc est proportionem Geometricam seruabunt. *Deinceps autem paucis de refractionibus astrono-*
micis agamus.

XXXI.

Certum est regionem aëris inferiorem ob vapores quibus conden-
satur, æthereâ densiorem esse, atque adeò in conuexa superficie istius
aëris singula cœli puncta, vel singulos syderum radios in eam obliquè incidentes refringi.

XXXII.

Vt parallaxes deprimunt, ita refractiones astra eleuant; vtque illis
varias à terra planetarum distantias, ita his mediorum proportionem ad inuicem, vt aëris ad aquam, quoad eorum densitatem, & altitudinem, aëris à terra inuestigare licet. Vnde Keplerus concludit
aquam aere 1533304.6 82. densiorem esse; atque adeo cyathum aquæ
totidem aëris cyathis æquiponderare: ex eo quod in inclinatione 80.
graduum refractio ex aëre in aquam sit 19.17. ex æthere verò in aërem
59. & per consequens ex æthere in aquam 19.38: proportio itaque est
eadem quæ 1. ad 1177 ÷, sed aëris altitudini tantummodo leucam tribuit. ## XXXIII.

Variæ sunt aeris refractiones pro varia aeris densitate, & altitudine
in diuersis locis, vel temporibus: vnde Hollandi 17. diebus ante legi-
timum tempus supremum solis marginem sub 76. gradibus altitudinis poli viderunt, dum per nouam Zemblam quærerent fretum,
quo transirent in Oceanum Scythicum, & Orientalem: qui cùm Solem vltimò vidissent anno 1596. die 3. Nouembris, Sol qui tantùm
redire debebat 11. Februarij anni sequentis, 24. Ianuarij visus est.

XXXIV.

Colores auroræ, seu crepusculorum tam matutinoru quàm vesper-

Xxx ij

tinorum, iridis, & aliorum meteororum tam refractione, quàm reflexione formantur: cùm enim diaphaneitas vaporum opacetur, & exhalationum opacitas perspicuitati iungatur, catoptrici, atque mesoptici instrumenti rationem habent; vt contingit in speculis vitreis tam planis quàm concauis, & conuexis, qui vnam, vel plures imagines reflexione, & vnam vel plures refractione repræsentant. Ex quibus reliqua poteris intelligere, quæ ad opticam astronomiam pertinent.

O P T I C Æ

LIBER QVARTVS.

DE PARALLAXIBVS.

PRÆFATIO.

ARALLAXIS, seu diuersitas aspectus, est apparentis loci à vero distantia, quæ nascitur ex linea à centro terræ vsque ad phænomenon in sublimi conspectum, & ex linea ab oculo, vel superficie terræ ad idem phænomenon producta; has autem lineas instrumenta meteoroscopica exhibent, illam videlicet perpendiculo, hanc verò dioptra: quibus positis sequuntur.

DEFINITIONES.

I. Linea veri loci est quæ à centro mundi per phænomenon vsque in firmamentum ducitur.

II. Linea visi, seu apparentis loci est quæ ab oculo prospicientis per phænomenon vsque in sphæram stellatam protenditur.

III. Verus locus phænomeni est punctum firmamenti, quod linea visi loci terminat.

IV. Vera distantia phænomeni à vertice est arcus verticalis circuli inter verticem seu zenith loci, & verum locum phænomeni interceptus. *Aliter,* Est angulus in centro mundi contentus à gnomone, & linea veri loci.

V. Visa distantia, seu apparens à vertice est arcus inter zenith,& visum locum phænomeni. *Aliter.* Est angulus contentus à gnomone, & linea visi loci.

VI. Parallaxis verticalis est arcus verticalis circuli inter verum, & visum locum phænomeni. *Aliter.* Est angulus contentus à lineis veri,& visi loci in phænomeno.

VII. Vera declinatio phænomeni est declinatio loci veri: seu arcus à polo mundi per locum verum descendentis portio inter locum verum & æquinoctialem.

VIII. Ascensio recta vera est ascensio recta loci veri cometæ,seu æquinoctialis ab initio ♈, vsque ad arcum veræ declinationis.

IX. Ascensio recta visa est ascensio recta loci visi, seu arcus æqui-noctialis ab initio ♈ vsque ad arcum visæ declinationis.

X. Parallaxis declinationis est differentia inter arcus veræ ,& visæ declinationis.

XI. Parallaxis ascensionis est differentia veræ, & visæ ascensionis, siue arcus æquinoctialis inter arcus veræ, & visæ declinationis.

XII. Distantia vera phænomeni ab aliquo est arcus circuli maximi inter astrum & locum visum phænomeni.

XIII. Parallaxis distantiæ est differentia inter veram, & visam distantiam.

XIV. Arcus motus veri est quem transit locus cometæ verus.

XV. Arcus motus visi est quem transit locus cometæ visus.

XVI. Parallaxis motus est arcus quo differunt arcus veri, & arcus visi motus.

XVII. Differentia parallaxium verticalium est arcus inter loca visa,siue angulus quem in phænomeno continent duæ lineæ visi loci,& veri.

XVIII. Differentia parallaxium latitudinis est differentia inter duas latitudines visas. *Quibus ex triplici Scipionis ordine adductis, eiusdem propositiones afferamus.*

Propositio prima.

QVando phænomenon est in linea à mundi centro ad verticem prospicientis, linea tum veri, & visi loci, vna & eadem linea sunt.

Prop. II.

Quando phænomenon est in linea à centro mundi ad verticem prospicientis nulla tum est parallaxis, cum vna & eadem sit linea ve-

ri,& vifi loci; vnde & eſt idem viſus & verus locus, adeoque nulla inter eos differentia, arcuſve intercedit, quæ erat parallaxis. Item linea
veri & viſi loci nullum continent angulum; parallaxis enim eſt angulus ab illis contentus.

Prop. III.

In parallaxi diſtantia viſa phænomeni à vertice eſt maior quàm
vera.

Prop. IV. Problema I.

Cùm tria in hoc negotio occurrant; diſtantia viſa : diſtantia vera,
& parallaxis, datis duabus quibuſcumque eorum tertium indagare.
Hinc ſi ex diſtantia viſa detrahamus parallaxim, habebimus diſtantiam veram, ſcilicet phænomeni à vertice. Si ex diſtantia viſa detrahamus diſtantiam veram, habebimus parallaxim: ſi diſtantiam veram, & parallaxim componamus ſimul, habebimus diſtantiam viſam.

Prop. V.

Parallaxis verticalis, ſeu locus verus, & viſus in verticali circulo in
eodem verticali ſunt non in alio, & alio verticali.

Prop. VI.

Si duo vel plura phænomena ſint in eadem loci linea, quod eorum
eſt propinquius terræ, maiorem habet parallaxim; quod remotius,
minorem.

Prop. VII.

Si duo vel plura phænomena fuerint in linea veri loci: quod eorum
propinquius eſt terræ, maiorem habet parallaxim: quod remotius minorem.

Prop. VIII. Probl. II.

Data parallaxi phænomeni, dataque in verticali circulo diſtantia
eius à vertice indagare quot milliariis diſtet à centro terræ. Supponitur verò notum quot quæſitorum milliariũ ſit ſemidiameter terræ.

Prop. IX. Probl. III.

Data diſtantia viſa phænomeni à vertice, nec non dato quot milliaribus diſtet idem phænomenon à centro mundi, inueſtigare eius
parallaxim.

Data diſtantia viſa phænomeni à vertice nec non dato quot milliaribus diſtet idem phænomenon, à centro mundi inueſtigare eius
parallaxim.

Prop. X. Probl. IV.

Data vera diſtantia phænomeni à vertice, & à centro terræ in milliaribus, indagare eius parallaxim.

Prop. XI.

Si ad lineas loci visi phænomeni alicuius ab eodem terræ puncto ductas lineæ à centro mundi perpendiculares agantur, maxima perpendicularium est, quæ incumbit lineæ contingenti terram in dato puncto, reliquæ eo minores quo lineæ ad quas ducuntur propius ad verticem accedunt.

Prop. XII.

Maxima parallaxis fit ad lineam terram contingentem; cæteræ minores quo propiores sunt vertici, nulla tamen datur parallaxis minima. Videantur 19. modi quibus parallaxis verticalis innestigatur apud Claramontium; qui deinceps agit de differentia parallaxium verticalium.

Prop. XIII. Probl. V.

Determinare in verticali circulo communi duobus terræ locis triplicem situm, in quorum altero differentia parallaxium, vel duorum locorum visorum aggreget duas parallaxes, in altero sit ea differentia vnicæ parallaxi æqualis, in altero differentia ea ipsa vna cum maiori duarum parallaxium reliquam ac maiorem componet parallaxim.

Prop. XIV.

Differentia parallaxium verticalium, quæ in puncto circuli verticalis intermedio inter vertices duorum terræ locorum fit, est maxima omnium differentiarum aliarum dictis terræ locis accidentium, minima autem est, quæ fit in linea tangente terram in remotiore dictorum duorum terræ locorum, id est, in horizonte puncti remotioris interiecta, inter eas verò differentiæ maiores sunt, quo propiores sunt puncto inter vertices medio, minores quo propiores lineæ contingenti, siue horizonti.

Prop. XV. Probl. VI.

Data differentia parallaxium verticalium, & distantia visa phænomeni à vertice alterutrorum duorum terræ locorum, quorum inter se distantia sit data (scilicet quot gradibus, circuli maximi inter se distent) indagare vtriusque loci parallaxim. Hic autem propositionem 11. & 12. repetit: postea verò de parallaxibus ad æquinoctialem agit.

Prop. XVI.

Verticalis parallaxis ex qua parallaxis ascensionis rectæ nascitur, potest parallaxi ascensionis rectæ ex se nascente esse æqualis; potest esse ea maior, vel minor.

Prop. XVII.

Data sola quantitate parallaxis verticalis non potest cognosci parallaxis rectæ ascensionis.

Prop XVIII. Probl. VII.

Data parallaxi verticali phænomeni vnà cum diſtantia eiuſdem à vertice viſa, atque angulo azimuthali, reperire parallaxim aſcenſionis rectæ;ſupponitur autem nota eleuatio poli loci obſeruationis.

Prop. XIX. Prop: VIII.

Data parallaxi verticali, declinatione viſa, ac diſtantia viſa phæ-nomeni à vertice,& eleuatione poli loci vbi fit obſeruatio, indagare parallaxim aſcenſionis rectæ.

Prop. XX. Probl. IX.

Data parallaxi aſcenſionis rectæ vnà cum diſtantia viſa phænome-ni à vertice : necnon eleuatione poli,& angulo azimuthali inueſti-gare parallaxim verticalem. Eadem inueſtigabitur, ſi pro triangulo azimuthali conſtiterit declinatio viſa phænomeni, proindéque eius complementum.

Prop. XXI.

Parallaxis verticalis ſemper maior eſt parallaxi declinationis;quæ ex ipſa naſcitur.

Prop. XXII. Probl. X.

Data parallaxi verticali cum reliquis tribus datis prop. 18. vel data eadem parallaxi verticali cum reliquis datis prop. 19. inueſtigare rallaxim declinationis.

Prop. XXIII. Prop. XI.

Data parallaxi declinationis vnà cum diſtantia viſa phænomeni à vertice, & angulo azimuthali, necnon eleuatione poli indagare pa-rallaxim verticalem.

Prop. XXIV.

Cùm arcus verticalis in quo eſt phænomenon, adeóque parallaxis verticalis idem cum meridiano eſt, nulla tum eſt parallaxis aſcenſio-nis rectæ. *Vnde cum verticalis in quo phænomenon reperitur, idem fuerit cum meridiano, parallaxis verticalis, & parallaxis declinationis eædem erunt:* deinceps verò de differentia parallaxium ad æquinoctialem.

Prop. XXV

Vt parallaxes ad æquinoctialem naſcuntur ex parallaxibus vertica-libus, ita differentiæ parallaxium ad æquinoctialem naſcuntur ex differentiis parallaxium verticalium.

Prop. XXV. Probl. XII.

Datis declinationibus, & aſcenſionibus rectis ex parallaxi viſis, ideóque differentia parallaxium aſcenſionum phænomeni reſpectu duorum terræ locorum, quorum notæ ſint poli eleuationes, notáque ſit longitudinis inter eas differentia, ſi qua datur, reperire eius

Phæno-

phænomeni parallaxim verticalem quoad vtrumque locum: fupponitur verò, præter alia, notum etiam punctum eclipticæ quod in meridiano tum reperitur.

Prop. XXVII.

Cum ex parallaxi locus verus à vifo differt, phænomeni declinatio maior videtur auftraliori terræ loco, minor Septentrionali : feu vifa declinatio auftraliori loco ; & maior minùs auftrali loco : *alioqui fi nunc videatur, erit refractio.*

Prob. XXVIII. Prob. XIM.

Ex datis diftantiis vifis phænomeni à duorum terræ locorum verticibus eodem tempore obferuatis, & datis Azimuth inueftigare verticales parallaxes amborum locorum figillatim. Suppoñuntur notæ locorum terræ longitudines, & latitudines.

Prob. XXIX. Probl. XVI.

Ex iifdem datis, quæ in 26. prop. parallaxes alio modo inueftigare. *Iifdem ferme propofitionibus ea difcutiuntur, quæ de parallaxibus ad ecliptiiam docet.*

Prop. XXX.

Verticalis parallaxis ex qua parallaxis afcenfionis rectæ nafcitur, poteft parallaxi afcenfionis rectæ ex fe nafcenti effe æqualis, poteft ea maior, & minor effe.

Prop. XXXI.

Data fola quantitate parallaxis verticalis non poteft cognofci parallaxis rectæ afcenfionis.

Prop. XXXII.

Parallaxis verticalis femper maior eft parallaxi latitudinis, quæ ex ipfa nafcitur.

Prop. XXXIII. Prob. XV.

Data diftantia verticis à polo mundi, & angulo azimuthali quocúnque in eo vertice facta ab arcu verticali ad phænomenon quodcúnque datum : datóque puncto eclipticæ, quod in meridiano tum reperitur, inueftigare arcum inter verticem, & polum eclipticæ, & angulum, quem prior angulus verticalis continet cum arcu à vertice ad eclipticæ polum ducto.

Probl. XXXIV. Prop. XVI.

Data parallaxi verticali phænomeni vnà cum diftantia vifa eiufdem à vertice, atque angulo azimuthali, nec non diftantia poli mundi à vertice, reperire parallaxim longitudinis pariter, & latitudinis : fupponitur verò datum punctum, quod eft in meridiano.......

Y yy.

Prop. XXXV. *Probl.* XVII.

Data parallaxi verticali, & reliquis quæ in præcedente, & pro diſtantia viſa, latitudine viſa indagare parallaxim longitudinis.

Prop. XXXVI. *Probl.* XVIII.

: Data parallaxi longitudinis vnà cum diſtantia viſa phænomeni à
vertice, nec non eleuatione poli, & angulo azimuthali, inueſtigare
parallaxim verticalem. *Idem fiet,* ſi pro angulo azimuthali conſtiterit latitudo viſa phænomeni : ſupponitur autem ſemper notum qui
punctus eclipticæ ſit in meridiano.

Prop. XXXVII. *Probl.* XIX.

· Data parallaxi latitudinis vnà cum diſtantia viſa phænomeni à vertice, & angulo azimuthali, nec non eleuatione poli, & puncto, qui
in ecliptica, indagare parallaxim verticalem.

Prop. XXXVIII.

Cum verticalis in quo eſt phænomenon, atque phænomeni parallaxis verticalis tranſit per locum eclipticæ, nulla tunc eſt parallaxis
longitudinis: *Imo & parallaxis latitudinis, eadem eſt cum verticali.*

Prop. XXXIX.

. Cum arcus verticalis tranſit per polos eclipticæ, ſecat eclipticam
in 90 gradu ab horizonte ad punctum vbi ſecatur à dicta verticali, &
gradu 90.

Prop. XL.

Cum phænomenon apparet in 90 gradu eclipticæ ab aſcendente,
nullam tunc patitur longitudinis parallaxim.

Prop. XLI. *Probl.* XX.

. Ex loco viſo locum verum ſecundum longitudinem phænomeni
deducere; item ſecundum aſcenſionem rectam reperiatur locus viſus
phænomeni cum fuerit in grad. 90. ab aſcendente, idem enim erit
locus verus longitudinis ex præcedente. Similiter reperiatur locus
viſus phænomeni ſecundùm aſcenſionem rectam cum fuerit in meridiano; & habebimus locum pariter verum horum ſecundùm eandem
aſcenſionem rectam.

Prop. XLII. *Probl.* XXI.

Parallaxim phænomeni ſecundùm longitudinem, & ſecundùm aſcenſionem rectam deprehendere, ſumptis veris locis, vt in proxima;
tum extra grad. 90. eclipticæ ab aſcendente pro longitudinis parallaxi, extra meridianum pro parallaxi aſcenſionis obſeruetur phænomenon, habebimuſque locum viſum inter quem & verum differentia erit parallaxis quæſita.

Prop. XLIII. Probl. XXII.

Viſum locum phænomeni tum ad æquinoctialem, tum ad eclipticam inueſtigare, quod armillâ Ptolomæi ad eclipticam: armilla verò
æquatoria Tychonis, vel ſimilibus inſtrumentis ad æquinoctialem
peragitur: ex diſtantia quoque à duabus ſtellis fixis vtrumque locum
viſum deducere licet. *Deinceps verò de differentijs parallaxiū ad eclipticā.*

Prop. XLIV. Probl. XXIII.

Datis longitudinibus & latitudinibus phænomeni alicuius viſis, &
ſic data differentia parallaxium ad eclipticam reſpectu duorum terræ
locorum, qui vel ſecundùm altitudinem poli differant, vel ſolùm, ſecundùm acceſſum ad Orientem receſſumve, vel ſecundùm vtramque
rationem, at differentiæ eiuſmodi, ſiue plures, ſiue vna tantùm datæ
ſint, reperire parallaxim phænomeni verticealem ad vtrumque terræ
locum, & demum verum eius locum. Præter dicta, dari debet punctum eclipticæ in meridiano, ſiue innoteſcat ex dato tempore, & hora obſeruationum, ſiue ex ſtella in meridiano tempore obſeruationum exiſtente, ſiue alio quouis modo. *Quo problemate nititur Scipio vt
cometas ſublunares eſſe probet.*

LEMMA I.

Ex datis longitudine, & latitudine phænomeni declinationem
eius reperire. Datur enim arcus complementi latitudinis phænomeni ex data latitudine, datúrque arcus inter polum eclipticæ, & polum
mundi, & datur angulus quem in polo eclipticæ duo illi arcus continent: metitur autem eiuſmodi angulum arcus inter punctum longitudinis datæ phænomeni & principium 69. ergo datur eiuſdem trianguli baſis, quæ eſt complementum declinationis phænomeni arcus,
ſcilicet inter polum mundi, & phænomenon.

LEMMA II.

Dato complemento declinationis phænomeni, & dato arcu diſtantiæ verticis à polo mundi, nec non angulo, quem duo illi arcus in polo mundi continent, reperire arcum à vertice ad phænomenon, ſcilicet diſtantiam phænomeni verticalem, ſeu complementum altitudinis eiuſdem verticalis. Dantur enim duo arcus trianguli, & angulus
quem continent, dabitur itaque baſis quæ eſt diſtantia quæſita phænomeni à vertice.

Prop. XLV.

Iiſdem ſuppoſitis differentiis longitudinis, & latitudinis viſarum,
ſiue iiſdem ſuppoſitis locis viſis phænomeni ad duo terræ loca, quorum altitudo poli diuerſa, eo maiores erunt parallaxes, quo minus polorum altitudines inter ſe diſtiterint: quouſque angulus quem

Yyy ij

arcus verticalium parallaxium in loco phænomeni vero, vbi se secant, continens, fuerit acutus. *Sequens propositio litteris indiget. Nunc autem agendum est de parallaxi distantiæ phænomeni ab aliqua stella.*

Prop. XLVI.

Quantacumque sit parallaxis verticalis phænomeni dati, potest illud ab aliqua stella æqui distare secundùm locum visum, atque secundùm locum verum (& ita omni parallaxi distantiæ carere) & magis distare, & minus distare. *Videantur 2. lemmata.*

Prop. XLVII.

Ex sola quantitate parallaxis distantiæ non potest inferri quantitas parallaxis verticalis.

Prop. XLVIII. Probl. XXIV.

Data distantia verticali phænomeni, & distantia data eiusdem verticis à stella, nec non dato angulo, quem in vertice continent duo arcus dictæ distantiæ stellæ, & distantiæ Phænomeni à vertice, & data præterea distantiæ parallaxi, si quæ est, inuestigare parallaxim verticalem.

Prop. XLIX. Probl. XXV.

Data distantia verticali visa phænomeni, data distantia eiusdem visa à stella, dataque eiusdem distantiæ parallaxi, & data distantia stellæ eiusdem à vertice, indagare eandem parallaxim verticalem.

Prop. L. Probl. XXV.

Data parallaxi verticali phænomeni distantiáque eius visa à vertice nec non à stella, cuius itidem stellæ à vertice distantia nota sit, vel cum parallaxi verticali datæ sint distantiæ à vertice obseruatoris tum phænomeni, tum stellæ, sitque datus angulus ab illis arcubus contentus, inuestigare parallaxim distantiæ, distantiámque veram, & visam.

Prop. LI. Probl. XXVI.

Data parallaxi distantiæ visæ, data phænomeni distantiâ à stella aliqua fixa, & dato angulo, quem in loco veri phænomeni continet cum arcu verticali arcus distantiæ Veræ phænomeni ab eadem stella, inuestigare parallaxim verticalem.

Prop. LII. Probl. XXVII.

Data parallaxi distantiæ visæ datæ phænomeni à stella aliqua fixa, & dato angulo, quem in loco viso continet cum arcu verticali arcus distantiæ visæ phænomeni ab eadem stella, inuestigare parallaxim verticalem. *Nunc vero de differentia parallaxium distantiæ phænomeni ab aliqua stella dicamus; quæ etiam nascitur ex differentia parallaxium verticalium.*

Prop. LIII. Probl. XXXVIII.

Cum duo terræ loca latitudine folùm, non etiam longitudine difcrepauerint, & phænomenon tempore obferuationum fuerit in meridiano: obferuatæ verò fint diftantiæ vifæ eiufdem phænomeni ab eadem ftella fixa, & conftet tempus obferuationum, inueftigare parallaxim verticalem phænomeni ad vtrumque locum; notâ tamen altitudine poli vtriufque loci.

Prop. LIX. Probl. XXIX.

Iifdem datis cum phænomenon fuerit extra meridianum, quærere eafdem parallaxes verticales; at præterea dari debent diftantiæ vifi phænomeni ab vtroque vertice; fiue duo terræ loca differant fola latitudine, fiue latitudine & longitudine nempe datis. *Duæ fequentes propofitiones litteris indigent.* Qui plura volet, *Scipionis Antiftychonem legat*, quo contendit præteritorum annorum cometas fuiffe fublunares. Cùm autem hocce tractatu fingula profequamur quæ ad vifum pertinent; notandum eft parallaxes non folùm in cœlis, verùm etiam vbique deprehendi, verbi gratia in cubiculo, in quo fi ex duobus locis candelam fpectaueris, illam duobus locis diuerfis refpondentem inuenies: idem continget fi digitum ftatim vno, ftatim altero cernas oculo, deprehendes enim digitum tuum ab oculo finiftro confpectû in alio loco videri, quàm ab oculo dextro. Quod etiam experieris duabus candelis, diuerfitas enim vmbrarum afpectuum differentiam repræfentabit: nam ficut eo minor eft parallaxis, quò aftrum à nobis remotius, & puncto verticali propinquius fuerit, ita diuerfitas vmbrarum eò minus fenfibilis eft, quo longius corpus opacum diftat à candelis: vnde quis parallelifmum inftituere poterit inter vmbrarum varias proiectiones, & vifuum diuerfitatem. Quod quia facillimum eft, huic libello finem impono, poftquam terminos præfenti fchemate explicauero, quorum ignorantia nonnullos ab ifta parte Optices reuocare poffet.

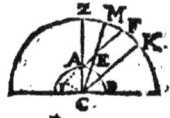

Itaque AD femicirculus terram repræfentat, cuius centrum C: ZK circulus cœlum octauum refert, habens idem centrum C. CAZ eft femidiameter firmamenti; CA femidiameter terræ, quæ 14000 in femidiametro firmamenti continetur: punctum Z eft zenith, feu punctum verticale. Iam verò E fit *phænomenon*, CE ducatur vfque in

M, & A E vſque in F. Linea C E M eſt *linea veri loci*; A E F eſt *linea viſ*
loci. M *verus locus*; F *locus viſus*. *Diſtantia vera phænomeni à vertice* eſt
angulus A C E, qui idem eſt cum angulo z C M. *Diſtantia viſa* eſt angu_
lus z A E.

Cùm autem angulus exterior z A E æqualis ſit duobus interioribus A C E, A E C, erit angulus A E C differentia inter angulum z A E, viſam diſtantiam, & A C E
veram diſtantiã. Quæ differentia, quive angulus A E C
dicitur *parallaxis verticalis*. Arcus z M eſt *vera diſtantia*
verticalis. *diſtãtia viſa* eſt arcus z F. *Parallaxis* eſt arcus M F, nêpe differentia inter verã, & viſam diſtantiam. Vbi ſemper eſt ſupponendũ, ſe-
midiametrũ terræ nullam habere ſenſibilem proportionem ad firmamenti ſemidiametrum. Quo poſito, ducatur c k parallela rectæ A E F,
anguli alterni A E C, E C K; ſeu M C K erunt æquales; at A B C eſt parallaxis verticalis, igitur & M C K, cui cùm M K ſit æqualis, cùm ſit vterque totidem graduum, ſequitur arcum M k eſſe parallaxim verticalem exactè. Cùm autem A C ſit inſenſibilis ad circulum Z K, F K
etiam erit inſenſibilis: ideóque puncta F, k, quoad ſenſum pro eodem
puncto: & arcus M K pro M F habebuntur: igitur M F eſt parallaxis, id eſt differentia inter verum, & viſum locum, motum, vel arcum.

Rurſus eodem ſchemate prop. 8. 9. & 10 explicabo, vt hæc meliùs
intelligantur: itaque 8. propoſitio docet qua ratione ex data parralla-
xi phænomeni, & eius à vertice diſtantia ſcire poſſimus quot milliaribus diſtet à centro terræ. Sit igitur phænomenon E, cuius diſtantia
viſa à vertice ſit angulus z A E, & data parallaxis angulus A E C: ſcies
quot milliarium ſit c E, ſi producas E A in directum, & ad eam ſic productam ducatur à puncto c, perpendicularis c I, quoniam datur angulus z A E, datur etiam angulus ei ad verticem C A I, cuius cum ſinus ſit oppoſitum latus C I in triangulo rectangulo A I C, eſt C I latus notum in partibus, quarum ſinus totus A C eſt 100000. Quarum
ergo partium eſt C A, earumdem notum erit C I per regulam aureã.
Et quoniam datur in triangulo rectangulo c I E, datur angulus acutus I E C, & latus c I, dabuntur quoque reliqua duo latera, adeoque
c E; vnde patebit quot milliarium ſit diſtantia phænomeni à centro terræ. Ex viſa autem diſtantia phænomeni à vertice, & diſtantia
phænomeni à centro terræ datis, cognoſcemus parallaxim per no-
nam prop. hac ratione. Sit igitur notum quantus ſit angulus Z A E;
& quot milliarium ſit C E, inueſtigandus eſt angulus A E C: cùm autem detur angulus Z A E, datur angulus ei ad verticem C A I, & latus

C A, igitur & alia latera dátur, ac proinde latus C I ex 19 Regiomōtani dabitur in iisdem milliaribus, quibus constat C A. Notum est etiam quot sit milliarium C E; cùm igitur in triangulo rectangulo C I E, duo latera C E, C F data sint, anguli acuti cognoscentur, ac proinde angulus parallaxis quæsitus C E I, vel M E F notus erit. Denique ex vera distantia phænomeni à vertice nota & notis milliaribus, quibus distat à centro, ita illius parallaxim indagabimus. Sit datus angulus Z C M, vel A C E vera distantia à vertice; notúmque sit quot milliarium sit C E, indagare oportet angulum C E A; quoniam nota sunt duo latera seorsum C A, C E, constat enim quot milliarium singula sint, & continent angulum A C E datum, erunt quoque noti reliqui duo anguli A E singillatim, ex prop. 49. l. 1. triangul. Regiom. adeóque notus erit angulus I E C, qui est parallaxis quæsita.

Cæterùm alia plurima de parallaxibus apud Kepl. in Optica Astronomica videri poterunt, nec enim omnia hocce breui compendio possunt afferri; cui finem impono, cùm artem Perspectiuæ breuissimè proposuero.

DE ARTE

PERSPECTIVÆ

LIBER QVINTVS.

PRÆFATIO.

A METSI Anaglyptica, Sculptoria, Cælatoria, Statuaria, & Plastica miros effectus edant, his tamen Perspectiua longè nobilior censenda, cùm sit illarum veluti mater: vt enim ectypa fiunt ex protypis, ita hæc ex designationibus, siue proiectionibus: ex quibus consurgunt omnes partes Architecturæ, nempe ordinatio, dispositio, eurythmia, symmetria, decor, & distributio siue œconomia, tresque dispositionis species, ichnographia videlicet,

seu formæ in plano defcriptio; orthographia, hoc eft erectæ frontis
imago operis faciem oftendens: & fciographia, feu fcenographia, id
eft frontium compofitio per apparentiam linearum tanquam in vnum
concurrentium. Pictura vero maximè pendet ex arte Perfpectiuæ,
cum illa nihil aliud effe videatur quàm folidorum in planas tabulas
proiectio, fiue delineationem fpectes, fiue lumen, vmbram, & colorem.

Perfpectiua autem eft ars repræfentandi obiecta provt apparent:
adeo vt pictor ille fit perfectior, qui magis oculos fallit; hinc figuræ
fecundùm Geometricas rationes factæ, à figuris Perfpectiuæ differunt, vt veræ ab apparentibus.

Repræfentatio obiectorum provt apparent, eft germana pictura, &
fectio pyramidis; quæ fit à fpeciebus ab obiectis in oculum deriuatis,
& in plano, feu vitro medio fui veftigium relinquentibus: hinc illi
modi deducuntur, quibus ignarus cancellis, vel talco, fpeculis, &c.
quidpiam depingere poteft.

Delineatio obiecti, feu pictura eodem modo variatur, quo plani
fectio: quæ totuplex effe poteft, quotuplex erit obiectum, vel fitus,
& diftantia obiecti, & tabulæ pyramidem vifualem fecantis: fed maximam varietatem afferre videtur verticis pyramidis mutatio, quo
manente, vifio non mutatur, quacumque facta in bafi pyramidis
mutatione.

Quemadmodum Aftronomi, & Geographi certis punctis & lineis
vtuntur, vt explicent quæ contingunt in cælefti, ac terreftri globo,
ita Perfpectiui quafdam lineas, & puncta ftatuunt, quibus artem ex-
primant; præcipuæ vero lineæ funt linea terræ, quæ ponitur in vltima
parte tabellæ, & linea horizontalis quæ ducitur in eadem cum oculi
altitudine.

Linea terræ determinat res pingendas, eft communis plano per-
fpectiuo, & geometrico, & eft terminus inter prædictum planum, &
obiectum.

Linea horizontalis tria puncta continet, nempe punctum oculi,
hoc eft primarium, & alia duo hinc inde oppofita, & in æquali à pri-
mario puncto diftantia. Hic autem ea folùm afferemus, quæ à Steuino
in Sciagraphia demonftrata funt.

DEFINI-

DEFINITIONES.

I. SCiagraphia eſt rerum extantium plana imitatio, quæ tamen eminens quoque videatur.

II. Si corpus à plano horizontali ita ſecetur, vt in eo communes ſe-ctiones aut reuera, aut cogitatione dumtaxat exſtantium ſuperficierum appareant, apparens forma Ichnographia dicitur.

III. Si corpus plano ad horizontem recto ita ſecetur, vt in ſecante communes ſectiones ipſius & ſuperficierum aut reuera, aut cogitatione dumtaxat exſtantium appareant, apparens forma Ortographia dicitur.

IV. Adumbrandum dicitur id cuius Sciagraphiæ optatur: & huius expreſſa ſciagraphia, vmbra.

V. Pauimentum eſt planum in quod adumbrandum infiſtit.

VI. Oculus eſt punctum quod oculi viſibile reſpicientis munus obire fingitur.

VII. Opterocathetus eſt recta ab oculo ad pauimentum perpendicularis, eiuſque in pauimento terminus peda dicitur.

VIII. Opterometros eſt recta opterocatheto æqualis.

IX. Vitruum eſt planum infinitum quod inter oculum, & adumbrandum conſtituitur; in quo adumbranda forma vmbram ſuam exhibere ſumitur.

X. Vitri baſis eſt ipſius, & pauimenti communis ſectio.

XI. Radius eſt recta ab oculo procedens.

XII. Concurſus eſt punctum quo vmbræ parallelarum rectarum, quæ adumbrandæ proponuntur, concurrunt.

XIII. Et rectæ, quæ ad idem concurſus punctum coëunt, concurrentes dicuntur

XIV. Recta in pauimento à peda ad vitrei baſim dapedogramme dicitur: atque eius in vitruo tactus, dapedogrammaphe.

XV. Si à dato in pauimento adumbrando puncto infinitæ contra dapedogrammen parallela vitrei baſim interſecet, harum interſectio prima vitrei baſis ſectio dicitur.

XVI Si recta datum, adumbrandum in pauimento punctum cum peda connectens vitrei baſim interſecet, hæc ſecunda vitrei baſis ſectio dicitur.

Zzz

Definitiones.

I. Adumbrandum physicum punctum, eius vmbram in vitreo physico, & oculum physicum in eadem recta consistere.

II. Datum in vitreo punctum, lineam, planumve vmbræ suæ vice fungi.

PROPOSITIONES.

I.

REcta inter duas vmbras adumbrandorum punctorum interiecta, est vmbra rectæ ad dicta puncta terminata.

II.

Adumbrandæ parallelæ lineæ per vitreum eisdem parallelum conspectæ habent vmbras in vitreo parallelas.

III.

Si adumbrandæ parallelæ rectæ per vltreum ipsis non parallelum conspiciantur, illarum vmbræ continuatæ concurrent in eodem puncto radij adumbrandis rectis paralleli : & si adumbrandæ pauimento parallelæ sint, punctum concursus eadem altitudine supra pauimentum extat quâ oculus.

IV.

Si rectæ parallelæ, omnes quidem ad pauimentum, nulla autem ad vitreum parallelæ, inter se verò ita situ variatæ vt illarum vnus ordo alteri non sit parallelus, adumbrandæ proponuntur, illarum diuersa puncta concursus æqualiter vitrei basim supereminent.

V.

Adumbrando in pauimento puncto, & vitreo eidem perpendiculari, & peda, & opterocatheto datis, eius vmbra inueniri potest : sicut & vmbra adumbrandi in aëre supra pauimentum exstantis puncti.

VI.

Vitreo circa vitrei basim tanquam axem, & opterocatheto circa pedã ita conuersis, vt opterocathetus rectæ in vitreo vitrei-basi perpẽdiculari perpetuò parallela sit vmbra adumbrandi in pauimento puncti eodem loco in vitreo semper existet. *Reliqua de oculo, & alijs punctis inueniendis vide apud Steuinum, Aguilonium, & alios Perspectiuos, præsertim verò apud Guid Vbaldum, qui sex libris demonstrat qua ratione puncta, linea, superficies, & corpora in sectione repræsentari debeant: ideoque pauca tantùm hic delibabimus.*

VII.

Pluribus modis quodlibet repræsentari potest, quorum 23. GuidVbaldus demonstrat: tot autem figurarum describendarum rationes esse possunt, quot sunt modi repræsentandarum duarum imaginum sese in dato puncto intersecantium, nam inuento tali concursu, punctum quæsitum dabitur: inuentis autem pūcti & lineā terminantibus, aut in medio eius existentibus lineæ per inuēta puncta duci poterunt, quarum extrema superficies, ac proinde corpora repræsentabunt.

VIII.

Omne punctum obiecti repræsentatur in vitro, seu tabula secundùm eam rationem, qua species illius ad oculum perueniens, & transiens per planum concipitur aliquod sui vestigium relinquere; punctum verò, vel linea recta oculo in directum opposita, solum punctū; reliquæ verò lineæ, sicut & superficies recta oculo secundùm longitudinem opposita, lineam, omnis autem alia superficies, superficiem in plano relinquit, ac depingit: linea enim transitu suo punctum, superficies lineam, corpus denique superficiem facit.

IX.

Quotiescumque superficies est parallela vitro, in eo depingi concipitur cum omnibus lineis in illa expressis secundùm figuram ei similem, quam habet; ideóque geometrica, seu realis figura à perspectiua, seu apparente non differt: quando verò obliqua est, hæ duæ figuræ differunt inter se.

X.

Cùm res quælibet eò minor, aut maior apparere soleat, quò sub minori, vel maiori cernitur angulo, circulus ab oculi centro descriptus demonstrabit quantò fenestræ, quæ sunt in vertice turris, fenestris æquales, quæ sunt in ima turris parte, his minores appareant; & quanto maiores fieri debeant, vt in vertice, vel alia quapiam turris parte semper æquales appareant.

XI.

Rei cuiuslibet vmbra, ac proinde pictura exhibetur, si cognoscatur punctum lucidum lucem emittens in corpus opacum, lineā enim perpendiculari à puncto opaco, lineis item ductis per punctum lucidum, & opacum, & per extrema duarum priorum linearum perpendicularium, concursus istarum linearum dabit punctum vmbræ à puncto opaco proiectæ; eadémque ratione reliquis punctis exhibitis, figura totius vmbræ dabitur.

XII.

Præter communem pingendi, ac repræſentandi modum in triplici viſionis genere fieri poſſunt imagines, & picturæ ab obiectis maxi‑mè diuerſæ, quæ tamen perfectiſſimè repræſentent obiectum ex dato puncto: ſic enim in viſione directa fiunt perſpectiuæ inuerſæ, quæ tantummodo referunt obiectum ex puncto dato. Qua ratione omnia quæ continentur in plana ſuperficie horizontali centum leucarum depingi poſſunt in plano pedali, ſi nempe ſuper illam ſuperficiem pedali altitudine oculus erectus fuerit. Deinde ſi imago depicta ſu‑matur pro obiecto depingendo : & ea quæ ſunt in plano horizontali pro pictura, fiet imago longitudinis centum leucarum repræſentans obiectum pedale. Hinc ſi caput depictum ſit pedale, quod pro pictura ſupra planum horizontale ſtatuatur, ſupra quod prædictum caput de‑pingatur, prout ſpecies concurrentes ab obiecto ad oculum, vltra pi‑cturam capitis incidunt in illud planum, dabitur pictura longiſſima referens caput breuiſſimum : quantumcumque enim imago ſit in ſe difformis, ſemper oculo perfectè repræſentabit obiectum, quoties idem pyramidis ſpecierum vertex in eo recipietur, quem obiectum faceret.

XIII.

Cylindrus aptiſſimus eſt, quo difformes imagines ita videantur, vt obiecta perfectè referat ; colligit enim lineas inter ſe diſtantes, quem‑admodum vitra polygona res inter ſe diſtantes in vnum corpus, & lo‑cum colligunt : quamuis & vnum corpus etiam diuidant, & in toti‑dem conſtituant locis diuerſis, quot facies habuerint. Ex quibus col‑ligi poteſt quomodo triplici viſione vna dictio, vel integra ſen‑tentia Latinè vel Gallicè ſcripta varijs linguis, & in pluribus lo‑cis legi, vel plures in vnicam linguam, vnicumque locum coale‑ſcere queant.

XIV.

Obiectum depingendum, vel imago ex eo puncto ſpectanda eſt, ex quo immotus oculus vno intuitu totum obiectum, vel totam ima‑ginem commode ſpectare poſſit : an verò hæc diſtantia ſit illa, ex qua obiectum facit angulum 60. graduum in oculo terminatum, hoc eſt triangulum æquilaterum, vt plurimi arbitrantur · an linea diametra‑lis obiecti viſi : an angulus 40, 20, 10, aut 5, graduum plus, minus, ge‑neraliter determinari nequit, cùm tanta ſit oculorum diuerſitas, vix vt duo reperiantur, qui ex vna diſtantia obiectum, aut imaginem ſpe‑

&eāt æqualiter. Omitto varia inſtrumenta, quibus vtuntur Perſpe-
&iui, vt ſingula viſione dire&ā, vel per ſpeculum, aut per diuerſa
media refra&ionis ſpe&ata intueantur, vt ſumma cum animi volu-
ptate iſtis omnibus propoſitionibus ita (mi THEOTIME) vtaris,
nihil vt eſſe poſſit in ſingulis Opticæ libris, quod ad Dei præpotentis
gloriam non referas, dum ruri vitam degis Angelicam, & iugi fer-
uentium orationum exercitio ad æternitatem properans nihil aliud
præter amorem diuinum ἰσ´μτης, ἰθυ´πιωςις, ἠ ϑυ´ςιςτος ample&e-
ris.

MONITVM PRIMVM.

SI per otium licuiſſet, præcedenti libro ſubiunxiſſem adumbra-
tionis explicationem & praxim ; cuius ſolius propoſitiones nunc
accipies. Eſt igitur Scenographia locorum inuentio, vbi radij omnes viſorij ad quodlibet viſibile deſtinati planum diaphanum inter
oculum, & viſibile poſitum penetrant.

PRIMA PROPOSITIO.

*VT tota diſtantiarum linea ad partem eius inter viſibile & dia-
phanum, ita oculi altitudo ad altitudinem imaginis viſibilis horizontalis in communi ſectione plani oppoſiti ad illud deſtinati , & diaphani.*

II. PROPOSITIO.

*VT tota linea diſtantiarum ad partem eius inter diaphanum &
oculum, ita altitudo pūncti ſublimis ad altitudinem imaginis eius
in communi ſectione diaphani , & radij ad illud deſtinati ſupra imaginem baſis eius.*

Quare ſi fiat vt tota linea diſtantiarum ad partem eius inter tabulam & viſibile horizontale , ita altitudo oculi ad aliud , habebitur locus viſibilis horizontalis in communi ſectione diaphani,
& plani optici ad illud dire&i.

Deinde ſi fiat vt tota diſtantiarum linea ad partem eius inter
oculum & diaphanum , ita puncti ſublimis vel eminentis altitudo ad aliud, habebitur altitudo imaginis eius in communi ſectione
diaphani , & optici plani ad illud dire&i ſupra imaginem baſis
eius.

Hæc autem quarta proportionalis vel Geometricè ex lineis, vel ex numeris per auream regulam, vel organo facile reperietur: & in communi sectiones plani optici & diaphani dabitur locus imaginis cuiuslibet visibilis. Et hoc est geminum totius artis fundamentum.

MONITVM II.

DVm illum amici singularis tractatum expectabis, accipe duos alios tractatus eruditissimos Clarissimorum Anglorum, primum nempe Gualteri Vverneri; secundum viri nobilis, subtilissimique Philosophi D. Hobs, qui ex proprijs hypothesibus refractiones prosequitur; erit igitur ille primus tractatus liber sextus: secundus verò septimus liber Opticæ, qui duo libri plurimum iuuabunt, atque perficient quæ libro tertio præcedenti continentur.

LIBER SEXTVS.
PROBLEMA
AD
TABVLAS REFRACTIONVM.
EX OBSERVATIS CONSTRVENDAS,
sequenti proceſſu; apọ liſtico ſoluendum.

I N viſione Refraꝗ, Angulo Refraꝗionis quocunque, in cuiuſcunque generis Mediis, por obſeruatiónem cognito, alium quemlibet requiſitum per ſimplicem Analogiſmum exhibere. Atque adeo, ſi opus fuerit, reliquos omnes (ſolo, rationis communis ex termii i probatis conſtitutæ adminiculo) cum angulis ſuis incidentiæ, & reſtaꝗis, conformatos, in Tabulam ordinatam redigere.

DEFINITIO I.

V Iſio, quæ vnius oculi adminiculo fit, *ſingularis*, quæ vtriuſque, *Coniugata*, vocetur.

SVPPOSITIO I.

I N Viſione, ſiue ſingulari, ſiue coniugatâ (quod ad præſens Problema attinet) obieꝗum radians, *Punꝗuale*, ſiue minimum Viſibile intelligatur, idque in medio denſiori, oculis in rariori exiſtentibus, collocatum.

DEFINITIO II.

I N Viſione coniugata, reꝗa illa diſtantia, quæ éſt inter Oculorum centra (quoniam ſuper punꝗum illius Medium liberè, & tanquam circulariter eft conuertibilis vt vel parallela, vel perpendicularis, vel alio quocunque fitu obliquo, ad Planum contactus, pro videntis arbitrio, applicari poffit, ad exemplar diametri Pupillæ in Vifione fingulari) *Diameter vifualis* vocetur. Et punctum eius intermedium (centro Pupillæ Analogum) *centrum vifuale.*

Vt fint puncta C, E oculorum centra, & fit circulus BCDE oculus imaginarius per illa centra tranfiens; fitque recta C E, fcilicet diftantia inter oculorum centra: & oculi imaginarij diameter, *Diameter vifualis*, & oculi imaginarij centrum A, *Centrum vifuale.* Hinc fit, vt in vifione coniugatâ per binos folummodo radios laterales, qui oculorum pupillas penetrantes ad ipforum centra C & E, rectâ perueniunt, ac terminantur, omnis fieri intelligatur Vifio.

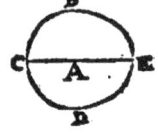

SVPPOSITIO II.

Diameter vifualis , ab ipforum oculorum potius quàm pupillarum centro , fumenda erat , quia diftantia illa quæ eft inter pupillarum centra in obiecti punctualis intuitione , pro obiecti diftantiâ, alterabilis eft, fcilicet in obiecti propinquitate contractior, in longinquitate extenfior. Quæ variatio diftantiæ oculorum, (vtcunque pupillæ, ex oculorum in fedibus fuis offeis, & immobilibus obuolutione contorqueantur & diftrahantur) oculorum centris immotis non contingit. Quare non tantùm in fequentibus (quæ ad particularem hanc quæftionem fpectant) fed generaliter in doctrinâ opticâ, fiue directâ, fiue reflexâ, fiue refractâ, vbi de Vifione coniugatâ agitur, tanquam principium per fe manifeftum, & certum ftatuendum eft, *Diametrum Vifualem fibi perpetuò conftantem, & æqualem effe.*

DEFINITIO III.

IN Vifione coniugatâ, recta linea quæ in Plano contactûs, inter duo puncta, in quibus lineæ radiofæ ab obiecto vtrinque ad oculos procedentes, tum incidunt, tùm refringuntur. Ac proinde inter duo plana refractionis, in quibus lineæ illæ radiofæ refractæ ad oculum deferuntur, comprehenditur (quia diametro vifuali perpetuò parallela exiftit, & fimilem cum diametro fpatij circularis, vel elliptici incidentiæ, in vifione fingulari conformitatem obtinet) *Diameter incidentiæ* , & punctum eius medium, *Centrum incidentiæ*, vel *centrum Refractionis* appelletur.

DEFI.

DEFINITIO IV.

IN Vifione coniugatâ, fi Planum per Diametrum vifualem Plano contactû. Parallelam, ipfum contactûs Planum ad rectos angulos fecans ductum intelligatur, & in recta linea, à centro vifuali ad Planum contactus, vel Diametrum perpendiculari, in plano ifto productâ, obiectum pofitum fit. Et in eodem item plano duæ lineæ Radiofæ ab obiecto vtrinque egredientes in planum contactûs incidunt, & à punctis incidentiæ, in quibus refringuntur, Refractæ ad oculos procedant, Planum iftud idcirco *Planum refractionis oculare* vocetur.

DEFINITIO V.

ET linea ifta Recta, ab obiecto ad centrum vifuale, inter lineas radiofas refractas media (ipfa refractionis expérs) *Linea interradiofa directa* vocetur.

DEFINITIO VI.

ET quia linea ifta interradiofa planum contactûs ab obiecto ad centrum Vifuale recta pertranfit, vifio quæ in Plano Refractionis Oculari, per tres iftas lineas fit, *Vifio coniugata Recta vocetur.*

PRO DEFINITIONE 2.3.4.5.6.

OBiectum. B.   Oculi D & S.
Diameter vifualis. D Q S. } ad def. 2.
Centrum vifuale.   Q.
Diameter incidentiæ F C G. } ad def. 3.
Centrum incidentiæ C.
Lineæ Radiofæ refractæ. B F D. & B G S.
Linearum radiofarum partes incidentes. B F. & B G.
Linearum radiofarum partes refractæ. F D, & G S.
Linea interradiofa directa.   B C Q.
Lineæ interradiofæ pars incidens. B C. } ad def. 5.
Lineæ interradiofæ pars refracta. C Q.

Aaaa

Planum per Diametrum Vifualem D S, oculos fcil. ⎫
D & S, atque obiectum B tranfiens, planum contactus in ⎬ ad def. 4.
diametro incidentiæ F G ad rectos angulos fecans, *Pla-* ⎭
num Refractionis oculare, fubintelligendum eft.

Delineatio quintilatera D F B G S, vnâ cum interradio- ⎫
fâ directâ. B C Q. *Vifionis coniugata recta* integra defcri- ⎬ ad def. 6.
ptio eft. Nam per tres lineas D F B; S G B, Q C B in pla- ⎭
no refractionis oculari fit vifio coniugata recta vt eft in
definitione.

DEFINITIO VII.

IN vifione coniugatâ rectâ (Obiecto in medio denfiore, oculo in
rariore pofitis) exceffûs bipartitus (bina fcilicet fegmenta) diametri vifualis fupra bafim trianguli per linearum radiofarum partes
incidentes, ad ipfum diametrum rectâ productas facti ex linearum
in rariore & magis dilatatæ conftitutionis medio proueniens, *Radio-*
fitatis dilatatio vocetur.

Linearum radiofarum partes incidentes à diametri incidentiæ
terminis. F G. ad diametrum vifualem rectâ productæ B F M. ⎫
B G N. . . . . ⎬
Triangulum per lineas productas factum M B N. hu- ⎬ ad def. 7.
ius bafis. M N. ⎭
Radiofitatis dilatatio. D M + N S. ⎭

DEFINITIO VIII.

IN vifione coniugatâ, fi diametro vifuali plano contactûs parallelâ
collocatâ, planum per centrum vifuale tranfiens tum diametrum,
tum planum contactûs, ad rectos angulos fecet, & in plano illo obiectum ex altera parte, extra centri vifualis perpendiculum pofitum
fit, & per diametri vifualis terminos (ipfos fc. oculos) atque obiectum ducta fint duo plana, planum contactûs ad rectos angulos fecantia, & fe mutuò in obiecti perpendiculo interfecantia, & in duobus hifce planis ab obiecto vtrinque ad oculos delatæ fint duæ lineæ
radiofæ, in diametri incidentiæ terminis refractæ, duo ifta plana,
Refractionis radiofæ Plana vocentur.

DEFINITIO IX.

CVm autem linea ab obiecto ad centrum visuale, in centro incidentiæ refracta, linea interradiosa refracta sit, in plano intermedio per centrum visuale & obiectum transeunte ducta. Planum illud intermedium, *Planum refractionis interradiosa* appelletur.

DEFINITIO X.

ET cum linea interradiosa, pars scil. illius incidens, obliquè in planum contactûs incidat, visio quæ in tribus istis planis per tres prædictas lineas refractas sit, *Visio coniugata obliqua* nominetur.

AD DEFINITIONEM 8. 9. 10.

PLanorum contactûs & Refractionis intermediæ communis sectio L G. Perpendiculum incidentiæ & Refractionis. M C N. Obiectum. F. Perpendiculum obiecti. F G.

Diameter visualis D E S. Centrum visuale. E diameter incidentiæ. B C H Centrum incidentiæ. C. Lineæ radiosæ refractæ F B D & F H S. Linearum radiosarum partes incidentes. F B. & F H. Linearum radiosarum partes refractæ. B D. & H S. Linea interradiosa refracta. F C E. Lineæ interradiosæ partes, incidens. F C. Refracta. C E. Perpendiculum oculorum D Y. & S X. Perpendiculum centri visualis. E L.

Duo plana refractionis radiosæ D Y B G F. & S X H G F, planum contactûs ad rectos angulos secantia in rectis lineis Y B G & X H G. } ad def. 8.

Planum refractionis interradiosæ. E L C G F. planum contactûs ad rectos angulos secans in recta linea. L C G. } ad def. 9.

Delineatio quintilatera D B F H S, vnâ cum lineâ interradiosa refractâ E C F, pro visionis coniugatæ obliquæ integrâ descriptione habenda est Nam per tres lineas refractas D B F. S H F. & E C F. in tribus refractionis planis (deff. 8. & 9. descriptis) existentes, fit *visio coniugata obliqua*, vt videre est in definitione. } ad def. 10.

SVPPOSITIO III.

EX tribus lineis refractis, quæ ab obiecto ad diametrum visua-lem procedunt, cùm duarum Radiosarum refractio cum refra-ctione transuersà siue oculari composita atque implicata sit, sola verò interradiosa simplicis refractionis capax sit. Ex lineâ interradiosâ tantùm, ad planum contactûs, siue, quod idem est, ad perpendiculum incidentiæ & refractionis habitudine, Anguli incidentiæ & Refra-cti constituendi, & eorum differentiæ & æqualitates sumendæ sunt. Quod non in præsenti tantùm quæstione, sed generaliter in visione coniugatâ obliquâ intelligendum, & supponendum est.

LEMMA.

SI duorum triangulorum Isoscelium B PH, & BNH: altitudinum inæqualium C P, & C N. quæ super eadem basi BH constituuntur, latera PB & PH, & N B. N H ad rectam lineam D S, basi B H parallelam producantur, duo triangula PXY, NDS basium inæqualium. X Y, D S constituentia; trianguli producti altitudinis maioris XPY. minor erit hasis XY. Eius verò cuius altitudo minor est, DNS. basis maior erit DS.

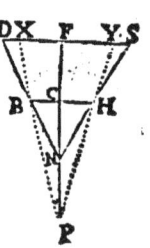

DEFINITIO XI.

IN visione coniugatâ obliquâ, si planum per diametrum visualem & diametrum incidentiæ ei parallelam ductum intelligatur, & in plano illo lineæ interradiosæ pars refracta directè continuetur donec pars à centro incidentiæ ad terminum continuationis lineæ interra-diosæ parti incidenti æqualis sit, & à termino continuationis per dia-metri incidentiæ terminos in prædicto plano, ductæ sint duæ rectæ lineæ triangulum super diametrum visualem constituentes (cuius ba-sis) per lemma (diametro minor erit) Excessus bipartitus (bina scil. segmenta) diametri visualis, supra Trianguli istius basim, *Radiositatis dilatatio*, in casu isto visionis coniugatæ obliquæ, censendus est.

Vifionis coniugatæ obliquæ delineatio D.B Q H S.

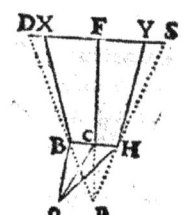

Planum refractionis oculare. D B P H S.

Lineæ interradiofæ pars refracta F C, à centro incidentiæ C, ad diſtantiam C P. lineæ interradiofæ, parti incidenti Q C æqualem, certa continuata C P.

Lineæ rectæ P B X & P H Y, à puncto P. per diametri incidentiæ terminos B & H ad diametrum vifualem in plano oculari recta productæ triangulum X P Y fuper bafim X Y conſtituentes.

Excelſus diametri Vifualis D S fupra bafim. X Y (iuxta definitionem) radiofitatis dilatatio, bina ſcilicet fegmenta D X + Y S.

DEFINITIO XII.

IN vifione coniugatâ obliquâ, quoniam linearum Radiofarum partes refractæ, quæ ab oculis ad diametri incidentiæ terminos procedunt & à terminis illis rectâ continuatæ in obiecti perpendiculo coincidentes locum imaginis in coincidentiæ puncto conſtituunt. Lineæ idcirco interradiofæ vnà cum Radiofis rectâ continuatæ, pars illa quæ à centro incidentiæ ad imagidem terminatur, *Linea imaginaria* vocetur.

AD DEFINITIONEM XII.

VIfionis coniugatæ obliquæ delineatio. D B Q H S. Planorum contactûs, & refractionis communis ſectio L C G. Obiecti perpendiculum. Q G :: (vbi debet intelligi recta connectens puncta Q G) linearum radiofarum partes refractæ. D B, & S H, à diametri incidentiæ terminis B, & H, in planis fuis rectâ continuatæ in obiecti perpendiculo, Q G coincidunt. Coincidentiæ punctum N locus imaginis eſt.

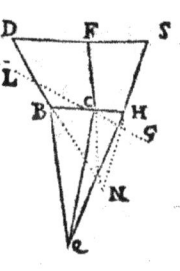

Lineæ interradiofæ pars refracta F C. à centro incidentiæ C in plano fuo recta continuata ad imaginem N. Linea igitur C N, linea imaginaria eſt.

DEFINITIO XIII.

LIneæ interradiofæ quæ partes fuas fimiles, æquales habent, vt partes incidentes inter fe æquales, & partes refractas in vifione

obliquâ; vel directas in visione rectâ, inter se item æquales, *similiter*
æquales vocentur.

AXIOMA.

IN visione siue singulari, siue coniugatâ, anguli refracti angulis
incidentiæ æqualibus respondentes, æquales sunt, & Anguli refracti maiores, maioribus incidentiæ angulis, minores minoribus
respondent.

THEOREMA I.

IN visione singulari obliquâ, si perpendicula obiecti, oculi, & interstitij, in diuersis Visionis actibus, æqualia fuerint, anguli incidentiæ æquales erunt.

Sit in actu visionis aliquo, planorum contactûs, & refractionis communis sectio. DH.

Et in plano refractionis, in mediis suis, obliquè posita sint obiectum B & oculus G.

Sitque obiecti perpendicu.um B H : Oculi
G D.

Ac proinde interstitij perpendiculum D H,
siue quod ei æquale est, G Y.

Ductaque sit in plano refractionis ab obiecto B ad oculum G, linea
radiosa B T G, in puncto incidentiæ & refractionis T refracta.

Et ad punctum T in eodem plano, ducatur incidentiæ & refractionis perpendiculum P T F.

Erit inde angulus incidentiæ B T P , & refractus ei respondens
G T F.

In actu visionis alio quocunque, sit planorum contactûs, & refractionis communis sectio B K.

Et in plano refractionis ducta sint tria perpendicula D K, L B, L P,
perpendiculis tribus similibus B H, G D, G Y actus prioris, æqualia.

Et ad punctum D collocetur obiectum, & ad punctum L oculus.

Ductaque sit in plano refractionis ab obiecto D ad oculum L, linea
radiosa D C L in puncto incidentiæ & refractionis C, refracta.

Et per punctum illud C in eodem plano, ducatur incidentiæ & refractionis perpendiculum X C Q.

Erit inde angulus incidentiæ D C X, &
L C Q angulus refractus ei refpondens.
His conftitutis , probandum eft, angulos
incidentiæ D R T, & D C X æquales effe.

Si æquales non funt, erit angulus D C X
angulo D R T; vel maior, vel minor. Sit primum fi fieri poteft maior.

Sumpto igitur puncto incidentiæ R, du-
ctifque perpendiculo T R S, & lineæ radiofæ parte incidente D R, fit
angulus incidentiæ D R T, minor angulo incidentiæ D C X.

Ductáque lineæ radiofę parte refractâ R L, fiet angulus L R S, refractus angulo incidentiæ D R T refpondens.

Cùm fit igitur angulus incidentię D R T minor angulo incidentię
D C X , erit (per Axioma) angulus refractus L R S minor refracto
L C Q. Eft autem recta L S maior quàm recta L Q.

Æqualibus igitur exiftentibus rectis R S, & C Q, eft angulus L R S
maior angulo L C Q.

Erit ergo Angulus L R S & minor & maior angulo L C Q, quod
eft impoffibile. Non eft igitur angulus D C X maior angulo D R T.

In fimile abfurdum inciditur, fuppofito angulo D C X , angulo
B T P minore, & fumpto angulo aliquo incidentię vt P F N maiore
quàm fit angulus D C X. Itaque in vifione, &c. Quod erat probandum.

THEOREMA II.

IN Vifione coniugatâ rectâ, fi lineæ interradiofę in diuerfis vifieni-
nis actibus fimiliter ęquales fuerint , Radiofitatis dilatationes,
ęquales erunt.

Sit primò vifionis coniugatæ rectę actus aliquis D G B H S, in plano refractionis oculari
(fecundum def.6.) conftitutus.

Et in plano illo linearum radiofarum partes
incidentes B G, & B H. à diametri incidentię
terminis G, & H, ad diametrum vifualem directè continuentur, triangulum M B N fuper bafim M N conftituentes.

Eft igitur (per def.7.) Exceffus bipartitus diametri vifualis D S fupra bafim M N. (bina fcil. fegmenta) D M + N S radiofitatis dilatatio in hoc actu.

Secundo, fit actus alius quicunque D K P L S, in plano refractionis oculari (per def. 6.) constitutus, fitque P R æq. B C & R Q eq. C F.

Et in plano illo, linearum radiofarum partes incidentes P K, P L, à diametri incidentiæ terminis K & L ad diametrum vifualem directè continuentur Triangulum X P Y fuper bafim X Y conftituentes.

Eft igitur (per def. 7.) Exceffus bipartitus diametri vifualis D S, fupra bafim X Y (bina fcil. fegmenta) D X + Y S, radiofitatis dilatatio in hoc fecundo actu.

His conftitutis dilatationes iftas radiofas D M + N S, actus primi, & D X + Y S, fecundi, æquales effe probandum eft.

Angulus G B C, angulo K P R. (per Theor. 1.) æqualis eft, & angulus H B C angulo L P R, item æqualis.

Angulus igitur G B H trianguli M B N angulo K P L trianguli X P Y æqualis eft.

Perpendiculum item B C F, perpendiculo P R Q ex hypothefi æquale eft.

Bafis igitur M N, bafi X Y æqualis eft.

Exceffus igitur diametri vifualis D S, fupra bafim M N, fcil. D M + N S, qui radiofitatis dilatatio actus primi eft, exceffui diametri vifualis D S, fupra bafim X Y fcil. D X + Y S qui radiofitatis dilatatio actus fecundi eft æqualis eft. Quod probandum erat.

THEOREMA III.

IN duobus vifionis coniugatæ, altero rectæ, altero obliquæ actibus fi lineæ interradiofæ, directa, in vifione recta, refracta in obliqua, fimiliter æquales fuerint, diameter incidentiæ vnius, diametro incidentiæ alterius æqualis erit.

Sit vifionis rectæ actus D R B T S in plano refractionis (fecundum def. 6.) conftitutus.

In quo, obiectum B; diameter vifualis D X S, lineæ refractæ B R D, B T S, linea interradiofa directa. B E X & diameter incidentiæ. R E T.

Et fit vifionis obliquæ actus D F E G S, in duobus planis refractionis radiofæ & tertio interradiofæ (ex præfcripto def. 10.) conftructus.

In quo, planorum contactus & refractionis interradiofæ fectio comnunis B C. Incidentiæ & refractionis perpendiculum L R K. obiectum

iectum Q. Diameter visualis D H S, lineæ radiosæ refractæ. Q F D,
H G S. linea interradiosa refracta E R Z. & diameter incidentiæ
F R G.

His positis probandum est diametros incidentiæ duorum actuum
R E T, F R G, æquales esse.

In actu visionis rectæ D R B T S linearum radiosarum partes incidentes B R, B T, à diametri incidentiæ terminis R T. directe producantur ad diametrum visualem triangulum super diametrum constituentes H B K.

Erit igitur (per def. 7.) excessus diametri D S supra basim trianguli
producti H K, bina scil. segmenta D H + K S radiositatis in hoc actu
dilatatio.

Deinde in actu visionis obliquæ D F H G S, per diametrum visualem
D S, & diametrum incidentiæ illi parallelam. F G. ductum sit planum
refractionis oculare, & in plano illo lineæ interradiosæ pars refracta
E R, à centro incidentiæ. R, directe continuetur ad distantiam R H,
lineæ interradiosæ parti incidenti R H æqualem.

Et à puncto H, per diametri incidentiæ terminos F, G, ducantur
rectæ lineæ H M, H N, ad Diametrum visualem D S Triangulum super
eam constituentes, M H N.

Erit igitur (per def. 11.) excessus diametri visualis D S, supra basim
trianguli M N, bina scil. segmenta D M + N S radiositatis dilatatio in hoc
visionis obliquæ actu.

Si iam planum contactus per incidentiæ diametrum F G ductum
intelligatur secans rectam H Z, in puncto R ad angulos rectos & obiectum concipiatur in puncto N. posita erit (per def. 6.) constructio
ista D F H G S, visionis coniugatæ rectæ actus.

Erunt igitur (per theorema 2.) dilationes radiosæ D H + K S in actu
proposito & D M + N S, in actu hoc constituto, æquales.

Est igitur M N basis trianguli M H N, æqualis basi H K, trianguli H B K.

Et sunt (ex hypothesi & constructione) triangulorum M H N & H B K,
perpendicula Z R H, & X E B similiter æqualia.

Sunt igitur triangula M H N, & H B K, ac proinde triangula F H G &
R B T inter se similia & æqualia.

Est igitur diameter incidentiæ F G in actu visionis obliquæ, diametro incidentiæ R T in actu visionis rectæ, æqualis. Quod erat probandum.

THEOREMA IV.

IN duobus vtcunque diuerſis viſionis coniugatæ obliquæ actibus
ſi lineæ interradioſæ ſimiliter æquales fuerint, diametri incidentiæ
æquales erunt.

In actu viſionis obliquæ primo DGHTS ſit linea interradioſa refracta HEN & angulus incidentiæ HE T. Diameter incidentiæ GT.

In actu viſionis obliquæ
ſecundo DFHKS, ſit linea
interradioſa refracta HRL
lineæ interradioſæ prioris
HEN, ſimiliter æqualis.

Sit vero angulus inci-
dentiæ HRX, angulo inci-
dentiæ prioris HEY, vtcun-
que inæqualis, ſitque diameter incidentiæ FK.

Probandum eſt, diametrum incidentiæ FK diametro incidentiæ
GT æqualem eſſe.

Theorema hoc ſuperioris tertij immediatè conſectarium eſt.

Deſcripto enim viſionis rectæ actu DNKCS, in quo linea interradioſa directa KIM, lineis interradioſis refractis HEN & HRL ſimiliter
æqualis ſit, & incidentiæ diameter NC. Erit (per theor. 3.) incidentiæ
diameter GT incidentiæ diametro NC æqualis ; & incidentiæ diameter FK eidem NC, æqualis.

Sunt igitur incidentiæ diametri GT, FK inter ſe æquales. Quod
probandum erat.

THEOREMA V.

IN duobus vtcunque Viſionis coniugatæ obliquæ actibus ſi lineæ
interradioſæ ſimiliter æquales fuerint, lineæ eorum imaginariæ
æquales erunt.

Sit actus primus DGBKS, & ſit planorum contactus & refractionis interradioſæ communis ſectio ML & obiecti perpendiculũ BL.

Tres igitur rectæ lineæ DG. TE. SK.
in planis ſuis refractionis à tribus terminis diametri incidentiæ G. E. K. directè continuatæ concurrent in puncto
aliquo perpendiculi, BL. Sit punctum
concurſûs C.

Eſt igitur punctum C; locus imaginis ; & lineæ interradioſæ pars continuata EC linea imaginaria (per def. 12.)

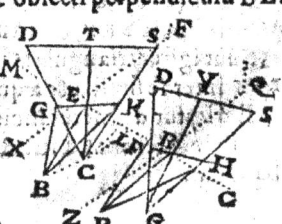

Sit actus secundus D F P H S. Et sit planorum contactûs & refractionis interradiosæ communis sectio M C, & obiecti perpendiculum P C.

Tres igitur rectæ D F. Y R. S H. in planis suis refractionis à tribus
terminis diametri incidentiæ F. R. H. directe continuatæ concurrent
in puncto aliquo perpendiculi P C. sit punctum concursús G.

Est igitur (per def. 12.) Punctum G. locus imaginis, & lineæ interradiosæ pars continuata R G. linea imaginaria.

His constitutis, lineas istas imaginarias E C. & R G. inter se æquales esse probandum est.

In triangulo primo D C S, recta linea D T S, minus recta G K, ad
ipsam G K, est vt recta T E. ad rectam E C.

Et in triangulo secundo D G S, recta D Y S minus recta F H, est
ad ipsam F H vt recta Y R ad rectam R G.

Sunt autem rectæ D T S & D Y S diametri visuales inter se æquales.

Et rectæ G K & F H. diametri incidentiæ (per theorema 4.) item
sunt æquales.

Et rectæ T E, & Y R. linearum interradiosarum partes refractæ (ex
hyp.) sunt æquales.

In duobus igitur istis analogismis tres primi termini primi analogismi, scil. D T S minùs G K. G K. T E tribus primis terminis secundi scil. D Y S minùs F H. F H. Y R. æquales sunt.

Quartus igitur primi E C. linea imaginaria actûs primi, quarto secundi R G, lineæ imaginariæ actûs secundi æqualis est, quod erat
probandum.

THEOREMA VI.

IN duobus vtcunque diuersis visionis coniugatæ obliquæ actibus,
linearum interradiosarum partes incidentes, lineis suis imaginariis proportionales sunt.

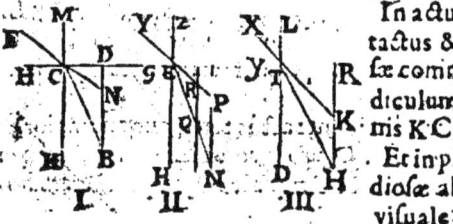

In actu primo sit planorum contactus & refractionis interradiosæ communis sectio H D, perpendiculum incidentiæ & refractionis K C M.

Et in plano refractionis interradiosæ ab obiecto B, ad centrum
visuale F ducta sit linea interradiosa refracta B C F.

Et ducto obiecti perpendiculo B D, pars refracta E C directe con-

Bbbb ij

tinuetur ad perpendiculi punctum N.

Erit ergo (per def.12.) recta C N. linea imaginaria.

In actu secundo sit planorum communis sectio G F. & perpendiculum incidentiæ & refractionis H E Z.

Et in plano refractionis interradiosæ, ab obiecto N. ad centrum visuale Y. ducta sit linea interradiosa refracta N E Y, quæ partes suas N E incidentem, & E Y refractam partibus actûs primi B C incidentis, & C F refractæ inæquales habeat, & pars incidens N E cum perpendiculo H E angulum incidentiæ N E H faciat, angulo incidentiæ B C K actûs primi, inæqualem.

Et ducto obiecti perpendiculo N F, pars refracta Y E directè continuata sit ad perpendiculi punctum P.

Erit ergo (per def.12.) recta E P linea imaginaria.

His constitutis probandum est linearum interradiosarum, in duobus actibus, partes incidentes B C & N E lineis suis imaginariis N C. & P E proportionales esse.

Fiat actûs cuiuspiam tertij delineatio, in quâ interradiosæ pars incidens H T. interradiosæ parti incidenti B C actus primi æqualis sit. Et angulus incidentiæ H T D angulo incidentiæ B C K primi, item æqualis: Interradiosa vero pars refracta T X interradiosæ parti refractæ E Y secundi æqualis.

Ducto igitur obiecti perpendiculo H R, & lineæ interradiosæ parte refractâ X T directè continuatâ ad perpendiculi punctum x erit recta linea T K huius tertij actûs linea imaginaria.

Cùm sint autem anguli incidentiæ H T D & B C K æquales, sunt (per Axioma) anguli refracti L T X, M C F æquales.

Ergo anguli ad verticem D T K, K C N, æquales sunt.

Ergo anguli H T K, B C N quoque æquales.

Existentibus igitur rectis lineis H T & B C, item angulis H T K & B C N, erunt rectæ T K & C N, lineæ scilicet duorum actuum imaginariæ inter se æquales.

Porrò cùm lineæ interradiosæ, actûs secundi, pars incidens N E interradiosæ parti incidenti B C actûs primi facta sit vtcunque inæqualis, ponatur hæc illâ maior.

Erit igitur interradiosæ parte incidente actûs tertij quoque maior.

Sumatur in rectâ N E punctum Q pro loco obiecti, ad distantiam E Q interradiosæ parti incidenti H T æqualem, quæ pro interradiosæ parte incidente hîc sit.

Et ab obiecto Q. agatur perpendiculum Q T lineam imaginariam priorem E P, secans in puncto R,

Erit ergo recta E R linea imaginaria interradiosæ parti incidenti
Q E debita.

In constructione ista quæ (per def. 10.) pro visionis obliquæ actu habenda est, linea interradiosa refracta QE Y, lineæ interradiosæ refractæ H T X actus tertij, similiter æqualis est.

Ergo (per theor. 5.) linea imaginaria E R huius, lineæ imaginariæ
T K illius æqualis est.

Sunt ergo rectæ lineæ Q E & E R, rectis H T & T K. sigillatim
æquales.

Rectas autem H T & T K. rectis B C & C N æquales esse, supra
probatum est.

Sunt igitur rectæ Q E & E R rectis B C & C N æquales.

Est autem recta N E ad rectam P E, vt recta Q E, ad rectam E R.

Est igitur recta N E ad rectam P E vt recta B C ad rectam C N.

Sunt igitur in duobus visionis obliquæ actibus propositis linearum
interradiosarum partes incidentes X E & B C, lineis suis imaginariis
E P & C N proportionales. Quod erat probandum.

THEOREMA VII.

IN visione refractâ secantes complementorum angulorum incidentiæ, secantibus complementorum angulorum refractorum incidentiis respondentium proportionales sunt.

Vt in visione coniugatâ persistamus, sit primò planorum contactûs & refractionis interradiosæ communis
sectio H G. perpendiculum incidentiæ &
refractionis per incidentiæ centrum C.
transiens, K C L.

Et in plano refractionis, sit linea interradiosa refracta B C D. angulus igitur incidentiæ est B C K, & refractus ei respondens,
L C D.

Et lineæ interradiosæ pars refracta D C directè continuata secet
perpendiculum in puncto F.

Erit inde angulus F C K angulo refracto L C D æqualis.

Erit ergo angulus B C G anguli incidentiæ complementum, & angulus F C G. anguli refracti complementum.

Positâ igitur rectâ C G pro radio, siue sinu toto, erit B C secans
complementi anguli incidentiæ, & F C secans complementi anguli
refracti.

In actu secundo sit planorum intersectio GE, & perpendiculum incidentiæ & refractionis per incidentiæ centrum R transiens, XRY.

Et in plano refractionis ducta sit linea interradiosa refracta QR S, angulos faciens cum perpendiculis suis XR & YR, incidentiæ quidem QRX, refractum vero YR S, angulis actus primi vtcunque inæquales.

Differentiâ istâ angulorum inter duos actus constitutâ, & quod reliquum est huius descriptionis, processu priori omnino simili peracto, erit recta QRE secans anguli QRE complementi anguli incidentiæ, & recta TR secans anguli TRE complementi anguli refracti.

Secantes iam istas. QR & CB complementorum angulorum incidentiæ, secantibus TR, FC complementorum angulorum refractorum proportionales esse manifestum est.

Sunt enim QR & BC linearum suarum interradiosarum partes incidentes, & TR, FC linex imaginariæ incidentiis istis debitæ.

Sed (per theor. 6.) lineæ incidentes, lineis suis imaginariis proportionales sunt.

Ergo secantes QR & BC complementorum angulorum incidentiæ, secantibus TR, & FC, complementorum angulorum refractorum proportionales sunt. Quod erat probandum.

THOREMA VIII.

IN visione refractâ sinus angulorum incidentiæ, sinibus angulorum refractorum incidentiis respondentium proportionales sunt.

Resumptâ duorum actuum superiore descriptione, in primo, super rectâ CG vt diametro, describatur peripheria CVTG, rectas lineas BCD & FC secans in punctis V & T, ducanturque rectæ GV, GT.

Erunt inde anguli CGV & GGT, angulis BCK & FCK, angulis scilicet incidentiæ, & refracto æquales:

Erunt igitur CV & CT angulorum incidentiæ & refracti sinus CV scilicet anguli incidentiæ CGV sinus, & CT anguli refracti CGT sinus.

In secundo super rectâ RN vt diametro, describatur peripheria

RZEN, rectas QR & TR secans in punctis Z & E, ducanturque rectæ NZ & NE.

Erunt inde anguli RNZ & RNE angulis QRX & TRX; angulis scilicet incidentiæ, & refracto æquales.

Erunt igitur rectæ RZ & RE angulorum incidentiæ & refracti sinus. RZ scilicet anguli incidentiæ RNZ & RE anguli refracti RNE sinus.

His constitutis probandum est sinus angulorum incidentiæ c v, & R z, sinibus angulorum refractorum CT & RE proportionales esse.

In actu primo est . . . . .   BC ad CG vt GC ad CV.

Et . . . .   FC ad CG vt GC ad CT.

Est ergo (per lemma sequens)   BC ad FC vt CT ad CV.

In secundo est . . . . . ,   QR ad RN vt RN ad RZ.

Et . . . .   TR ad RN vt RN ad RE.

Ergo (per Lemma) . . . .   QR ad TR vt RE ad RZ.

Sed (per Theor. 7.) est . .   BC ad FC vt QR ad TR.

Ergo est . . . .   CT ad CV vt RE ad RZ.

LEMMA AD PRÆCEDENTEM.

SI in duobus analogismis trium terminorum medij termini æquales fuerint, termini extremi reciproce proportionales erunt.

Si sint analogismi. . Primus . . . vt B ad C. ita C ad D.

        Secundus . . vt F ad C. ita C ad G.

        Erit . . . . . vt B ad F. ita G ad D.

Est enim rectangulum BD æquale rectangulo CC, & rectangulum CC, æquale rectang. FG. quare rectangulum BD æquale est rectangulo FG.

Ergo . . . vt B ad F. ita G ad D. vt est enuntiatum.

COROLLARIVM.

THeorema hoc, problematis, processûs huius initio præfixi, totius scil. præsentis negotij fundamentale est. Si enim angulo cuicunque, siue incidentiæ, siue refracto, ex suppositione dato vel sumpto, angulus respondens per obseruationem dioptricam acquisitus sit. Ratio quam sinus anguli suppositi, ad sinum anguli obseruati ei respondentis habet (per Theorema) eadem est, quæ sinus angulorum omnium de genere suppositi, ad sinus angulorum om-

nium de genere obferuati figillatim eis refpondentium obtinent.
Communi igitur iftâ ratione conftitutâ, manifoftum eft angulos
omnes incidentiæ à minimo ad maximum, cum angulis fuis refractis, atque angulis refractionum vtrifque congruis Calculo Analo-
giftico, vel (altero rationis termino ad numerum decuplatum , fiue
finum totum reducto) folo multiplicationis opere in tabulam ordinatam redigi poffe. Vnde patet problematis initio propofiti fo-
lutio.

OPTICÆ

LIBER SEPTIMVS·

HYPOTHESES.

1. OMNIS Actio est motus localis in agente, sicut & omnis Passio est motus localis in Patiente. Agentis nomine intelligo Corpus, cuius motu producitur effectus in alio Corpore; Patientis, in quo motus aliquis ab alio Corpore generatur. Exempli gratiâ. dum clauus, yt aiunt, clauum pellit, motus pellentis est actio eius, motus pulsi, est pulsi passio. Item dum Carbo ignitus calefacit hominem, etsi neque Carbo, neque homo suo loco exeat, neque ideo moueatur, est tamen aliquid materiæ siue Corporis subtilis in Carbone, quod mouetur, & motum ciet in medio, vsque ad hominem; & est in homine stante immoto, motus aliquis in partibus internis inde generatus. Motus autem hic in partibus hominis internis est calor; & sic moueri, Calefieri, hoc est pati; & motus ille qui est in partibus Carbonis igniti, est actio eius, siue calefactio; & sic moueri, calefacere.

2. Visio est passio producta in vidente per actionem obiecti lucidi vel illuminati.

3. In visione, neque obiectum, neque pars eius quæcunque transit à loco suo ad oculum. Vt motus possit motum generare ad quamlibet distantiam, non est necessarium, vt corpus illud à quo motus generatur, transeat per totum illud spatium, per quod motus propagatur; sufficit enim vt parùm, imò insensibiliter motum, protrudat id quod proxime adstat; nam id quod adstat; pulsum suo loco, pellit quoque quod est proximum sibi, atque eo modo motus propagabitur quantum libuerit.

4. Lucidum omne vndiquaque à quotlibet simul aspicientibus videri potest.

5. Medium rarius voco quod minus contumax est aduersus motum recipiendum. Densius quod magis. Aerem autem rariorem suppono quàm aquam, quàm vitrum, quàm cristallum.

Cccc

PROPOSITIO I.

Omne lucidum dilatat se, tumescitque in molem maio-rem, iterumque contrahit se, perpetuam habens systolem & diastolem.

QVoniam enim (per hypothesin quartam) lucidum omne simul vndiquaque videtur, visio autem (per hypothesim secundam) fiat ab actione lucidi, & est (per hypothesim primam) omnis actio motus localis in Agente, sequitur, esse in lucido motum versus omnes partes simul. Quia vero lucida dum videntur non disperguntur vsque ad oculos vndiquaque videntium, (sic enim perderentur) restat vt partes lucidi quas ostensum est moueri versus omnes partes simul, se iterum recipiant. Hoc autem idem est ac si diceremus totum lucidum tumescere, & iterum se contrahere alternis vicibus; siue habere perpetuam systolem & diastolem. Quod erat probandum.

Videtur autem, quam in omni corpore lucido obseruamus & appellamus scintillationem nihil aliud esse quàm hanc systolem & diastolem.

PROPOSITIO II.

Motus à lucido ad oculum propagatur per continuam reiectionem partis medij contigua.

SVpposuimus (hypothesi tertia) neque obiectum, neque partem aliquam eius quamcunque in visione transire ad oculum; neque vllus alius modus quo motus ad distantiam propagetur excogitari potest, præter illum quem proposuimus, sequitur ergo illum esse.

PROPOSITIO III.

Considerare quomodo fiat lumen, & quid sit.

SIt propositum lucidum, Corpus solare, cuius centrum A; semi-diameter A B, cui circumscribatur orbis Concentricus cuius crassities B C, (orbem voco solidum contentum inter duas sphæricas superficies Concentricas) Rursus orbi B C circumponatur orbis alius Concentricus C D, & huic alter D E, & eodem modo quotcunque alij, quilibet cuilibet æqualis; quoniam ergo exteriores circumferentiæ semper maiores sunt interioribus, erunt reciprocè crassities interiorum orbium maiores quàm exteriorum, quare maior est B C quàm C D, & C D quàm D E. Quoniam iam per primam, sol dilatat se, & tumescit in molem maiorem, supponamus solem in diastole, siue tumescentia æquare totam sphæram cuius semidiameter est A C; necesse ergo est vt medij pars quæ erat in orbe B C exeat in locum sibi æqualem proximum, nempe in orbem C D, idque eodem tempore; nam quo instante incipit motus à B versus C, necesse est vt incipiat motus à C versus D, & à D versus E, & ab E prorsum, quare si statuatur oculus in qualibet distantia à sole puta in E, quo instante incipit sol dilatare se in B, eodem serietur oculus in E. vnde propagabitur motus ad retinam, & inde per connatum retinæ neruum opticum vsque ad cerebrum; & hoc sit eodem instante, quo motus incipit in B; Præterea est in Cerebro vt in cæteris omnibus quæ patiuntur, reactio sua, vnde motus à cerebro propagatur retro per neruum opticum in retinam, inde per easdem lineas versus solem quibus ante à sole versus retinam. Atque omnis hic processus erit factus (vt iam demonstrauimus fieri à sole ad oculum) in instante. Manifestum ergo est in omni visione propagari motum à lucido ad oculum & ad cerebrum, & inde retro ad partes extra oculos in instante. Manifestum item est, motum qui sic à lucido propagatur debiliorem esse longè quam propè; cum enim B C sit maior quam C D; &. C D quam D E, sit tamen tempus propagationis à B ad C, idem quod à C ad D, vel à D ad E; velocior est motus propagatus in B C quàm in C D, & in C D quàm in D E; & sic deinceps.

Hactenus motum à lucido qualis sit considerauimus, iam quomodo talis motus & quando vocatur lumen considerandum est.

Primò si nulla esset visio, nihil esset quod vocaremus lumen: nam cœci nati, loquentem de lumine & coloribus non intelligunt; lumen ergo non dicitur motus ante visionem, hoc est antequam perueniat ad cerebrum. Deinde motum in cerebro quod vocamus lumen, non sentimus in ipso cerebro, sed foris ante oculos. Motum ergo à lucido non vocamus lumen antequam retrò à cerebro per reactionem propagetur per neruum opticum & oculos ad medium inter

oculum & lucidũ. Lumen ergo est apparitio ante oculos motũs illius
qui propagatur à lucidi diastole siue tumescentiâ ad cerebrum, &
inde retrò per oculos ad medium. Est ergo lumen lucidi phantasma,
siue imago concepta in cerebro. Confirmatur autem etiam experientiâ, eo quod in omni concussione cerebri quo fit motus aliquis per
neruum opticum extrorsum, vt quando oculus percutitur apparet
lumen quoddam ante oculos. Ex his quæ dicta sunt faciemus breue
Corollarium.

COROLLARIVM.

Lumen est phantasma à lucido. (*Idem sentiendum de
coloribus qui sunt lumen perturbatum.*)

*Lumen propagatur ad quamlibet distantiam in in-
stante.*

Lumen quo longius eo debilius propagatur.

MONITVM.

DIfficultas maxima in lumine concipiendo tam veterum, quàm
Neotericorum Philosophorum ingenia torsit, quibus spero sa-
tisfactum iri, si considerent vix ac ne vix quidem à nobis clarè, di-
stinctéque concipi quidpiam nisi motus, aut figurarum ope. Quas
si quis diligenter perpendat, & motum compositiones intelligat,
nil in tota Philosophia facilius, nil ad demonstrationem accommo-
datius, & hominum ingenio congruentius esse fatebitur.

DEFINITIO RADII.

RAdium appello viam per quam motus à Lucido per Medium propagatur. Exempli gratiâ. Sit Lucidum A B, à quo moto ad C D, pars Medij quæ interiacet inter A B & C D, protrudatur ad E F: &
à parte Medij quæ erat inter C D & E F, promota vlterius ad
G H, propellatur pars illa quæ erat inter E F, & G H, vlterius ad I K, & sic deinceps, siue directè, siue non, puta versus L M. Spatium iam quod continetur inter lineas A I O L,
& B K M; est id quod voco Radium, siue viam per quam
motus à Lucido per Medium propagatur.

PROPOSITIO IV.

Radius est spatium solidum.

Q Voniam enim Radius est via per quam motus projicitur à Lucido; neque potest esse motus nisi Corporis; sequitur Radium locum esse Corporis; & proinde habere tres dimensiones. Est ergo Radius spatium solidum.

DEFINITIO RADII DIRECTI ET REFRACTI.

R Adius directus est qui sectus plano per axim, exhibet in plano secante figuram parallelogrammam (vt A K.) Radius Refractus est qui componitur ex directis angulum facientibus, vnà cum parte intermedià; (vt Radius A M, Refractus dicitur, quia componitur ex directis A K, & K L, vnà cum parte I K O.)

DEFINITIO LINEÆ LVCIS.

L Ineam vnde Radij latera incipiunt (exempli gratià, lineam A B, vnde incipiunt latera A I & B K) appello lineam Lucis simpliciter. Linearū autem quæ à lineà Lucis continuà protrusione deriuantur (quales sunt C D, E F, &c.) vnamquamque appello lineam Lucis eousque propagatam.

CAVSA PHYSICA RADIORVM DIRECTORVM.

Q Vandoquidem Radius habet tres dimensiones, demus ipsi perspicuitatis gratià latitudinem aliquam notabilem A B: perspicuitatis inquam gratià; quia Radius à minimo lucido deriuatus, est insensibilis, & tamen Radius.

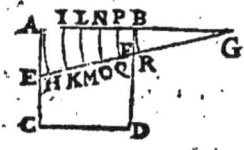

Iam si A B protudat ante se Medij partem sibi proximam, versus C D, omni suo puncto æquè velociter, necesse est vt describatur parallelogrammum, siue Radius directus A D, tanquam si A B esset latus cylindri volutati ab A B, versus C D. Quamdiu autem Medium vniforme est, hoc est, æque vbique permeabile, nulla ratio excogitari potest quare A B non propagaret motū omni sua parte æqre velociter: ideoque ratio patet quare in eodem medio radius quemp est directus. Quod si A B non moueretur omni suâ parte æquè velociter, sed inæqualiter, puta pro ratione rectæ A E ad rectam B F, non propagabitur motus per viam siue spatium parallelogrammum A B C D, neque erit E F linea lucis propagata : sic enim A B quam supponimus esse in materiâ tenuissimâ, distraheretur in quantitatem sese maiorem.

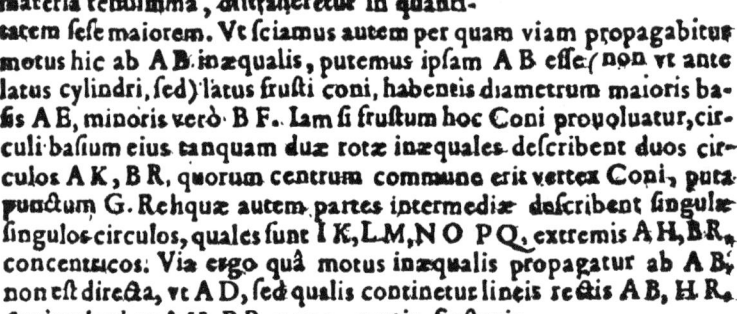

Vt sciamus autem per quam viam propagabitur motus hic ab A B inæqualis, putemus ipsam A B esse (non vt ante latus cylindri, sed) latus frusti coni, habentis diametrum maioris basis A B, minoris verò B F. Iam si frustum hoc Coni provoluatur, circuli basium eius tanquam duæ rotæ inæquales describent duos circulos A K, B R, quorum centrum commune erit vertex Coni, puta punctum G. Reliquæ autem partes intermediæ describent singulæ singulos circulos, quales sunt I K, L M, N O P Q, extremis A H, B R, concentricos. Via ergo quâ motus inæqualis propagatur ab A B, non est directa, vt A D, sed qualis continetur lineis rectis A B, H R, & circularibus A H, B R, nempe portio Sectoris.

His positis, putemus rectam E D distterminare duo media, quorum vtrumuis, puta superius, sit rarum, alterum densum; & ab A B lineâ lucis, venire obliquè Radium directum, siue parallelogrammum A D. Statim atque ventum est ad contactum Densi in D, progressus erit inæqualis (propter medium biforme, cum C sit in raro, D in Denso) nempe tardior à parte D, velocior à parte C, in ratione C E ad D F, vel C G ad D H.

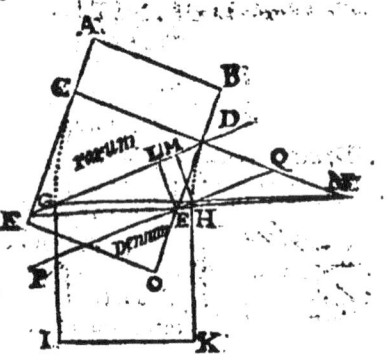

Via ergo quâ motus propagatur à Q D, est per portionem Sectoris C G D H; & est G H linea lucis propagata omni suâ parte ad medium densum, & æqualis ipsi C D, vel A B. Si igitur ad G H in punctis G & H, ducantur perpendiculares G I, H K, erit progressus directus; & totus Radius erit spatium conclusum intra figuram A C G I K H D B. Patet ergo ratio physica quare Radius refringitur, consistens in eo, quòd medium est biforme.

Notandum est quoque rectas E F, M H, perpendiculares ad E D, esse inter se æquales (quod demonstrare non est difficile, sed verbosum.) Ex quo sequitur, datis L F (quæ est quantitas demersionis termini D in medio denso,) & A B (quæ sumitur arbitrio nostro pro linea lucis,) statim dari G H pro linea lucis propagata in medium densum. Ductà enim rectà F H parallelà ad E D, & applicatà longitudine A B, ita vt alter terminus sit in rectà E D, alter in F H, fiet G H linea lucis propagata eousque : à quà ductæ perpendiculares G I, H K, designant Radij partem refractam. Neque refert ad effectum refractionis in quà parte rectæ E D statuatur punctùm G, cum tota E D, sicut & A B vel G H intelligenda sit vt insensibilis. Commodius tamen ponetur G in ipso puncto E, & H, in eà parte rectæ F H, quam longitudo A B determinat, vt A E in medio raro continuetur cum G I parte refractà in medio denso.

PROPOSITIO V.

Radius incidens perpendiculariter in superficiem planam considerari potest tanquam linea Mathematica, sed incidens in eandem obliquè considerandus est vt habens latitudinem.

Sit radius A B C D habens latitudinem A C cadens perpendiculariter in planum B D, consideratur ergo vt via qua motus propagatur, in qua eadem omnia accidunt lateri A B, quæ lateri C D; nam & vtrumque latus est perpendiculare ad planum B D, & æqualis est operatio ab, A ad B, & à C ad D, vel à tota A C ad totam C D. Quare æquè considerare motum possumus in A B, vel in C D, vel in tota linea A B C D. Possumus ergo considerare radium A B C D sine latitudine, hoc est vt linea Mathematica, sed in incidentia obliqua vbi operatio ab F ad planum in H, in maiori est distantià quam ab E in G non potest considerari E F G H vt linea Mathematica; quia sic consideraretur E F vt punctum Mathematicum, quod tamen consideratur vno termino operari longius quam altero, hoc est consideratur vt habens terminos, hoc est, non vt punctum. Itaque si consideraremus lineam obliquè incidentem, vt Mathematicam, consideraremus E F vt punctum & non punctum, quod est absurdum.

minus lucis B erit immersus in medium densum quanta est distantia
minima inter rectam E D, & sibi parallelam GF L, siue quantitate
lineæ LM, tunc cum alter terminus est in superficie eiusdem medij
densi. Ducta igitur rectâ à puncto E ad rectam GL, eadem longitudine qua est linea lucis AB, vel CD, quæ sit EF, erit iam EF
linea lucis propagata, eo vsque. Quoniam autem latera radij exeunt
à lineâ lucis perpendiculariter, ducantur perpendiculares ad ipsam
EF, rectæ EN, FO, propagabitur lux inter parallelas EN, FO.
quare EFNO erit radius refractus, & cadet necessario latus EN
inter EI, & perpendicularem ad planum, quæ est EK, & latus FO
inter BD productam, & perpendicularem ad idem planum, sibi
conterminam. Iam si pro latitudine AB sumamus latitudinem radij minorem quauis magnitudine data, demonstratio hæc eadem
existens applicabitur lineæ EN, vt EN sit ipse radius refractis
versus perpendicularem EK. Quare radius & medio raro, &c.
Quod erat probandum.

PROPOSITIO VII.

*Radius è medio denso incidens obliquè in medium rarius, cuius
superficies est plana, refringitur in partes auersas
à perpendiculo.*

Sit ED in superficie planâ medij rarioris, ita vt quod est supra
ED sit medium densius, quod infra rarius. Sitque in medio denso linea lucis (puta solis
diametrum) AB à qua
exeat radius cuius latera
AE, BD sint ad AB
perpendicularia ; & ad
planum ED obliqua.
Propagato igitur altero
huius termino ad planum
ED in puncto D; alter
terminus non propaga-
bitur simul ad planum in
puncto E, sed tantum ad
C, ita vt AC sit æqualis
DB. Productâ rectâ DB,
fiat DH æqualis rectæ
CE. Si igitur medium

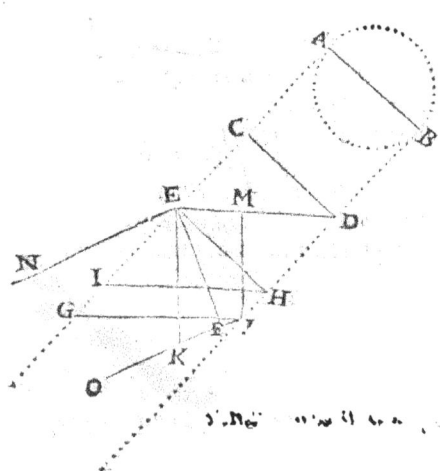

mutatum non eſſet quando terminus lucis A propagatus eſſet ad E, alter terminus deberet
eſſe in H. immerſus ſcili-
cet ſub plano E D, quan-
ta eſt diſtantia minima
inter punctum H, vel C,
& rectam E D, vel inter
eandem rectam E D, &
ſibi parallelam I H. Quo-
niã vero ſupponitur me-
dium ſub plano E D ra-
rius quàm quod ſupra,&
propagari motum faci-
liùs in raro quam in den-
ſo ; tunc quando lineæ
lucis terminus A eſt in
E, erit alter terminus B
vltra H, puta in L, im-
merſus in medium ra-

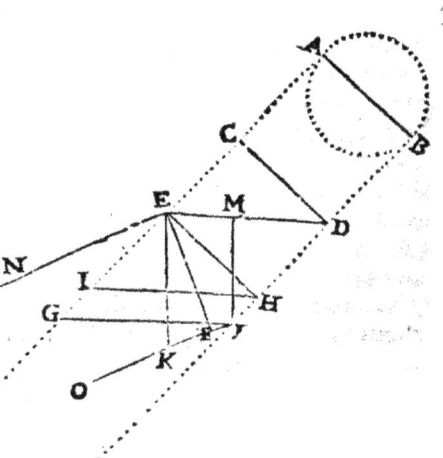

rum quanta eſt diſtantia minima inter rectam E D, & ſibi parallelam G L, hoc eſt quantitate lineæ L M. Ductâ igitur rectâ à puncto E ad rectam G L, eâdem longitudine qua eſt linea lucis A B vel
C D, quæ ſit E F, erit iam E F linea lucis propagata eo vſquę. Ductis igitur E N,& F O perpendicularibus ad E F, erit per poſtulatum
ſuperius, radius propagatus in medio raro ſecundum parallelas E N,
& F O. Cadit autem E N ita vt angulum faciat maiorem cum perpendiculo E K quam facit linea directa E G. Et F O ſimiliter facit
maiorem angulum cum ſibi contermino perpendiculari ſi duceretur, quam facit ea quæ eſt in directum cum B D, hoc eſt refringitur
radius E F N O in partes auerſas à perpendiculo. Iam ſi pro A B
lineâ lucis ſumatur magnitudo omni magnitudine propoſita minor,
quod demonſtratur de lineâ latâ A B E F N O, demonſtrabitur de
ductâ A E N. Quare radius refringitur ab E in N, in partes ſcilicet
auerſas à perpendiculo. Et propterea radius è medio denſo, &c.
Quod erat probandum.

PROPOSITIO VIII.

*Si radius incidat in planum medÿ rarioris, talis naturæ, ʋt
facilius propagetur in ipſo, quam in denſo ʋnde venit, ea propor-*

tione quam habet diameter quadrat ad latus eiusdem, sitque angulus inclinationis semirectus, non fiet refractio in medio raro, sed linea refracta erit in superficie plana amborum mediorum Communi.

SIt linea lucis A B in medio densiori, à qua propagetur radius, cuius latera A E, B D perpendicularia sint ad A B, incidat autem latus A E in planum

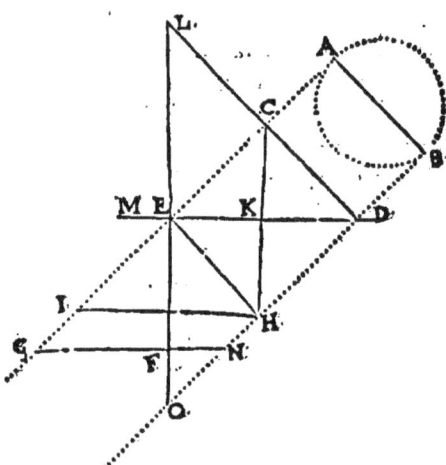

 E D ita vt faciat angulū cum recta E D, semirectum nempe A E L. Sitque medium infra E D rarius quam quod supra, ita vt propagetur lux velocior in ipso quam in medio denso, ea proportione quam habet diameter quadrati ad latus eiusdem. Dico lineam refractam fore E M, nempe iacentem in ipso plano E D.

Quoniam enim angulus A E L est semi-rectus, erit quoque C E D semi-rectus, & quia angulus E C D est rectus, erit C D E semirectus. Quare rectæ C D, C E sunt æquales. Est ergo C D E H quadratum, & vt C H diameter ad C D latus, ita C D, vel A B, vel E H, ad C K, vel K H. Supponitur autem progressum lucis in medio raro habere proportionem ad progressum in denso quam habet diameter ad latus, hoc est, C D, vel E H, vel A B, ad K H. Quando ergo terminus lucis A est in E, terminus B (qui si medium non esset mutatum deberet esse in H, immersus profunditate K H) erit propagatus ad N, ita vt profunditas eius siue distantia inter E D & G N, nempe perpendicularis E F, sit æqualis rectæ C D, vel E H, vel A B, est autem A B linea lucis. Quare etiam E F est linea lucis propagata. Exit ergo radius refractus ab ipsa E F perpendiculariter, quare E M est linea refracta, eadem cum E D. Itaque si radius incidat, &c. Quod erat probandum.

Patet hinc ratio, quare Dominus des Cartes, docens nos quomodo vitri refractio experiunda est per triangulum rectangulum pag.
138, iubet angulum acutiorem statuendum in eam partem, vnde
avertitur linea refracta vt in hoc exemplo. Quia F I G est perpendicularis ad A B & inclinata ad A C, ita vt linea
F I refringatur ad H, necesse est vt angulus A
minor sit semirecto, aliter enim I H caderet vel
in I C, vel intra triangulum.

Resistentia enim vitri ad resistentiam aëris
maior est quam pro ratione diametri ad latus.
Plus enim refrangit vitrum quam aqua, aqua
vero refrangit secundum rationem diametri ad latus, vel saltem ferè.

PROPOSITIO IX.

Si radius incidat ad planum medij densioris, cuius talis sit na-
tura vt tardius propagetur lux in ipso quam in raro vnde venit,
ea proportione quam habet latus quadrati ad diametrum, in omni
inclinatione erit angulus refractus minor semirecto.

SIT me-
dium ra-
rius, quod est
supra E D,
& medium
densius qua-
le supponi-
tur quod est
infra. Cadat
autem radius
ab A B li-
neâ lucis in
planum ED,
in angulo in-
clinationis
A E P semi-
recto. Quo-
niã ergo ra-
dius A E, re-
fringitur ver-
sus perpen-
dicularem,
cadet linea

refracta inter E M & E O, quare cum sit angulus O E M semirectus, erit radius refractus in angulo inclinationis semirecto, minor semirecto. Quod si angulus inclinationis minor esset semirecto A E M, recta faceret angulum cum perpendiculo E O minorem semirecto, refractus igitur multo minor esset semirecto. Quare angulus refractus in angulo inclinationis semirecto vel eo minore, minor est semirecto. Sit iam angulus inclinationis maior semirecto quicunque T E P. Dico angulum refractum hic quoque minorem esse semirecto. Supponimus A B, & T R, lineas lucis æquales, vt radij ab ipsis differant sola inclinatione, æquales ergo sunt E F & E F, nempe æqualibus A B, & T R, coniunctæ per parallelas æquales. Quoniam autem angulus A E P est semirectus, erit quoque C E D semirectus, ideoque cum E C D sit rectus, etiam C D E erit semirectus. Quare rectæ E C, C D æquales erunt, & C D E I, quadratum, & vt C I diameter ad C D latus, ita E I ad I S, hoc est E F ad I S. Ducatur F G perpendicularis ad E D, minor erit F G quam E F, minor ergo est ratio G F ad I S quam diametri ad latus. Fiat ergo vt E F ad I S, siue vt diameter ad latus, ita F G ad aliud H K perpendicularem ad planum idem E D: erit ergo H K minor quam I S: quia ergo E F est profunditas quam acquisiuisset terminus lucis R, existente termino T in E si medium non esset mutatum, erit iam ex supposita qualitate medij K H profunditas eius. Si ergo ducatur L H parallela ad E D, erit lineæ lucis alter terminus in E, alter in L H, quoniam autem linea lucis æqualis est rectæ E I, terminus eius in recta L H cadet inter punctum H, & punctum in quo E I & L H se mutuo intersecant. Sit ergo linea lucis E Q, ad quam ducta perpendicularis in puncto E, nempe E Y erit linea refracta. Quoniam ergo Y E Z est angulus rectus, item M E I angulus rectus, si dematur angulus communis Y E I, erit angulo I E Z æqualis angulus M E Y, qui cum angulo Y E O facit angulum M E O semirectum. Minor est ergo angulus refractus Y E O semirecto. Quapropter etsi inclinationis angulus maior sit semirecto, erit angulus refractus semirecto minor. Itaque siue angulus inclinationis sit maior vel minor, vel æqualis semirecto, (hoc est in omni inclinatione) in ratione mediorum supposita, angulus refractus erit semirecto minor. Quod erat probandum.

PR.OPOSITIO X.

Angulus refractionis qui fit à radio intrante in medium den-
sum versus perpendiculum, æqualis est angulo refractionis, quem
idem radius refractus facit exiens in idem medium rarum, in
partes à perpendiculo auersas.

SIt medium rarum quod est supra rectam C B, quod infra, densum:
Sit autem linea lucis A B, à quo exit radius cuius latera A C &
B D. Completo rectangulo A B C D,
si medium non esset mutatum, esset
C D linea lucis propagata; sed quia
medium sub C B densius est quam,
supra , erit lineæ lucis terminus B,
minùs in ipsum immersus quàm punctum D. Sit ergo linea lucis propagata C E, ita vt C E æqualis sit ipsi
A B vel C D. Ductis ergo perpendicularibus ad C E, rectis C G, E H,
erit C G. linea refracta, & I C G. angulus refractionis versus perpendiculum C K. Rursus sit medium densum.

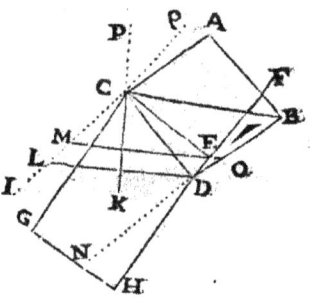

quod est infra L D, rarum quod supra, & sit G H linea lucis propa-
ganda à denso in rarum, quando iam terminus lucis H est in D, si.
medium non esset mutatum , deberet alter terminus lucis G esse in,
F, sed propter raritatem medij in quo iam est ille terminus vlterius
ad C, pro ratione mediorum supposita, hoc est pro ratione distantiæ
inter L D. & C B ad distantiam inter M E & eandem C B, est igitur
iam C D linea lucis propagata ad densi & rari confinia, quoniam
ergo A C & B D sunt perpendiculares ad ipsam C D lineam lucis,
erit C A linea refracta, & A C Q angulus refractionis auersus à
perpendiculo C P. Restat probandum angulum A C Q æqualem.
esse angulo I C G, quod facile est, sunt enim verticales. Quare angulus refractionis,&c. Quod erat demonstrandum.

Facile quoque demonstratu est radium transeuntem à medio raro
per medij densioris plana opposita , in medium rarum simile priori,
habere partes ante. ingressum & post exitum sibi inuicem parallelas,.

PROPOSITIO XI.

Si sint duæ quælibet inclinationes radiorum ab eodem medio ra-
ro ad idem medium densum vel contra , superficies autem me-
diorum communis sit plana, progressus lucis in primo medio , ad
progressum lucis simul factum in secundo habebit eandem ratio-
nem, in vnâ inclinatione quàm in alterâ.

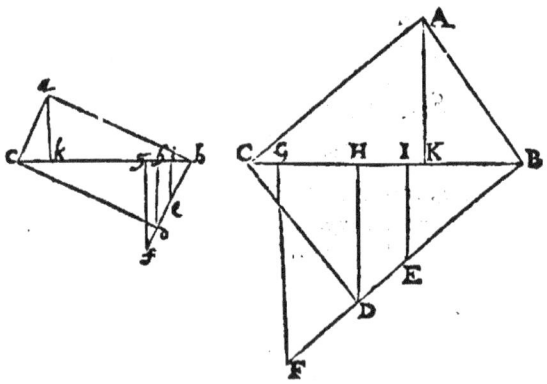

SInt duæ quælibet inclinationes radiorum A C, & *a c*, in angulis
diuersis, A C B & *a c b*, ad planum *c b*, C B, à punctis autem *b*, B,
ducantur *b f*, B F, rectæ radiis *a c*, A C, parallelæ, sumptisque in *b f*,
B F, rectis *b d*, B D, iisdem radiis, *a c*, A C, æqualibus , compleantur
parallelogramma *a b c d*, A B C D. Sitque medium quod est infra,
c b, C B, (quod voco medium secundum) non eiusdem naturæ cum
medio quod est supra (quod voco medium primum) sed vel densius,
hoc est in quo tardior sit propagatio motus, vel rarius, hoc est in quo
velocior sit propagatio motus. Sit iam progressus lucis in medio primo, in alterâ quidem inclinatione, recta, *a c*, in altera verò recta
A C, vel si progressum hunc lucis velimus mensurare in perpendiculari ad planum *c b*, C B, sit in altera inclinatione *a k* in alterâ A K.
Sit autem progressus lucis in medio secundo eodem tempore, maior
vel minor quam in primo, in altera quidem inclinatione *b e* (scilicet
si densius sit secundum medium quam primum, vel *b f* si rarius.) Aut

fi velimus progreſſum hunc menſurare in perpendiculari ad planum
eb, CB, ſit *ie*, progreſſus ille in denſiori medio, *gf* in rariori: in alterâ autem, ſit progreſſus lucis BE in denſiori, BF in rariori, vel men-
ſurando perpendiculariter IE in denſiori medio, GF in rariori.
Dico eſſe vt inclinata *ae*, ad inclinatam *be*, vel *bf*, hoc eſt, vt perpendicularis K, ad perpendicularem *ie*, vel *gf*, in inclinatione vnâ,
ita eſſe inclinatam AC, ad inclinatam BE, vel BF, hoc eſt, perpen-
pendicularem AK ad perpendicularem IE, vel GF, in alterâ.

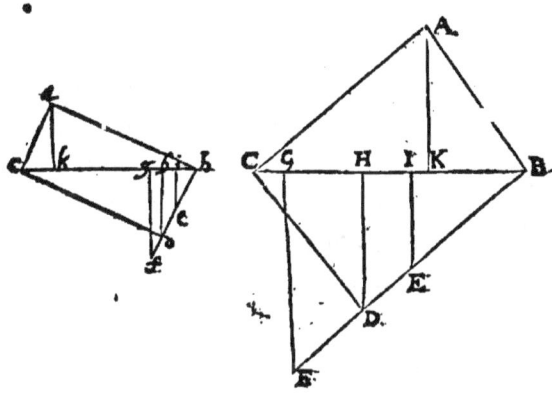

Quoniam enim idem eſt medium in quo *ae*, & in quo AC, æquè
velox eſt motus ab *a* ad *e* motus ab A ad C. tempus ergo quo fit
motus ad *a* ad *e*, eſt ad tempus quo fit motus ab A ad C, vt recta *ae*,
ad rectam AC. Similiter quoniam idem eſt medium in quo *be*, &
in quo BE, æquè velox eſt motus à *b* ad *e*, & à B ad E, tempus ergo
quo fit motus à *b* ad *e*, eſt ad tempus quo fit motus à B ad E, vt recta
be ad rectam BE, ſed tempus quo fit motus à *b* ad *e*, æquale eſt tempori quo fit motus ab *a* ad *e*. item tempus quo fit motus à B ad E,
æquale eſt tempori quo fit motus ab A ad C. tempus ergo quo fit
motus ab *a* ad *e*, eſt ad tempus quo fit motus ab A ad C, vt recta *be*
ad rectam BE. Eſt autem ſupra oſtenſum, tempus motus ab *a* ad *e*,
eſſe ad tempus motus ab A ad C, vt recta *ae* ad rectam AC, in eadem ergo ſunt ratione *ae* ad AC, & *be* ad BE. Eâdem methodo
demonſtrari poteſt eſſe vt *ae* ad AC, ita *bf* ad BF. Porro quoniam
eſt vt *ae*, hoc eſt *bd*, ad *be*, ita AC, hoc eſt BD ad BE, & vt *bd* ad
db vel *ak* (propter ſimilitudinem triangulorum *bdh*, & *bei*) ita *be*
ad *ie*, atque etiam vt BD ad DH vel AK, ita BE ad IE, erit vt *ak*
ad *ie*,

ad *ie*, ita A K ad I E. eadem quoque viâ oftendi poteft effe vt *a k* ad *gf*, ita A K ad G F. Quare vt eft inclinata *a e*, ad inclinatam *b e* vel *b f*, & vt perpendicularis *a k* ad perpendicularem *i e* vel *g f*, in vna inclinatione, ita eft inclinata A C, ad inclinatam BE vel BF, & perpendicularis A K ad perpendicularem I E, vel GF in altera inclinatione. Itaque fi fint duæ quælibet inclinationes, &c. Quod erat probandum.

PROPOSITIO XII.

Si fint duæ qualibet inclinationes radiorum ab eodem medio raro ad idem medium denfum, vel contra, fitque fuperficies mediorum communis plana, erit vt finus anguli inclinationis ad finum anguli refracti in vnâ inclinatione, ita finus anguli inclinationis ad finum anguli refracti in alterâ inclinatione.

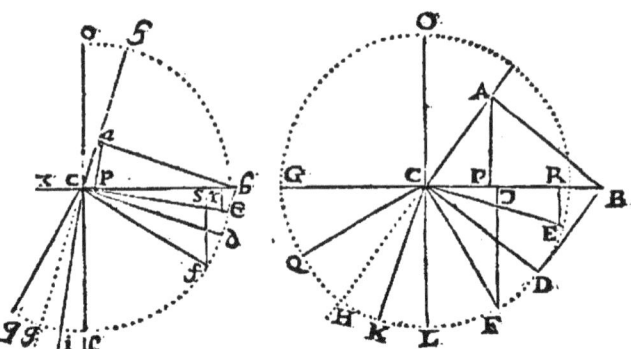

SIt planum *e b* C B commune duorum mediorum, quorum primum fiue id quod eft fupra *e b* C B fit rarum, alterum fiue medium fecundum infra *e b* C B denfum. Sint autem *a e* & A C radij inclinati ad planum *e b* C B in angulis inæqualibus *a e e* & A C O. Sit autem radius refractus ab *a e*, recta *e k*, & angulus refractus *k e l*, & radius refractus ab A C, recta C K, & angulus refractus K C L. Dico vt finus anguli inclinationis, *a e e* ad finum anguli refracti *k e l*,

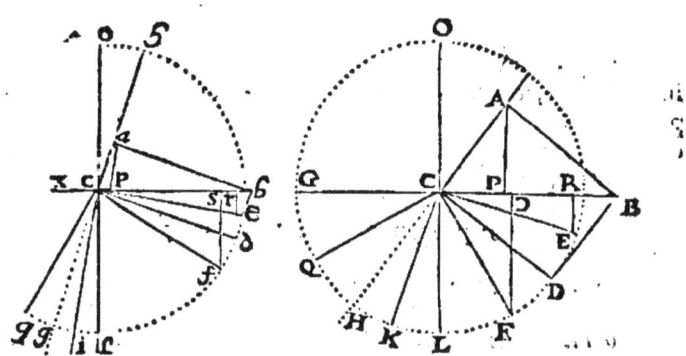

ita effe finum anguli inclinationis A C O ad finum anguli refracti,
K C L ducatur *a b* recta perpendicularis ad *a c*, quæ fecet planum in
puncto *b*, (fecabit autem quia angulus *a c b* est minor recto) huic
æqualis fiat A B, & ita applicetur vt fit altera eius extremitas in plano C B, & fit perpendicularis ad A C in puncto A, & compleantur
parallelogramma *a b c d* & A B C D. Ducatur *e e* perpendiculariter
ad radium refractum *e k* in puncto *e*, & C E perpendiculariter ad radium refractum C K in puncto C. Sit autem *e e* æqualis *e d* vel *a b*, ficut & C E æqualis C D, vel A B. Itaque ductus circulus centro *e*,
interuallo *e e* tranfibit per *d*, & ductus circulus centro C interuallo
C E tranfibit per D. Iam quoniam *e e*, & C E funt perpendiculares
ad radios refractos *e k* & C K, & æquales lineis lucis *a b* & A B, ductæ
a p & A P perpendiculares ad planum *e b* C B, erunt progreffus lucis
in medio raro, in propofitis inclinationibus, & *e r* E R progreffus
lucis in medio denfo. Sed eft per præcedentem, vt *a p* ad *e r* in vnâ
inclinatione, ita A P ad E R in altera inclinatione. Secundo, fit medium primum, nempe quod eft fupra planum *e b* C B denfum, quod
infra, rarum. Vbi radij refracti ad partes auerfas à perpendiculo, fint
e q & C Q & ad ipfos perpendiculares fint *e f* & C F æquales lineis
lucis *a b* vel A B, & ad planum *e b* C B fint perpendiculares *f f* & F S.
Similiter probabitur effe, vt *a p* ad *f f*, ita A P ad F S. Sed *a p* & A P
funt finus angulorum propofitarum inclinationum, & *e r* E R funt
finus angulorum refractorum in medio denfo, ficut *f f* & F S funt finus angulorum refractorum in medio raro. Quod fic probatur. Anguli *o e a*, & *a c b*. fimul fumpti funt æquales recto, item *a b c* & *a c b*
fimul fumpti faciunt rectum. Ergo dempto communi angulo *a c b* re-

manet *a b c* æqualis angulo inclinationis *o c a*; ducto igitur circulo, cuius semidiameter sit *b a* erit *a p* sinus anguli inclinationis. Eodem modo probatur A P esse sinum anguli inclinationis; sunt enim *a b* & A B æquales per constructionem. Rursus quoniam angulus *k c e*, & *l c b* est vterque rectus, dempto communi angulo *l c e* remanet *e c b* æqualis angulo *k c l* refracto, quoniam ergo *c e* est æqualis *a b* erit *e r* sinus anguli refracti. Eâdem methodo ostenditur E R esse sinum anguli refracti in alterâ inclinatione. Porro vbi medium secundum rarius est primo, angulus *q c f* & *l c b* est vterque rectus, dempto ergo communi angulo *l c f* remanet angulus *f c b* æqualis angulo refracto *q c l*. Est ergo *f f* sinus anguli refracti; & per eandem rationem F S est sinus anguli refracti in inclinatione altera. Quoniam ergo est vt *a p* ad *c r*, vel *f f* in vnâ inclinatione, ita A P ad E R vel F S in alterâ inclinatione, erit vt sinus anguli inclinationis ad sinum anguli refracti in vna inclinatione, ita sinus anguli inclinationis ad sinum anguli refracti in alterâ inclinatione, siue refractio fiat versus perpendiculum, siue ad partes à perpendiculo auersas. Igitur si sint dùæ quælibet inclinationes, &c. Quod erat probandum.

COROLLARIVM.

IN maiore angulo inclinationis maior est angulus refractus, in minore minor. Maioris enim anguli maior semper est sinus. Et est iam ostensum, esse vt sinus anguli inclinationis ad sinum anguli refracti, ita sinum alterius anguli inclinationis, ad sinum anguli in illa inclinatione refracti.

PROPOSITIO XIII.

Si duo radij æqualiter inclinati procedant ad planum diuersi medij, alter à medio raro in densum, alter à medio denso eodem, in medium rarum, sinus anguli refracti in raro, sinus anguli inclinationis, & sinus anguli refracti in denso erunt continuè proportionales.

SIt CB planum diuidens duo media, quorum primum sit rarum; secundum densius, & sit A C radius inclinatus ad planum CB.

in quocunque angulo A C B, ducatur A B perpendicularis ad A C
fecans planum in B, &
compleatur parallelo-
grammum A B C D.
Quo tempore igitur pũ-
ctum A venit ad planum
in C, eodem, si media
essent eiusdem naturæ,
immergeretur punctum
B subter planum, pro-
funditate perpendicu-
lari D H, sed quoniam
densius statuitur mediũ

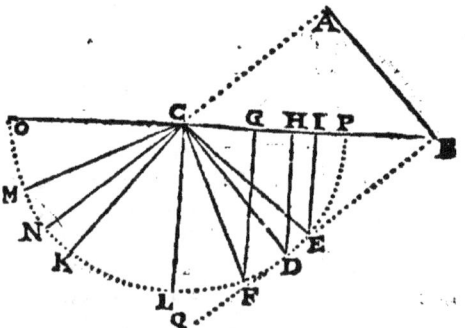

infra planum quàm supra, sit immersum punctum B profunditate tantum E I. Est igitur linea lucis iam C E facta æqualis rectæ A B, & ductâ K C perpendiculari ad C E, & L C ad C B erit angulus refractus
K C L, cui ostensus est in præcedente, æqualis E C I. est ergo anguli refracti in denso sinus E I. Et quia angulus A B C æqualis est angulo inclinationis, vt ostensum est in præcedente, & huic æqualis est
B C D erit recta D H ducta perpendicularis ad C B sinus anguli inclinationis. Et habet D H ad E I rationem eam quam requirit semper eandem, eorundem mediorum diuersitas. Supponamus iam medium primum esse densius secundo, sitque inclinatio radij A C eadem quæ ante: quo tempore ergo punctum A est in superficie medij rari ad C erit punctum B immersum in raro, profunditate G F
maiore quàm est D H. Scilicet pro ratione mediorum, quam sup-
posuimus esse vt D H ad E I. Est igitur F G ad D H, vt D H ad E I.
Sunt itaque continuè proportionales F G, D H, E I; sed ostensum est
in præcedente angulum B C F esse angulo refracto in raro L C M
æqualem, quare F G est sinus anguli refracti in raro, sicut D H est
sinus anguli inclinationis, & E I sinus anguli refracti in denso. Itaque sinus anguli refracti in raro, sinus anguli inclinationis, & sinus
anguli refracti in denso, sunt continuè proportionales. Ideoque si
duo radij æqualiter inclinati, &c. Quod erat probandum.

ALIA DEMONSTRATIO EIVSDEM
PROPOSITIONIS.

SIt planum media separans G B F, & super rectâ G B F diametro
constituatur circulus G H F E, cuius centrum B. Sit autem quod

est supra diametrum, medium rarum, quod est infra densum; ducatur A C per centrum in angulo quocunque
inclinationis dato A B H in medio raro,
cui æqualis est angulus C B E in medio
denso, & sinus anguli inclinationis est
M A vel O C. Iam supponamus radium
A B venientem è raro in densum, refringi
in radium B D, hoc est, versus perpendicularem, vtcunque. Sinus ergo anguli refracti in denso est D R ducta à circumferentia in D perpendiculariter ad B E, & huic
æqualis est L I. Rursus supponamus radium, venientem à medio denso in rarum secundum inclinationem quam habet D B, erit ille radius refractus in medio raro, ad B A, vt ostensum est Propositione
10. Et manifestum satis est per se : eadem enim est via à D per B ad
A, quæ erat ante ab A per B ad D, (sicut Thebis Athenas, & Athenis
Thebas) & angulus refractus in raro A B H cuius sinus est M A, idem
cum sinu anguli inclinationis radij, qui veniebat è medio raro in
denso. Si deinde fiat, vt D R sinus anguli inclinationis venientis
radij à D ad B in denso, ad M A sinum anguli eius refracti in raro, ita
C O vel M A sinus anguli inclinationis datæ ad aliud, puta N K
erit N K sinus anguli refracti in raro, radij inclinati in denso secundum angulum datum C B E, hoc est A B H. Nam (per duodecimam) vt
sinus anguli inclinationis vnius, ad sinum anguli in illa inclinatione refracti, ita est sinus anguli inclinationis alterius ad sinum anguli
in illa inclinatione refracti. Sunt itaque continuè proportionales
N K sinus anguli refracti in raro, M A sinus anguli inclinationis
communis, & L E sinus anguli refracti in denso : quare si duo radij
æqualiter inclinati, &c. Quod erat probandum.

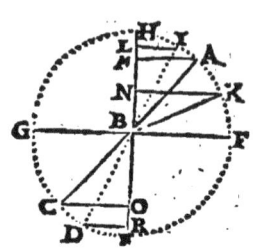

COROLLARIVM.

Mani festum hinc est, dato sinu anguli refracti in
vno medio ex altero, & inclinatione, dari sinum
anguli refracti in altero medio, vel datis angulis refractis vtriusque medij in eadem inclinatione, dari ipsam
inclinationem, vel data inclinatione, vna cum ratio-

ne quam habent inter se obsequia mediorum, dari cæ-
tera.

PROPOSITIO XIV.

Radij incidentis obliquè in medium diuersum, cuius
superficies est curua, refractio eadem est ac si incidisset
in contactum planæ superficiei, ipsam curuam contin-
gentis.

SIt medium quod est infra rectam F B G diuersum ab eo quod est
supra, ducatúrque O P secans F B G in B ad angulos rectos, du-
cantúrque duæ curuæ A B C, & L B M se inui-
cem & rectam F G contingentes in puncto B:
inc idat autem ad planum F G in puncto B
in inclinatione quacunque radius D B qui refringatur à directa D B I, vel versus perpendiculum B P, vel contra, vt B K. in. mediâ autem
latitudine radij D B K (nam ostensum est omnem radium habere latitudinem) considere-
tur linea Mathematica D B K, ita vt B consideretur quoque, vt punctum contactus. Iam si abscindatur à medio, quod est infra F G, pars
illa quæ continetur inter planum F G,. & superficiem conuexam
A B C, manifestum est, non ideo mutari situm rectæ B K, nam
punctum B non tollitur, cum sit commune vtrisque A B C curuæ, &
F B G rectæ, erit tamen medium quod est infra A B C diuersum ab eo
quod est supra; quare radij incidentis obliquè in medium diuersum cuius superficies est conuexa, refractio eadem est ac si incidisset in contactum. planæ superficiei ipsam conuexam contingentis: Rursus si ad medium quod est infra F B G adieceris medij, eiusdem generis, quantum impleat spatium quod continetur inter F G
planum, & L B M concauam superficiem. Manifestum est, non ideo
mutari situm rectæ B K, quia punctum B est in ipso plano F B G non
minus quam in concauo L B M, erit tamen medium quod est infra▸
L B M diuersum ab eo quod est supra. Quare radij incidentis obliquè in medium diuersum cuius superficies est concaua, refractio·
eadem est ac si. incidisset. in. contactum planæ superficiei ipsam▸

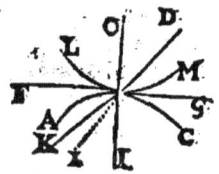

concauam contingentis. Itaque radij incidentis obliquè in medium diuerfum cuius fuperficies eft curua,&c. Quod eft demonſtrandum.

Habes iam fententiam meam de natura lucis, & refractionibus, in qua continentur elementa prima Anaclaſticæ, ad perfectam cuius cognitionem in re Phyſicâ contemplandæ funt Diaphanorum omnium naturæ, & figuræ, maxime autem figuræ.

Ex iis quæ de natura refractionis dicta funt, facile eft colligere, in omni refractione lineam lucis à quo radius exit quanquam fit minima quæ dari poffit, concipere dum radius refringitur vertiginem quandam, & quo fæpius refringitur eâdem via, eo maiorem effe vertiginem, ex quo fequitur alterum latus radij ſcilicet exterius incidere in oculum motu recto, qui augetur à motu vertiginis, alterum autem motu recto qui vertigine minuitur. Atque in hoc fortaffe confiftit, quod in priſmate contento duobus planis oppoſitis triangularibus & tribus parallelogrammis termini obiectorum ex ea parte qua refractio facit cubitos, funt rubri primùm, & deinde flaui, ex altera vero parte qua refractio facit angulos, funt primùm virides vel cærulei, & deinde violacei. Exempli cauſâ, fit priſmatis triangulum C D E ad cuius latus C E cadant obliquè radij a f, b g, à terminis obiecti a b, inde refringantur ad H I, & inde iterum ad K L videbitur obiectum in A B, rubrum ex parte A, quod definit in flauo verſus B, at à parte B viride definens in violaceo verſus exteriora. Quod ideo accidere conijcio quod radius a f H K acquirat vertiginem in cubitis f & H, quæ vertigo motum eius rectum fecundat, fed

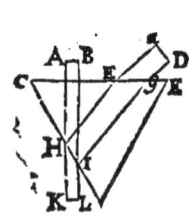

turbat, vnde color ille ruber, & flauus ad interiora. Sed in angulis g & I illa vertigo adimit de motu radij recto, & turbat quoque; vnde naſcitur color viridis & violaceus ad exteriora, minus fortes quàm ruber & flauus. Confirmat coniecturam hanc quòd color ruber incipiens ab A tendit verſus B, & viridis à B tendit verſus exteriora.

FINIS.

CPSIA information can be obtained
at www.ICGtesting.com
Printed in the USA
BVHW08*1243021018
529052BV00009B/878/P